文革史料叢刊第五輯

第一冊

李正中　輯編

只有不漠視、不迴避這段歷史，中國才有希望，中華民族才有希望！忘記歷史意味著背叛！

——摘自「文革史料叢刊・前言」

蘭臺出版社

巴金先生说在文革
受盡火与血磨煉
的人是不会沉默的

八十又五叟 李正中

著名中國古瓷與歷史學家、教育家。
李正中　簡介

祖籍山東省諸城市，民國十九年（1930）出生於吉林省長春市。
北平中國大學史學系肄業，畢業於華北大學（今中國人民大學）。
歷任：天津教師進修學院教務處長兼歷史系主任（今天津師範大學）。
　　　天津大學冶金分校教務處長兼圖書館長、教授。
　　　天津社會科學院中國文化研究中心主任、研究員。
現任：天津理工大學經濟與文化研究所所長、特聘教授。
　　　天津文史研究館館員。
　　　天津市漢語言文學培訓測試中心專家學術委員會主任。
　　　香港世界華文文學家協會首席顧問。
　　　（天津理工大學經濟與文化研究所供稿）
為加強海內外學術交流，應邀赴日本、韓國、香港、臺灣進行講學，
其作品入圍德國法蘭克福國際書展和美國ABA國際書展。

文革五十周年祭

百萬紅衛兵打砸搶燒殺橫掃五千年中華文史精華　可惜

中國知識分子慘遭蹂躪委曲求全寧死不屈有氣節　可敬

國家主席劉少奇無法可護窩窩囊囊死無葬身之地　可歎

內鬥中毛澤東技高一籌讓親密戰友林彪墜地身亡　可悲

2016年李正中於5.16敬祭

前言：忘記歷史意味著背叛

文學巨匠巴金說：

應該把那一切醜惡的、陰暗的、殘酷的、可怕的、血淋淋的東西集中起來，展覽出來，毫不掩飾，讓大家看得清清楚楚，牢牢記住。不能允許再發生那樣的事。不再把我們當牛，首先我們要相信自己不是牛，是人，是一個能夠用自己腦子思考的人！

那些魔法都是從文字遊戲開始的。我們好好地想一想、看一看，那些變化，那些過程，那些謊言，那些騙局，那些血淋淋的慘劇，那些傷心斷腸的悲劇，那些勾心鬥角的醜劇，那些殘酷無情的鬥爭……為了那一切的文字遊戲！……為了那可怕的十年，我們也應該對中華民族子孫後代有一個交代。

要大家牢記那十年中間自己的和別人的一言一行，並不是讓人忘記過去的恩仇。這只是提醒我們要記住自己的責任，對那個給幾代人帶來大災難的「文革」應該負的責任，無論是受害者，或者害人者，無論是上一輩或是下一代，不管有沒有為「文革」舉過手點過頭，無論是造反派、走資派，或者逍遙派，無論是鳳或者是牛馬，讓大家都到這裡來照照鏡子，看看自己為「文革」做過什麼，或者為反對「文革」做過什麼。不這樣，我們怎麼償還對子孫後代欠下的那一筆債，那筆非還不可的債啊！

（摘自巴金《隨想錄》第五冊《無題集・紀念》）

我高舉雙手讚賞、支持前輩巴老的呼籲。這不是一個人的呼籲，而是一個民族對其歷史的反思。一個忘記自己悲慘歷史和命運的民族，就是一個沒有靈魂的民族，沒有希望的民族，沒有前途的民族。中華民族要真正重新崛起於世界之林，實現中華夢，首先必須根除這種漠視和回避自己民族災難的病根，因為那不意味著它的強大，而恰恰意味著軟弱和自欺。這就是我不計後果，一定要搜集、編輯和出版這部書的原因。我想，待巴老呼籲的「文革紀念館」真正建立起來的那一天，我們才可以無愧地向全世界宣告：中華民族真正走上了復興之路……。

當本書即將付梓時刻，使我想到蘭臺出版社出版該書的風險，使我內心感動、感激和感謝！同時也向高雅婷責任編輯對殘缺不全的文革報紙給以精心整理、校對，付出辛勤的勞累致以衷心得感謝！

感謝忘年交、學友南開大學博導張培鋒教授為拙書寫「序言」，這是一篇學者的呼喚、是正義的伸張，作為一個早以欲哭無淚的老者，為之動容，不覺潸然淚下：「一夜思量千年事，人生知己有一人」足矣！

李正中於古月齋

2014年6月1日文革48周年紀念

序言：中國歷史界的大幸，也是國家、民族之大幸

張培鋒

李正中先生積三十年之功，編集整理的《文革史料叢刊》即將出版，囑我為序。我生於1963年，在文革後期（1971-1976），我還在讀小學，那時，對世事懵懵懂懂，對於「文革」並不瞭解多少，因此我也並非為此書寫序的合適人選。但李先生堅持讓我寫序，我就從與先生交往以及對他的瞭解談起吧。

看到李先生所作「前言」中引述巴金老人的那段話，我頓時回想起當年我們一起購買巴老那套《隨想錄》時的情景。1985年我大學畢業後，分配到天津大學冶金分校文史教研室擔任教學工作，李正中先生當時是教務處長兼教研室主任，我在他的直接領導下工作。記得是工作後的第三年即1987年，天津舉辦過一次大型的圖書展銷會（當時這樣的展銷會很少），李正中先生帶領我們教研室的全體老師前往購書。在書展上，李正中先生一眼看到剛剛出版的《隨想錄》一書，他立刻買了一套，並向我們鄭重推薦：「好好讀一讀巴老這套書，這是對「文革」的控訴和懺悔。」我於是便也買了一套，並認真讀了其中大部分文章。說實話，巴老這套書確實是我對「文革」認識的一次啟蒙，這才對自己剛剛度過的那一個時代有了比較深切的瞭解，所以這件事我一直記憶猶新。我記得在那之後，李正中先生在教研室的活動中，不斷提到他特別讚賞巴金老人提出的建立「文革紀念館」的倡議，並說，如果這個紀念館真的能夠建立，他願意捐出一批文物。他說：「如果不徹底否定「文革」，中國就沒有希望！」我這才知道，從那時起，他就留意收集有關「文革」的文獻。算起來，到現在又三十年過去了，李先生對於「文革」那段歷史「鍾情」不改，現在終於將其裒輯付梓，我想，這是中國歷史界的大幸，也是國家、民族之大幸！

前兩年，我有幸讀到李正中先生的回憶錄，對他在「文革」中的遭遇有了更為真切的瞭解。「文革」不僅僅是中國知識分子的受難史，更是整個民族、人民的災難史。正如李先生在「前言」中所說，忘記這段歷史就意味著背叛。李先生是歷史學家，他的話絕非僅僅出於個人感受，而是站在歷史的高度，表現出一個中國知識分子的真正良心。

就我個人而言，雖然「文革」對我這一代人的波及遠遠不及李先生那一代人，但自從我對「文革」有了新的認識後，對那段歷史也有所反思。結合我個人現在從事的中國傳統文化教學與研究來看，我覺得「文革」最大的災難在於：它對中華優秀傳統文化做出了一次「史無前例」的摧毀（當時稱之為「破四舊，立新風」，當時究竟是如何做的，我想李先生這套書中一定有非常真實的史料證明），從根本上造成人心

的扭曲和敗壞，並由此敗壞了全社會的道德和風氣。「文革」中那層出不窮的事例，無不是對善良人性的摧殘，對人性中那些最邪惡部分的激發。而歷史與現在、與未來是緊緊聯繫在一起的，當代中國社會種種社會問題、人心的問題，其實都可以從「文革」那裡找到根源。比如中國大陸出現的大量的假冒偽劣、坑蒙拐騙、貪汙腐化等現象，很多人責怪說這是市場經濟造成的，但我認為，其根源並不在當下，而可以追溯到四十年前的那場「革命」。而時下一些所謂「左派」們，或別有用心，或昧了良心，仍然在用「文革」那套思維方式，不斷地掩飾和粉飾那個時代，甚至將其稱為中國歷史上最文明、最理想的時代。我現在在高校教學中接觸到的那些八十年代、九十年代後出生的年輕人，他們對於「文革」或者絲毫不瞭解，或者瞭解的是一些經過掩飾和粉飾的假歷史，因而他們對於那個時代的總體認識是模糊甚至是錯誤的。我想，這正是從巴金老人到李正中先生，不斷呼籲不要忘記「文革」那段歷史的深刻含義所在。不要忘記「文革」，既是對歷史負責，更是對未來負責啊！

記得我在上小學的時候，整天不上課，拿著毛筆——我現在感到奇怪，其實就連毛筆不也是我們老祖宗的發明創造嗎？「文革」怎麼就沒把它「革」掉呢？——寫「大字報」，批判「孔老二」，其實不過是從報紙上照抄一些段落而已，我的《論語》啟蒙竟然是在那樣一種可笑的背景下完成的。但是，僅僅過去三十多年，孔子仍然是我們全民族共尊的至聖先師，「文革」中那些「風流人物」們今朝又何在呢？所以我認為，歷史是最公正、最無情的，是不容歪曲，也無法掩飾的，試圖對歷史進行歪曲和掩飾其實是最愚蠢的事。李正中先生將這些「文革」時期的真實史料拿出來，讓那些並沒有經歷過那個時代的人們真正認識和體會一下那場「革命」的真實過程，看一看那所謂「革命」、「理想」造成了怎樣嚴重的後果，這就是最好的歷史、最真實的歷史，這也就是巴老所說的「文革紀念館」的一個重要組成部分啊！我非常讚成李正中先生在「前言」中所說的，只有不漠視、不回避這段歷史，中國才有希望，中華民族才有希望！

是為序。

中華民族最黑暗的年代「文革」48周年紀念於天津聆鍾室

〔注〕張培鋒：現任南開大學文學院教授博士班導師

古月齋叢書7　文革史料叢刊　第五輯

前言：忘記歷史意味著背叛　李正中

序言：中國歷史界的大幸，也是國家、民族之大幸　張培鋒

第一冊：大批判、大學報集（一）

第二冊：大批判、大學報集（二）

第三冊：大批判、大學報集（三）

第四冊：大批判、大學報集（四）

第五冊：大批判、大學報集（五）

揭市委內幕

最　高　指　示

要不要批判資产阶級反动路綫，是能不能貫徹执行文化革命的十六条，能不能正确进行广泛的斗批改的关鍵。在这里，不能采取折衷主义。

自无产阶級文化大革命一开始，天津市委始終貫穿着一条資产阶級反动路綫，他們百般压制和攻击革命学生，成为我市运动的絆脚石。

八月二十六日革命的紅卫兵小將造了天津市委的反，市委大楼里的老爷們吓破了胆，馬上招兵買馬，大造謠言，利用工农群众对党对毛主席的无限热爱的心情，煽动工农群众斗爭学生，妄图把敢于造反的革命学生打成反革命。

革命的同志們，回忆一下"八・二六"事件以后市委門前的几次辯論会；屬名为"八・二六事件的由来和形成"的传单在全国范圍內大量散发，各单位在"上司"的命令下，如同学习最高指示一样学习这篇传单。这是誰在幕后搗的鬼，就是天津市委！为了使大家了解詳情我們轉抄市委大楼里的几份大字报，来揭天津市委的黑幕，看天津市委在我市和我校的文化大革命运动中充当什么角色。

本大字报沒經写該大字报的同志亲閱，如有出入完全由我們自己負責。

注：文章中二技校卽劳动局第二半工半讀学校

天津市劳动局第二半工半讀中等技术学校，文革促成小組毛澤东思想紅卫兵

一九六六年十一月七日印

資产阶級反动路綫在继續

——八月十九日至九月二十六日大事記

对群众运动采取什么态度，是支持还是反对，是区别革命和反革命的一个极为重要的标志。——引自六月十六日人民日报社論。

“十六中事件”以后，市委貫徹的仍然不是以毛主席为代表的无产阶級革命路綫。他們仍然把革命群众当成敌人，有組織有計划地組織群众斗群众，組織工人斗学生，明一套暗一套，干了一系列可耻的勾当。現仅就我們所知道的一些情况，公布如下：

八月十九日

晚上，万晓塘同志指示工交政治部付主任××同志：“省委通知要組織工人赤卫队，保卫宾館”。（按：当时市委在河北宾館开会。）××同志立即向工交政治部干部×××同志了解宾館附近有多少个四清厂子。×××同志介紹了四个。組織多少人，还要等市委通知。十点左右，市委来电話，說馬上組織二百人。××同志当即带×××同志和工交政治部干部处付处长×××同志，去强声无綫电厂找四个厂子的四清工作队长开会。××同志布置說：“經省委报华北局同意組織工人赤卫队，把政治上可靠的組織起来，先不公开。任务是保卫要害部門，保卫党的机密。咱們几个厂子离宾館比較近，学生老往宾館来，必要时拉了去。”会上研究了各厂能出多少人，因为大部分工人都已下班回家，算了算，連工作队的干部加上去，只能凑八十多人。当天夜里，派了两个赤卫队代表去宾館。万晓塘同志接見了代表，說：“你們的主要任务是保卫机密，保卫要害部門”。接見时在座的还有省委两个部委負責人。

同一天晚上，李定召集市委附近的五个厂子的四清工作队长，在书記处开会，也布置組織赤卫队。李定說：“阶級敌人要向我們总进攻，要砸市委。（按：把革命群众看成是敌人，这就是資产阶級反动路綫的基本观点。）我們要組織赤卫队，保卫市委机关，保卫党的机密。袖章由市委統一发。大厂組織一个大队，小厂組織一个小队。要住厂，随叫随到。（按：从这一天起，市委便大肆組織工人赤卫队，以充当他們压制学生的工具。）

八月二十日

上午九点半，××同志带×××同志去宾館，在强音无綫电厂召开了十一个厂子的支部书記或四清工作队长会。要他們动員工人，不要到宾館跟学生辯論；有赤卫队的厂子要加强戒备，听从調动；队伍要住厂，暫时停止工休，以后再补。当天，該厂工作队付队长徐××，召开了赤卫队班长以上会議，进行了具体布署。

八月二十一日

領导指示×××同志在宾館同省委付秘书长李枫接头。之后，組成了“接待組”，由省交际处长刘德里，省公安厅徐处长和×××同志組成。指定×××同志負責工人赤卫队的調动，直接指揮一百四十人。

八月二十四日

晚上，一部分北京来的紅卫兵，要进市委找万晓塘，正当他們被市委机关赤卫队拦阻相持不下的时候，环境卫生局突然开来两辆汽車，七八十工人，車头的横标写着：“扫鬼队”三个字。他們下車便喊：“市委机关赤卫队往后站，我們来保卫市委机关！”随后他們把学生引到人民礼堂，展开了辯論。

不大一会儿，絨毛加工厂赤卫队五、六十人，直接开进了市委大楼，在前厅等待，半夜才走。

八月二十六日

市委大楼发生了“八·二六事件”。

晚上，北京紅旗学校学生和二技校八·一八紅卫兵，在市委門前揭发市委。工交政治部付主任刘东同志，指示組織二技校工人赤卫队二百多人，到市委門前同学生产辯論。四清办公室有的干部感到这种做法不对头，請示了苏民同志，苏民同志也不同意这样做。但是工人队伍已經出发了，又派干部把工人队伍拦了回去。刘东同志不滿意地說：“咱們要总結經驗教訓，那里（按：指市委門前）听不到工人的声音”。还批評干部說：“你們毛泽东思想紅旗举得不高，不相信工人阶級的力量”。

夜里1点多钟，北京学生到北京送文件，經双方商定、工交政治部×××同志，随学生同車前往。刘东同志决定另派一辆小車，拉开距离跟在后面，到达北京前，要超越过去，提前到达，以便同有关单位連系。后来又发現有一辆大轎車停在浙江路，知道有更多的学生要上北京，刘东同志又急忙要四清办公室干部組織二技校赤卫队乘两部卡車赶去。

此后，便展开了“八·二六”事件的辯論。市委成立了指揮辯論班子，由李中垣、李守眞、王培仁、郝杰軒等組成。

九月二日

夜里一点多，张淮三在統战部召开各局书記会，布置要各局組織工人赤卫队，到市委保卫市委机关，保卫机密，从四十多个单位組織了一千四、五百人。淮三指示立即把印刷公司經理曲××叫来。布置連夜赶印十万份《八·二六事件的由来和形成》的传单。后来感到这么做太露骨了，又派人与工技校赤卫队联系，以赤卫队的名义找印刷公司要求印刷；同时通知印刷公司不要說是市委說的。

各局接到組織工人赤卫队的任务后，立即組織开赴市委，带队的多是党政一把手。因为怕被市委門前的学生发現，队伍到市委附近便化整为另，分批地从市妇联的小門偷偷进入市委，另一批派到了市人委。市委大楼里到处都是赤卫队把守，机关干部出入层层都要交驗工作証。还給赤卫队和机关干部规定了暗号：从挽起左袖为記。

九月三日

工交系統接到市委文革办公室发来的材料，题目是“关于北京紅旗学校等一些地方“紅卫兵”和天津劳动局二技校部分学生冲进天津市委大楼的情况。”要求轉发各基层单位，向职工传达，并組織討論。

九月四日

下午，市工交文革小組組长廖斗寅，召开局政治部主任会，会上，首先讲了市委門前辯論的形势。他說：“这些人对市委很坏，很有組織，很猖狂，要占領市委机关，这是不能允許的。”他还瞞怨工人在辯論会上的发言沒有力量。接着說：“市委机关暫时是安全的。現在要揭露他們。要向更多的人讲清<按：指八·二六事件>，要把“八·二六事件”的眞相向全市人民讲清楚。要点面結合。市委門前为点，組織辯論，对他們的观点进行批判；另外再准备几个点，由市委統一指揮。确定棉二、仁立和吊鏈、縫級机等厂成立宣传站，进行广泛宣传，由李中垣統一指揮。我們准备連續搞几天，并准备来更多的人。面上的所有工厂企业，都要設点，把各工厂企业，学校都变成陣地，到处与他們辯論，纏住他，不叫他集中，到那里那里就同他辯，能拖多久就拖多久，分散他的力量。另外，还要肃清他們的影响。如果有的地方力量单薄，可以組織支援。各单位要組織专人管这个情况，发現什么情况立刻报告。对他們不要扣反革命黑帮的帽子。有两个帽子可以給他們戴：一是与林彪同志的讲話相违背；二是破坏文化大革命。还要掌握两条：1.不动手。2.揭透他。《按：哪里来的这么高的反动气焰？对革命群众为什么这么仇恨！》

晚上，市委門前继續进行“八·二六事件”的辯論。市委要求工交口的面上和四清单位，各抽三百工人参加。发言的人是予先指定的。第二自行車厂党委办公室付主任×××同志以工人身份在辯論会上发言。

夜一点，接到华北局和刘子厚指示，保卫机关的工人赤卫队馬上撤离，一个不留。此后，便改为学生把守。

晚上，第一印刷厂印出了《八·二六事件的由来和形成》的传单。劳动局二技校赤卫队取走五万份到北京散发。工交政治部領了×万份，連夜发給了各局政治部。

九月四日

上午，工交四清办公室向各四清团分发传单，被二技校学生发現。学生問在哪領的，領取的人不說。学生进到工交四清办公室，問是不是这印的，在場的人都說不知道。見势不妙，一部分人在院里应付学生，有的大晴天披着雨衣将传单轉移到統战部和一輕局供銷經理部分发。这时又从印刷厂拉来一車，由四清办公室的同志截到原楊拯民同志宿舍。等到天黑又轉移到水上公园，由劳动局二技校工人赤卫队派車去水上公园接走，分发。（按：关于印刷传单的問題，张淮三曾經說过：“反对市委的說服工人不要給他印，支持我們的給印。”）

九月六日

上午九点，李中垣召集各口負責組織辯論的干部开会，布置当晚的辯論。指示工交口出六百人，具体位置是会場的正前面和西面；基建口出五百，位置是东面；中学生出一千，在正后面；半工半讀出四百五，在西后面。辯論会晚六点开始，要求队伍提前到达占領会場。后来听說“孙大圣”四点开飯，工交口又紧急通知有关单位，四点以前一定要占領会場。

辯論会的前綫指揮有李中垣、王培仁、李守眞、郝杰軒等，张淮三經常用电話传达上面的指示。

这天晚上的辯論“孙大圣”临时改变主意沒有来，只是单方面的批判、声討。至夜十一点左右，北京紅旗学校和齐齐哈尔等地的学生，对此进行了严厉的指責，市委通知馬上宣布散会，工人們因不明眞意，不肯走，工交口立即召开領队負責人开会，让他們說服工人，这才走了一部分。有些还不走，負責具体工作的同志就到工人队伍中一个一个的往外拉。

与宣布散会的同时，李中垣又指示基建口的队伍到市人委花园等待，准备应付即将开来“孙大圣”的二百紅卫兵。

九月十日

上午，工交四清口由付主任××同志，召集四清团长紧急会議，传达了市委的意見，說林鉄是反党反社会主义、反毛泽东思想的黑邦分子；胡昭衡是資产阶級代表人物；周揚修正主义文艺路綫的执行者。（按：沒有讲具体材料，一直沒有讲），要下面广泛宣传，但不要說是那說的。此后，就开始了群众性的庆祝宣传活动，貼出了大量的大字报，出动了宣传車和不少游行队伍，揭露市委的斗爭一度沉寂。

九月十八日

学生在民园体育場召开揭发市委大会。关于这次大会，××自行車厂党委书記×××同志，曾有过这样一段自述：有些事是誰直接打电話找的，局里都不知道。譬如：說民园那次大会，我带了几百个人去。我先上了主席台。紅卫兵問我：“你是紅卫兵？”我說：“我不是，我是工人。我今天不是，我以后是。”我就拿出了工作証，給他們幌了幌，沒敢打开，我对紅卫兵讲：“我們工人代表来了几十个人，我們坐那？”他們說：“你們就坐这吧！”我就大喊了一声：“咱們工人都上台来！”一上好几百。我一示眼色“咱們都坐这”就都在主席台上坐下了。我一看陣势要是打起来，足够一个对付一个，我就蹓出来了，紅卫兵在后面跟了上来，問我：“你到底是什么人？”我說：“我是工人”，紅卫兵說：“你不是說才几十个人嗎？怎么那么多？”我說：“我不知道，我不认識他們。”紅卫兵又說：“你叫他們都下来行不行？”我說：“你們下来我們就下来。”紅卫兵答应了，我們就都下去了，市委事先还准备了传单（报紙社論）准备会議要是乱了，就撒传单，攪乱会場。上午撒了传单，下午大部分是工人、秩序很好。这一天××区委工交政治部主任赵××也带了一部分工人去了。我們俩在那呆了一天。

九月二十六日

晚上，张淮三在四清团长会議上讲話，他說：“形势越来越好。最紧张的一段是八月下旬和九月上旬。經过八·二六事件的辯論，眞相澄清了。九月十八日几十个学校又召开大会，揭发市委，晓塘同志亲自同学生見了面，讲了話，誠恳表态，欢迎批評，这样就爭取了大多数，使会場形势有很大变化。上午三千多人，下午只有六、七百人，发表意見也比較緩和了，极少数对市委有对立情緒的人，感到失望，觉到沒劲，通过那天大会，形势逐漸变化。从九月二十日到二十二日，广大群众吊唁晓塘同志，市委沒有組織，但声势很大，（按：眞的沒有組織嗎？在訃告里把万晓塘捧上了天，天津日报头版报导追悼的声势；市委还通知，对送花圈追悼的群众不組織，也不阻止；宣传部印刷了歌功頌德，混淆是非的传单和刊物，大等散发等等，这些不是更有力的組織发动嗎？）实质是群众的眞正行动，对坏人示威，对左派支持，市委被动局面好轉。但要看到运动的阻力还很大，斗爭会有反复，敌人决不会甘心失敗，他們还会用各种手段阻挠和破坏文化大革命（按：这是一个鎭压群众运动的总結，群众被压下去了，他看成是胜利，欣喜若狂；群众起来了，他們感到紧张，怕的要死，这眞是一付絕妙的資产阶級反动路綫的自我画像）。

“要不要批判資产阶級反动路綫，是能不能貫徹执行文化大革命的十六条，能不能正确进行广泛地斗、批、改的关鍵，在这里不能采取折衷主义”

——《紅旗》十三期社論

“区别改正錯誤或坚持錯誤的标志，是对群众的态度，是否公开向群众承认执行了錯誤路綫，是否給被打成“反革命”、“反党分子”、“右派分子”、“假左派，眞右派”，的革命群众，认眞眞反，公开給他們恢复名誉，幷且支持革命群众的革命行动。

——《紅旗》十四期社論

誓死保卫以毛主席为代表的无产阶級革命路綫！
彻底揭发批判資产阶級反动路綫！
誓死保卫党中央！
誓死保卫毛主席！

市委工交政治部

巴木兰、刘逢久、吳增盛

1966.11.3

看李文全充当了什么角色

市委門前开了一場大辯論，大辯論是由“孙大圣”和市委約定而展开的，結果定的时間“孙大圣”沒去而告終（孙大圣原名徐国恩）。在这期間，李文全充当了什么角色？請大家来看他：

一天夜間，一点多钟，我們正在家中睡覚，突然外面叫門，机关来了一辆車接我們有紧急任务，我們三四人到了机关，把任务接过来看了一看是传单，内容是闡明一下“八·二六”事件經过，是針对“孙大圣”他們所发传单大約搞了七千份（結果发了一小部分），过了两天晚上突然李文全对我們說：“来几个紅卫兵，到楼上有事。”我們去了四五个人，一看是我們印的传单，他叫都拿到鍋炉房去消毁，烧了大約有五六千份，事后我們想这事不对头，为什么这祥鬼鬼祟祟呢？同时又想到我們那天搞这个文件，同时两三点钟又調来两三百工人，說是为了保卫机关，实际上是对付紅卫兵，是对付学生的，这种情况不能不引起我們的注意，谷云亭也曾經透露說：“市委是幕后的。”这些問題連系起来不难看出这是个大阴謀，这是公然与十六条相对抗，林彪同志最近的讲話說的很清楚，不允許群众斗群众，挑动学生斗学生，他們所做所为是违背这一指示的，这是方向性的錯誤，坚决要求省委做詳細調査，作出严肃处理。

而在这里李文全起了一个帮凶的作用，公然不顾十六条，违背十六条，盲目地执行市委錯誤路綫，这和李文全善于抬轎子是有关系的，李文全必須做出彻底交待，要求革委会严肃处理。因为这是一原则問題，即然是原则問題就应严肃对待。

希知内情者勇于揭发。

赵文华、胡金柱，于达

注：李文全是市委秘书长

11.9.

市委一小撮人顽固的站在資产阶級反动立場上有組織有計划的挑动工人斗学生，学生斗学生

一、“八·二六”事件后市委吓破了胆，害怕革命学生再揭发問題造他們的反，于是就积极地搞市委門前的辯論会。辯論是市委工作人員主持，市委书記处书記谷云亭是幕后指揮者，他們利用群众不明眞象，扇动一部分人在会上发言，有些同学給北京学生甄常华带上了反革命、右派分子的帽子。为了使市委門前的辯論会合法化，市委一些負責

人散布說我們已經請示华北局，要我們站出来革命，应采取主动（大意），市委站在資产阶級反动立場上，利用工农群众对党和毛主席的无限热爱挑动群众斗爭学生，还表現在利用某某厂二、三百工人到市委前門搞保卫，我們知道通知鋼厂組織工人参加辯論，厂党委負責人带領一部分工人（停产）到市委門前参加辯論，我們还見到卢珊鋼筋队的工人排队到市委，这样做的目的就是要向北京学生甄常华、徐国恩和劳动局八一八紅卫兵猛烈反击。把他們打成右派，打成反革命，不准再造市委的反。

辯論会第二天上午由市长李中垣主持在市人委召开中学和半工半讀文化革命办公室和工交政治部等单位会議，布置晚上如何組織八百学生（拥护市委的）和部分工人参加会，幷对参加会的工人、学生在什么地方都作了安排，这样做的目的就是让一些拥护市委的学生在会上发言，把斗爭矛头不去指向党內走資本主义道路当权派，而是把斗爭矛头指向学生，指向甄常华，指向劳局第二半工半讀学校的八·一八紅卫兵，給他扣上反革命右派分子的帽子，而市委有的人說过如果学生往大楼里闖，工人們可以不让他們去，学生不会怕市委工作人員、怕工人，如果他們再不听可以展开辯論。这叫什么辯論？这就是挑动工人斗学生学生斗学生。

二、市委中学文化办公室得知半工半讀文化革命办公室大量印刷劳动局二半毛泽东主义紅卫兵（原赤卫队）关于《八·二六事件由来和形成》之后，中学文革办公室領导如获致宝，在当天夜里便急急忙忙与印刷厂索取一万张传单，轉天由下校同志分别带到各完中校，有的学校接到传单后，就提出，为什么你們只带拥护市委的传单？不带不同意市委传单呢？你們是什么目的？他們对这种做法极为不滿。

三、动員紅卫兵連絡站負責人叫他們从一些学校調一部分紅卫兵在开辯論会时保卫市委，紅卫兵提出保卫市委我們不去，我們对市委也有意見，保卫国家財产保卫大楼可以。

我們认为尽管徐国恩、甄常华和劳动局二半八·一八紅卫兵在“八·二六”事件的作法上有些缺点和錯誤也是不允許这样做的，但是市委一小撮走資本主义道路混进党內的当权派，有組織有計划地挑动工人斗爭学生，这就是与毛主席亲自主持下制定的十六条相对抗，充当了挑动群众斗学生的罪魁祸首，妄图把毛主席点燃的无产阶級文化大革命烈火扑灭。

为此，勒令：

市委一小撮人要彻底检查。

誓死保卫以毛主席为代表的无产阶級革命路綫！

团市委組織部：宋振英、王洽兰、郭福元、王伯迎

66.10.22

炮轟天津市委　火烧樊青典

"星星之火，可以燎原"。毛主席点燃的革命烈火是任何反动势力也扑不灭的。对天津市委，我們既要烧死的，更要烧活的。前几天烧了万晓塘，現在来烧樊青典。

樊青典其人，原是国民党員，参加革命后，一直是万晓塘的左膀右臂，入城以后历任公安局处长、副局长、局长，很快又被万晓塘提拔为市委常委、政法工作部长、副市长，成为万晓塘宗派主义集团的一員干将。他表面是人，暗中是鬼，罪恶滔天，民憤累累。兹公布其十大罪状，誓与全市紅卫兵、革命师生、革命干部、革命群众共討之！

（一）頑固地坚持資产阶級反动路綫，对抗党中央的指示，瘋狂地鎮压革命群众运动。

樊青典，在万晓塘、张淮三等人主使下，制造了一系列挑动工人斗学生，挑动学生斗学生等鎮压学生革命运动的严重事件。

（1）妄图使公安局成为他們实行資产阶級专政，鎮压革命学生运动的工具。八月二十三日，人民日报刚刚发表了"工农兵要坚决支持革命学生"的社論，万晓塘、张淮三、樊青典等人公然和党中央唱对台戏。他們一手制造了全国聞名的"八·二六"和九月初市委門前一系列挑动工人斗学生，挑动学生斗学生的事件。

特别严重的是九月二日晚，北京来的一部分紅卫兵和天津劳动局第二半工半讀学校的紅卫兵等約二百人，要万晓塘出来接見，万吓破了胆。他們认为"学生要砸市委"，"阶級敌人要利用群众向市委发动进攻"　张淮三、樊青典坐鎮市人委，亲自指挥工人斗学生，布置公安局派二百名干部带领工人从市委后門进入，把学生挤出去，进行鎮压。我們識破了他們的阴謀，經請示赵武成、谷云亭同志，把它頂了回去，避免了鎮压学生的严重錯誤。

同志們！市委里党內走資本主义道路当权派为了維持自己的統治，什么事情都干得出来。革命学生要見万晓塘，批評市委，这本来是革命的行为，是好事。他們却认为"学生要砸市委"，"阶級敌人要利用群众向市委发动进攻"，让公安局进行"鎮压"。这正如十六条所說的"有些单位是被一些混进党內的走資本主义道路的当权派把持着，这些当权派极端害怕群众揭露他們，因而找各种借口压制群众。他們采取轉移目标，颠倒黑白的手段，企图把运动引向邪路。当他們感到非常孤立，真混不下去的时候，还进一步要阴謀，放暗箭，造謠言，极力混淆革命和反革命的界限，打击革命派。樊青典就是这样的人。

（2）抓住三輪二社反革命案件，把斗爭鋒芒指向紅卫兵。

貨运三輪二社內部的一小撮阶級敌人，借开展无产阶級文化大革命之机，进行反革命阶級报复，杀害了党支部书記陈良謀同志，犯下了严重罪行。对这样一起反革命案件，本应抓住阶級敌人及时严肃处理，但身为市委常委、付市长的樊青典，却反其道而行之。他亲自坐鎮东风区委，利用这个案件，推行資产阶級反动路綫，把打击鋒芒指向紅卫兵，鎮压革命的群众运动。

樊青典极力主张通过这个案件解决文斗、武斗問題。案件发生后，九月三日和五日，两次就文斗、武斗問題，組織群众进行大会"辯論"，实际上是对三輪二社紅卫兵負責人薛志維和去該社帮助搞文化大革命的卫国道中学紅卫兵裴家凤等人的控訴斗爭。会后，并将薛、裴等二十多名紅卫兵扣押起来。他們颠倒是非，混淆敌我，放纵敌人，打击革命群众，达到了无所顾忌的程度。

斗爭、扣押还感不足，就又通过三輪二社事件紅卫兵主席团，并以主席团的名义，大量印发了《关于三輪二社反坏分子制造杀人事件的初步調查情况》的传单。这个传单不充分揭露阶級敌人的破坏活动却一再攻击三輪二社紅卫兵負責人薛志維等，妄图以此轉移革命群众的斗爭鋒芒，对广大紅卫兵施加压力。在这个传单的蒙蔽下，本市几十万人上街，外地来了上千分的电信，声討紅卫兵薛志維等，一时轉移了斗爭目标，挫伤了紅卫兵的革命銳气，把轰轰烈烈的无产阶級文化大革命压了下去。

現在虽然已經案情大白，敌我分明，鎮压了敌人，保卫了文化大革命。但是，樊青典等人借此事件推行資产阶級反动路綫，实行資产阶級专政，压制打击革命群众，破坏无产阶級文化大革命的罪行尙未清算。我們坚决和全市的紅卫兵革命小将，广大的工农兵革命群众站在一起，揪出樊青典这个鎮压革命群众运动的急先鋒，向他兴师問罪，让他向革命群众彻底交代鎮压革命群众运动的罪行。

（3）被紅卫兵揪住后，进行疯狂反扑。

樊青典，由于鎮压学生运动罪恶滔天，前些天被紅卫兵揪往北京。他不但不向紅卫兵老实請罪，反而布置他的嘍囉对紅卫兵采取一系列的非法措施，继續負偶頑抗。

請看，十一月卅日我局几个干部因公去天津市人委駐北京办事处，碰巧听到市委三办干部刘瑞林打电話的一段讲話：

"你是李××嗎？我是刘瑞林。

我在駐京办事处哪！他們把樊市长弄到北京来啦，現在又想弄去斗。他們簡直是无理取鬧。我一看事不好，情况很急，又沒有車，找水上借了个車，跟上他們啦。昨晚他們开了个秘密会，后来从屋里出来两个人，我們跟了跟，看意思他們內部有矛盾，也有分化，他們要把樊弄回河北宾館去，开黑会斗。現在樊有赵局长跟着哪，看来現在主要是力量对比問題。"

"咱起碼得跟两个人。这个情况，你得跟守眞汇报一下，赶紧想办法采取措施，就这样吧！我得吃飯去，晚上再联系。"

这只是刘瑞林一方的讲話。对方李××还讲了一些什么黑話，我們不得而知。仅从刘瑞林的讲話，可以淸楚地看出，樊青典这个鎮压学生运动的急先鋒，对革命群众是多么咬牙切齿，极端仇視。他們日夜指望革命群众"內部有矛盾"，"有分化"。不遺余力地"想办法，采取措施"保存自己，甚至不惜采取××××等特务手段来对付紅卫兵和革命群众。其鎮压学生运动是何其毒也！

（二）抵制和破坏三級干部会議

市委在河北宾館召开三級干部会議期間，宗派主义集团，指使一些干部从会場上揪胡昭衡同志，妄图破坏三級干部会議。这个阴謀沒有得逞，他們又借口紅卫兵經常到宾館要求解決問題，“接待任务重”，提出休会三天。市委这一通知下达之后，遭到全体到会革命同志的反对，紛紛要求一定要按照中央指示精神坚持把三級干部会議开好。在广大革命同志的强烈要求下，大会沒有停止。

大会机关三組負責人，市委常委、副市长樊青典，接到这个通知之后，好象抓到了一根救命草，急忙借此破坏三級干部会議。他在深夜四点钟，匆忙地起来召集小組开会，慌慌张张地說：“得早走，六点以前大家都走，晚了紅卫兵就給堵住了！”当时小組的同志都坚决不同意休会，誰也不走。他一看阴謀未能得逞，就偷偷拿起提包溜出宾館，逃避会議，在外边进行阴謀活动。两天之后，他看到大家还在继續开会，又迫不得已偷偷地溜回宾館。

樊青典虽然故作鎮靜地溜回了宾館，但是他心中有鬼，終日慌恐不安，十分害怕紅卫兵。一談起紅卫兵他就面色蒼白，怕得要死，甚至連說話都打顫顫。在三級干部会議期間，一听紅卫兵来，他不敢下楼到飯厅吃飯，让别人給他买点餅干，躲在厠所里，或藏在女同志当中，其狼狽象眞是令人笑掉牙！

（三）干扰破坏公安局的文化大革命，妄图整垮公安局。

八月分，市委在河北宾館召开工作会議期間，公安局参加会議的領导同志，以对党負責，对人民負責精神，积极响应毛主席的伟大号召，尖銳地揭发了万晓塘、张淮三、樊青典、宋景毅、王培仁等人的大量問題，刺到了他們的痛处。参加市委工作会議的同志們，知道万晓塘等人慣于打击报复，很多同志紛紛到公安組声援，并要求华北局、省、市委保护检举人。事后，不出同志們所料。樊青典指使市委政法文革小組的負責人张墨义、周承芳，与万晓塘前任秘书，現任公安局副局长王誠熙，万晓塘的爱人张露，樊青典的爱人孙竞华等人，勾結在一起，里应外合，极力保市委，保万晓塘，保樊青典，压制打击革命群众，制造混乱，破坏公安局文化大革命，妄图整垮公安局。

首先，在政法文革小組內部搞宗派活动，整公安局調去的同志。由于张墨义等人忠实地执行樊青典整垮公安局的意图，对从公安局調到政法口的同志存有戒心，采取了一系列的排挤、打击、刁难、挑拨、恫吓等手段，大搞宗派活动。他們不让公安局調去的同志参加政法文革小組的全体会，不让看文件，許多会議都是背着这些同志。有时张墨义亲自主持召开“安排工作”的全体会，見到公安局的人就馬上宣布散会。値得注意的是，他們对核心領导成員之一的王玉德同志（公安局的）也排挤在外。領导成員王良善同志曾对公安局調去的观察員說：“政法口出的簡报，一种是上报的，一种是下发的，以后你們都可以看看。”为了利于工作，根据王良善同志的指示，公安局的同志几次向办公室主任向三友提出看文件的要求，都被拒絕。一次向他們要簡报看，向三友竟然給了一分报紙社論，公开对公安局同志进行污辱。不仅如此，他們在工作上极力地打击和刁难公安局去的同志。干部組长张志强，甚至公开对公安局去的干部說：“有些事就是回避你們，回避你們一下有好处，因为和你們的观点不一样”等等。

第二，挑毛病，抓把柄，整理黑材料，反映假情况，企图将公安局置于死地而后快、他們在領导公安局文化大革命运动中，心怀恶意，故意不看主流，抹煞成績。观察員每次向領导小組汇报情况时，談到公安局运动的成績，他們就不感兴趣，既不听，也不記，甚至中途打断制止。而一說到运动存在問題，他們則兴致勃勃，問的記的都很詳細。在給观察員布置工作时，也多是强調搜集什么“群众斗群众”，“組織围攻”，“打击报复”等等。他們在运动中整理了公安局大量黑材料，最近公安局革命同志向他們索要黑材料的时候，他們偷偷烧掉一批，轉移一批。我們正告市委和张墨义等人，张墨义等人上报市委的黑材料，不和公安局革命群众商量，絕不准你們銷毀，已轉移的黑材料必須交出来，偷偷烧掉黑材料的罪行，必須彻底清算。

第三、不准公安局的革命同志揭发市委、万晓塘和樊青典的問題。运动中，公安局的革命同志給市委、万晓塘、樊青典貼了一些大字报，揭发了他們的一些問題。张墨义等人即給我們扣了一大堆的帽子。說什么公安局“反市委”，“江枫想篡夺市委領导权”，“炮轰司令部給市委提意見是轉移視綫”等等。

万晓塘同志逝世第二天，万晓塘的爱人张露領导下的某些人，就在市公安局貼出了“党的結論，人民的結論”的大字报。他們引用了一段《天津日报》报导万晓塘逝世消息中的“高度評价”（“他的一生，是战斗的一生，光輝的一生，他忠于毛主席，忠于毛泽东思想，忠于党，忠于人民”）以后，接着就攻击給市委和万晓塘提意見的同志是：“一小撮别有用心的人大反市委，大肆攻击誣蔑万晓塘同志。”挑动市公安局群众“不要受一小撮别有用心的人的蒙騙”，“把他們的主使者揪出来，放在光天化日之下”。樊青典的爱人孙竞华，公然向市公安局文革筹委会办公室索要市局革命群众給万晓塘同志所貼大字报底稿。有人破口大罵市局革命群众，說“馬路上反万晓塘的大字报沒有了，就他娘个×的咱局的大字报还他媽的挂着。”甚至揚言“誰要說市委有黑綫，我就跟他白刀子进去，紅刀子出来。”制造白色恐怖，张墨义等和他們紧密配合，追查公安局为什么不开追悼会等等。当时我們革命群众的积极性受到严重挫折，短时間內，沒有人再給市委特别是給万晓塘同志写大字报，使我局文化大革命受到很大影响。

市局行政处的革命同志冲破种种阻力，在市委給樊青典貼了一张大字报，即遭到围攻，有人竟通过組織手段，威胁革命同志把揭发樊青典的大字报揭下来。

第四、他們耍阴謀，放暗箭，造謠言。說什么“‘八·一六’事件是有組織、有計划、有領导搞的。”“先撤郝志刚的职，然后再搞江枫，象斗蛐蛐一样，一点一点的来。”“罢江枫的官，省、市委、中央已經批准了，什么时候宣布，要看时机！”“江枫一倒，倒一片，不只是罢江枫的官，还要改組公安局”。“搞王誠熙是个大阴謀”“給樊青典提的那些意見，根本沒那么回事！”

更为严重的是，樊青典指使市法院院长陈阜，在东风区公安分局造謠說，市公安局很乱，市局領导現在不能行使职权了，指望不上市局了等等。陈阜甚至明目张胆地背着市公安局領导，直接指揮和領导东风区公安分局进行工作，妄想篡夺市公安局的領导权。

第五、违反破坏党中央的指示，煽动群众鬧事，挑动群众斗群众。党中央規定，工人不准进公安机关看大字报，公安机关內部的大字报不准上街，张墨义等人多次煽动和指使公安局所属的瑪鋼厂和七〇三厂工人进入市公安局大楼，并把公安局內部的大字报貼在馬路上。在瑪鋼厂工人要进市公安局大楼时，樊青典的爱人孙竞华亲临現場指揮，煽动工人强行进入公安局。他們明明知道省委决定劳改单位暫緩开展文化大革命，但說这是个阴謀，指揮瑪鋼厂一些群众坚持开展文化大革命，多次煽动瑪鋼厂群众在厂里和到市局来鬧，挑动群众斗群众。他們明明知道党中央决定公安机关基层单位和各种民警暫不开展文化大革命，却暗中煽动少數交通民警要求开展文化大革命，对抗和破坏党中央的指示。他們这样做的目的，就是故意把公安局搞乱搞垮。

同志們！許多事实証明，樊青典是万晓塘在公安局搞宗派主义的黑根子。他指使张墨义、周承芳等人和王誠熙、张露勾結在一起，干扰破坏公安局文化大革命，妄图制造混乱，整垮和改組公安局。

同志們！請放心，公安局这个无产阶級专政的工具，樊青典等人是搞不垮的。用毛泽东思想武装起来的公安战士，向来不畏强暴，我們一定高举毛泽东思想伟大紅旗，和全市革命同志站在一起，同樊青典这个党內走資本主义道路的当权派斗爭到底，不把他斗倒斗臭斗垮，誓不罢休！

但是，他們是不会甘心自己失敗的，必然作垂死挣扎，疯狂反扑。十二月七日，我們貼出“炮轰天津市委，火烧万晓塘”大字报之后，公安局的斗爭更加尖銳，更加激烈，更加复杂了。他們揚言“十天內公安局要大乱”，揚言“要出流血事件”等等，对革命群众进行威胁恐吓，继續实行白色恐怖。同志們！彻底的唯物主义者是无所畏惧的，我們是吓不倒的，“舍得一身剮，敢把皇帝拉下馬”。

我們在这里向全市革命群众郑重声明，并警告市委，樊青典、张墨义等人如果胆敢继續在公安局挑动群众斗群众，制造流血事件，或搞其他破坏活动，一切后果要由他們来負！

（四）宣揚修正主义謬論，反对毛澤东思想。

一九五八年，樊青典在当公安局长时，大反毛泽东思想。他經常在我局干警中宣揚“有事办公安，无事办生产”的机会主义口号，拚命地兜售所謂“阶級斗爭熄灭論”、“无产阶級专政消亡論”等修正主义謬論。他提出要把天津市变成沒有反坏分子破坏的城市。在这种修正主义思想指导下，一度刮起了浮夸风，給当时工作造成了极为严重的不良后果。

这个問題，因涉及許多公安业务机密，不便在这里詳細揭发，請革命同志們原諒。

（五）刑訊逼供，造成共产党員自杀。

一九六一年夏季，正当国家經济困难时期，樊青典的“官暮驕娇四气恶性发作。他带着天津飯店經理詹維明同志，警卫員，专用厨师去大同避暑，携带我局进口照象机，整天游山玩水。七月十七日照象机突然丢失，樊青典大为恼火，一口咬定是大同宾館的汽車司机、共产党員于吉明同志（樊在大同游覽时于給他开車）偷去了，于是兴师动众，即把大同市市长、秘书长，大同市公安局长都找来給他破案。同时，通知天津市公安局派两名工作人員协助破案。

在研究案情时，大同市人委秘书长郑涛同志說，于吉明同志自参加工作以来，一直忠誠老实，沒有什么問題。大同市公安局副局长于駿同志认为，說于吉明同志偸照象机根据不足。樊青典却一口咬定照象机丢在汽車上了，肯定是于吉明偸的。他按照这个强盗邏輯，不問青紅皂白，就让大同市公安局把于吉明拘留起来，刑訊逼供，并且强行搜查了于吉明父亲和于吉明的外婆家。搜家时，还用扫雷器探測。这眞是致人死地无所不用其极！

于吉明被拘留后，堅決不承认偸樊的照象机。这时樊又指示大同市公安局对于当作“政治案件”对待，千方百計誘供逼供。于吉明蒙受不白之宽，感到沒有生路，被迫割生殖器和气管自杀（經搶救未死，但已終身残废），于吉明的外祖父，在搜家后第二天病吓而死。

于自杀后第二天，天津市公安局工作人員赶到大同，樊青典說：“已逼出人命了，你們既来了，就到市局去一下，說尙未見到我們，不要說专为此事而来，别把这个事攬在我們身上。”同时樊从大同溜走，时隔不久，北京市公安局抓住了眞正的盗窃犯解均，才洗淸了共产党員于吉明遭受的不明之宽。

事后，樊青典不但不认錯，反而百般陷害检举人詹維明同志。五反时，樊青典不仅不检查自己的錯誤，反而倒打一耙，說詹維明同志腐蝕了他。

同志們，限于大字报的篇幅，这里說的只是个簡单过程。于吉明同志以及他的家族在樊青典慘害下万分悲痛的遭遇是血泪难书的！樊青典这个杀人不用刀的劊子手，他窃取了天津市委常委、副市长的职权，竟敢这样无辜慘害共产党員，不能不使我們革命的人們警觉到他原来是个匪国民党員，今天杀害共产党員，是一件严重的阶級报复事件！好一个披着共产党員外衣，行国民党之实的副市长，你杀害共产党員的滔天罪行休想逃脫！我們堅決要求党中央、毛主席給于吉明同志作主，严懲樊青典，給于吉明同志报仇！

（六）目无法紀，搶尸盜腎。

一九六×年×月，前文化局长、党組书記、阶級异己分子黎砂的爱人于韻琴（市委宣传部干部）患了腎脏病，急坏了市委宣传部长白樺，前市委文教部副部长、蛻化变质分子魯狄。他們到处奔走，把于韻琴送进了总医院高干病房治疗。于住院后，医生认为她的腎脏已經坏的不能用了，需要給病人换一个活人的腎脏。活人腎脏哪里去取？一时又急坏了几位部长，还是魯狄出了个点子，让樊青典、桑仁政二人找个該枪毙的犯人下手。魯狄为此事亲自跑到政法部找樊青典商量办法，催樊抓紧时間办理。樊胸有成竹地說：“最近有一个！”并百般叮嚀“可要特别注意保守秘密，要派可靠党員”。

×月間，市法院判处一个杀人犯死刑，立即执行。执行前，按照樊青典、桑仁政、魯狄等人的計划开始了一場搶尸盜腎的爭夺战。文化局急忙派了五名党員干部，乘着市委汽車，接上总医院外科大夫，携带草绳、麻袋，由法院警車开道，奔赴刑場，法警和大夫嘱咐“事不宜迟，枪响就搶尸”，“取腎不能超过两小时”。說时迟，那时快，枪声刚落，法警、医生、文化局干部一拥而上，卸釘包扎，把尸体装进麻袋，汽車飞馳总医院。总医院医护人員，早已严陣以待，卫生局副局长李奕临床指揮，尸体放到手术台，只見大夫刀光閃閃，剖尸取腎，腎脏到手，忙将尸体抛回刑場。

樊青典呀！你眞不愧为“副市长”級的大干部，你的“救死扶伤”精神实在是太“高”了！你为阶級异己分子效劳，实在是效到家了！你导演的这場搶尸盜腎，眞是今古奇聞！够了！在我們的社会里，你竟敢这样目无法紀，濫用职权，采取极端恶劣的手法，疯狂破坏党的政策，实属罪大恶极！

（七）招降納叛，安插私人，包庇反革命。

（1）一九五二年樊青典将同乡张××安插到我局工作。在肃反运动中査明，张××历史上当过匪国民党山东临清党部执行委員、中統特务，是个血債累累的反革命分子，已逮捕法办。

（2）樊青典以前的地下关系×××是个大土匪，天津解放后被樊安置在我局工作，后来×××利用职权之便，敲詐十两黃金，本应判刑，在樊的庇护下仅給了开除处分。

（3）一九五〇年樊青典将一个有政治历史問題的“老相識”先安插到国棉六厂当人保干部，后調运輸公司保卫科长，并定为十七級，最后調来我局工作。肃反运动中，发現这个人是个伪造政治历史，伪造証件混入党內的政治騙子，于一九五七年被清出去了。

（4）一九五六年樊青典利用职权将他的小姨子强行安插給我局政治部当干部。据了解这个人原在山西大学讀书，在学校开展肃反运动时，不知什么原因跑回家中自动退学，学校多次催促也不返回。她来我局工作期間，資产阶級思想严重，工作不积极，生活讲排場，娇气十足，与樊青典介紹的情况完全不符。据說樊青典和她的关系也极不正常。

（5）樊青典还利用职权把他的所謂老部下，老相識以及大舅子，甚至連娛姆的丈夫从农村来津后都安插在我局工作。

（八）执行宗派主义的干部路綫，包庇犯錯誤干部。

（1）樊青典重用阶級异己分子甄述卿。甄述卿是个地主分子，当地解放后武装倒算，并有奸污妇女等严重罪行。解放后，混入党內，博得万晓塘、樊青典等人的尝識，先被提拔为河东区公安分局副分局长，后提拔为市公安局党委专职副书記，政治部副主任。以后万晓塘把他提拔为天津大学的党委常委、团委书記。

（2）仪洪柱，是万晓塘进城前的秘书，后任塘沽区委书記处书記。仪出身大地主家庭，在原籍山东工作时，一次被敌包围，通訊員英勇牺牲，仪則把枪交給敌人，变节投敌，受到敌人特別照顾，曾和伪县长一起赴宴。后来，組織上拿錢把他贖回，仪向組織隐瞞投敌叛变情节。仪妻兄是个恶霸地主，汉奸特务，解放后，曾两次到仪家躲藏，一直到一九六〇年第二次到仪家时，仪才向組織检举。困难时期，仪洪柱利用职权搞地下工厂，貪污三千余元，并有逼死人命的罪行。对于这样一个罪恶深重的阶級异己分子，有不少干部和群众曾向市委检举揭发，塘沽区委并于一九六四年提出将仪定为阶級异己分子，开除党籍，給予降职处分。但由于仪是万的秘书，在万晓塘、樊青典、王誠照等人包庇下，仪的問題直到現在也未处理。

（3）包庇蛻化变质分子耿达三。一九五二年“三反”运动中群众揭发耿达三包庇反革命問題，受留党察看和行政撤职处分。樊青典当了公安局长之后，即把耿提拔为行政处副处长。后来耿达三又犯了投机倒把、道德敗坏等严重錯誤，王誠熙又进行包庇，群众給王誠熙提出不少意見，樊青典則多方为王誠熙开脫責任。

（九）反对省委、搞独立王国。

天津市划归河北省領导后，万晓塘、樊青典、王培仁等人，不原接受省委領导，利用各种机会，明里暗里，大反省委。樊青典是大反省委的主将。

（1）一九六二年在传达七千人大会时，樊說：“省委扛分裂大旗”。

（2）天津市和平区大理道銀行儲蓄所发生枪匪杀人的案件之后，省委批評天津市不要背上大城市的包袱，樊知道后，大发其火，說：“河北省沒有大城市，他們不懂得領导大城市”，还攻击說：“河北省干部来天津都变了质，吃喝穿戴，舖张浪費，都超过了天津市，土包子进城变了更厉害”。

（3）一位副省长听民政局汇报后，提出了批評，樊青典极为不滿，公开散布“这是什么副省长、副省长就这个水平”？

（4）省委領导同志在堂二里旧洲公社蹲点，有些缺点錯誤，樊抓住一点，大肆攻击，說省委領导同志把点搞糟了。

（5）樊公开与省公安厅分庭抗礼，散布不滿情緒。省公安厅初来天津找房子时，有的同志提出把市公安局大楼让出两层給省公安厅使用。而樊青典极为不滿。他說：“如果这样办,不如把大楼騰出来都給省公安厅”。还禁止干部与省公安厅来往，封鎖消息，曾和干部說：“省公安厅快来了，不要个人到那里談論什么”。

看！樊青典是多么飞揚跋扈呀！从他的一系列言行我們可以清楚的看出，“扛分裂大旗”的不是省委，正是你樊青典！反省委的罪行你說到那也是逃不脫的！

（十）腐化墮落，蛻化变质，是典型的修正主义分子。

首先掀开樊青典腐烂透頂、臭气冲天的貴族生活。从住房說起他当了政法部长以后，本应迁到市委部长宿舍，他却硬把我局最好的工作用房要走，变成为他的私人住宅，并且强行占用了室內陈設家俱七十五件。其中包括鋼絲床、玻璃柜、衣柜、沙发、地毯、玻璃大写字台、电扇、电钟、挂表等等，应有尽有。樊青典占用一所楼房的財物，每月只交二元的租金。这实际上只不过是点綴点綴而已，証明部长大人住房給錢了，沒有白住。如果是按租价付款，这只不过是一个小小的零头。按說部长应該滿足了，实則不然。部长仍感到很不合算，于是又使出了“卡油”的独特手法，把家里使用的窗帘、沙发毛巾，每到用脏了也要公安局出錢給洗，仅这項开支每年就得数拾元。部长大人的如意算盘打得实在太精了！对公安局眞可謂之“敲骨吸髓”呀！不仅如此，在用車上也非常讲究。樊青典当了部长，本应乘坐公用車。他为了抖威风不坐市委的公用車，却从公安局要走一辆小轎車，供他专用。他当了副市长，有了专用車，还嫌不好，又从公安局挑选了一輛帝国主义国家生产的新式臥車。樊有了汽車坐，这本来应該滿足了吧！不然，他非要把他过去騎的价値四百元的飞利浦自行車带走，最后作价一百二十元归他自己。这輪車經常由他夫人孙竟华騎用。“五反”时群众意見很大，被追把車子交回公安局，在仓库里避了几天风，过后又推走了。光巧取豪夺还不算，占了东西还得要人。樊青典調到市委以后一直使用公安局的服务人員。服务員赵长明同志在他家服务六年之久，每月还得交樊家一元的水电费，赵离樊家时，樊的爱人孙竞华（公安局干部）还强行要把赵带去的褥垫子留下。赵走后，樊又从我局要走孙洪福同志当他的炊事員，并兼职服务員、采买員、司炉員，孙的工資也由公安局开支。樊青典当部长时，由我局赵文山同志給他开車，他当了副市长之后就嫌赵开車开的不好，又調换我局周永芳同志給他开車。住房、用具、坐車、服务員、司机都有了，本来应該滿足了吧！天知道，部长大人异想天开，又出了新的"卡油"花招，要公安局发动劳教分子給他制作魚俱。按照樊的要求，先由十名劳教分子精心設計了十天，搞出图紙，又由五、六名劳教分子加工作了十余天。这套魚具制作的相当讲究，从人坐着的小馬扎到存放魚餌的器具（魚杆除外）都要放在一个小盒里。这个小盒有多大呢？要放在一个不大的书包里。小盒是花梨木的，小盒的各种銅活都是手工精雕細刻的，并特制一个龙头。在龙头的眼睛上暗装着弹簧鎖，一摁就开。小盒里存放活魚餌与死魚餌的小盒都是用有机玻璃作的，看去耀眼金光、小巧玲龙，十分考究。过了不多的时間又叫看守所給他家里作了一个乒乓球台子，供他們家里玩用。樊青典作的这两样东西連工带料一个錢也沒給。看他巧取豪夺达到什么地步！这那里还有一点共产党員的气味！

再揭开他的养病史，請大家来会診，看看他得的是什么病！正当国家暫时困难时期，据說樊青典患了肝病，在家休养，貴族生活恶性发展。他在我局招待所吃飯一年。招待員每天給他做三餐飯。群众渡荒，他吃的是供应站的特殊供应，每餐二荣一湯。一个招待員专門侍候，公家还得出煤火費。这时樊市长夜里睡不好覚，生活感到单調，向我局要了一台录音机，每晚放音乐催眠。他一个人特殊化还不算，有时过礼拜六还带上他的爱人孙竞华在招待所大吃大喝。他爱人吃了不算，他的岳母，經常跑到招待所打着市长的旗号，叫招待員給买高級香烟。招待所虽然如此招待，終究是一个小天地，那能招待得下市长呢！灵机一动，樊青典非要押在保定的一个反革命分子給看病，于是带着他的秘书等人，专程坐旅行車去保定，提犯人出来給他看病。看完病每天坐着汽車到处游逛。玩了几天以后，樊嫌坐旅行車不舒服，在他的暗示下，又从天津飯店調去一辆高級臥車，游逛了易县西岭和北京等地。樊所到之处，当地負責人盛情招待，大吃大喝。眞是一箭双雕！天热了，樊市长要到北戴河去避暑，去就去吧，还要带着老婆孩子。去时本应坐火車，但为了送他姐姐回唐山，也专門要了一辆汽車。他孩子要从北戴河回天津，樊也派汽車接回。廿六屆乒乓球比賽也吸引了樊市长。他去了之后，住了一个多星期，白天到处参观，晚上玩麻将牌，打扑克消遣。后来又让天津飯店經理詹維明同志陪同去承德、保定、唐山、大同、內蒙古等地游覽名胜古迹，有时还将老婆孩子亲属一起带去。樊怕在外地生活不习慣，还让天津飯店以"外出学艺"为名，調了一名厨师专門侍候，另外还带上警卫員保卫他，眞是好不威风。这一次长游，仅据我局汽車队的初步計算汽車行程达三千多公里，所用汽油折人民币如果一个人每月按十二元的生活費計算，可供一个人生活十一年另四个月。这那里用的是油，簡直是劳动人民的血汗！

再看看樊青典的官老爷作风是多么恶劣！他以养病为名，借用我局业务用車，到处游山逛景。一次坐着撬尾巴汽車去郊区釣魚，群众提出质問时，樊竟傲慢地說："我是樊市长，你不认訳？……”群众听了非常气愤，敢怒而不敢言。还有一件事，樊的住宅門口正是四路汽車站，因为樊嫌人杂，便不顾广大群众的方便，利用职权，一句話，就让汽車公司把这个汽車站挪到别处去了。他只图自已安靜、舒服，不顾群众的方便。請看樊青典还有一点群众观点嗎？反过来，看看樊市长是怎样对待自己家中养的鸡的。在困难时期，樊青典让公安局給他家搭鸡窝，刚搭成，嫌地方不好，又拆了重搭。盖好了鸡窝，又让公安局供应鸡飼料，当时正是节粮渡荒时期，我局广大干警和全市人民一样实行两稀一干、瓜菜代，以战胜灾荒，可是每月得供給他若干粮食喂鸡。眞是樊市长的鸡高人一头！

革命的同志們：从初步揭发的这些事实看，樊青典是个地地道道的党內走資本主义道路当权派，是个彻头彻尾反党、反社会主义、反毛泽东思想的反革命修正主义分子。我們要求华北局、省、市委立即撤他的职、罢他的官，夺他的权，挖他的黑根子。把他交給紅卫兵、革命青少年、革命干部、革命群众斗倒、斗臭、斗垮，彻底清算他的反党、反社会主义、反毛泽东思想的罪行。

打倒党內走資本主义道路的当权派！

打倒反革命修正主义分子！

无产阶級文化大革命万岁！

偉大的中国共产党万岁！

战无不胜的毛澤东思想万岁！

我們最最敬爱的领袖毛主席万岁！万岁！！万万岁！！！

天津市公安局革命群众

一九六六年十二月十日

天津毛泽东主义紅卫兵紅色造反野战兵团

天津市委在
无产阶級文化大革命
运动中問題一百例

天津毛泽东主义战校
毛泽东思想《紅旗》紅卫兵
1966.11.18.
首都紅卫兵联合造反野战兵团
天津指揮部
东方紅公社
天津二十中八一〇紅卫兵
津劳二半八一八紅卫兵
天津三十一中毛泽东思想紅卫兵
1966.12.5.印发

毛主席“九·七”指示

林彪、恩来、陶鑄、康生、伯达、任重、江青等同志：

此件請看一看，青島、西安、長沙等地的情况是一样的，都是組織工农反学生，这样下去是不能解决問題的。似宜由中央发一指示，不准各地这样，然后再写一篇社論劝工农不可干預学生运动。北京就沒有調动工农整学生，除人民大学調六百农民入城保郭影秋，其他都沒有，以北京的經驗告地方照办。

区别改正錯誤或坚持錯誤的标志，是对群众的态度，是否公开向群众承認执行了錯誤路綫，是否給被打成“反革命”、“反党分子”、“右派分子”、“假左派，眞右派”的革命群众，認眞平反，公开給他們恢复名誉，幷且支持革命群众的革命行动。

——一九六六年《紅旗》杂志十四期社論

我們偉大的导师、偉大的領袖、偉大的統帅、偉大的舵手毛主席对我們革命造反者寄予无限希望，他教导我們：

天下者，我們的天下；
国家者，我們的国家；
社会者，我們的社会。
我們不說，誰說？
我們不干，誰干？

馬克思主义的道理，千条万緒，归根結底就是一句話："造反有理。"………根据这个道理，于是就反抗，就斗爭，就干社会主义。

中共中央九月十一日轉交的四項决定

主席的指示一針見血，指出了当前全国各地运动中出現緊張形势的症結所在。怕学生，調动工农整学生的做法是十分错誤的，望各中央局、各省市、自治区党委，中央各部委立即根据主席指示，对前阶段文化大革命运动进行总結，檢查吸取教訓，改进領导。为此，中央决定：

1. 不准用任何借口，任何方式挑动和組織工人、农民、市民反学生。

2. 凡是发生挑动和組織工人、农民、市民反学生事件的地方，必須公开承認錯誤，承担責任，平息工农、市民同学生之間的糾紛，絶不允許把責任推給群众。

3. 劝說工人、农民、市民，不要干預学生运动，相信学生中的絶大部分是革命的，是能夠自己教育自己的，对他們的言論有意見，可以向上級机关提出，不要直接同学生辩論，不要同学生发生冲突。

4. 各級党委負責人，不要怕学生，怕工人，怕农民，怕群众，要放下架子站到学生中去，同他們商量問題，坚持走群众路綫，坚持党的政策、原則，坚持十六条，沒有什么不可以解决的問題。在北京，有些同志这样做了，效果很好。

最高指示

想阻挡潮流的机会主义虽然几乎到处都有，潮流总是阻挡不住的。社会主义到处都在胜利地前进，把一切绊脚石都抛在自己后头。

前　言

同志：你可曾記得：四十年前，陈独秀的右傾机会主义路綫，使五万的优秀共产党員和几十万无辜的中国人民惨遭杀戮，使中国的革命事业倒退几十年；你可曾記得：三十年前，王明的形“左”实右的机会主义路綫，使我党白区力量百分之百丧失，百分之九十的根据地丢光，百分之七十的紅軍損失；你可曾記得：遵义会議确立了以毛主席为代表的革命路綫，中国的革命航船撥正了船头，調准了航向，繞过激流險滩，胜利向前！

三十年后的今天，革命进入一个嶄新的历史时期，党內两条路綫的斗爭达到极其尖銳复杂的罕見程度。这两条路綫的斗爭，是一場触及人类灵魂的大革命，是我国社会主义革命发展的一个更深入、更广泛的新阶段。

毛主席亲自主持制定的十六条，吹起革命大进軍的号角，敲响資产阶級反动路綫的丧钟，使革命群众的斗爭方向更加明确，斗志更加昂揚。一切違背毛主席路綫的錯誤，資产阶級反动路綫的各种表现形式，都遭到了广大革命群众的揭露和批判。簡直是鋒芒指处，所向披靡。正如魯迅所說：“苟有阻碍这前途者，不管是古是今，是人是鬼，全都踏倒他。”

“指顾崎嶇成坦道，笑談荆棘等浮云。”回顾我市半年来的运动，由于阻力較大（这种阻力，主要来自那些走資本主义道路的当权派，同时也来自旧的社会习慣势力），斗爭出现多次反复。但是，这种反复，沒有什么害处。它将使我市广大工农兵、紅卫兵、革命师生、机关干部得到鍛炼，取得經驗教訓，懂得革命的道路是曲折的、不平坦的。

市委宣傳部的“四項原則”，王金鼎傳达的六月二日的“四条指示”，馬瑞华的“六·九报告”，万曉塘的“六·十三报告”“八·六报告”“九·一八报告”，赵武成的“八·三报告”“九·一八报告”，張淮三的“七·一报告”，谷云亭的历次报告，天津日（晚）报的一系列的社論，“十六中事件”，“八·二六事件”，“九·一八事件”……違背了以毛主席为首的党中央的正确領导，違背了毛澤东思想，为什么批評不得？为什么反对不得？为什么人家一批評，就叫做“反党”“反党中央”“反革命”？

人民日报一針見血地指出：“那些走資本主义道路的頑固派，荒謬地把自己本单位的領导，同党中央、同整个党等同起来。他們利用广大工农兵群众对党的热爱，利用一些群众不明眞象，提出什么保卫本地区、本部門的党委的口号，如有革命学生批評他們，起来造他們的反，就被說成是什么‘反党’‘反党中央’，說成是什么‘反革命’。有的地方，有少数工人农民和机关干部受了蒙蔽和欺騙，参加了对革命学生的斗爭。

用这种口号去煽动一些工人农民去斗爭革命学生的做法，是极端反动的，是完全違背党的路綫的。”

天津市委运动以来一系列的做法說明了什么？說明了天津市委运动以来就极力推行資产阶級反动路綫。对此，必須彻底批判，肅清它的影响，才能貫彻执行十六条，才能在正确路綫指导下进行“斗、批、改”，才能明确斗什么，批什么，改什么，才能明确依靠誰来斗，誰来批，誰来改，才能完成一斗二批三改的任务。

要不要批判天津市委所极力推行的資产阶級反动路綫，是能不能在我市貫彻执行十六条，正确地进行斗、批、改的关鍵。在这里不能采取庸人主义、溫情主义和折衷主义。

“无限风光在險峰。”一切志同道合的革命战友联合起来，跟着毛主席在群众革命斗爭的汪洋大海中破浪前进。千万千万不要忘記，在征途中，会有一个接一个惊濤駭浪的，会有一回又一回曲折反复的。但是，只要我們高举毛澤东思想偉大紅旗，就一定能够“可上九天攬月，可下五洋捉鱉。”最后的胜利一定属于我們！我們堅信：

未来的世界必将是赤旗的世界！

关于六·廿一革命烽火

“六月天兵征腐恶，万丈长纓要把鯤鵬縛。”

六月二十一日，我校革命造反者发揚了敢想、敢說、敢干、敢闖、敢革命的革命精神，以“舍得一身剮，敢把皇帝拉下馬”的英雄气魄，散发了“給全市革命青年的一封信。”尖銳地批評了天津市委、天津日报、馬瑞华的严重錯誤，并着重指出：天津市委不可避免地存在着反党反社会主义反毛澤东思想的黑綫。实踐证明，这一論点是完全正确的。

天津市委对这一封充滿革命激情的“公开信”，咬牙切齿地咒駡，歇斯底里地发作，动員了除解放軍以外的一切可能动員的力量，派遣了龐大的工作队，用国民党的“訓政”来圍攻我校革命造反者。这就是轰动全市的“十六中事件”。

1. 五月十四日的反毛澤东思想的“四項原則”竟究是誰炮制的？市委是如何布置执行的？現在市委对它有何看法？

2. 六月二日王金鼎在幼师傳达的“四条指示”究竟是誰訂出的？市委是如何布置执行的？現在市委对它有何看法？

3. 我校散发“給全市革命青年的一封信”之后，馬瑞华什么时間什么地点向上級汇报的？如何汇报的？上边給馬做了什么指示？

4. 为什么万曉塘說：“这封信是右派性质”，而八月六日却說：“十六中事件完全由馬瑞华負責”呢？

5. 赵武成說：“对十六中問題，市委不准备出面，你們（团市委）要全力以赴。”

以后在这一問題上市委推脫得一干二净？为什么赵武成这个幕后操纵者至今未給我校革命师生彻底平反？

6. 市委一再强調：“十六中事件时，市委在北京开会，不知道。”而毛平却对巴木兰同志說：“怎么不知道？知道。我还上北京給他們汇报过呢！”請問，市委为什么掩耳盗鈴，对此避而不談呢？

7. 赵正生（赵武成之子，我校学生）六月二十三日說：“我去北京对母亲(苏民)說是怀疑市委，母亲給李定打电話，李定給我父亲打电話。我去北京后，我父亲都不接見我。”一句話天机大泄。由此可看出：赵武成并非不知道“十六中事件”，为何万曉塘八月六日却撒謊說：“市委当时都在北京开会，不知道”呢？在“十六中事件”这一問題上，赵武成应負什么責任？

8. 团市委六月二十二日圍攻我校革命造反者大会上，許多公安人員是誰派的？目的何在？

9. 团市委六月二十二日圍攻我校革命造反者大会上，两位公安局长是誰派的？目的何在？

10. 六月二十三日，向我校派三十二名全副武装的公安人員之事，公安局长江楓应負什么責任。

11. 六月二十三日凌晨5时，外校师生成群結队“声討”我校时，市委、团市委工作人員，工作队及天津日报記者李夫、林逢源(剛参加六月二十二日晚8：00—二十三日晨3：00在天津日报社圍攻十六中、十九中大会)亲临現場观“虎斗”，配合如此默契，說明了什么？

12. 二十二日晚8：00——二十三日早3：00在天津日报社圍攻十六中、十九中时，副总編、主任、記者、招待員、工人一齐上陣，是誰在幕后操纵？

13 赵武成在“八·三报告”中說：“工作队是干革命去的。”为什么絕口不談工作队犯了方向性、路綫性錯誤，是鎮压群众的，却一劲儿为工作队涂脂抹粉呢？

14. 馬瑞华六月二十四日夜里对各校工作队做了什么报告？

15. 完中文革三項动員討伐十六中令，是誰指使的？动机如何？

16. 市委、妇联召集家长会，內拉外打，企图打散革命师生。

17. 一百七十人的龐然大物——工作队雄糾糾打上我校門来也。口口声声要捉拿“反党分子”，号召大家“互相揭发”。声嘶力竭叫喊：“我們是毛主席派来的人。”請問：工作队（数批）都是誰派来的？为何冒用“毛主席派来的人”？如果除馬瑞华派来以外还有市委派来的，那么，市委为何把責任推到馬瑞华一人身上？

18. 二十三日晚，赵正生等匆匆乎由京返津，大肆宣揚什么：“小道消息：馬瑞华是好同志；王金鼎是好同志；王仁是好同志。”阻止了我校继續揭发上述三人，尤其是反党分子王金鼎的反革命罪行。迫切需要了解的是：他們是从什么样的“小道”，何时、何地，怎样获得的“消息”？

19. 我校赵正生等十几人在工作队进校后，赤膊上陣，左冲右杀，威名显赫，称得起是“挖同学中黑帮”的“綠林好汉”和“教师爷”。尤以“划时代”的大字报——“看！李罗力等一小撮人在文化大革命中都干了些什么？”更立汗馬功劳。首当其冲，吹响了我校群众斗群众的喇叭。說明了什么？

20．南开中学历任四届团支部书記陈惠芳因支持我校的行动及提出四項革命化建議（建立革委会、办全市性革命师生报、串联等），在党支部、工作队策动下，屡被圍攻，批斗，精神抑郁，被迫卧軌自杀。馬瑞华知道不？万曉塘知道不？赵武成知道不？华北局知道不？为什么不表示态度？

21．为什么动員，发动劳模、工农兵，利用他們对党对毛主席对社会主义无比热爱的淳厚的阶級情感，圍攻我校？召开"劳模会"，来"統一对十六中事件的认識"目的何在？

22．黄文、杜新波、張淮三何时开始調查"十六中事件"的？为何不到当事者——十六中調查？是怎样"調查"的？又是怎样"处理"的？

23．張淮三在"七·一报告"中說："工作队是党派来的，如果有人要赶工作队，要頂住。"是什么意思？

24．張淮三七月一日在青年宮做报告說："二十三日許多反对十六中的信，經过几天辯論，初步澄清。""要坚决依靠革命学生，不要歧視，不要結队去十六中，以孤立敌人。"在发讲稿后，很快收回。又发修改稿，其中十六中字样删掉。此稿又很快收回。請問：为何这样出尔反尔？再請問：让和馬瑞华在十六中問題上一丘之貉的張淮三去"調查""处理""十六中事件"，岂非滑天下之大稽嗎？

25．中央說工作队"随叫随到"。天津市委一紙通令，全部工作队扛起背包，在我校毛澤东主义紅卫兵（赵正生为首的"革命"保"爹"派）刺耳的鑼鼓声中，冒着淅瀝小雨，开拔到水上公园"学习"，一忽儿便无踪无影了，直到十一月初才向部分在校师生做了肤淺的"檢查"。大概这也是赵武成"八·三报告"中所指的"热烈响应中央号召，坚决执行中央指示"吧？

26．工作队走了，又飞来了"欽差大臣"——联絡員。这几个人东顛西窜、探听虛实。对"保"字号寵若嬌儿，倍加爱护；对"反"字派，风声鶴戾，草木皆兵。联絡員是什么貨色，还不是昭然若揭了嗎？令人費解的是：市委为什么一而再，再而三地派工作組、联絡員呢？

用毛澤东思想武装起来的革命造反者，具有一往无前的精神，它要压倒一切敌人，而决不被敌人所屈服。不論在任何艰难困苦的場合，只要还有一个人，这个人就要继續战斗下去。

他們对着毛主席象发出气壮山河的誓言："海可枯，石可烂，紅心向党永不变！头可断，血可流，毛澤东思想不可丢！"

为了这些，在那充塞耳畔的千喉討伐声震天的黎明，在那遍及眼界的万拳狂舞滿校园的黃昏，他（她）們是怎样的响往啊，响往那胜利的一天。

关于八·二六紅色風暴

这一天終于来到了！

金色的太阳升起在东方。八月八日，中共中央頒布了十六条。

十六条明确指出："有些有严重錯誤思想的人們，甚至有些反党反社会主义的右派分子，利用群众运动中的某些缺点和錯誤，散布流言蜚語，进行煽动，故意把一些群众打成'反革命'"。天津市委就是这样。

北京紅卫兵和天津紅卫兵的战士，曾多次到市委門前要求見万曉塘或市委其他負責人，以解决一系列問題。市委視若无睹，置若罔聞，拒不接見。

八月二十六日下午五点多，北京紅卫兵和天津紅卫兵、紅战友三百多人再次前往市委，可市委依然避而不見。于是，在市委大楼前发生了"八·二六事件"。

1. 八月十九日晚，万曉塘指示工交政治部副主任××："省委通知要組織工人赤卫队，保卫宾館。"并在接見当晚成立的二百名赤卫队代表时說："你們主要任务是保卫机密，保卫要害部門。"李定說："阶級敌人要向我們总进攻，要砸市委。我們要組織赤卫队，保卫市委机关。保卫党的机密。袖章由市委統一发。大厂組織一个大队，小厂組織一个小队。要住厂随叫随到。"由此而論，天津市赤卫队是由省市委一手包办，其目的还不是"司馬昭之心，路人皆知"嗎？

2. 是誰指使×××于八月二十一日在宾館同省委副秘书长李楓接头并出面組織"接待組"，由省交际处长刘德里、省公安厅徐处长和×××負責指揮工人赤卫队一百四十多人的？

3. 八月二十四日，当京津紅卫兵找万曉塘在市委相持不下时，突然开到两辆汽車載环境卫生局七、八十名工人，車头横标写着"扫鬼队"三字，下車大喊："市委机关赤卫队往后站，我們来保卫市委机关！"随后，把学生引到人民礼堂辯論。他們是誰派来的？当晚絨毛加工厂赤卫队六十人直进市委大楼，于前厅严陣以待，半夜方撤，又是誰派来的？

4. 八月二十六日晚，为什么刘东喝令劳二半赤卫队二百多人結伙前往市委同北京紅旗学生和劳二半紅卫兵辯論？

5. 八月二十六日夜一点，工交政治部已派×××随車前往北京和北京紅卫兵一同送材料了，为何刘东又派一辆車拉距尾随，到京前，超过去，提前赴京？这車上人去北京与哪些单位联系？同誰接头？联系什么？

6. 刘东派劳二半赤卫队乘两辆卡車追赶停在浙江路一辆赴京紅卫兵乘坐的大轎車，目的何在？

"八·二六事件"辯論会前綫指揮部的指揮官李中恒、李守眞、王培仁、郝杰軒是誰任命的？張淮三經常用电話傳达誰的指示？傳达的是什么指示？

8. 張淮三九月二日把印刷公司曲經理調到統战部布置漏夜赶印十万份"八·二十六事件的由来和发展"的傳单，叫以劳二半赤卫队的名义找印刷公司印，同时勒令印刷公司不要說是市委說的。为了什么？

9. 据悉：署名"劳二半赤卫队"的"八·二六事件的由来和发展""揭发甄常华、孙大圣""八·二六事件是誰制造的""我的坦白与揭发""五評'八·二六'事件"，一直大开綠灯，不下百万份。其中仅"八·二六事件是誰制造的"即达四十五万份之多，遍及全市、蔓延全国，流毒甚广；而对批判这些材料的傳单拒不印发，百般刁难，眞可謂"印刷难，难于上青天"。

10．市委将揭发、批判甄常华、徐国恩的文件，誉为比十六条还“珍重”的学习文件，遙控許多工矿企业、机关、学校反复学习討論。例如：九月三日市工交系統接到市文革鉛印的“关于北京紅旗学校等一些地方紅卫兵和天津市劳动局、二技校部分学生冲进天津市委大楼的情况”。要求轉发各基层单位向职工傳达并組織討論，企图何在？

11．九月二日，京津紅卫兵約二百人要見万曉塘，万拒不接見，紅卫兵冲进市委大楼，張淮三、樊青典又布置公安局派二百名干部領导工人从市委后門进，以挤走学生。赵指示：公安局不能派人，頂多派几个干部在周圍观察形势。張、樊是何居心？！难道又想重蹈武裝鎮压“十六中事件”嗎？

12．張淮三說：“反市委的說服工人不要給他們印，支持我們的給印。”其用意是什么？受誰指使？

13．市工交文革組长廖斗寅召开局政治部主任会，說：“这些人对市委很坏，很有組織，很猖狂，要占領市委机关，这是不能允許的。要揭露他們，要把‘八·二六事件’的眞象向全市人民讲清楚，要点面結合。市委門前为点，組織辯論。对他們的观点进行批判，另外再准备几个点，由市委統一指揮，确定棉二、仁立、和吊鍵、縫級机等厂，成立宣傳站，进行广泛宣傳，由李中恒統一指揮，我們准备連續搞几天并准备来更多的人，面上所有的工矿企业都要設点，把各工厂学校都变成陣地，到处与他們辯論，纏住他，不叫他集中，到那里都同他辯論，他讲，我們就辯，能拖多久就拖多久，分散他的力量，另外，还要肃清他們的影响，如果有的地方力量单薄，可以組織支援，各单位要組織专門人管这情况，发现什么动态立刻报告。对他們不要扣反革命黑帮的帽子，有两个帽子可以給他們戴，一是与林彪同志的讲話相違背，二是破坏文化大革命，还要掌握两条：①不动手。②揭透他。”請看这小子用心何其毒也！他哪来的这高反动气焰？对革命群众为什么这么恨？他奉何人指使到处狂犬吠日？后台是誰？

14．九月二、三、四、六在市委大楼前連續举行“八·二六事件”“辯論”会，这些会是辯論会？还是声討会？例如：九月二日晚，市委要求工交口的面上和四清单位，各抽三百工人参加，发言的人是預先指定的。第二自行車厂党委办公室副主任王××以工人身份在辯論会上发言。再如：九月六日，市委工作人員与紅卫兵联系，答应四项要求，并一致决定晚上在体育館召开辯論会。赤卫队未通过“八·一八”指揮部，盗用“八·一八”名义在市委門前貼“辯論”的海报。由上午九点，李中恒召集各口負責組織辯論的干部开会布置当晚的辯論。指示工交口出六百人，具体位置是会場的正前面和西面，基建口出五百，位置是东面，中学生出一千，在正后面，半工半讀学校出四百五，在西后边，辯論会晚六点开始，后听說“孙大圣”四点开飯，工交口又紧急通知有关单位四点以前一定要占領会場。敌前总指揮是李中恒、王培仁、李守眞、郝杰軒等，張淮三用电話上下連系。后“孙大圣”沒来，这单方面的“辯論”会直到深夜十一点多。会上，极力歪曲事实，对北京紅卫兵进行攻击和誣蔑；限制北京紅卫兵发言，一片“声討”“控訴”甄常华、徐国恩的叫罵声。只因北京政法附中紅卫兵提出强烈抗議，一語道破大会本质是群众斗群众时，市委才匆匆宣布“休会”。这一系列的“辯論”会，万曉塘曉得嗎？谷云亭知道否？为什么不制止？为什么不挺身捍卫十六条？是制止不了呢还是別有他意？

15．在市委精心策划下，許多不明眞象的群众受到了蒙蔽和欺騙，他們出自于对毛主席的无限热爱和对“反革命分子”的无比仇恨，紛紛写大字报，写信“声討”甄常华、徐国恩等，罵他們是“反革命”，是“反党、反社会主义黑帮”，要“勒令”他們“滚蛋！”呼吁公安机关将他們“逮捕法办”、“枪毙”……更为严重和不能容忍的是，紅卫区人委竟貼出“誓死保卫天津市委，捉拿凶手甄常华”的大字报。这一切，都說明了什么？

“‘搬起石头砸自己的脚’，这是中国人形容某些蠢人行为的一句俗語。各国反动派也就是这样的一批蠢人。他們对于各国人民所做的种种迫害，归根結底，只能促进人民更广泛更剧烈的革命。”

英雄的紅卫兵，天不怕，地不怕，神不怕，鬼不怕，还怕几頂破帽子嗎？在斗爭的紧要关头，他們如饥似喝地讀着毛主席語录，頓时产生无限的力量和信心；他們反反复复地学习十六条，佛仿在雾海夜航中看到光芒四射的灯塔。他們大声疾呼：“风来吧，雨来吧，革命的暴风雨来得更猛烈吧！！”

他們深深知道：“紅旗卷起农奴戟，黑手高悬霸主鞭。为有牺牲多壮志，敢教日月换新天。”

他們更深深知道：“黑暗即将过去，曙光即在前头。”

关于九·一八正义战鼓

风雷动，旌旗奋。九月十八日，由长征中学、延安軍校、东方紅軍校、劳二半、毛澤东主义战校等十五个学校的部分紅卫兵、紅旗战斗队在人民体育場首次召开揭发批判天津市委的革命大会。这个大会好得很！

連万曉塘也說：“这次大会开得不錯，应当相信群众。原来我們想得很坏，心想一定很激烈。但会上很好，又給水、又給座。”

九月十九日，万曉塘突然逝世。天津市委开动一切宣傳机器，进一步要阴謀，放暗箭，造謠言，极力混淆革命和反革命的界綫，打击革命派。

突然間，天空出現了烏云，大地卷起了狂风，整个天津市籠罩在一片“流言蜚語滿天飞，黑云压城城欲摧”的“白色恐怖”之中。

1．張淮三用电話唆使第×自行厂党委书記徐××，叫其率領工人数百名，亲征“九·一八大会”会場，并且×区工交政治部主任赵××也統带一批工人趁火打劫，且市委事先还准备了傳单（估計为“用文斗，不用武斗”）准备要是会議乱了，就撒傳单，攪乱会場。上午竟冒天下之大不韙，違反大会“不許在大会議程中散发傳单”的規定，撒了大量傳单，在光天化日之下，公开寻衅。所有这些，和張淮三、市委有何联系？

2．“九·一八大会”，赵武成語重心长地說：“有一小撮沒改造好的地、富、反、坏、右分子，妄想炮打我們革命的司令部……。”我們认为，确有那样一小撮人企图炮打我們革命的司令部。需要指出的是，这个司令部是以毛主席为首的党中央，而不是指省市委。如有人企图借林彪同志讲話以新的形式挑动群众斗爭群众，那純粹是痴心妄想！只能是“搬起石头砸自己的脚”！尤其在这个以紅卫兵和革命群众主持的揭发市委大会上讲这样的話，其用意还不是显而易見了嗎？

3． 万曉塘的逝世是党的損失，尤其是他在积劳成疾之后仍抱病参加“九·一八大会”的精神，是値得我們学习的。令人深思的是，天津日报、河北日报，与人民日报的計告为什么相距那么大？

4． 我校“保爹”派——以赵正生为首的毛澤东主义紅卫兵，“保”字号——以朱强为首的毛澤东思想紅卫兵（七·一），在万之死上大做反面文章，赵正生等以雪白的紙，斗大的字，写成“血債要用血来还”的大字报貼在引人注目的地方。文章竭尽造謠誣蔑，打击陷害之能事，将万曉塘之死說成是“叫一小撮混蛋們害死的”，詛咒什么“以血还血，以命抵命”，还挺胸收腹大言不慚地嘶叫道：“誓做革命的‘保爹’派！”（朱强也极力效仿）。随即，一帮“保爷”派唯恐做落伍之驴，紧跟着嗷嗷乱叫一陣，杀气騰騰地玩弄起“以死人整活人”的黔驴之技来。赵正生为什么这样飞揚跋扈？为什么这样歇斯底里？

5． 万曉塘逝世后，追悼会規模之大，在天津只有一例：斯大林同志追悼会。上海串联的同学看到此景，瞠目結舌，惊訝地說：“这次大会比柯老追悼会規模和声势还大呢！”会上屡念不煩、喋喋不休地誦道：“有一小撮沒有改造好的地、富、反、坏、右分子，企图炮打我們革命的司令部。”其“以死人整活人”之用意是最明显不过的了。

6． 天津市委大量印刷以“人民体育場紅卫兵、全体革命群众”的名义写的《沉痛哀悼万曉塘同志——从九·一八大会看万曉塘同志的革命精神》。这一“誣师咒文”式的傳单。这張傳单，用比赫魯曉夫刻毒十倍的攻击語言，狡猾万分的造謠伎俩，偸天换日，抹煞事实，誣蔑“九·一八”大会是“反革命大会”，攻击与会紅卫兵和革命群众“害死了万书記”。这篇毒草，早被眞正的紅卫兵和革命群众严詞駁斥得体无完肤了，連他們自己也迫于形势，扭扭揑揑地說什么“沒有調查”，什么“有出入”。可“中共天津市委办公厅全体干部”、“支部生活編輯部革命干部”、“中共天津市委宣傳部全体革命干部”及一小撮別有用心的下流胚子們却奉若神明，大力宣傳，并起劲儿地鉛印了几十万对万曉塘歌功頌德，对紅卫兵陷害打击的大字报、傳单，肉麻地吹捧万曉塘、險恶地抨击紅卫兵，給紅卫兵扣了許多离奇古怪的帽子，定了許多莫须有的罪名，流毒甚广，影响之大，波之全国。又一次在全国范圍內将紅卫兵打成“反革命”。在众目睽睽铁的事实之下，“人民体育場紅卫兵全体革命群众”进一步要弄“以守为攻”的手法，承认“部分內容与事实不符”，仍像王八一样一口咬定是“九·一八大会”与会者“害死了万书記”。而办公厅、編輯部、宣傳部的所謂“革命干部”却要大家学习他們“胸怀磊落的共产主义品质”。一唱一和，十分滑稽有趣，眞是馬对驴叫，驴也知音啊！

7． 在天津市委的策动下，許多紅卫兵組織、工人群众、机关干部、公安局去声討，圍攻长征中学紅卫兵、延安軍校紅旗战斗队、八·一八战斗队、劳二半八·一八紅卫兵。例如：自九月二十一日到二十五日，在劳二半門前，出现了空前規模的連續五天的圍攻、声討，群众斗学生事件。五天之中，市委門庭若市，人群汇集于此，一声令下队伍集合，队长蹦跳，口哨齐备，迈着憤怒鏗鏘有力的步伐，高唱革命歌曲，車水馬龙，浩浩蕩蕩开到劳二半。彈指間，大会临时主席即刻选出，扩音器、辯論台，場地早已准备完毕。这长达十小时之久的圍攻，所到单位达六十二个之多。他們貼大字报、发傳单声討八・一八紅卫兵，高喊什么“为万曉塘同志报仇”“血債要用血来还！”誣蔑他們“炮轰革命司令部”揚言“碰烂八・一八总部”“取締八・一八”。他們口口声声要“捉拿甄常华、徐国恩”說什么“見着甄常华、孙大圣叫他們白刀子进去，紅刀子出来”这些天里市委大楼内外許多揭发市委問題的大字报被撕掉或盖上，到处貼的是“万曉塘是坚定的革命左派”“替万曉塘同志复仇”“严罰杀人不見血的凶手”“以血抵血，以命抵命”的誓詞、标語、大字报，我校毛澤东主义紅卫兵竟写出“万曉塘同志的牺牲是我党我国的最大損失”等可笑語言。連公安局人員也写大字报要“法办”劳二半八・一八紅卫兵战士，市委人員孙××在下边煽风点火，好不“热鬧”。在这妖风阴雨之下，許多单位的炮轰市委的紅卫兵、革命群众被圍攻，有的甚至被逮禁閉。天津九十中刘玉山被革委会扣留二十多天就是一例。我們要憤然怒問天津市委：所有这一切都是誰一手布置的？

8. 市委的联络員还到一些学校里傳达万曉塘死的“眞象”（和“人民体育場紅卫兵、全体革命干部’的謠言一样）。如給九十中二十八个革命委員傳达后还假惺惺地說：“按原計划进行活动，不要去声討……”是誰叫他去傳达的？

9. 九月二十六日晚上，張淮三在四淸工作团长会議上說：“形势越来越好。最紧張的一段是八月下旬和九月上旬，經过八・二六事件的辯論，眞象澄淸了。九月十八日，几十个学校又召开大会，揭发市委，曉塘同志亲自同学生見了面，讲了話，誠恳态度，欢迎批評，这样就爭取了大多数，使会場形势有了很大变化。上午三千多人，下午只有六、七百人，发表意見也比較緩和了，极少数对市委有对立情緒的人，感到失望，觉得沒劲。通过那天大会，形势逐渐变化。从九月二十日到二十二日，广大群众吊唁曉塘同志，市委沒有組織，但声势很大，实质是群众的正直行动，对坏人示威，对左派支持，市委被动局面好轉。但要看到运动的阻力还很大，斗爭还会有反复，敌人决不会甘心失败，他們还会用各种手段破坏文化大革命。”

这是一个彻头彻尾，不折不扣的鎮压群众运动的反动总結。群众起来，他們視若洪水猛兽，无比紧張；群众压下，他們看成丰功偉績，欣喜若狂。这眞是一付絕妙的資产阶級反动路綫的自画像。試問：眞沒有組織嗎？你們大量印发不符合事实的傳单，对送花圈的群众不組織也不阻止等等，难道不是更有力的組織和发动嗎？这种行动，究竟是什么样的“正直行动”，究竟是向什么样的“坏人”示威，又对什么样的“左派”支持呢？你們所謂的“阻力”“反复”到底来自哪里呢？是来自紅卫兵和革命群众还是来自你們？你們强調的“敌人”是什么样的神秘人物，他們将用怎样的“各种手段”来“阻挠和破坏文化大革命”呢？

10. 天津市委工交政治部露骨地对劳二半八・一八紅卫兵說：“你們要忠于党的各級組織，”并說什么給万曉塘提意見“显然看出这是錯誤的。”請問，对彭眞操纵的前北京市委也要“忠于”嗎？对陆平黑帮一手把持的北大党委也要“忠于”嗎？給万曉塘提意見，帮助他改正，究竟算什么样的“錯誤”呢？

11. 以上一切，赵武成、周茹、李定等“九・一八”大会的参加者，为什么当謠言紛起之际不挺身而出，說出万曉塘說的“这个大会开得不錯，意見提得不錯”的話来扭轉斗爭矛头呢？当发生严重的群众斗群众之后，紅卫兵要求他們馬上制止这一情况时，却厚顏无耻地回答說：“辟不辟謠是我們的事，我們已經給你們‘工作’了嘛。群众到你們那里是群众起来了，是群众运动，我們不能制止。”这是什么邏輯！当时天津一派烏烟瘴气就是你們出尔反尔的“工作”嗎？大規模的群众斗群众就是你們所津津乐道的“群众运动”嗎？难道資产阶級反动路綫的产物——群众斗群众，你們自封为“革命司令部”的人就眞的“不能制止”嗎？說穿了，这是你們所喜聞乐見的，你們“理所当然”不制止了！

12. 天津市委过去，現在对“九·一八”大会的看法有何不同？对当时所发生的一系列严重群众斗群众問題有何认識？

在斗爭最艰苦的时刻，往往是最考驗人的时刻。在“白色恐怖”下，一些人屈服了，一些人动摇了，一些人迴避了，但是，絕大多数革命造反者，却心更紅，意更坚。他們傲然高頌：“双手高擎革命旗，黑云压城志不移。旣銘造反凌云志，必斥保皇媚骨习。纵历声討圍攻煮，同持卫国护党心。奋斗終生永向党，誓死捍卫毛主席。”

“‘九·一八’大会”执行主席罗桓将“自白书”貼到天津市最繁华的地方，吶喊道：“九·一八大会好得很！”

这些革命造反者的力量何处来？胆略何处生？力量来自毛澤东思想。胆略也来自毛澤东思想。

正如毛主席所說：“共产党人和中国人民幷沒有被吓倒被征服被杀絕。他們从地上爬起来，揩干淨身上的血迹，掩埋好同伴的尸体，他們又继續战斗了。”

关于胡昭衡問題的质疑

胡昭衡复活了！

这眞是：纵然天下多奇事，莫及天津怪情多。

数月前才被勒令搬家的知名人士，“反党反社会主义分子”的“野心家”曾几何时，胡昭衡在参加中央工作会議之后，从阴曹地府，九泉之下一个鯉魚打挺翻上人界，陡然間身价驟漲：旣官复旧任，又发給文件，仍称呼同志，还在天津市三級干部会議上代表市委做了傳达报告。

毛主席再三强調，我們看事情必须要看到他的实质，而把他的現象只看做入門的嚮导，一进了門，就抓住他的实质，这才是可靠的科学分析方法。

現在，关于胡昭衡問題的黑幕已經拉开，眞象正在大白。

1. 在群魔狂舞，黑云在城的六月二十二日夜十二时团市委圍攻十六中革命造反者大会时，沙小泉就向李振馥、史銓透露胡昭衡的問題，于是，当場点李罗力的名字。他們这样做，是否有意要把十六中事件和胡昭衡“反党”事件相联系？是否有意把十六中革命造反者与胡昭衡相联系，以便将他們打成“反革命”？

2. 赵正生等由京返津后，便大肆在同学当中叫嚣什么：“你們反对市委某部門、某个人，就是反党！必须挖后台！”后来干脆撕掉遮羞布，写出了“看！李罗力等一小撮人在文化大革命当中都干了些什么？”的大字报，大字报中写道：“李罗力等一小撮人的后台特别硬。”并在同学中宣揚胡是黑帮。請問：他們的消息为什么这样“灵通”？

3．从城市到农村，从市区到郊区，到处都响起：“揪出李罗力的主子！”“挖出李罗力的后台！”等口号。“十六中事件”中，特别强調点李罗力的名字，这是否和胡昭衡事件有牵連？当时的背景是：胡昭衡已不公开出头露面，使人們疑虑滿腹，在这种情况，市委鎮压十六中的企图是什么？

4．九月十五日，谷云亭代表市委在一宫給市級机关干部做关于文化大革命的报告时讲过：“胡昭衡是一个反党反社会主义的資产阶級代表人物，是一个搞阴謀活动的野心家。”为何市級机关干部直到九月十五日才做文化大革命动員？

5．在“九・一八”大会上，万曉塘曾这样說：“我們一再号召炮打司令部，我們已經揭露了象胡昭衡、白樺、王金鼎这样一些混进党內的走資本主义道路的当权派，钻进党內的这样一些資产阶級代表人物……”

6．河北省委杜长天召集各校革委会紅卫兵負責人大会，說：“欢呼毛澤东思想的偉大胜利，省市委揪出了胡昭衡，他是反党分子、个人野心家，修正主义分子。”

7．十月四日路达曾这样說：“节后（国庆节后）集中一段时間大鳴、大放、大揭发、大字报、大辯論，大概用七——十天。十日左右进行重点批判——胡昭衡、白樺、王金鼎、王仁。”

8．紧接着，市委的大字报煥然一新，全部变成胡昭衡、白樺的了，署名皆是“市委机关干部×××”大街小巷也都換上了他們的大字报。

9．所有这些，都說明：天津市委貨眞价实地将胡昭衡定为了“反党反社会主义反毛澤东思想”的“个人野心家”和“修正主义分子”了。

10．时間如此一致，內容如此一样，如此迅速突然，不及掩耳，誰的指示，誰的阴謀，还不是一清二楚了嗎？

11．胡昭衡对东方紅軍校八・一紅卫兵說：“我不知道我是反党反社会主义分子，市委从来沒有通知我是黑帮，也沒宣布停职。”为什么市委不通知呢？

12．当时流言蜚語多如牛毛，胡的子女被勒令摘下紅卫兵袖章，市委为何視而不見，充耳不聞？

13．林铁的問題何时定的性质？中央何时批准？为何九月十日才公布？

14．市委为何把胡昭衡的問題同林铁的問題同时公布于九月十日，而背景是八・二六之后，九・一八揭发市委高潮之前？

15．为何中央发出平反通知后，至今仍不給李罗力公开平反？为何市委至今仍不向全市人民檢查点李罗力名字的动机？

16．为何至今仍未見到足以证明胡昭衡为“反党反社会主义反毛澤东思想”的“个人野心家”和“修正主义分子”的充足材料？

17．省市委既然給胡昭衡定了性质，为何不罢官？

18．为什么在革命群众奋起千鈞棒穷追猛打“四項精神”时，市委抛出了王金鼎？为什么在十六条公布的前两天，即八月六日，市委匆匆忙忙宣布罢馬瑞华組織部长职？（馬在八月一日、三日还在积极活动）为什么在炮轰市委的高潮中，又抛出了胡昭衡？

19．为什么市委給胡昭衡定的性质，河北省委通过了，而华北局、英明的党中央却通不过呢？

20．为什么胡昭衡的問題，上未經組織批准，下未交群众討論，就匆匆宣布？就急于給予那样严重的組織处理（搬家、不給工作，不发文件）？

21．为何胡昭衡去中央开会后，市委又給工作，又发材料了呢？是否认为过去那样做是錯了呢？为何迟迟不向全市人民承认錯誤，澄清事实呢？

22．华北局幷沒有給胡定性质，可是路达、馬秀中却說：“胡昭衡、白樺的性质市委已經給定下来了，省委、华北局已經批准了。”为何当众撒謊，謠言惑众，是何居心？

23．苏明大言不慚地說：“因为这次会議是解决两条道路的問題，他們参加有好处，以后再批他們时就了解精神了。”好一个“再批他們时就了解精神了”！胡昭衡参加了中央工作会議，担起了傳达中央工作会議精神的任务，却反而不了解精神，岂非无稽之談！“再批他們时就了解精神了”。那么原来批他們的时候又是何精神呢？

24．市委和团市委一些人首先貼出大字报：“抗議黑帮分子胡昭衡参加三級干部会議！”也有其它单位的一些人，附此人云亦云地抗議起来。他們的抗議，抗議胡参加市三級干部会議是假，反对胡参加中央工作会議是眞，只不过不敢公开亮明旗号，公开責罵中央而在此指桑罵槐地发泄一通罢了。我們要怒声喝斥：“你們到底心怀什么鬼胎？誰指使你們的？”

关于其它

斗爭，失败，再斗爭，再失败，再斗爭，直到胜利，这就是革命史，这是一个不以人們自己的意志为轉移的客观規律，是确定的和毫无疑义的。天津市的无产阶級文化大革命就是遵循这样一条規律进行的，它經历了这样或那样的迂迴和反复，遭受到这样或那样的挫折与失败，但是，在毛澤东思想的阳光普照下，它毕竟胜利地前进了，前进了！

为什么会出現迂迴和反复，为什么会出現挫折与失败？其根本就是天津市委所极力推行的資产阶級反动路綫在作祟。为此，我們不能不将我市运动以来的其它情况作一个大概的叙述、分析，批判。

1．毛主席的“九・七指示”，中共中央九月十一日的四項决定，“一針見血，指出了前全国各地运动中出現紧張形势的症結所在。”着重指出“怕学生，調动工农整学生的做法是十分錯誤的。”这样綱領性文件，天津市委为什么噤若寒蟬，不予公布？

2．天津日（晚）报长期以来对坏文章猛开綠灯，刊登了为数极多、流毒极广的荒誕、反动的故事、杂文、小品。胡昭衡、肖丁、林扉、墨客、东方灿更为其中之最甚者。（我們屢訪天津日、晚报，詢問后四人眞名，均遭无理拒絕）极为严重的是在北京晚报发表《燕山夜話》期間，天津晚报极力呼应，除創刊“天津晚話”外，还开辟了“葵花灯下”这一“社会黑暗面”的麏集地，用以貽誤青年，还明目張胆地在全国大学毛主席著作的高潮中，在光天化日之下发表“胡昭衡語录”，1965年8月5日就是一例。統統这些，說明天津市委，尤其是文艺界存在着极为严重的問題。

3．姚文元同志发表《評新編历史剧“海瑞罢官”》之后，日隔很久，天津日报才在学术专栏轉載。天津日报这样做，只能认为是别有用心的。

4．6月1日，人民日报发表了《横扫一切牛鬼蛇神》的革命檄文，天津日报6月9日却发表题为《向資产阶級“权威’开战》。这除了說明其有意抗拒无产阶級文化大革命的澎湃紅流外，还能說明什么呢？

5．葵花向着紅太阳，革命人心向着毛主席。然而6月22日天津日报第四版刊头《毛主席我們心中的紅太阳》却将代表革命人民的葵花画成背弃象征我們偉大領袖毛主席的太阳，当我校革命学生兴师問罪时，他們却影射說什么“跟人民日报、解放軍报、中国青年报学习！”这种情况除了认为是心怀叵測的，还能做何解釋呢？

6．6月22日晚8点到23日凌晨3点，天津日报社对前去詢問二十一日民园大会情况和二十二日天津日报第四版刊头的十六中、十九中同学发动圍攻。副主編、主任、記者、招待員、工人、女六中学生等冒着傾盆大雨齐聚天津日报社。圍攻中軟硬兼施，不时出去一个人回来就念：“剛才接电話，十四中要傾校出动，来和你們辯論”。“你們都受蒙蔽了”，“只有一小撮牛鬼蛇神”，“变啦！究势变啦！八中精神来啦，干勁冲天，一夜写成六百張大字报”！“师院、八中已去你校声討啦”！等等，用来恫吓，同学們要回校反映这一反革命罪行，他們却厚顏无耻地說什么：“好哇，沒理就回去，有理就继續辯論！”应該指出，这是出于險恶动机的，是有組織有准备有目的的配合行动！

7．8月24日，天津日报《欢呼紅卫兵小将們的无产阶級革命造反精神》只字不提斗爭大方向。这不是有意扭轉运动主要矛头又是什么？

8．为何人民日报发表关于中共中央，人大常委会和国务院：电賀苏联人民十月革命49周年新聞时，题目是“中共中央、人大常委会和国务院，向苏联人民祝賀十月革命49周年，热烈希望苏联人民继承和发揚偉大十月革命的光荣革命傳統，捍卫十月革命的胜利果实；热烈希望我們两国人民共同努力，維护中苏人民的偉大友誼。”而天津日报的标題却是“我国党和政府致电苏联党和政府，祝賀十月革命49周年。”他們这样做，完全混淆了赫魯曉夫修正主义集团同广大苏联人民的界綫；敌我界綫，馬列主义同修正主义界綫，造成极不好的国内国际影响，給我党宣傳事业造成严重損失。

9．天津日报社所做的这一切，不能不引起一切革命同志的密切注意。

10．天津市委悍然对发电設备厂半工半讀学校派出公安人員4名，警車一辆，难道又想重复武装鎮压“十六中事件”不成？天津市的公安机关在文化大革命中对誰施行专政？

11．陶鑄同志7月1日就明确指出革命大串連的問題，为何天津市委不让串連？为何封鎖有关消息？为何直到8月3日才派馬瑞华率領天津中学生集体赴京学习？

12．无产阶級文化大革命，就是要提高人的思想革命化。因此，必须放手发动群众。然而天津市的大小黑帮可曾有几个是先經群众揭发批判才定下来的？

13．为什么天津市别有洞天——形形色色“反党分子”都是单干戶，都是“背着市委”搞活动的？王金鼎是这样，馬瑞华也是这样，胡昭衡又是这样，白樺还是这样。

14．天津日报为何发表消息說：娄平、吳大任黑帮攻击前南大党委书記高仰云，說高仰云是“革命的。”象高仰云这样对敌人奴顏媚骨的变节投敌，写“自白书”的混蛋，为什么这样褒奖不已？

15. 黃文、杜新波、張淮三“莅津”是来“調查十六中事件”的嗎？万曉塘为何在8月6日大会上当众撒謊？在座的諸位省市委領导人为何不予揭发？

16. 8月21日庆祝无产阶級文化大革命的“群众大会”上，万曉塘讲話为何不提革命造反精神？既是“群众大会”怎么偏偏沒有群众发言？

17. 臭名昭彰的“譚力夫讲話”为什么在津尤其在我校以赵正生及省市委干部子女为首的“保爹”派——毛澤东主义紅卫兵中大量流毒？

18. 赵武成每逢讲話必大談：“有一小撮沒改造好的地、富、反、坏、右分子企图炮打我們革命的司令部……”，“九一八大会”是这样讲，“万曉塘追悼会”也是这样讲，“九·二五”的所謂“批判資产阶級反动路綫大会”仍是这样讲。在“九·二五大会”上，竟丧心病狂地演出了《我們是革命的“保爹”派》这一新“譚力夫讲話”式的“对口詞”。

19. 关于陈良謀烈士被害在市內举行展覽会，多次举行追悼会，全国皆知。为何在文化大革命高潮中，正当炮轰司令部之际，要异乎寻常地大力宣傳呢？这样做其效果怎样？难道不是有目的有組織有計划地压制群众，企图把这場群众运动压下去的別有用心的活动嗎？

20. 市中学文革办公室，对群众提出的有关我市当前运动的一系列問題装瘋卖痴，敷衍塞責。同学敬贈他們对联一幅。橫批曰：口齿伶俐；上款曰：这个那个是哪个，下款曰：我不知道不了解。这样的文办有何用哉！

21. 在天津，一味“保市委”的要印傳单，步步开放，是“易中易，开口送上門”，上午送去，晚上即得（和劳二半赤卫队）。揭发批評市委的缺点和錯誤，批判市委所极力推行的資产阶級反动路綫的，要印傳单，层层封鎖，是“难上难，难于上青天”。这样做是公然違背十六条中“保护少数”“允許他們保留自己的意見。”請問，不让印傳单闡明自己的观点，怎样“保护少数”，又怎样“允許他們保留自己的意見”？

22. 为何我市各学校被党委、工作队打成“右派分子”假左派眞右派”“反革命”的学生至今尙未眞正平反？尙未恢复名誉？

23. 以上九十九例說明了什么問題？

結　束　語

毛主席教导我們：“无数革命先烈为了人民的利益牺牲了他們的生命，使我們每个活着的人想起他們就心里难过，难道我們还有什么个人利益不能牺牲，还有什么錯誤不能抛弃嗎？”

毛主席还教导我們：在共产党內发生正确思想和錯誤思想的非对抗性矛盾的情况下，“如果犯錯誤的人堅持錯誤，并扩大下去，这种矛盾也就存在着发展为对抗性的东西的可能性。”

我們堅信不移：天津市委內部頑固地执行并堅持資产阶級反动路綫的人只是一小撮人、他們脫离群众，反对人民，自絕于革命，自絕于党，到头来只能落个身敗名裂的可悲結局。

我們堅信不移，天津市委內部絕大多数同志是要革命的，他們一定能高举毛澤东思想偉大紅旗，同資产阶級反动路綫彻底决裂，能够改正錯誤，回到正确立場上来，站到以毛主席为代表的无产阶級正确路綫一边来，和广大革命群众团結起来，把我市无产阶級文化大革命推向前进。

区别上述两类不同性质的矛盾主要看其是否以堅持眞理，修正錯誤的正确态度去对待自己的問題；是否"放下臭架子，甘当小学生"；是否公开向群众承认执行了錯誤路綫；是否給被打成"反革命""反党分子""右派分子""假左派，眞右派"的革命群众，认眞平反，公开給他們恢复名誉；是否虛心地誠恳地全心全意地听取群众的批評；是否支持革命群众的革命行动。

一切愿意革命的同志，让我們在偉大的毛澤东思想旗帜下，在以毛主席为代表的无产阶級革命路綫的基础上，团結起来，向天津市委所执行的資产阶級反动路綫宣战！宣战！宣战！

《人民日报》編輯部訪問記

时間：一九六六年十月二十八日上午11时至下午1时20分

訪問人：天津十六中《星星之火》战斗小組部分成員

被訪人：《人民日报》編輯（在評論組工作）

問：关于《人民日报》刊登万曉塘同志逝世的消息和对万曉塘同志的評价問題？

答：这个消息是由新华社发稿，一般由新华社审查，我們就不审查了。按照过去的慣例，象万曉塘这样的干部去世以后，《人民日报》是要发訃告的，当然，占多大版幅，刊登在什么地位，是有规定的。万曉塘同志是个革命干部，去世以后发消息，不可避免地要涉及到評价問題，《人民日报》沒有权利評价，新华社也沒有这个权利，照理說这个評价是代表中央的。有人利用我們刊登了这条消息，压制群众，阻止革命群众揭发万曉塘問題，揭发天津市委問題，那是完全錯誤的。万曉塘同志是革命的，也不能說天津市委就沒有問題了。万曉塘本人是否有問題，是否貫彻执行資产阶級反动路綫，还可以揭，发現問題，甚至可以推翻这个評价。我們看一个干部，要看他的历史和現在，一般来說要根据历史一貫表現来評价。我們发表这条消息，沒有压制群众的意思、在尖銳复杂的阶級斗爭，决不許任何人利用我們这条消息来压制革命群众，我也听說有人利用死人整活人，打击群众，挑动群众斗爭群众，統統是錯誤的，全部責任应由他們自己担負。

問："无产阶級'保'字号万岁"，"誓作革命保爹保娘派"这两个口号对不对？

答：我是提"誓死保卫党中央，誓死保卫毛主席"的，我认为这样提才是完全正确的。

"无产阶級的"保"字号万岁"那要看保誰，要是保卫党中央，保卫毛主席就是正确的：“保爹保娘”即使加上“革命”二字，我看也是不对的，怎么能保爹保娘呢？爹娘是革命的也用不着保嘛，我們要誓死保卫毛主席吆！

看一个口号是革命的，不革命的，大家鉴定，你們认为是对的，符合主席思想，符合十六条的，就肯定；认为不对的，就抵制，就用毛主席思想，用十六条来反对，他要是压制你，你就反抗。对口号不能盲从，不能搞奴隶主义，有些同学提出了錯誤口号，是由于认識不清，受了蒙蔽，要想很快說服他們是不行的，要找根据，要作長期的艰苦的細致的工作，想办法說服他們。

問：林彪同志所說“无产阶級革命司令部”是指什么？

答：我个人理解是指以毛主席为首的党中央，不是指省市委。

*　*　*　*

故　事　新　編

从前江陵有个县官，貴姓資，字当权，号黑帮、人称官老爷。他有个忠心耿耿的仆人，名叫保皇。

早上起来，保皇給官老爷穿衣穿鞋，打水端飯，晚上給官老爷按摩搓腿，洗脚。保皇終日圍着官老爷忙得不可开交，張口一个“大人”，閉口一个“老爷”，毕恭毕敬，唯命是从，弯腰弓背，五体投地。

官老爷非常賞識仆人保皇，每每升堂理案，或外出接宾迎客，总是把保皇带上，看不清楚的时候，还以为官老爷后面牵着一条哈巴狗。

一天，保皇安置官老爷睡下，也就倚在老爷身旁打起盹来！……

“一年后，老爷被晋升为省府大人，我也就成了堂堂的助理。薪俸不計其数，吃肉喝酒，耀武揚威。

“再过一年后，老爷成了当今宰相，哼！我就是欽差大臣。良田万頃，黃金万两，珠光宝器应有尽有，我也可以喂一条“狗”进进出出，前簇后拥，……”

“混蛋！”一記响亮的耳光打在保皇的臉上，保皇想着想着，一下子栽倒在官老爷的大肚子上，官老爷勃然大怒：“老子这几天总是挨訓斥，快要被罢官了，全是你媽的給我找麻煩！”

“唉！做人难，当狗也不容易！”

*　*　*　*

打　倒　保　皇　派

1=C　2/4

i　i | i · 5 | 60 60 | 60 0 | i · 6 | 5 i |

資　产阶　級保　皇　派，　破　坏革　命

紅　卫兵　　英　雄　汉，　扫　除障　碍

坏！ 坏！ 坏！ 死 心 踏 地 专 保 皇， 甘当
快！ 快！ 快！ 高 举 革 命 千 鈞 棒， 堅决
黑 帮 的 狗 奴 才！（口号）滚 滚 滚！
打 倒 保 皇 派！（口号）打 打 打！
滚 它 媽 的！ 蛋！
打 倒 保 皇 派！

炮轰天津市委
火燒万晓塘

天津市公安局革命群众　　1966.12.7

天津市毛泽东主义战校（原十六中）
天津紅专印校革命造反总部
1966.12.　联合翻印

我和万晓塘之子万新平在天津社会科学院同事，我任文化研究所所長，他任副所長。无论人品和工作能力都是一流的。古月齋

炮轟天津市委
火烧万晓塘

毛主席語录：

“你們要关心国家大事，要把无产阶級文化大革命进行到底。”

“中国的反动分子，靠我們組織起人民去把他打倒。凡是反动的东西，你不打他就不倒。这也和扫地一样，扫帚不到，灰尘照例不会自己跑掉。”

前　　言

市委“关于在文化大革命中执行資产阶級反动路綫的初步检查”极不认眞，极不深刻，极端不象样子！

这是一个掩掩盖盖，藏头露尾，不揭黑幕，逃避罪責的检查。

这是一个不触及灵魂，不交代思想，企图蒙混过关的检查。

这是一个继續欺騙群众，蒙蔽群众，愚弄群众的检查。

这样的检查我們堅决反对，絕对通不过。《紅旗》杂誌十三期社論正确指出，具有彻底批判資产阶級反动路綫，肃清它的影响，才能貫彻执行无产阶級的十六条，才能在正确路綫指导下，进行社会上的、学校的斗、批、改。同时指出，要不要批判資产阶級反动路綫，不能采取折衷主义。我們天津市公安局的革命同志，堅决遵照党中央和毛主席的教导，决心和全市紅卫兵、革命青年学生、革命知識分子和广大工农兵以及广大革命群众站在一起，彻底揭发市委的問題，堅决砸碎市委的資产阶級反动路綫，揪出市委里党內走資本主义道路的当权派。不管市委問題的盖子有多大、多厚、多重、多硬，不管阻力有多大，也不管市委如何頑固地堅持資产阶級反动路綫，我們一定要把它揭开，和市委里的党內走資本主义道路当权派斗爭到底，不获全胜，决不收兵！

“炮轰天津市委，火烧万晓塘”的大字报是我們对市委問題的初步揭发。今后我們还将陆續揭发市委的問題。

一、砸烂天津市委的資产阶級反动路綫

以万晓塘为首的天津市委，在无产阶級文化大革命运动中，积极地推行，頑固地堅持資产阶級反动路綫，千方百計对抗以毛主席为代表的无产阶級革命路綫。他們站在資产阶級的立場上，对待群众，对待革命的群众运动，实行資产阶級专政，顚倒是非，混淆黑白，围剿革命派，压制不同意見，实行白色恐怖。他們不择手段地挑动学生斗学生，挑动工人斗学生，把揭发市委問題的革命师生、革命群众打成“反革命”、“假左派”，“眞右派”和“反党反社会主义分子”。他們不仅如此，还胆敢检查、扣押革命师生給毛主席、党中央的电报、邮件；指示公安局派公安部队在十六中学附近进行所謂

維持秩序，实际上起了武装鎮压学生革命运动的作用；背着华北局，背着革命群众，私自給胡昭衡同志，戴上反党、反社会主义、反毛泽东思想分子，资产阶級个人野心家的帽子，从三級干部会議上揪出胡昭衡同志，破坏三級干部会議，对抗党中央，华北局的指示；利用万晓塘同志之死和三輪二社事件，搞几十万、上百万群众追悼会，把斗爭矛头指向紅卫兵，向革命群众进行政治示威，不准群众起来革市委的命，不准造市委的反。由于他們采取这一系列的鎮压措施，不仅把一些革命群众打成了“反革命”、“右派分子”，而且造成了南开中学革命同学陈惠芳臥軋自杀。总之，天津市委鎮压革命运动的花样很多，罪行累累。对这些严重錯誤和违法犯罪行为，市委不仅不认眞向革命群众检查交代，而且津津乐道，頑固地坚持資产阶級反动路綫。对于这些問題，因为大字报所限，不能一一揭露批判。現仅就几个主要問題，作个初步揭发批判。

（一）运动开始，他們就“怕”字当头。怕群众革他們的命，造他們的反。他們挖空心思划了許多道道框框，千方百計限制群众，束縛群众手脚，抵制无产阶級文化大革命。

五月中旬，我市广大群众刚刚开始批判声討“三家村”反革命修正主义份子，市委就急急忙忙抛出了不要貼大字报，只准写小字报；不要开大型声討会，只准开小型声討会；給市委提意見不要指名；不要以文艺形式声討黑邦等，四条注意事项。

六月二日，根据毛主席指示《人民日报》公佈了聶元梓等七同志的第一张馬克思列宁主义大字报，并发表了評論員的文章。我們广大革命群众积极响应毛主席的号召，掀起了轰轰烈烈的文化大革命的高潮。正在北京开会的万晓塘同志吓破了胆，急忙赶回天津，連續开了四个会議。他强調要加强領导，“稳住局面”；往各校派工作队；对鳴放揭发的問題进行排队，編辮子；大字报不上街；搞大字报編委会，审查稿件；不搞游行；地区、学校之間不搞串联；改商店名称要劝阻，宣佈市委是革命的等等。

六月二十日，《人民日报》发表了“革命的大字报是暴露一切牛鬼蛇神的照妖鏡”的社論以后，市委即和党中央唱反調。当天上午，市委政治部付部长桑仁政向政法机关佈置：揭发問題的形式可以多种多样，小字报、面对面、背对背、座談会、墻报、大字报才能表达意見，大字报不积极提倡，有人非强不是不让貼。当天下午又佈置，大字报自己要貼的可以貼，領导上不发动，不提倡。

更恶劣的是，在佈置上述框框时，有些不让說是市委說的，让各单位变成自己的話去佈置，逃避市委压制群众运动的責任，嫁祸于人。当广大革命群众陆續揭发上述問題时，他們即百般推脫責任，不认眞检查，开始說：“四点注意事项是宣传部搞的„。在批判王金鼎时又說：“是文教部搞的”。当賴不掉时，又說：“是省委张承先讲的，“是市委文教部向上級請示的”。最近群众訪問市委，这到底是誰搞的，他們又說：“是谷云亭五月十六日在天津市四清工作总团学习主席著作积极分子代表大会作总結报告讲的。前后矛盾百出，不能自圆其說。根据群众揭发，天津市委的„四点注意事项”和北京宋碩等人的黑指示在时間和內容很相似，难道这是偶然的巧合嗎？請天津市委老老实实回答这四点注意事项究竟是哪里来的，是誰搞的。

（二）鎮压十六中革命学生运动，制造白色恐佈，实行資产阶級专政。

六月十七日中央公佈改革高考制度以后，广大革命师生热烈拥护，紛紛要上街游行庆祝，市委吓破了胆，匆忙召开紧急会議，研究对策。为了把上街游行的学生吸引到民园体育場减少市委的压力，以“主动积极領导”为名，召开学生代表会，不顾革命学生的反对，强行用数服从多数的办法，决定在二十一日下午四点以团市委和学联的名义召开学生庆祝大会。在会上，十六中革命学生散发了一份“告全市革命学生的一封信”，批評了市委在文化大革命領导工作中所犯的严重錯誤。市委对此十分仇視，认为“这封信是反市委的黑信”，当夜十二点急忙召开工作队长会，急忙宣称“市委是正确的，是在党中央、毛主席領导下，不是黑帮，市委是貫徹主席路綫的”，要工作队頂住。

二十二日发动各校学生，声討十六中，并派干部到支持十六中的十八中、二十一中、女六中等十三个学校去摸学生动态。

二十二日下午四点开始，在市委的亲自指使部署下，在团市委以召开学生代表会議，围攻十六中和支持十六中的革命学生达十四小时之久，还由团市委搞了录音，并派干部对革命学生进行监視。

二十三日，馬瑞华等又佈置各校对十六中进行声討，把十六中的革命学生定为“右派学生”，把拥护与反对十六中的一封公开信，作为划分右派学生与左派学生的标准。并增派工作队到十六中去。摸学生的背景。下午，王仁、在十六中准备对革命学生“乘胜追击”，挑起辯論。当王仁被革命学生质問时，市委欺騙蒙蔽八中、市师、师院附中、二十中学到十六中去„登門討伐”。当各校学生大量聚集在十六中門前的情况下，市委更加惊慌失措，两次指示公安局派出公安干部和全体武裝的公安部队到十六中附近“維持秩序”。用武裝力量对付革命学生，实际上是对革命的犯罪行为。

之后，馬瑞华又几次召集会議，佈置一系列的压制、打击革命群众的措施，說：“十六中学生到那里就辯論到那里”。还发动工人对支持十六中的学生进行辯論。通过十六中学生的家属、亲戚、朋友，压制革命学生，不許革命。普遍往各校派出大批工作队，凡是支持十六中的学校，派出的工作队員最多最强。对支持十六中的十八中派了政法部付部长桑仁政带队。十六中工作队員激增至一百三十九人，由部长級干部耿忱带队，并几次找公安局要人参加工作队，最后派了三名公安干部参加了市委的工作队，連同市监委派去的王貞如等人，工作队达一百五十人之多，矛头直对学生，目的是了解革命学生的政治背景和背后指使人。

在十六中問題上，有四个問題值得深思：

1.审察学生的重点，放在領导干部子弟身上。特别是对胡昭衡之子李罗力十分注意，市委接待室一名工作人員六月二十四日，公开对五中学生說：“李罗力是徹头徹尾、徹里徹外的反革命分子”。各校声討十六中的重点，也是針对李罗力。当李罗力二十三日到北京时，市委一个領导人对李罗力进行了所謂“劝說”。审查李罗力自然就追查到了胡昭衡。

2.对于省市三个解放軍領导同志的子弟，着重进行了解，怀疑背后有人支使反市委，当工作队进校后，立即将以朱强、孟通为首的学生警卫連强行解散。

3.一些工作队和市委的干部制造輿論，說：“十六中就是想整市委”，揚言要从坏处着想，做好准备。万晓塘同志在北京开会中听了李定汇报之后，一口咬定“十六中的問題是右派性质是小改变”。

4.十六中的問題，出面的只是馬瑞华、李定、王仁、沙小泉等人，有許多重要問題都往这几个人身上推，但实际上，在此期間，馬瑞华等人多次向正在北京开会的万晓塘进行請示汇报。針对十六中問題，各校工作队普遍組織学生斗学生，围剿革命派，不少革命学生被打成“右派学生”，受到了残酷的批斗。六月二十八日南开中学高三学生、团支部书記由于支持十六中的观点，参加起草了对市委提意見的四項建議，受到了批斗，工作队还要找他个别談話被逼得臥軌自杀身死。同日，該校高一学生张跃生胜，也由于被批判而被迫写下了“我衷心祝愿毛主席万寿无疆，此致最敬爱的毛主席”的遺书后，服滴滴畏自杀，經急救未死。轰轰烈烈的文化大革命高潮被打了下去。

請市委回答，你們这样干，其目的究竟是为什么？这是搞无产阶級文化大革命嗎？不是，絕对不是。你們这样，干造成了什么样的恶果，你們应負什么責任？究竟是誰決定这样干的？这些問題你們必須老老实实向全市人民作出交代：想蒙混过关是不行的。

（三）检查扣押革命学生給党中央和毛主席的电报、邮件，这是违反党紀、违反国法的滔天罪行。

据天津市邮局革命职工高梦兴等人揭发，在六月中旬，十六中革命青少年揭发市委問題的时候，市委急急忙忙向邮局布置检查、扣押革命学生串連的邮件、电报、（尤其是反市委的邮件、电报）并派出王金洪在邮局坐鎮，专办此事，其任务是：

（1）凡是革命学生寄給党中央和毛主席的邮件、电报，都要經过他們的检查。对于拥护市委的，就定为左派，对反对市委的就定为右派。

（2）把反对市委的邮件，电报摘录下来，带回市委研究如何鎮压革命学生的对策。

（3）在电报收价上，凡是反对市委的电报，按一般电报三分五厘收費，凡是拥护市委的电报，按新聞电报，每字一分五厘收費。

（4）对革命学生串連，有关反对市委的印刷品私自折开后进行扣押，并带回市委研究对策。

后来，市委怕发现他們的問題，冲击邮局，派出經委付主任×××和邮局党支部书記孙慕东，同去天津自行車厂求援要求自行車厂派职工保护邮局，要多少人来多少人，随时准备鎮压来局进行革命造反的学生。

中央早有明确規定，任何人不能检查扣压寄給中央、毛主席的电报邮件。天津市委里的党內走資本主义的当权派，他們什么事情都干的出来。革命的同志們，請看，他們为了維护自己統治，怕革命学生造他們的反，竟敢把黑手伸向我們最敬爱的領袖毛主席，我們的最高統帅部党中央。妄想割断革命学生同毛主席和党中央的联系，对毛主席党中央封鎖消息。同志們，这是违反党紀国法的滔天的罪行。

我們要誓死保卫毛主席，誓死保卫党中央，坚决彻底清算天津市委某些人的这个滔天罪行。这个事情是誰決定干的，市委必須把他交出来，严肃处理。

（四）十六条公布后，他們仍然頑固地坚持資产阶級反动路綫，以更加隐蔽的手段，組織工人斗学生，挑动学生斗学生。

（1）八月八日，中央公布“关于无产阶級文化大革命的决定”，八月十三日中央发表八届十一中全会公报。天津市的革命小将响应毛主席的号召，集中火力揭发市委問題，市委有些人怕的要死，唯恐革命烈火烧到他們身上。他們連續召开紧急会議，向各級党委布置文化大革命的策略”，“指示”迅速組織左派，猛烈搞五类分子，至于資本主义当权派和我們內部問題以后再說，要不然他們什么当权派都整，容易为坏人利用”。他們背看党中央妄图轉移运动的大方向。

（2）中央宣布彻銷工作組的决定后，市委阳奉阴违。八月四日馬瑞华在青年宮召开会議，宣布“工作队可以晚走几天，如果同学愿意留的話，不馬上走也行。“工作队留下可以提建議，作指导，当参謀，或做观察員”。他又說“革委会尽快建立工作队彻到第二綫，你們有什么事也可以找我們商量，我們可以帮助你們出主意，供給你們炮弹”。

八月中旬以后，工作队刚撤，又派观察員、换湯不换葯，継續推行沒有工作队的工作队路綫。有的学校，工作队临走以前，包办起一个筹委会。这个筹委会同样也是推行工作队的錯誤路綫。仍然是把自己当成“諸葛亮”，把群众当成“阿斗”，和以毛主席为代表的无产阶級革命路綫唱对台戏。

（3）八月二十三日人民日报发表了“工农兵要坚决支持革命学生”的社論。八月二十四日晚，一部分北京来的紅卫兵要进市委找万晓塘，他們就組織工人斗学生，首先指使市委机关赤卫队拦阻学生，然后又让环境卫生局派了七、八十人打着“扫鬼队”的旗号，以保卫市委机关为名，把学生引到人民礼堂展开“辯論”。同时調了絨毛加工赤卫队五、六十人呆在市委大楼，准备斗学生。

（4）此后，他們又制造了全国聞名的“八·二六”事件和“九·二”事件。特别严重的是，九月二日晚，北京来的一部分紅卫兵和劳动局第二半工半讀学校紅卫兵二百余人，要求万晓塘接見时，万吓破了胆。他們认为“学生要砸市委”，“阶級敌人要利用群众向市委发动进攻”。市委书記张淮三、副市长樊青典亲自布置公安局派二百名干部带領工人从后門进去，把学生挤出去。我們认为他两的指示是錯誤的；經請示赵武成、谷云亭同志把他們的錯誤指示頂了回去，才避免了重犯鎮压学生的錯誤。但是，他們不甘心。当夜一点多，张淮三在統战部又召开各局党委书記会，布置各局組織工人厂赤卫队，到市委“保卫”市委机关，“保卫机密”。同时从四十多个单位組織一千名紅卫兵，保卫市委大楼，这种作法完全顚倒了黑白，混淆了革命和反革命的界綫。

（5）九月十八日，十八中、一中、女六中等十五个单位的部分紅卫兵在人民体育場召开了“揭发天津市委大会”。万晓塘、赵武成、周茹、李定等同志被邀請参加这了个大会。我們认为这个会是革命的，他們說这个会是反市委的。轉天万晓塘突然逝世。市委借机以办公厅、宣传部、支部生活社等单位革命干部的名义貼大字报，散发传单，恶毒攻击污蔑“九·一八”大会。他們造謠說：万晓塘是让紅卫兵迫害死的。叫嚷：“为万晓塘同志报仇”，“严懲凶手”，血債要用血来还”。毛泽东主义紅卫兵第一联合指揮部为了澄清事实，写了《天津九·一八大会調查报告》的传单，市委百般刁难不給印发。

同志們！从这些事实看，天津市委根本沒有把毛主席亲自主持制定的“十六条”和十一中全会决議放在眼里。他們頑固地堅持資产阶級反动路綫，对抗以毛主席为代表的无产阶級革命路綫。

（五）陷害胡昭衡同志

“牺牲車馬，保存将帅”。这是市委对抗上級党委，欺騙革命群众，坚持資产阶級反动路綫，拒絕做自我检查的恶劣手法。

市委文教政治部主任王金鼎，破坏文化大革命的罪行，主要責任应由他自己来負。但有些市委干的事情都推給了王金鼎太不公平。例如四点注意事項，按市委現在的說法是省委张承先搞的，那么为什么过去把这个責任推給了王金鼎。

在党中央宣布改組北京前市委，天津市广大革命群众紛紛起来炮轰天津市委、揪市委里的黑帮黑綫的时候，以万晓塘为首的宗派主义集团，抓住胡昭衡同志写过一些有錯誤的作品，和工作中某些錯誤就背着华北局，背着革命群众，急急忙忙地把胡昭衡同志定为反党、反社会主义、反毛泽东思想分子，資产阶級个人野心家。万晓塘亲自在民园大会上宣布：“我們已經揭露了象胡昭衡、白樺、王金鼎这样一些混入党內的資产阶級代表人物，鉆进我們党內走資本主义道路的当权派”。同时到处宣传市委是革命的。他們这样做的目的，就是标謗自己是“左派”，妄图以此压制革命群众揭露他們的問題。如果誰敢揭露，就是炮打无产阶級司令部。

鎮压十六中和全市革命学生运动，是根据万晓塘調子，由万晓塘直接搞的。那么过去为什么把这个責任推到馬瑞华同志身上，并急急忙忙地撤銷了馬瑞华同志市委組織部长的职务。說穿了，这就是“牺牲車馬，保存将帅”，拿馬瑞华同志当了替罪羊。我們对这个問題非常不平，希望全市革命同志和馬瑞华同志本人站出来讲眞理。

团市委在文化大革命运动中，犯了严重的錯誤充当了鎮压学生运动的急先鋒。但是，他們錯誤主要是积极貫徹执行了市委的資产阶級反动路綫。市委对这个問題沒有进行检查之前，就于十一月七日又急急忙忙宣布改組团市委。据沙小泉同志揭发，市委改行团市委的根据有两条，一条是本身有严重錯誤，沒做检查，沒領导好运动。二条是执行了团中央的資产阶級反动路綫，压制学生运动。这二条根据都站不住脚。如果說本身有严重錯誤，沒作检查，沒領导好，就应改組的話，恐怕改組不仅是团市委。据沙小泉同志讲，鎮压学生运动期間，团中央对团市委沒做过指示。这个时期团市委的活动，完全是按市委指示干的。老实說，市委改組团市委常委，这又是市委“牺牲車馬，保存将帅”的一个把戏。

革命同志們，我們要揭穿市委的这些阴謀，千万不要上他們的当，受他們的騙。我們也希望受害的同志站出来，揭露他們的阴謀詭計。大家团結在一起，揪出市委里走資本主义道路的当权派。

（六）抓住三輪二社反革命案件把斗争鋒芒指向紅卫兵。

貨运三輪二社內部的一小撮阶級敌人，借开展无产阶級文化大革命之机，进行反革命阶級报复，杀害了党支部书記陈良謀同志，犯下了严重罪行。对这样一起反革命案件，本应抓住阶級敌人及时严肃处理。但身为市委常委、付市长樊青典却反其道而行之。他亲自坐鎮河东区委，利用这个案件，推行資产阶級反动路綫，把打击鋒芒指向紅卫兵，鎮压革命的群众运动。

樊青典极力主张通过这个案件解决文斗武斗問題。案件发生后，九月三日和五日，两次就文斗、武斗問題組織群众进行大会“辯論”，实际上是对三輪二社紅卫兵負責人薛志維和去該社帮助搞文化革命的卫国道中学学生紅卫兵裴家凤等人的控訴斗爭。会后，并将薛、裴等二十多名紅卫兵扣押起来。他們顚倒是非，混淆敌我，放纵敌人，打击革命群众，达到了无从顾忌的程度。斗爭、扣押还感到不足，就又通过三輪二社事件紅卫兵主席团，并以主席团的名义，大量印发了《关于三輪二社反坏分子制造杀人事件的初步調查情况》的传单。这个传单不充分揭露阶級敌人的破坏活动，却一再攻击三輪二社紅卫兵負責人“薛志維等，妄图以此轉移革命群众的斗爭鋒芒，对广大紅卫兵施加压力，在这个传单的蒙蔽下，本市几十万人上街，外地来了上千份的电信，声討紅卫兵薛志維等人，一时轉移了斗爭目标挫伤了紅卫兵的革命銳气，把轰轰烈烈的无产阶級文化大革命压下去。

现在，虽然已經案情大白，敌我分明，鎮压了敌人，保卫了文化大革命。但是樊青典等人借此事件推行資产阶級反动路綫，实行資产阶級专政。压制打击革命群众，破坏无产阶級文化大革命的罪行，尙未清算。我們坚决和全市紅卫兵革命小将，广大工农兵革命群众一道，揪出樊青典这个鎮压群众运动的急先鋒，彻底查究，兴师問罪。

（七）抓住万晓塘逝世大作文章，以死人保活人。

万晓塘同志逝世后，市委某些别有用心的人，肆意践踏十六条，趁机拿死人整活人，对革命群众搞政治示威，再一次把轰轰烈烈的文化革命高潮压了下去。

（1）举行規模空前的追悼活动，万晓塘逝世的第二天凌晨，《天津日报》广播电台以空前的速度发表消息，說万因心脏病暴发逝世”，（？？？！！）并給予极高的評价。說万“是我党的优秀党員。他的一生，是战斗的一生，光輝的一生。他忠于毛主席、忠于毛泽东思想、忠于党、忠于人民”。公开号召“有送晚联花圈者，可送天津市工农兵文化宣传陣地（原第一文化宫）”随后举行盛况空前的追悼大会。各区委、党委連日組織全市群众分批前往吊唁。市委第二书記赵武成同志事先說，可能要有二十万到四十万人，主要是紅卫兵、学生、街道居民，干部先不要去。市委派秘书路达、郝洁軒在一宫坐鎮指揮。一宫門前送挽联、花圈参加追悼的人絡繹不絕，全市的花圈都被卖光，有的单位到北京去买。一宫从一楼到三楼，甚至外边都摆滿花圈。据不完全統計，先后到一宫参加吊唁的达六十余万人，連同市区、郊区，举行悼念活动达百万人。声势之大，超过了一九五三掉念斯大林。有些人摘悼了胸前的毛主席語录牌，換上了白花；摘掉了紅卫兵的袖章，換上了黑紗；有些工厂商店把大字紅色标語“毛主席万岁”換成了白帋黑字的“万晓塘同志永垂不朽”的挽联。这实际上是反毛泽东思想的大示威，是鎮压革命群众运动的大示威。

（2）开动各种宣传机器，大搞頌揚万晓塘的宣传活动。《天津日报》詳細报导了万晓塘的追悼大会。《天津晚报》除发表同样的消息外，还連續几天把原来的紅色报头改成黑色。天津广播电台連續几天播送有关悼念万晓塘的专题节目。市委并以办公厅、宣传部，支部生活社全体革命干部名义向全市印发了九十万份歌頌万晓塘的传单。市委門前用大量追悼万晓塘的挽联和歌頌万的标語复盖了紅卫兵揭发市委和万晓塘的大字报。頌揚万是“党的好儿子”，“毛主席的好学生”“人民的好书記”、“焦裕祿式的好书記”。同时恶毒地攻击市委，特別是揭发万晓塘的革命群众，說他們統統是无耻烂言”，“恶毒誹謗”，“右派翻天”，“反市委”，“不准炮打无产阶級革命的司令部”等等。省委关于不要张貼拥护某个領导成員革命左派之类的传单、大字报的指示下达后，市委机关刊物《支部生活》还继續刊登歌頌万晓塘同志的文章，明目张胆地搞抗拒省委指示，近几天又有人重新散发市委歌頌万晓塘的传单，继續向革命群众进行反扑。正是在一片歌頌万晓塘同志气氛中，鎮压給市委提意見的革命群众的严重事件，不断出現。許多給万晓塘的提意見、貼大字报的人遭到辯論，圍攻，甚至給戴上帽为，定了罪名，眞是刀光剑影，杀气騰騰，不可一世。在这段时間里，市委里的大字报廖廖无几，各单位的运动冷冷清清。

（3）在会电局內部，也出現了一般逆流。有些人在公安局大量散发歌頌万晓塘的传单，大开追悼会，貼大字报攻击給市委、万晓塘提意見的革命群众是“造謠污蔑”，“別有用心”5“攻击万晓塘”，揚言要“揪出指使者”“把他們放在光天化日之下”。甚至有人揚言“誰說市委有黑綫我跟白刀子进去，紅刀子出来”，制造白色恐怖。

市委有些人借着万晓塘逝世，这样大买力气，大作文章，实际上是大要阴謀。“司馬昭之心”，“路人皆知”，他們标榜万晓塘絕对正确”，在万領导下的市委自然也就是“正确”的了。誰要再炮轰市委，就是“炮打了无产阶級司令部，就是“右所翻天”。那些隐藏在市委里的党內走資本主义道路的当权派，好象就可以混道去了。这些老爷們眞是愚蠢到了极点！革命的烈火是任何人也扑不灭的，想以死人保活人蒙混过关是决对办不到的。

（八）对抗党中央，对抗华北局，揪胡昭衡同志，破坏三級干部会議。

党中央指定胡昭衡同志参加中央工作会議。党中央指示各地开好三級干部会議，传达、学习好中央工作会議精神。

，加中央工作会議的市委第二书記赵武成因病不能作传达。华北局指定胡昭衡同志主持天津市委三級干部会議，传达中央工作会議精神。

市委某些人，对抗党中央和华北局的指示，指示市委机关干部，把胡昭衡同志从三級干部会議中揪回机关，不准他传达中央工作会議精神。后来經过紅卫兵和革命群众一再斗爭，才被迫請胡昭衡同志主持三級干部会議，传达中央工作会議精神。

他們这样干，妄图胡昭衡同志搞臭，破坏三級干部会議，继續頑固地堅持資产阶級反动路綫。結果适得其反，搬起石头砸自己的脚。

（九）指責公安局“专政无力”、“右傾”，妄图迫使公安局跟随他們一起，堅持資产阶級反动路綫，大力鎮压革命群众运动。

天津市委一直站在資产阶級反动立場上看待这場触及人們灵魂的无产阶級文化大革命。他們顚倒是非，混淆黑白，把群众的革命行动看成是“鬧事”是背后有“坏人操纵”，一再指示公安局鎮裝群众革命运动。公安局不同意他們的錯誤作法，就横加指嗣打击报复。

月七日革命学生上街要求改变一些商店旧名称，并砸了周家食堂，吓坏了馬瑞华。

夜一点召开了一个杀气腾腾的紧急会議。他說："有些人有意識搞，不采取有力

会发展到鬧事。一律不准上街貼大字报，去鬧事。我們不能被人利用，弄不好砸

店。要有領导，不能搞乱。要不坚决制止，不然，事情鬧大了，一下子就到北京

在这次会議上，他提出"保卫学校"，"保卫机关，保卫工厂、企业"的口号。

防止劝业場发生鬧事，让派两个速部队到劝业場，我們沒有同意他的錯誤意見，

不滿，批評公安局"右傾"。事后，他把这个問題給赵武成同志作了汇报。六月

在市委书記处上。他要給李罗力等革命学生戴上反革命分子的帽子，当时在場的

民雨等同志，反对他的錯誤作法，給他頂了回去。张淮三，看到革命师生起来鬧

他不仅不支持，反而认为学校秩序搞乱了，让公安局插手鎮压，我們也頂住了，

他的错誤指示办。他怀恨在心，也向赵武成同志作了汇报。

武成同志听了这些人的汇报，不調查，不研究，在一次市委书記会議上，杀气騰

不讲理地批評公安机关"右傾"，"专政軟弱无力"等等。說穿了就是一句話：公

压革命群众运动不得力。会上根本不让公安局同志說話，采取高压手段整公安局。

問赵武成、张淮三、馬瑞华同志，你們想专誰的政？难道我們不执行你們的资产

动路綫，不跟你們一道烂下去，不鎮压革命群众运动就是"右傾"，就是"专政

？只有跟着你們跑，充当你們資产阶級专政的工具，鎮压革命群众运动，才算不

才算专政得力嗎？

問赵武成同志，你来天津不久，对文化大革命运动中公安保卫工作情况了解也不

批評公安局那么大的劲头那里来的？誰給你反映了公安局的坏話？誰让你这样干

达到什么目的？

十）打击报复，企图整垮公安局。

月份，市委在河北宾館召开工作会議期間，公安局参加会議的領导同志，以对党

对人民負責精神，积极响应毛主席的伟大号召，尖銳地揭发了万晓塘、樊青典、

、宋景义等人的大量問題，刺到了他們的痛处。参加市委工作会議的同志們，知

塘等人慣于打击报复，因而参加会議的很多同志紛紛到公安局声援，并要求华北

、市保护检举人。事后，不出同志們的所料，他們对公安局不择手段，明目张胆

了一系列的打击报复。

（1）借所謂"八·一六"事件进行打击报复。所謂"八·一六事件，就是八月十六

局所属瑪鋼厂干部×××（国民党員、流氓坏蛋、受过开除留察处分）等五人，

貼对联和大字报，由于他們把一尺半見方的白帝黑字的"无动于衷"的横幅和"

园"的对联，貼在我們最最敬爱的伟大領袖毛主席塑象的前面的大門上，市局同

阻不听，引起了革命同志的公憤，自发的同×××辯論。在辯論过程中革命群众

伟大領袖毛主席的热爱，出于对国民党員、流氓坏蛋，污辱我們伟大領袖毛主席

，給×××戴了高帽子，罰了跪，推搡了他。这个行为是錯誤的，是违背十六条

，市局領导已反复做了深刻检查。

这本来是群众之間的問題，但是，市委却抓住这个問題不放，派出了以张墨义人民检查院付检查长）为首的检查組对此事进行干予。他們在检查过程中，有意偏方，打击一方，混淆事非，顚倒黑白，并忙忙地做出了“关于市公安局鎭压所属瑪群众到市局貼大字报革命行动的处理决定”。給保卫我們伟大領袖毛主席的市局五名群众加上了“鎭压革命”的罪名，撤銷了当时在局坚持工作的郝志刚同志付局务。而把污辱我們最敬爱的伟大領袖毛主席的匪国民党員、流氓坏蛋×××說成是的我局广大革命群众多次联名要求撤銷这个錯誤决定，但是市委熟視无睹，充而不

請同志們想一想，市委某些領导人，有組織，有計划挑动工人斗学生，挑动学学生，都沒有事，而把“八·一六”群众之間的問題，硬說是违反了十六条中的条，是鎭压革命，并罢了付局长郝志刚的官。这是什么“邏輯”这不是明显地打击嗎！

（2）以张墨义为首的市委政治文革小組，顽固地推行万晓塘、樊青典的资产反动路綫，阻挠和破坏公安局的文化大革命，张墨义等人为了实現市委某些領导人公安局的目地，在公安局內部找了一些同他們气味相投的人，做为內应，互相配合，力保市委、保万晓塘，压制打击革命群众，包屁保护坏人。他們还散布流言蜚語，制造混乱，說什么“八·一六是有組織、有計划、有領导的事件”，“搞王成熙是大阴謀”，“給樊青典提的根本沒有那么一回事”！江枫的官十天就罢下来了”，江枫的官省、市委中央已經批准了，什么时候宣布，要看一个时机”！“要改組公安党党委”等等。最近市法院院长陈阜，根据樊青典的指示造謠說市公安局很乱，領导不能行使职权了，指望不上了等等。

于是背着市局，直接指揮和領导分局，进行工作，妄图夺市局的权。张墨义等人在公安局文化大革命运动中，心怀悉意，故意不看主流，抹煞成績，专門找問題挑毛抓把柄、整理黑材料，企图将公安局置之死地而后快。观察員每次向領导小組汇报时，談到公安局运动的成績，他們就不感兴趣，即不听，也不記，甚至中途打断制而一說到运动中存在問題，他們則兴致勃勃，問的，記的都很詳細。在給观察員布作时，也多是强調收集什么“群众斗群众，“組織围攻”，“打击报复”等等。

在政治文革內部搞宗派活动。由于张墨义为首的一伙人，忠实地推行市委某些人的資产阶級反动路綫，在領导公安局的文化大革命中怀有不可告人的动机，因此，們对公安局在政治文革小組工作的同志，从开始就有戒心，采取了一系列的排挤、击、刁难、挑拨、恫吓等手段，大搞其宗派活动。对从公安局調去的同志，不让参治文革小組会議，不让看文件，許多会議都是背着这些同志。有时张墨义亲自主持安排工作“全体会”，見到公安局的人就馬上宣布散会。値得注意的是，他們对核心領导成員之一的王玉德同志（公安局的）也排挤在外。領导成員王良善同志曾对公安調去的观察員說：“政法出的簡报，一种是上报的，一种是下发的，以后你們都可看，向三友竟然給了一份报番社論，眞使人啼笑皆非。不仅如此，他們在工作上极击和刁难公安局去的同志。干部組长张志强甚至公开对公安局的干部說：“有些事迴避你們，迴避你們一下有好处，因为你們的观点不一样，”还让这些同志“考慮

向”。

二、深挖市委資产阶級反动路綫的根子

天津市为什么这样积极地推行頑固地堅持資产阶級反动路綫？这是有背景的。天津市委长期被以万晓塘为首地宗派主义集团所把持。他們犯了一系列的严重錯誤。其中一小撮人就是党內走資本主义道路的当权派。

現将我們初步揭发的問題公諸于众。

（一）万晓塘是个“死猪不怕烫”的干部。

万在領导天津市委工作期間，由于全市人民努力，天津的各項工作是有进步　的。但是，就整个市委的領导班子說，从万晓塘当第一书記以来，远不如黄敬时期，火青时期那样努力，那样认眞，这是全市人民有耳皆聞有目共睹的。

万晓塘眞是像有些人称贊的是“焦裕祿式的好书記”嗎？不是，絕对不是。請看他的工作，生活的几个片断吧！

他不突出政治，不高举毛泽东思想偉大紅旗。我們从来沒有听到万晓塘本人給全市干部群众作过学习毛主席著作的心得报告，讲他自己是怎样学习的，怎样用的。对全市学习毛主席著作也一直是推推动动，不推不动，沒有很好地造成一个人人大学毛主席著作的高潮。对于已經湧現出来的学习毛主席著作的积极分子，也多是提的不高，叫的不响，沒有充份发揮他們的骨干带头作用。

他工作上缺乏高度的革命热情和足够的干劲。长期以来高高在上，当官做老爷，不深入实际，不深入群众，脫离火热的三大革命运动，脫离广大工农兵群众。因而，天津的工作长期处在落后的状态，产品质量低劣，商品供产不齐。一次急的李雪鋒同志不得不严历地批評他是死猪不怕开水烫，人民的批評一时充滿街头，但是他充耳不聞，无动于衷。口头上提出赶上海的口号，实际上远远地落后于上海。

他生活上巧取豪夺，揮霍无度。入城不久，广大干部都保持着艰苦朴素的光荣传統，万晓塘当时身为公安局付局长竟然巧取豪夺，竟然把公安局的两件水獭領子貉絨裲子高級皮大衣据为己有。一件万晓塘已自穿用。一件給他的夫人张露同志改成女大衣。难道这不是明目张胆的貪污盜竊行为嗎？

不久万的生活奢望越来越高，又让公安局开支給他个人买了一个电冰箱。1952年三反运动时，公安局政治部主任郑大墊同志給万晓塘提了意見，万晓塘怀恨在心，說：“郑大墊这小子，我用个电冰箱，他就这么給我提意見”。后来就采取报复手段把郑大墊同志調出公安局。万晓塘直到死前对这件事还念念不忘。从这件小事来看万晓塘打击报复心理多么历害！

万晓塘当了市委书記以后，仍然不忘公安局这个他可以巧取豪夺的对象。他曾經两次拿自己的坏收音机換走了公安局两件好收音机。一次他借口“下乡”工作向公安局要走进口半导体收音机一架。后来听說公安局沒收了特务分子一张台湾凉蓆，他也拿走自己舖用。一次公安局沒收了一幅宋翰林张择端所画《清明上河图》，万晓塘听說以后也拿击“欣賞”多年，直至1965年突出政治大討論之后，才偷偷派人送回。

万晓塘在坐汽車上也是一慣求时髦，讲排場。只要他听說那有好汽車，就千方百計非換不可。万晓塘原坐的是“别克”牌轎車，听說分配給旅行社接待外国貴宾专用两部“吉姆”車，万晓塘馬上以“孩子大了，原来的車坐不下，”为理由換走一辆。以后公安局买了一部自动排挡的“雪佛兰”車，万晓塘又以借用为名长期占用，直至車坏了才还給公安局，此車至今尚未完修好。

为了追求享受生活，一九五九年，万晓塘通过阶級异已分子仪洪柱（原塘沽区委书記），在风景幽美的塘沽海滨游泳塲附近修了一所小“别墅”。夏天，万晓塘經常携妻带子到那里去乘凉避暑，吃喝玩乐。

万晓塘以第一书記的权威，到处白吃喝的事情也是很多的。夏天他几乎每天到俱乐部去吃冷食，点心。有时带着夫人、孩子一起去吃飯，吃完以后名曰：“記帳”，实际上这笔“帐”一直沒人还过。

困难的时期，万晓塘常借口視察工作到郊区农塲苗圃大吃大喝。一次万带着夫人、孩子到北郊苗圃游玩，去前通知苗圃买酒、买肉，准备上等烟茶。一席宴吃了两个小时，白酒色酒摆了一大桌，上一个萃每人只吃一口就被撤下換新萃。在塲的同志說：“象这样的酒席别說吃了，連看都沒看过”。

万晓塘不仅在天津遊玩，有时还带着全家到北京遊山玩水。一次全家住在天津公安局在北京的招待所里，从天津带着去了专用厨师，吃飽了就玩，玩足了就吃。这怎么能說万晓塘是“焦裕祿式的好书記”呢？

（二）以万晓塘为首的宗派主义集团

万晓塘一慣搞宗派主义，招降納叛，結党营私，排除异己培树私人势力，形成宗派集团，把持天津市委。

他这个集团的主要成員有：

（1）张淮三，市委书記处书記。这个人有严重的政治历史問題。革命群众不断揭发检举，万晓塘百般包屁，不仅不进行处理，反而一再提拔重用。在文化大革命运动中，他是貫徹資产阶級反动路綫、保万晓塘、鎮压革命群众的急先鋒。

（2）樊靑典，市委常委、付市长。他是万晓塘的老部下，是国民党員。他在当公安局长时，极力推行“阶級斗爭熄灭論”，“无阶級內消亡論”等修正主义观点，大反毛泽东思想。平时当官做老爷，过着資产阶級貴族生活。在暫时困难时期，到处遊山逛水。在山西大同丢失了照相机，誣賴为共产党員，汽車司机于吉明偷窃。他亲自指揮当地党政公安机关逼供搜查，陷害党員司机于冤獄。致使这个同志割气管割小便自杀，經搶救未杀，造成終生残废。这个同志的外祖父被活活吓杀。阶級异己分子，前文化局付局长黎沙的老婆需要活人的肾治病，樊大力效劳，擅自决定把一个处杀刑的犯人于枪决后，即搶尸盗肾，造成极坏的响影。天津划临省委領导后，他极力反省委領导。在万晓塘包庇下，对于这样的一个人連續提拔，由公安局长提拔为政法工作部长，以后又連續提拔为付市长、市委常委。在这次文化大革命中他极力保万晓塘，調动工人干部斗学生，甚至調动公安干部鎮压学生（我們頂着了未逞），并千方百計地破坏公安局的文化大革命。

（3）王培仁，市委常委、付市长。在暫时困难时期虎口夺食，私分园林处供应老虎的肉。他在任市人委建設委員会主任期間，大量私分盗窃×××財产，上級党委責令追察时，万晓塘等隐瞞事情眞象，写假报告，欺騙党中央、华北局。此后并把他提拔为付市长，市委常委。这次文化大革命中他是推行資产阶級反动路綫，保万晓塘的一員干将。同时千方百計打击陷害检举人。

（4）毛昌五，市人委建設委員会付主任，也是万晓塘的老部下。毛与王培仁合某大量私分盗窃×××財产。在万晓塘支持下，公然大反省委，揚言："天津划归河北省領导，还不如划归台湾領导好呢！"

（5）桑仁政，市委政法部工作，付部长，也是万晓塘的老部下。桑不办理离婚手續，遺弃迫害其妻曹小秀而另娶小老婆，犯重婚罪，他利用职权包庇反革命份子厉惠良和前市人民法院付院长、修正主义分子郝双祿等人。在文化大革命中，被委派为十八中的工作队长。他进校后挑动学生斗学生，鎮压革命学生运动。

（6）王誠熙，市公安局第一付局长，原是万晓塘的秘书，他依仗万晓塘的势力，飞揚拔扈，欺上瞞下，包庇纵容坏人，搞独立王国。困难时期，利用职权，倒买倒卖。五反中拒不检察交待，沒有下楼，反被万晓塘一度提拔为市委代理常委。他和樊青典等人合某，破坏公安局的文化大革命。

另一方面，对于外地調来的和同他的錯誤作斗爭的干部，他却千方百計进行排挤或打击报复。胡昭衡同志是从內蒙調天津来的。他在天津工作期間有干劲，深入基层，带头劳动，群众反映不錯。胡昭衡写过一些作品，其中有的有缺点，有錯誤，但还是人民內部問題。胡昭衡同志是天津市委书記处的书記，正市长，是中央管理的干部，以万晓塘以首的市委里的一小撮宗派主义集团，背着党中央，背着华北局，背着革命群众，私自給胡映衡同志戴反党、反社会主义、反毛泽东思想分子，資产阶級个人野心家的帽子，这絕不是偶然的，这是万晓塘等人精心策划的一起政治陷害事件。

其一，在党中央宣佈改組北京市市委，天津市广大革命群众紛紛起来炮轰天津市委，揪市委里的黑邦黑綫的时候，他們抓住胡昭衡同志写过一些有錯誤的作品和工作中的某些缺点，就背着党中央背着华北局，背着革命群众，急急忙忙地把胡昭衡同志定为反党、反社会主义、反毛泽东思想分子、資产阶級个人野心家。万晓塘亲自在民园大会上宣佈："我們已經揭露了像胡昭衡、白樺、王金鼎这样一些混入党內的資产阶級代表人物，鉆进我們党內走資本主义道路的当权派。"同时到处宣传市委是革命的。他們这样作，实際上就是标榜自己是"左派"，是"焦裕祿式的好书記"，妄图以此压制革命群众揭露他們的問題。如果誰敢揭露，就是炮打了无产阶級革命司令部。其用心何其毒也！

其二，他們急急忙忙宣佈胡昭衡同志是反党反社会主义，反毛泽东思想分子，資产阶級个人野心家，与鎮压十六中的革命学生运动是有着直接关系的，尽人皆知，十六中以高三学生、胡昭衡同志的儿子李罗力为首的革命小将是我市进行革命造反的急先鋒，是揭露市委里黑邦黑綫的急先鋒。当十六中学的革命高潮刚刚兴起的时候，万晓塘正在北京开会，市委付秘书长李定星夜赶到北京向万晓塘汇报。当时万說："十六中的問題是右派性质，是小政变。"正是在万晓塘定了性质之后，馬瑞华，王仁等人就充当了鎮

压革命的馬前卒。他們不择手段。对十六中連續采取了派强大的工作队，并指示公安
派公安部队維持秩序，实际上是鎭压学生运动。組織全市性的辯論、围攻，在各校
“反动学生。”不仅如此，他們公然认为十六中的学生造反不是单純的革命行动，
李罗力的活动有背景，于是組織专門力量，偷偷摸摸地在学生中查背景，而查背景
的就是揪胡昭衡同志。显然，他們在鎭压十六中的同时，背着党中央，背着华北局，
着革命群众，就給胡昭衡同志戴了反党、反社会主义、反毛泽东思想分子，資产阶
人野心家的結論，并在全市人民中广为宣传，妄图把胡昭衡同志搞臭，达到他們鎭
生运动，保护自己过关的一箭双鵰的目的，其用心又何其毒也！

万晓塘等人为了保存自己，他們什么事情都干得出来。他們对市委书記、市长都
敢如此打击陷害，无名小輩就更不在話下了。这样的列子多的很。列如，公安局的
同志，在八月河北宾館会議期間，响应党中央和毛主席的号召，大胆地揭发了万晓
张淮三、樊青典、王培仁等人的問題，刺痛了他們。他們怀恨在心，极力破坏公安
文化大革命，妄图整垮和改組公安局。郑大堃同志，由于揭发万晓塘的缺点和錯誤，
遭到打击。王培同志由于检举何朗明，而遭到他們打击陷害十一年之久。李超同志，
于揭发张淮三的政治历史而遭到迫害。詹維明同志，由于揭发检举樊青典的問題也
了陷害等等。

（三）大反省委領导，搞独立王国。

自天津市划入河北省委領导以来，万晓塘，樊青典，王培仁，毛昌五等人不願
受河北省委領导，利用各种机会，明里暗里大反省委。

万晓塘一次在第一工人文化宫召开的大会上，含沙射影攻击省委，制造大反省委
輿論。他說：“天津市是全国第二大城市，現在又属河北省，但在物資分配上省里
天津的油。”以后就有人对省委关于物資分配等問題进行秘密調查，并告訴有关人員
对保密。

樊青典是大反省委的主将。一九六二年，传达七千人大会时，樊說：“我市发生
理道案件（行搶杀人）后，省委批評天津市不要背大城市的包袱，樊知道后，大发
火。他經常攻击省委說：“河北省沒有大城市，他們不懂得如何領导大城市。”他
說：“河北省干部来天津都变了质，吃喝穿戴舖张浪費，都超过了天津，土包子进城
质更历害。”等等。

王培仁，毛昌五是大反省委的急先鋒。毛昌五竟恶毒地攻击省委說：“天津归河
省領导，还不如归台湾領导好呢！”

由于以万晓塘为首的一些人一慣大反省委，曾一度在全市机关、社会上出現大反
北省委之风。一九六三年左右，又流传„天津市又归中央直接領导啦！”“省委快搬
啦！”等等謠传，大有对省委下逐客令之势。省委曾对此辟过謠，他們一看形势不妙
抓住河西区有一个小干部向人民代表建議搬家的事，即給他 扣上反省委的罪名，将
开除党籍。大家想一想，万晓塘等人带头大反省委。毛昌五說：“天津归河北省領导
不如归台湾領导好呢！”沒有事，一个小干部的建議省委搬家就开除了党籍，”这还
眞理嗎”？

眞是只許州官放火，不許百姓点灯！

（四）包庇坏人，包庇反革命。

①包庇日本特务宋氏三兄弟

宋步峰，河北省深泽县大地主，外号“小土匪”。一九四二年日寇在冀中“五一”大扫蕩时，投靠日本特务机关，取得“情报收集”的特务“帕斯”向敌人提供了我冀中地区軍政活动情报，为敌人发展特务爪牙。这些爪牙回村后，杀害干部，夺取枪支，忠实地效忠日寇。一九四三年借口宋家被盜，栽赃陷害无辜群众，使一群众被捕后，至今下落不明。全国解放后，又借行医手段杀害了土改时斗爭他的积极分子。之后多次逃来天津，在万晓塘、宋景毅、宋树績等人包庇下，混入第一中心医院，当上了“主治大夫”。四淸运动中才被揪出来。現被捕在押。

宋树績。是宋步峰的三弟，原任我冀中七分区的貿易局长。一九四二年日寇“五一”大扫蕩前图謀背叛革命，派人与駐石家庄的日本特务机关取得联系，領取了特务“帕斯”。后来，直接背叛投敌，当了日本特务外山的秘书。以后，又隐瞒叛变投敌的眞实情况，混入党內。解放后，在天津公安局工作，曾被万晓塘，樊靑典等提拔为办公室付主任，后調公安学校当付校长。

宋景毅，是宋步峰的四弟在日寇冀中“五一”大扫蕩前，也从駐石家庄日本特务机关領取了特务“帕斯”。解放后，宋景毅多方隐瞞这段历史，并包庇他的两个反革命哥哥。在万晓塘等人的包庇下，他不仅未受到应有的懲罰，而且窃取了天津市委书記处书記及付市长的重要职务。

万晓塘是怎样包庇的三个特务分子的呢？

1.违反組織原則，一再将宋氏兄弟提拔重用。宋树績宋景毅的問題，群众不断检举，組織上也了解，按照組織原則是不能提拔他們担任重要职务的。但万晓塘为了培植私人势力，一再提拔重用。一个当上了处长，一个当了市委书記处书記，付市长。

二宋窃居要位，站稳脚跟以后，极力保护其“难兄”反革命宋步峰。一九五一年大镇反时，宋树績（宋当时在公安局工作，万晓塘任付局长）亲自把宋步峰窝藏在家里。宋景毅亲自向当地地委书記写信，为宋步峰托情，后把宋步峰送回原籍行医。一九五八年当地公安机关根据宋步峰的問題和反动表現，把他定为反动分子，管制生产。宋步峰一看不妙，逃来天津，宋景毅又把宋步峰按排在第一中心医院当了中医科主治大夫。

2.采取瞒天过海的手法，企图使这个案件不了了之。

四淸运动中，宋步峰的問題被群众揭发出来了。公安机关依法拘留了宋步峰，市监委书記李守眞亲自找到万晓塘以前的秘书，現在的公安局付局长王誠熙，要王保守秘密亲自搞这个案子。在逮捕宋步峰以前，李守眞又几次說：“他們村竟鬧宗派，”“証据并不一定可靠，”“判个管制送回原籍，改造吧！”逮捕宋步峰刚刚二十天，重大血案問題还沒有弄淸，李守眞又急忙打掩护說：“我认为可以結案了”。万晓塘也指示結案。市委政法付部长，万晓塘的亲信，桑仁政事后即勒令公安局馬上結案。

3.企图重罪輕判，继續为宋开脱罪責。

宋步峰案件轉送到法院后桑仁政連忙传达万晓塘的指示：“严格保密，专人审理，

迅速結案。”法院审理后，提出判七年徒刑，桑仁政暗示說：“你再好好領会領会
的精神，”万指示带刑送原地改造。

4.公然把上級党委調查宋景毅的材料轉給宋景毅。华北局河北省委发現宋景毅
宋步峰后，对宋的問題进行了調查。并責令宋景毅进行检查。万晓塘竟然违反組織
則，把上級的調查材料轉給宋景毅。給宋通风报信，通通做弊。后来中央直接調查
宋氏三兄弟又公开說：“若是万晓塘找还好办，这样是中央組織部找！”

（2）包庇日本特务，恶霸地主何朗明。

何朗明，是河北深泽的大恶霸地主，抗战前混入党內，一九四二年投靠日本当
务，并且組織过“剿共大队”。后来，又将他的儿子何治安，也拉过去当了汉奸。
四三年，何回原籍时，地委曾指示将何杀掉，后因故未执行。以后何在黑邦头子林
人的庇护下，混入党內，并当了安平县县委书記，在此时間他对要求平分林鉄地主
人家土地的党員和农民群众进行了残酷迫害和鎮压，因而进一步成了林鉄的心腹。

全国解放后，何逐步窃取了中央建工部司长的职务。同时利用职权，招降納叛
党营私，封了許多“老党員”，到处安插亲信，进行反革命活动。

何朗明：“神通广大，”在中央，华北局，河北省委，天津市委里都有他的
人。

在中央的保护人是建工部长刘秀峰；全国总工会主席团委員张庆春；国家机关
监委书記刘旭。另外还有北京市委书記刘仁。

在华北局的保护人是监委书記陈鹏。

在河北省的保护人是第一书記林鉄。

以上这些人，在这次文化大革命运动中都被揪出来了。

何在天津的主要关系有：

1.宋景毅，天津市委书記处书記付市长。何的同乡。宋和他的两个哥哥宋树績
步峰投靠的日特曹琴軒，也正是何朗明投敌后的上司。他們属于一个特务系統。

2.李守眞，市监委书記。何的同乡。

李的堂弟李寅初，在天津第一机械工业局工作。一九六三年經何朗明証明，成
九三〇前后入党的“老党員”。

一九六三年李的妹妹李素端，因参加地主反革命集团，深泽县要进行处理，听
守眞为此事給省监委打了电話，并让李素端去省监委告村干部。結果省监委答应派
組去检查此事。

3.李玉田，原天津和平区区委书記。何的同乡。听說和宋景毅是亲戚。

他們这些人糾合一起，在天津活动极为嚣张。何朗明被捕前，不断来天津，与
毅、李守眞、李玉田等一起集会。李玉田还不断与林鉄的秘书联系。林鉄叫何朗明
志毅（芦台农場場长）、王子宜（中央建工部干部）編写深泽县党史，何等曾来天
宋景毅、李守眞、李玉田一起研究。特别是从以下几件事看来，何朗明显然是在控
津市委，而市委里的某些負責人也确在按他的意图行事。

①李玉田原来不是党員，并且表現很坏。一九四六年以后，經何朗明証明，成

变節的老党員。宋景毅明知道这个情况，反而提拔李当上了区委书記。

②一次，何朗明曾对李寅初說："現在天津安排的还可以，景毅是市委书記，守眞是組織部长，李玉田也当了区委书記。这我就放心了。"后来李守眞由市委組織部长調任工业部长，何曾质問景毅："你为什么調了守眞，組織部多重要？"宋說："什么原因也沒有。天津是工业城市，工业部比組織部还重要！"何听了之后說："这还可以，要不是这样，你給我調了守眞就不行！"

③特别值得怀疑的是一九六一年天津公安局的王培同志通过市委向党中央检举何朗明时，曾提出要求和万晓塘同志面談一下，何朗明同天津一些人的关系，万晓塘对这样大問題一直不理睬，直到他死五年时間即不見王培同志，也不处理这个問題，不仅如此更严重的是还陷害检举人。

王培同志从一九五六年开始就检举何朗明投敌叛变的罪行。不知道是誰把这个情况告訴了何朗明。之后，他們千方百計包庇何朗明陷害王培同志。

1.何朗明、李玉田等分别誣告王培有严重的政治問題、全总主席团委員张庆春、中央国家机关党委监委书記刘旭給他們提供假証明。后經天津市公局党委深入調查，查明王培同志历史上什么政治問題也沒有，并已作出了正式結論。

2.一九五七年十二月，北京前市委以核对何朗明的情况为借口，将王培同志弄到北京市委，由张庆春刘旭和陈鵬等，对王培同志进行威脅和斗爭。

3.在王培同志揭发何朗明問題后，河北省的林鉄、张明河曾亲自找天津市公安局負責同志查問王培同志情况。

4.宋景毅、李守眞都曾向市公安局負責同志說王培同志"有問題""打击陷害老同志"（指检举特务何朗明）、并多次要把王培同志調离公安机关进行审查。

5.天津市公安局党委在1960年就查清何朗明誣告王培同志，并做了正式結論。这个結論市委一直积压五年，到現在还不批。

6.当党中央开始审查何朗明問題的时候，李守眞突然对王培同志表示关心。他让人打听王培同志的病怎样了，由李寅初找王培同志說："我給你和何朗明調解調解吧，你們个人把个人的控告撤回，誰也别告誰了。你去北京或叫他（指何）来天津一块吃頓飯就完啦！要不，他老告你，你一辈子也弄不清"。請大家看看这說的是什么話。

革命的同志們、王培同志揭发检举何朗明十一年了，受政治陷害十一年了，为什么天津市委把这个重大案件压了十一年。王培同志結論材料公安党委报市委五年了，为什么积压不批，并千方百計想把王培同志調出公安局进行审查。这次文化大革命运动中，党中央根据王培和其它革命同志的检举把何朗明在中央、华北局、河北省委的保护人都一个个地揪出来了，案情已大白于天下，为什么天津市委到現在还不处理这个問題！！！

（3）包庇阶級异己分子仪洪柱、甄述卿等人。

1.仪洪柱，系万晓塘的进城前的秘书，后任塘沽区委书記处书記。仪出身大地主家庭，在原籍山东工作时一次被敌人包围，通訊員英勇牺牲，仪却把枪交給敌人，变节投敌，受到敌人的特别照顾，曾和伪县长一起赴宴，后来，組織上拿錢把他贖回，仪向組織隐瞞投敌叛变情节。仪妻兄是个恶霸地主、汗奸特务、解放后曾两次到仪家躲藏，一直到一九六〇年第二次到仪家时，仪才向組織检举。困难时期，仪洪柱利用职权搞地下工厂貪污三千余元，并有逼死人命的罪行。对这样一个罪恶深重的阶级异己分子，有不少干部和群众曾向市委检举揭发，塘沽区委并于一九六四年将仪定为阶級异己分子开除党籍，給予降职处分。但由于仪是万的秘书，曾为万在塘沽海滨建造小别墅，对万向来是百依百順。万的老婆张露每次到塘沽，仪洪柱都是盛情招待，因此，仪的問題直到現在也未处理。

2.甄述卿地主分子当地解放后武装倒算，并有姦污妇女等严重罪行。解放后，混入党內，博得万晓塘、樊青典等人的賞識，先被提拔为河东区公安局付分局长，后提拔为市公安局党委局党委专职付书記，政治部付主任，以后又提拔为天津大学党委常委、团委书記，直到原籍被害人来津控告，才进行处理。

（4）包庇假劳模姜德玉

姜德玉，系恶霸富农分子，解放前有一百二十多亩地，騾子、胶輪大車、柴油机等，出租土地三十多亩，并且长年僱佣两个长工。解放前，姜勾結伪十四团經常打罵群众，并密告过我采买人員，解放后，包庇反革命尤福祥，石风才等。

这样一个有严重罪恶的富农，在原南郊区委书記刘晋峰和万晓塘等人包庇下，竟当上了省人民代表，全国劳模，并于一九五九年去苏联参观。

一九六〇年，陈伯达同志去小站，群众反映了姜是假劳模，伯达同志曾指示市委解决这个事，但市委毫不理睬。一九六一年陈伯达同志再去小站群众又說：姜不仅是假劳模，至且是个恶霸，有血債。陈伯达同志对市委过去不予处理，提出严肃批評。这时市委才将姜开除党籍，撤消一切职务，但后来南郊区又把姜按排为大队技术指导，直到一九六四年陈伯达同志到小站搞四清，发現姜的威风仍然不倒，再次对市委处理不当，給予批評后，才将姜德玉逮捕法办。陈伯达同志对这个問題多次提出批評，为什么姜德玉迟迟不予处理呢？主要是万晓塘等人的包庇。万不仅包庇姜德玉，一九五七年姜德玉的三子姜宝山因偸窃判刑，万也指示刘晋峰提前释放进行包庇。

上述事实說明，天津市委这样頑固地坚持資产阶級反动路綫絕不是偶然的。十六条指出："文化革命既然是革命，就不可避免地会遇到阻力。这种阻力，主要来自那些混进党内的走資本主义道路的当权派，同时也来自旧的社会习慣势力。这种阻力目前还是相当大的，頑强的。但是无产阶級文化大革命毕竟是大势所趋，不可阻挡。大量事实說明，只要群众充分发动起来了，这种阻力就会迅速被冲垮"。

我們天津市公安局的革命同志坚决响应党中央和毛主席的战斗号召，决心和全市紅卫兵革命小将，革命的师生員工，广大的工农兵革命群众站在一起，坚决执行以毛主席为代表的无产阶級革命路綫，彻底批判天津市委的資产阶級反动路綫，揪出隐藏在市委里走資本主义道路当权派，把无产阶級文化大革命搞深、搞透、搞彻底。

毛主席教导我們："彻底的唯物主义者是无所畏惧的，我們希望一切同我們共同奋斗的人能够勇敢地負起責任，克服困难，不要怕挫折，不要怕有人議論譏笑，也不要怕向我們共产党人提出批評建議，'捨得一身剮，敢把皇帝拉下馬'我們在为社会主义奋斗的时候，必須有这种大无畏的精神。"

遵照毛主席的教导，我們将更高地举起毛泽东思想伟大紅旗，继續揭发天津市委的問題，大造特造市委里党内走資本主义道路当权派的反，不获全胜，誓不罢休！

革命造反精神万岁！
无产阶級文化大革命万岁！
偉大的中国共产党万岁！
偉大的导师、偉大的領袖、偉大的統帅、偉大的舵手毛主席万岁

天津市公安局革命群众
一九六六年十二月七日
天津毛泽东主义战校（原十六中）
毛泽东思想《八·三一》紅卫兵
《星星之火》战斗小組
天津市紅专印刷学校革命联合造反总部

联合翻印

有关万晓塘之死，王辉先生著《文革亲历记》（兰台出版）有载录，是真实的，可参阅。古月斋识

十六中学生是一群被神化的毛泽东所利用。可悲！ 又及。

最高指示

马克思主义的道理千条万緒，归根结底，就是一句话："造反有理"。

翻印者按：这里轉載的是公安局革命羣众揭发，天津市委的一张大字报，它造了天津市委老爷們的反，揭了市委内部阶級斗爭的盖子，击中了天津市委的要害。

长期以来，天津市委被一小撮走資本主义道路的当权派把持着；在这次文化革命中，他們又頑固地堅持資产阶級反动路綫；这样的市委，不把他們拉下馬，更待何时！

革命的同志們，迅速行动起　，奋起千鈞棒，杀出一个紅通通的新市委来！

革命造反有理万岁！

从我校“六·二三”事件看天津市委执行的是什么路綫？

天津东方紅中学（原南开中学）

前　言

毛主席教导我們：不破不立，先破后立。这是千真万确的真理，对于資产阶級反动路綫，只有大破，才能大立以毛主席为代表的无产阶級革命路綫。

紅旗杂志第十二期社論指出：要不要批判資产阶級反动路綫，是能不能貫彻执行文化革命的十六条，能不能正确进行广泛的斗批改的关鍵。在这里，不能采取折衷主义。

我們遵照主席的教导和党中央的指示，用我們亲身的体会和所受的迫害，对我校党支部，工作队以及天津市委所执行的資产阶級反动路綫，痛加揭露和批判，彻底肃清它的余毒。正当我們伟大的領袖毛主席亲自发动和領导的无产阶級文化大革命掀起新高潮的时候。群众眞正发动起来，进行大鳴、大放、大揭露、大批判。向一切鉆进党內的資产阶級代表人物，向一切牛鬼蛇神发动了总攻击。这种蓬蓬勃勃的革命形势眞是好得很。在这种革命形势下，有一小撮人吓破了胆，他們拼命地造謠言，耍阴謀，放暗箭，极力挑动群众斗群众，挑动学生斗学生，执行了一条不折不扣的資产阶級反动路綫。天津十六中事件，就是馬瑞华（市委常委，組織部长）及其一伙人一手制造的鎮压革命学生的严重事件。而我校党支部、工作队忠实地执行了馬瑞华及其一伙人的資产阶級反动路綫，抓住十六中事件，变本加厉地挑动学生斗学生，挑动教师斗学生，挑动工人斗学生，实行了长达八天之久的白色恐怖，并一手制造了震惊全国的，駭人听聞的革命学生陈惠芳卧軌自杀的慘案。这样，把我校轰轰烈烈的革命运动鎮压下去，革命学生被压得抬不起头来，运动頓时处于低潮。我們对我校党支部、工作队、天津市委所执行的資产阶級反动路綫，要进行深刻的揭露和批判。坚决遵照毛主席的教导，敢于斗爭，善于斗爭，不怕任何阻力和打击，要有“舍得一身剐，敢把皇帝拉下馬”的无产阶級革命造反精神。用摆事实，讲道理的方法，坚持文斗，不用武斗，彻底批判資产阶級反动路綫，坚决完成一斗、二批、三改的任务。

根据我們的回忆，特将材料整理如下，經多次核实、修改，难免存在一些缺点。如同志們发現，希望及时給我們批評、指正。

从我校"六·二三"事件看天津市委执行的是什么路綫？

第　一　部　分

六月二十二日以前，我們对市委的怀疑：

我們伟大的領袖毛主席亲自点燃了无产阶級文化大革命的烈火。运动一开始全国掀起了声討"二家村"黑帮的高潮，一場史无前例的无产阶級文化大革命在全国轰轰烈烈地开展起来。

在这种大好的革命形势下，有些領导同志对这場伟大革命的領导很不得力、很不理解、很不得力。更有一些走資本主义道路的当权派感到混不下去了，他們极力混淆目标，想混水摸魚。他們下达了："不写大字报，可写小字报""不游行""不开万人声討开小会""所有稿件都要审查""不用文艺形式声討反革命黑帮"等等指示，他們这是用种种手段和借口压制群众，是在千方百計地束縛革命群众的手脚，生怕群众起来造他們的反！

六月一日《人民日报》发表了聶元梓等七同志的第一张馬列主义的大字报，吹响了无产阶級文化大革命的进軍号，每个革命者无不受到巨大的鼓舞。我們看后，对比我校情况，觉得我校党支部以前給同学定"不許写大字报"压制革命运动的淸規戒律与北大陆平黑帮所干的那套沒有什么两样。因此，我們产生了怀疑，我們貼出了《这是誰的主意》（高二、2）和《这是为什么》（高二、1）的大字报，追問这些框框是誰給定的。但是党支部立即指使同学用别的大字报盖上了，貼到校外的就命令都撕下来，他們为什么这么害怕革命的大字报？我們首先怀疑校領导，代理党支部书記张忠誠，团委副书記葛××說：这是上級的規定，幷說对上級怀疑，只能写信，最好不要写大字报。当即高二、2組有二个同学給《天津日报》社写了信和小字报质問此事。运动一开始我們針对我校的情况，对天津市委就产生了怀疑。

六月九日，馬瑞华在体育館的《文化革命积极分子会》上，提到复課的問題說："学校总得上課，或半天运动，半天上課，搞运动数理化还得开課。"运动要"停停打打"。幷且还給同学划框框說："我們要把大字报分分类，排排队。"

天津市委第一书記万晓塘在六月十二日学生代表的报告上又一次强調了这些問題，說什么"运动要搞一段时間，停課太久了是不行的。"根据这些指示我校党支部匆忙决定于六月十九日开始复課（当时我校絕大部分同学是不同意复課的）半天搞运动，半天上課。使轰轰烈烈的运动变为冷冷淸淸。当时我們认为学校里阶級斗爭的盖子还沒有徹底揭开，复課是阻障运动向纵深方向发展的。是不利于搞运动的。为什么运动刚刚才开始，就要上課呢？这个問題我們对市委有疑問？

在此同时，党支部又根据市委指示大力引导同学給教师分类排队。党支部借此机会，把我校一貫顽固执行资产阶級教育方針的前党支部书記楊志行划为人民內部問題。說什么对楊志行要站在人民的立場上滿腔热忱地給同志提出批評，否則就是站在敌人立場上去了。这样使同学对楊志行的揭发产生了顾虑，压制了革命同学对楊志行及党支部錯誤的深刻揭发批判。当时我們看到《中国青年报》的社論中写到："現在有些人以先弄清問題性质为借口，不准青年放手揭发問題，这是一个大阴謀，目的就是压制革命。"所以我們认为在运动初期就分类排队是阻障运动压制革命的。

再有市委于六月十五日派了工作組进校我們对他們抱有很大希望，覺得党派的工作組一定能领导好无产阶級文化大革命。但是，他們的行动使我們失望。他們进校后无声无息，工作拖拖拉拉，就連"无产阶級文化大革命筹备委員会"，一星期也沒有成立起来，平时見不到他們到各班深入了解情况，而只能吃飯时在飯厅里見到他們，这样的工作組有什么用?!只能成为文化大革命的絆脚石。当时給他們貼了大字报，提了意見。

以上是我們对市委和党支部的几点疑問。

六月二十日，十六中革命同学向全市散发了"給全市革命青年的一封信"正打中了市委問題的要害，触及了他們的灵魂深处，提出了我們所要提的一些問題。二十二日，我們見到信后，我們认为他們的革命造反精神好得很，値得我們学习，因此表示支持十六中的信。

第　二　部　分

六月二十二日晚，革命造反精神的激励下，我們的行动。

六月二十二日晚，到我校进行革命串联的河大附中的同学，給我們带来了中共中央秘书厅朱主任的讲話整理，提到：有的学校怕影响学习，这是錯誤的，鬧上几个月的革命，比得上上几年的課。""是不是牛鬼蛇神，这只能到运动后期才能定。"另外，提到要发揚革命的敢字精神，敢干大胆怀疑，朱主任的談話是党中央的声音，我們更印正了复課不是中央的精神，是阻碍运动的。一場轰轰烈烈的文化大革命經过二天的复課，变得冷冷清清，問題远远沒揭开，运动轉入要結束的境地（所以我們肯定了我們以前的怀疑是正确的）。因此，天津市委和我校的作法是违背毛主席和中央指示的，我們不能眼看着毛主席亲自发动和领导的无产阶級文化大革命变得如此冷清，我們就想继續停課，重新把运动推向高潮。在这种想法的促动下，我們就把党支部从运动一开始的錯誤作法总結24条质問和疑問，准备二十二日貼，这时我們看到十六中的信；《舌战天津日报社》《市委为什么这样对待我們》《五月十四日团市委传达市委的紧急指示《《四点注意事項》《給全市革命青年的一封信》还抄来了李雪峰对北京文化大革命的八項指示。讀了十六中的信以后，我們对市委的怀疑更大了，覺得有些地方，簡直更成問題。另外，看了《給全市革命青年的一封信》以后，信里对市委的一些怀疑和我們的想法相吻合，所以我們为十六中革命小将的“舍得一身剮，敢把皇帝拉下馬”的革命大无畏精神所鼓舞和启发，他們这种誓死保卫党中央、誓死保卫毛主席的革命行动，眞是好得很！对于这种革命行动，市委又是怎样对待的呢？在《市委为什么这样对待我們》一文中，市委人員吳雨說：“若以后証明市委有黑綫，你們就做对了，若以后証明沒有黑綫，你們要記住今天的行动！”我們认为市委有沒有黑綫，要通过群众的充分揭发，才能判断市委人員这样威吓革命群众目的何在？在《舌战天津日报社》一文中，市委工作人員为什么这样百般刁难革命群众？为什么这样害怕給他們提意見的群众？

針对天津市委和我校党支部，工作队的这些問題，我們感到必須徹底揭发，因为这关系到我們党和国家的命运，关系到党和国家的前途，关系到我們党和国家将来面貌的头等大事，也是关系到世界革命的头等大事。想到这些，更坚定了我們跟着毛主席，把无产阶級文化大革命进行到底的决心和信心。我們为了更有力于揭发和批判，本着主席的：“沒有調查，就沒有发言权”的諄諄教导，再一次派人到十六中了解事实的眞象和經过。派去的人很快就回来了，把十六中的情况又詳細地介紹了一下，我們大家一致认为他們的主流是很好的，行动是革命的。我們表示坚决支持这种革命的造反精神，决心和十六中的革命战友站在一起，不把党內走資本主义道路的当权派，和一切牛鬼蛇神揪出来，批透、批臭、斗倒誓不罢休。同时，坚定了我們誓死保卫党中央、誓保卫毛主席的信心。于是我們連夜写了支持十六中革命行动的《声援信》（《声援信》見附頁）我們知道十六中的这些信件，党支部和工作队接到了，不給发表，我們非常生气这种錯誤作法。社論說得好，要充分发动群众，进行大鳴、大放、大字报、大辯論。而我校党支部和工作队为什么扣压这些信件，压制同学进行分析，进行辯論，这就是不相信群众，訂框框的又一具体表現。鉴于这种压制革命的事件，我們連夜把十六中的所有信件都抄出去。二十三日貼出去以后，重新引起大鳴、大放、大字报、大辯論，把从十九日以来变得冷冷清清的运动推向新的高潮。在抄大字报的同时，我們又加了前言表明了我們对十六中的《給全市革命青年一封信》的支持，及我校党支部和工作队对此信件不給公布的强烈不滿（《前言》見附頁）我們就是如此緊张、繁忙地渡过了22日夜晚。到23日凌晨五点左右，抄的大字报都已經貼在校門口《声援信》派人送到了16中。

22日一夜的所做所为，正象党支部一員×××所說：“你們‘反党反社会主义’不是一个晚上做出的而是有其思想根源的。”我們“佩服”你，有眼力，但是現在我們要告訴你：我們的思想根源是伟大的毛泽东思想，是誓死保卫党中央誓死保卫毛主席的决心，是无产阶級文化大革命的伟大意义促使我們这样做的。

前　言

同学們：

无产阶級文化大革命正在进一步深入开展，近几天来，天津十六中无产阶級革命左派，高举毛泽东思想伟大紅旗，大胆揭发了中共天津市委压制运动开展，打击革命左派的卑鄙行径。我們坚决支持十六中革命左派这一革命行动！我們坚决横扫鉆进党內的資产阶級代表人物，横扫一切牛鬼蛇神，横扫一切腐朽的資产阶級意識形态和封建意識形态。

但是，由于某些人扣压材料，使我校广大革命师生，不明眞相。为此，我們特将十六中革命左派的材料轉抄如下：供全校革命青年参考。

（如轉抄有誤，由我們負責）

高二1、2

高国胜　张永昇　王继忠　王树发　李　靖　楊志华
何玉龙　李津生　单学仲　王伟庄　夏若海　龙以明
周万持　王　瑋　譚华敏　傅淑兰　何大椿　韓美丽

1966.6.23

声　援

亲爱的十六中全体革命战友：

在这次伟大的社会主义文化大革命关鍵时刻，你們以敢想、敢說、敢做、敢闖、敢革命的大无畏精神，勇敢地向市委反党反社会主义的黑綫开了炮。我們坚决支持你們这种"舍得一身剮，敢把皇帝拉下馬"的天不怕，地不怕的革命气概，并且我們坚决支持你們这种伟大的革命行动，为捍卫党中央，捍卫毛主席，旣使抛头顱，洒热血也在所不惜。

我們坚决与你們心連心，肩并肩，高举毛泽东思想伟大紅旗，全部横扫鉆进党內的資产阶級代表人物，横扫一切牛鬼蛇神，横扫一切腐朽的資产阶級意識形态，为了把无产阶級文化大革命进行到底，为了中国和世界的革命胜利，让我們革命左派联合起来，勇敢地战斗吧！

天津市南开中学　高二1、2

王继忠　高国胜　王树发　楊志华　李　靖　何玉龙
李津生　龙以明　王伟庄　夏若海　单学仲　周万持
张永昇　王　瑋　譚华敏　韓美丽　傅淑兰　何大椿

1966.6.23

南开学生支持耕华生：

注：十六中学原名耕华中学

第 三 部 分

六月二十二日的广播会是挑动学生斗学生，工人斗学生，老师斗学生的导火綫：

六月二十二日晚在我們写支持十六中信的同时初二、1組部分同学及輔导員去工作組給工作組和党支部提了許多問題和意見。又根据我校具体情况，起草了一份革命的倡議书于23日早晨公布于众。

六月二十三日凌晨五时，党支部书記张忠誠用电話向市文革办公室汇报了六月二十二日晚上学校的情况，一个市委里的女同志接了电話，听张忠誠汇报后問："你們学校有十六中的信嗎？"

张說："有。"

她說："等一会儿。"等了約二、三分钟又說："十六中的信是黑信，可以批判。"

张問："怎么批判？"

她說："組織大家辯論、批判，那是一封黑信。"

然后张与工作組組长王希国、周建恂研究了对策，准备开全校广播会来声討十六中信。周健恂說："首先要亮明旗帜，表明咱們的态度，我們认为市委是正确的，是按照主席思想和中央指示积极領导文化大革命的。"这样在市委的指使下，他們积极策化了"六·二二广播会"蓄謀扑灭这場革命的火焰。

清晨八点三十分广播会开始了。"消防队长"张忠誠身先士卒，狂妄地叫囂："十六中向全市各校发出了攻击市委的黑信。我們认为市委是好的，党支部是好的，工作組也是好的……。这場"辯論"既然是你們挑起来的（指我校支持十六中的同学和写革命倡議书的同学）今后怎么做，可就由不得你們了！我們一定奉陪到底！"在运动中一向不积极揭发党支部問題的党員沈××、葛××、康××在这場挑动学生斗学生的过程中，却大显身手，身居前列。他們加大扩音量。康××大喊："我校一小撮人（指支持十六中和写倡議的同学）打着紅旗反紅旗……。"葛××說："你們这些人口口声声保卫党中央保卫毛主席实际你們是反对党中央，反对毛主席的……。"他們"充滿激情"地宣讀反对十六中的信件語調十分慷慨、激昂。又"別有感情"地念了支持十六中的各校来信，并說："我校也出現了反革命。"看！好一副鮮明的立場。紧接着，我校开始声討写倡議书及支持十六中信的同学，什么"高二1、2一小撮一貫反党呀！""我校党支部和工作組是好的"啊，什么"市委是革命的"呀！頓时"反党""反社会主义""反革命"的帽子滿天飞。

广播会吹响了学生斗学生，教师斗学生的冲鋒号，以后同学之間互相貼大字报追后台老板，大字报上点名的达二百余人，这些同学出入活动受监視，享受了牛鬼蛇神的待遇，白色恐怖頓时籠罩了全校，使我校文化大革命横遭夭折。

第 四 部 分

聞名全校的"批斗会"

六月二十三日晚上，高二4的几个同学在张忠誠的同意下，召开了所謂对"犯錯誤"同学的"批評帮助会"。各班派代表参加，空气很紧张。在高二4教室里前面摆着一排凳子，面向同学。这就是"反党分子"一小撮别有用心的人的特座，教室里完全是斗牛鬼蛇神的气氛。

会一开始，高二4的王××讀主席語录："对于人民的缺点是需要批評的，……但必須是眞正站在人民的立場上，用保护人民、教育人民的滿腔热情来說話。如果把同志当作敌人来对待，就是使自己站在敌人的立場上去了。"刚刚念完，就遭到一部分人的反对，因此改換了主持人，无非是这些人已經是"反党""反社会主义"的"右派分子"了，这条語录对他們不适合，頓时会場充滿了批斗会的气氛。

大会主持人首先让这些"反党分子"談談22日晚上的"反党"經过，于是高二1、2的几个同学順次說明了事情的經过及当时想法。这时大会主持人突然打断，滿脸怒气对我們大声喝斥："你們的态度极不老实，說的什么！都是为自己辯护。現在你們先都别說了！大伙給他（她）們提問題。"在她的鼓动下，于是围攻的場面出現了。

"你們支持十六中决不是偶然的，是有阶級根源，历史根源，社会根源，思想根源的……"

"你們高二1、高二2两个班从运动一开始，就跟不上党支部，是一块絆脚石。"

"你們为什么有什么事都不跟党支部商量？"

"你們讲話是一个調子，是不是商量好了。打着紅旗反紅旗，特别是王××，高××，韓××。"

"你們反市委，反党支部，你們要誰的領导？这絕不是偶然的，和平常表現有联系。"

"高二1×××从运动以来就跟党支部找碴，我早就注意你了。"

"高二2支部并不是支持文化大革命的……"

諸如此类，不在此一一列举。总之，气势压人，使得被围攻的同学抬不起头来。

在围攻过程中，张忠誠、閻振择（党支部委員，付校长）都进了高二4教室。約坐了一小时，张忠誠才慢悠悠地站起来，开始演說：我和老閻听到呼口号，就知道开批斗会了，又有人报告，就来了。"（按：这是弥天大謊！实际上高二4組織此批斗会是經党支部批准的）张接着嚎叫："你們今天的会开得很好！他們犯了这样大的錯誤絕不是偶然的，你說你們动机不是反党，效果在那摆着，动机就可想而知了，沒有动机就沒有效果（又大談高二1、2部分同学主观反党）。

张又說：他們不是认識問題，而是立場問題，世界观問題，要从立場，世界观上做检查，貧下中农饒不了你們，工人，貧下中农一說話非吓死你們不可！

张还狂吠道：这場大辯論是你們挑起的，……我們就要奉陪到底！

张忠誠又带着挑衅的口气說："这些人（指坐在前边的）都是团員吧？"同学們回答："都是！还有的是团干部呢！"

张紧接着又大声嚷：要改組高二1、2团支部，成立临时支部，他們这些人不能領导文化大革命了。咱們要改选文化大革命筹委会委員，不能让这些人混进来（按：因为这些支部里的筹委委員中，有所謂"反党分子"）幸亏文化大革命筹委会还沒成立。（这时会場嘩然大笑，显然是因为筹委会还沒正式成立而庆幸）

最后，又有人带領全場同学呼口号"横扫一切牛鬼蛇神"（按：在場的全是同学，这个口号对誰而言是不讲易明的）。

大会一直就是在严厉譴責，声討，质問，嘲笑声，口号声中进行的。

会后，张忠誠又用带有煽动性的口气对×班的同学說：这个会开得很好，以后要多开这样的会。

这就是以张忠誠为首的党支部策划下的聞名全校的批斗革命同学的大会，它給以后多次围攻，批斗革命同学打下了基础，作出了典范。

这次开的批斗会，我校工作队是知道的，但工作队长在批斗会的口号声中根本无动于衷。

当然，在这次批斗会上，同学們对我們的围攻，我們不怪他們，他們一点責任也沒有，因为他們也是資产阶級反动路綫的受害者。同学們之所以这样做，完全出自于对党，对毛主席的无限热爱，而由于沒有阶級斗爭經驗，受了党支部、工作队一小撮人的騙，上了他們的当所造成的。这和上午在广播会上党支部、工作队一些人把我們打成"反革命"所造成的輿論分不开的。

这就是我校党支部、工作队忠实地貫徹执行市委資产阶級反动路綫借广大革命师生的革命热情，挑动同学斗同学，以达到轉移斗爭目标，保存自己的目的，这是鉄的証据，是永远也賴不掉的！

第五部分

退兵之計

我校党支部、工作队忠实地执行了天津市委組織部长馬瑞华的資产阶級反动路綫。在支持十六中問題上，他們造成了同学斗同学，老师斗同学，工人斗同学的严重事件。一場熊熊的革命烈火被扑下去，使我校无产阶級文化大革命受到极大损失。

那时，在运动中被广大革命师生揭发出来的牛鬼蛇神大有雀跃之势，紛紛活跃起来，他們也写大字报、恶毒、肆意地攻击我校写革命倡議和支持十六中的革命同学。这些牛鬼蛇神竟也大叫大嚷：他們是"反革命""右派""小牛鬼蛇神"。同时也高喊"誓死保卫党中央、誓死保卫毛主席！"当时的情景无不使革命者痛心流泪，在白色的恐怖下高二7团支部书記陈惠芳同学被逼迫走上了自杀的道路，王鴻珊同学精神受到极大刺激，許多同学心身受到催残……这些使我們的同志看在眼里，痛在心头，而那些牛鬼蛇神却笑在心上，拍手叫好。毛主席說："我认为对我們来說，一个人，一个党，一个軍队或者一个学校如若不被敌人反对那就不好了，那一定是同敌人同流合污了。如若被敌人反对，那就好了，那就証明我們同敌人划清界綫了。”由此看出我校党支部工作队他們的立場完全是站在資产阶級反动路綫的立場上去了。

就在这个时候，是党中央，毛主席解救了我們，支持了我們的革命行动，把无产阶級文化大革命引到正确的航向，号召广大革命师生向資产阶級反动路綫猛烈开火，向那些頑固坚持資产阶級反动路綫的人作坚决的斗爭。

天津市委、我校工作队党支部一看大势不妙实在混不下去了，就安排了退兵之計企图蒙混过关，逃之夭夭。尽管他們退兵之計作得如何詭密也难逃脫用毛泽东思想武裝起来的革命师生的眼睛，今天让我們把他們暴露于光天化日之下，見見太阳吧！

他們退兵分为几个步驟：

一、开始时說是立場問題，不是认識問題。

1.党支部书記张忠誠对这些“反党分子”“右派分子”“反革命”（对支持十六中同学）說：“你們不是认識問題而是立場問題，世界观問題，要从立場世界观上做检查。”

2.工作队长周健恂在礼堂大会上讀毛主席語录：“……如若被敌人反对那就好了……。”

3.周健恂赤膊上陣大讲：“你們的錯誤再发展下去，說严重些，就会出現匈牙利反革命事件。大談“工賊”“工人阶級的叛徒。”

二、一看不妙，又說是认識問題，允許青年犯錯誤：

1.中共天津市委书記处书記张淮二說：“有些同学由于缺乏斗爭經驗，一度认識不清，我們允許青年人犯錯誤，我們不要歧視他們，形成同学間的对立，不要給他們扣帽子更不要斗他們。……”

2.“不处分你們”馬瑞华說：“允許青年犯錯誤，犯了錯誤，只要改就是好同志。”

3.天津市文化革命办公室謝玉說：“你們的錯誤不是立場問題是认識問題。”

4.“你們这些人大部分属于思想模糊，被个别同学一煽动做了錯事，只要改就好了。”“就是好青年。”“你們一时錯了，就要覚悟說了錯話，貼了錯大字报，只要认眞检查就行了。”

三、又摆出一副“慈善”的面孔

1.“你們要早点把自己搞清楚把自己的錯誤批透，站到左派那边去。”

2.“輕装上陣，团結对敌。”

天津市委、工作队、党支部步步为营，緩緩后退，企图达到其混水摸魚的目的，想溜之大吉。他們眞可謂手段高明矣！他們这样做，一方面逃脫了責任，又在同学中造成了这了印象：他們犯了这么严重的錯誤，反市委，反党，但是市委、工作队、党支部还給他們卸包袱，多么“寬宏大量”呀！看他們是如此“开通”今后可要紧紧地跟上党支部、工作队，他們說一不二說东不西，做事多去請示不然又要犯錯誤。他們在长达一个多星期的学生斗学生过程中在同学里制造了“反对市委就是反党”“反对党支部就是反党”“反对工作队就是反党的极反动的謬論，但是受他們蒙蔽的同学，在伟大的毛泽东思想的光輝指导下，一旦覚悟过来就会变为不可阻挡的革命洪流，它将冲垮一切不符合毛泽东思想的頑固堡垒！

总　　結

文化革命既然是革命，就不可避免地会有阻力。这种阻力，主要来自那些混进党內走資本主义道路的当权派，同时也来自旧的习惯势力。这种阻力目前还是相当大的，頑强的。”資产阶級反动路綫就是文化大革命中的强大阻力。在这种阻力面前，我們由于缺乏經驗，对主席的阶級斗爭的观点认識不清，因此，在資产阶級反动路綫的高压下，革命造反精神，受到打击，曾一时不敢发表自己的观点。

是伟大的毛主席和以毛主席为代表的党中央給我們撑了腰，最了解我們，最支持我們的革命行动。发出了彻底批判資产阶級反动路綫的进軍号，我們最最拥护这一英明决定。并坚决发揚革命的敢字精神，把資产阶級反动路綫彻底批透、批臭、批倒，完成一斗、一批、二改的任务。

在这次伟大的无产阶級文化大革命中，我們經受了考驗和鍛炼，今后，我們一定遵照毛主席的教导：“无产阶級革命事业的接班人，是在群众斗爭产生的是在革命大风大浪里鍛炼成长的。”迎着更大的风浪，跟着我們心中最紅、最紅的紅太阳毛主席乘风破浪向前进。

以毛主席为代表的无产阶級革命路綫万岁！

无产阶級文化大革命胜利万岁！

革命无罪，造反有理！

伟大的中国共产党万岁！

伟大的导帅、伟大的領袖、伟大的統帅、伟大的舵手毛主席万岁！万岁！万万岁！！！

天津东方紅中学高二1、2部分同学整理

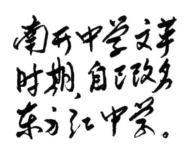

1966.12.23

南开中学文革时期自己改名东方红中学。

马克思主义的道理千条万緒，归根結底，就是一句話：“造反有理”。

——毛泽东——

九六六年十二月　翻印

陈伯达同志对两个月运动的总结

毛主席批示

陶铸、伯达同志：此稿看过了，很好。抓革命促生产这两句话在什么地方加进去，请考虑，要大量印行，印成小本子，每个支部，每个红卫兵小队，起码有一份。

十月廿四日廿三时

(一)形势大好

无产阶级的革命路线得到了很大胜利，资产阶级反动路线宣告失败。大好的形势是群众真正发动起来了。八月十八日毛主席説"這个运动规模很大，真正把群众发动起来了。"

毛主席在天安门广场三次接見群众和国家检阅规模之盛，在国内外罕見。毛主席和群众在一起，説明他总是依仗群众，与群众同呼吸共命运，他为全党树立了光辉的榜样。真正的无产阶级革命家，伟大的无产阶级革命家，毛主席就在我们身边，是我们的幸福。我们要向他学习，再学习。两个多月以来，自从"决定"发下来，广大的群众得到了战斗的思想武器，运动更深入，更发展。

文化大革命把学习毛主席著作的运动推向更大的高潮，伟大的红卫兵运动推向中外，战果辉煌，可以无愧地説："文化大革命比巴黎公社，十月革命都来得更汹湧澎湃，是国际上更深入的无产阶级革命运动，它引起了帝修的恐惧，敵人为之目瞪口呆。

(二)两条路线斗争的继续

资产阶级反对革命的路线，但錯誤路线又以另外的形势出现，斗争很尖銳，很复杂。斗争一直围绕在群众的问题上。有些人不执行党的无产阶级的也即毛主席的路线。因为毛主席的群众路线是同部分未改造的同志的资产阶级世界观彻头彻尾的不相容。毛主席提出的文化大革命的路线，是叫群众自己教育自己，自己解放自己。但錯誤路线的某些代表人物却反对，他们搬来国民党的专政"来对抗，把群众当成"阿斗"，把自己当成"諸葛亮"，把运动引到相反的道路上，這是资产阶级的反动的文化革命。

工作组这是一种组织形势，在某些运动中派得适当是可以的，有的是必要的。但在文化大革命中，某些领人把工作组强加于群众，不过是为了强行推行錯誤路线罢了。工作组撤走了，但有些反毛泽东思想路线的人，仍用各种办法推行他们的錯誤路线，违反巴黎公社的选举原则，推荐出一个他们理想的"筹委会""革委会"……甚至当各地大學革命師生来京見毛主席，也有一部分人隐着来"串联"，企图打击来京革命師生。9月25日我同文的一些同志接待一批来京師生我曾有一个建議，如高干子弟在各校各单位文革中占领导地位，最好让给工农兵，普通干部子弟担任。高干子弟把持领导权是不利的，对无产阶级革命事业和他自己都无好处。但如高干子弟有的的确很好，群众要选他我也不反对。但調查材料，有的人听了我的話很快就采取对他的措施了。他们說："中央已有指示，高干子弟不做红卫兵领导"，于是辞去了职务，指定了"立场最坚定"的人来担任。这样是很多的，有些同志对于這些这样津津乐道。

毛主席八月五日《炮打司令部》的大字报說："中央及省市有些同志反其道而行之，站在资产阶级反动立场，把无产阶级革命打下去，颠倒是非，混淆黑白，压制群众，实行白色恐怖还以为得意。

有人仍不听毛主席的話，置之不理，你搞你的我搞我的，这是资产阶级本能在他们头脑行动中起作用。

毛主席在解放前久說："可能有這样一些共产党人，他们是不曾被

[illegible]征服过的　　但是经不起人们用糖衣裹着炮弹的攻击……历史的阶级斗争的确如此，被敌人威胁，利诱，潜移默化站在敌人一边，先进的变为落后的，落后的变为先进的，在文化大革命中迅速地表現出来。我们有些同志以老革命自居，作官当老爷，把自已的革命历史也忘得一干二净，毛主席批評的官暮暮，骄、娇二气，他们都全有，在文化大革命中，都不让群众触动，他们的缺德（不是缺点，是缺德）而是只想到用毛主席和党的崇高威信，动員一批群众保护自已，四川南充的一个妇女的话应該一读，我引她二句話，她对两个街道干部說："如果这两个学校搞反革命，地委就有问题，因为学生都是在学校接受党的教育的，出这么多反革命，地委就有问题。"

这普通妇女的話，何等中肯，何等尖锐，何等深刻。一位退休老工人說："革命的地委还要我们去保，又不是国民党的地委，又不是旧政府，为什么怕群众？"这位普通工人把问题分析得多明白，简直是毛泽东思想的精通者，比某些干部不知高明多少倍。

事实是摆着的，两条路线还在斗争，还在继续，还在经过多次的反复，阶级斗争的规律不以人的意志为转移。八月八日通过"决定"不过二十天，有个大学文革委員跳出来，提对抗纲领而且印发的很广，有人对毛主席亲自主持制定的"决定"无兴趣，对他的纲领却为之印发广播，不亦乐乎。另一个商干子弟竟称赞说："这适合我们的情况，对我们有利。"商干子弟中的许多好的，较好的，他们可能成为革命接班人，有些却要走修正主义的道路。不分析，不一分为二，只醉心于商干子弟专政，是完全违背毛主席思想的。我们要用毛主席提出的五条标准去培养接班人。为什么商干子弟要专政？因为他们血统高贵吗？以久前，有一位同志给我写信，尖锐地提出问题：十六条前，是否全国凡派工作组的地方都犯了路线错误？十一中会会后，各地对待大串联多少都在某些上犯过这样或那样的错误，是否要承认都是反动路线？这实质是个认识估价问题，我的看法：

（一）错误路线要分析，一种是提出的，一种是执行的，提出的是某些代表人物，他们要负主要责任。

（二）党内路线的斗争是社会阶级斗争的反映，错误路线有他的社会基础，主要是资产阶级，他在党内有一定的市场，因为党内有一小撮走资本主义道路当权派，还有相当一批没有改造好的糊涂人。

（三）派出大量工作组镇压群众是路线错误，没有派工作组，但也镇压革命学生，同样也是路线错误。当然有自觉执行的（少数）和不自觉执行的（大量）之分，有轻重之分，有及时改了错误的和坚持错误的之分。

(四) 区别改正錯誤和坚持錯誤的标准是对群众的态度，是否公开承認了执行的是条反动的路线，是否为打成反革命的人認真平反并支持革命学生的革命行动。

(五) 不肯彻底批判錯誤路线，就不可能認真的执行中央正确路线即毛泽东思想路线。

(六) 有些地方有些同志在中央十一中全会后，还用各种形式在各种问题上继续犯路线錯誤，如对革命大串联，对所謂多数和少数，对待革命群众，对待机关干部，对待学生（中学生）等等，归根结底就是挑动群众斗群众，学生斗学生。

(七) 压制群众的錯誤路线是资产阶线的反动路线，是反党，反社会主义，反毛泽东思想的路线。当然这不是說凡是执行這条路线的人都是反党反社会主义的右派分子。只要自己能够改正錯誤，回到正确立场上来，执行党的正确路线，那就不仅可能是一二类干部，也可能发展成为一类干部，必须說明即使成为了一类干部，犯這类性质的錯誤，也必须承認犯了路线錯誤。

(八) 对一般同志来说，他们錯誤属于人民内部矛盾，而不是敌我矛盾。但大家都要有高度警惕，无論何人，无論过去有多大功绩如果坚持錯誤路线，他们同群众矛盾的性质就会起变化，就会滑到反党反社会主义道路上去，文化大革命是对每个人的严峻考验，现在仍然考验着每个人。

(三)去掉几"怕"，放手发动群众：

毛主席经常告訴我们，共产党人应当无所畏惧〈十条〉也說要敢字当头。有些同志直到现在仍怕字当头，有些人甚至怕得很利害，很古怪，而且越发展这样越多。"怕"字派說"群众乱起来不講道理，不守规矩，鬧得很糟，把习惯秩序打乱，使事情不好办。"又說"文化大革化妨碍生产，一鬧生产就不好進行，計划无法保証。"又說："文化大革命为反革命分子钻空子，右派翻天。鬧得很利害，如"不安分的""伸手派"暴徒""野蛮人"等々，他们給革命師生，革命干部加了不少头衔，于是怕群众，怕大民主就有理有了，在群众中制造分裂，挑动群众斗群众……一言以蔽之，就是怕群众，怕革命。从好的方面說，有的想做维持现状派。但有一种人越走越远，就只能为自己跨台创造条件，历史上从怕群众到反对群众，从怕革命到反对革命者不少。希望他们不要重蹈覆辙。有些人，口头上并不怕群众，不怕发动群众，但叫公好龙，見了真龙，六神无主，毛主席這故已講了四十年，难道还不引以为戒吗？德国进步詩人海涅，自称是共产主义者，但怕共产主义革命說"未来是共产主义的，我是从忧虑的心情說這些話的。"从海涅看来一但共产主义革命胜利到来，无产阶级撑权，他喜欢的艺术且全毁灭，他的詩也会湮灭。列宁說"海涅是个无知者。他認識不到无产阶级在破坏旧世界的同時，还将保留人类文化的精华，并造出资产阶级望尘莫及的极其辉煌的文化。冒昧的說，有些同志担心的恐怕比海涅更甚些。怕丟烏纱，怕失尊严等等，于是就同群众，同无产阶级文化大革命抵触起来，他们挑动工农干部子弟斗学生，标榜自己是受到多数人的拥护，他们主持的机关是无产阶级的……把别人打成反革命也在所不惜。他们组织围攻，还說不过是辩論会，围攻辩論其界限是什么？其实只要我们的屁股坐在革命群众一边，站到群众中去，这个问题是可以答的，如果只在怎样对付群众上打主意，誰也不能代替回答這个问题。对待革命串联，也是对待群众，对待革命态度问题。讓全国学生大串联，是让学生自己教育自己的最好形式之一。他们在串联的过程中受到锻炼，[illegible]明是非，熟悉群众和斗争，[illegible]革命意義深远，把全国的文化大革命连成一片，并可以認别誰是真革命，誰是无产阶级革命家，誰是[illegible]。串联是最大最好的学校可以提倡步行，讓他们沿途[illegible]宣言书，宣传队，播种机。大串联走来的人可能是成为有[illegible]从家门到机关门的人；难道可能成为可靠的接班人吗？

大串联妨碍生产吗？今年农业形势大好，工农高速上升，粮食大丰产，棉可达五百万担，粮食一百亿斤，工业产值较去年同期增長[illegible]中央提議，在自愿和可能的条件下，不乘火车和汽車，一定会有很多人这樣做。这样，运输问题就可以解决了。

红卫兵，大串联，都是伟大创举，毛主席最尊重群众的首创精神，

[illegible]

……人們……說……[illegible]

……不仅是……[illegible]

我们一些同志还[illegible]，值得我们好好想想，[illegible]

……什么會使敵人感到恐慌呢？現在已不是封鎖國時代，文化大革命正影响全世界，也要迅速地促進國内的革命化。什么地方，什么单位，認真而不是马虎的抓革命促生产，就可以大大地促进生产积极性和工农业生产，科技之新飞跃，使我国在较短時间内赶上和超过世界先进水平。

(四)堅持毛主席提出的阶级路线，团结大多数

毛主席說：“谁是我们的敵人，谁是我们的朋友，這个问题是革命的首要问题。”

在各个時期，革命的力量和对象变化，但毛主席的阶级路线永远适用。在文化大革命中必须坚持阶级路线，善于发現不带括号的左派

敌人，争取许多摇摆不定的中间分子，何左何右的团结大多数，彻底孤立资产阶级右派，揭露反动的真面目。为了全面贯彻执行毛主义的阶级路线，打击……，不理会是非，看有政治性阶级性，用血统论代替无产阶级……阶级分析，孤立无产阶级革命队伍。

各地流行一种自来红的谬论，把血统论的反动货色向一些青年学生大肆地搬出一付对联："老子英雄儿好汉，老子反动儿混蛋"，来迷惑一些学生，实际上这是剥削阶级的血统论。什么"龙生龙"、"凤生凤"、老鼠的儿子会打洞的地主阶级哲学，是彻头彻尾的反马列主义，反毛泽东思想，难以与马列主义阶级分析相提并论的。毛主席和党是重视阶级成分出身的，同时反对"唯成分论"。人们都需要在斗争中长期考验自己，证实自己的世界观属于哪一个阶级。思想意识不是天生出来的，是社会阶级的反映，是在阶级斗争的实践中逐步形成的。或者反映这一个阶级，或者反映那一个阶级。马列主义者认为，工人阶级按自己的社会地位的。科学社会主义的创始人马克思、恩格斯按其社会地位都是资产阶级知识分子，列宁、斯大林、毛主席也一样。但他们都是无产阶级革命家，从群众中来，到群众中去，总结了[redacted]国际工人斗争各时期全部经验，创造和发展了科学社会主义，引导工人阶级前进。有些工人出身的，并不一定代表工人阶级利益，如英国工党领导人虽然……成了反对无产阶级的工具，在苏联也有一批工人出身的……领导者堕落变修。"自来红""自来黑"，划分"红五类""黑五类"的观点；制造和散布这一观点的人，是要制造混乱，危害青年，否认在革命斗争中要不断改造，否认别人能够改造自己，自己不愿意革命，也不准别人革命，不重视阶级出身是错误的。唯成分论、不重视政治表现也是错误的。这些观点必须批判。离开阶级分析看少数多数也是错误的。毛主席在党内曾经长期处于少数地位，却恰恰代表了大多数人民。马列主义，代表真理。而那些自认为正确的都失败了，垮台了，被群众抛弃了。不从阶级分

[illegible]

[illegible]

[illegible]

无产阶级的四新——新思想、新文化、新风俗、新习惯，一定要取代资产阶级的四旧——旧思想、旧文化、旧风俗、旧习惯。

（中央乐团录音记录稿）

河北大学毛泽东思想八·一八红卫兵第三中队举红旗战斗队，翻[struck-out text]

七O三厂技校、部分革命学生翻印。

1966.12.13.

向天津市委、战斗区委所推行的资产阶級反动路綫猛烈开火!

——毛主席語录——

你們要关心国家大事，要把无产阶級文化大革命进行到底。

东方紅中学紅鹰战斗队

向天津市委、战斗区委所推行的资产阶級反动路綫猛烈开火！

最　高　指　示

什么人站在革命人民方面，他就是革命派，什么人站在帝国主义封建主义官僚資本主义方面，他就是反革命派。什么人只是口头上站在革命人民方面而在行动上則另是一样，他就是一个口头革命派，如果不但在口头上而且在行动上也站在革命人民方面，他就是一个完全的革命派。

毛泽东

马克思主义的道理千条万緒，归根結底，就是一句話："造反有理。"……根据这个道理，于是就反抗，就斗爭，就干社会主义。

毛泽东

你們要关心国家大事，要把无产阶級文化大革命进行到底。

毛泽东

前　言

天津市委、战斗区委在这場史无前例的无产阶級文化大革命运动中，推行了一条資产阶級反动路綫。他們从文化大革命开始就給革命群众划框框，定戒律，束縛群众手脚。当群众起来造剝削阶級的旧思想、旧文化、旧风俗、旧习慣的反，造党內走資本主义道路当权派的反，他們却"怕"字当头，不相信群众能自己解放自己，能自己教育自己。他們压制群众，挑动群众斗群众，挑动学生斗学生，斗批改的历史任务不能順利进行。

八届十一中全会公布了"十六条"，宣告了以毛主席为代表的无产阶級革命路綫的胜利，宣告了資产阶級反动路綫的破产。但是天津市委、战斗区委仍頑固地堅持資产阶級反动路綫，采取新的形式来欺騙群众，对抗十六条，极力采取挑动群众斗群众的形式达到他們的目的。

«紅旗» 十三期社論指出：“对資产阶級反动路綫必須徹底批判。只有徹底批判，肃清它的影响，才能貫徹执行无产阶級革命路綫，才能在正确路綫指导下进行社会上的、学校的以及其它文化部門的斗批改，才能明确斗什么、批什么、改什么，才能明确依靠誰来斗、誰来批、誰来改，才能胜利完成一斗、二批、三改的任务。如果继續过去的錯誤路綫，重复压制群众的錯誤，继續挑动学生斗学生，不解放受打击的革命群众等等，那就是对抗和破坏十六条。在这种情况下怎么能够正确的进行斗批改呢？”

为了坚决貫徹执行十六条，坚决捍卫以毛主席为代表的无产阶級革命路綫，确保一斗二批三改的任务徹底完成，对天津市委、战斗区委所执行的資产阶級反动路綫必須进行徹底的揭露和批判。

編　写　説　明

这份材料是用大事記的形式，把天津市委和战斗区委（主要是战斗区委）从六月份到十月份这一段时間內，所貫徹执行的一些資产阶級反动路綫的主要表现，記录下来了。

材料是根据我們的記录、回忆，并吸收了部分工作队队长、指导員座談会上所揭发市、区委的資产阶級反动路綫事实，編写成的。材料中的按語是我們自己加的。有些話是能够說明一些問題，是值得大家深思的。

当然，在这份材料中，有許多事情我們还沒有編进去，在編进去的內容有的我們并沒有亲身参与；有些材料是通过我們間接了解来的，因此这份材料中不可能每件事都很全面，都很客观。請参閱的革命同志們給我們多提批評意見，以便加以修改、补充。

大　事　記

6月2日和平区四淸工作分团（以下簡称和平分团）召开队长、指导員会議，在会上由战斗区文教部部长齐国俊传达市委常委关于开展文化大革命的几点意見，在意見中提出了許多淸规戒律）开始为运动划下了許多的框框。如：“学生如对领导、教职員貼大字报是可以的，对給上級领导提意見的要說服，也可以用写信的方式”，还規定“凡开大会、小会要有記录，声討大会可停課其它会不停課，大会矛头要針对三家村”等等。

（按：在意見中就是沒有明确无产阶級文化大革命的斗爭大方向問題，沒有提出发动群众，揭发党內走資本主义道路的当权派。）

6月3日和平分团齐国俊传达市文教部王金鼎意見，王金鼎对有些领导“洩露”市委的“四不”很不滿意，要求工作队不要怕委屈，要頂着点，同时进一步划框框，定調子，提出“要求大字报在校內貼，不要在校外貼，这样为了保密，可以保持市容”；并确定“估計几次大会之后，就轉向小的会”；“上街問題我們不贊成，都上街建設受影响，解放軍参加文化大革命最积极，現在也沒有上街。”……

（按：对群众上街怕的要死，用解放軍的荣誉，为王金鼎不可告人的目的打掩护，这純粹是对解放軍的侮辱。）

6月4日市委中学四清工作团付政委于抗召开工作队长、指导員、学校党支部书記、校长会議，于在会上讲了几个問題，中心是要求工作队、学校党支部要积极領导，“你不出来右派就要出来領导，就会搞到你头上来”，“也就是要夺权，因此不要被动，不要放弃領导”，于强調“发現左派之后，組織一个編委会”，也就是由編委会来掌握大字报，同时明确“各校不要联合开大会”，还继續重申“对省市領导干部个人意見不要公开点名，不要貼大字报”，“文革搞一段之后，不要停課太多。”……

（按：让支部敢于站出来領导是虛，撑支部的腰压服群众不敢炮打当权派是实，可以給省市委提意見是假，老虎屁股誰也不能摸是眞。）

6月5日和平分团召开全体队員会，传达王金鼎的报告（在群众发动起来之后，仍然頑固地貫徹执行王金鼎的反动指示）提出“停課問題要逐步引导，半天上課半天搞运动。要晋乐、体育上課，要說服高中毕业生服从高考”，并强調“目前还是乱箭齐发……”。会后市中学四清工作团付团长馮毅又召集指导員、队长会議。馮讲：“从学校中大字报看，有的学校党支部烂了，支部是黑店等等，这不影响支部和工作队的共同領导，支部的旗帜什么时候也要打，我們横扫一切牛鬼蛇神，不能横扫党支部”。接着批評无綫电中学工作队說：“上午我在分团开会，看到无綫电中学开大会，揪上去十几个人，这是什么問題，这就是不敢領导，如果还不結束不知又揪上去多少人……”；又說“不能誰提什么要求就照办，我們可采取其他方法检查?!”。

6月7日和平分团传达馮毅的几点意見。主要是划了牛鬼蛇神的范围。馮說：“牛鬼蛇神指的是（一）老四类的現行活动，（二）有反党、反社会主义言行，（三）资产阶級反动的学术“权威”，（四）蛻化变质分子，（五）阶級异己分子，（六）貪污盜窃偷机倒把分子”（按意見中就是沒有明确鉆进党內的资产阶級代表人物，走資本主义道路的当权派、修正主义分子。沒有斗爭的大方向。）

6月8日×××召开指导員、队长和学校領导会議，讲：“学生中的問題要看后台是誰？現在我們看不准，揭的不深，还需要揭发，同时要求各工作队与学校領导干部共同进行一次分析”，最后，又一次重申“各校开联合大会要說服阻止，各校搞好了，也就是相互支持了”。

（按：馮毅不遺余力的貫徹王金鼎的黑指示是何等的卖力呀！什么是运动的打击对象，馮毅念念有詞，五花八門，唯独沒有走資本主义道路当权派，怎样保住自己主子就怎么干，眞正是一个有“才干”的跳梁小丑。）

6月9日市委在体育館召开了文化大革命积极分子大会，馬瑞华在会上做了报告，馬对学校中运动的形势作了分析，說“現在学校形势特别好……搞得牛鬼蛇神暈头轉向，心惊肉跳。……我們就是要搞掉这些牛鬼蛇神，他不提走資本主义道路的当权派被揭发的如何，他过早地提出“把大字报分分类、排排队”，“乱箭齐发长此下去对运动不能搞彻底”，他过早的定調子，阻止学生揭发問題，他說“有的学校有的人煽动一部分教师同学去整革命左派，……不管是党支部，是校长，是搞革命的我們就拥护”。馬为市委定調子說“是不是上面有黑綫？上面沒有黑綫”！仍然继續宣布学校要上課，說“学校总得上課，或半天运动，半天上課”，还提出“我們文化革命不要受外界干扰，現在看來，学校是多少受一点干扰，有一些敌人搞破坏，有的学校煽动同学給飯館，理发館貼大字报”。馬瑞华代表市委給群众运动大潑冷水，站在群众的对面，阻挡群众运动。（按：馬瑞华用尽脑汁划框框，定調調，抓右派，捞游魚，眞是面面具到，包罗万象，不把运动弄成冷冷清清，誓不罢休。）

6月10日于抗传达省委指示，主要提出“領导要跟上，否則，右派就要以左的面目胡搞”。因此，提出了几項措施：（1）派工作队；（2）在各校建立文化革命委員会，委員会既要有工作队参加，又要有支部的好干部参加，同时，吸收教师、学生，以便形成左派領导核心”。幷且明确“革委会是在工作队領导下。工作队在校中居于領导地位”。

夜間，再次开会，馬瑞华讲話：

“現在的斗爭，首先要把領导干部思想搞通，把問題初步排队，做个計划，看看哪些是牛鬼蛇神，他們是有組織还是沒有組織，是单干还是小集团，誰是老板，誰是小卒，还要看牛鬼蛇神有沒有漏掉的”。

和平分团提出：“工作队根据馬瑞华报告要认眞进行分类排队，准备下一步集中力量打歼灭战”。

（按：請問进行分类排队之后，准备打击誰呢？是走資本主义道路的当权派嗎？）

6月13日馬瑞华召开会議，明确：“各校四淸工作队改成为文化大革命工作队。”幷提出“运动要有劳有逸，要安排好时間，一定要有組織不能放任自流”。还說“現在有些学校要深追深挖，有些东西在兴风作浪，究竟后台老板是誰……”。

6月16日市委召开全体工作队員会議，会上市委付秘书长李定、团市委付书記王仁做报告，王仁讲：文化革命筹委会任务：要高举毛泽东思想伟大紅旗，在工作队、党支部領导下“放手发动群众。这个組織有工作队、党支部、团委会、教职員工学生代表，成員以15—20人为宜，学生出8—15人（初中每年級一人，高中每班一人）教职工出3—5人。工作队、党支部、少先队出4—5人，筹委会主席由原来支部或工作队担任，选举委員的办法，由推举产生，学生按班級年級推选，教职工由全体教职工推选“工作队、党支部、团委会分别由自己推选出自己的代表，然后把名单交群众討論同意后成立筹委会。如果少数人不通，可以进行一些工作，再不通可做为保留意見。

李定讲“建立筹委会之后，就有抓头，有依靠，有革命指揮机关，就可以甩开了……”。（按筹委会是怎样产生的呢？一看便知）

6月19日齐国俊召开会議，讲文化大革命的搞法。他說：“四淸和文化大革命是一个問題，运动的路子大体設想是：大揭发以后，領导进行检查、洗澡，对牛鬼蛇神进行批斗，大討論，进行自我教育；轉入建設阶段。”齐指出，当前主要工作是“建立組織、学习討論、整理材料。”

（按：什么是群众首創精神全抛到脑后，什么事情只有按“我”的主意才能办好，这就是市区委的指导思想。）

6月21日下午五点，市委在民园体育場召开全市高三学生庆祝改革高考制度大会。馬瑞华在会上做报告。十六中的同学散发了“給全市青年的一封信。（这是当时全市聞名的一封所謂“黑信”）当夜十二点和平分团召开指导員、队长紧急会議，齐国俊同志讲：“……十六中学生要求去北京，多数是干部子弟，現在他們起来要革市委的命，說劳逸結合是阴謀……，我們工作队要說服教育，向群众讲清天津市是在党中央、省委領导下，并不是黑帮，北京烂了，我們天津市委沒烂，因为北京不是領导天津，天津是在党中央領导下”；还提出“他們貼大字报轰我們就是不能走，一定要頂住”；还說：“敌人出来是不奇怪的，可是我們干部子弟反市委这是可惜的……。”

（按：这封“黑信”的威力。）

6月22日晚十二点和平分团召开指导員、队长会議。在会上传达区委付书記李兆先从市委打来的电話說：“十六中工作队不能領导了，十六中学生到处煽动讲演，矛头指向市委，說市委是黑帮，讲万晓塘、馬瑞华报告不对，到一些学校后被頂了回来，看起来他們是不会罢休的。19中到处发抗議书，抗議昨天大会是压制革命，最近几天可能鬧凶一些，有的把工作队关起来，揚言上街游行，可能后面有人，这不是一般問題……。”“我們說市委不是黑帮，是革命的，不是照北京办事，而是按党中央毛主席的指示办事，我們要讲，他們声討，我們要保卫，他們要喊口号，我們也要喊，如果到我們学校，我們要站出来，如果挨棍子也要頂得住……。”齐国俊在会上又讲：“如果赶工作队，我們要讲文化大革命是三个横扫。我們不反党不反社会主义不反毛主席为什么要赶我們？要工作队走这是什么意思？”

团市委对各校团組織提出要求，要求团組織大抓活思想，通过組織了解不同人的思想間題及时向上級党委、工作队反映汇报情况，要积极开展文体活动，包括民兵、游泳、各种体育活动，大唱革命歌曲，同时加强对少先队的領导。

（按：市区委发令要工作队积极行动起来，站在学生对立面“斗爭”。）

6月23日和平分团付团长李彤（市委文教部干部）布置围攻学生的工作說：“目前形势好轉，十八中、市师、八中反对十六中左派起来了，李罗莉被打的头破脸肿，越墙逃跑，我們要有組織地声討十六中，要有組織地去給貼大字报，如果有十六中的学生到各校要“粘住”，辯倒他們。”

6月26日区委召开全体队員会，区委付书記、区长李兆先做报告：“十六中的問題不过是运动中的一个“小水泡”，但它又反映了阶級之間的博斗，在这样无枪声无炮声的战斗中是相当激烈的，不少牛鬼蛇神蠢蠢欲动，紛紛出籠露头，我們在这样的情况下遇到一股逆流，不要惊慌失措，不要害怕……”。明确提出“在这場运动中要旗帜鲜明，什么是旗帜？就是毛泽东思想和党中央的指示，要按毛泽东思想办事，按照市委指示办事，这可以加强党的領导。”

6月27日齐国俊布置工作，提出“最近十六中的小逆风和正气相比是减弱問題，但在个别班內也可能暴发，应当充分估計到。对去北京的同学一定要劝阻，从各方面做好工作，尽可能把工作做在前边去。目前十六中彻然进行工作，一定要頂住……”。齐还提出“要掌握敌情，控制敌情，要有耳目消息灵通，校內外、班內外发現了問題及时汇报，对学生的情况也要視为敌情……”最后，要各校总結經驗說“总結經驗，积累經驗，如出了乱子頂住了，就是經驗”。

当天，各校按照区委指示，在教师中只宣讀了十六中的一封信。在学生中先用低沉的語气念了十六中的信，而后用洪亮的声調大念了几封反十六中的信。

6月29日齐国俊传达馬瑞华的几点指示：“对反市委的同学注意做分化工作，告訴他們，你們还年輕，沒經驗，你反市委，市委可以原諒，群众要批評你了，你們也不要記仇”；“对十六中的学生要采取分化争取的办法，工作队不要給他們扣帽子、不斗争、不批判，要分化瓦解争取起义，要逐人研究做細致工作。同时对其家长也要交待政策，讲清“利害”，讲明道理……”。

7月1日市委书記处书記张淮三向市、区委和工作队負責人做报告，在报告中給市委定調子，說“市委是在党中央毛主席和省委的領导下是革命的”，再三表示“市委响应党中央的号召，是支持群众运动的”，要求工作队向群众亮明旗帜，又說：“阶級敌人客观上有点总动員，都登台表演了”，說“革命青少年的革命行动是受了敌人的利用”。强調进行“四大讲”，大讲党的領导，无产阶級专政，党的政策和高举毛泽东思想，其目的是堵塞群众言論，压制群众揭发市委問題，让群众在市委派出的工作队直接領导下搞运动。报告精神在較长时間內为运动的指导思想，影响极大。（按：这不是李雪峰报告的翻板嗎？）

7月2日至6日工作队以小整风的精神学习討論李雪峰和张淮三的报告，同时在基层党、团及部分学生中（不反市委的）传达李雪峰的报告，并进行討論，在此期間，市区委又指示：“十六中的問題不要再提了，但要密切注意反市委的动向。

7月4日区委根据张淮三指示提出：“不要再提十六中問題了，不要再提十六中少数学生的信了”，要求各工作队“要明确，要坚决”的执行。（按：市委这样作，十六中的革命烽火岂不是暗暗地熄灭了嗎？）

7月8日市区中学文化革命办公室成立，撤銷市委文教四清工作团和各区四清分团，四清工作队改为文化革命工作队。

7月14日市委召开文化大革命工作队員会議，由馬瑞华介紹北京文化大革命的工作“經驗”，市委对北京“經驗”倍加贊揚，馬瑞华把北京学生的革命行动說成“有一些保皇派从中混水摸魚，要赶工作队”，“这些保皇派煽动群众，夺取文化大革命的領导权”。馬还說：“我市出現一些乱子，工作队就当消防队，把火扑灭了，而北京人家是放一切牛鬼蛇神出籠，登台表演”。（按：引蛇出洞）

7月15日张淮三向全市中学，半工半讀学校做报告，內容与7月1日相同。

7月19日和平区中学文革办公室付主任陈文法同志召开工作队长会，交流一些工作队的工作經驗。（如何組織发动群众的問題）。結合經驗陈文法又布置工作說：“要求各工作队做好三准备，也就是刘××提出的思想准备，材料准备，組織准备的問題。”

7月26日陈文法传达黃文（华北局工交政治部付主任）馬瑞华的报告。陈在提出工作任务时說：“要分两步走，掀两个揭发高潮，第一步从7月26日至8月5日，主要是普遍揭发，乱箭齐发，造成更大的声势。全面揭开司令部中阶級斗爭的盖子，把敌人揪出来，第二步是8月5日以后，再大搞一下，搞专人专题的揭发。在普遍揭发的基础上，分析司令部的問題，抓住要害問題，9月10日后开始批斗。”（按：这是市区委給革命运动規定的軌道）并强調工作队的領导作用，說“党要派工作队去領导”并說：“工作队多数是好的。”（按：发动工作队继續执行市区委錯誤指示。）

7月28日陈文法又向全区工作队进行布置，他說到：“进行斗批以揭为主，揭中有批，要大中小会相結合，大会主要是搞揭发，搞大会要揭发那些看得准的。要組織左派搞調查，要抓知情人的工作”等等。（按：把市委規定的軌道在战斗区各中学具体化了，請看战斗区貫彻市委指示有多么积极。）

7月30日晚，区委召开紧急会議，在会上传达了«中央文件»和市委紧急会議的精神，区委付书記、文革办公室主任安景英同志介紹了北京的紧急情况，說：“昨天晚北京开了万人大会，会上中央領导人周恩来、邓小平、刘少奇讲了話，主席接見了群众，会上宣布撤銷张承先北大工作組长的职务……。北京学生可能到天津来点火，我們要准备热鬧，工作队要引火烧身，不要有任何經不住的思想。”并指示工作队一两天內把各校革委会組織起来。（按：工作队开始包办代替搞出革委会，使工作队后继有人。）

8月1日晚，市委在体育館召开全市工作队員大会。市委第二书記赵武成同志在会上做了报告，內容有：

（一）传达中央三位領导讲話；

（二）讲天津市的情况及市委对撤工作队的意見。

首先，在談到天津市形势时說：“6月初形势很好，10日以后运动冷下来了。”……这种分析是不实际的。实际上，运动初期市委就执行了一条资产阶級反动路綫，提出了四項原則：“大字报要审稿；不要上街；不要用文艺形式揭发問題；給省市委領导提意見也不要用大字报，不要点名。”因此，天津市的运动一开始阻力就很大。

其次，在讲到工作队的时候，对工作队評为：“好的，比較好的，有严重錯誤的三类。”认为工作队是仓忙上陣，学习不够，工作队在学校中犯的錯誤是“思想方法”“工作方法”的錯誤，对此市委应付“相当程度”的責任，并提出派工作队，撤工作队都是党的决定，派工作队是为革命，撤工作队也是为革命，这都是革命。工作的需要……。

又說：“撤出工作队之前要帮助革委会把工作安排好，負責到底。

（按：赵武成在报告中混淆事实的說工作队的錯誤是思想方法，工作方法的錯誤，实质上是对抗中央的指示精神，是继續蒙骗革命群众。并指出，工作队撤离之前，仍然要“帮助”校文革安排好工作。其实质是不相信革命师生，把群众当成阿斗，把自已当成諸葛亮。）

8月2日区文革办公室召开队长会，陈文法提出：“工作队要虛心听取意見，队长要检查，队員也要准备检查，老队員要检查，新队員也要检查”。安景英补充說：“作检查不要有怨气，要正确对待，这是“革命不革命”的問題。”

（按：我們奇怪的是派出工作队是上級領导的决定，工作队在下面工作上犯的錯誤是按区委指示做的，区委只叫工作队做检查，而区委只字未提向群众检查問題。这說明市、区委把派工作队这一方向性、路綫性錯誤完全推到工作队身上这是逃脱責任。）

8月3日上午市委在体育館召开各校革命师生代表大会，放送中央三位领导干部讲話录音，赵武成在会上讲話，并公开宣布市委撤銷工作队的决定。

赵武成在讲話中，仅提到派工作队是不适应形势，不利于广大群众起来鬧革命，根本沒有检查派工作队是方向性、路綫性的錯誤。

当天晚上，市委在艺术館召开工作队指导員会，馬瑞华传达了刘子厚同志六項指示。

其中的第四条是关于革命串連問題，刘子厚同志指示說：要有組織、有計划的分批去北京，中学一个学校可去30人。这点不符合广大革命师生进行大串連的要求，这是在广大革命师生强烈要求革命串連下的晃子，用以搪塞群众。

第五条提到：工作队撤离問題时，师院工作队有人要撵走，有人要挽留，工作队可采取让走就走，让留就留，留下的可叫观察員（其实意是工作队不要积极撤离，用群众不让走为借口，来抵制中央撤銷工作队的决定。）

第六条要求校领导干部改变作风，要求干部深入群众实行三同，其实质是为当权派出謀計，让当权派深入群众，去让其蒙哄群众，使走資本主义道路的当权派順利过关。

馬瑞华說："北京学生一来，形势就会出現高潮，点名的更多了，可能点到我們头上，要首先組織左派学生，班要建立文革小組，校要組織文革委員会，你們不組織人家就会組織。又說："現在变化很快要跟上，要充分认識形势，轉变作风，否則要栽跟斗。"

最后馬瑞华又布置："工作队在撤离前要召开革委会，开群众座談会，征求意見，最后开大会检查，在检查中要进行自我批評，对两个月来革命师生成績予以肯定，最后要提出建議，讲清文化大革命是搞党內走資本主义道路的当权派，搞透司令部的問題。"

（按：刘子厚把革命师生放在对立面，让工作队抓左派工作，是挑动学生斗学生，这段讲話总的实质是怕群众起来革自已的命。）

8月4日区委召开各校革委会正付主任会議，安景英同志亲自主持。中心內容：

1.让革委会敢字当头，放手发动群众。

（按：实质是滲透市区委意图，在工作队撤出后，按其意图办事。）

2.提議酝釀建立区文革委員会。

（按：以作为区委貫徹資产阶级反动路綫的工具。）

8月5日区委文革办公室召开工作队长会，陈文法布置工作，他說："由于工作队退居'二綫'革委开始'发揮作用'，同时开始出現了'各类人物登台表演'，出現了'乱'的象征"。对工作队进行了批評說："有的工作队急予撤回，有散摊子的思想，有的怕当观察員：怕这怕那……"。在談到革委会时說："你們刚建立，缺乏斗爭經驗"，叫工作队让他們"挺起腰板"作好工作。又說："当前中心任务是一斗二批三改，工作队用"建議"的办法帮助革委会安排好工作，明确主攻方向，建立工作秩序，进行分工。旣要防止包办又要防止撒手不管。关于工作队撤离的問題，市委指示，暫不要撤，什么时候撤听通知。撤工作队要合乎三条：（1）群众沒意見了，（2）工作队交待清楚了，（3）革委会工作有安排了。在会上进一步提出建立区文革筹委会的問題，一个学校出一个委員，选一主席，两个付主席，設秘书組。秘书人員由区委派干部担任，好象过去青联常設机关一样。（按：指示工作队按兵不动）

8月6日晚7时半，市委召开十六中全体革命师生及中学革命师生代表大会，会上万晓塘代表市委对十六中問題作检查，并代表省市委宣布撤銷馬瑞华組織部长职务。

8月7日凌晨一时区委文革办公室召开全区工作队員会議，会議上安景英讲：“对十六中的信应看作革命行动，学生敢給市委提意見是革命精神”。而沒有提十六中信的內容正确与否，其实是承认学生的革命精神，而不承认市委有黑綫。在会上安景英对抗中央指示，准备立即撤出学校工作队进行批評指責，說：“这叫革命嗎”？又說：“明天会哄工作队，你們要首当其冲，要替区委承担責任。工作队多数是好的，要“頂住”做长期打算，不要打算馬上撤出。工作队的任务是了解情况，掌握情况，掌握政策，参加劳动，当参謀”。最后說改选革委会有可能，由群众去考虑，右派被选上也不要紧，先不要下結論……。

8月8日晚上电台广播中共中央无产阶級文化大革命决定（即十六条）。当夜广大革命群众紛紛上街游行庆祝。

8月10日区委召开队长、指导員座談会。中心內容，是区委书記王中年讲話，传达万晓塘对十六中問題的答辯。

王中年說：“工作队每个人是不是革命的在运动中要考驗，爭取在馬瑞华报告后至工作队撤出前不要再犯錯誤，現在阶級敌人和我們斗爭，他們善于抓我們小辮子来搞你們，搞你們时要頂住，不要怕，对这些人活动要观察要注意，不要过早采取措施。原来的右派很少，可能靠不住。（意思会出卖）工作队不居領导了，但不等于掌握情况，应当“积极积累材料”，多搞調查研究，这样更“主动”。有些人要露头，不能压，让他們活动，让他大暴露。”我們要讲研“策略”，防止革委左派中出現变节分子，遇到有人要“权”，要图章，要具体問題具体分析，如果是左派掌握，右派要，不要給；如果右派掌握，左派要，可以要出来。”

陈文法插話：工作队每天要搞大事記，时間、地点、姓名、重点人的情况，不能光抱着挨整的态度，不要把注意力放在学生身上，注意力要放在老师身上。

（按：从以上讲話就不难看出，区委是想让工作队干什么？就是要工作队站在群众的对立面，对反市委反工作队的教师当成右派来抓，这是极端錯誤的。

万晓塘对十六中十一个問題的回答：总的看来是不明确的，不是认眞承认錯誤的态度，是模棱两可，想继續通过工作队来模糊群众的視綫，推行市委压制革命的責任。）

8月13日区委书記王中年召开工作队长，指导員座談会。

在会上王中年讲：“組織紅卫队（紅卫兵）他們組織咱也組織，用搞串連的方法，发展左派，要有“三进山城”的精神”，北大来的学生是“右派”（指开始来津串連的几个同学）“他們到学校要想办法看証件，記下名字。”“我們工作队不能承认是牛鬼蛇神，不能戴高帽，敌人向来是欺軟怕硬的。”“不管遇到什么問題，突然事件要冷静、沉着，别着慌，鍛炼革命本領。”随后又传达了周茹对工作队的要求。最后他說：

（1）工作队暂时不能撤，要做左派的工作，要給市区委当“耳目候”，他們要赶工作队就是为了封鎖消息，让市委不知道情况。

（2）学习十六条，宣传十六条，建議革委安排学习。

（3）各别做左派师生工作，搞串連，他們串連我們也串連，要讲究方法，看准了的左派，各别交談，采取商量的口气，然后商量怎么办，启发引导，逐步形成左派队伍，現在中間派多，要团結中間打击少数右派。

（4）要求工作队党員把担子担起来，要跟上形势，要經的住考驗，市委知道工作队受委曲了，馬瑞华錯了，整个市委沒有錯。

（5）把区的文革筹委会，革委会建立起来。（按：从以上几点就可以看出市区委如何对抗中央撤消工作队的决定，继續給工作队布置工作，蒙騙工作队，挑动群众斗群众。）

8月15日区文革办公室付主任陈文法召集工作队长会，布置了任务說：（1）注意北京回来的动态，学生从北京回来可能攻击工作队，原来派工作队是中央同意的，如果要問为什么不撤？就說听取广大师生意見，做检查；（2）可能出現反团中央，省委，也可能搞大的行动；（3）发現侮辱工作队要“頂住”，××道中学做的好，如有給工作队戴帽子，让下跪，你們要坚决頂住，要有一不怕苦二不怕死的精神。要想站住脚看你們組織紀律性是否坚定，三分钟就可以考驗出人来，（指工作队能不能頂的住）；（4）工作队掌握的材料記录本，文件連夜收回，送到区干部組来，每天碰头記录当天送来，不要在下面留材料；（5）要放开手，让群众大辯論，掌握动态。（按：北京是文化大革命的中心，是主席領导和指揮运动的所在地，看区委是如何看待北京运动，为什么对去北京串連回来的学生，害怕得要死，站在革命师生的对立面，在去北京的学生回来之前做了估計并做了对抗的布置，扑灭革命火焰，让工作队做档箭牌，并让工作队挑动群众斗群众，正象安景英几次会上所說的，你們在前边頂住，可能在那儿挨打，市区委知道你們是受委屈的，回来你們再出气，我再向你們道嫌，我想你們总不会打我吧，总不会不让我吃飯吧！）

8月20日工作队还沒有撤出，区文革办公室就給每个学校派去一名办公室工作人員——“先联絡員”。事先办公室負責同志做了安排，“先联絡員”下校后应首先接触革委会，打了招呼，然后再找工作队，听介紹学校情况，开展工作，接到省委撤出工作队的通知。

8月21日（一）参加市委工作会議的同志按市委安排到各校宣讀十六条，并按市委要求携带行李与师生实行“三同”，5日后离校，在某些学校里并起到保駕工作队撤出的作用；（二）天津市委召开庆祝天津文化大革命群众大会。（按：这个会开得非常糟糕。）

8月23日学校工作队撤出，整訓学习开始。在全体工作队員大会上区委第一书記王中年、付书記安景英提出了："……工作队撤出是"为革命而来，为革命而出"，前段工作队取得了不少成績，充分証明是革命的工作队，工作队撤出后的任务是：学习中央决定文件，社論，給区委提意見；总結前段經驗教訓……"。

9月1日区委安景英在工作队員重新分配工作会議上說："你們回去干"。前段你們不敢放开胆子領导，縮手縮脚，在斗爭艺术策略上不善于斗爭""有問题該正面讲的不讲，当面不好讲，可变个形式讲"……。

8月25日在体育館召开战斗区中学紅卫兵指揮部建立大会，通过了紅卫兵指揮部章程宣言和致主席电。区委付书記王致中、安景英、李兆先出席大会并带上了紅卫兵袖章。安景英代表区委在大会上讲了話，同时授于各校紅卫兵队旗，会后进行了游行。

8月26日北京紅旗学校学生徐国恩等来津与劳二半学生去市委門前辯論。

8月30日市委在第一文化宮召开全市工作队員大会，市委第二书記赵武成讲話。首先分析我市文化大革命的形势和工作队撤出問題，最后作了下段文化革命的布置。他讲："学校紅卫兵要建立联絡站，每区初中建立一个，完中建立一个，半工半讀建立一个，大专院校建立一个，然后市里总的建立一个联絡站，到哪时各区里就叫做分站，工矿企业也要建立紅卫兵"。

9月3日中午一点，战斗区中学文化革命办公室付主任曹耀明（区委組織部付部长）匆匆忙忙召开中学联絡員会議，大讲："八·二六事件眞相"。曹說："……据說徐国恩（自称孙大圣）与邓拓有联系，而且与天大'八·一三'紧密配合……"。責令全体联絡員立即下到各校去"滲透"这一情况。最后强調不要說是市区委的指示，要做为个人的看法。并注意搜集反映。（按："滲透"实质是挑动学生斗学生）。

9月4日区委召开全区各系統联絡員会議。介紹二个工作队的"經驗"，都是如何貫徹市区委的資产阶級反动路綫。区委书記王中年在会上做了重要指示：（一）肯定了两个"經驗很好"。号召全区联絡員要认眞地学习，并要求联絡員要去掉怕字，要"敢"字当头。（二）布置工作。工作重点是抓紅卫兵的整訓，指示"不合条件"的把他們动員出去，把紅卫兵队伍搞成一支坚强的队伍。

当晚陈文法布置工作，中心是抓紅卫兵的問題。陈說："紅卫兵是阶級队伍，抓住紅卫兵就能站住脚，即使有人反对你，还有人拥护你的。首先要大抓紅卫兵的組織工作，上下都服务于这个重点，这是阶級队伍，要把革命左派組織起来，左派队伍要有个核心，核心应該是紅卫兵，人数不要多，抓七、八个頂事的就行。要提高到阶級路綫上来认識。其次是成立一个五百人的紅卫兵队伍，要身强力壮，能說善辯，随时可以拉出去参加市委門前辯論。再一个是将全区的紅卫兵尖子集中起来成立一个区糾察队。（按：掌握領导权，站稳脚根。）

9月11日陈文法召开联絡員会議，他說："……要宣传党的政策，北京搞的很好，咱們也得狠抓一下，……我們怎么領导？我們的經驗是当群众碰壁以后，再提出我們的看法，他們就容易接受了。"又說"10月1日快到了，是否可以搞搞倡議，象北京那样，不符合毛泽东思想的大字报不让貼，要明确一点：我們要站起来，大讲毛泽东思想，党的政策，态度要鮮明，不能看哈哈。"接着安景英指示"現在形势和前一段有变化，前段在搞当权派，抄資本家，那时向大家强調“四多”，因为那时还在发动群众，人家有意見，所以咱少說話。現在左派站起来了，經紅卫兵立足之后，扫了資产阶級，情况有了变化，現在是感到办法少，很希望我們給点办法。我們是用观察員身分，还是当联絡員，要領导大家想些主意，出些办法。总結經驗？如果群众沒有要求，我們硬要办，那就是瞎指揮。群众要求我們，我們不动，就会成为尾巴主义。我們联絡員是組織者，要起参謀作用，要出謀划策……。紅卫兵是孩子，必竟办法少。我們是启发自觉，还是甩开步子？区委的意見是甩开步子。另外，要树立市里威信，有些会議市里要参加，要让市里参加。市里某些方面有黑綫，但不能脫离市委領导。我們应甩开步子，（按：其意思說市里有黑綫，区委还是沒問題）前一段少說話，現在看不說不利，总之形势比前段有所好轉，但不要太放松，这場十万人的风波看一看怎么样？”

（按：这就是安景英的所謂“大好形势”。群众岂不是阿斗了嗎？）。

9月12日战斗区中学文革办公室在无綫电半工半讀中学礼堂召开各校革委会主任，紅卫兵負責人及糾察队員大会。会上由三个中学介紹了紅卫兵整訓的經驗，最后陈文法做报告，他提到：“省市委在中央和华北局的領导下，經領导核心中革命左派和广大革命干部的揭发，已挖出了黑綫人物。通过中央的批准，省委揪出了林鉄，他是反党、反社会主义，反毛泽东思想并与彭眞有联系的黑帮分子；胡昭衡是反党反社会主义，反毛泽东思想的資产阶級的代表人物，是阴謀活动的野心家；白樺是反党反社会主义反毛泽东思想，积极宣揚周揚一伙反革命修正主义文艺路綫的資产阶級代表人物。最近就要公开批判，近两天見报。”又說：“現經华北局批准，刘子厚任河北省委第一书記。接着說：“我們除了进行本校的运动以外，还要对林、胡、白这些人进行堅决的斗爭。”他們談到建立紅外围的問題。說：“紅卫兵是群众組織。无产阶級的阶級組織的最高形势是中国共产党，这样是否不成立紅外围，非紅五类表現好的可以吸收参加紅卫兵。各校听了以后，文革办公室还要求抓报告討論，收集看法，收集对林、胡、白的反映：堅信市委的人有什么反映，反市委的人有什么反映等。”

9月13日安景英向中学联絡員作了报告，談到对当前形势的估計問題时說：“八月二十九日至九月初，大有变化，特别是紅卫兵組織起来以后，大扫四旧打击了他們嚣张气焰，区文革接待緩和了，攻工作队也緩和了，挑眼的人被抄了家，形势就好轉了，文革委員会嚣张的人也下去了。”“这时出現了組織瘫痪状态，如革委会、文革小組。革命越向前发展，紅卫兵、革委会就越感到办法少了，迫切需要办法，求知心情高了，搞經驗的心情迫切了，我們还是按过去的呢？还是甩开步子？我的看法是想尽一切办法“解决”他們的困难，在这时，我們不出主意，会脫离群众的，在这种情况下，我們的工作应积极开展起来。一方面宣传政策，一方面出謀划策。这段工作应当是甩开步子，大胆放手，我們也有經驗，只要我們是明确的观点，正确的态度，即使一时有人接受不了，但过后还会亲近我們的。区里可以总結經驗，开小型会，不要怕出問題……。”

（按：非要当諸葛亮不可）。

9月17日区委中学文革办公室召开全体联絡員会議。会上印发了“中学联絡人員的有关工作規定（草案）”，同时×××对联絡員提出了五項任务。其中讲到“对党团組織和党員干部，特别是对領导干部要进行考察了解工作”，“当好校文革的参謀，要根据上級的指示精神积极提出建議，协助开展工作……重大問題及时向上級报告”。

（按：区委領导无視群众能自己教育自己，指示联絡員继承工作队的衣鉢，继續約束、压制群众的手脚，頑强地貫徹执行資产阶級的反动路綫）。

9月19日区委領导借万晓塘之死，不仅組織了学生到一宫去追悼，并在区委里也設立了一个追悼室，联絡不絕地接待吊唁的群众，声势之盛可想而知，这还感到不够，还业图挑动干部斗学生。从区委干部的大字报中看出区委領导公然停止了大学毛主席著作，而去使干部学习万晓塘的事迹，并专編了一本万晓塘的模范事迹，做为干部組織生活会的学习內容，从而增加了干部对革命学生大造市委反的不滿和憤慨，把万晓塘之死归于9月18日揭发市委的大会，归罪于学生。

（按：要把干部引向哪里去？）

9月21日文革办公室召开联絡員会議，×××布置国庆节游行和集会时談到“当前形势越来越有利于我們，我們联絡員可以迈开步子，要取消“怕”字，树立“敢”字。

（按：×××的形势有利，其实质是压制革命学生的資产阶級反动路綫有了成效，敢字的实质，是进一步控制群众运动，保市、区委过关）。

9月30日陈文法传达刘子厚的指示时讲：“当前主要解决大方向問題，象学生斗学生，工人斗学生，多数围攻少数的現象，这是“方向問題”，应注意。天津运动一开始就犯了方向性、路綫性的錯誤，十六条公布后，基本解决了，但还存在。犯这样錯誤很容易，北京、外地来了大批学生，劲头很大，有的打人罵人，很多人看不慣，特别是工人看不慣，采取行动。我們看到有的很舒服，为了避免这个問題发生，最好不让学生和工人在一起开会，不給辯論的机会。如第二半正在开会，鉆进一个人煽动，給揪出来了，大学爭执很大，天大有两派，旗子都不好打，現在又出現一派，看来是眞革命的。”

（按：听其言，看其行。省、市、区委咀里振振有詞，喊的是什么?!貫入的又是什么?!不是清清楚楚嗎?!）

9月30日至10月3日。陈文法在9月30日上午向全体联絡員說：“国庆准备大排班，每人可以休息两天，联絡員巡廻到各校看一看。”时隔之間，又召开紧急会議，陈文法說：“国庆节不好放假了，为革命不放假了。”最后规定，各校每天至少要有一个联絡員深入学校掌握动态，一天必須汇报两次。

（按：不相信群众，怕出乱子，节假日仍不放手。）

10月6日至10月9日，区委召开全区中学紅卫兵及革委会干部和部分联絡員大会。以安景英、陈文法、曹耀明为首，区委中学文革办公室的負責人，亲自主持指导了这次大会。安景英首先作了动員报告，提出了三项工作任务，然后有×××等四个中学先后做了經驗介紹，最后安景英做了总結报告。大会历时四天。中心是强調了掌握斗批改的大方向問題。大会上所做的經驗介紹，有的是文革办公室一手包办制成的，有的是区委授意給联絡員，經联絡員动員，帮助校文革写成的。区委对这次大会投入巨大力量，由始至終是区委領导亲自掌握着。

会議为战斗区在全市首創，頗受市委的贊賞。

（按：此时“紅旗”十三期社論早已发表。批判資产阶級反动路綫問題，但大会却只字不提，是不认識不理解嗎!?）

10月10日区文革办公室秘书組組长罗燕君向联絡員布置：

1.注意收集各校对天津市大专学校向資产阶級反动路綫猛烈开火的大会有什么反映。

2.了解外地来津串連的革命师生有什么活动，有什么观点，大約来多少人。

3.当前运动存在的問題：

（1）10月6日至9日的大会落实情况，各校是怎样安排的。

（2）各校排队情况，你校属哪类（附几类条件如下）。

一类：經較短时間准备，可轉一斗，問題揭的比較充分，革委会或紅卫兵較健全統。

二类：現轉入一斗有困难，要經过一段时間做准备，問題揭的不太充分，組織不太健全，群众发动不充分。

三类：現在轉比較困难，問題較多，一斗困难很大，对走資本主义道路当权派，认識不一致，紅卫兵派別比較多，革委会处于瘫痪状态。

（3）中央文件（中共中央批轉軍委紧急指示）传达后的反映和动向。

10月12日区委付书記王致中在警备司令部礼堂給联絡員作报告时說："联絡員要敢字当头，去掉怕字。联絡員担子很重，任务很光荣，要发揚勇敢善战，敢于坚持原則，敢于領导，善于領导。希望大家要成为很好的联絡員。"

（按：这种"敢"字，不是敢于放手发动群众，相信群众，依靠群众，向群众学习，做群众的学生，而是站在群众之上，指手划脚，把群众当成阿斗，把自己当成諸葛亮。）

10月13日安景英向联絡員介紹北京文化大革命的情况，并向联絡員和联絡員当中曾經担任过工作队指导員、队长的同志們提出：（一）"当前批判資产阶級反动路綫主要是針对工作队，因此工作队要爭取主动，发現有要求回去检查的苗头，就要尽早回去检查。（按：区委有无責任？检查嗎？）（二）"对待各校的少数派，我們要承认，并要敎育革委会承认少数派。"（按：不得已而为之。）（三）"我們要适当发展紅卫兵和紅外围，团結多数，但也不要大发展"。（按：能按照区委的意志轉移嗎？）

10月18日安景英針对广大革命师生向資产阶級反动路綫猛烈开火的形势，急急忙忙地向联絡員同志們拋出了区委領导小組的意見：首先是提出了一系列地問題，"怎么从我們的工作看有沒有資产阶級反动路綫呀？""到底什么是資产阶級反动路綫呀？""我們有沒有自觉或不自觉地执行了市区委这方面的工作呀？"……。其次是"亮明观点"地說："我們几个人（指領导小組）回忆，在林彪同志第三次讲話后，我們出現了一些回收过去反市委、反工作队，鳴放錯了的人，这种現象在小学校較为突出。"

（按：区委的錯誤就这些嗎？只是小学突出嗎？看完这本大事記会有初步的印象。）

对待多派問題，安說："現在出現了多派問題，哪派是眞正革命的呢？这給我們今后工作带来了新的課題，我們是迎风而进呢还是退下来迴避它呢？"又說："我們和北京不一样。北京特殊，烂掉了，所以人家撤了联絡員。我們要是撤了联絡員，撤了办公室，那党委还要不要进行領导呢？这不又說我們領导軟弱无能了嗎？所以我們还是要适应新的形势，思想跟上来，要迎着头去干。"

最后在布置工作时强調："当前运动方向，总的說是貫徹"放"，是充分地放。如果对市区委有意見，我們"欢迎"，"支持"，但我們不能发动对市区委提意見。"

（按：对市区委提意見为什么发动不得？）

无产阶級文化大革命万岁！

无产阶級革命造反精神万岁！

以毛主席为代表的无产阶級革命路綫胜利万岁！

偉大的中国共产党万岁！

我們偉大的領袖、偉大的导师、偉大的統帅、偉大的舵手毛主席万岁！万岁！万万岁！

天津市战斗区中学联絡員革命造反队

一九六六年十二月二十六日

天津东方紅中学紅鷹战斗队

刘少奇、邓小平
在中共中央工作会議上的检查

欲加人罪
何患無词

人间悲剧莫過文革
不知千古罪人是谁？

胡帝题

天津市人民中学大立毛泽东思想战斗队

1966.12.27

战斗队的英雄们
今何在！

最高指示

什么人站在革命人民方面，他就是革命派，什么人站在帝国主义封建主义官僚資本主义方面，他就是反革命派。什么人只是口头上站在革命人民方面而在行动上則另是一样，他就是一个口头革命派，如果不但在口头上而且在行动上也站在革命人民方面，他就是一个完全的革命派。

在中国人民政治协商会議第一届全国委員会第二次会議上的閉幕詞（一九五〇年六月二十三日）

你們要关心国家大事，要把无产阶級文化大革命进行到底。

——毛泽东

马克思主义的道理千条万緒，归根結底，就是一句話：造反有理。几千年来总是說：压迫有理，剥削有理，造反无理。自从马克思主义出来，就把这个旧案翻过来了。这是一个大功劳。这个道理是无产阶級从斗爭中得来的，而马克思作了結論。根据这个道理，于是就反抗，就斗爭，就干社会主义。

——毛泽东

凡是反动的东西，你不打，他就不倒。这也和扫地一样，扫帚不到　灰尘照例不会自己跑掉。

——毛泽东

△毛泽东终于打倒了共和国主席刘少奇！

△可贺：毛主席万岁万万岁！毛夫人江青万岁！

△林副统帅和毛夫人不知死後葬身何處？

刘少奇的检查

一九六六年十月廿三日

同志們:

我堅決拥护主席和林彪同志的指示，同意伯达同志的讲話。我看了小組会的大部分簡报，了解到一些地方和中央的一些部門在指导无产阶級文化大革命中程度不同地犯了錯誤，許多同志都进行了检討，这使我的心情十分沉重。因为这同我前一阶段无产阶級文化大革命中犯的錯誤是有关系的。在今年六月一日以后的五十多天中我在指导无产阶級文化大革命中发生的是路綫、方向錯誤。这个錯誤的主要責任应該由我負担。其他同志的責任，例如：在京的其他中央領导同志，国务院各部委的領导同志，新市委工作組、地方的領导同志等，他們虽然也有一定的責任，但是第一位要負的是我。

在今年七月十八日以前的一段时間內，毛主席不在北京，党中央的日常工作是由我主持进行的。北京市各方面的文化革命进行情况，經常是在我主持的中央会議上汇报的，在汇报中作了錯誤的决定、批准。我做了錯誤决定。如派工作組，都要中央各部委和团中央要人，当时中央各部委和团中央都很积极，要各地派人由新市委介紹派往各学校，此外还向各机关派工作組。一开始就做出了限制群众的办法，如不让群众上街、游行，不让大字报上街，要內外有別……等批发了北大工作組的作法，认为学生的革命行动是反革命。这就給全国定了基調，还批准了一些給中央的报告，也发生了不好的影响。

在北京許多学校，所謂排除干扰的斗爭，因此在許多学院工作組导至发生了学生斗学生的現象。围攻了革命派，压制了不同意見，甚至将一些学生定为反革命分子，右派，假左派，这样就在不少学校造成恐怖气氛，这是白色恐怖的。

我过問的王光美参加过的清华大学的一段运动中所犯的錯誤是这一錯誤路綫的典型例子。我过問的北师大附中也进行了排除干扰的斗爭。解放北京市党团員只要认識检查后就可以积极参加文化大革命，这是不錯的，但是过早同意北京过早恢复党团活动的意見，工作組撤走后就把权力交給筹委会，文革，这些是工作組制定的，他們受影响較深。北京市中学也程度不同地犯了以上錯誤，此外还同意了团中央关于中学文化革命的計划，使中学一　二年級学生放假参加劳动和軍訓，以及教师一起集訓，現在看来不应該派工作組的。

当时許多方面要求派工作組，特别是报紙报道了北大派工作組但后来要求更强烈了。这时沒有就派工作組进行过討論，也沒有就派工作組进入学校机关后怎么办进行討論，应該說我們对文化大革命很不了解的。但是群众运动起来了，我們只要参加到运动中去，听取群众意見，向群众学习，然后才能对运动中的問題提出我們的意見，

这場能触及灵魂的大革命，是无产阶級文化大革命的新阶段。我自己和許多同志都

不理解，都沒有經驗，我們只能在群众运动中学习，不应該派工作組去包办代替，去建立領导群众文化大革命的机构。如果群众一定要派，也只能派那些联絡員去了解情况。对于群众运动，不要发表自己的意見，这样虽然不能满足群众的要求，最多也只能这样处理。当时有些同志发現并提出工作組和群众发生对抗，并提出不要工作組，例如伯达同志当时就提出过。伯达同志是領会主席思想的，当然如果我們能够去領会主席思想就撤走，也不会发展到路綫、方向的錯誤。

当时有些地方对工作組的領导和某些成員发生怀疑，也怀疑某些党的領导人，由于工作組包办代替，并規定了許多限制，这必然引起群众不满，即使当时有些过激的言論，也是属于敢的言論，当时也有极少数右派言論出現，这本是正常现象，应拿出相当的时間让不同的言論充分发表出来。恰在这关鍵时刻，由我主持的中央工作会議上作出了以上錯誤的决定。在工作組的五十天中，由于我的錯誤，这样就加强了和增加了工作組犯錯誤的可能性。在有些实在坚持不下的撤走后又派去新的工作組，在工作組許多同志很不了解，又不向群众学习，而要群众按他們的規定去做，这就违背了群众运动的規律。事实上就站到資产阶級反动的立場上去了，实行了資产阶級专政，将无产阶級文化大革命轰轰烈烈的运动打下去了。颠倒事非，混淆黑白，长資产阶級威风，灭无产阶級志气，即使在这种时候，我还是极不明白的。不知道这种情况是极不正常的极不利于文化革命不利于党和社会主义利益，这是右傾机会主义的錯誤，虽然才五十多天，但損失是很大的。这种后果，直到現在还沒有肃清，有些地方变本加厉，造成群众的对立。

我这次犯錯誤不是偶然的，我在历史上就犯了一些原则性的和路綫性的錯誤。如：1946年2月1日，旧政协会議开过后，我就中央写过指示說，政协会即将实現，中国就走向和平的新阶段。这是对时局的估計錯誤，有和平幻想，虽然也談到练兵、减租、生产是不錯的。

此外，一九四六年初对东北战爭的指导方針我有錯誤，当时我对林彪的指导是不够的，四七年夏我主持的土地工作会議沒有系統的全面的解决当时地主土地分配的問題，沒有及时糾正当时出现的“左”傾錯誤，如杀人过多和侵犯中农的問題。

四九年春，我对当时天津市城市工作說过不少話，糾正当时資本主义工商业某些过分性急的作法，同时提出消灭城市的封建把头，当时有些讲話有右傾錯誤，沒有强調指出資产阶級和工人阶級的矛盾是以后整个历史时期的矛盾。

五一年七月我錯誤地批評了山西省委把老区互助組提高一步，組成农业生产合作社的决定。

五五年邓子恢同志縮掉了二十万合作社的决定是我主持的中央会議說的，沒有反駁，事实上就批准了他的計划。他就在一次中央农村工作会議上大加发揮縮掉了二十万合作社。

六二年我犯了右傾錯誤，六四年又犯了形“左”实右，我这次在无产阶級文化大革命中所犯的路綫錯誤跟以前的錯誤是有联系的。

六二年一月召开扩大的中央工作会議(七千)，用我的名义作了书面报告，以后又做了发言，在书面和口头发言中肯定五八年实行三面紅旗以来取得的伟大成績，同时也在工作中发生了一些缺点和錯誤。我們所获得的成績是主要的，工作中的缺点和錯誤是次要的，这些錯誤和缺点大部分已經改正，有些正在改正……

更严重的是62年2月21日—23日由我主持的中央工作会議討論了六二年中央財政予算，发現了二十亿的財政赤字，因此对困难的估計錯誤。认为是处在非常时期，陈云同志向国务院的讲話是根据在中央会議上讲話加以发揮的，中央还批发了这个报告，还要省級党員干部討論幷鼓励发表不同意見。因此，在会上各地鼓动歪风出籠，单干风，有的人就根本否认三面紅旗，把积极分子搞得灰溜溜的，幷把不該下馬的六三綫建設的重点項目也錯誤地下馬了。而某些应該灭减的投資沒有灭减。由于我当时过分相信陈云，偏听他的意見，在思想上有共同性。我向中央和毛主席推荐陈云做中央財政小組組长，此时毛主席不在北京，就到主席那儿去請示报告，我后来才知道主席根本不同意我們对形势的估計和作法的。当年邓子恢在中央工作会議上就說过安徽責任田的好处，我們沒有加以批駁，因此他就在几次会議上鼓吹包产到戶，有位中央同志就提出分田到戶，还有一位就提出三和一少的意見，这都是对国內形势估計錯誤的形势下提出的反对总路綫的意見，其中分田到戶的意見我是直接听到过的，沒有把它頂回去，这是很錯誤的。当时我已經感到很紧张，形势严重，因此急于請求主席回北京去。六二年到六二年夏季北戴河会議是犯了右傾路綫錯誤，从主席回到北京后就着手起草进一步发展巩固集体經济的决定和商业的决定，又在北戴河会議上提出阶級斗爭矛盾。九月开了"十中"全会通过两个决定和公报，才把我的錯誤糾正过来，把形势根本轉过来。

我六二年犯錯誤之后，六四年又犯了形"左"实右的錯誤，六四年四月一日于主席制定前十条后，九月中央的某些領导同志又制定了后十条，于十一月十四日发出。这后十条怎么制定的，我不知道，最近才知道彭真在前十条出来后走了六个月向主席写了报告，后十条就是这个报告的精神。六四年九月后，我发現后十条有些不利于发动群众，六四年夏，我到各省和北京讲过話，强調各級領导到农村搞蹲点，这本来是对的，但强調过分，有些絕对化是錯誤的。此外还說过，在这以后的四清是搞得不深不透的，有些是失败的，对当时的阶級斗爭估計过分，对于干部犯四不清也估計过分，因此对当时工农业生产好起来的原因某些解释也是錯誤的。还說过在发动群众斗爭中才能摸清情况，认为主席所說的开調查会的方法是不够的，有时說是不适用了，这实际上是否认了主席思想，这是极其錯誤的，影响极坏。当时又过分地相信了王光美的經驗总結，向全国、北京推广經驗，这就給許多同志极不好的印象，其实光美經驗在当时就是有錯誤的。在六四年的中央会議上，我的錯誤沒有认识，又說过是四清四不清的矛盾，党內外矛盾的交叉。正如二十三条所說的，这沒有說明本质，这不是馬列主义的。这正是在这个时候忘記了我們党十几年的关于阶級斗爭的論断，因此犯了形"左"实右的錯誤。我的錯誤也是主席亲自制定二十三条之后才糾正的。二十三条上規定这次运动的重点是整党內走資本主义道路的当权派，这样就把运动縮小到少数人的身上。由于我在历史上犯过錯誤，特别在六四年，六二年犯了右傾錯誤，在这次就犯了更为严重的右傾机会主义路綫錯誤。我在这次运动中所犯的錯誤，又是以我們党和人民的四大、毛主席回到北京后亲自糾正的。

七月二十四日的决定撤走工作組后，召开了工作会議。八月一日召开十一中全会，討論和通过了十六条和公报，在会議后期討論了关于我的錯誤問題，对政治局常委进行了选举，会議一致决定把林彪同志做为毛主席的第一位助手和毛主席的接班人。决定和公报以及对組織的整編是必要的，对全国全党有深远的意义，对全世界也将有深远的影响，我充分拥护。林彪同志在各方面都比我高明的多，党內其他同志也远比我高明的多。我决心遵守一个共产党員应遵守紀律，絕不在任何人面前搞两面派。

犯錯誤的原因是：

（1）不理解这場文化大革命是我国社会主义革命发展的更深入更广泛的新阶段，以及如何进行文化大革命的方法，为了把无产阶級文化大革命进行到底，完全达到十六条中提出的各項任务，走必須认眞走群众路綫，广泛和深入地发动群众，提倡群众的无产阶級造反精神。我的作法实际上是不相信群众，不依靠群众，不敢放手发动群众，自己教育自己，自己解放自己，而只迷信工作組的作用，去包办代替群众运动，怕乱，怕大民主，怕群众起来造我們的反，怕反革命上台。

（2）錯誤估計当时无产阶級文化大革命的形势，把革命的群众运动出現的正常現象和不可避免的一些缺点看成是反党反无产阶級专政的逆流，因此做出了錯誤的判断，这就势必站到資产阶級反动立場上，实行資产阶級反动路綫。

（3）在思想上，資产阶級世界观还沒有完全改变过来，还存在着許多唯心的形而上学的观点，因而在观察問題和处理問題的时候就常常站不稳立場，有时就站到資产阶級立場。在工作中又表現自以为是，好为人师的态度。

（4）最根本的是沒有学好和掌握毛主席的思想，不能在工作和斗爭中正确运用毛泽东思想，沒有到群众中去学习，向主席請示报告不够，实际上有时违背了主席思想，对同志中的正确意見听不进，反而接受了一些錯誤的意見。

这是我現在对犯錯誤的理解，当然还很不够的。我决心学习毛主席思想，向林彪同志学习活学活用毛泽东思想，决心做些对党对人民有益的工作。

这是我的检討，請同志們批評并消除影响。

（口号从略）

新北大01—65　66.12.14

天津九十中学布尔什維克战斗队翻印　66.12.20

天津人民中学大立毛泽东思想战斗队翻印　66.12.23

注：此文因多次轉抄，如有与原文不符之处由我們負責。

国家主席

刘少奇你太天真啦！

讲话前應三吹叫萬岁！

邓小平在中央工作会議上的检查

我完全拥护主席和林彪同志在会議中間所做的指示，完全贊成陈伯达同志十月十六日的讲話。

这次会議深入地检查全党在文化革命运动中方針和政策，以便于进一步肃清以前以刘少奇同志和我为代表的資产阶級錯誤路綫的影响，更好地貫彻执行八届十一中全会《关于无产阶級文化大革命的决定》，貫彻执行毛主席亲自制定和領导的代表无产阶級的文化大革命的正确路綫是十分重要的。

現在可以更清楚地看出，在这場伟大的史无前例的无产阶級文化大革命运动中，同过去所有重要的阶段一样，始終貫穿着两个阶級和两条路綫的尖鋭斗爭，即以毛主席为代表的无产阶級正确路綫和代表資产阶級反动路綫的斗爭。而在这場文化大革命中代表資产阶級反动路綫的，在中央領导同志中，在全党范围內，就是少奇同志和我两人。为了貫彻十一中全会的决議和毛主席的正确路綫，把无产阶級文化大革命进行到底，就必須彻底批判我們两人所犯的錯誤，肃清以我們两人为代表的錯誤路綫的影响。因为我們两人不仅在十一中全会以前一段負有完全的責任，而对十一中全会以后各地各部門由我們所代表的錯誤路綫的影响而犯的程度不同的錯誤也負有直接的責任。

在十一中全会上，毛主席的一张大字报就是炮轰刘少奇同志和我两人的司令部。毛主席在这张大字报中，一針見血地指出我們所犯的錯誤的性质“站在反动的資产阶級立場上，实行資产阶級专政，将无产阶級文化大革命，轰轰烈烈地大革命打下去，颠倒是非，混淆黑白，围攻革命左派，压制不同意見，实行白色恐怖，自以为得意，长資产阶級威风，灭无产阶級志气，又何其毒也！”毛主席这一炮打的很准，打中了我的要害。在五十多天的錯誤中，由于派工作組的結果，实际上起了压制左派，打击左派，压制不同意見，扼杀了刚刚起来的轰轰烈烈的文化大革命的群众运动，把运动搞的冷冷清清，普遍地发生学生斗学生，群众斗群众的現象，把运动引到邪路上去。这种群众对立的状况，主要是派工作組的結果，而在工作組撤离之后还难于扭轉，特别是在十一中会議之后，我們所犯的錯誤，仍然在全国范围內产生很坏的影响，可見其后果之严重。这說明我們犯的不是什么簡单的錯誤，而是方向的錯誤，路綫的錯誤。

当时的情况是：在北京大中学校革命师生員工普遍起来之后，直接目标对准資产阶級当权派，許多学校党委和原領导人压制群众，被批判，被推翻，当时我們把派工作組当成万应灵葯，对大中学校普遍派，有的学校工作队人数很多，而且工作組一去就取得了党和行政的領导地位，加之又普遍地用农村或工厂四清运动中曾經毛主席批判过的方法去工作，有的甚至用錯誤的旧思想旧方法去工作，实际上是让工作組去控制学生运动，把群众当成阿斗，把工作組当成諸葛亮，結果扼杀了已經起来的轰轰烈烈的群众运动，普遍发生打击左派，学生斗学生，反而放松了甚至放弃了一斗二批三改的文化大革命的主要任务。特别严重的是六月中旬，上述的严重現象已經明显的表現出来，理应

哈巴狗：陈伯達结果如何？悲哉！

及时得到糾正。当时中央会議上就有陈伯达等同志正确的分析了运动的情况，反复提出了撤消工作組由群众自己干革命的主张，可是我們頑固地拒絕了这个指导运动大方向的正确的主张，一再堅持保留工作組，延續了五十多天，結果发展为路綫錯誤，由于我們犯了路綫錯誤，使許多工作組同志遭到很大困难，跟着犯了一些缺点和錯誤，因此必須讲清楚，工作組的絕大多数是好同志，在这段工作中所犯的錯誤，除了个別人以外，主要責任不由他們来担負，而应由我和刘少奇同志来担負。不少工作組同志感到委屈，也有不少同志受了委屈，特别是由于我們錯誤的影响，使一些部門，一些地方的同志犯了程度不同的錯誤，对此我們感到非常慚愧。

邓小平心地光明磊落可敬！

由于派工作組，还在学生、群众中产生了对工作組态度上的严重对立，不少师生員工拥护工作組或者又拥护又批判工作組，有的甚至在我們的錯誤思想指导下，提出了“反对工作組就是反党中央反对毛主席”的极其錯誤的口号，但是这些师生員工絕大多数是革命的，是积极拥护和参加文化大革命的。不能責怪他們，不能說他們是保皇派。名符其实的保皇派，主要是我和少奇同志。

北京两个多月运动中，中央常委經常在京主持工作的主要是少奇同志和我两个人，当时毛主席不在北京，派工作組之后，不久就出了压制打击左派，群众斗群众，群众反对工作組的情况，前面提到，六月中旬在中央同志中以陈伯达同志为代表，就提出了撤消工作組的正确意見，但我們听不进，但对另一方面适合自己主观需要的錯誤情况和錯誤主张，却又听得进积极支持。陈伯达等同志的正确是从群众中来的，是符合毛主席的群众路綫的，是紧跟主席思想、抓住运动主流的。而我們却脫离主席，对运动的主流认識錯誤，完全违反毛主席群众路綫的，完全是主观主义、官僚主义。特别严重的是，对于运动中的重要情况，对于指导运动的不同意見沒有及时向毛主席报告，取得指示，以至这个錯誤延續了五十多天发展成为路綫錯誤，給运动造成了严重的損失。可以肯定的說，如果当时我們虛心一些，善于听取不同意見，特别是随时提出报告和請示是一定会得到主席的指示和帮助的，是可以使錯誤得到及时糾正的。因为主席早就有少派和不派工作队的意見。我們对这个指示沒有体会，而且违背了主席的指示，反其道而行之，当然只会犯严重的錯誤，而不会自拔。

我在这次文化大革命中，犯了方向，路綫的錯誤，当然不只是派工作組的問題，派工作組不过是錯誤的表現形式。我所犯的錯誤的实质是在群众路綫問題上，不是站在信任群众，支持群众革命的一边，而是站在反动的資产阶級一边。总之，这一条严重的錯誤路綫是完全违背毛泽东同志的指导方針的。

文革
点果
上帝
的运

无产阶級文化大革命是我們伟大領袖毛主席亲自領导的。正如十一中全会指出的，这“是一場触及人們灵魂的大革命，是我国社会主义革命发展的一个更深入，更广闊的新阶段。”这場伟大的革命的目的，不仅在于大中学校实現一斗二批三改的任务，它的更深远的意义还在于“迎头痛击資产阶級在意識形态領域里的一切挑战，用无产阶級自己的新思想，新文化，新风俗，新习慣来改变整个社会的精神面貌，批判資产阶級和剝削阶級的意識形态，改革教育，改革文艺，改革一切不适合社会主义經济基础的上层建筑，以利于巩固和发展社会主义制度。”

这是一个兴无灭資，保証我国永不变色，避免修正主义，資本主义复辟危险的伟大革命运动。这是世界无产阶級革命的伟大創举，这样伟大的革命运动，如果不是按照毛主席的教导，不是“敢”字当头，而是“怕”字当头，不是无限信任群众，充分发动群众，依靠最广大的革命师生員工，革命工农群众，革命干部来自己动手地进行这場革命，让群众在大风浪中教育自己，解放自己，是不能达到目的的；破四旧，立四新的伟大任务。沒有革命小将的闖劲，更是不可能实現的。大中学校的一斗二批三改任务，只有依靠他們的革命热情和智慧才能实現，因为只有他們熟悉情况，是有这种才智和本領，而我們这种人很不了解情况，也沒有这种本領的，本来，北京大中学校运动起来后，形势极好，群众普遍起来冲击着牛鬼蛇神，冲击着党內走資本主义道路的当权派，聶元梓等七同志的大字报掀起了北京巴黎公社的伟大号召作用，当时看起来有些“乱”，这是造牛鬼蛇神的“乱”，是好得很的“乱”，而我們呢，把这种好得很看得糟得很，被所謂乱吓昏了，怕字当头，乱下葯方，急于让工作組去控制运动，名为加强領导，实际上起了扼杀运动的破坏作用，其結果是把轰轰烈烈的运动变得冷冷清清，群众斗群众，打击左派，牛鬼蛇神暗高兴。毛主席和中央糾正，就出現了非常广泛的大規模运动，出現了旗帜鮮明的革命战斗組織，革命师生員工气势磅礴，由学校到社会，由本地发展到外地，以雷霆万鈞之势，破四旧，立四新，冲击一切牛鬼蛇神，战果輝煌，立下了丰功伟績，无疑这对教育和鍛炼青年一代，引导全国人民革命化，保証我国不变顏色，不但对中国，而且对世界都具有划时代的极其深远的伟大意义，帝国主义、修正主义和反动派对我們文化革命如此恐怖，就証明我們在毛泽东思想光輝照耀下，由毛主席亲自領导的文化大革命完完全全对了。

而我們呢？身居領导的高位，对主席的战略思想，对毛主席的群众路綫沒有学好，沒有領会在自己工作中，不理解毛主席的战略思想，不信任群众，反而压制了群众，損害了伟大的文化大革命的群众运动，这不仅說明沒有高举起毛泽东思想紅旗，而且直接违反了毛主席的教导，违反了毛泽东思想。

我这次犯了这样严重的路綫錯誤，当然不是偶然的，这有思想根源，也有作风的根源。在思想方面，最根本一条是长期以来不但沒有高举，可以說沒有举起毛泽东思想伟大紅旗，按理說，我的工作崗位是最接近毛主席的，可以經常得到毛主席的教誨和指示，但我却对毛泽东思想学得很差，宣传很少，用得最不活。

毛泽东思想是我們一切工作的灵魂，掌握毛泽东思想多少是鉴别我們究竟有多少馬列主义、多少无产阶級思想的标准，不进則退，既然学得很差，非无产阶級的东西就会多起来，就必然在这个問題上脫离毛泽东思想的軌道，犯这样那样的錯誤，一直发展到这次犯右傾机会主义路綫錯誤，这是必然的，回想起来，这些本来我的思想工作都是退步的，由于学习不利，沒有跟好主席思想，犯了不少錯誤，我主持的中央书記处的工作，也做得很不好的，书記处直接管轄的中央各部門，問題也最多，在毛主席的炮轰司令部所說的一九六二年的右傾錯誤，我是有份的，对于一九六四年形“左”实右的錯誤，我虽然有不同意見，但也不是完全符合毛泽东思想的，不是完全站在毛主席的正确路綫方面。至于六二年前，还有不少錯誤，应該利用这次机会严肃加以检查和清理。沒有跟好毛主席，学习毛泽东思想很差，是与我严重脱离实际的作风，密切相关，长期高高在上，做官当老爷，下去很少，同群众接触少，同干部接触少，同負責人同志之間接触少，对待工作不勤謹，沒有认眞地向群众做过調查研究工作，日常解决問題的方法很簡单，有时还很生硬，这样只能把自己置于非常閉塞的地位，发展了主观主义和官僚主义，这样在我們思想和工作中不可避免地常常犯严重錯誤，常常脱离毛泽东思想的軌道必然发展同毛泽东思想相抵触的地步。而我自己，又长期不自覚和发展了驕傲自滿自以为是的情緒，結果处理事物往往不够认眞，向同志們向群众請教很少，特别是向毛主席的請示报告很少，这不但是犯錯誤的重要原因，在組織紀律上也是不容許的。一九六四年底毛主席曾批評我是一个独立王国，这个严肃的批評对我有所震动，但以自己不是一个攬权的人来寬解自己，并沒找到病根所在。我的錯誤思想和作风是用毛泽东思想格格不入的，沒有高举毛泽东思想的伟大紅旗，沒有跟紧毛主席，这是严重地脱离領导，加上又严重地脱离群众，脱离了实际，完全暴露了我这个人不是一个毛主席的好学生，是完全不适合担任重要領导工作的，这次犯錯誤路綫是一次大暴露，說明我是一个沒有改造好的資产阶級小知識分子，是一个資产阶級世界观沒有得到根本改造的人，是一个沒有过好社会主义关的人。现在初步用鏡子照照自己，眞是不寒而慄。从我現在的思想作风和政治水平担任中央領导工作，对党对人民的利益是不利的，我自己应該深刻反省，努力学习毛主席著作，努力改造，努力改正錯誤，保持晚节，力求做一点有利于党和人民的事情，以求补过于万一，我有这样的信心，在自己积极努力和同志們的积极帮助下，在一个相当长的时期內錯誤是会得到改正的。在毛泽东思想的光輝照耀下，自己跌了跤，应該努力站起来。

党的八届十一中全会确定林彪同志做毛主席的助手和接班人，并且选拔了一些高举毛泽东思想紅旗的同志到中央主要崗位上来，这是非常必要的，非常重要的措施，对我国对世界都有极其重大的意义，我衷心地表示拥护，林彪同志是我們学习的典范，正是他高举毛泽东思想紅旗，正是他把毛泽东思想紅旗举得最高，学得最好，用得最活，正是他吃透两头。对重大問題及时向主席請示报告即最了解主席思想意思，也最了解群众和下面情况，所以他的思想水平和領导水平很高，成为毛主席最亲密战友，他領导的人民解放軍成为全国学习的榜样，对于我这样犯錯誤的人应該老老实实地向林彪同志学习，学习他高举毛泽东思想紅旗，学习他活学活用毛主席著作，这是改正錯誤，力求做一点对党对人民有益的工作的唯一途径。我的上述检討，当然只是初步，不深刻的，希望同志們批評指正。

«Xiao hao bing» 12.11
无午0-$\frac{1}{5}$-班翻印 12.12
清华大学无50-$\frac{5}{8}$-班再翻 12.13
天津十八中 «怒吼» 12.21
天津革命造反紅旗兵联絡站 12.22
天津市人民中学大立毛泽东思想战斗队 1966.12.27

陶鑄問題专輯

第一集

此专辑签名为广州于宪法收藏，
一九七九年正月的学生赠于
以撕送我。

于宪法
1967.4. 广州

中山大学紅旗公社

毛泽东思想紅卫兵中山大学总部編印

1967年元月

目　录

（1）陶鑄同志是什么人？——如何夺取新的胜利，継續深思几个間題．…… 1
（2）陶鑄同志在文化革命中到底扮演了什么角色（之一）…………………… 5
（3）陶鑄同志执行的是資产阶級反动路綫而且迄今沒有改正錯誤的表现……10
（4）哲学所《狂飈》战斗小組的大字报……………………………………13
（5）是誰拉陶鑄同志四点指示作“虎皮”？………………………………15
（6）在文化大革命中陶鑄同志为誰打保票…………………………………17
（7）陶鑄同志貫徹执行的是什么路綫？……………………………………19
（8）坚决支持李冠英、钱国屏等同志的大字报……………………………24
（9）炮轟陶鑄，徹底鬧革命…………………………………………………24
（10）将革命进行到底——欢呼一张革命的大字报…………………………26
（11）我的看法…………………………………………………………………28

编印者按

为了配合全国性批判、批臭刘、邓、陶的资产阶级反动路线，我们收集了一批关于揭发批判陶铸的大字报，编了这册《陶铸问题专辑》。

这个《专辑》是去年十二月份收集，今年一月中旬付印的。（由于印刷关系，至三月中旬才印出。）

第一辑收集的材料均按原来大字报原稿印出，这批大字报其中某些部份是在陶铸未被揪出之前写的，“陶铸同志”中的“同志”二字是原来有的。

现在，我们声明，凡是“陶铸同志”中的“同志”二字一律取消，并在“陶铸”二字上加“××”。

毛泽东思想红卫兵中山大学总部
一九六七年三月十九日

最高指示

你们要关心国家大事，要把无产阶級文化大革命进行到底！

共产党员对任何事情都要问一个为什么，都要經过自己头脑的周密思考，想一想它是否合乎实际，是否眞有道理，絕对不应盲从，絕对不应提倡奴隶主义。

陶鑄同志是什么人？

——如何夺取新的胜利，繼續深思几个問題

前言

十月初，开始批判刘邓資产阶級修正主义路綫的时候，我們在十九期《关心国家大事，深思几个问题》中提出了二十六个问题，請一切革命同志根据这些问题，深入思考，掀起一个批判刘邓的高潮。

刘、邓是党內最大的走資本主义道路的当权派，我們一定要把刘、邓斗倒、斗垮、斗臭！彻底肃清他們的恶劣影响。

陶鑄同志在八届十一中全会以前，是刘、邓資产阶級修正主义路綫的积极执行者，十一中全会以后，又是資产阶級反动路綫新的代表人物。我们要把无产阶級文化大革命进行到底，把两条路綫的斗爭进行到底。在当前斗爭刘、邓的同时，我们必須向陶鑄同志的資产阶級反动路綫猛烈开火，彻底批判陶鑄同志的資产阶級反动路綫。

为此，我们在这一期中，再提示一些问题，請同志们深思。在无产阶級文化大革命不断取得胜利的基础上，去夺取新的、更大的胜利！

（一）

1 陶鑄同志領导的哲学社会科学部、教育部、卫生部、統战部、組織部、广播事业局等八个中央单位的文化大革命运动，这些单位的阶級斗爭盖子为什么至今揭不开？那里的資产阶級反动路綫至现在还十分猖狂地对抗毛主席的革命路綫，左派仍受到围攻、压制、迫害，这是为什么？

2.在哲学社会科学部，陶鑄同志派张际春（旧中宣部付部长，刘少奇指派他为新中宣部付部长。现已罢官），张平化（湖南省委第一书記，陶鑄同志任中宣部部长后，張被調来作付部长）領导文化大革命，張际春、张平化之流把矛头指向最早貼黑帮大字报的坚定的革命左派吳传启、林聿时同志，翻他們的档案，整他们的材料，（这些黑材料是送給陶鑄同志保管的）并且揚言要“批判关鋒同志”“追出吳传启的后台”，还质问吳传启同志：“你与戚本禹三月份去上海（为了批判吳晗的《海瑞罢官》的一次出差）你们两人都讲了

些什么话？”甚至把攻击的矛头直接指向陈伯达同志。这是为什么？究竟是誰在幕后指使张际春、张平化他们这样干的？

3.陶鑄同志于九月二十日委托熊复同志发表了他对学部运动的四点意见，公开肯定在工作队指使下的一小撮坏蛋非法斗爭吳传启同志的大会“是可以的，是符合十六条的。”之后，新中宣部的人事处又马上四处派人收集、整理吳传启同志的材料，准备对吳传启同志进行进一步迫害。陶鑄同志到了九月底这样不遺余力地打击革命左派，这是为什么？它又说明了什么问题？

4.在教育部，正当党內走資本主义道路的当权派何伟残酷地鎮压文化革命运动，迫害坚定革命左派卢正义同志的时候，陶鑄同志却于八月二日委托张平化宣布：提升何伟为两部部长（教育部、高教部）并任命他領导两部的文化大革命，这是为什么？而当革命群众揪出何伟，识破他的真面目以后，陶鑄同志却又让本来无病的何伟“长期休养”，逃避运动，这是为什么？十二月十七日，陶鑄同志更于何伟“休养”后，指派卫生部，文办等单位頑固执行資产阶級反动路綫，把許多革命群众打成“反革命”，而且至今还不給平反的张梦旭来教育部組成“新”班子，領导教育部的文化大革命运动，这又是为什么？十六条明确指出：“无产阶級文化大革命，是自己解放自己，不能采用任何包办代替的办法。”陶鑄同志为什么一直不把教育部文化大革命的領导权交給真正的革命左派，而是交給走資本主义道路的当权派和頑固地执行資产阶級反动路綫的人呢？直到十二月份，陶鑄同志还派出变相的工作組入教育部領导运动，公然无視十六条，違抗十六条，这又说明了什么问题？

5.在广播事业局，陶鑄同志一直让走資本主义道路的当权派丁来福領导运动，这一小撮坏蛋公然私設“集中营”，囚禁、迫害左派；大肆紀念“一二·九”；整理江青同志的材料，他们的幕后指使人是誰？在李冠英等同志的大字报貼出后，陶鑄同志为什么赶忙去广播事业局“讲话”？在讲话中，一方面让丁来福“停职反省”，一方面却说私設“集中营”一事不算資产阶級反动路綫。可是，说后又马上叫人把这讲话的录音带洗掉，这又是为什么？

（二）

1.陶鑄同志于六月二十五日在卫生部作了一个报告，公然地讲：誰不听基层党組織的话，“不管他口号喊得多高，面目多好，都是假左派真右派”，这个报告和李雪峯“六·三”；“六·二二”报告是不是一个調子？它在一些中央单位一經传达，立即有許多革命同志被打成“反革命”，这说明什么問題？陶鑄同志这个調子是从哪里来的？

2.陶鑄同志七月一日在北大讲话，污蔑北大“六·一八”革命事件是“六月十八日少数坏分子打架”，这是推行誰的路綫？

3.陶鑄同志和何伟一起起草，頒发了“七·一三”反革命“指示”，要全国中小学招生考試，开学上課，极其严重地鎮压了中小学校轰轰烈烈的文化大革命运动，陶鑄同志是根据誰对运动的布置作出这个“指示”？

4.为什么要由王任重建議，陶鑄同志同意，刘少奇批准让教育部的走資本主义道路的当权派刘仰嶠去“休养”，逃避群众对他的斗爭？刘仰嶠为什么至今还被保护，沒有揪回到群众中斗爭？

5.陶鑄同志反复到人大和卫生部讲话，保护走資本主义道路的当权派郭影秋、钱信忠，这都是根据邓小平的“指示”做的，这说明了什么問題？

6.八届十一中全会以前，陶鑄同志与刘、邓究竟是什么关系？陶鑄同志在刘、邓資产阶級修正主义路綫的猖狂推行中，究竟扮演了什么角色？

7.八届十一中全会以后，长期以来，資产阶級反动路綫仍然十分頑固，十分猖狂地对抗以毛主席为代表的无产阶級革命路綫，它是八届十一中全会以前刘、邓資产阶級反动路綫的继續。这条路綫的新的代表人物又是誰？

（三）

1.陶鑄同志长期負责中南地区的工作，中南地区的无产阶級文化大革命遇到很大阻力，資产阶級反动路綫十分猖狂，十分頑固，湖南、湖北等地很多革命同志都被打成了“反革命”，这是为什么？

2.中南地区頑固推行資产阶級反动路綫，殘酷鎮压革命群众运动的罪魁禍首正是一直被陶鑄同志所重用的，最信任的王任重，张平化之流。这又說明了什么？陶鑄同志公然違抗毛主席的“你們要政治掛帅，到群众中去，把无产阶級文化大革命搞得更好”的指示，让王任重去“休养”，借以逃避运动，表揚张平化湖南工作“是有成績的，”“态度是好的”，千方百計地保护他們过关，这又是为什么？王任重、张平化之流的根子在那里？

（四）

1.自文化大革命以来已经半年多了，为什么旧中宣部的反革命修正主义路綫还未有徹底地批判？清算？身为新中宣部部长的陶鑄应負什么责任？

2.江青同志在十一月二十八日文艺界的大会上提出徹底批判、清算旧中宣部的反革命修正主义路綫的伟大号召，陶鑄同志和新中宣部为什么不积极响应？为什么北京市和全国的革命群众发起了許多次徹底批判清算旧中宣部的反革命修正主义路綫大会，而新中宣部却一次也未参加？一次也未发言？以沉默相对抗？

3.新中宣部的运动搞得冷冷清清，可是陶鑄同志却说：“新中宣部沒有資产阶級反动路綫”，这是为什么？人民教育出版社李冠英等同志貼出“陶鑄同志貫徹执行的是什么路綫”的大字报后，学部、教育部，以及一些高等学校都震动很大，不少地方貼出支持这张大字报的大字报，可是直接受陶鑄領导的新中宣部都无动于衷，旣看不到支持的大字报，也见不着反对的大字报，这又是为什么？

（五）

1.陶鑄同志说：除了毛主席和林彪同志以外，“整个中南海……都可以反对”，当前一小撮反革命分子就是利用陶鑄同志的话，反对陈伯达同志、康生同志、江青同志，反对中央文革小組，炮打无产阶級司令部，这說明了什么问题呢？

2.王任重、雍文濤都是血腥鎮压北京市革命左派，反对中央文革小組的反革命“宪兵队”——西城区糾察队”的幕后指揮人，是当前社会上一小撮炮打无产阶級司令部的資产阶級反动路綫逆流的罪魁禍首。这些坏蛋都是受陶鑄同志重用的人物，他們的活动根本不向中央文革小組汇报，他们究竟向誰汇报？是誰在指揮他們的活动？这一小撮坏蛋竟敢在毛主席、党中央身边这样胡作非为，无法无天，一定有个硬后台，这个后台是誰？

（六）

1.陶鑄同志在文化大革命运动中的讲话打击革命左派，包庇掩护右派，可是很长一段时間里革命派中的一部分同志和右派却都感到“陶鑄同志在支持我”，“陶鑄同志的讲话对我有利”。这是为什么？陶鑄同志十二月十七日接见教育部的革命同志时说：我“对你们支持多了一点，对他們（指保守派）支持少了一点”这句话是什么意思？

2.最近，李冠英等同志的大字报貼出前后，陶鑄同志突然一反常态，急急忙忙地在所管的一些部讲话、指示，反复表白自己，到处“封”一些人为“左派”这个事实又說明了什么问题？

（七）

关鋒同志一九六六年十一月十八日接见毛泽东思想紅卫兵武汉地区革命造反司令部赴京代表团时说：“接到湖北同志給伯达同志的信，提到王任重同志的问题，要求王任重同志回去檢討，我和戚本禹同志受伯达同志、江青同志和中央文革小組的委托，来看望你们，簡单地說明一点情况。王任重同志来北京好几个月了，在这几个月期間，在北京的工作也好，給湖北省委的指示也好，沒有在文革小組討论联系沒有向文革小組汇报过，他的作法和中央文革小組沒有关系。这是第一条。第二是，王任重同志已经回去半个月了，不在北京。关于王任重同志的问题可以找陶鑄同志，他是管中南局的，对王任重比較了解。”关鋒同志的讲话对我們有什么启发？江青同志，陈伯达同志最近号召我們一定要揪出当前反革命逆流的幕后指揮人，这对我们又有什么启发？李冠英等同志的大字报貼出后，戚本禹同志于第二天就通过电话告訴大家：

“教育战綫是文化大革命的重要陣地。希望你们高举毛泽东思想伟大紅旗，用毛泽东思想占領这个陣地。

关于李冠英、钱国屏、齐咏冬、朱岩、刘德珍五位同志給陶鑄同志写大字报的问题，我个人認为是可以的。对这张大字报有不同的意见，可以辯论。但是说这张大字报是“反革命”的大字报，并針对着这张大字报说：“誰反对陶鑄同志就砸烂他的狗头”，这是錯誤的。有人把貼大字报的人说成“反革命”，进行圍攻、斗爭，甚至要扣押他們，更是錯誤的。任何人都沒有权利这样做。

反对毛主席、反对林彪同志就是反革命，就是炮打无产阶級司令部，革命的群众必須同反对以毛主席为代表的革命路綫的言论和行动进行堅决的斗爭。但是，革命的群众也不允許讲任何人假借反对炮打无产阶級司令部的名义，压制革命。”我们从戚本禹同志信中又受到什么启发？

（八）

陶鑄同志从文化大革命运动以来，保过钱信忠、郭影秋、李范五、张平化、刘仰嶠、譚启龙、何伟等人，还給李葆华喊宽。这些人不是走資本主义道路的当权派，就是顽固地反对毛主席的革命路綫，推行資产阶級反动路綫的人。陶鑄同志为什么要保这一批人？陶鑄同志是什么人？

《紅旗》第十五期社论向一切革命的同志，向全国人民发出"夺取新的胜利，完成毛主席交給我们的伟大的历史任务"的伟大号召，我们如何用实际行动响应这一号召？如何把运动推向一个新的高潮，夺取新的最后的胜利？

陶鑄同志在文化革命中到底扮演了什么角色（之一）

——十一中全会前，陶鑄同志是刘、邓資产阶級反动路綫的第一号忠实执行者

前　　言

陶鑄同志在文化大革命中，到底扮演的是一个什么角色？对这个尖銳的問題，存在着各种各样的答案。有人说，他是"毛主席的好学生"，是"坚决执行毛主席的革命路綫的。"陶鑄同志自己也说："我基本上是一个无产阶級革命家。"

我們不能同意这个观点。

实践是檢驗眞理的标准。看陶鑄同志在文化大革命中扮演什么角色，不是看他的宣言，而是看他的行动。根据我們接触到的一些情况和材料，我們認为陶鑄同志在文化革命中的表现表明他基本上不是一个无产阶級革命家。八届十一中全会以前，他是刘、邓資产阶級反动路綫的第一号忠实执行者；八届十一中全会以后，他是刘、邓資产阶級反动路綫在党中央的新代表；在最近的資产阶級反动路綫的猖狂反扑中，他又成为一个值得注目的关鍵人物。在教育部的文化革命运动中，他一直都是何伟的支持者和包庇者。一句話，陶鑄同志在文化革命中自始至終都执行了一条和毛主席的革命路綫相对抗的地地道道的資产阶級反动路綫。

十一中全会前，他是刘、邓資产阶級反动路綫的第一号忠实执行者

一九六六年六月四日，也就是毛主席亲自点燃了无产阶級文化大革命的熊熊烈火的第四天，陶鑄同志就从中南調来北京，就任中央书記处常委书记和中央宣传部长的职务，直接参加了文化大革命的領导。在这以后，又从中南陆續調来了张平化、雍文濤、王任重、

刘建勛等人。

这些人是来干什么的？是为毛主席亲自点起的文化大革命的火焰添油加柴嗎？是来貫徹执行毛主席的革命路綫嗎？不，他們一到北京就在刘、邓的資产阶級反动路綫的立场上，和毛主席的革命路綫背道而馳，充当了文化革命的“消防队”这个不光彩的角色。王任重是什么人？张平化是什么人？雍文濤是什么人？刘建勛又是什么人？广大革命群众已經把他們的眞实面目揭露出来，这些人問題如此严重，难道与陶鑄同志一点关系沒有嗎？我们認为关系很大。十一中全会之前，曾经出现过五十天的白色恐怖。造成这种形势的罪魁禍首，当然是刘少奇和邓小平。做为中央书记处和中央宣传部主要負責人的陶鑄同志，也有不可推卸的責任。他不仅沒有抵制刘、邓的資产阶級反动路綫，反而是这条路綫的忠实执行者。

（一）运动剛剛开始，他就到处定框框，打保票，保护走資本主义道路的当权派，压制群众起來革命。

六月十五日，陶鑄同志第一次来教育部做报告，就为教育部运动发展定下了基調，为何伟打了保票。他宣布教育部主要任务是清算董純才、凱洛夫的影响。现在誰都很清楚，这个調子是陆定一早就定下来的，目的是寻找替罪羊，轉移目标，掩盖他制定和貫徹的反革命修正主义教育路綫，这是陆定一的一个大阴謀。作为旧中宣部长期直接控制下的教育部，在文化大革命中，首要的任务当然应当是肃清陆定一这条反革命修正主义路綫的影响，陶鑄同志沿用了陆定一定下的老調子，为教育部的运动指示了这样一个“方向”，客观上就起了保护何伟和旧中宣部影响的恶劣作用。教育部阶級斗爭的盖子七个多月来沒有揭开，何伟七个月来有恃无恐地对抗毛主席的革命路綫，与陶鑄同志的这次讲话，是有直接关系的。直到十月份，革命群众紛紛起来揭发何伟的問題，何伟的支持者們，还引用陶鑄同志的讲话，来証明他們“主攻董純才”是抓住了“大方向”。

在七月中旬，陶鑄同志根据王任重的提議，刘少奇的批准，肯定“刘仰嶠不是黑帮”，明确指示何伟，要“保护刘仰嶠过关”，刘少奇还亲自給何伟撑腰，要他“不要怕当保皇派。”教育部革命群众去向陶鑄同志提意见，他说：“我中央常委书記、中宣部长、文办主任，你們要相信我。”在陶鑄和王任重包庇下，刘仰嶠离京他去，至今下落不明。刘仰嶠是不是黑帮、問題究竟大小应由教育部的革命群众揭发和审查。刘少奇、陶鑄、王任重保他过关是完全违背毛主席的革命路綫的。教育部的革命群众有理由要求陶鑄同志立即把刘仰嶠找回来，交給教育部的革命群众揭发审查。

六月二十五日，陶鑄同志在卫生部讲话，为钱信忠和卫生部党組打了保票，说：“根据现有材料、卫生部党組不是黑帮”、“那里有那么多黑帮”，这个保票也等于給何伟吃了“定心丸”，他如获至宝，廿七日就迫不及待地在教育部做了传达。陶鑄同志在运动初期为历史所的尹达等人打过保票。一直到现在，他还不断为这个当权派那个当权派打保票。

运动剛剛开始，群众还沒有眞正发动起来，陶鑄同志就急急忙忙定調子打保票，保护走資本主义道路的当权派过关，这到底是支持群众革命，是压制群众革命，这不是淸淸楚楚嗎？

（二）四处派工作队，充当群众的“媬姆”和“消防队”，用以限制和扑灭文化大革命的火焰。

无产阶級文化大革命烈火剛剛升起，群众剛剛发动，刘、邓等一些“叶公好龙”的人們，就吓得丧魂落魄，急急忙忙派工作队去“控制局勢。”陶鑄同志对派工作队也同样兴趣很大，評价很高。六月廿六日，中共中央批轉的文化部文化大革命的請示报告，就是高度估計工作队作用的一个代表作。在文化部的报告中，不强調群众自己教育自己，自己解放自己，却强調“以解放军抽調一千多名干部，加上本部政治上坚定的干部，組成工作队，派往各单位領导运动，既抓运动、又抓工作。”报告不强調信任群众，放手发动群众来揭发黑帮黑綫，却强調要“举办集訓班”，“把司局以上各单位領导干部以及重要业务骨干，調离領导崗位，集中起来，进行彻底批判和清理。”把当权派同广大群众完全隔离起来，这怎么会有眞正的群众运动？可是中共中央的“批语”却表示同意这个报告，“要各級党委根据此报告精神，布署本区文化战綫的社会主义文化大革命运动”，并且明确肯定“組織坚强的革命化的工作队，举办集訓班等办法”，是“可行的”，是搞好运动的“重要保証”。这个批语显然是反毛泽东思想的。陶鑄同志当时是书记处常委书记，是管文教系統文化大革命的，这个文件，特别是中央的批语，毫无疑问是经过陶鑄同志审查批准的，是代表了陶鑄同志的指导思想的。

在这种极其錯誤的指导思想下运动一开始文教系統就連續組織工作队。例如，六月十六日向社会科学部派出张际春为首的工作队，教育部派出以刘皚风为首的北京市小学文化革命工作队，文办派出以雍文濤为首的負責中学文化革命的工作队，这些工作队在那里出現，那里的运动就被扼杀，就被弄得冷冷清清，革命左派受到打击，右派受到包庇和保护。有些地方至今革命群众仍处于受压制的地位。

七月份，正当文化革命运动进入尖銳、紧张的阶段，刘少奇提出中宣部、教育部等单位要抽出一半人組織工作队，到华东等地去“調查研究”这种做法本身就是不相信群众能够自己解放自己的产物。陶鑄同志根据刘少奇的指示，不顾斗爭黑帮的繁重任务，下令中宣部、文办、教育部等有关单位，把黑帮交給少数人管起来，抽調一半人到中宣部集中学习，并作好了出发的准备，后来主席批評了派工作队的作法，这个工作队才宣布解散，很多人又轉移到北京市去控制中小学的文化革命运动，当教育部阶級斗爭盖子还沒有揭开的时候，就把成百的知情人，包括一些当权派抽調出来，这实际上是一种灭火的措施，我們有理由怀疑，这是一个“釜底抽薪”的阴謀。在同一个时期，康生同志发现并批評了北师大工作队孙友漁的錯誤，并撤了他的职，这是完全正确的。刘少奇、陶鑄却錯誤地提出要教育部抽調干部，把北师大的文化革命“包下来”。由于形势的发展，这一錯誤的决定也沒有实现。

王任重、雍文濤、周荣鑫等人一手包办，支持搞起来的西城区糾察队，后来成了鎮压革命的消防队和打手。这个糾察队的后台是王任重、雍文濤、周荣鑫等人，而王、雍的后台，就是陶鑄同志自己。

（三）把斗爭的主要矛头指向革命群众、革命左派。

把斗爭矛头指向誰，这是一个大是大非问題。

十二月二十日，张孟旭传达陶鑄同志指示时说，陶鑄同志一向都是支持教育部的革命左派的。这是完全无視教育部无产阶級文化大革命历史的胡言乱语。教育部的革命群众都清清楚楚地记得，教育部眞正开展对革命左派，卢正义等同志的大規模圍剿，是在何伟、刘皚风传达了陶鑄同志六月二十五日在卫生部的讲話，李雪峰六月二十三日在北京市的讲话之后。这两个讲話的主調就是强調誰反对党的基层組織，就是反党，就是“假左派，眞右派”，目标都是指向那些敢于革命、敢于造反的革命派。这实际上是两个鎮压革命左派的动员令，是何伟等人用来鎮压革命的“上方宝劍”，是他们用来迫害卢正义和其他革命同志的两根大棒。我们清楚地記得何伟传达陶鑄同志报告时那种得意忘形不可一世的神态，我們也清楚地记得张实君听到这些报告后，是如何兴高采烈地叫喊“马上要反击右派了”严格地讲，教育部的白色恐怖，正是从陶鑄同志这次讲话以后，才进入了高潮，从那以后，许多同志被打成“反党分子”、”卢正义党”、“假左派”、眞右派”，把卢正义同志写的十点体会说成是“反党十大綱領”，把人民教育出版社钱国屏等同志打成“卢正义党出版社縱队”；把李恩等同志打成“卢正义党急先鋒”；把函院赵桂荣等同志打成“二赵一张反党集团。”陶鑄同志对教育部革命左派的“关心”原来就是如此。

六月廿二日，人民教育出版社首先起来支持卢正义同志革命行动，支持高教部揭发蔣南翔，首先在社內揭发黑帮分子戴白韜的楊黎初、肖波濤同志受到围攻毆打。这是教育部的白色恐怖开始的信号。当教育部围攻卢正义将要达到高峰时，六月廿六日，徐非光同志給陶鑄同志写了一封信，要求向他反映情况。陶鑄同志委托雍文濤找徐非光談了话。徐非光同志明确指出，教育部阶級斗爭盖子还沒有揭开，何伟等人就把矛头指向首先起来揭发黑帮黑綫的卢正义同志，这是“枪打出头鳥”的策略，目的是杀一儆百，把盖子盖起来，希望引起領导上注意。同时还向雍文濤反映了刘季平等人五月初整理康生同志材料这个严重问题。雍文濤对徐非光反映的问题无动于衷，却连连说：“何伟是好同志”。談话后，雍文濤随即把談话的內容告訴了何伟。何伟六月底就决心把徐非光等置于死地，实际上是从这件事引起的。后来才知道，这次談话雍文濤是向陶鑄同志汇报了的。但是，自此以后，直到八月初，宣布“解放”卢正义同志，教育部的白色恐怖有增无已，对卢正义同志的迫害变本加厉，成百人被迫做檢討，数十人被打成“反党分子”。我们要问，直接管教育部文化大革命运动的陶鑄同志，对这些情况是不是一无所聞，你对教育部受迫害的革命左派，到底有过什么支持？替他们说过什么话？陶鑄同志这样长的时間对教育部的问题一直保持沉默，只能証明他实际上是鼓励和放手让何伟明目张胆地向革命派无情地围剿和迫害。我们要问，刘季平、戴白韜整康生同志的材料，和陆定一有关系沒有？和何伟有关系沒有？为什么陶鑄同志对这样一个严肃的政治问题不置一詞，既不追查，也不过问？我們要问，在教育部白色恐怖时期，何伟和他的文革办公室到底向你反映了些什么黑材料，你当时采取了什么态度？我們还要问，你如果是支持左派，为什么要在八月二日“解放”卢正义同志同时，却把迫害卢正义同志的劊子手何伟任命为教育部部长呢？

結论只能是：陶鑄同志眞正支持的并不是革命左派，而是走資本主义道路当权派的何伟。陶鑄同志实际上是支持了何伟把起来鬧革命的革命派，打成“反革命”。把这种情况说成是向来“支持左派”，这完全是颠倒黑白，混淆視听。

四、运动刚刚开始，陶鑄同志就忙于使运动草草收场，妄图把轟轟烈烈的文化大革命变成走过场。从而保护走資本主义道路的当权派顺利过关。

七月初，黑帮还沒有完全揭出来，还沒有斗臭、斗倒，旧中宣部的影响根本还沒有清算，各单位革命左派力量还沒有集結起来，陶鑄同志就开始准备进行文化革命的“收尾”工作了。

1.七月十三日，根据刘少奇和陶鑄的指示，并且经过陶鑄的审查批准，由何伟签发了一个《关于中、小学招生、考試、放假、毕业等问题的通知》要县以下的中学搞招生，搞开学，搞毕业，搞分配，不让中学生参加文化大革命，不让小学教师参加文化大革命。十月份，山东桓台一中的同学来京造反，追查这个文件是不是陶鑄同志批准的，陶鑄同志一直沒有接见他们，他们追问文办的张孟旭，張含糊其詞，不敢正面回答。事后，张又再三告訴教育部的同志，要他们说服这些学生不要再往上追了。因为一追就要追到陶鑄同志。

2、从七月份开始，中宣部就督促文教系統有关单位，要“加快运动的速度”，限定运动八月底搞完，后来又限定九月中旬完成。許多单位盖子都未揭开，就要他们草草收场，这只能意味着保护当权派过关。

3、从七月份开始，中宣部就要求教育部着手进行教育改革准备。根据陶鑄同志的指示，教育部集中了一大批力量，花了很长时間，搞了一个《教育改革方案》，教育路綫还沒有彻底的破，就要着手“立”的工作，说明了陶鑄同志对于彻底破除旧教育制度是沒有任何兴趣的。

4、教育部阶級斗爭的盖子还沒有揭开，七月二十四日中央就通知教育、高教两部合併，任命何伟为部长，刘皚风、段洛夫、张云为付部长，除了張云至今未到任，我们不了解他的情况外，何伟、刘皚风，段洛夫在运动前都是修正主义教育路綫的忠实执行者，在运动中都执行了資产阶級反动路綫，参加了对群众的迫害。陶鑄同志把領导权交給这些人，就等于教育部根本沒有进行什么文化大革命。在这个时候任命他們，实际上是撑了走資本主义道路当权派的腰，宣佈这些人已經“过关”。

5、陶鑄同志一直沒有把清算旧中宣部反革命修正主义的影响提到文教系統各单位文化革命的头等日程上来，在中宣部关着門斗黑帮。

文教系統各单位，包括教育部在內，都是长期受旧中宣部陆定一、周揚、许立群、林默涵、张子意等人控制的，旧中宣部的影响很大，遺毒很深。清算陆定一的反革命修正主义，应当成为这些单位的首要任务。但是从运动开始以来，中宣部一直是关着門搞运动，关着門斗黑帮，根本不发动文教系統的广大革命群众来揭发批判陆定一等人的反革命修正主义路綫。文教系統各单位看不到中宣部的大字报，也沒有发动大家給中宣部貼大字报。到现在为止，陆定一还沒有在文教系統認眞批判一次，尽管各单位斗了黑帮，但是就清算陆定一来说，至今仍然是冷冷清清，弄得非常神秘。我们認为这种情况是极不正常的，旧中宣部，沒有整个文教系統的革命群众起来揭发和批判，是搞不彻底的。我们認为目前这种做法是完全違背毛主席的革命路綫的。

以上事实充分说明，陶鑄同志十一中全会以前，就是刘少奇、邓小平資产阶級反动路綫的头号忠实执行者，是刘、邓司令部里的主将之一，他的立场完全是站在走資本主义道路的当权派一边，而不是站在革命群众一边。陶鑄同志是一个地地道道的資产阶級革命家，而不是一个无产阶級革命家。

陶鑄同志执行的是資产阶級反动路綫而且迄今沒有改正錯誤的表現

一、陶鑄同志在八屆十一中全会以前貫彻执行了資产阶級反动路綫

（1）充当走資本主义道路当权派的"护法神"。五月中央政治局扩大会议揪出了陆定一这个反革命修正主义分子。将坏坏一窩，在陆定一所領导的各个部門不能说沒有他的爪牙和代理人。陶鑄同志任新中宣部部长以后，理应乘胜追击，扩大战果，彻底挖掉陆定一的勢力。但陶鑄同志不是这样做。在教育部，于六月十五日任命陆定一最信任的何伟兼代高教部部长，又强調批判已于1961年下台的董純才的重要性，不引导群众揭发现任当权派的盖子。（董純才是必須彻底批判的，但陶鑄同志在六月中旬提出批判董純才是直接継承了陆定一的"先搞董純才后搞曹孚的方針。）在卫生部保钱信忠，说他不是黑帮。在六月廿五日給卫生部作报告时，还说什么，領导人坏了，不一定下面都坏、还有个工作关系嘛（大意）。为保护陆定一的代理人制造理论根据，保护他们过关。即使在中宣部，据说斗黑帮也是冷冷清清，因此，旧中宣部迄今未批判彻底。

（2）矛头指向革命群众。在六月廿五日，大談党組織的領导，制造誰反对基层党組織就是反党的舆论，为把革命群众打成"反党分子"、"假左派"、"眞右派"，制定了方針。这个报告完全适应了走資本主义道路的当权派的需要。何伟于六月廿七日借传达陶鑄同志上述报告之机，发动了对教育部革命群众的鎮压，实行白色恐怖。

（3）陶鑄同志与刘、邓是什么关系？陶鑄同志十二月十三日在卫生部讲话中，只承认了六月廿五日的讲话是刘、邓的影响，这是很不够的。实际上，陶鑄同志六月廿五日的讲话是忠实的执行了刘、邓路綫。陶鑄同志六月廿五日说，蔣南翔的问题过去中央不了解。这个中央可能就是以刘××为首的第二司令部，而不是以毛主席为首的党中央。再一点，毛主席是不同意匆匆派工作組的，刘少奇布置教育部派工作組去北京市和全国各地，陶鑄同志是什么态度？记得远在六四年冬天，当刘××在农村四淸問題上推行形"左"而实右的路綫时，陶鑄同志曾提出过："农村富裕农民阶层"，为形"左"而实右的路綫提供理论根据。因此，陶鑄同志和刘、邓究竟是什么关系，是值得怀疑的。

（4）教育部七、一三何字第十八号通知是陶鑄同志同意的。何字十八号是破坏中小学文化革命的，这是陶鑄同志执行的反动路綫的又一表现。

（5）七月初，各地各文教单位阶級斗爭的盖子远未揭开，陶鑄同志就急急忙忙布置教育部起草改革学制的文件，何伟閉門造車，不依靠群众，于七月廿五日抛出一个草稿，仍販卖刘××修正主义的貨色，把大中学校办成"四四"制的学校，直接違背毛主席"以学为主，兼学别样"的指示。

（6）七月中旬，我们伟大領袖毛主席回到北京，发现了刘、邓实行資产阶級专政路綫，无产阶級文化大革命的問題，江靑同志、伯达同志、康生同志多次宣布毛主席沒有派

过一个工作組，工作組是媬姆，陶鑄同志又如何？教育部派往北京市小学的工作組为什么迟迟不撤？江青同志、伯达同志、康生同志极大的支持了各大学受压制的革命派撤消工作組，而陶鑄同志却迟至八月二日才委派張平化同志給卢正义同志摘反党帽子，同时却又任命把卢正义同志打成“反党分子”的何伟为合併后的教育部部长，在群众中造成“中央是信任何伟的”这个印象，給罪魁禍首何伟以极大的政治上的支持。

以上种种，能够说陶鑄同志是执行了毛主席的革命路綫嗎？能够說只是受了刘、邓路綫的影响嗎？不能！只能說明陶鑄同志是忠实地执行了刘、邓的資产阶級反动路綫。

二、八届十一中全会以后，在教育部的主要問題上，陶鑄同志仍然坚持以前的立场，并且大搞折衷主义，实际上支持了何伟及其卫道者們。

（1）为何伟打保票。十月六日，陶鑄同志一方面说不給何伟打保票，一方面却几次提到“根据现有材料，何伟不是黑帮。”“何伟跟陆定一沒关系，不是陆定一的人”。“对何伟我了解，共事七次，主要是原则性差”等等。并且批評“有些人不打成黑帮就不过瘾，我就不相信有那么多黑帮。”十二月十七日晚，陶鑄同志基本上又重复了这些说法，这不是明显的給何伟等打保票压制革命群众揭盖子嗎？何伟是不是黑帮，与陆定一有沒有关系，应該动员群众揭嘛。陶鑄同志一方面不給何伟打保票而实际上却打了保票。这就是給群众划框框，定調子，是对何伟的极大支持，对革命群众则是假支持眞压制。

（2）不讲揭教育部阶級斗爭的盖子。十月六日陶鑄同志又讲了批判董純才問題的重要性，把矛头引向下了台的当权派，轉移視綫，分散群众揭发現在的当权派問題的注意力。保守派多次把矛头指向董純才，而不指向以何伟为首的部党組党委，他们都是引用陶鑄同志的指示做为根据，这决不是偶然的。十二月十七日，陶鑄同志接见教育部部分革命群众时，尽管群众多次要求陶鑄同志讲讲揭教育部阶級斗爭的盖子这个问题，但陶鑄同志避而不答，最后提出的五点意见，就沒有揭教育部阶級斗爭盖子这一条。教育部是和旧中宣部直接有关的，教育部的盖子不揭，陆定一及其閻王殿的影响就不能肃清。这里还涉及到陶鑄同志对江青同志十一月廿八日的讲话抱什么态度的问题。

（3）包庇何伟的資产阶級反动路綫。十一月一日，林彪同志讲话，提出了批判資产阶級反动路綫的伟大号召，十月三日紅旗十三期社论明确指出：“对資产阶級反动路綫必須彻底批判。”而在这之后的十月六日，陶鑄同志在談到何伟的问题时，却不提批判資产阶級反动路綫，而反反复复仅是談要批判何伟的“方向性、路綫性錯誤。”对批判資产阶級反动路綫唱低調。当保守派批判何伟的“方向性、路綫性錯誤”时，革命群众一眼就看穿了他們是假批判，眞包庇。追根挖底，原来是陶鑄同志定的調子，所以陶鑄同志对何伟的資产阶級反动路綫的所要求进行的批判，也只不过是假批判眞包庇。

（4）大搞折衷主义調和主义。陶鑄同志自已也承認十月六日接见教育部两派代表时，考虑到两方面都是群众，所以两方面都給予了支持，只不过对八、一紅卫兵支持多一点，对另一派支持得少一点，因此传达陶鑄同志十月六日的指示以后，执行着两条对立路綫的群众，都喜笑顏开，一派说：“是支持我們的”，另一派说：“对我們有利”。这固然跟李正在某些地方可能做了歪曲有关，但主要是陶鑄同志搞了折衷主义，他一直把革命派和被資产阶級反动路綫蒙蔽了的群众并立齐观，旣支持你也支持他。因此受何伟蒙蔽的群众，对陶鑄同志是十分滿意的，他們说“陶鑄同志在教育部沒有支持一派压一派。”钱国屏同志的大字报出来后，两派的群众都异口同声的说：“陶鑄同志是支持我们的，怎能是資产阶級反动路綫呢？”以致两派的多数群众都不約而同的批判钱国屏等同志，说給陶鑄同志貼大字报是“炮打无产阶級司令部。”这就是陶鑄同志大搞折衷的最有力的証明。而在实际上，折衷主义是不支持革命的，是有利于反革命的，这一点只要联系到前述的几点就可以看清楚。我們长期看不清陶鑄同志的折衷主义手段，这只能怪我們毛泽东思想水平不高，上了当还不知道。

（5）不相信群众，害怕群众。陶鑄同志主管中央几个部門，在文化革命期間，特别是十一中全会以后，他到教育部来看过大字报嗎？他到过教育部的群众里面傾听过意见嗎？其他单位情况大体上也是如此。在十一月十一日毛主席指示：“你们要政治掛帅，到群众里面去，和群众在一起，把无产阶級文化大革命搞得更好。”陶鑄同志听到了这个指示以后有什么行动嗎？沒有，相反却把何伟藏起来而不告訴群众，当十一月二十二日、二十三日，革命群众为平反的事情找上門去要见他时，在两天一夜的时間里，他避而不见，而接见了一个副部长刘××。对待群众的态度是区别无产阶級革命路綫和資产阶級反动路綫的分水岭。上述陶鑄同志对群众的态度，只能说明他仍然站在資产阶級反动路綫的立场上。

（6）推卸責任，粉飾自己，沒有一点改正錯誤的表现。陶鑄同志执行了資产阶級反动路綫，如果陶鑄同志認识了錯誤，就应該回到毛主席的革命路綫上来，按十五期社论讲的五条办事，但是陶鑄同志沒有这样做。十二月十三日在卫生部的讲話，只輕描淡写的说自己受了刘、邓路綫的影响，同时又把自己封为“基本上是无产阶級革命家。”十二月十七日召见教育部革命群众代表时，对于自己的錯誤不置一詞，反而把任命何伟当部长的责任推到赵秀山等同志头上（这是天大的笑话，几个群众就能决定誰当部长嗎？）并且粉飾自己，例如明明十月六日陶鑄同志沒有批評何伟是資产阶級反动路綫，他却说“十月六日，我給何伟戴了資产阶級反动路綫的帽子，何伟是不滿意的，李正是不滿意的。”陶鑄同志竟然敢当面撒謊，这实在出人意外。他为了粉飾自己，掩盖錯誤，不惜撒謊，这只能说明他对自己所犯的資产阶級反动路綫的錯誤，毫无悔改之意，仍然坚持其反动路綫立场。

三、陶鑄同志为什么現在急急忙忙“支持”革命派群众？

文化革命半年多了，陶鑄同志除了于六月十五日宣佈何伟任高教部部长时到教育部来过一次以外，从未接触过教育部的革命群众，十一月二十二日革命群众揪住刘皑风付部长找上門去，他也只见付部长不见群众，訃我們吃閉門羹，不光见不着他的面，连秘书的面也见不着，陶鑄同志的话也听不到一句。这说明他害怕群众，不支持革命群众。那么是什么原因促使陶鑄同志于十二月十七日召见革命派群众而且表示了給教育部革命群众以过去从来沒有給过的支持呢？是陶鑄同志改正錯誤了嗎？不是。

从十二月十七日的談話中，我们感到在許多不够的地方，陶鑄同志不是高举毛泽东思想紅旗的，而是实用主义的。我們怀疑他之所以要急于支持革命派，是因为这样做对他有用有好处。分析分析现在的形势，可以看出，批判資产阶級反动路綫的斗爭日益深入，陶鑄同志的反动路綫要隐藏越来越困难了。他如果不改正錯誤而又要保护自己，最好的办法是得到革命派的支持，而不是得到保皇派的支持，是得保守派的不滿和反对，而不是得到革命派的不滿和反对。这样可以利用最簡便的办法証明自己是站到毛主席革命路綫上来了，是改正錯誤了。而要得到革命派的支持，他就必須打扮成"支持"革命派。所以他十三日要急急忙忙到卫生部讲话，一反常态以"一边倒"的姿态出現，結果得到了卫生部許多群众的支持，他的讲话到处印发又得到了更多革命群众的支持，陶鑄同志也得了"好处"，他准备到主管的各部門都去讲一次，想在各部門都得到一点"好处"。他的这个目的应该识破。钱国屏等同志的大字报揭了陶鑄同志的底，好得很！

四、对陶鑄同志的希望

毛主席教导我们："我们的責任是向人民負責。每句话，每个行动，每項政策，都要适合人民的利益，如果有了錯誤，定要改正，这就叫向人民負責。"

毛主席还教导我們："我們一切工作干部，不论职位高低，都是人民的勤务员，我们所做的一切都是为人民服务，我们有什么不好的东西舍不得丢掉呢？

我们恳切希望陶鑄同志很好的听毛主席的话，按《紅旗》十五期社论提出的五点要求，切切实实地改进錯誤，眞正回到毛主席的正确路綫上来。而不要粉飾自己掩盖錯誤了。因为那是对党中央对毛主席不忠誠，是危險的。如果陶鑄同志一定要坚持现在的立场，在毛主席和林付主席的身边动手动脚，那么革命群众定将发扬"舍得一身剮，敢把皇帝拉下马"的大无畏精神，进行斗爭。

誓死捍卫毛主席的革命路綫！
誰反对毛主席就打倒誰！
誰反对林付主席就打倒誰！
战无不胜的毛泽东思想万岁！
毛主席万岁！万岁！万万岁！

教育部　魏亚田　廖祖武　王純国　郭文兰

1966.12.20.

动态

毛泽东思想哲学研究所《狂飈》十三期轉載了李冠英、钱国屏等五同志的大字报《陶鑄同志貫徹执行的是什么路綫？》并加了編者按语。

按语说："我們認为李冠英、钱国屏等五位同志的大字报是摆事实讲道理的，是一张革命的大字报。陶鑄同志在这次文化大革命运动中，他所負責的某些单位中，不是貫徹毛主席的革命路綫，他的有些讲话是不符合十六条，不符合毛泽东思想的。凡是不符合毛泽东思想的，我們就要批判，而且必須批判，钱国屏等同志的这张大字报是（缺　　　），我们决坚反对。

哲学所《狂飈》战斗小組的大字报

人民教育出版社钱国屏等五位同志十二月十九日剛剛貼出一张《陶鑄同志貫徹执行的是一条什么路綫？》的大字报，学部紅卫兵总队就跟踪追击，跑到中宣部去貼标语口号，想扼杀这张革命的大字报。说“围攻陶鑄同志就是炮打无产阶級司令部！”“不许攻击陶鑄同志！”“陶鑄同志是无产阶級革命家！”……用巨型大字标语，张貼到中宣部和大亍上，好不吓人。紅卫兵总队这种行径更进一步暴露了他們继續执行資产阶級反动路綫的本性。他們針对钱国屏等同志的大字报貼出的大字标语是进一步瘋狂地压制革命群众的罪証，是借“不許炮打无产阶級司令部”口号进一步反对革命群众、压制革命群众，打击革命群众的罪恶表现，对此，我們对学部紅卫兵总队提出最强烈的抗议！学部紅卫兵总队必須公开向人民教育出版社钱国屏等五位革命群众公开檢討！承認自己执行資产阶級反动路綫的錯誤！彻底向毛主席的革命路綫投降！向革命群众投降！

哲学所《狂飈》战斗小組　66.12.21.

陶鑄是資产阶級反动路綫的推行者

打倒一切反对和压制革命群众的行动

人民教育出版社李冠英、钱国屏、齐咏冬、朱岩、刘德珍五位同志于十二月十九日貼出的《陶鑄同志貫彻执行的是什么路綫？》的大字报好得很，是一张革命的大字报。我们坚决支持！

我们完全同意戚本禹同志于十一月二十日給徐肵、王宏志、何××、叶××、徐秋英五位同志的一封信中所表达的意见，对这张大字报有不同意见可以辩论。但是说这张大字报是反革命的大字报，并針对着这张大字报说：“誰反对陶鑄同志就砸烂他的狗头！”是錯誤的。有人把貼大字报的人说成“反革命”，进行围攻、斗爭，甚至扣压他们，更是錯誤的，任何人都沒有权利这样做。”

我们也完全同意毛泽东思想哲学研究所《狂飈》战斗組轉載李冠英等同志的大字报所作的按语，就是：“陶鑄同志在这场文化大革命他所負責的某些单位中，不是貫彻毛主席的革命路綫，他的有些讲话是不符合十六条，不符合毛泽东思想的。

在这场无产阶級文化大革命中，陶鑄同志不是坚定地站在以毛主席为代表的无产阶級革命路綫这一边的，而是抵制和抗拒以毛主席为代表的无产阶級革命路綫，他到处保这个，保那个，“支持”左派，又说左派可以大辯论，批判右派，实际上是右派的“护身符”。一系列的事实说明，陶鑄同志是现阶段資产阶級反动路綫的新的代表。一切革命群众都必須坚决同反对以毛主席为代表的革命路綫的言論和行动进行坚决的斗爭。同时也不允許任何人假借反对炮打无产阶級司令部的名义，来压制革命群众。

在毛主席領导下，无产阶級联合起来！

无产阶級专政万岁！

我们伟大的領袖毛主席万岁！万岁！万万岁！

经济战綫革命造反联队　66.12.23.

坚决支持李冠英等五同志的革命大字报

我認为人民教育出版社李冠英等五位同志于十二月十九日貼出的《陶鑄同志貫彻执行的是什么路綫？》的大字报，是摆事实、讲道理的，是一张革命的大字报，必須坚决支持。正如戚本禹同志说的，革命群众必須向反对以毛主席为代表的革命路綫的言論和行动，进行坚决的斗爭。

中共中央統战部　东方紅公社

刘×　　12.23.

动态

广州中山大学革命造反赴京代表团于十二月廿三日来教育部，贴出《八届十一中全会以后，陶鑄同志还在打保票》的大字报。并张貼了标语：

"陶鑄同志执行的資产阶級反动路綫必須深入揭发批判！"

"陶鑄同志在八届十一中全会以后还执行資产阶級反动路綫！"

"坚决支持李冠英等五位同志的革命大字报！"

"揭发陶鑄同志的问题决不是炮打无产阶級司令部！"

是誰拉陶鑄同志四点指示作"虎皮"？

——評外文所东风战斗队《四揭吳传启的"虎皮"》

外文所《东风》战斗队，最近更进一步瘋狂地攻击革命左派吳传启同志以及学部广大革命群众。継續頑固地坚持資产阶級反动路綫。《四揭吳传启的"虎皮"》这张大字报就是一个活的典型。

他们说："陶鑄同志关于学部文化大革命的四点指示下达以后，吳传启等人抓住其中一句话大作文章，用以險恶地歪曲陶鑄同志指示全文的革命精神……。"对于这一点，我们说：我們不是抓住陶鑄同志的一句话，而是根据一个鉄一样的事实，即吳传启同志"从一九五七年反右斗爭以来，特别是在批判楊献珍、馮友兰和吳晗等人的斗爭中，吳传启同志，表現是不錯的，在这一次文化大革命中也是参加写第一张大字报，揭学部阶級斗爭盖子的。"我们認为这是鉄的事实，这是誰也否認不了的。十年来吳传启同志是坚决站在革命的一边，站在毛主席这一边的，这是誰也抹煞不了的。陶鑄同志在他的指示中沒有抹煞这一点，能够尊重这一事实，当然我们表示欢迎，表示拥护。

至于《东风》战斗队的指责我们歪曲了"陶鑄同志指示全文的革命精神。"我們則愿意清楚地告訴宿、毕、叶、高和《东风》战斗队的先生們：第一，我们沒有歪曲；第二，我们認为对陶鑄同志的四点指示应"一分为二"，在这个指示中有符合事实的、正确的、起过积极作用的东西，但是也有不少是折衷主义的，是违背十六条的，是为你们开脱的。

你们反反复复说、反反复复地引用陶鑄同志说的："你们用摆事实、讲道理的方法，就吳传启同志的问题进行辯论，是可以的，是符合十六条的。"我們認为这种说法是根本錯誤的。你们非法斗爭吳传启同志三整天，把吳传启同志打成"三反分子"，这是公然对抗十六条，践踏十六条的行为。而陶鑄同志却把这说是"摆事实，讲道理""是符合十六条的。"这是顚倒是非，混淆黑白。在四点指示中，不提到你们斗爭吳传启同志是非法的，这就充分说明，这是为你们非法斗爭吳传启同志是非法的，这就充分说明，这是为你们非法斗爭吳传君同志的罪恶行径开脫。陶鑄同志在四点指示中还说什么“希望你们双方在辯论吳传君同志的问题的时候都不要把问题扯到关鋒同志身上去。……”是誰把问题扯到关鋒同志身上去的？是你们，你们早在经济所围攻黃庭輝同志时就提出“要追根”，“要审查关鋒、林聿时、吳传君同志合写的文章；是你们，提出要保留揭发批判关鋒同志的权利；是你们要挖吳传君同志的后台老板……等。”而陶鑄同志却不分青紅皂白地说：“双方都不要把问题扯到关鋒同志身上去……。”这是典型的折衷主义，調合论。我們对此一直是保留意见的。

陶鑄同志在八月二十五日对中南赴京同学的讲话中还说：“除了党中央毛主席还有林彪同志不可以褱，其他人，只要不革命，都可以反对，可以开炮。”虽然陶鑄同志说了“只要不革命”这几个字，但实质上是陶鑄同志在这里根本沒有区分敌我，沒有区分无产阶級司令部和資产阶級司令部。也就是根本沒有阶級分析。它的眞心实意是除了毛主席和林彪同志以外，任何人都可以怀疑，可以炮打。陶鑄同志这句话为那些炮打无产阶級司令部的一小撮坏人提供了“理论”根据。請问：有人炮打周总理，炮打陈伯达同志，炮打康生同志，炮打江青同志，炮打中央文革小組，难道这也能允许嗎？我們認为，这不但不能允許，而且要給予坚决的打击；請问：有人炮打坚决拥护毛主席，坚决捍卫毛泽东思想、坚决执行以毛主席为代表的无产阶級革命路綫，坚决执行十六条，坚决反对反革命修正主义路綫，坚决批判資产阶級反动路綫的革命同志，这也能允许嗎？我们認为不但不能允許，而且要給予坚决的回击。而陶鑄同志却認为“都可以反对，可以开炮。”社会上的譚力夫、李洪山之流正是利用这句话来炮打无产阶級司令部，攻击中央文革，攻击林彪同志的。宿、毕、叶、高和外文所《东风》战斗队的先生们！你们也正是利用这句话作为你们攻击革命左派，并逐步升級的“理论”根据的。

陶鑄同志对山东同学的讲话中曾经说，要把“文化大革命以来的一切材料統統燒掉，”这也是絲毫沒有阶級观点的。而你们也同样对这句话兴高彩烈，左派手里只有斗爭黑帮的材料，难道这些材料也要燒掉嗎？老实说，这是一万个办不到的事。

宿、毕、叶、高和外文所《东风》战斗队的先生们，你们说陶鑄四点指示中并未肯定吳传君是左派，这是事实。吳传君同志是左派，表现在他十年的斗爭实践中，它不依靠任何人来肯定。陶鑄同志四点指示肯定也罢，沒肯定也罢，事实是誰也改变不了的。

宿、毕、叶、高和外文所《东风》战斗队的先生们！我们是照毛泽东思想办事的，是摆事实讲道理的。“投靠山，仗权势”，“拉关系”，“拉大旗作虎皮，包着自己，去唬吓别人”的正是你們！但是你们的靠山，你们的后台老板，王瑞琪、时代、张际春、张平化……等等，已被革命群众一个个地揪了出来，未揪出来的，也将会一个个地全部揪出来，你们再不投降，是不会有好下场的！

《狂飈》評论员1966.12.22

在文化大革命中

陶鑄同志为誰打保票？

姓名	职别	基本情况	陶鑄同志的言行	直接后果
李嘉人	广东省付省长中山大学党委第一书记	有严重问题，已被斗爭，入管教队	一九六六年九月十七日下午四时至六时，陶鑄同志在人民大会堂接待室对广东省赴京学习团部分代表说："楊康华和李嘉人是同类型的右傾，问題不大"。	广东保皇勢力有了可靠的后台，胡作非为，胆大包天，采取新的花招，步步对抗中央軍委的紧急指示和中央补充規定，至使广东运动冷冷清清，左派抬不起头，至今还沒有进行"平反"工作
楊康华	广东省付省长暨南大学党委第一书记兼校长	有严重问題，已停职反省		
王兰西	广东省委常委省文革小組付組长	資产阶級反动路綫的忠实执行者，已停职反省	在同一次接见中，陶鑄同志说："王兰西抓宣传就抓得不錯嘛"。	
区梦觉	广东省委书记处书记、省文革小組組长	資产阶級反动路綫的忠实执行者	在同一次接见中，陶鑄同志说："区梦觉是党的好干部，从土改历次运动以来，表現坚定。"	
赵紫阳	广东省委第一书記	資产阶級反动路綫的忠实执行者，王任重式人物	一九六六年十一月六日二十一时十五分，广东省代省长林李明在辯论黑材料的保管和处理问題时说陶鑄同志与赵通过电话，陶鑄同志告訴赵在三、四天以后，中央有补充指示下达，等等，要赵等待处理。赵此时如获至宝，果然継續按兵不动，至今未发出半点黑材料。	
王匡	中南局宣传部长	黑帮分子，过去很受陶鑄同志尝识	陶鑄眼前的紅人	阻碍了对中南局问題的进一步揭发。
王延春	湖南省委第一书記	执行資产阶級反动路綫	陶鑄同志说："王延春同志搞四淸是很坚决的。"又說："王延春劳苦功高，出了一点儿问題，沒多大关系。改就是了，可以将功折罪，不能打倒。王的问題是偶然的，是老革命遇到新问題。"	阻碍了湖南运动的开展。
張平化	中宣部第一付部长，原湖南省委第一书记	資产阶級反动路綫的忠实执行者	陶鑄同志说："張平化在湖南接周小舟后，有一段工作做得不好。毛主席批評了他，近两年来好些。……湖南近两年有进步，中央以前批評了他，他改了，这次又犯了錯誤，又批評了他，他要改。"	阻碍了湖南运动的开展。

姓名	職　　別	基本情况	陶鑄同志的言行	直接后果
张体学	湖北省代理第一书记	資产阶級反动路綫的忠实执行者	陶鑄同志发了三点指示，说湖北省和张体学跟毛主席是跟得比較紧的，你们喊打倒张体学和打倒湖北省委的口号是錯誤的，你们回去要对张体学介紹武汉地区文化大革命的情况（大意）	围攻人民大学学生赵桂林，并把他打成反革命分子，严重打击了革命左派。
李劍白	中宣部工作队付队长，原黑龙江省委书记处书记	資产阶級反动路綫的忠实执行者	陶鑄同志認为李的问题不大，把他調离教育部	中宣部革命左派，近在陶鑄同志身边，但得不到支持，眞是"近水楼台先得冰。
张子意	前中宣部付部长	閻王一个	陶鑄同志说：张子意同许立群等反革命修正主义分子不一样，他不是黑帮，他同陆定一的关系是工作关系。对他的处理，可以另行分配工作。他的问题是第四类，可作第三类处理。	
何伟	教育部部长，原广州市市长	資产阶級反动路綫的忠实执行者	①陶鑄同志在教育部的革命同志穷追教育部党內走資本主义道路当权派时，到教育部讲话，宣布何伟兼代教育部长职务，并为原教育部现在当权派划框框，说教育部"过去董純才所宣传的凱洛夫，你们要清算呀，在全国中小学凱洛夫的毒害很深呀！" ②十月六日上午，陶鑄同志还说："何伟是方向路綫錯誤，不能说是黑帮，大字报个别同志说何伟是黑帮，那是另外一个问题。""从现在的材料看不是黑帮，双方要多做工作。""何伟跟陆定一沒有关系。""何伟迷信刘少奇""何伟做了不少工作，做得不好，右，比我还右。""何伟宣传毛泽东思想很差，开小会檢查，挖深一些。" ③陶鑄同志最近又批准他休养。	围剿以卢正义同志为首的革命同志，把卢正义打成"反革命""卢正义党"。革命左派很难抬头，革命力量遭到压制，教育部两条路綫斗爭的盖子还未揭开。
雍文濤	文革期間調任北京市委书記处书记，前广州市委第一书记	資产阶級反动路綫的忠实执行者。二月十六日江青同志点了他的名	陶鑄同志从广州带来的	鎮压群众运动，公开支持首都西城糾察队
钱信忠	卫生部长	資产阶級反动路綫忠实执行者	陶鑄同志在运动初期说："根据现有材料，卫生部不是黑帮。"	压制卫生部文化大革命
郭影秋	人民大学党委书记			
紅綫女	全国人大代表，妇联执委，广东粤剧院长	问题相当严重，与周揚、田汉关系十分密切	陶鑄同志直到十二月十二日在总后勤部对卫生系統作报告时，还说紅綫女"不很落后，"基本傾向是保她。	气坏广东粤剧界革命造反派
王任重	中南局第一书记	資产阶級反动路綫最忠实的执行者	王任重臭名远揚的抓"右派学生"的"七五"黑指示，与陶鑄同志运动初期喜欢工作队，贊美"现在是工作队专政，好得很。"难道不无异曲同工之妙嗎？陶鑄同志与王任重的关系怎能河水不犯井水呢？！	中南运动的巨大阻力主要来自他們身上。

此外，还有黑龙江李范五、安徽李葆华、山东譚启龙、刘仰嶠等等，都受过陶鑄同志的“保”，这里不一一列举了。

同志們，从上面的簡表中，我们不难看出：

1 陶鑄同志千保万保，保的是党內走資本主义道路的当权派，保的是資产阶級反动路綫的忠实执行者；保的是保皇派。很显然，这能说陶鑄同志是毛主席的好学生嗎？！这能说“陶鑄同志是坚决执行毛主席的革命路綫”嗎？！

2.陶鑄同志千压制万压制，压制的是革命的群众、学生；压制的是要坚决捍卫毛主席的革命路綫的广大人民。很显然，这能说“陶鑄同志是相信人民群众”嗎？这能说“陶鑄同志是眞正的无产阶級革命家”嗎？？

3.陶鑄同志保广东省委、保中央各部、保中南局、保自己；文化革命开始时保，现在也保，这到底是“認识跟不上形势”“受了刘、邓的影响”，还是坚持頑固的資产阶級反动立场？？

4.陶鑄同志从文化大革命以来，执行資产阶級反动路綫的后果严重，群情有据。可是，陶鑄同志至今有沒有作过一篇象样的檢討？有了錯誤，是严肃正視，認眞改正，还是躲躲閃閃，文过飾非？？

5.最后請陶鑄同志想一想：要不要对广东、中南的文化大革命負一定責任？？

中山大学革命造反赴京代表团　66.12.20.

陶鑄同志与刘少奇的关系究竟怎样？

1.陶鑄同志与刘常到广州作报告。64年9月（？）王光美的“桃园堡经驗”为什么在广东、中南那么行时？

2.一九六五年四清时，陶鑄同志说：“农村四清就是清经济。”这到底是什么指导思想？这种指导思想来自何方？

3.一九六四年在广东花县搞四清試点时，竟在陶周围发生了用枪押农村干部在訓话的事情，这是什么指导思想？这种指导思想来自何方？

4.陶鑄同志在文化革命运动开始时，支持工作队，依靠工作队。他在一次会議上说：“现在是工作队专政！”这难道不是陶鑄同志的言为心声嗎？

5.在搗毁閻王殿初时，陶鑄同志传达了刘少奇的意见，要中宣部抽調大批干部組成工作队派往中南。集訓期間，还組織学习刘少奇关于教育问題的报告。只因十一中全会开始开，工作队才沒有派出去。这是什么问題？这是什么问題啊？？？陶鑄同志对此檢查过沒有？正視过沒有？？？消毒了沒有？？解决了沒有？？？

陶鑄同志貫彻执行的是什么路綫

（此大字报供研究用）

陶鑄同志说自己是“毛主席无产阶級革命司令部“里的人，这就是说，他是坚定地拥护、貫彻、执行以毛主席为代表的无产阶級革命路綫的了。但是，据一些事实看，陶鑄同志在无产阶級文化大革命中从开始到现在，一直推行着資产阶級反动路綫，抵制和对抗以毛主席为代表的无产阶級革命路綫的，充当了保皇派。

一、中央某些机关推行資产阶級反动路綫的关鍵人物

一九六六年六月一日，毛主席亲自点燃了北京市和全国的无产阶級文化大革命的熊熊烈火。但是，这场大革命刚一起来就遭到了刘少奇、邓小平为代表的資产阶級反动路綫的猖狂鎮压，他們刮阴风、造謠言，把群众的革命行动比做一九五七年右派分子向党进攻，大讲反右斗爭的"经驗"。到六月下旬，在北京一些高等学校中连續发生了把革命群众打成"右派"、"假左派、眞右派"、"游魚"等的反革命事件。这时候陶鑄同志于六月二十五日在卫生部作了一个报告，他反复强調必須"加强党的領导。说"这次文化大革命运动一定要絕对置于党的領导之下。（"这是区别眞假左派的标志，""不要党的領导，反对党的領导"）不管他口号喊的多高，面目多好，都是"假左派，眞右派"，"党的領导要通过党团組織进行，支部是党的基层組織，要依靠党团組織来进行領导"，"你只拥护毛主席，其他人都不要，主席也是空的啦！""要加强党的領导，……掌握政权的职能。"又说"五七年右派向党进攻时，就是反对党的領导"等。六月下旬，正是轰轰烈烈群众运动的第一个高潮被一些执行資产阶級反动路綫的党委、党支部、工作組鎮压下去的时候，陶鑄同志以新任中央常委书記、中宣部部长的身份讲这番话，其矛头指向誰，給誰撑腰，不是很清楚嗎！陶鑄同志这番话在教育部等某些中央机关都做了传达，立即成了这些单位一小撮党內走資本主义道路的当权派和极少数頑固执行資产阶級反动路綫的人用来扼杀群众革命运动的"法宝"。不少革命同志，就是在陶鑄同志报告传达后，被打成了"反党分子"、"假左派、眞右派"的。

二、扼杀中小学文化大革命运动的重要角色

七月份，正当全国各地革命群众在毛主席无产阶級革命路綫的引导下，与各地的党內走資本主义道路当权派作生死搏斗的时候，教育界資产阶級反动路綫的头子、教育部长何伟突然发出了一个"七·一三指示"。这个"指示"要各地的中小学马上招生考試开学上課。这一指示立即被各地党內走資本主义道路的当权派奉为救生圈，用它来扼杀各地的文化大革命运动。最近，不少中小学革命师生紛紛来到中央控訴、揭发"七·一三指示"給各地文化大革命带来的恶劣后果。在追查中，人们发现，这个指示是經过陶鑄同志审批的。至此，人们才明白，原来这一扼杀中小学文化大革命运动事件的根子是陶鑄同志。

三、玩弄折衷主义，充当极少数頑固执行資产阶級反动路綫的人物的"护法神"

保护教育部部长何伟，限制、压制教育部革命群众。

一九六六年六月十五日，陶鑄同志到原高教部、教育部讲话，为何伟打保票，定了原教育部现任当权派的问题不严重的調子。五月二十五日卢正义同志是原教育部第一个用大

字报揭露刘季平(副部长党組成员)，戴白韜（人民教育出版社第一副社长兼总編輯、党組成员）是反党反社会主义反毛泽东思想的黑綫人物。原教育部以何伟为首的当权派，一方面宣揚刘季平是“反革命的”，鼓励戴白韜“頂住”，一方面利用“組織决定”压制卢正义同志，不准他出大字报，盖住他的大字报，并且查档案，抓辮子，整材料，散布流言蜚语，准备进一步迫害卢正义同志。同时何伟还假借支援原高教部革命派为名，压制原教育部革命同志起来揭发教育部阶級斗爭的盖子。在这种形势下，陶鑄同志来教育部讲话，竟然宣布何伟同志兼代高教部部长职务，并为原教育部现任当权派划框框，说教育部“过去董純才所宣传的凯洛夫，你们早清算呀！全国中小学中凯洛夫的毒害很深呀！”这种讲法实质上是说原教育部现任的当权派沒有问題，或者問題不严重。何伟等人长期坚持这个指导思想，开脫自己，压制原教育部革命同志揭开阶級斗爭的盖子。

六月二十七日，何伟向两部干部传达了陶鑄同志六月二十五日在卫生部的报告。陶鑄同志的报告传达之后，就在教育部掀起了一个回剿革命派，压制不同意见的高潮。

从五月开始到七月三十日，白色恐怖籠罩教育部达两个多月之久。以何伟为首的一小撮人，实行彭眞的反革命修正主义二月提綱，对抗以毛主席为代表的无产阶級革命路綫。站在反动的資产阶級立场上，实行資产阶級专政，包庇反革命修正主义分子刘季平、戴白韜，把卢正义同志打成“反党分子，”把支持卢正义同志的革命行动的广大革命群众，打成“卢正义党”、“卢正义党出版社纵队”等等。何伟干了这些坏事，陶鑄同志不批判，反而重用何伟，由兼代高教部部长一跃而为两部的正式部长。并且由雍文濤出面，公开散布“何伟同志是个好同志。”何伟有了靠山，就肆无忌憚鎮压革命同志。七月三十日，何伟洋洋得意地说：“中央同意中宣部建议两个部合併，要我負责，即日到职。”陶鑄同志还把在中宣部执行了資产阶級反动路綫的李劍白同志派来教育部，帮助工作。对教育部前段运动中的方向路綫錯誤，不但未提，反而要教育部运动部署加快些，因为教育部改的任务大。这不是有意轉移目标，同以毛主席为首的中央对抗嗎？

八月二日张平化参加了教育部組織的辯论会，在会上一面宣布給卢正义同志摘掉“反党分子”、“卢正义党”的帽子，另一方面又宣布任命何伟为教育部部长，把解放革命同志和提拔鎮压革命同志的人物两件尖銳对立的事情一并完成，这不是玩弄折衷主义嗎？而且这个会是陶鑄同志事前同何伟等人研究安排的，这是以折衷主义的手法来保护何伟过关不是十分清楚嗎？

在全国敲响資产阶級反动路綫的丧鈡的形势下，陶鑄同志于十月六日上午要持不同观点的双方代表汇报，何伟也参加了。在听汇报过程中，陶鑄同志継續为何伟打保票，限制群众手脚。他说“何伟是方向路綫錯誤，不能说是黑帮。大字报个别同志说何伟是黑帮，那是另外一个问題。”“从现在的材料看，不是黑帮。双方要多做工作”。“何伟跟陆定一沒关系”，“何伟迷信刘少奇”、“何伟做了不少工作，做得到不好，右，比我还右”。“何伟宣传毛泽东思想很差，开小会檢查、挖得深一些”。陶鑄同志对待不同观点的两派，不做阶級分析，籠統地“双方做工作”，他说，“今天你們双方都来了，要双方做工作，做好了工作，何伟檢查，我去讲話。”“并給何伟两个月时間，讓他改”两个月的实践说明，陶鑄同志这次的指示对教育部起到了調和矛盾，瓦解革命群众斗志的悪劣作用。两个月中何伟一次也沒有公开向群众檢查，而是躲在幕后，継續挑动群众斗群众，打击革命派。

刘祖春同志八月四日到教育部讲话，支持了被打成“反党的”革命同志。这次讲話基本精神是对的，他的讲话遭到了以何伟为首的少数頑固执行資产阶級反动路綫的人的反对，九月二十四日刘祖春同志屈服于压力作了檢討，说他八月四日讲话违反十六条，十一月十五日又来教育部进一步檢討，完全推翻了他八月四日的讲话，说他的讲话是执行了資产阶級反动路綫。刘祖春大搞折衷主义，破坏教育部文化大革命。我們每次都向陶鑄同志作了汇报，陶鑄同志都沒有公开表态。

十月五日中央批轉军委总政《关于军队院校无产阶級文化大革命的紧急指示》。十一月十六日，中央再次发出《关于处理无产阶級文化大革命中档案材料的补充规定》。但是，何伟不做传达，頑固抗拒中央的"紧急指示"，不給被他们无辜打成"反党分子""反革命"的革命群众平反，拒不交出他们整理的黑材料，并有組織、有計划地轉移、燒毁了黑材料，十一月二十二日革命群众因何伟等人破坏中央平反指示，要求见陶鑄同志，革命群众等了一天一夜，陶鑄同志沒有接见，反而接见了刘皚风同志，说是开文教部負責人会。

十一月廿三日刘皚风传达陶鑄同志指示，派文办的张孟旭同志来教育部，組織一个領导小組領导运动。对于犯严重路綫錯誤的何伟含糊其詞，说"何伟有病暫不參加領导小組"。事实上何伟已經病癒出院。这不是以养病为借口保护何伟又是什么呢？毛主席教导说："你们要政治掛帅，到群众里面去，和群众在一起，把无产阶級文化大革命搞得更好。"何伟对抗毛主席的教导，同群众站在对立面。现在教育部革命群众到处找何伟都找不到，保何伟派的人说："何伟休养去了，是陶鑄同志批准的。"

六个多月教育部的文化大革命，何伟等人頑固地坚持資产阶級反动路綫。革命群众在以毛主席为首的党中央的号召下，几次揭教育部阶級斗爭的盖子都揭不开。阶級斗爭的实踐，教育了我們，不能不使我们怀疑这种阻力来自何伟的上級，即陶鑄同志。

张平化同志曾经是新中宣部的付部长，但他也是在湖南坚决执行資产阶級反动路綫的罪魁，九月廿四日的报告，他就把成百名的革命群众打成了"反革命"。陶鑄同志对张平化同志长期重用，不予揭发，当湖南革命群众把张平化同志揪出来以后，陶鑄同志却为张平化涂脂抹粉，对革命群众大談：张平化的檢查"态度是好的"，"中央还是让他回去当第一书记"，张平化"是属于人民內部矛盾"，"湖南的情况，在中南来说是严重的，在全国来说不算严重"等等。給群众划框框，定調子，阻止群众深入揭发批判张平化同志的資产阶級反动路綫。当群众揭发出山东省委书记譚启龙同志的資产阶級反动路綫，到中央告状时，陶鑄同志又斬釘截鉄地給群众下結论："譚启龙同志到山东十四年，是执行了毛泽东思想路綫的，山东工作搞的比較好嘛"；山东"基本问题是領导上信任群众不够，深入群众不够"，"山东问题是內部问题"，是"你們要求高"，并說今后山东问题"由譚启龙同志解决"，还打了保票"山东这一次一定可以改得很好。"一付保譚派的面孔完全跃于紙上。

自运动以来，陶鑄同志还保过錢信忠、郭影秋、李范五、刘仰嶠（王任重建議，陶鑄同志同意，刘少奇批准的），重用王任重，給李保华喊宽，发牢騷。最近陶鑄同志更打出了最大的保票，"全国廿九个省市，不作內部问题处理的只有两个，一个是黑龙江李范五，一个是甘肃的汪鋒，""大量的是人民內部矛盾"，"这次开了中央会议都会搞起来"，按照陶鑄同志的意见，資产阶級反动路綫是会自行消灭了，他们不会再抵制毛主席的革命路綫了，因而群众无須再进行斗爭了。但是当前极少数頑固执行資产阶級反动路綫的人，却在全国范围內进行了新的瘋狂的反扑。这是为什么呢？在这一场斗爭中，陶鑄同志的讲话和行动起了什么作用？这不是值得人们深思的嗎？

四、把矛头引向无产阶級司令部

毛主席教导我们："誰是我们的敌人？誰是我们的朋友，这个问题是革命的首要问題。"林彪同志指示說："一小撮反动資产阶級分子，沒有改造好的地、富、反、坏、右五类分子和我们不同，他们反对无产阶級为首的广大革命人民群众对他們的专政，他們企图炮打我們无产阶級革命的司令部，我们能容许他们这样干嗎？不能。我们要粉碎这些牛鬼蛇神的阴謀詭計，识破他們，不要让他们的阴謀得逞。"毛主席和林彪同志的話都告訴我们，在运动中把斗爭的鋒芒指向什么，这是一个马克思列宁主义、毛泽东思想的原則问題，是一个大是大非的问題。陶鑄同志是怎样对待这个问題的呢？他八月廿一日在中国人民大学的讲话中说："今天只能誓死保卫党中央，只能誓死保卫毛主席，除此以外任何人都不值得保卫，都保卫了，这个也是左派，那个也是左派，那还搞什么文化革命呢？"八月廿五日接见中南赴京同学的讲话中又说："除了党中央毛主席，还有林彪同志……不可以裹，其他的，……只要不革命，就反对，就开炮。"这句话表面看来是说"只要不革命"，就可以炮打，其实陶鑄同志这里根本沒有区分敌我，沒有区别无产阶級司令部和資产阶級司令部。也就是说根本沒有阶級分析。它的眞正含意是除了毛主席和林彪同志以外，任何人都可以怀疑、可以炮打的。陶鑄同志这段话为那些炮打无产阶級司令部的一小撮坏人提供了"理论根据"。請问陶鑄同志，如果有人炮打周总理，炮打陈伯达同志、康生同志、江青同志，炮打中央文革，难道也能够允许嗎？我们認为坚决不能允許，而且必须坚决地給以回击。請看陶鑄同志，如果有人炮打坚决拥护毛主席、坚决拥护毛泽东思想，坚决执行以毛主席为代表的无产阶級文化大革命正确路綫，坚决拥护无产阶級文化大革命十六条的，坚决反对反革命修正主义的，坚决反对資产阶級反动路綫的革命同志，也能够允許嗎？我们認为坚决不能允許，必須坚决地給以回击。但是，根据陶鑄同志的讲话，这些举动都是无可非议的。当前社会上出现了一股炮打中央文革，炮打无产阶級司令部的反动逆流，他们所持的"根据"很大程度是从陶鑄同志这段话中来的，不知陶鑄同志对此作何感想。

好了，我们先提出以上这些事实，并且初步地提出我们的看法。可能有錯誤，也可能完全不正确，如果是这样，只要同志们摆事实，讲道理，我们就認眞考虑。

誓死捍卫毛主席！

誓死保卫毛主席为代表的无产阶級革命路綫！

战无不胜的毛泽东思想万岁！

伟大的領袖毛主席万岁！万岁！万万岁！！！

人民敎育出版社

李冠英、钱国屛、齐咏冬、朱　岩、刘德珍

1966年12月14日写成

1966年12月19日貼出

堅决支持李冠英、錢国屏等同志的大字报

李冠英、钱国屏同志給陶鑄同志貼的一张大字报，是一张革命的大字报。好得很！我表示堅決支持！

一、陶鑄同志与江青、陈伯达、康生、戚本禹、关鋒、姚文元等同志不一样，与毛主席、林付主席、周总理更不一样。他在文化大革命中的确犯了严重錯誤，包庇了右派，压制了革命派。給他貼大字报，不算炮轰无产阶級司令部。

二、李冠英、钱国屏等同志与李洪山等人不一样，他们不是資产阶級反动路綫的执行者，拥护者，而是資产阶級反动路綫的受害者、反对者。他们反对的是陶鑄同志包庇右派，压制革命派的錯誤言行，不是陶鑄同志支持革命派打击右派的正确言行，与資产阶級反动路綫的反扑，与反革命分子的搗乱，完全是两回事。

三、陶鑄同志的錯誤与何伟等人的錯誤有密切联系。陶鑄同志不仅有責任支持教育部的革命派批判何伟等人的錯誤，而且有責任来教育部向广大革命群众檢討自己的錯誤。在我们彻底清算何伟等人的路綫錯誤时，給陶鑄同志貼大字报、揭发他的錯誤，要他来部檢討，是十分必要的，对教育部的运动是十分有利的。

四、把李冠英、钱国屏等同志的大字报，看成是"反动的大字报"、是"大毒草"，是"炮打无产阶級司令部"，把李冠英、钱国屏等人看成是"一小撮別有用心的人"，是"反革命"，是"敌人"是十分錯誤的。

李冠英、钱国屏等同志的行为是崇高的英勇的革命行为！我们应該向他们致敬，他们学习！

原高教部研究室：徐节文

1966.12.19.

炮轟陶鑄，彻底鬧革命

毛主席教导我们："你们要关心国家大事，要把无产阶級文化大革命进行到底。"

教育部的文化大革命已经七个多月了。斗爭是复杂的，尖銳的，曲折的。斗爭的经驗是丰富的。怎样保証我部文化大革命的运动沿着毛主席的革命路綫的軌道深入发展，这个问题已經提到了教育部一切革命者的议事日程上来。

教育部是旧中宣部长期控制的单位，資产阶級势力是强大的。何伟则是教育部資产阶級势力的代表，是教育部头号走資本主义道路的当权派。教育部的資产阶級势力，要維持自己的統治地位，就要保住何伟这个代表人物。因此，揭发何伟，批判何伟，打倒何伟，彻底清算旧中宣部反革命修正主义流毒的影响，大立毛泽东思想。砸烂修正主义教育部，打碎旧的統治机器，把领导权眞正从資产阶級手中夺到无产阶級手中，是教育部文化大革命的根本问题。凡是眞正这样做的，就是堅持了文化大革命的大方向。相反地，把何伟的

问题与其他人的一般問題并列起来，搞"錯誤人人有份"，或者抓着枝节问题，糾纏不休，辯论不止，表面上看似乎是"全面"、"彻底"，实际上却是一种轉移革命大方向的詭計。

教育部不是孤立的单位，何伟不是孤立的人。他既有阶級基础，又有后台老板。不触动他的基础，不揪出他的后台，关着門就何伟批判何伟，不仅何伟批不倒，而且使运动长期陷入混乱和僵持的局面。我们認为打破当前我部运动僵持局面的关鍵，在于全力找出何伟七个多月来不仅沒有倒台，反而敢于公开抵制毛主席革命路綫的根本原因，揪出他的后台，挖出他的根子，把两条路綫的斗爭，提高到一个新的阶段。我们决不能两眼只看到何伟，只看到教育部这个局部，而应該站在部內放眼全国，看到全局性的两条路綫的斗爭。

十二月十九日李冠英，钱国屏等五位同志的大字报，終于拨开了迷雾，找到了正确的答案，陶鑄同志在八届十一中全会前，是刘、邓資产阶級反动路綫的忠实执行者，在八届十一中全会后，是資产阶級反动路綫在党中央的新代表。陶鑄同志又是教育部以何伟为代表的資产阶級反动路綫的后台老板，是何伟的包庇者和支持者。不解决陶鑄同志的问题，就不可能彻底解决何伟的问题。现在，一场向陶鑄同志的資产阶級反动路綫猛烈开火的战斗，已经打响了，我們热烈欢迎和支持这张革命的大字报，我們認为他们这种革命首創精神和大无畏的革命勇气是可贵的。

有些人煽动和威迫一些不明眞相的同志，在李、錢等同志貼出大字报后，匆匆忙忙地开动广播机器，开批判会，張貼大字报和标语，举行游行示威和围攻这張大字报和支持这張大字报的同志，强迫持有不同意见的同志表态，攻击这張大字报是"反革命大字报"、"反动的大字报"，"是炮打无产阶級司令部"，是"大阴謀"。叫喊"誰反对陶鑄同志就砸烂他的狗头"，"砸烂钱国屏和他们的后台老板的狗头"、"把現行反革命分子钱国屏揪出来"，有的人揚言要抄李冠英、钱国屏的家。有的甚至煽动小紅卫兵，非法拘留李冠英，钱国屏等同志。这些煽动者和指使人利用了群众对党中央和毛主席的热爱，把成批的革命同志引入歧途，这是政治錯誤，是方向路綫的錯誤。

现在，广大革命同志，正在議论这个问题，思考这个問題，关心这个问題，这是一个可喜的现象。我们愿意与一切革命同志，从保卫毛主席，保卫毛泽东思想，保卫毛主席的革命路綫，把无产阶級文化大革命进行到底的根本利益出发，交換意见，共同研究。我们愿同一切革命同志在毛主席旗帜下团結起来，彻底清算陶鑄同志的資产阶級反动路綫。

毛主席的路綫，是让群众自己教育自己，自己解放自己的路綫。是敢于相信群众，敢于依靠群众，敢于放手发动群众的路綫。我们必須忠实地、彻底地、不折不扣地貫彻这条路綫，深信我部群众，是能够沿着毛主席指引的方向，共同努力，奋勇前进。当此，必須全面地、不折不扣地貫彻执行十六条，按照十六条的精神，允许发表各种不同意见，允許認識有差别，有先后，允许保留自己的意见，允许犯錯誤，允許改正錯誤，任何人，都不能把自己的观点强加于人。

革命群众之間，革命組織之間，应当在伟大的、战无不胜的毛泽东思想旗帜下团結起来，用毛泽东思想观察和处理問題，坚持原則，坚持团結，决不能从宗派和小团体的角度观察和处理问题。

林彪同志说："千条万条，用毛泽东思想教育人是第一条"。又说："如果不讀毛主席的书，就要脫离理论，脫离方向。"一切革命同志，必须認眞地，刻苦地把老三篇当成座右銘来学，坚持不懈地改造自己的世界观，破私立公，将革命进行到底，为无产阶級革命事业貢献自己的一切，以至生命。有了这样的思想基础，我们就会在任何情况下都勇于坚持真理，在任何情况下都勇于修正錯誤。

炮轰陶鑄，彻底鬧革命

在毛泽东思想旗帜下，教育部全体革命者联合起来！

敌人不投降，就让他灭亡！

在伟大的，战无不胜的，光芒万丈的，光焰无际的毛泽东思想光輝照耀下前进！

在毛主席的領导下，无产阶級联合起来！

无产阶級同貧农、下中农联合起来！

工农劳动群众同革命师生、革命知识分子联合起来！

我们伟大的导师、伟大的領袖、伟大的統帅、伟大的舵手毛主席万岁！万岁！万万岁！！

教育部延安公社　1966.12.27.

中山大学八、三一战斗团翻印　1967.1.3.

最高指示

彻底的唯物主义者是无所畏惧的，我們希望一切同我們共同奋斗的人能够勇敢地負起責任，克服困难，不要怕挫折，不要怕有人議論譏笑，也不要怕向我們共产党人提批評建議。“舍得一身剮，敢把皇帝拉下馬”，我們在为社会主义共产主义而斗爭的时候，必須有这种大无畏的精神。

将革命进行到底

——欢呼一張革命的大字报

我们热烈欢迎，坚决支持李冠英、钱国屏、齐咏冬、朱岩、刘德珍五同志《陶鑄同志貫彻执行的是什么路綫》这张大字报，这是一种英勇的革命行动。

这张大字报，試图对造成长期以来教育部文化大革命中的僵持局面的原因，找到一个根本的答案，我們認为这种努力是值得肯定的。他们提出的观点我們是基本同意的。

这張大字报，是从保卫党中央，保卫毛主席，保卫毛主席的革命路綫的立场出发，向陶鑄同志背离毛主席为代表的革命路綫的言论和行动进行坚决的斗爭，是摆事实讲道理的，絕不是什么“炮打中央文革小組”，絕不是什么“炮打无产阶級司令部。”他们的行动是光明磊落的。

我們認为陶鑄同志在直接指导教育部文化大革命中，确确实实执行的是一条資产阶級反动路綫，必須加以批判。

一、陶鑄同志在指导教育部文化大革命中始終是表面上支持左派，实际上保护走資本主义道路的当权派。为什么几个月以来，教育部对立的双方始終处于僵持混战的局面？为什么对立的双方都認为陶鑄同志是支持自己一方的？为什么经过长期的揭发批判何伟仍然有恃无恐地胆敢和毛主席的革命路綫相对抗？为什么一直到目前教育部的保守力量还那样猖狂，那样囂張，他們是从那里得来的支持和鼓舞的力量？现在可以看得很清楚，造成这种状况的根本原因之一，就是陶鑄同志执行了一条資产阶级反动路綫。他一方面表示支持左派，一方面又多方保护何伟，为何伟开脫。例如八月初，他一方面支持揭教育部的盖子，一方面又任命何伟为教育部长，实际造成的后果，是不少人認为他是中央剛剛任命的新部长，是中央信任的，对何伟揭不得，这个措施实际上鼓舞了保何力量的信心和勇气。十月初陶鑄同志一方面表示何伟犯了方向路綫錯誤，要进行批判，一方面又給他定框框、打保票。事后，据接近何伟的某同志透露，十月十二日陶鑄同志又对何伟单独做了指示，要何伟两个月后以"高姿态来領导运动"，这个指示，又对保何力量起了稳定作用。教育部保何勢力所以能够保持稳定，沒有分化瓦解重要原因之一在这里。何伟经过半年时間，在文化革命中那样明目张胆地鎮压革命群众，至今不認真檢查，不改正，反而明目张胆对抗毛主席的革命路綫，重要原因也在这里，这种作法，对革命群群恰恰起了麻痺和欺骗作用，使他们长期看不清问题的关鍵所在。

二、毛主席一再教导我们：革命的根本问题，是政权问题。十六条也明确指示："党中央对各級党委的要求，就是要坚持正确領导，"敢"字当头，放手发动群众，改变那种处于軟弱无能的状态，鼓励那些有錯誤而愿意改正的同志放下包袱，参加战斗，撤换那些走資本主义道路的当权派，把那里的領导权夺回到无产阶級革命派手中。"陶鑄同志对这个问题却采取了錯誤的态度。12月17日接见部分革命群众的談话，就是一个具体表现。在这次接见中，尽管他表示了对左派的肯定和支持，但是当談到領导权的问题时，他却直接违反了十六条的精神。他在同一个会上，却指定在卫生部門犯过路綫錯誤的张孟旭付主任和在教育部同革命群众在对立面的刘皚风、段洛夫付部长組成領导小組。我們不禁要问，由这样的人組成的領导核心，难道是无产阶級革命派的班子嗎？难道只由刘皚风，段洛夫付部长在群众面前表示一个支持革命群众的态度，他们就一跃而成为左派了嗎？依靠这样一个領导核心，能够把教育部的革命进行到底嗎？我們認为陶鑄同志这个决定表明了他并不是眞正站在革命左派一边的，他的指导思想和十六条是直接违背的。

三、經过半年来的文化大革命，陶鑄同志不但沒有認识和改正自己的錯誤，反而继續坚持自己的錯誤立场。12月17日接见教育部革命群众代表的会上，除了说自己"沒有管好"以外，沒有做任何自我檢查。12月19日李冠英、钱国屏等同志貼出大字报后，陶鑄同志虽然表示"不能説他們是反革命"，却沒有任何自我批評的意思，沒有引火燒身的勇气。

紅旗十四期社论指出："一个共产主义者，犯了路綫錯誤，应当有勇气承認錯誤，檢討錯誤，同群众站在一道批判自己的錯誤。"我們誠恳地希望陶鑄同志能够勇敢地承認自己的錯誤和改正自己的錯誤。

毛主席教导我們："我們必须坚持眞理，而眞理必须旗帜鮮明，我们共产党人从来認为隐瞞自己的观点是可耻的。"我們正是按照毛主席的这一指示，明确表示自己的观点的。如果事实証明我們錯了，我们就勇敢的認眼、改正；如果事实証明我們对了，我们将坚持自己的观点。为了保卫毛主席的革命路綫，为了保卫毛泽东思想，我们什么也不怕。我們一定要和教育部一切愿意革命的同志团結起来，响应毛主席的"你们要关心国家大事，要把无产阶級文化大革命进行到底”的号召，坚决把教育部文化革命进行到底，眞正把毛泽东思想紅旗插到教育部和整个教育战綫。

誓死保卫毛主席！

誓死保卫以毛主席为代表的无产阶級革命路綫！

战无不胜的毛泽东思想万岁！

伟大的領袖毛主席万岁！万岁！万万岁！

李　恩　魏亚田　廖祖武　郭文兰

王純国　王忠民　赵　英　张世衡

66.12月20日写

66.12月21日貼

我　的　看　法

一、坚决支持钱国屏等五同志的《陶鑄同志貫徹的什么路綫？》的大字报。这张大字报是摆事实讲道理的，是革命的大字报，他們貼这张大字报是革命的行动。

二、陶鑄同志是不是坚决貫徹毛主席的革命路綫，是不是无产阶級革命家？对这一問題，比較长时間以来我从教育部运动的许多事实中产生了许多疑问，随着时間的推移，越来越証明这个問題值得深思，因此，我認为給陶鑄同志貼大字报揭发他工作中不符合毛主席革命路綫的間題，不能说成是“炮打无产阶級司令部”。

三、配合社会上反动势力向以毛主席为代表的无产阶級革命路綫猖狂反扑，炮打无产阶級司令部的人，在教育部肯定是有的。他们在九月初（大約）就曾发动签名攻击康生同志。“反修决死队一縱队評论员”（矛头直接指向党中央毛主席的大毒草“论两派之爭”的作者），及《不怕丢官战斗組》就是这样的人。这些人今天又“拉大旗作为虎皮”，打着“拥护中央文革小組的正确領导”的旗号，干着打击革命派的勾当。一切革命同志要识破他們的阴謀，戳穿他们的詭計，追根究底，把他们揪出来，砸烂他们的狗头！

四、《十六条》指出：“文化革命旣然是革命，就不可避免地会有阻力”。“由于阻力比較大，斗爭会有反复，甚至可能有多次的反复。”斗爭是复杂的。我建议一切革命的同志在复杂的斗爭中，要保持冷静的头脑，用毛主席思想作武器，仔細分析形势，再得出自己的結论。

五、我們要响应毛主席的号召，关心国家大事，把无产阶級文化大革命进行到底！

誓死捍卫以毛主席为代表的无产阶級革命路綫！

坚决拥护中央文革小組的正确領导！

誓死捍卫以毛主席为首的党中央！

誓死保卫毛主席！

战无不胜的毛泽东思想万岁！

毛主席万岁！万岁！万万岁！

原教育部小学司　廖祖武　66.12.17.

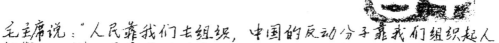

批判刘少奇子女的大字报：

看！刘少奇的丑恶灵魂

毛主席说："人民靠我们去组织，中国的反动分子靠我们组织起人民去把他打倒。凡是反动的东西，你不打，他就不倒。"

在战斗的66年即将过去的时刻，江青同志和中央文革的其他同志来到了清华园，带来了党中央、毛主席对我们的希望，带来了67年的战斗任务，要我们彻底批判刘邓代表的资产阶级反动路线，用毛泽东思想武装我们的头脑，用毛主席的革命路线指导我们的行动。

前几天我做了初步检查，同学们一方面鼓励我的热情，另一方面严肃地向我指出，决不能舍后妈保亲爸，江青和我谈话时指出，必须和家庭划清界线，真正跟着毛主席闹革命，我认真考虑了这一个问题，并学习了毛主席著作，毛主席说："处在革命高潮的中国人民，除了记住自己的朋友之外，还应该牢牢地记住自己的敌人和敌人的朋友……""凡是劝说人民怜惜敌人，保存反动势力的人们，就不是人民的朋友，而是敌人的朋友。"对敌人的怜惜，就是对人民的残忍，我初步认识到，尽管在揭发刘少奇的问题上，有一定的客观上的困难，但是主要的是，对刘少奇的本质看不清，对他存有幻想，立场没有真正的站在毛主席这边来，这样是不行的，我决心按毛主席的指示办了，不辜负江青同志的希望，虚心接受同志们的批评，与自己的反动老子决裂，坚定地跟着毛主席干革命。

在67年元旦，我和弟弟刘允真一起去看我的亲生母亲×××同志，她揭发了刘少奇不少问题，现在我们把它整理公布出来，让这些肮脏的东西见见太阳，大家一起来批判它。

毛主席说："必须善于识别干部。不但要看干部的一时一事，而且要看干部的全部历史和全部工作，这是识别干部的主要方法。"

刘少奇在政治上一贯反对毛泽东思想，搞他自己资产阶级的一套，用来对抗毛主席，表现出他的最大政治野心。刘少奇对我们说："七大以前没有树立毛主席绝对的威信，就拚命地树，七大以后觉得不提大家也知道了。"事实真是如此吗？不！他在扯谎，在诡辩抵赖。

1942年，刘少奇做为党中央毛主席的代表，检查山东、太行山、晋西北等地的工作，一路之上就只讲他自己的什么"论党内斗争"啊，什么"战略策略"啊，什么"建立根据地"啦，全是他自己的一套，遵义会议后，全党确立了毛主席的正确领导，刘在这个时期，还只是突出个人，可就是不宣传毛泽东思想。

我们的妈妈文化程度低，但她很热爱毛主席著作，她就学习"新民主主义论"，可刘少奇却要求她去背什么"曹禺的剧本""老残游记"，由此则可以看出，刘少奇对毛主席著作忽视到何种程度！

毛主席说："我们应当相信群众，我们应当相信党，这是两条根本的原理。如果怀疑这两条原理，那就什么事情也做不成了。"

刘少奇一方面从不深入实际，调查研究，脱离群众闭门造车，坐在屋子里自吹自擂，称王称霸，另一方面，在延安工作时他就不是经常请示主席，对主席不是忠心耿耿，联想到他在解放后，尤其最近几年他对毛主席的态度，对毛泽东思想的态度，真使人气愤到极点，他利用毛主席的休养，借用党中央毛主席的威信，到处树立他个人的权威，欺骗党和人民。他对不起毛主席，对不起党，对不起人民，他是人民的罪人。

他为什么会这样？那是因为他有政治野心。

一九四一年在华东党校，他讲述他的"战略与策略"时说道："外国出了个马克思，中国为什么不能出个刘克思，"（按：出了个赫鲁少奇）他自诩地说："领袖来自于群众，在安源时抛头露面的是李立三，埋头苦干的可就是我……"他说这番话暴露了他的个人野心有多大，事隔十八年后庐山会议上，刘批判彭德怀时说："与其你篡党，还不如我篡党"这句话说得多么坦白露骨。告诉你 刘少奇，你要想篡党，那是白日作梦，你的野心是永远也不会得逞的，因为我们牢牢记住毛主席的教导，特别警惕象赫鲁晓夫那样的个人野心家和阴谋家，防止这样的坏人篡夺党和国家的各级领导权。

刘少奇在很多言行上也是对抗毛主席指示的。

毛主席在他光辉的第一篇著作"中国社会各阶级的分析"一文中指出："工业无产阶级是我们革命的领导力量，一切半无产阶级、小资产阶级，是我们最接近的朋友。"而在七大刘少奇起草"修改党章的报告"中他说："无产阶级和半无产阶级是我们革命的领导。"这直接违背毛主席指示，他这看法是右倾机会主义的。实际上等于把领导权交给半无产阶级——贫农。毛主席早就指出过，农民领导新民主主义革命是不可能 胜利的。最后因讨论大家不同意，才没有写上，然而在一九五二年（或五一年），中央组织工作会议以后，一个文件上又提出这样个看法，用来对抗毛主席，把群众和同志们的批评置之脑后，顽固地坚持自己的一套，而且在解放后再一次提出这个问题，就更加错了。毛主席说："中国共产党是全中国人民的领导核心，没有这样一个核心，社会主义事业就不能胜利。"刘少奇提出这个问题的目的何在？说明他是顽固透顶了。

一九四七年土改时，刘大搞"搬石头"，"一脚踢开旧干部"，分配土地时"绝对平均"，这是违背毛主席的政策思想的，就是搞的形"左"实右。其实，过了十几年，他并不吸取教训，一九六四年搞农村四清时，又是形"左"实右，联想起来，不是令人深省吗？

这两次都是我们伟大领袖毛主席纠正的。

由此看来，刘少奇的民主主义的关也并没有过了，这 次文化大革命正在关键时刻，要不是我们的伟大舵手毛主席端正了航向，那么我们中国就会千百万人头落地，将要亡党亡国啊！

刘少奇在政治上是这样对抗毛主席，在组织上，搞他的独立王国，用干部"任人唯亲"的路线他对军队的干部看不起，认为军队干部要听党的干部的，受党政干部支配就行了；因此他对军队干部十分疏远，而对白区与他同工作的干部就分外重视，非常听信于他们。联想到当今，我们看刘少奇除了走这"唯亲信"的路线以外，还走"老婆路线"、"女儿路线"。王光美这几年青云直上，一个形左实右的桃园经验 竟然由刘少奇本人亲自到处宣传，这次文化大革命也是有王光美在清华"蹲点"，又搞了个反动的——学生斗学生的经验，我妹妹曾说（可能是他自夸）他觉得爸爸很信他的话，他认为第一个工作组不好，就给撤了，他认为第二个工作组有问题，但基本上还是革命的，于是就给留下了。

在刘的眼里，只要是他认为是好的人，此人就不会有缺点，就可以得到重用，可若他认为不好的人，此人一辈子就别打算翻身，他根本不是发展和辩证地看人。他的思想方法也就是形而上学，主观片面。

毛主席说："必须善于爱护干部……照顾他们的困难"，而他对干部漠不关心，对干部的困难不闻不问，毛主席批评这种人："对同志对人民不是满腔热情，而是冷冷清清，漠不关心，麻木不仁。这种人其实不是共产党员，至少不能算一个纯粹的共产党员"。

谁给刘少奇拍马，此人大有希望，若是给他提意见，那就大祸临头，谁反对他，就是反党中央，老子天下第一。（联想到这次文化大革命，不难理解他认为，　　工作组就是反对党中央——反对他的逻辑。）

一九四一年在华东党校有两位同志（柳某、顾某）因给他提意见，他竟把人家打成托派，可是"真老虎屁股摸不得。刘的"论党内斗争"也就是这是写的，本来有柳某等人的这一段，后来又删了。——刘的"论党内斗争"纯粹是为了发泄私愤，是他受王明打击后带着个人情绪写的。

在刘的实际行动中，尤其是资产阶级反动路线对革命群众实行资产阶级专政，是反动的。凡是对他或对他那条反动路线表示怀疑，不同意、不满意、不积极拥护，不坚决执行，不管情况如何，一律错误地戴上"假左派""真右派"反革命等帽子，而加以无情打击，残酷斗争从而达到提高领导或执行错误路线人的威信，实现其要求，并去吓唬人。这与毛主席的正确的党内斗争是直接相违背的。

刘少奇错误的组织路线与他极端的个人主义思想和形而上学的思想方法是离不开的，是与他丑恶的灵魂分不开的；而决不是像他在检查中讲的那样仅仅是世界观的认识搞不是马列主义的。

毛主席说："人固有一死，或重于泰山，或轻于鸿毛"。刘少奇的人生哲学是活命哲学，是叛变哲学。

一九六二年他指示薄一波、杨献珍、安子文、胡锡奎等人用写自首书的方式假投降，这样能出狱，以后还能"继续"为党工作。为了使这一叛变哲学合法化，他在七大起草修改党章的报告时甚至要身上有变节行为的人也可以做中央委员。后来康生等同志坚决反对才没有写上去，他的这套活命哲学与赫鲁晓夫的有何区别，实际上认为好死不如赖活着。

刘的这一套哲学使他在残酷的斗争年月里很不好受，因此战争一残酷，他就当逃兵。一九四二年我军打了涟城、集宁等地，消灭了暴动顽固派，解放了一些大县城以后他就轻敌了。自己住在城里办党校、大办鲁艺、抗大、中学等违背毛主席农村包围城市的战略思想，结果敌人来轰炸，学校散了一大半，人也死了好多，城市最后也丢了。日本人由七路进攻增加到九路，在他逃命哲学的指导下，他丢下军队提早跑到安徽，当下陈毅同志在苏北指挥作战。在他这套活命哲学下他能为共产主义事业贡献出自己的一切，以至生命吗？他能全心全意为人民服务吗？这就想在中美之战中，他能挺得住吗？这都是根本不可能的。毛主席说：共产党员无论何时何地都不应以个人利益放在第一位，而应以个人利益服从于民族的和人民群众的利益。因此，自私自利，消极怠工，贪污腐化，风头主义等等是最可鄙的……

原来我们认为刘少奇只是一个高级个人主义者，因为他是要吃小亏占大便宜的。在事实上，资产阶级只可能是唯利自图的。在他的灵魂深处只能是低级趣味的极端个人主义的道德品质。

刘少奇无耻到极点，竟然贪污：他把白区工作党的事业经费（包括党员的党费和党的外围组织的捐款）打成一个金　带圈和金鞋拔子。同志们，大家可以想想，他仅仅是贪污了经费吗？不！他贪食了党和人民的血汗，后来，离婚时，刘少奇把这个金皮批圈送给了妈々，刘他又反咬一口，背地里和邓颖超和康克清同志说是我妈々偷来的陷害妈々这件事。

妈々当时为了党的利益忍受了二十年，直到这次我们去看她才和我们说的这个金皮批圈我们要交给中央文革小组作为他贪污的见证，刘少奇把你贪污的金鞋拔子交出来！毛主席说："有许多党员在组织上入了党，思想上并没有完全入党，甚至完全没有入党，这种思想上没有入党的人，头脑里还装着许多剥削阶级的东西，根本不知道什么是无产阶级思想，什么是共产主义，什么是党……有些人就是一辈子没有共产党员的气味，只有离开党完事"。刘少奇确实就象毛主席指的这种人，没有一点共产党员的气味。

刘少奇为自己打算，自私自利到极点，但在同志面前，又装得洁廉。刘少奇是地々道々的伪君子。他曾对我母亲说过："你看人家刘瑛（洛甫的老婆）多聪明，穿得不好，吃得可好呐！吃在肚子里谁也看不见，穿在外面大家都看见了吗？"从这一件小事就可以看出刘少奇的小算盘打的多精，又有一次给战士缝衣服，妈々让阿姨去了，自己拙孩子，刘知道了就指责妈々说："你真愚蠢，在家拙孩子够累，去缝衣服又轻快又是群众场合，大家都能看到……"这就是他那个"吃小亏占大便宜"商人哲学的典型表现。一九四一年在前线时在那样难苦的环境中别人吃的是玉米渣，刘可每天要吃一只炖老母鸡，让付官到处去给他买活鸡活鱼，还要吃桔子。

象他这样人，不和群众同甘共苦，他到底干的什么革命呢！刘少奇的极端的个人主义严重地体现在他对妻子的态度上，对妈々极不仁道。他为了娶妈々，竟然欺骗妈々，隐瞒自己的年令，少说十岁，而我妈々当时还只有十六岁，妈々一直到48年才知道刘少奇比她大二十六、七岁，还有二个孩子，他就是这样卑鄙无道德到极点，这是他极端个人主义的大暴露。他对妻子不是看成革命同志，根本看不起，骂她是小党员，对她的政治上毫不关心，他不让妈々看报，读政治书，说毛主席著作不是文化书，是政治书，妳看不懂，却只要她侍候别人，还说侍候好他就是为党工作，别人也就不会有意见了。他认为别人侍候他是理所当然的。

更加残忍的是妈々与他离婚后，堂々的国家主席竟然不顾党纪国法，就是不许她和我们见面，一九四七年底，妈々写信给刘，说非常想见到我们，刘却恶狠々的回信道："孩子死了妳再见吧！"一九五五年她写给信我爱通信，刘一句一句的教我给妈々回信大骂了一通，妈々经过组织关係说想见々我们，他非但不让见，还亲自笔写信给妈々工作的地方，说如何如何不好，造成妈々单位给她压力，存时他也给我们说妈々如何如何坏，目的就是让我们对亲生母亲没有好影响，不去见她。要不是这次文化大革命，确实这一辈子也别想见到妈々了。他为什么对妈々这样狠毒，恨不得将她置于死地而后快，就是因为他有把柄在妈々手中，怕妈々揭发。

王光美不但在政治上是刘少奇的帮凶，在这个问题上同样也不落后，四九年在天津一次（市委）报告会上妈々过见刘与王，会后王托她妹妹给妈々两盒口香糖（先甜后苦）还让妈々到她妹々处去谈，这不是侮辱到极点了吗？王光美是个什么东西，据说在"辅仁"大学时是个交际花和那些"上層人物"神父等人打得火热，他出国访问时又把她年轻时那一套搬出来了，简直令人作呕！给我们国家、党和人民丢尽了脸！

妈々告訴我们，四六年北京国共谈判执行小组撤退时，王光美是翻译，她是去美国留学还是去延安都没有定，后来叶剑英同志对（本清）工作后，她才去延安。现在看来，她去延安是个人野心的，但就是这样一个野心勃々的资产阶级臭小姐，却得到了刘某人的宠爱，这难道是奇迹吗？不！这是臭味相投！

今天毛主席亲自发动和领导的这场无产阶级文化大革命，把刘少奇揪出来，挖掉了毛主席身边的一颗定时炸弹，真是大快人心！刘少奇的确就是中国的赫鲁晓夫！他从来都是仇视毛主席，仇视毛泽东思想，搞自己资产阶级修正主义的一套。毛主席说："闹这类独立性的人常々跟他们的个人第一分不开，他们在个人和党的关系上，往々是不正确的，他们在口头上虽然也说尊重党，但他们在实际上却把个人放在第一位，把党放在第二位……这种人闹什么呢？闹名誉，闹地位，闹出风头。"刘少奇根本就不是什么无产阶级革命家，而是地々道々的资产阶级个人主义者。在他灵魂深处是个资产阶级个人主义王国，是那样卑鄙龌龊。

毛主席说："敌人是不会自行消灭的，无论是中国的反动派或是美国帝国主义在中国的侵略势力都不会自行退出历史舞台。"我们要发扬鲁迅痛打落水狗的精神，把刘、邓的资产阶级反动路线彻底埋葬。

刘少奇，我们正告你，必须老々实々向党和人民低头认罪，若还是顽固地坚持自己的资产阶级反动路线，不承认错，不回到毛主席这边来，那就只有死路一条。

我们是刘少奇的子女，今天我们从妈々揭发的事实中更加看清了刘的本质，我们一定要继续贯彻、努力学习毛泽东思想，彻底造老子的反，与他划清界线，真正跟着毛主席干革命！

刘涛

刘允真

1967.1.3.

按：〔刘涛是刘少奇之女，清华大学学生。
刘允真是刘少奇之子。
本文是刘涛、刘允真贴出的大字报的原文〕

清华大学电机系电红部分同学
新北大青年登攀战斗队翻印
毛泽东主义战校（原16中）
教工战斗队
孺子牛战斗组 联合翻印
1967.1.6.

王光美究竟是什么貨色

清华大学井岡山兵团《鎮黑浪》

九六七年一月十六日

最高指示

凡是反动的东西，你不打，他就不倒。这也和扫地一样，扫帚不到，灰尘照例不会自己跑掉。

《抗日战争胜利后的时局和我们的方针》

目　录

前言……1
"王记"剝削世家……1
青年的败类……2
心怀叵测　打入革命队伍……3
"一人得道　合家升天"……5
昔日吸血鬼　今日"王世仁"……6
立碑哭坟　资产级阶孝子贤孙……7
充皇后　飞揚跋扈　丑灵魂　暴露无遺……8
刘邓路线的急先锋……10
条条黑线……11
结束语……12

附　录:
王光美牵线图……13
王光美在清华大学无产阶级文化大革命中的十大罪状……13
王光美的"四清纪念碑"……16
王光美在清华大学文化大革命中的言论集……16
王光美四点保证……20
王光美为其狗父"碑文"……21

前　言

“王光美”这个丑名，恐怕已是人所共知了。

她究竟在这个阶级斗争的舞台上扮演了什么角色呢？翻翻她的历史：有时象个香港的摩登妇人，有时象个乔装打扮扭妮作态的蹩足小丑，有时象个滥放厥词的吹牛家，现在又成了被人嘲弄的“新闻人物”。似乎这早已是一个现形的纸老虎，笼中的丑乌鸦，不屑一顾了。难道果眞如此吗？

毛主席教导我们：“各种剝削阶级的代表人物，当着他们处在不利情况的时候，为了保护他们现在的生存，以利将来的发展；他们往往采取以攻为守的策略，……‘冲破一些缺口’使我们处于困难的地位。……他们有长期阶级斗爭的经验，他们会做各种形式的斗爭，我们革命党人必须懂得他们这一套，必须研究他们的策略，以便战胜他们。切不可书生气十足，把复杂的阶级斗爭看得太简单了。”

王光美，正是一个攻进我们党中央的人物。

今天，我们就来进行解剖的手术，提供一些新鲜的材料，以“研究他们的策略”。如果同志们能循着文章的思路，认眞读完，那么你就不但发现一条分明的黑线貫串于这个“元首夫人”的全部生涯，甚至可以察覺出令人吃惊的东西来。

“王記”剝削世家

王光美出身于一个封建买办的剝削世家。

王的曾祖父为盐商，用劳动人民血汗为王家大院打下了第一块奠基石。子、媳都是大烟鬼，任意挥霍，生活放蕩不用说得，不过，总算没忘“祖辈遺训”，晚年在天津的一家商店內投资作股东，当上了老板，为王家留下了一笔不小的产业。

为了使剝削家风后继有人，王光美之父王槐靑从小在其父母之严格教诲下“从学”。父意叫他大唸古书，考科举做官，母意是叫他多听评书，大长阅历，后经商，可是“公子”不爭气，书唸得一塌胡涂，場場科举名落孙山。

王槐靑不是一块“秀才”料，却别具一身“洋才”，仗着其父有錢，留学东洋，毕业于日本军大。从日本，他学会了一套剝削手段，沾染了一身洋奴气息，并成为中国较早的耶稣教徒之一。军阀时期的中国，殖民地资本主义已萌芽。王槐靑依着留洋所见，勾结军阀，大发洋财，家产猛增，当时与黑帮分子徐冰之兄邢贊亭等人同称为“京津豪富”，两家狼狈为奸，堪称世交。（王光美称徐冰为三叔！）

军阀混战时期，王槐靑仗着一身“洋才”曾任军阀的农商部司长，专事工商。后任代理外长，曾去过纽约参与签订“九国公约”。

王槐靑仗着有财有势，对劳动人民敲骨吮髓，无恶不作，括民脂膏，塡肥自己腰包。这个反动买办贼心一直不死，解放后仍私藏手枪一支于厚书堆中，其死后才发现上交。

王槐青前妻死后选中毕业于天津北洋女子师范之董洁如为妻，董曾在北京培华女中任教，然其剥削劣性不变，解放后，董开创黑托儿所——洁如托儿所，自任所长，女儿王光和任付所长，王槐青全权顾问，这座占有43间房的大院的家庭托儿所，便是王槐青在北京的一宗产业。

王槐青六子五女（光奇、光超、光乐、光杰、光复、光英、光美、光中、光正、光和、光平），在王槐青的培养下，子女除一人外都大学毕业，且不少是留洋镀金之才。

在地下党影响下，王光杰、王光和、王光平曾参加革命。王光复为国民党员，历任匪军空军中队长、空军军校教官，现在台湾忠实地充当蒋帮爪牙。

只有王光英，辅仁大学毕业后，继承父业，投靠日本，在天津开设工厂。解放后，顺着刘少奇这条粗腿，继续干榨取工人的勾当。

王光美这朵辅仁大学的“交际花”，是国民党、三青团二座上贵宾，又与我地下党外国有些接触，自进入军调部后，惊人圆滑的两面派手腕和强烈的政治野心使她得以飞黄腾达，一跃而为“元首夫人”，从此自以为得意，处处以“皇后”自居，真是何等威风。

王家平日腐化奢侈的资产阶级生活方式就不必细说，免污读者耳目。

树有根，水有源，王光美的所作所为是有其深厚的阶级根源的！

青年中的敗类

“在阶级社会中，每一个人都在一定的阶级地位中生活，各种思想无不打上阶级的烙印”。

作为“王记”剥削世家的千金小姐王光美，在解放前的一段青年生活中，实在是充满腐气，臭不可闻。人们称之为青年中的败类，社会上的女阿飞，的确一点也不假。

（一）辅仁大学的“交际花”

王光美出身于一个反动官僚资产阶级家庭，从小就浸在资产阶级生活方式之中，加之她为王家长女，则更是娇惯异常。因此王光美灵魂肮脏，生活腐败是肯定无疑的。

早期的王光美，在国民党蓝衣社所控制的志成中学就被捧为“校花”。

1939年王进入辅仁大学物理系（帝国主义所控制的教会学校），43年毕业，作研究生，直至46年“北平军事调处执行部”成立后不久，王突然离校被接收为“军调部”共方雇员。

王在辅仁期间，梳装打扮，妖艳过人，令人刺眼，与其说是“学生”，倒不如说是女阿飞更为确切，具体细节可想而知，此不费笔墨了。

上帝不作美，王光美生了一付单眼皮，在王看来，自己之所以不能捧为“辅仁校花”，大概就是因为这付单眼皮增加了几分丑吧，于是王不惜特意动手术把自己单眼皮割成双眼皮，此举当时轰动全校，看来，也得遗臭万年吧！

王回家来校，高兴时蹬上自行车蹓蹓跶跶，不高兴时坐上包车扬长而去。在她的眼里，根本看不上一般学生，而是极善于走上层路线，与学校的当权派——神父、修女（多属特务、间谍、大流氓）打得火热，周旋自若，（当时正派的女学生见了神父躲避都来不及）。王正是因为有这种过人的交际手腕而出名，因此虽长相不美而未轮上“辅仁校花”，但总算获得了“交际花”的臭名。

据揭露，日本投降后，45年底，国民党接收大员进京，美国海军陆战队也相继而入。当时，王与国民党军官交往密切，经常出没于舞場之中；美国军官则从辅仁、燕京等大学挑出一批家有錢有势、长相好、会洋文、善交际的女学生陪他们伴舞鬼混，以至坐吉普车兜风等，人们骂这些无耻的女学生为“吉普女郎”。作为当时能同美国军官混得火热的王光美，是否有这种醜事，最好請她自白。

(二)伪装革命亲共真心投蔣崇美

王光美这朵“辅仁大学交际花”44年为彭真所派当时在北京搞学运工作的崔毓黎（原北京市付市长，黑帮分子）所看中，表面上开始了与共产党有所靠近，但实际上未作任何工作，她的资产阶级本性不变，政治上、思想上必然反动。

王光美在学生时代，对学生运动态度冷淡，莫不关心，她在所谓的“工业救国”思想指导下，致力于学业。

日本投降后，当国民党飞机来京时，王家为天下将是国军的欢欣，作为“与共产党有所联系”的王光美也兴高采烈，亲自参加夹道欢迎。（当时凡与共产党有接触的均未去）。

王光美这个时期与美国军官、国民党军官等上层人物交往密切，混得火热，甚至还拜认蔣匪空军头子，大战犯王叔铭为“干爸爸”，（王叔铭在46—49年是蔣匪空军付总司令参谋长，52年任匪军空军总司令，53—59任匪参谋总长，64年任蔣匪驻联合国军事参谋代表团首席代表，现在台湾为蔣忠实卖命）。

王光美这朵难得的“鲜花”，这时期国民党、三青团也抢着拉她进去。

王光美为了能爭取“美好”的前途，找个高官厚祿的丈夫，实现自己的个人野心，一心向往美国留学，以提高自己的身价，增加自己的政治资本，直到1946年还每周专门跟一个外国妇人学英文，积极准备留美。

从以上点滴事实不难看出，王光美亲共是假，崇美投蔣是真，她的资产阶级反动本性完全暴露无遗。

心怀叵测　打入革命队伍

王光美这样一个资产阶级臭小姐，社会的败类，骨子里崇美投蔣反共的家伙究竟是怎样混入革命队伍，而又怎样一跃而为刘某人的夫人呢?

一九四三年，黑帮头子彭真（当时北方局书记）委派崔毓黎（原北京市付市长，黑帮分子）到北京在刘仁的手下展开学运工作。

九四四年，崔毓黎通过王光杰老婆（汉奸女儿）看中了王光美，并勾上了联系，从此王光美就算与地下组织有所接触，可是王却正在学校、社会施展其“交际花”之能事，干其崇美投蔣反共的勾当。

九四六年初，“北平军事调处执行部”成立不久，就被当时在学委会工作的任斌（原北京市市委组织部付部长，黑帮分子），借"军调部"缺英文翻译为名，指使崔毓黎突然把王光美拉入"军调部"作共方雇员，这一行动当时使人们感到吃惊。

到军调部后，王本性未改，头发仍是"飞机式"，打扮为"阿飞式"，总之什么最鲜艳，最引人注目就穿什么、戴什么。其举止模样，人们都把她看成是"军调部"里美方或蒋方工作人员。

王在军调部亦使尽其"交际花"手腕，极喜走上层人物路线，对领导干部很会阿谀奉承，很会周旋，而对一般干部则不爱理会，不接近。另外她与美方、蒋方军官也混得火热。我方工作人员上街外出，都要提防匪帮盯哨、迫害，而王光美却可以大摇大摆，独来独行。

一九四六年底，"军调部"我方工作人员陆续撤至延安。为了安全，为了对同志负责，领导上尽量动员我方所聘工作人员去延安。王光美这时在美国、延安二者之间徘徊不定，最后跟随去延安。就王光美向来的表现和家庭环境讲，如既沒有追求革命的思想基础，也絲毫沒有受国民党迫害的危险，而有的却是骨子里的崇美投蔣反共，却何以又投奔延安去呢，其中自有奥妙。

据说原来刘少奇早在一九四六年曾到过"军调部"，通过×××，×××介绍，刘认识了王光美，且一见钟情，王光美自然合心意，虽未当面言定，但也给王今后钻入党內，作高官夫人，以达勃勃野心以无限希望。这或许就是王光美最后选择了去延安的缘故吧。

王光美到延安后，分配在中央外事组工作。王一到延安后就被×××带到刘少奇住处（延安枣园）私谈过。当时外事小组的头头之一就是楊尙昆，他极力为之搭桥牵线。因此王光美并沒有安心于外事小组的工作。相反，她却为了同刘拉关系，在和刘结婚以前，经常到刘家去，同王前同志留下的两个小孩（即刘涛、刘允真）建立感情，曾亲自作鞋给他们穿，还恬不知耻地让刘涛他们叫她，"妈妈"等，（当时王还不是党员）。

四七年八月，党中央自延安撤退，外事小组撤退到晋绥一带，王光美由于是新干部，组织上决定让她下农村搞一段土改，大约几个月。在下乡期间，王仍打扮得很漂亮，穿着红鞋，在群众中影响极坏。

四八年二月，中央外事小组由晋绥转移到临时党中央所在地晋察冀平山一带，这时刘亦在平山。由于王仍在搞土改未回，刘已决定同另一位女同志王珍结婚。正巧王光美从乡下回来，碰上刘少奇的婚礼，王光美还假惺惺地去参加婚礼，以示"祝贺"。奇怪的是刘与王珍同志结婚不到三个月，就提出离婚。从此，就与王光美勾搭上了，来往密切。

但王光美当时还不是党员，为了王与刘尽快结婚，外事组头目楊尙昆，×××，×××徐冰等以及党支部领导人为把王光美拉入党内进行了紧张的活动。尽管当时支部领导同志不同意急于把王光美发展入党（因王本人及家庭历史问题未经审查，本人政治思想隐藏，未经考验），但他们却到处游说，打包票，竭力鼓吹王光美"革命觉悟"，×××对支部书记说："王光美的历史家庭我们清楚，我们负责，你们看她的表现就可以发展。"就在这种压力下，明知王要与刘结婚，党支部就形式地通过了王光美入党，以至连入党手续也沒办全，入党介绍人徐冰也不在埸。事后徐冰还得意地说"要不是我与×××介绍，王光美入不了党。"无怪乎时至今日光美还念念不忘"二叔"，常常设之以名酒，酬谢以往之恩德，刘少奇也对徐冰大加重用，视为手下红人。

王光美入党后十几天，经安子文等人介绍，就正式与刘少奇结婚了。刘还很得意地说："我娶了一个大学生，学原子物理的。"

王光美进军调部—→延安—→入党—→与刘少奇结婚，不难看出有着极其微妙的关系，特别是从其中涉及到的一些牵线人，岂不发人深省吗？仅仅只有两年的时间，刘王这对臭味相投，本是同根生的人物就撮合在一块，王光美从此登上了政治舞台。奥妙！奥妙！

“一人得道　合家升天”

王光美勾结上了刘少奇，王家老少也就青云直上，真是“一人得道，合家升天”。不信吗，請看下列事实：

王槐青这个京津豪富，官僚资本家解放后俨然以“国丈”自居，刚解放时，王开口闭口就说：“叫老叶给我办办某事”。（当时叶剑英同志是北京军事管制委员会主任）。王槐青贼心不死，私藏手枪一支至死不交。这样一个家伙，解放后一直被安插在中央政务院文史馆养老送终。

王光美的母亲董洁如，解放后开设私人托儿所，从中渔利。也正因为刘某人的关系，这样一个老板娘竟然当上了北京市政协委员，王槐青死后，刘少奇还因她教子有方（可不！教出了王光美这么一个凤女！）接入中南海养老。

王光美的兄弟姐妹，都是身居要职，上至部长，小至党委书记，无所不有，就连王光英这个资本家也一样平步青云，翱翔直上。

我们不妨来看看王光英：

王光英是王槐青之幼子，辅仁大学毕业后，与大资本家之女应依莉结婚，狠捞了一笔嫁妆。45年与原辅仁大学同学合资在天津开办一化工厂，生产避孕套，专供日本侵略者蹂躏中国妇女之用。日本投降后王走军方后门，摇身一变为国民党接收大员，发了一笔国难财。

解放后，王光英开设“近代化学厂”生产硝化棉。用尽一切剥削手段，由初办时几个工人扩大到上百人的大厂。为了获取高额利润，王不顾工人同志死活，迟迟不加防护措施，以致54年11月在晒硝化棉时产生硝化棉着火爆炸事件，炸死七人，重伤八人，轻伤多人，现場惨不忍睹，连赶来检验现場的检察员都忍不住流下了眼泪。但正因为厂长是王光英，刘少奇又发了话，天津市委一直拖延，不加处理。工人忍无可忍，派代表赴京告状。

此状告到彭真处，彭说：“你们这些人真傻，怎么告到他头上来了。”此案就是这样，硬压了下去。半年后，王光英写了几份检讨就算不了了之。

在政治上，王光英也是平步青云，不可一世，在一般人心目中就是国舅”，是“手眼通王”的。一般的党员干部都不在他们眼里，有事就直接找天津市委书记，至少也是找统战部长，在工商联、民建会中王更是老子天下第一，处处以“三自”（以教育者自居，以有学问自居，以党的代表自居）待人，使尽了资产阶级政客的尔虞我诈，排斥打击手段，常常向党公开要地位，在他官居人大代表、省工商联主任、省民建会付主任、市政协付主席、对外贸易促进会付秘书长及和大、青联中的许多要职后，还想扩大势力，千方百计地想把其妻塞入市工商联组织处当付处长，以排斥打击组织处长（老党员）。甚至在一次全国工商联开大会时因争当秘书长与陈叔通大闹一場。同志们想一想，王光英为什么敢如此目无党组织，飞揚跋扈！

为了镀金，王光英曾参加七个月下放劳动。下乡时，别人参加劳动，王却去钓鱼养神，再加上政协、工商联经常召王回去开会，所以实际上参加劳动最多不过二、三个月，就这样刘少奇还专门派人去看望，生怕苦坏了他的大舅子。这次王捞到了一大笔政治资本，到处吹嘘、宣传，大有不可一世之势。

刘少奇先后五次去天津，大多是王光美伴同前往，刘每次去津或王光英来京开会，刘都曾与王谈话。每次回去后到处宣揚少奇同志和我谈什么什么，以抬高自己的身价。

刘少奇甚至向王光英当面讲过拉他到党内，为工商界树立榜样。统战部认为资本家不能入党，没予吸收。事后王大发牢骚，"我入党比用象鼻子穿针还难！"弄得市委书记们只好光长、光英短地做工作。

借着刘少奇的势力，王光英还曾三次出国访问，甚至还让参加最高国务会议，在国内外公然自称，"红色资本家"，散布了种种谬论。

王光英这个两面三刀的伪君子，表面伪装进步，实则利慾熏心。54年听内部消息，赶紧申請公私合营，比一般合营要早两年，从此就给他套上了一件"左派"外衣。58年王曾提过要把定息上交政府，伪装进步。但过了几个月就借口要供养在中南海的母亲（刘少奇还管不起她吃饭，真乃滑天下之大稽）而继续领取定息，每年达5000多元定息，过着腐化奢侈的生活。

从这几个简短的侧面我们不难看出：修正主义当道，究竟是何人的天下！

昔日吸血鬼　今日"王世仁"

解放后的北京，在旧刑部街（即今天民族饭店处），一个有四十六间房的大院（内分若干院）就是王光美家所在。朱红漆大门把它与外面分成了两个世界。內中老爷、太太卧室，小姐闺阁，少爷书房，宽敞明亮，此外还有一个托儿所。

这个托儿所是王槐青家私办，49年开办。吸血鬼王槐青为全权顾问，董洁如自任所长，女儿王光中封为付所长，并以董洁如的名字命名即"洁如托儿所"。

在这所里，除刘家王家子孙外就是与王家有瓜葛的高级人物家的小孩。小孩多时可达四十余人，雇保育员　十余人。美其名雇保育员，实则当佣人使用，其结果王家还无须付錢。

所里，高级管养自不必说，设备全新。小孩挂号，刘家、王家子孙自然排在前头，王光美的小孩第一号，王光中的第二号……，这样以示各方面之差别。每个小孩每月要交37.10元。普通工农干部的孩子当然进不去。

保育员是分等级的，分在班上（看小孩）和做杂活等几种。雇保育员首先要试用　个月，认为满意者留下，稍不如意者辞退，就这样三个月换一批，使用着廉价的劳动力。被使用二个月后辞退者连路费錢都不给一个。一个叫张桂兰的农村姑娘被试用二个月后，劳累得生了病，就被辞退了，她既无錢治病也无錢回家，后来是别的保育员相助了点路费錢才拖着重病的身子回到家，但回家后不久就病死了。看！这就是王家只管自己肥，不管他人生死的罪证！象张桂兰这样在王家遭到同样命运的又何止她一个。

保育员进了王家大门就得规规矩矩，听候分咐，不得有违，她们在里面只有成天干活，不知道墙外事，不知道国家大事，因为她们从来不放假，名义是九天一休息，可从来没让歇过，实在有事找董婆告假也是常做嗤之以鼻。农村来的，多年不得回一趟家。

来这所的，多是十三、四岁的小姑娘或女青年。年纪大了不准结婚，否则就辞退，并到男方挑拨关系，以致有些妇女年纪大了也不敢结婚。

在这里，小姑娘干的却是成年人的活，每天起早睡晚，天晴下雨从不间断，吃饭也是赶急，洗晒清扫，端尿倒尿。提水还要一手一个桶，这样成年累月，有的人抡坏了手臂，都从不敢啃声，造成了慢性病，因为这里从来就无所谓福利，轻病自己花錢看，重病就滚蛋。

就这样，烈日炎炎之夏，汗津八瓣，浑身湿透；寒风刺骨之冬手肿脚裂，有时手与晒衣服的铁絲冻在一起，留下了条条伤痕，可是资本家还是不滿意，董洁如成天指桑骂槐，白眼珠子一翻，以解罷威胁。吸血鬼王槐青，更是成王拿着文明棍，出来进去的，稍不顺心，文明棍就往保育员身上戳，恨不得一棍戳死，胀红了腮帮子，怒目圆睁，一付凶神恶煞相。即使在他高血压病不能说话时还要大事管小事揽，查看帐，严管家规，贼心不死，为所欲为。

保育员工资低微，解放初那几年，每月100斤小米，伙食费扣90斤，余10斤小米，还不够买双袜子。到56年每月18元，伙食10元多，每月还剩7～8元，就是这点錢董妖婆也还要出鬼主意，说买点好穿的，所里常有要人来，不能穿得土寒傖。

王家生活腐化就不用提了。老鬼生日之类，众亲诸友，光临赴会。刘少奇、王光美滿面春风而至，前呼后拥，好不热鬧。家宴上，美味佳餚，名酒贵果，无所不有。平日对保育员成天唠叨办此所亏本的重活如这时也给保育员“加餐”，收买人心。

宴別茶后之余，闲暇之际，王光美滿面红光，来到保育员处，连连握手，寒暄不已。有时刘少奇也粉墨登場。在这种渲染下，“国丈、国太”更是威风凛凛，不可一世。董洁如自己违犯自己立下的家规，保育员给提意见，被说成是敌对情绪，敢在虎头上拔鬚，不知好歹。就连王光和男人，仗着巴结上了皇亲国戚，在所里大耍流氓也为所欲为。

就这样，有的保育员在这“王世仁”家过了近十年的岁月，挨了多少骂，留下了难忘的伤痕，从不敢向谁人哭诉，只有自个吞嚥了辛酸泪。要知道这是皇亲国戚呀。

这样一个所，却得到旧北京市彭真之流的器重，多次予以表揚和授予奖旗。大小事王家都找彭真、刘仁，他们一呼百应。正因为这样，这个私所得以存在，直至五八年才上交国家；使其中剝削压迫保育员得以合法化。

这是一座地地道道的黑托儿所，这是黄世仁家再现！

立碑哭坟
資产阶級孝子賢孙

王光美是一个地地道道的资产阶级分子。在解放战爭初期混入我革命队伍，被拉入党內。这样是不是就改变了她的资产阶级本性呢，沒有！她只不过是戴上了“共产党员”的面纱，掩其资产阶级面目，变本加利地散其腐气，干其罪恶勾当。

北京解放后，仗着刘少奇之势，把其父、国民党大官吏、官僚资本家、吸血鬼王槐青安插文史馆馆员，高官厚祿供奉，其母、兄弟姐妹也各各封官受祿。这般过去吸慣工人血汗的家伙也在皇亲国戚的大伞下作威作福，横行坝道，过着与过去有过之而无不及的奢侈生活。

王光美在中央办公厅工作，却恋恋不舍“王家大院”，光美一登闺门，“大小姐”、“大姑奶奶”的一片悦耳，好不爽快。豪门家财万贯，大小聚会连连，每逢老鬼们生日，更是热闹非凡，刘少奇、王光美必是准到无误，还要摄下“全家福”，合家欢乐。

五五年，王槐青这吸血鬼死了。刘少奇、王光美心碎肠断，悲痛不已。死了那天晚上，王光美、刘少奇守殓多时，安抚妖婆、处理后事，忙得不亦乐乎。王光美送上花圈，还要其小孩每人献一个花圈孝敬外公。刘少奇这个修正主义头子不甘落后，送了一个既大又质量高名列所有花圈前矛的花圈，还恬不知耻地写道：

> **王槐青千古**
>
> 刘少奇 ！！！

眞他妈狗屁！一个“共产党员”希望资本家“千古”！其实也不奇怪，刘少奇本来就是地主阶级孝子贤孙，根本就不是共产党员。

王光美之辈，还念念不忘其先父之遗嘱，不火葬。装高级棺材葬于万安公墓李大钊烈士墓侧。不仅如此，还要铭记先父吸血鬼之恩德，永垂不朽，把狗名刻在石碑上。立新碑，记旧帐。

王光美沒想到其狗父名字比屍体烂得更早，革命小将将其狗父碑文砸成碎片。这可眞是刀割孝女一片忠心。

王光美还生怕她妖母孤独，供奉不周，五九年还特接至中南海。就连桃园“蹲点”时也念念不忘其母董氏本家，化名“董甫”。

王光美，好一个资产阶级孝子贤孙！

充皇后 飞揚跋扈 丑灵魂 暴露无遺

象穿上一件漂亮的旗袍一样，“大国元首夫人”的外衣把王光美灵魂深处丑不可闻的东西慢慢地掩盖起来了，但是丑终归是丑，不管有时是一付“泼妇”架式，还是小丑样子，都是无济于事。

翻翻王光美的历史，象一个高级望花筒，由“校花”“交际花”到“吉普女郎”，由传教士、神父到国民党高级军官乃至美国军官；由舞場到野心……，无所不有，无所不交，一部地地道道的丑史。

十五年后出现在历史舞台上的王光美却成了中国历史上第一个“出国夫人”，在国际政治界里施展起她的“交际花”的本领了！

王光美幷不简单！

(一)王光美野心勃勃

学生时代的王光美有些“工业救国”思想，她选中了原子物理这一尖端课程，尽管她周旋于交际場合，但她学业仍很好，如同她自己所说，还是当时北京数学竞賽三王之一。

王光美是一个专走"上层路线"的人物。她为自己安排了两条绝然相反的路、共产党拉上线，国民党挂上钩。美国留恋，又想去延安。直至四八年做了刘某夫人，才算徘徊止步。

在军调处时曾有个将军追求过她，但他并未放入王光美眼里。

在刘少奇这顶大黑伞下，王光美更是无法无天了。

在困难时期，刘少奇把王光美领上天安门检阅，王光美算什么东西！

在国外，与刘少奇一块见客人，在当时插话、抢话、替刘少奇讲官、大显威风。有些活动不让参加，她也硬要挤进去。六五年出国，克什米尔代表来见刘（没女宾）、王外出活动回来后一定要中途挤进去，指手划脚，说这说那，大出夫人风头。

在巴基斯坦，去××墓（前国家元首墓）献花圈，由伊斯兰教习惯，女的不能去，她一定要去，要赖说中国妇女平等（后大家一再说服，总算未去）。

外出在什么场合下都要讲话，有时把外国妇女搞得很窘，只能说谢谢。王讲了话后硬要记者发消息，记者不发，王还大发牢骚。

六六年出访阿富汗途经新疆和田，当地群众热情欢迎刘少奇参观工厂，刘不去，派王光美作代表。在这难得的机会，王光美施出一付领导人架子，频频点头，连连握手，以显示自己高贵。

六二年哈蒂妮来访，哈讲话要付官傍边递讲稿，王光美十分欣赏这份资产阶级派头，也要礼宾司派人为她递稿。礼宾司不干。

六六年让王光美陪一个外国妇女代表团去南方访问，她说少奇陪外宾从来不陪到底（以显示自己高贵），因此只陪到上海、武汉，留下就让别人陪访。

王光美在刘少奇怂恿庇护下，竭力登上政治舞台，野心勃勃。

(二)二十年后"高级交际花"

六三年出访时，王光美一人坐专机去上海作衣服，专门配备美术人员二人。

她出国期间戴在头上的一顶草帽也是精制的，用很细的草编制。有不少东西，象透明的长玻璃丝袜都是从香港资本主义市场上用外汇买来的。身为"大国元首夫人"的王光美对资本主义的奢侈商品竟如此神魂颠倒以致在六六年出访又提出要到香港买东西。

六六年出访的这个高级交际花一天换几套衣服，皮鞋、手提包，乃至手表的表带都要随衣服变幻颜色。一天梳装打扮就要费半天，常常是整个代表团等候"贵夫人"多时，才见"贵夫人"踱步而出。

出访期间专门忙于王光美生活上的就达4人之多，还往往不满夫人之意。出国所带箱子数她最多，她却还要与××××夫人一百个箱子比美，为此光美竟在箱子底垫海棉充数。真乃未知人间还有多少羞事。

在国外，别人送的金银首饰，当时没有处理，她却拿了就藏，名义上说为了作工作，实则想具为已有，到国内不但不退还，反倒斤斤计较。六三年×××送了一对金镯子，回来时还查对，说收错了，原送的不是这个。

这个二十年前的"吉普女郎"，在印尼又重演了，给苏加诺点烟、勾臂、跳扭摆舞，乃至接吻，争妍于臭不可闻的交际場中，斗艳在资产阶级公子王孙、小姐太太的周旋客套之中；加之又光又美的项炼，给我国丢尽了丑，却还扬扬自得，死不要脸！

在家庭教育中，亦使尽了资产阶级伪善手腕，收买不是她亲生的刘涛、刘允真，他们的心里话一定要对她谈，否则就是一把眼泪一把鼻涕，唠叨起对他们小时如何关心疼爱，以此建立起她在家庭中的绝对威信。在文化革命中更是使尽了这一套，以保刘少奇的资产阶级反动路线。

在政治活动中的扒手本领我们更是领教过了。

王光美在清华的三同可是众所周知的了。当着千余同学的面啃了半边馒头，却換得了"同吃"的美名。七、八、九饭厅各卖一顿菜更是"名揚四海"。事半功倍可真算是"夫人"的绝招。

你不要看夫人脸上带挂笑，那是地地道道的笑里藏刀。四清时，一次王光美因"公"要喊汽车，因车已超载司机不同意，王十分生气，给县委挂电话，于是这个司机就被开除了。"元首夫人"又何其毒也！

王光美从来就沒有共产党人的气味！

王光美的灵魂从来就是一个地地道道的资产阶级分子的灵魂！

王光美就是一条化为美女的毒蛇！

刘邓路綫的急先鋒

党内两条路线的斗爭是社会上阶级斗爭在党内的反映。资产阶级反动路线的社会基础，主要是资产阶级。它在党內有一定的市場，这是因为党內有一小撮走资本主义道路的当权派，以及还有相当一批世界观沒有改造和沒有改造好的糊涂人。极少数顽固堅持资产阶级反动路线的人，一定会通过各种渠道，把党內两条路线的斗爭搬到社会上来，同社会上的阶级斗爭交织在一起。

这是阶级斗爭的规律。王光美也必然违背不了这个规律。

王光美这个资产阶级在党內的代理人，尽管她乔装打扮，妖艳过人，但这决不是她的目的，合乎她自己话说"决不愿做一个花瓶"，这些只不过是为政治目的服务的手段而已。

历史的事实是最好的见证。

一九五三年王光美抗拒干部忠诚运动，与崔毓黎等私自订下攻守同盟。

王光美伙同刘少奇，以其狗弟剝削劣性不变的"红色资本家"王光英为例到处販卖阶级消灭论，资产阶级本性改变论，为资本主义复辟作輿论准备。

特别是最近几年，王光美自以为时机适宜，到处招搖撞骗，搖旗吶喊，成为推行刘少奇的资产阶级反动路线的急先锋。

是她在我国史上，第一次扯起了"元首夫人"的破旗，对资本主义国家献媚取宠，用资本主义的一套来改造我国的外交政策。

是她在六三年身先士卒地到桃园"蹲点"，站在地主阶级的立場上，打击贫下中农，保护党內走资本主义道路的当权派，总结"桃园经验"，販卖刘少奇的形"左"实右的修貨，流毒全国，妄图把社教运动引入歧途。

是她在这次无产阶级文化大革命中，把黑手伸进了清华园，成了清华园里的第一号大扒手。

就是王光美，制造了所谓"电话事件"，一手策划了"六·一四"鎮压革命师生的严重事件，揭开了全校性“反蒯斗争”的序幕。

就是王光美伙同“三反”分子薄一波，在清华抓“假左派，真右派”。直接导演了延期28天的大规模的群众斗群众，把以蒯大富为首的数百名革命师生打成了反革命，实行了全国罕见的白色恐怖。

就是王光美，在毛主席决定撤销工作组后的不几天，破门而出，粉墨登場，与党中央和毛主席大唱反调，企图为工作组定调子，为挽救将要失败的刘邓路线捞一根救命的稻草，千方百计地抵制工作组错误路线的批判。

就是王光美，正当革命少数派为清华的革命造反精神翻案时，积极支持幷挑起“老子英雄儿好汉，老子反动儿混蛋”的对联的辯论，企图以反动的血统论来维护自已的统治地位，又一次扼杀革命的造反精神。

就是王光美，指定临时筹委会，伙同王任重一手泡制“清华大学红卫兵”，继续执行没有王光美的王光美路线，残酷压制和打击革命少数派，制造了有名的“八・一九”“八・二四”等鎮压革命群众的严重事件，给批判刘邓路线设下了重重障碍。

就是王光美，在中央扩大工作会议以后，尽管历史已宣告刘邓资产阶级反动路线的破产，但她与刘少奇仍負隅顽抗，拒不向毛主席請罪投降。六七年一月六日，在她被揪回清华检查的大会上，竟敢公开为刘少奇歌功颂德，明目张胆地对抗毛主席，对抗以毛主席为首的党中央，对抗以毛主席为代表的无产阶级革命路线。

一句话，王光美顽固地站在资产阶级反动立場上，欲置革命群众于死地而后快，为刘邓资产阶级反动路线鸣锣开道。

王光美实在不愧为刘邓反动路线的急先锋！

条条黑綫

读完上述几篇后，不难看出，王光美是一个地地道道的资产阶級分子，是条化装成美女的毒蛇，是中国的头号糖衣炮弹。但是，你可曾想过，就是她为什么不到两年的光景竟由一个辅仁的“交际花”一跃而为刘某人的夫人？

毛主席说过，世界上的事物是复杂的，是由各方面的因素决定的。看问题要从各方面去看，不能从单方面去看。

我们遵循主席这一教导，根据已有的材料和线索，顺蔓摸瓜，提出几个问题，让同志们活跃一下思想，多问几个为什么。

（1）为什么要彭眞委派的崔毓黎，到北京在刘仁手下展开学运工作，能很快就看重了王光美，幷把她安插在“军调部”作共方雇员？

（2）对于王光美这个骨子里崇美投蒋反共，青年目中的败类，为什么楊尚昆、徐冰、安子文之流那样热心的搭桥、拉线，终于在很短时间內入党，与刘少奇结婚？

（3）彭眞、张洁淸无疑对王光美及其家庭是完全了解的，且一直交往密切。但为什么在一九五三年张洁淸特意找崔毓黎去单独了解王光美的情况，幷故作姿态的说：“怎么少奇同志娶了这么一个人？”还叮嘱崔：“你不要对外讲，我了解一下她家这个材料”。他（她）

们到底怀什么鬼胎？

（4）一九五四年，干部开展“忠诚运动”时，作为元首夫人的王光美竟特意坐刘少奇的小轿车到崔毓黎家，与崔密谈一个多小时，王还对崔说：“我的情况你也清楚”！这其中究竟有何不可告人的勾当？

（5）对于徐冰这个牵线有功的人物，王光美至今感恩谢德，常以名酒报之，刘少奇对这个中央候补委员徐冰也破格重用，六六年六月四日亲自让徐参加扩大的政治局会议，共同制定镇压无产阶级文化大革命的资产阶级反动路线，这仅仅是因为他们有一段私交吗？还有没有更重要的政治企图？

（6）六六年让王光美陪同外国妇女代表团去南方访问时，王以所谓不失“大国夫人”体统为借口，坚持只陪访一半，而留下的地方（广州、杭州）却拉罗瑞卿的老婆郝玉萍作陪，这又是为什么？

（7）解放后，王光美同她的资本家父母，穿戴整齐，合影“全家福”，扬言寄给至今仍在台湾充当爪牙的哥哥？

六六年李宗仁的老婆郭德洁死后，王特意以个人的名义送花圈，说是因为她们过去有一段私交（据说王的二哥曾当过李宗仁的管家）。

而且，王光美是否就完全忘掉了当年亲密无间的干爸爸、至今还在台湾担任匪军要职的王叔铭呢？

进而想想，当年所无限崇拜的美国、忠心投靠的蒋介石国民党今天在王光美的心目中，难道就不占应有的位置？

（8）六四年，王光美的“桃园经验”刚通过，黑帮头子彭真就马上在通县大力推试，如此紧密合作，动作协调？

（9）王光美在家里有多种家规，其中有一条是从来不让别的人到刘家住宿和往来；自己的孩子不准在外面别人家里过夜；王光美的客人来了从来不准她的孩子在旁边。这是为什么？

王光美究竟是何许人，值得三思！三思！

结　束　语

从王光美跨进辅仁大学至今已廿七年有余了。

从王光美钻进党内，正式登上“元首夫人”的宝座也有十八年之多了。

纵观全篇，大家容易得到的印象是：王光美八面玲珑、手腕高明、灵魂肮脏的“交际花”，臭不可闻，其实不尽然。王光美并不简单。

王光美是一个具有政治野心“元首夫人”稍顾其幕前、幕后、过去和今天、国内和国外曾交往和牵线人物，纵横交错，蛛絲马迹，叫人眼花缭乱，细思量则叫人不寒而慄，这是一幅复杂的阶级斗爭图案！切不可书生气十足。

文章就结束了。我们弄清王光美是一个什么货色不仅是因为王光美本人之微妙，而且是认为彻底搗毁以刘少奇为首的黑司令部助一臂之力，起一个穿针引线的作用。

敌人并没有睡觉，更沒有死。

宜将剩勇追穷寇，不可沽名学霸王！

敌人不投降就叫它灭亡！

——井岗山兵团《鎮黑浪》１９６７.１.１６定稿

附：王光美牵线图

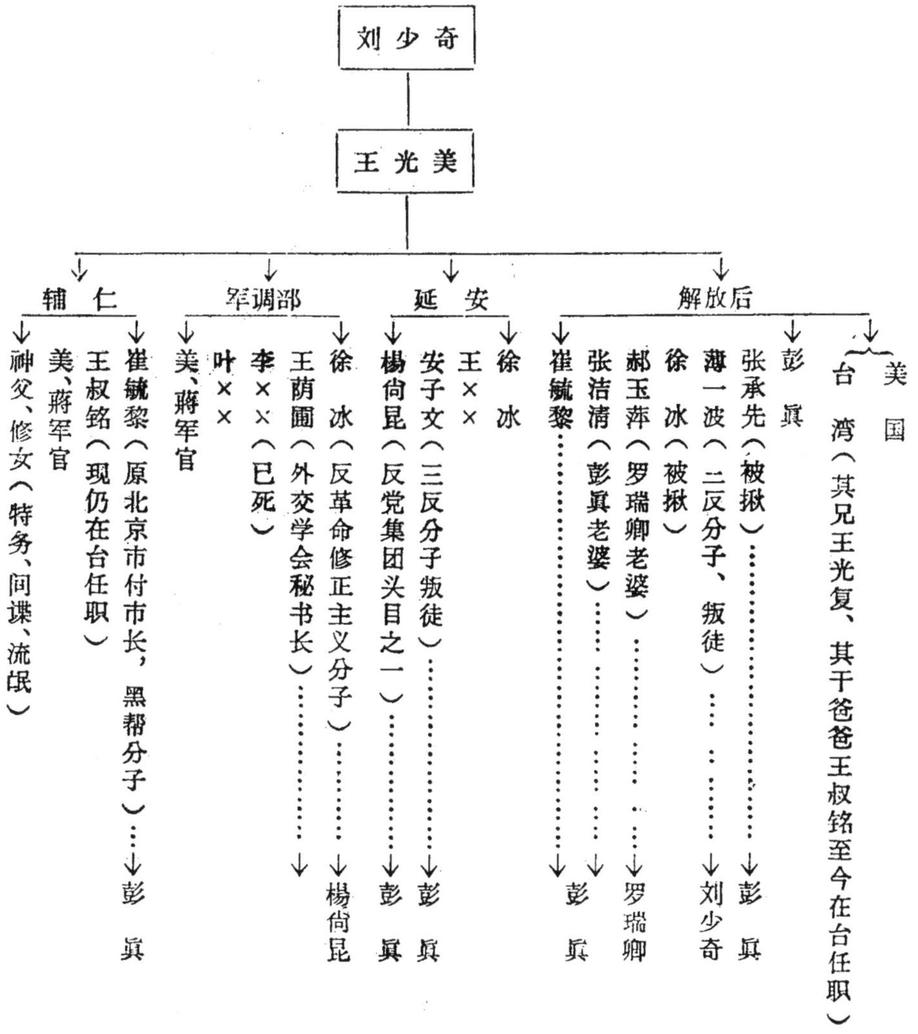

（说明：此牵线系据访问后综合整理、很不完全，供参考）

王光美在清华大学无产阶級文化大革命中的十大罪状

王光美——刘少奇之特派钦差，清华大学工作组之高级顾问。王某任职期间，一手遮天，专横独断，煽阴风，放毒箭，施白色恐怖，行资产阶级专政，围剿革命左派，扼杀文化革命，作恶多端，令人切齿。号称清华园第一号大扒手，刘邓资产阶级反动路线的马前卒。然王光美至今仍负隅顽抗，耍花招，推罪责，偷梁换柱，金蝉脱壳，不想低头认罪。为彻底摧毁刘家黑店，今将王光美十大罪状公布于众，仅供广大革命群众声讨。

一大罪状：来者不善

无产阶级文化大革命的浪潮汹涌澎湃，刘家小王朝岌岌可危，刘邓二人惊慌失措，调集人马，实行残酷镇压，在这种情况下，刘邓之鼻息潜入清华。完全是为了推行刘邓反动路线。她是为镇压清华大学的无产阶级文化大革命而来的！她是为保刘家王朝而来的！用她自己的话来说，是“少奇同志让我来的……”

二大罪状：镇压革命，实行白色恐怖

满以为工作组可以稳坐莲台，冷不防蒯大富把反工作组浪潮掀起。群众运动如火山爆发，慌了刘某人，忙了王光美。急匆匆，第一个提出反蒯，施重压，把法西斯法宝抓起。阴森森。清华园白色恐怖笼罩上千革命闯将被打成反革命、右派。革命左派被王光美污蔑为印尼右派学生，政治权利被工作组无理剥夺。围攻盯梢、软禁、逼供、斗争，按手印无所不用、无恶不为。在资产阶级专政下，无辜群众自杀；在白色恐怖之中，革命小将含泪写下血书。熊熊烈火之校园，倾刻变得冷冷清清，刚刚兴起的文化大革命被狠狠打了下去。王光美之罪恶，何其多也！王光美之手段，何其毒也！

三大罪状：恶毒攻击中央文革

王光美鼻孔朝天，不把中央文革放在眼里。造谣言，放暗箭，说什么：“蒯大富后台是三、四级干部”，同张友渔说反工作组的“右派”学生的后台是林杰——关锋——康生——陈伯达如出一辙。现在我们知道，陈伯达同志高举毛泽东思想伟大红旗，六月中旬就提出应撤工作组。王光美散布这种谣言，矛头指向中央文革，何其毒也！王力、关锋同志七月底找蒯大富同志谈话后，王光美大肆放毒，竭尽污蔑诽谤之能事，说什么．“他们（指王力等同志）是写文章的，没见过这样的人（指蒯大富），见见也好……”王光美气焰之猖狂，可见一斑。

王光美如此仇视坚决贯彻毛主席的无产阶级革命路线的中央文革小组，其资产阶级反动立场，何其坚定也！

四大罪状：大搞独立王国，树立刘少奇、王光美之威信

王光美在清华大搞独立王国，为刘某人大捞政治资本。可曾记得七月　十九日王光美台上娓娓之声　“同志们很欢迎我，尊重我，我想是因为我和少奇同志有生活关系的原因。”呸！真是厚颜无耻！正是：“为捞资本．不惜娇柔作法，招摇撞骗，扯起刘家破旗！”王光美一口一个“少奇同志说的……”不曾知道，刘某指示越级而下，直达刘涛临筹，连反蒯大会，王光美也用电话遥控刘涛。例子众多，举不胜举。

五大罪状　为反动路线涂脂抹粉

春雷　声，毛主席决定撤工作组。云开雾散，革命造反精神大发动。为救刘某大驾，王光美不惜劳苦奔波。凭三寸不烂之舌大吹工作组斗黑帮的成绩，企图让别人不贴工作组的大

字报；亲自下到班级，声嘶力竭为工作组辩护。7·29粉墨登场，再把破烂的遮羞布扯起。说什么"工作组有成绩也有缺点，我有我自己的看法，但现在我不谈。"好一顿迷魂汤，又把一些人灌得昏头转向。更演出了打饭之戏，使出卖菜之计，在一片吹捧声中，为反动路线浓施粉黛，力图挽救刘邓王朝的崩溃，这便是王氏之第五大罪状。

六大罪状：抵制革命群众对工作组错误的批判，蒙蔽部分群众，公然制造分裂

以毛主席为首的党中央决定撤销工作组后，广大革命师生奋起批判工作组的错误，他们在十六条诞生的礼炮声中，成立了自己的组织"八·八"串联会——批判工作组的串联会。

但是，王光美在刘邓反动路线遭到致命打击后，仍然贼心不死，妄图螳臂挡车，阻挡滚滚革命潮流。她在革命群众组织起来时，对那些不愿批判工作组的人说：他们会组织，你们不会组织吗？在她的授意下，刘菊芬等人纠合了一批受蒙蔽的群众成立了与"八·八"串联会相对抗的"八·九"串联会——保工作组（保王光美）串联会。以后成立了清华大学红卫兵，它实际上是资产阶级反动路线的御用工具。王光美制造分裂，挑动群众斗群众，罪该万死。

七大罪状．串通王任重，继续镇压革命

王去王来，王光美与王任重狼狈为奸，密谋策划，继续镇压无产阶级文化大革命。

王光美被迫逃出清华园，贼心不死，密信串通王任重，派来庞大的变相工作组——联络组，继续在清华推行刘邓反动路线。"八、十"会议、"八、一九"、"八、二四"进一步血洗清华的革命造反精神。

八大罪状：鼓吹"鬼见愁"对联

陈伯达同志说："制造和散布这种观点的人是要在无产阶级文化大革命中制造混乱，毒害青年。"

王光美正是这样，她对同学说：这付对联很好嘛！她就是企图以反动的血统论代替阶级论，她就是企图孤立无产阶级的革命队伍，摆出一付青年导师的面孔，蒙骗群众。

但是，"敢向邻居伸螳臂，只缘自己是狂蝉。"王光美不正是这样吗？

九大罪状：在第一次书面检查中，继续为反动路线辩护

在其书面检查中，对错误的性质，把斗同学，围剿革命左派认为是扩大了打击面，连自己也控制不住了，而根本不是路线错误。

产生错误原因．认为是教条主义、经验主义、形而上学、繁琐哲学，认为是不自觉的，是不知不觉站到资产阶级反动立場上了。

掩饰这条错误路线是为了维护资产阶级利益，是为了与毛主席的革命路线相对抗，是为了镇压群众、镇压革命运动，破坏毛主席亲自发动的这場轰轰烈烈的无产阶级文化大革命，替制定这条反动路线的刘少奇、邓小平开脱罪责。

十大罪状　秘密活动，妄图卷土重来

无产阶级革命路线如旭日东升，资产阶级反动路线土崩瓦解，但反动派决不会自动退出历史舞台，种种迹象表明，王光美之流仍在幕后秘密活动，操纵几个台前小丑，妄图变天。近日反林彪同志反中央文革的逆流就是铁证。

结　束　语

“沉舟侧畔千帆过，病树前头万木春。”王光美之流魑魅魍魉，终要被历史所唾弃，他们不过是碰壁苍蝇，撼树蚍蜉，必将被历史的车轮所碾碎。看今朝，革命风暴正席卷全国，资产阶级反动路线垮台的日子来临了！我们要揪回王光美，彻底清算她的罪恶！王光美，如果你还不低头认罪，只有死路一条！

彻底砸烂资产阶级反动路线！

敌人不投降，就叫他灭亡！

清华大学井冈山兵团《锷未残》

一九六六年十二月二十四日

王光美的四清“紀念碑”

中央在六三年五月二十日发下决定（草案），即前十条。河北省委唐山地委，抚宁县委组成了联合社教工作队，以黑帮分子林铁挂帅，在六三年十一月至六四年四月进驻卢王庄公社。王光美带着两名警卫，化名董甫，以河北省政策研究厅之秘书身份，到了桃园，职务是一个生产队的工作组之“付组长”。

王光美在卢王庄、桃园执行刘少奇的反动路线，颠倒是非，混淆黑白，大整革命群众，扼杀了轰轰烈烈的社教运动，还自以为得意，居然写出一百八十九页臭名远扬的“桃园经验”，甚至在卢王庄村前立了大石碑，名为纪念四清，实为纪念王光美！又何其毒也！

此碑文如下

> 一九六三年十二月至一九六四年四月，在省、地、县工作队的帮助下，按照党中央“双十条”和毛主席的指示，展开了一場轰轰烈烈的“四清”（清工、清帐、清财、清库）为中心的社会主义教育运动的革命烈火，燃遍全村。阶级队伍、重新组织。封建主义、资本主义和反革命势力的猖狂进攻，受到致命打击。毛泽东思想红旗被高高举起，社会主义革命，取得伟大胜利。
>
> 要警惕，勿忘记，还有阶级斗争！
>
> 开足马力，驰骋吧，卢王庄！
>
> 一九六四年四月二十六日

王光美在清华文化大革命中的言論集

为了帮助同志们进一步认识资产阶级反动路线的实质，认识王光美这个资产阶级分子的真面目，我们收集了王光美在文化革命期间在清华的一部分言论，請同志们分析批判时参考。

66年6月19日

王光美到清华看大字报，王在七饭厅吃完饭后（一个二两的馒头故意吃了一个多小时）就站在桌子上说："……我不是下汽车伊始，我是下自行车伊始"，接着说："少奇同志让我来看大字报""如果大家要求，我愿意来清华作工作组组员。"当离开时因围的人太多，假意上自行车不成，就慢慢钻进了备好的汽车，并大言不惭地对旁人说："这简直象在拉合尔一样"（拉合尔是巴基斯坦的一个大城市）。

王在看了刘才堂的大字报后（"为什么不能给工作组贴大字报"）问刘涛、贺鹏飞这张大字报好不好，她认为这张大字报是有问题的。

晚上回到工学厅，在工作组组长和各系文革负责人的会上就哇喇地说："现在乱子很多，说明我们发动群众不好，要找出幕后人。"

6月21日

王光美神秘地来到清华园，叮嘱要保密，不见同学，原因是：怕同学围，"怕挤伤了人。"王在清华隐居甲所，当有时找个别同学谈话时，总是紧张地告誡他们："你们进来的时候，要看看后面，甩掉尾巴。"

6月22日

王光美在工化系部分师生座谈会上说："我们不知内情，光喊口号并不能斗倒蒋南翔，报上沒有点蒋南翔的名，陆平是撤职，蒋是停职，要从揭的材料来看是不是黑帮，在沒有确定之前，先不要斗，否则以后就被动了。"

在汇报工作会上，王指示："要让知情人检查、交待、上阵。要让干部和群众背靠背揭发。隔一段时间听群众的批评、让他们检讨，看是不是能通过，通得过就可以上阵。"这是基层干部下楼始终下不了的根据。）还指示："领导小组要纯"（这样就在核心小组内清除了一批对工作组有意见的人。）

6月24日

王在著名的"6.24"辯论会前，把刘涛、贺鹏飞等找到万寿园。亲自进行布置，她说："不要纠缠在〈电话事件〉上，应要抓个主要关键"还说．"他们是不是真左派？无产阶级的左派是什么样子的？他们对蒋南翔对黑帮一句话也不讲，不揭发，而工作组夺了黑帮权之后，他就要夺工作组的权了"。并说："你们不要被坏人利用了。"指示要用阶级观点上纲，说．"把目标指向工作组这才是阴谋，具有阴谋的人就是假左派，是保黑线，就是转移注意力。"认为"蒯大富不仅有市場，而且有组织、有计划，有领导、有阴谋，和前校党委有连系。""文化革命要搞彻底，要不要有领导党的，要不要接受工作组的领导，革命左派要很好地和工作队配合，……现在有一股歪风，要赶工作组""党派来的工作组要不要相信？要不要组织纪律？怀疑是可以的，但要听，要执行，党员要跟工作队一块干革命。"

然而，在晚上的辯论会上，工作组遭到了惨败，狼狈不堪，当晚把几个系的文革负责人送到王光美家中，她说："第一仗沒有打好沒关系，这也和反右一样，是长期的。"又说："叶林要是早五分钟给我打电话，我就叫你们晚一天开，好好准备一下。"还要这几个人回去问一下叶林能不能顶住，如果顶不住，她就要出一张大字报支持工作组。

6月27日

在一次工作组会议上说："我们为什么花这么大的力量来辯论呢？要政治挂帅，斗争是他挑起的，他转移视线把矛头指向工作组，而群众又辨别不清，使我们沒法更好地揭发黑线”。“他炮打我们的司令部，来干扰破坏文化大革命，是眞包庇，配合保护黑线”。后来听说蒯大富在城里时，她说：“如果叫他，他不来的话，更说明他是搞地下活动，他就是参加他们那个地下组织的会；而不搞由党组织的活动。

当晚在召开全校斗争蒯大富的大会上，王光美坐在甲所收听实况，并用电话指使刘涛，如何在下一个发言上纲。会后王光美对刘涛说：“我越听越生气，几次想打电话叫你发问。”她还说：“蒯大富发言前先读的那几条语录，简直是典型的打着‘红旗’反红旗。”事后还说：“那天，我越听蒯大富的发言越生气，简直把我气坏了。”

6月28日：

晚上，王光美对筹委会要人说：“要展开讨论，突出政治，以实际行动来表示支持工作组。与蒯大富的斗争是否是小题大作呢？并非如此。要明确目的，讲明意义，若不和这些别有用心的人作战，就沒有整齐的、高水平的队伍。”

在讲到赶走工作组时，她说：“把现在的工作组赶走了再换一个，还沒等了解情况，犯了点错误就又被赶走了。这就是包庇了黑线人物。问题就复杂在蒯大富与前校党委和外校有联系。”并阴谋地让在与蒯大富辩论时恢复党团组织，在辩论过程中，就使党员表态下楼。（恶毒！）

7月7日

在斗争蒯大富的预演会上，王光美同任传钟握手时说：“我也和你握手，是希望你回到革命的队伍里来。”

会后她说：“这次大会的发言比27日提高了不少，坏事变成了好事。低班同学热情高，受蒯大富的骗不少。”并说：“绝食，就是反革命行为。”“要交待政策，或者他们向人民低头认罪，或者就是死路一条。”最后定调子说：“工作组的大方向是正确的。”

7月8日：

斗争蒯大富，王光美就坐在甲所，直接操纵会场，多次打电话给刘涛，要想给蒯大富上纲。

7月10日

王光美说：“只批判少数典型，从而教育了大多数，这样并不矛盾，同时在斗争中转变了，也就解放了一些党员和干部。”

7月17日：

王光美召集几个文革主任开会，宣布紧急刹车。她说：“根据中央精神，不要学生斗学生。”后又说：“蒯大富沒有斗错。”并洋洋得意地夸道：“若斗完了蒯大富就停止，这是上策，现在斗争完了王铁成是中策，再斗了李小忠就成了下策。”当时有同学仍要开批判李小忠大会，王说：“不再全校搞了，要开你们个别系可以搞，其他系可以派代表参加。”此后已命令立即转入斗黑帮。

7月23日

凌晨一点半，在二教附近，王光美对大家说：“反蒯斗争以后，大家觉悟是提高了。你看北大有人来贴大字报，马上就给反驳回去了。我看这驳得不错！”

7月26日

下午，王光美亲自找雷蓉和王小平说：“给工作组提意见可以，但现在给工作组贴大字报不适宜，现在还在打黑帮，这样会转移视线，等打完黑帮再说。”又说．“贴大字报可以，但如果贴了，则定要受围攻，我可无法保护你们。”“我感到现在贴大字报坏处比好处多。”

7月27日：

雷蓉、王小平贴出向工作组错误路线开火的大字报。下午召开系文革主任会，王光美说："是黑帮跑不了，不是黑帮也贴不上。"并说："引火燒身也沒有什么了不起。"会上决议继续打黑帮。

7月28日：

王光美坚决反对贺鹏飞等写的"我们的责任"这份大字报。（刘少奇更不同意）深夜，刘少奇气坏了，从客厅这头跑到另一头，并说："沒有认识到就不能承认，清华对我有意见，叫我去，我就去……"王光美同刘涛抱头大哭。

7月29日：

上午，贺鹏飞等带了一张给工作组的大字报，征求刘涛签名。刘给王光美通电话，王坚决反对。当晚，刘在大字报上签名，王威胁她说："你到底动摇了啊！"晚上，王光美回校，在辯论工作组问题的大会上说："我从六月二十一日起就是清华工作组的一个"普通"组员了，而且每天都在这里。""清华运动中，成绩、缺点、错误都有，这个问题我有我的看法，但现在不讲，以后再讲。"还说："清华与北大不同，我在清华工作三十多天，我有我的看法，现在不说，主要是听听群众的意见"。"光美同志是不是革命者，可以考验吆！"

会后，王光美还对几个同学说："我来清华工作组工作了一段，成绩、缺点有我自己的估计，刚才大会上不敢讲，一讲就是定调子。至于观点会不会改变，如果大家揭出很多问题，当然我的看法也会变。"还说："周赤萍是长征老干部了，在当时場合下，讲错了几个字(指6.24会上)，周自称"我们是代表毛泽东思想的"——作者注)，底下检查过了，你们还老揪住不放，知识分子吆，和工农不同，老爱抓几个字眼。"

（注：周赤萍是刘少奇的老战友，据说在高岗、饶漱石反党联盟向党进攻期间以及不久前在空军部队的时候，均有严重的错误表现，目前正在被揪。）

7月30日：

约19点50分左右，在一员工食堂，群众高呼："刘主席万岁！"王光美欣然默认。

7月31日·

在七饭厅王光美仍对同学强调说："是刘主席让我来清华的。"

8月初·

当刘涛在家里对王光美说："有些人对临时筹委会的人也在秘密探听，……蒯大富要给我们搗乱。"后，王光美说："那时候不也是这样对待工作组吆？工作组刚进校，他们就故意跟工作组找碴，围着工作组组员，使他们沒法开展工作，你们现在的处境，也和当时工作组差不多。"

当谈到斗黑帮时，她说："开这种大会还是要练兵的。可你的那张大字报中还说这种练兵不对。"

另外，师大一附中把王光美的女儿刘萍萍的日记本抄走了全文公布，贴在中南海外面。王光美对刘萍萍说："你把它抄下来，看一看，也好知道都歪曲了些什么？"

（当北航送来"老子英雄儿好汉，老子反动儿混蛋"的对联时，王光美曾说："这对联很好吆，你们辯论下去。"）

〔据传王光美曾授意刘菊芬·人家搞串联（指八·八串联会），你们也可以组织吆！〕

8月份：

当刘涛要与王光美讨论工作组问题时，她说："我有我的组织，我是在工作组内进行检讨的。"

当刘涛问刘少奇："你执行错误路线决不是偶然的，一定有根源。你以前还犯过什么错误？"王光美听后气得发抖，哭着对刘涛说，说刘涛没良心，想保自己，是个人主义，你也触及触及自己的灵魂。这个家你也可以不回了，你老逼父亲。还说："你父亲是中央的，有些事情不能跟你讲，你老逼他。""你欺负我欺负得太甚了。"而后抱着刘涛痛哭了一通。

9月底

同学给刘涛贴了不少大字报，刘涛要表态，王光美阻止说："别人骂你是扒手崽子，还讲欢迎批评什么？"

10月1日：

在刘涛与刘萍萍（其妹）辩论工作组问题时，王光美问道："是不是运动的关键？"她还辩解道："刘少奇心是好的，主观上还是要把文化大革命搞好的，只是经验不足。"并且说："62年单干风你父亲是反对的。"

12月18日：

刘涛对王光美说："叶林说我在清华常找你。"王说："这是想吓唬你们。"

清华大学井冈山兵团《镇黑浪》

六七年元月

王光美四点保証

（清华大学井岗山兵团智擒王光美，在革命师生压力下，王光美向清华革命师生做出了四点保证。全文如下：）

第一，清华大学部分革命师生出于对刘、邓资产阶级反动路线的刻骨仇恨，这次揪我回清华检查，是革命的行动，揪得好，我支持。

第二，我愿意留在清华向全校革命师生员工反复检查，直到通过为止。

第三，我愿意揭发我所知道的刘少奇同志的一些情况，从1967年1月10日开始，每隔十天送来一份检查、揭发材料，绝不误时。主要从政治路线上，组织路线上狠狠地揭发刘少奇同志提出的资产阶级反动路线，生活上道德品质上也要揭，不隐瞒。

第四，如果我回中南海，清华革命师生要我来时，我愿意随叫随到。

王光美（签字） 1967年1月7日晨5:00

碑　文

王光美等为其父——大资本家、吸血鬼王槐青所立碑文见下：

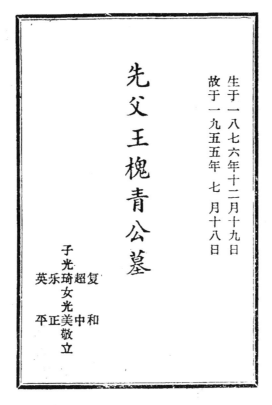

生于一八七六年十二月十九日
故于一九五五年七月十八日

先父王槐青公墓

子光复 光超 光琦 光乐 光英
女光和 光中 光美 光正 光平
敬立

9月22日去香山，会同三单位红卫兵将官仔资本家碑文捣毁，见碑文有感，做七律两首.

其一

忠意派公立碑文，
为惦思父王槐青，
京华豪富荣至此，
斥问光美爱何人？

其二

见碑思潮浮翩翩，
血雨腥风逞眼前，
革命郎儿遭迫害，
光美爱憎泾渭间。

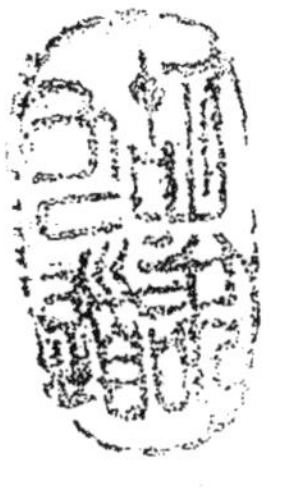

（摘自清华大学宝塔山"抓扒手"汇编）

刘子厚反党反社会主义反毛泽东思想的黑話集

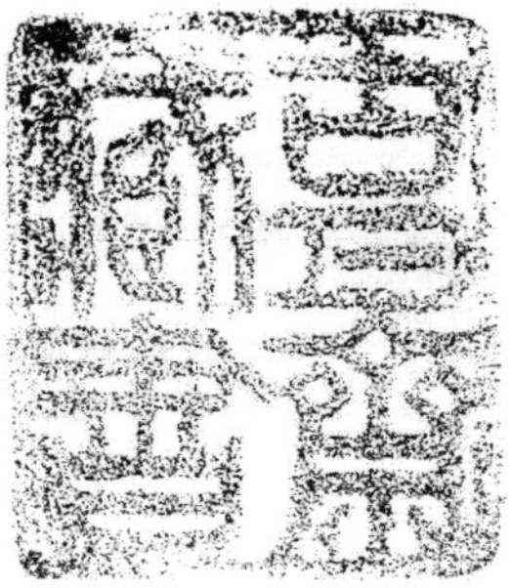

河北大学“八一八”紅卫兵印

一九六七年一月二十日

最 高 指 示

人民靠我們去組織。中国的反动分子，靠我們組織起人民去把他打倒。凡是反动的东西，你不打，他就不倒。这也和扫地一样，扫帚不到，灰尘照例不会自己跑掉。

前　言

規模巨大的无产阶級文化大革命，在以毛主席为代表的无产阶級革命路綫的指引下，进入了一个嶄新的阶段。全省广大工农兵、革命师生、革命干部奋起千鈞棒，猛烈地抨击着河北省委的一小撮頑固坚持資产阶級反动路綫的党內走資本主义道路的当权派。

大量事实証明：以刘子厚为首的河北省委絶不是什么“无产阶級司令部”，而是一个地地道道的、不折不扣的修正主义司令部。第一書記刘子厚，就是这个修正主义司令部的黑司令。联系刘子厚的过去和他在无产阶級文化大革命运动中頑固地坚持資产阶級反动路綫，以及对党对羣众玩弄的两面手法，就充分地暴露了他本来就是一个彻头彻尾的党內走資本主义道路的当权派。

多年以来，刘子厚在反革命修正主义分子总头目刘少奇、邓小平、彭眞、周揚等人的培植和縱容下，披着紅袍子，打着黑旗子，抓着印把子，干了許多反党反社会主义反毛澤东思想的罪恶勾当，散布了一系列反党反社会主义反毛澤东思想的荒謬言論。

刘子厚是一个典型的反革命两面派。他之所以能长期蒙蔽一些人，同他这种两面派的手段有很大关系。在强大的无产阶級专政的条件下，刘子厚挂着羊头卖狗肉，打着“紅旗”反紅旗，是潛藏在我們党內最危险的人物，是埋在毛主席身边的一顆定时炸彈！

对于刘子厚的反党反社会主义反毛澤东思想的罪行，必須进行彻底揭发批判，使其反动本质及其丑恶的灵魂暴露在光天化日之下，全党共誅之，全省共討之。

根据全省工农兵、革命师生、革命干部的揭发及我們的了解，現将反革命修正主义分子刘子厚几年来反党反社会主义反毛澤东思想的黑話初步整理如下，供革命同志們分析、批判。

刘子厚反党反社会主义反毛泽东思想的黑話集

一、吹捧刘少奇、彭真、周揚、林鉄等人，与毛主席大唱对台戏

极力吹捧中国头号党內走資本主义道路的当权派刘少奇、資产阶級的臭妖婆王光美

一九六四年七月二十九日，刘子厚在省委工作会議的总結报告里說："会議中少奇同志到我們这里来給了很重要指示，尤其是发动群众搞好四淸五反得到了很多精神，雪峰同志到承德去又給了我們許多指示。"

又說："少奇說：'別的星球我們管不了，地球的人类我們是要管的，我們立足于中国，着眼于世界，不要因小失大，这就是我們世界观問題。'"〔按：刘子厚在四淸中，积极推行形"左"实右的机会主义路綫，这不是偶然的，一九六四年七月五日王光美在河北省委工作会議上大讲了"桃园經驗"，二十九日刘少奇就又亲自作了"很重要指示"。以后，刘子厚竭力吹捧刘少奇，貶低毛主席。〕

一九六五年五月十日，刘子厚在省文化工作会議上的总結报告中說："少奇同志曾經讲到，社会主义的文化需要大創造。他說：'社会主义文化搞了十多年，还需有更大的創造，社会主义时代是轰轰烈烈的，比民主革命时代內容更加深刻，規模更加广闊，时間更加长远，比过去更伟大。社会主义文化广泛深刻地反映社会主义时代的伟大斗爭，应当比历史上任何时代的文化都要深刻、伟大。这需要文化艺术工作者付出更大的劳动，作出更大的努力，首先是作家，戏剧家要力求反映时代的伟大斗爭'。"

又說："少奇同志說：'百花齐放，百家爭鳴'是无产阶級极端堅定的阶級政策。"〔按：毛主席的《新民主主义論》、《在延安文艺座談会上的讲話》、《关于正确处理人民內部矛盾的問題》和《在中国共产党全国宣传工作会議上的讲話》等著作，都是当代馬克思主义文艺理論发展的光輝頂峰，是无产阶級文艺事业的最高指示，它为我們照亮了文化革命的方向和道路。对这些，刘子厚只字不提，反而把刘少奇的黑話奉若神明，大肆引用，实乃令人气憤之极！〕

一九六五年八月十一日，刘子厚在省委十六次全会上关于农村四清問題的讲話中說："少奇同志讲过，运动要搞好，缺点和錯誤最好别超过一个指头。"

又說："阶級斗爭形势的特点，正象主席讲的，少奇同志讲的，'二十三条'上讲的，是'和平演变'。"

一九六五年十一月十五日，在省委工作会議上的报告提綱中刘子厚說："許多同志經过蹲点，对主席所讲的《人的正确思想是从那里来的？》《关于領导方法的若干問題》和少奇同志所讲的'誰領导誰更多一些'的問題，有了进一步的体会，尝到了蹲点的甜头，願意长期蹲下去。"

又說："所以我們要重新学习主席《关于領导方法的若干問題》《人的正确思想是从那里来的？》等文章，学习少奇同志給江渭清同志的一封信，解决认識問題，提高蹲点的自觉性。"〔按：刘少奇的"誰領导誰更多一些"是反对毛泽东思想的黑話，怎么能和毛主席的著作相比呢？特别是一九六四年刘少奇給江渭清的信是一封黑信，刘少奇以反对教条主义为名，反对学习毛主席著作，以提倡蹲点为名，反对学习毛主席关于調查研究的一系列指示。刘子厚把这封黑信，奉为至宝，用以和毛主席著作并列，这是对我們最伟大的領袖毛主席的侮辱。〕

一九六五年十二月十五日，刘子厚在給邢台地委、总团党委的讲話中說："主席总結了懶、饞、占、貪、变五个字，少奇同志提出'和平演变'。"

一九六五年十二月二十八日，在地委书記会議上关于农村四淸問題的讲話中說："少奇同志告訴我們說，有了第一期經驗，再有了第二期的經驗，大概明年你們就需要防止驕傲情緒了。"〔按：刘少奇所說的"經驗"，就是推行形"左"实右的机会主义路綫的黑經驗，防止"驕傲情緒"，就是要在这条机会主义路綫的道路上干下去。刘子厚得此指令，速传不待，眞可謂是刘少奇的忠实信奉者。更令人气憤的是当毛主席对刘少奇在四清中推行的形"左"实右的机会主义路綫的批評之后，一九六六年四月三日出版的《河北四淸通訊》还用大号鉛字刊載了《刘主席关于四淸工作的重要指示》。〕

一九六六年一月十五日，刘子厚在河北省农村四清領导小組会上的讲話中說："少奇同志讲的防止产生修正主义的三条办法：四淸，半工半讀，干部参加劳动，首先是把四清搞好。"

一九六六年二月五日于徐水县礼堂，在接見四淸工作队員时刘子厚說："少奇同志讲，这場四淸运动比較起土改来只有过之而无不及。"又說："少奇同志讲，我們要认識这場运动。"〔按：关于农村社会主义教育运动的規模，性质，伟大意义，毛主席早在一九六三年就作了最全面最精辟的論述，并写进了《中共中央关于目前农村工作中若干問題的决定（草案）»，一九六五年毛主席又亲自主持制定了二十三条。对这些，刘子厚都故意不提，反而张口閉口“少奇同志讲”，用心何其毒也。〕

一九六六年八月二日，对河北大学等学校当前无产阶級文化大革命讲的几点意見中說：“在群众大发动的情况下，革命委員会要不断进行改組，要按少奇同志讲話的精神，經过群众充分地进行酝酿討論，充分发揚民主，选举代表和革命委員会。”〔按：刘子厚这里指的“要按少奇同志讲話的精神”，即貫彻刘少奇、邓小平七月二十九日的讲話。刘、邓这次的讲話和他們批发的彭眞的“二月提綱”、“中央八条”，都是他們破坏毛主席亲自发动和領导的无产阶級文化大革命的黑綱領。刘子厚提出要按刘少奇的讲話精神就是要貫彻执行刘、邓的黑綱領，执行資产阶級反动路綫，反对毛主席的革命路綫。〕

一九六五年在全省四清战綫学习毛主席著作会議上的讲話中刘子厚說：“通过学习‘双十条’和桃园、卢王庄的經驗，突出地解决了敢不敢彻底革命，敢不敢放手发动群众的問題。”〔按：“双十条”中的后十条是刘少奇搞的，桃园、卢王庄的經驗是王光美、林鉄搞的，这些都是刘少奇形“左”实右机会主义路綫的黑綱領和活样板。刘子厚大讲通过学习这些东西的突出作用，本身就是有意抵制毛主席著作。〕

一九六四年七月五日，王光美在天津在省委召开的工作会議上报告“桃园經驗”，报告后，刘子厚在会上吹捧王光美，說讲的“很好”，是“活的馬克思列宁主义”。〔按：刘子厚吹捧王光美，王光美在报告中也曾吹捧了刘子厚。王光美受刘少奇之命抓四清，到桃园“蹲点”，改名叫董朴是林鉄給“商定”的办法，在大队工作組里担任副組长，是刘子厚提出的建議。对这一点，王光美說：“我下去这一段，所以能学到一些东西，跟刘子厚同志給我出的这个主意有关系。”請看，他們互相吹的多圓！〕

吹捧反革命修正主义分子彭眞

一九六五年十一月十五日，在省委工作会議上的报告提綱中說：“林鉄同志传达了中央工作会議精神和主席的指示；后来，彭眞同志給我們做了报告。彭眞同志讲得很生动，很深刻，使我們对中央工作会議的精神和主席指示了解得更好些了，大家都受到了很大的教育和鼓舞。”〔按：刘子厚經常吹捧反革命修正主义分子彭眞，在四清中，刘子厚讲話和作报告就引用彭眞的話，說“彭眞同志反复讲”“彭眞同志指示”等等。不仅如此，一九六五年十一月，刘子厚还調“跃进剧团”和省戏校的十几名演員給彭眞清唱。直到一九六六年四月份，彭眞的問題被揭发出来之后，«河北四清通訊»还刊登彭眞歪曲、篡改二十三条的黑話。〕

一九六五年八月十一日，刘子厚在省委十六次全会上关于农村四清問題的讲話中說：“彭眞同志反复讲，要抓大是大非，不要抓小是小非，要抓西瓜，不要只抓芝麻。”〔按：二十三条明确指出：要抓住阶級斗爭和两条道路斗爭的綱，重点整党內走資本主义道路的当权派。但刘子厚却把功劳記在彭眞的名下。以抓“大是大非”为名，达到吹捧彭眞的目的。〕

一九六六年六月二日刘子厚在北京对天津八所高等院校党委书記讲話中說："如对彭眞有怀疑也說服。"〔按：刘子厚是反革命修正主义分子彭眞的一員干将，在文化大革命中他不仅全盘兜售了彭眞的"二月提綱"，而且还极力的为其主子彭眞开脫罪責，千方百計鎭压革命群众对彭眞的揭发批判。〕

同反革命两面派周揚交往密切

一九六四年春节，在和演員座談会上說："今天我来迟了点，和周揚同志談了話。他說演得很好。"

"我把你这个宏伟計划(即朱子强提出的要召开八百人的剧本創作会議——編者)和周揚同志談了，他說很好，但要注意质量。"〔按：向周揚汇报的很及时，深受賞识。〕

"刚才我和周揚同志商量了一下，他說这个問題（即武戏演現代戏怎么办？——編者）好办，一是剧本問題，二是导演問題。"

"周揚同志讲：內容发展，表現形式也发展。"〔按：刘子厚把周揚的黑話，視为經典。〕

"演現代戏的問題，我和周揚同志說了，跃进两条腿走路，传統戏是历史遺产嘛，不能丢掉。"〔按：这是刘子厚与周揚合謀扼杀革命現代戏，反对戏剧改革的自我大暴露。〕

"今年的剧目我看不要太多，要求搞好，要有质量，周揚同志也讲这个問題。"

一九六五年八月，在北戴河对东风剧团演員們說："六六年九月，演传統戏，周揚部长給河北省提了个意見，在河北省开放一部分传統戏。"〔按：刘子厚积极貫彻周揚的黑指示，可惜文化大革命来了，他們的美梦未作成。〕

紧跟推行資产阶級反动路綫的急先鋒李雪峰

一九六五年十二月十五日，在邢台地委、总团党委会議上，刘子厚說："雪峰同志讲：領导核心問題，实际上是专政的問題，这話說得很对。"〔按：为了吹捧李雪峰，竟把李的話当成了經典。〕

一九六五年十二月二十八日，在地委书記会議上关于农村四淸問題的讲話中，刘子厚說："根据大家汇报中提出来的問題和討論的情况，我讲了几个問題，其中有的是給雪峰同志汇报后，雪峰同志讲的意見。"

"在邯鄲会議上，在談到县級四淸的时候，雪峰同志讲，对阶級斗爭不能低估，对原来工作的基础，不能高估。"

"我們就曾在这样一場革命的基础上，建立起革命的領导核心，雪峰同志讲，这实际上带有夺权的意义，……雪峰同志提出，革命就是解决一权一事的問題，把政权掌握在革命派手里，办社会主义之事。"按：李雪峰在四淸中，是推行刘少奇形"左"实右的机会主义路綫的急先鋒，而刘子厚却不但张口閉口就是"雪峰同志讲"，而且还經常

向他汇报、請示，步步紧跟，毫不逊色！〕

一九六六年七月三日，在天津市中学文化革命办公室传达的刘子厚的六点指示中的第三点，刘子厚說："作法按雪峰同志的指示，六月二日以来，来势猛，准备不够！"〔**按：**无产阶級文化大革命一开始，刘子厚就不是执行毛主席的革命路綫，而是刘、邓、李的資产阶級反动路綫，他把李雪峰捧上了九重天，李雪峰什么"乱箭齐发"、"扫干扰"、"抓游魚"、"恢复党团組織"等等，刘子厚都照办了，李雪峰派出工作組，刘子厚也遵照执行。他甚至把李雪峰在北京市委工作会議上的讲話，作为文化大革命的綱領向下传达。当革命群众起来打破他們的框框的时候，他們就又进行了疯狂地鎭压，妄图把革命群众打下去。〕

抬高河北省的黑帮头子林鉄

一九六五年十二月二十八日，在地委书記会議上关于农村四清問題的讲話中說："工作队要发揚民主作风。去年雪峰同志向我們介紹了广东开队員代表大会的經驗，我們有的地方采用了这个办法。今年林鉄同志点上就开过了队員代表会。队員代表反映了很多情况，提出了不少建議。这是个好办法。"〔**按：**众所周知，林鉄在四清中的点是挂名的。然而，这个自称和林鉄黑帮斗爭了四年的刘子厚，怎么偏偏突出林鉄的点呢？这是个令人深思的問題。〕

一九六六年二月九日，在河北省貧农下中农代表大会上的报告中說："我省貧下中农代表大会，头一天，林鉄同志作了重要报告，讲了突出政治，大学毛主席著作，給我們指出了方向，提出了任务。"〔按：注意，这是林鉄被揪出的前几个月刘子厚在公开場合讲的。刘子厚称贊这个黑帮头子的报告"重要"，指出了"方向"、提出了"任务"，这难道不足以說明"刘子厚和林鉄斗爭了四年"，刘子厚是"坚定的革命左派"的謊言嗎？〕

二、攻击三面紅旗，大刮单干风

汚蔑大跃进是"搞过了头"是"吹牛"

一九六一年十月三十一日，他在省委十二次全会（扩大）上的总結报告中說："三年大跃进的成績是伟大的，三面紅旗是正确的，問題是搞过了头。"

一九六五年三月二十二日，在永福庄思想方法座談会上說："大家可以回想一下：一九五八年大跃进，許多同志的脑子很热，甚至吹起牛来了，可是正在那个时間，主席却向我們提出了冷热結合的問題。"〔**按：**大家知道，帝国主义和赫魯晓夫修正主义者，曾經攻击我們的大跃进是"說大話"，是"冒险的計划"；右傾机会主义分子也汚蔑我們的大跃进是"升虛火"，"发高烧"；"三家村"的大老板、反革命修正主义分子邓拓，在一九六一年写的《燕山夜話》中，恶毒地咒駡我們的大跃进是"吹牛皮"，

"說大話"，在事实面前"碰得头破血流"；而刘子厚也汚蔑大跃进是"搞过了头"，是"吹牛"。請看，这些調子不是完全同出一轍嗎？刘子厚所說的"三年大跃进的成績是伟大的"，"三面紅旗是正确的"，这是言不由衷，是打着"紅旗"反紅旗。刘子厚別有用心的說毛主席在"許多同志的脑子很热，甚至吹起牛来了"的时候提出冷热結合的問題，这是对毛主席的最大汚蔑。〕

一九六一年七月，在省委召开的三級干部会議上的讲話中說："在这个期間，我們在生产建設上又搞了一連串的'大办'，沒有想到这些'大办'带来了极为严重的'五风'，使农业生产力遭到破坏。"

在暂时困难时期，夸大困难，散布悲观論調，把当时的城乡景象說成漆黑一团

一九五八年二月十九日，刘子厚給常子敬的回信中写到："买汽車确有困难，由于車少，不够分配，再者汽油也不够，买到車也可能买不到汽油。"

一九六〇年二月十一日，給常子敬的复信中写道："你反映的情况，如产量定的高些，交粮交的多些，群众往外跑，干部作风的缺点，是存在的。"〔**按：**常子敬站在反动的立場上，对党对毛主席对社会主义制度进行了恶毒的攻击和咒駡，特别是在三年困难时期，在他写的許多反动的黑詩中，把社会主义农村写得一无是处。他不但駡．他还找为他出气的代理人，于是他向刘子厚"反映"了。刘子厚起而共鳴首先肯定，这眞是兄弟感情，一脉相通。〕

一九六一年十月三十一，在省委十二次全会(扩大)上的总結报告中刘子厚說："群众的家底很薄，国家的后备力量很小，我們的日子还是很紧的。在农村有八百万人口的地区遭受程度不同的自然灾害，其中，重灾民有二百万，这些灾民吃的、穿的、住的都有很多困难，急待解决。城市人民的生活問題也很大，粮食指标低，物資供应紧，有些人生活困难增多。……当前工业生产有很多困难，不少工厂处于停工、半停工状态。在农村有些政策还需要进一步落实兑現，有些农民参加集体生产的积极性还很不够高……。"〔**按：**这年的四月，赫魯晓夫在苏共二十二次代表大会上恶毒地攻击我們的三面紅旗，汚蔑我們喝"大鍋淸水湯"，"五个人穿一条裤子"，与此同时，国內的阶級敌人，也向我們党和社会主义发动了猖狂的进攻，就在这群蛙鬧反华的时候，刘子厚也出来积极配合。看，刘子厚的調子和赫魯晓夫、邓拓之流叫的多么一样！〕

汚蔑反右傾

一九六一年四月五日，在关于中央广州的工作会議精神的传达提綱中說："庐山会議前期，这是討論公社中'左'的毛病，但在以后彭、黄向党进攻，性质就变了，一切战綫都反右傾，沒有注意少奇同志提出的农村中糾"左"的指示……接着又来了几个大办，这是一个敎訓，現在經过一段实践吃了点苦头，思想上更加明确了，认識也就一致

了。”

一九六一年七月十三日，在省委召开的三級干部会議上的讲話中，刘子厚說：“整风反右也产生了副作用，助长了‘五风’，使党的民主生活受到損害，許多干部产生了‘恐右病’和不敢讲話之风。”

大刮单干风，搞資本主义复辟

一九六一年七月，在省委召开的三級干部会議上讲話中說：“社員个人所有的家庭副业，自留地是社会主义經济的必要补充和助手，也必須保护和帮助它发展，发揮它应有的作用，对于这个道理，我們在过去幷不深刻理解，做了不少侵犯、破坏它們的事情。”

“坚持和維护人民公社的三級所有制，保障社員的个人所有制，坚持等价交换，按劳分配的原則是調动广大农民积极性，建設社会主义的根本保証。”

“在一个时期內，还把社員經营家庭副业，經营自留地看成是消极的，怕产生資本主义，因而沒收社員的自留地，平調社員的家庭副业；……所有这些‘共产风’，破坏了以生产大队为基础的三級所有制，破坏了农村的社会主义生产关系，实质上剝夺了农民，引起了群众思想的混乱，归根到底妨害了农业生产的发展。”

“經驗証明：坚持人民公社的三級所有制，尊重农民个人的所有制，正确地貫彻执行等价交换，按劳分配的原則是巩固地联合农民，調动农民的积极性建設社会主义的根本問題。”

一九六〇年十二月在中共河北省第一届代表大会第三次会議上的报告中說：“公社化以来的經驗一定要总結，要仔細研究，不能把好东西丢了，比如‘三、七’开，这是保命錢，有了三成供給制，加上自留地，一般就可以保証不餓死人，这是好东西。”

“在坚持以队为基础的前提下，还允許社員經营少量的自留地和經营大規模的家庭副业，这在一个长时期內是必要的，它对集体經济起着补充作用，这幷不是什么发展資本主义，实际上是保护社員在集体劳动时間以外的劳动果实，对調动社員积极性有重要作用。”

一九六二年五月二十九日，在省委常委扩大会議上的結論中，刘子厚說：

“（二）关于夏粮征购和生活安排問題：

一、……

二、……

三、按照上述安排，今年夏收后日子困难很大。因此，除在秋前，預购早熟秋粮二亿斤，挖庫存一亿斤外，提出几个渡荒措施：

1、在重灾区，可由生产队借給社員每人三至五分地，由群众自己种植粮食或菜豆，以利克服困难。借的时間，暫定二、三年。那些片借地由地委批准，那些队借地由县委批准。

……

4、社办工业轉为生产队手工业小組的，其口粮原則上由生产队借給，从第三季度开始到秋收陆續解决。

（三）加强生产队的工作和有关农村的几个政策問題。

……

四、关于处理单干問題。現在已經处理的，就处理了，还沒有处理的，可暫緩处理，待秋收后，經过調查研究再分別处理。

五、适当增加自留地問題。大家一致的意見增加到占生产队耕地面积的百分之十。这样作对克服当前生活困难恢复农业生产是有好处的。鉴于这項政策是全国性的問題，会后，省委請示中央、华北局批准以后再执行。

六、社員的小片开荒，已經超过自留地数量的，現在不要收回。

七、为了发展大牲畜，除公养以外，允許戶养，采取两条腿走路的办法。生产队的老弱牲畜，也可以卖給社員。社員飼养和繁殖的大牲畜，要付給合理报酬。对飼草料有困难的，生产队在分配时，給予适当的照顾。

凡适齡母畜，要以繁殖为主，減輕使役，增加草料，采取重奖办法。队有戶养的母畜，生了駒，队戶可以采取对半分的办法。

八、养猪继續貫徹‘公养私养幷举，私养为主’的方針，奖励社員积极养猪，有些生产队把原来的百分之二的食堂菜地，分到戶作了猪飼料地，戶养猪就有了較快的发展，对促进戶养猪起了积极作用。原来百分之二的食堂地如果还沒有分下去，現在可作为猪飼料地分給各戶。如果华北局、中央同意我們再增百分之三自留地，这部分地也以养猪飼料地名义分給各戶为好。多养母猪的每戶可另給几分到一亩飼料地，养种猪戶多給几分到半亩飼料地，不养收回。国家收购肥猪，根据各地經驗，一是采取购留各半的办法，一是采取包干的办法，包干年度可改为从旧历年到旧历年。收购肥猪，必須按照規定进行奖励，切实兌現。

九、生产队和社員經营家庭副业的范围，可以适当放寬，凡适合社員家庭經营的編織、縫級、漁猎、刺綉、养蚕、养蜂、采集等副业生产，应允許和鼓励社員在不影响集体生产的前提下积极經营，其产品允許自产自銷。供銷社在供、产、銷方面可能給以扶持。水区允許社員私有小船、冰床、小漁具等，以利社員利用空閑时間捕魚，增加收入。

十、农村手艺人，如小炉匠、理发、修鞋、閹割业等，允許社員独立經营，自負盈亏或交款記工，参加分紅。”〔按：这是在河北省大刮单干风，复辟資本主义的黑綱領。在这个黑綱領指导下，河北省的单干风刮的甚囂尘上。〕

一九六二年七月二日，刘子厚在省委常委扩大会議上的报告中說：“有些生产队集体經济不巩固的根本原因是农民从集体分得的收入过少，农民从集体分得的东西少了，覚得集体靠不住，他就想单干。为什么过去几年农民从集体分到的东西少了，主要是五风与自然灾害的影响，生产力遭到破坏，生产下降了；在生产經营上农副业結合的不好，忽視多种經济的生产，減少了收入；高征购的結果，农民的口粮指标很低；基建多，积累多，降低了农民的分配收入；分配上的平均主义，搞供給制，食堂化，这样就使前几年的分配不能落实。农民劳动一年吃不飽肚子，分不到几个錢，甚至还得破产度荒，这样有些农民就自然产生单干情緒。”

“其次在改善劳动管理方面，近年来有的地方采用了除耕种收获集体搞以外，其他可以分散搞的田間农活，实行包工到組或包工到戶的办法，及时检查驗收，实行奖罰，这种办法，是生产責任制具体化，和分田到戶和包产到戶有本质上的区别，因此，只要不是分田到戶或包产到戶，凡是宜于个人分散搞的农活，包工到戶或到人的办法是可以实行的。”〔**按：**这实际上是分田到戶或包产到戶的变种。〕

“社員小自由政策問題，这两年既定的小自由政策，已經起了积极作用，必須堅决貫彻执行，不能动搖。”

“为了調动群众搞好苗期管理的积极性和責任心，要普遍提倡小包工，把田間管理作业包工到戶、队。”

一九六二年十月三十日，在省委工作会議上的报告中，刘子厚說：“对于分田到戶和包产到戶的問題，亦应在社会主义教育的基础上，征得社員同意加以糾正。經过說服教育，仍有少数或个别社員堅持单干的，也不要勉强他們入社，可以继續让他們单干。”

三、否認社会主义社会存在阶級，阶級矛盾和阶級斗爭，宣揚“阶級調和論”和“阶級斗爭熄灭論”

一九六五年五月十日，刘子厚在河北省文化工作会議上的总結报告中說：“今天阻碍着文艺界工作者为工农兵服务的，主要是資产阶級个人主义。”〔**按：**建国十几年来，文艺界存在着一条与毛泽东思想对立的反党反社会主义的黑綫。这条黑綫就是資产阶級的文艺思想、現代修正主义的文艺思想和所謂三十年代文艺的結合。一些反革命修正主义分子、右派分子利用文艺这个武器为复辟資本主义制造輿論，使之脫离开为工农兵服务，而刘子厚偏偏把这个問題說成是主要是“資产阶級个人主义”，这就抹杀了文艺界尖銳、复杂、激烈的阶級斗爭，給鉆入文艺界的右派分子、反革命修正主义分子张开了一把避风伞。〕

一九六五年十一月二十五日，在祝村分团会議上，談到工作队內部問題时，刘子厚說：“这种团結，不是爭权夺利，都是搞革命的，主要是思想方法，工作作风問題。工作作风是思想方法的表現。首先要解决认訳問題。”

又說：“在四淸当中沒有个爭权夺利的問題，这都是临时的，你三同我也三同，頂多是負責任的問題，实际上是个思想方法問題，是个狹隘經驗主义。这是搞革命，是在前綫上，不是‘当官做老爷’，在战場上和敌人交鋒，誰跟誰鬧意見沒有其他問題，我們都是革命的。”〔**按：**毛主席教导我們：“党內不同思想的对立和斗爭是經常发生的，这是社会的阶級矛盾和新旧事物的矛盾在党內的反映。党內如果沒有矛盾和解决矛盾的斗爭，党的生命也就停止了。”在党內是如此，在工作队內就更是如此。但是刘子厚却胡說什么：“你三同我也三同”，“都是搞革命的”，“誰跟誰鬧意見沒有其他問

題”，“首先要解决认識問題”。这完全是販卖了阶級調和論。〕

一九六五年十二月十五日，在邢台地委常委、总团党委会議上，刘子厚說：“本来当权派是革命的，但是阶級敌人通过‘和平演变’的方式，分化出去一部分堅决走資本主义道路的。不揭盖子，都是革命的，盖子一揭就看出来了，分出一、二、三、四类，分化出一部分走資本主义道路的人。”〔**按：**“本来”当权派都是“革命”的，这眞是奇談怪論。〕

一九六六年二月五日，在徐水县礼堂接見总团、商庄分团全体工作队員及其他分団部分队員时，刘子厚說：“这場运动的規模是大的，象这样大的运动过去沒有，以后恐怕再也不会有了，我們也不希望总搞这么大的运动。”〔**按：**这是刘子厚极端害怕群众运动的內心表露，这也是刘子厚宣揚阶級斗爭熄灭論的又一鉄証。〕

一九六六年二月二十五日，刘子厚在一个报告中說：“天下农民是一家，貧下中农是一家，团結起来。”〔**按：**这完全是用“天下农民是一家”这个超阶級的概念，否定阶級关系，宣揚阶級合作。〕

四、大搞物質刺激，反对突出政治

歪曲突出政治的涵义，反对毛泽东思想挂帅

一九六五年十一月二十六日，在任县祝村分团会議上，刘子厚說：“搞出了經济問題，然后再上綱。所謂突出政治也就是这个意思。”〔**按：**突出政治就是突出毛泽东思想，抓阶級斗爭，搞人的思想革命化。而刘子厚却胡說什么：“搞出了經济問題，然后再上綱。所謂突出政治就是这个意思。”这不是从根本上公开反对突出政治，反对突出毛泽东思想又是什么呢？〕

一九六二年十二月二十七日，在河北省第二届人民代表大会第三次会議上的政府工作报告中說：“为市場提供比較便宜的商品，为国家提供合理的积累，这是商业工作做得好坏的一个重要标志。”〔**按：**閉口不談商业战綫上的阶級斗爭，不談商业做得好坏的政治标志。〕

一九六五年刘子厚在巨鹿，对县委指出：“你就作一件事生产粮食，其他什么工作也可不做。会多你可不参加，文件多你可不看。一年三百六十五天就有三百六十天省委要考慮吃飯問題。”〔**按：**林彪同志指出：搞不搞突出政治，搞不搞人的思想革命化，就是搞不搞阶級斗爭的問題，就是堅持不堅持革命的問題。但刘子厚却指示县委一年抓一件事——“生产粮食”。这是刘子厚反对突出政治，反对用毛泽东思想武裝农民的本質的大暴露。〕

宣揚单純生产观点，鼓吹“生产第一”

一九六五年四月二十七日，刘子厚在关于重点县的四淸运动向省委扩大会議的汇报

中說：“建設阶段，要以生产建設为中心，围繞着生产建設搞好組織建設和思想建設。”

又說：“如果生产革命搞不好，就达不到六条标准，不能巩固四清运动的战果。”

又說：“实践証明，只抓革命，不抓生产，人們的革命干劲就不能得到发揮，发揮了也难以巩固持久。运动中就有这样的情况，工作队一进村，大会一开，‘双十条’一讲，群众的劲头就来了，出勤多了，效率高了，活計质量也好了，可是因为沒有抓生产管理，日子不长干劲又回落了。难道說，这样的队在四清結束后生产能上得去嗎？所以我們說，革命是会促生产的，但是这种促进作用只有通过抓好生产（管理工作）才能有效地、充分地、持久地发揮。”

又說：“抓革命要抓好生产，做到从生产出发又落脚到生产。”〔**按**：这些完全是毛主席早在三十多年前就批判过的“軍事好”，政治自然会好；軍事不好，政治也不会好。”的謬論的翻版。〕

一九六五年三月十八日，刘子厚关于在四清运动中如何抓好生产的几点意見說：“当前要首先抓半劳力如何参加集体生产劳动問題。抓出勤率，抓劳动时間(起早貪黑)，抓劳动效率，抓三投（投工、投肥等），抓集体漚肥（逐步搞成集体养猪，地头漚肥坑），抓記工分，抓劳动組織。总之要从多方面把群众的积极性引向集体生产。”

宣揚經济主义，鼓吹用救济“发动群众”，激发群众的集体生产“积极性”

一九六五年三月十八日，刘子厚在关于四清运动中如何抓好生产的几点意見中說：“……在揭生产盖子的基础上，发动群众大搞增产潜力，大搞增产措施，討論制定出当年的增产計划和三、五年的远景規划。并且要使每个社員都知道，以鼓舞群众的生产积极性。”

一九六五年十一月二十六日，刘子厚听取邢台祝村分团汇报当前四清运动情况的插話中說：“祝村公社要四清搞好，生产搞好。去年永福庄四淸搞好，生产搞好，实际上在任县起了个带头作用。各分团都受永福庄的影响，四清、生产都受到了这里的影响。……这叫典型突破带动一般。这次祝村要比永福庄好……永福庄进村时抓生产抓得好。这次祝村要四清搞好，生产搞好，树个旗帜，你搞不好是走一摊拉一摊屎，搞好了就树个旗帜，祝村是个脸面村，应該考虑这个問題。”

又說：“不是光算四淸的賬，也要把生产搞上来，这就越来越劲大。要研究这个問題。抓副业要早抓，在永福庄副业抓的好，农业抓的晚些，这里与永福庄不同，永福庄不抓副业沒有錢，沒吃的，副业只是花錢的問題。”

一九六四年十二月六日，刘子厚听取了一个工作組汇报以后說：“××队也是通过抓救济工作来发动貧下中农，一下子就把权拿过来了。”

又說：“我想把救济分配搞完之后，可以考虑接着再搞一两个小战斗，再接着就可以考虑搞当年分配，或者是根据各队具体情况，解决一些群众迫切要求解决的問題。事情有內容才好办，双十条的精神有了实际內容就好讲了。”

又說：“把救济工作搞好了，把当年分配搞淸了，群众的觉悟就会提高一步，就会要求去淸去年的賬，算过去的賬。……看来，这个路子可能比較順一些。”

一九六〇年十二月在中共河北省第一屆代表大会第三次会議上的报告中說：“我們强調政治挂帅……但这絕不是說可以忽視物质和物质保証，因为劳动者总是需要吃、需要穿、需要住的，而且社会主义生产目的，也正是为了不断地改善人民的物质生活条件和文化生活的条件。”

一九六一年七月在省委召开的三級干部会議上的讲話中說：“我們在实际工作中常常把政治挂帅同物质利益对立起来，片面强調政治挂帅，忽視群众的物质利益，不是把长远利益和当前利益兼顾；而是片面地强調长远利益，忽視群众当前的利益，并且把平均主义錯誤地当作共产主义因素。”

又說：“为提高农民生产积极性，可适当降低农业税率，減低粮食征购任务。”

五、瘋狂地推行修正主义文艺路綫

为顚复无产阶級专政，复辟資本主义大造輿論

一九六五年十月，刘子厚陪同彭眞、林鉄在天津高干大楼点看旧戏，看完《夜奔》后，彭眞阴险地說：“有一逼就有一反嘛，名字需改，《夜奔》光跑意义不大，应該是‘逼上梁山’，……应該强調反字，官逼民反嘛！反到梁山就强調武装斗爭。”

刘子厚滿面笑容，很会心地說：“《夜奔》我看过三次，还想看，演得不錯，不能丢。”〔按：黑帮头子大政治野心家彭眞，日日梦想篡党、篡軍、篡政，妄图复辟資本主义。看完《夜奔》后黑話正是彭的政治阴謀，反动嘴脸的大暴露。刘子厚却与彭一唱一合。我們不禁要問刘子厚，你和彭眞是什么关系？你們要反誰？！〕

一九六五年十月，刘子厚以检查教学为名，在河北戏校点看旧戏《强項令》、《望江亭》、《杀庙》、《夜宿花亭》后說：“《强項令》这出戏不錯，好戏，大家应該学习董宣那个硬劲，他就敢和皇帝抗。”〔按：《强項令》是一九六二年抛出的新編历史剧（作者范鈞宏、吳少岳全是黑帮，已被揪出）。它歌頌、美化了一个海瑞式的人物董宣，說他“为民除害”、“不畏权暴”、“刚直不阿”、“敢于抗上”等等，它和《海瑞罢官》一样，是一株鼓动右傾机会主义分子向党猖狂进攻的大毒草。刘子厚陪同彭眞屡看《强項令》，并大肆吹捧，还要人們学习董宣的“硬劲”、“抗上精神”，刘子厚是何許人，这也不說自明了。〕

一九六三年一月二十六日，刘子厚在邢台看完《千里送京娘》后大加吹捧說：“省戏校京昆班的《千里送京娘》是学来的，也不錯。这出戏原来有庸俗的东西，現在搞得赵匡胤的风格高了，英雄創业时要有气派嘛！”又說：“上演剧目的內容要为政治服务。”〔按：《千里送京娘》也是在我国三年經济困难时期配合右傾机会主义分子向党进攻的大毒草。它宣揚大地主头子赵匡胤，为了夺取“皇权”，“創基业”，“何惧那龙潭

虎口，历尽艰险眉不皺”的“气派”。这就是鼓动向党进攻的右傾机会主义分子，要向赵匡胤学习，要“夺权”、“創基业”、要有个“大丈夫”的“气派”。这样一出毒草戏，却正中刘子厚的心怀，我們不禁要問刘子厚，你为什么对大地主头子如此欽佩？你要創什么“基业”？夺誰的权？你要干什么？！〕

一九五九年十二月十四日张特（河北跃进剧团办公室主任）在刘子厚家談工作，刘子厚說：“关公是个紅人，……魯肃倒是个政治家，海瑞是个好人，主席說他比包公还好，但宣传太少。”

伙同周揚疯狂地抗拒和攻击戏剧改革

一九六四年春节（旧历初二），刘子厚在河北宾館談会上說：“演現代戏的問題，我和周揚同志說了，跃进（剧团）采取两条腿走路（指現代戏和传統戏）传統戏是历史遺产嘛！不能丢掉！”

一九六五年八月刘子厚在北戴河对东风剧团負責人說：“六六年九月要演传統戏，周揚部长給河北省委提了一个意見，在河北省开放一部分传統戏。省委研究一下說現代戏赶不上传統戏，因此六六年演传統戏。象‘东风’可以上演《穆桂英挂帅》、《紅娘》。在秦皇島拿传統戏和現代戏对比，就赶不上传統戏。”

一九六五年二月十四日，刘子厚、林鉄、李頡伯、李雪峰在石家庄交际处看了跃进剧团的《挡馬》、《投献》后，刘子厚說：“传統戏生了。”賈万金（跃进剧团团长）說：“有好几个月不演了，不练了。”刘子厚說：“别呀！以后还得保留一部分，咱們有招待任务，你們要記住，别丢了。”〔按：刘子厚所說的“招待任务”就是为他們这帮官老爷享乐演出。〕

一九六五年十月二十七，刘子厚以检查教学为名，到河北戏校点看旧戏，他說：“传統戏已經练了六年了而現代戏才排一年，还是看传統戏吧！别难为孩子們了。”又說：“演新戏沒功夫，不好办，路子从哪着手一下子不摸門径，第一步是不是在戏校期間不妨向传統这方面学……传統中有个路子，比較好办。”〔按：是刘子厚发“善心”不难为孩子們的問題嗎？不！演新戏是“不摸門径”嗎？不！醉翁之意不在酒。从此戏校死人又复活了，教学計划中增加了大量死人戏，如梆子科六三年班六六年上半年教学計划中死人戏占了一半还多。这就是“不难为孩子們”，演新戏不摸門径”的实质。〕

一九六五年八月二十九日刘子厚在部分剧团干部座談会上說：“現在剧团大演革命現代戏，都把传統戏放下了。这并不是要把所有的传統戏都丢掉不要，过一段时間之后，等到革命現代戏牢固地占領了舞台陣地了，传統戏还是要选择地演一些的，因此剧团不要把传統戏都丢掉，这个問題希望你們注意。”

一九六五年五月刘子厚在河北省文化工作会議上的报告里又一再讲：“等我們的革命現代戏有了更好的战果，舞台上的工农兵形象更加深入人心的时候，就可以考虑騰出些人手来，选择些比較好的传統戏，运用历史唯物主义的观点重新加以审查、整理，使之古为今用。”

一九六五年十月，刘子厚在河北戏校讲："老戏艺术高、成热。現代戏艺术也都是从老戏中来。平时你們应练老戏一些基本功，不要丢，以后一些老戏內容較好的，通过整理还要演，古为今用嘛。"

一九六五年十月二十七日，刘子厚在河北戏校說："新戏演得很热鬧，但唱腔不行。""唱腔方面变得多了，我是不大贊成的。有可能我有点保守，变得多不太好。"

一九六一年八月十一日，刘子厚在高干招待所召开的演員座談会上說："有些戏改得多了，这是个很大的問題，从文化部对咱有批評，有些中央領导同志，特别是河北人，說咱改得太多了。下边书記們不看我們的戏，就是因为改多了。"

一九六一年四月十六日对跃进剧团說："搞不出一批行家，只有一批通家是不行的。現在一些戏走了梆子的样子，走了样是要挨駡的。"

一九六五年二月二十五日晚，刘子厚在邢台对跃进剧团演員說："咱們开始鬧得不好，人也不欢，馬也不叫。"（指現代戏《人欢馬叫》）

一九六五年二月二十日，刘子厚在石家庄看了跃进剧团演的《紅灯記》后說："鳩山唱的太难听，还不如驴叫，这是雪峰书記說的，今后在改革方面不要南腔北調的，这个得改过来。"〔按：对革命的現代戏抱什么态度，这是对一个人的政治鉴别。刘子厚攻击革命的現代戏"不如驴叫"，"人不欢、馬不叫"，正暴露了他的反动嘴脸。〕

一九六五年二月二十六日，跃进剧团在邢台慰問演出时，刘子厚說："旧戏为什么人家老願意看哪？就是艺术好。你看那《投献》唱的多好？××唱的多好呀！那三个角多好，（指×××、×××、×××演員）我眞願意看。今后你們要精心雕刻，一段一段扣索，咱們这个戏就是好。"

一九五九年九月十日至十五日，刘子厚在文化工作会議上說："梆子剧院有些演員的戏是很不錯的，有的戏在全国讲也是第一流的。《挡馬》、《杜十娘》、《陈三两》、《武家坡》……有好多节目。"

一九六三年一月二十六日，刘子厚在春节座談会上說："今年要下决心，下功夫，排些新剧目，还要排一些大戏，刚一上演，不要怕质量差些。現在大家公认的大戏是《蝴蝶杯》、《楊門女将》、《宝蓮灯》。"

一九六五年二月二十四日，刘子厚、林鉄、李雪峰在石家庄看了跃进剧团的《挡馬》《投献》后对演員說："象《鬧天宫》、《秋江》可多演，《教子》只能在干部中演。"

一九六五年十月二十日，刘子厚在河北戏校大讲："旧戏还要演一些嘛！少奇同志說：'古为今用'。方才看的《强項令》很不錯嘛！人就得有个硬劲嘛！《花亭会》也不錯，內容也是好的。所以传統戏还是要演一些嘛！"

一九六五年十月招待印尼中爪哇省长，演出《宝蓮灯》后，刘子厚說："《宝蓮灯》功夫不錯，《挡馬》功夫不錯，你們千万不能丢掉，要好好练。"〔按：毛主席就批評过："許多共产党人，热心提倡封建主义、資本主义的艺术，却不热心提倡社会主义的艺术，岂非咄咄怪事。"刘子厚这个封建地主阶級的保皇党，頑固地对抗毛主席的指示，大肆吹捧鬼戏、死人戏，为大毒草耕云播雨。几年来我省死人戏复活，毒草丛生，

刘子厚是罪魁祸首。〕

宣揚"先立后破"，"首先继承"的謬論

一九六一年八月十一日，刘子厚在高干招待所召开的演員座談会上說："經驗証明要先立后破。不要草率地改，不要急，着重继承。"〔按：毛主席教导我們，不破不立，不塞不流，不止不行，破就是批判，就是革命，破字当头立也就在其中了。这是馬列主义的精髓，无产阶級革命就是破字当头。但是，刘子厚却和反革命修正主义分子周揚一起大唱反調，提出"先立后破"的謬論。这就是出于他們的反动阶級本能，不准无产阶級鏟除毒草，不准立社会主义的新文化，不准无产阶級革命。〕

一九六一年四月十六日，刘子厚給跃进剧团作指示："在方針上，我們的方針首先是继承，然后在继承的基础上再发展提高。不继承，发展就是乱发展。""小孩子必須先临帖，临帖好了再进步，才能自成一家，所以首先强調继承，不要先說改。"

一九六一年八月十一日，刘子厚在演員座談会上对跃进剧团說："下决心继承传統再創造。""我們想尽一切办法解决继承的問題。"

一九六三年一月二十六日，刘子厚在春节座談会上說："跃进剧团强調继承传統，梆子剧院是省級剧团，要全省树立旗帜。"〔按：毛主席教导我們：現在世界上，一切文化或文学艺术都是属于一定的阶級。我們对中国古代的文化，堅决排斥其封建主义、資本主义的糟粕，批判地继承其民主性的精华。要推陈出新。但刘子厚和周揚們却提出"挖掘历史遺产"，"以继承为主"的謬論，对抗毛主席这一光輝思想，把封建主义、資本主义的东西全盘搬来充斥社会主义文化陣地，为資本主义复辟大开綠灯。〕

鼓吹艺术第一，宣揚业务至上

一九五九年九月，刘子厚在一次会議上說："继承传統，是在继承的基础上发展。向最高峰看齐。三年达到省級水平，五年达到出国水平。""演員行当不全，下决心調。而且要吃，将全省精华集中起来；演員要一专多能，每个演員都要达到全国最高水平。每个演員都要有戏的要求。"〔按：刘子厚的"調"就是把艺术高的調在一起；"吃"就是把艺术高，設备好的剧团全盘端来，跃进剧团就是如此"調"、"吃"成立起来的。刘子厚說的"向最高峰看齐"，什么最高峰？出国水平是什么水平？每个演員都要有戏的要求是什么要求？是艺术！艺术！艺术！〕

一九六四年春节，刘子厚在河北宾館召开的会上說："我們要爭取达到最高水平，我們不說爭全国第一，因为全国就一个第一，我們要爭取达到全国第一流的水平。其中有些节目应該爭取达到第一。要有个志向，这就靠剧团里每个同志发奋图强，下决心。咱們荀院长（牛鬼蛇神荀慧生），体会深刻，四大名旦演的和普通演的就不一样，我們不是为出洋风头而是为了个效果，从这个角度出发，就得把各方面都搞好。"

一九六四年八月十一日，刘子厚在演員座談会上讲："我們是艺术工作者，一定在

艺术工作上要达到一定水平，在政治上也要达到一定水平。”

一九六四年春节，在河北宾館召开的座談会上，刘子厚說：“今年的剧目我省不要太多，要求搞好，要有质量，周揚同志也讲这个問題，你們（指荀慧生）所以成为四大名旦，也是个质量問題嘛！周揚同志讲，一年搞一个好戏，十年搞十个。你算算帐，解放十几年了，搞了几个戏呢？质很重要。”

一九六五年七月二十九日，刘子厚在邢台对歌舞剧院的演員們說：“眞正紅就得努力专，光紅不专沒有这样的人，那个紅是假的。”

一九六五年七月二十四日，又对歌舞剧院部分同志讲：“你們在下面可以炼它半天功嘛！”〔按：在火热的四淸战地，刘子厚不引导演員大搞阶級斗爭，改造思想，而是积极鼓吹叫演員炼半天功，这不是把演員引向业务至上的白专道路又是什么呢？〕

一九六五年二月十四日晚，刘子厚与林鉄、李雪峰等在石家庄交际处看了跃进剧团演的《挡馬》、《投献》后，刘子厚說：“你們要記住：《挡馬》全国就两个好的，上海一个，咱們一个，你們可别丢了，还得培养第二代……你們保定那几个打跟斗的劲不錯，很足，咳！就是不美，咱們这个美呀！要按人写戏，短小精悍，《挡馬》故事情节很簡单，就是艺术好，所以引人注意。”

一九六一年四月十六日，刘子厚对跃进剧团作指示說：“对老艺人我同意路一（前省文化局长、三反分子）同志的意見，要尊重人家。政治挂帅是好的，要挂，可是鑼鼓一响，部长、局长也上不了台，还得听人家的。”〔按：政治是灵魂，是統帅，是一切工作胜利的根本。只有在无产阶級政治舞台上，才能导演出生动活泼的新戏来。而刘子厚却誣蔑地說什么“鑼鼓一响，部长、局长上不了台”，这不是明目张胆的反对政治挂帅，鼓吹艺术第一嗎？〕

一九六一年四月十六日，給河北跃进剧团的指示中說：“看来继承是困难的，一是咱們的干部外行，……他是外行，可是他总是想拿自己的观点来改造河北梆子，改造跃进剧团，他出于好心帮助我們，反倒挡了路。”〔按：刘子厚与右派分子唱的是一个調門。即“外行不能領导內行”，“是挡了路”。这是对党对文化艺术領导的恶毒攻击和誹謗。其阴謀是把党的領导从文艺界排挤出去，好实行資产阶級統治，复辟資本主义。〕

篡改“双百”方針，鼓吹文艺上的“和平竞賽”

一九六五年五月十日，刘子厚在省文化工作会議的总結报告里說：“执行百花齐放，百家爭鳴的过程，就是社会主义的新文艺同各种各色的文艺作品竞賽的过程，就是文艺領域里无产阶級思想同資产阶級思想斗爭的过程。通过竞賽和斗爭，保証革命的、社会主义的文艺胜利。”

“有了思想內容深刻表演技巧精堪的好戏，才能征服观众，眞正对观众的思想感情起到潜移默化的作用，才能排挤掉資本主义，封建主义的戏剧。

可見一个剧目只要有一定的思想，艺术质量，就能站住脚，就能同旧戏較量，爭夺观众。”

百花齐放，百家爭鳴必須体現革命性、战斗性和多样性的統一，保証表現工农兵的东西，表現社会主义的东西占主导地位，在这个前提下，提倡艺术題材、体裁、形式、风格的多样化。”〔按：“保証表現工农兵的东西表現社会主义占主导地位，言外之意，还有不表現工农兵的东西，即資本主义、封建主义的文艺，让它继續毒害人民，为資本主义复辟作輿論准备。〕

一九六五年八月二十九日，刘子厚在部分剧团負責干部座談会上說：“現在不叫演旧戏，是行政手段，要通过演出賽过旧戏。”

“搞成什么样子呢，在政治思想內容方面已經超过压倒了传統戏，这就不用讲了。在艺术表現形式、方法上也要超过传統戏。比的方法，假如現在唱一唱对台戏，一边是革命現代戏，一边是传統戏，那边看戏的人多？这恐怕还很难說。”

一九六五年五月四日，在省文化工作会議的报告中，刘子厚說：“戏剧战綫上社会主义与資本主义、封建主义誰胜誰負的斗爭，决定于双方力量的对比，决定于革命現代戏数量的多少和质量的高低。”

鼓吹向艺术“权威”学习，宣揚名利思想，对青年演員实行“和平演变”

一九六〇年八月十日和六一年四月十六，刘子厚两次召开跃进剧团座談会上說：“对老艺人我同意路一同志的意見，要尊重人家。”“对老艺人的关系要弄清楚，类似西医学中医，以中医为主，不学老艺人，怎么继承呢？老艺人的待遇高些。”

“我們要多下些功夫，多請些老师，多花几个錢，多排练学习”，“把过去所有的唱片都买来，向唱片学习，有点毒也不要紧。”

一九六一年四月九日，刘子厚打电話給路一說：“貫彻艺人政策，你亲自召集荀慧生和其他老艺人开个座談会，叫他們发表意見，叫他們提意見。”

一九六六年四月十六日，又指示跃进剧团“要看其他老艺人的戏，要着重地看河北梆子，熟讀唐詩三百首，不会作詩也会偸。也可以找人家去学，或請人家来教，不要搞省市界限，聘請老师可給些錢，一年教一个戏也行”。〔按：“尊重人家”、“待遇可以高些”、“向老艺人学习”，难道这就是党对老艺人的政策嗎？况且老艺人中有不少像荀慧生这样的反党反社会主义反毛泽东思想的右派分子，刘子厚鼓吹向这些老艺人学习，只能是高薪买来牛鬼蛇神，大力毒害演員，培养資产阶級接班人。〕

一九六一年八月十一日，刘子厚在召开的演員座談会上說：“还有一个利益，我們准备出去不要錢，向他們要鸡，要鴨，要魚，要肉，要副食品，*还有一条准許在宾館食*堂吃飯。”

一九六一年四月十六日，刘子厚給跃进剧团作指示說：“有的学員已有相当水平，有的学員接近成熟，只要讲清道理是可以接受的，搞个工資制度，一年評一次，可补加奖励，这样能調动他們的积极性。”

一九六五年十月二十七日，刘子厚在河北戏校讲話时一再夸奖演員：“张××呀，你要好好地练，你的嗓子很有前途，又有刘老师的教导吆！”

“刚才演《夜宿花亭》的张××，嗓子很有前途，唱戏作戏都有前途。”

还指名要河北戏校学生×××“你要赶上跃进的演員”。

还說：“要勤学苦练，这是我們向小同志的要求，发懶不行，小同志們懶，早晨练操不願起床不行，雛凤凌空演得是楊排风，楊排风是个烧火丫头，偷偷带了群丫头练功，其中有一个懶丫头，早晨出操还要别人从被窝里把她拖出来，咱們同学不要懶，这是我对同学讲的。”〔按：反革命修正主义分子周揚，就是鼓吹要青年人“靠个人奋斗”，要“成名成家”，以“名演員”“名导演”“名作家”的三名引誘青年走修正主义道路，而刘子厚与周揚却是一个調子。〕

六、在四清中，积极推行形“左”实右的机会主义路綫，对抗毛主席的正确路綫

篡改二十三条，轉移斗爭重点，搞人人过关

一九六四年十二月六日，刘子厚在一个生产队全体社員討論救济大会上的讲話中說：“不管是誰，只要你有四不清，我就要跟你斗。”

一九六五年，刘子厚在全省四清战綫学习毛主席著作会議上的讲話中說：“我們搞革命为了什么？还不是为了全人类的解放，为了調整生产关系，发展生产，实現共同富裕嗎？民主革命时打土豪分田地，是为了这个，搞社会主义是为了这个；如今搞四清还是为了搞这个。就是因为干部有四不清，生产关系阻碍生产力发展了，非搞革命不可。”

一九六五年十二月十五日，在地委常委、总团党委会議上，刘子厚說：“所以这次四清，就是整党內那些堅决走資本主义道路的当权派，再說具体些，就是整党、整党的領导核心。”

一九六五年十二月二十八日，在石家庄召开的地委书記会議上，刘子厚又說：“这場运动，重点是整党內走資本主义道路的当权派，换句話說，就是整党。”〔按：整党和整党內走資本主义道路的当权派，这是不可混淆的两个概念，这里有不同质的矛盾。这也是刘子厚对二十三条的公开篡改。是轉移斗爭重点的伎俩。〕

一九六五年十二月十五日，刘子厚在邢台地委、总团党委会議上說：“去年在永福庄，揭发一个干部好吃狗肉，打狗吃，群众意見很大，今年在祝村参加会議，又揭出一个好吃的，下乡一派到誰家的飯，誰就发了愁。群众一揭发，受教育可深了。”

又說：“在祝村公社因为干部吃了生产队的几条魚，群众翻来复去揭这个問題，这个人从这个角度讲一通，那个人从那个角度讲一通，把干部吃魚揭的很透，把好吃嘴饞揭的很深，这样对干部教育很大。今后公社干部再到祝村，誰也不敢吃队里的魚了。所以要翻来复去的折腾，反来复去的搞，大会搞小会搞。”又說：“今年就是在这方面大作文章。我在祝村听了两天，很有味道。”〔按：二十三条明确指出，这次运动的重点

是整党內走資本主义道路的当权派，但刘子厚却在吃魚、吃狗肉上，大作文章，还让“反复折騰”，目的在于轉移运动的重点，包庇走資本主义道路的当权派。〕

一九六五年二月八日，刘子厚在关于认眞学习和領会二十三条的几点意見中說：“对干部要逐步摸淸情况，分类排队。錯誤有大小，有多有少，四种人中，一般的队前三种是多数的。”

〔按：二十三条中明确指出，“情况要逐步摸淸，可能有以下四种，好的，比較好的，問題多的，性质严重的，前两种人是多数。”但刘子厚却提出：“前三种是多数”。显然这是对二十三条的明目张胆地篡改和歪曲〕

汚蔑貧下中农，不相信群众，工作队包办代替

一九六四年十二月六日，刘子厚在听了一个工作組汇报以后的讲話要点中說：“据現在我們的了解，貧农是有分化的，有的当了干部以后就变了，有的进行貪汚盜窃，有的搞投机倒把。貧农是这个情况，我們也要看中农，特别是下中农有沒有分化。有的原来是中农，土改以后各方面都下降了，要注意了解这个方面的情況。当然我們不是打算在中农里找依靠对象，而是看阶級分化情况。此外，也要看一个地主，富农有什么变化，富裕中农有什么变化。要了解阶級分化的情况，对各个阶层都要看一下。”〔**按：**刘子厚对农村中的中坚——貧下中农进行恶毒汚蔑，而对地主、富农的猖狂活动却只字不提，实在是令人难忍！〕

一九六五年三月十八日，刘子厚在关于四淸运动中如何抓好生产的几点意見中說：“生产队如何領导生产，有这么一个想法，……就是在队委会的集体領导下，多設一些人員，分管农业、副业、保管、記工、会計等各方面的工作。这样做，可以調动更多的人为集体关心，……防止发生四不淸。”〔**按：**防止发生“四不淸”的問題，調动社員关心集体，应該突出政治，用毛泽东思想武装农民，而刘子厚却采取不相信群众，让很多人当干部的办法，眞是奇談怪論。〕

一九六五年七月二十五日，刘子厚在邢台地委全会（扩大）上的讲話中說：“工作队刚进村时，考虑到可能有的犯錯誤干部抵抗，躺倒不干，那时說过不要怕，他不干我們干，不用說搞运动，連生产生活都要亲自抓起来。〔**按：**在运动中，刘子厚一直是大搞人海战术，包办代替。在刘子厚蹲点的永福庄公社，不算分团的人就有三百零一名工作队員。其他地方平均每个生产队也有六、七个工作队員，有的多至十几个人。他們包攬一切。〕

用形“左”实右的扎根串連，对抗放手发动群众

一九六四年十二月六日，刘子厚在听了一个工作組汇报以后的讲話要点中說：“在根子进行串連时，还要做一些秘密工作。現在我們一般作的是公开的工作，将来有了根子要再有一层，做点秘密工作。有公开的会議，有秘密的会議，这样我們对問題的了解

就会更深。光有公开的工作．沒有秘密工作，对問題了解就会不深。所以除了公开的会議外，得有商量机密大事的小会。”

又說：“現在貧农积极的有几戶了，有人說是否可以說有根子对象了，我說还不行。根子的条件，除了成分好，立場好，劳动好，办事公道以外，还要有一条，看他能否和我們說心里話。”〔按：这是刘子厚不相信群众，不信任群众的自白。在这条形“左”实右的机会主义路綫的指导下，有不少工作队，进村半月甚至一个月也沒有找到积极分子，严重地破坏了四清运动。〕

一九六五年八月一日，刘子厚在十六次全会上关于农村四淸問題的讲話中說：“进村认眞坚持‘三同’，訪貧問苦，扎根串連。这些基本功搞得是扎实的，对鍛炼干部，发动群众起了很好的作用。”〔按：在制定二十三条的中央工作会議上毛主席批評了“扎根串連”是不相信群众，不敢放手发动群众的表現。刘子厚大肆鼓吹“扎根串連”，搞得“扎实”，对发动群众起了“很好的作用”，这是公开对抗毛主席。〕

篡改毛主席的认識論

一九六五年十一月二十五日，在任县祝村分团汇报当前四清运动情况时，刘子厚說：“从群众中来，到群众中去，一事一討論，一总結，认識——实践——认識，就是这样一个反反复复的过程。”

一九六六年二月五日在徐水县礼堂，刘子厚接見总团、商庄分团全体工作队員及其他分团工作队員时說：“实践論上讲，认識，实践、再认識、再实践，这是认識的規律。”〔按：毛主席說：“一个正确的认識，往往需要經过由物质到精神，由精神到物质，即由实践到认識，由认識到实践这样多次反复，才能够完成。”但刘子厚却和毛主席大唱反調，不止一次地提出：“认識——实践——认識”和“由精神到物质，再由物质到精神”的謬論。〕

七、頑固坚持資产阶級反动路綫，瘋狂对抗以毛主席为代表的无产阶級革命路綫

划框框定調子，捆綁群众手脚

一九六六年六月二日，刘子厚在北京对天津八所高等院校党委书記的讲話中說：“大字报点名，如果要点到中央要坚决收回，說服，有意見可写信，我們轉；点本校不要怕；至于市委、省委考虑一下，他們（指学生）不了解情况。”

“如北京市委沒具体人可貼，貼到什么地方，还是貼到屋里好，教室不上課了，可以貼到屋里。不使外人看，因为是国內的事，說服群众，不要乱貼。大字报要有左派成立編委会，大字报交編委会要看一下，着重讲道理，我們要搞革命，不搞自由化，自由

化是修正主义。”〔**按：**这是刘子厚对毛主席提出的无产阶級大民主的攻击和诬蔑。〕

“但是几个学校联合不必要，非上街不行，有两手准备，非上街也不要怕，不怕可能不出去，怕呢？可能出去，这样思想就亮了。”

“右派学生去四清，昨天还打左派学生，法律系說，毛腰不流血，不犯法，你們看这个报紙标語，劲头就看出来了，广播好几次，这样一来形势变化，也說明主席掌握了形势，也控制不住了，这是大变化，今天进入了高潮，文化大革命高潮来了，这样，今天看过去的打算不行了，根据形势是个轉变，領导在群众前面，如果机械脑袋，非挨打不行……”

一九六六年六月四日，刘子厚讲：“引导学生向学校开刀，有不同意見暫不辯論，学生方面有不同意見时不要組織批駁，开始只放手大鳴、大放、大字报。”

一九六六年六月五日黎传声传达刘子厚指示：“揭批，前段主要是邓拓为首的‘三家村’，北大大字报后轉入学校內部。要因势利导，如联系到省、市委問題，‘三家村’問題也可以，但要引导到校內。”

“不要大会上做报告，发現了点名不合适的和他商量，有意見你送去也行，不妨碍民主，省、市各部門可以点（单位），中央、华北局、省、市委不点。有些即使党內知道也不揭，防止坏人鉆空子，轉移到別的方面去了。”〔**按：**“即使党內知道也不揭”，那党內走資本主义道路的当权派怎么揪出来呢？〕

一九六六年六月五日，刘子厚說：“往下怎么搞，变成你們的意見、你們的話去讲。北京的事情一律不讲。”〔**按：**党內走資本主义道路的当权派，耍弄的許多阴謀手段之一，就是封鎖消息，使革命师生听不到毛主席的声音，而他們自己則好胡作非为。〕

一九六六年六月五日，刘子厚在北京对地、市委和各高等院校党委书記的讲話中說：“要积极領导。注意：发动学生貼大字报，可以引到我們头上，要充分估計到这一点，因为每个人要一分为二，难免有缺点和錯誤，特别文教部門搞学校工作的，……平时好的同志也要一分为二，难免有缺点錯誤，問題多的就多一些，严重的就会更多。”〔**按：**那些党內走資本主义道路的当权派，那些鎮压学生运动的劊子手，难道这是缺点和錯誤問題嗎？〕

他还說：“开会問題。大、中、小会都开。①但不开区域性的会；②不要上街游行示威，沒有这个必要，外国人看了也不好，不要搞通电。”

一九六六年六月十日，刘子厚說：“机关目前組織学习，不发动写大字报，动員大家学习，好好学习，有意見可以准备，什么时候发动什么时候貼，現在有好多人不在家，这不是不革命，不要去动員。我們不是北京市委，我們坚决要搞文化大革命，現在准备，四大不搞。”

一九六六年六月十一日刘子厚說：“象北大这样的学校我們这里沒有，那是修正主义領导集团，愚弄一些学生跟着他們跑，我們这里沒有。就是有的学生受他們的影响，运动一起来，他們也会起来的。在家批嘛！不要上街。”〔**按：**这是堵革命师生之口。〕

一九六六年六月十日，刘子厚讲：“几个大的医院都有工作队，我們要积极发动群众，領导群众参加文化大革命，有組織、有領导地把医院的步子放慢、放稳。目前是高潮时間，是相当稳的，把步子搞稳一点。”

一九六六年十月五日刘子厚在北京同河北歌舞剧院、戏校同学座談时說·“你們的情况听了一点，……可是顾不上，‘十二字’方針，我不晓得这个問題，可以查一查，当时你們在农村，‘十六条’出来以前以后，这关系不大，无非是影响运动慢些。”

他又說：“通过辯論要消除不团結的現象，要不班子就散了，就演不出来了。在天津几个剧团还能演出，省里的几个剧团就演不了。当然多鬧几天革命有好处，但是总有个头，要搞到一定程度还要搞演出。”〔按：刘子厚极端害怕河北省文艺界揭穿他对抗毛主席文艺路綫，迷恋才子佳人，反对戏剧改革的老底，就在文艺界打起了“学习文件、提高认識、做好准备”的十二字方針这面黑旗，使文化系統的文化大革命一直遭到压制，阶級斗爭的盖子长期沒有揭开。十六条公布以后，刘子厚还頑固堅持十二字方針，胡說什么“无非是影响运动慢些。”到了十月还极力强調剧团演戏，看其居心多么险恶！〕

“我到你們戏校看了几次旧戏，还是要检查嘛！我大方向是对的，但确实看了几次旧戏，当时我只考虑到看看同学們的练功，沒考虑什么影响，我到戏校要检查。我在歌舞剧院，你們要不給我提，我沒有这一条。我到你們那給你們讲舞蹈歌剧，出了不少主意，在大方向上沒有什么錯誤……”。

“我不相信你們反对我，我想来想去，戏校反对我还有点理由，我看了几次旧戏，我在歌舞剧院沒有什么錯誤，我是不相信你們反对我的。”

大派工作組，建立官办文革，压制群众运动

一九六六年六月二日，刘子厚在北京对天津八所高等院校党委书記的讲話时說：“你們天津几个学校要研究、敢领导，不怕死，我們就是工作队，是革命的。”〔按：好一个“包青天”的架式！殊不知刘子厚所标榜的“工作”队实际上就是鎮压革命群众运动的“消防队”。〕

在文化大革命初期刘子厚讲：“我們不敢领导，右派会起来干，右派领导的起来給你胡干，现在急于解决领导問題，一方面派工作队……工作队去了之后，成立文化革命委員会，成立办公室，文化革命代表会。不好的不让他参加。”〔按：刘子厚与宋碩、陆平的“坚守崗位、加强领导”喊的是一个調子。〕

“只要我們坚决是革命的，彻底的文化革命，你不敢，右派就攻。决心稍差一点就不行。决心一差，左派有意見，右派鉆空子，决心一下，帅旗就树起来了。这次斗爭，干部子弟表現得較好。要使用干部子弟作工作。”

一九六六年六月十日，刘子厚向天津市委指示：“……問題多的单位就派几个人去，烂了的，乱了的派工作队去，公开反对我們先把他抓起来。先布置几个学校，派强的进去。”

一九六六年六月十一日，刘子厚說：“十三个大专院校还沒有那个党委垮了的。特别是八人小組做了很多工作，这是一条好的經驗。”

“革命师生代表大会，革委会——办公室，党委成員好就选，不好的不选，选进的

党員成立領导核心，如党委內部問題，还强調党委領导就不行了，好党員选进去，学生、青年教师占50%。”

一九六六年八月二十五日，刘子厚在干部俱乐部对天津高等院校各派代表的讲話中說：“在北京省委、市委商量了一个临时办法，把高等学校，大专学校的負責人組織起来，成立一个临时的領导小組，来領导文化大革命。……有臧伯平做正組长，有李泽民做副組长。……現在省里有一批人在这里工作（指接待站）接待啊，联系啊，这样原来成立的临时領导小組不需要了。这个小組从今天起就撤消了。”

歪曲运动的重点，鼓吹“乱箭齐发”，扭轉运动大方向

一九六六年六月二日，刘子厚在北京对天津八所高等院校党委书記的讲話中說：“既要放手，又有領导，不是自由化。〔按：把放手发动群众污蔑为自由化，就是对战无不胜的毛泽东思想最恶毒的攻击！〕揭的問題是批判，学校內部发动群众鳴放，……但以放在本单位为主，鳴本校或省市委也可以，开始乱箭齐发……。

一九六六年六月十一日，刘子厚在天津十三所大专院校党委主要負責人会議上說：“思想問題，世界观問題，要一步一步来，关于这个問題从这一点就可以看出来，一动員，一发动，乱箭齐发，就看出来了，不敢乱箭齐发就是不敢革命。”

一九六六年六月五日，刘子厚在北京对地、市委和各高等院校书記的讲話中說：“这次运动起来以后，要向学校領导，专家教授开火。我們就是按这样干。”

一九六六年六月十一日，刘子厚在天津十三所大专院校党委书記会議上說：“領导权在誰手里？大多在資产阶級权威学者掌握，有的老党員、干部作了俘虏，要充分估計到，我們党委跟人家跑的不說，起决定作用的恐怕不多。……”

“重点是資产阶級权威及一切牛鬼蛇神，都是資产阶級知識分子。”〔按：林彪同志指示：“运动的重点，是斗爭那些党內走資本主义道路的当权派。炮打司令部，就是炮打一小撮走資本主义道路的当权派。”而刘子厚却說：“重点是資产阶級权威及一切牛鬼蛇神，都是資产阶級知識分子。”居心何在？〕

一九六六年八月十日刘子厚談党的領导时說：“这是大革命、大民主，来发动群众造反，管你什么党团官老爷，凡是不顺眼的統統反掉。”

敌視群众运动，把革命群众打成“右派”“反革命”

一九六六年六月二日，刘子厚在北京对天津八所高等院校党委书記的讲話中說：“学校有左、中、右，你怕群众起来，誰是左、中、右你分不清，你不发动，自己就成了革命的对象，要敢发动群众，群众起来就好办了。群众一起来，就分化了，要依靠群众左派，爭取中間派，控制右派。在放手发动群众中要揭要批，通过左派組織起来，組織左派，不要另搞一套組織，是党、团、学生会里搞左派組織，依靠左派，控制右派，如学生会是右派就夺过来，大字报要搞，大鳴大放大字报大辯論四大是右派对付我們的办法，今天拿来对付他們，……”

一九六六年六月四日，刘子厚召开座談会上的讲話中說：“不要你攻击我，我攻击你，这样一来就会把学校的陣容搞乱，如果有坏人，就会乘机搗乱。”〔**按：**刘子厚张口一个有“坏人”、閉口一个抓“右派”，究竟其目的何在呢？事实說明，刘子厚所指的“坏人”、“右派”并不是那些党內走資本主义道路的当权派，而是坚决听毛主席的話，敢于革命，敢于造反的革命师生。〕

一九六六年六月五日，刘子厚的指示，黎传声传达：“这两天运动总的說好（六月二日以来），但絲毫不能麻痺，群众运动說出乱子就出。”

一九六六年六月十一日，刘子厚讲：“北大問題也广播了，有些人鬧不清，有的学生就冲到党委头上来了。开始学生有了一些錯誤的大字报，有的学生和学生辯論，这些問題要注意，給学生讲认識問題有一个过程，一开始认識錯了，也不要紧，随着运动提高认識就行了。”“学生中有很坏的家伙，那就让他們放吧！要注意背后有人指揮。这些問題要留在后边处理，不要打混战”。

一九六六年七月九日，刘子厚对臧伯平、李泽民讲：“有工作队的要上压下挤，沒有工作队的象河大、南大就得敢于引火烧身，什么大字报都张貼，这就主动。如不肯引火烧身，无非是叫右派罵得狗血淋头。”〔**按：**刘子厚竟然极其恶毒地把革命师生汚蔑为“右派”，把革命师生給党內走資本主义道路当权派貼大字报的革命行动罵成是“狗血淋头”，这簡直是地地道道的反革命邏輯，混蛋邏輯。〕

一九六六年七月十日，刘子厚讲：“一方面放手发动群众，广貼大字报，到一定程度沒貼的了是否把大字报排排队，打击什么人。在文化革命委員会中进行排队”，“左中右現在还看不清楚，要不断的排队。”〔**按：**在刘子厚这个黑指示下，省、市委及高等院校的官办文革委員会，对革命群众进行了分类排队，把大批革命群众打成“右派”“反革命”，并整了大批黑材料。〕

挑动群众斗群众，学生斗学生

一九六六年六月二日，刘子厚在北京对天津八院校党委书記讲：“干部子弟要好好地抓抓，掌握情况很重要，你鬧起来，革命的找来談，干部子弟找来談，找来要很好接待，要抓起来，出尖子很好，談話就是了解情况，抓住尖子发揮作用，大专学校就是这个样子吧。”〔**按：**这是刘子厚推行女儿路綫的思想基础，在这种思想指导下，刘子厚纵容其女儿刘力里在河北大学充当了頑固的保爹“尖子”。〕

一九六六年八月十三日夜，刘子厚对天津工学院赴京部分革命师生說：“我有一个孩子（刘力里）在河大，她回家跟我說：同学們都說她是反革命，我說这很好，召开你們一个斗爭会才好呢，越能够暴露。（**按：**眞是恬不知耻。众所周知，刘力里是地地道道的譚力夫式的人物。刘子厚还喋喋不休地夸耀她，何故也？〕

一九六六年八月十七日，刘子厚在談到天津大学“八一三”紅卫兵时說：“不用管他，剩下一千人也不怕，剩下一百人也不怕，剩下十个人也不怕。他們回来（去北京）还造謠，还要活动，我們不要怕。”

又說：“最近又提出搞好本校，本单位問題，主要陣地在你們学校，他們（天大

“八·一三”）要来，不要阻拦，我們看你們懂事情，我們和你們說心里話。清华住了七千人，光接待不能革命，河北农大到北京三千人，本校也不革命了。”〔按：刘子厚最重要的阴謀詭計，就是拉一派打一派，挑动学生斗学生。他暗中組織操纵一些受他蒙蔽的学生和学生組織，来压制革命，保护自己，挑起武斗和制造混乱。〕

假检查、眞反扑，頑固坚持資产阶級反动路綫

一九六六年十一月十二日，刘子厚在他的公开检查中說：“省委在无产阶級文化大革命中，实际上盲目地执行了資产阶級反动路綫，犯了方向性的錯誤，路綫性的錯誤。”“我們对这場文化大革命中曾出現的一些挑动学生斗学生，群众斗群众的問題，甚至对革命群众进行政治迫害，把他們打成反革命的严重事件，沒有及时发現，及时处理，严重地阻碍了文化大革命的健康发展。”〔按：刘子厚說的多么輕松自在！好象河北省鎭压学生运动的罪魁祸首不是他刘子厚而是别人。〕

“对于这場伟大斗爭的領导很不理解，很不认眞，很不得力，盲目地执行了資产阶級反动路綫，极大地影响了群众革命积极性的发展。十六条公布以后，毛主席的正确路綫同广大群众見面，为广大群众所掌握，在庆祝中华人民共和国成立十七周年的大会上，林彪同志讲了在无产阶級文化大革命运动当中两条路綫斗爭的問題，广大革命群众对錯誤路綫的批判，广泛深入地开展起来，才促使我們逐步覚悟起来，认識到所犯錯誤的严重性。”〔按：刘子厚“逐步覚悟过来”的話音刚落，就亲手挑起保定十一月十六日流血事件。可見，刘子厚賊心不死，“逐步覚悟”，“认識到所犯錯誤的严重性”，是麻痺、迷惑群众的烟幕弹，实則变本加厉，大肆反扑。〕

“八月間，天津市有些革命师生貼出了批評刘子厚、閻达开、杜新波等同志的大字报，这是革命的行动。就在这时候省委部分駐津工作人員貼出大字报，說省委这三个同志是坚定的‘革命左派’，这张大字报貼出后，客观上起了压制群众批評省委的作用。我們当时沒有认識到这一問題的严重后果，同意了这张大字报。这是很錯誤的。〔按：刘子厚又在扯謊，眞实的情况是：八月十五日下午文化革命办公室赵純把各組的負責人找到一起，传达李頡伯从北京打来的电話，（当时刘子厚也在北京）說：“对貼出刘子厚、閻达开、杜新波是黑帮，我們要反击。”后又把已准备好的大字报念給参加会的人征求意見，大字报稍加修改后，由文革办公室、留守处、河北宾館省委工作人員分片負責貼在天津大街小巷。由于刘子厚、李頡伯阴謀策划，使河大革命师生遭到全市性的围攻。然而刘子厚对于他的这个严重的反革命行为，仅輕輕地說了几句，足以証明他与革命师生为敌到底。〕

一九六六年十一月二十七日，刘子厚在他又一次作的公开检查中說：“我代表河北省委作关于在无产阶級文化大革命中执行資产阶級反动路綫的第二次检查，这次检查因为准备的比較仓促，检查以后这个稿子我还准备继續地来把它修改，修改以后再印发。”〔按：批判資产阶級反动路綫已經两个多月了。可是刘子厚才准备了一份“比較仓促”的检查，实在令人感到遺憾！由此可以看出刘子厚的检查是毫无誠意，根本不触及灵

魂，眞是可謂頑固之极。〕

"……但是在这次文化大革命中，派工作組，包办代替，实际上是把这种組織形式强加在革命群众头上，这种作法根本就是不相信群众的表現，再加上我們对工作組的任务，工作方法交代的不清，以及根据新的情况总結經驗也不够，而是沿用着过去一套老办法，在客观上起了压制群众，阻碍群众运动的作用。"〔**按：**刘子厚派往各学校的工作組，观察組，那一个不是省委的暗探，特务組織呢？刘子厚对工作組、观察組的任务，工作方法，交代的不是不清，而是很淸楚，那就是搜集情报，組織保守兵，挑动学生斗学生，鎭压革命师生。〕

"十六中革命小将們散发了告全市青年的一封信，带头批評了市委在領导文化大革命运动中的錯誤，而天津市委原組織部长馬瑞华擅自决定派出公安部队，維持秩序，这是鎭压革命学生运动，破坏无产阶級文化大革命的极端严重事件，对这个事件，省委听到后，派人反复做了調查处理，但是这个錯誤处理不及时，不严肃，不彻底，使一部分革命师生受到压仰……"〔**按：**馬瑞华武装鎭压十六中革命小将完全是按刘子厚六月十号向天津市委布置的"公开反对我們的，先把他抓起来"的黑指示精神干的。現在刘子厚为了逃脫罪責，竟然如此謊話連篇，眞是无耻之极。〕

八、包庇党內走資本主义道路的当权派

极力包庇反革命修正主义分子张承先

一九六六年六月二日，刘子厚在北京对天津八所高等院校党委书記的讲話中說："承先同志到北大当工作队长去了，小工作队，大左派群。"

一九六六年八月二日，对河北大学等学校当前无产阶級文化大革命讲的八点意見中說："张承先犯的錯誤，首先有两条：一条是官老爷作风；二条是不依靠革命左派，以至犯了路綫錯誤。"

〔**按：**昔日炫耀，曾几何时！这个率領"大左派群"的工作队长、反革命修正主义分子张承先被揪出来了，好得很！然而刘子厚却赶忙跳出来大叫什么"官老爷作风"，什么"不依靠革命左派"，妄图混水摸魚，为其开脫罪責，眞是不遺余力。〕

极力包庇党內走資本主义道路的当权派李泽民、臧伯平

一九六六年七月二十四日，刘子厚在听取南大、河大汇报文化大革命的情况以后說："河大，总的路子是对的。还是継續炮轰司令部，还是轉向批斗？采取南大的，可批，要不就会冷台。你們老是炮轰司令部，坏人就会以为把老臧老李打倒就行了，会有人挑拨。你們沒有問題，但群众会演繹法，何苦呢？你們不是沒有大字报，有問題的可揭，到一定时間检查一下。"

又說："河大采取南大的办法。炮打司令部和批判当权派是一致的。（李泽民說：

那个問題多，感到个人責任重）讲責任不能籠統包起来，我們的責任就是革他們的命，讲錯誤要讲啥錯誤，不能囫圇吞枣，現在不能忙于承担責任，現在是大是大非問題，不能替他們承担反党反社会主义的責任，检查无非是我們对他們认識不足，沒和他們斗爭，現在还不提，現在提就把水攪混了。一千条意見也好，一百条意見也好，我就是領导革命，革他們的命，对老同志不要讲什么感情，也不能受这些人的攻击，我有什么錯誤，将来再說。”〔按：刘子厚与李泽民等人臭味相投，狼狽为奸，他們互相包庇，互相吹捧，对革命派犯下了滔天罪行！〕

一九六六年八月二十五日，刘子厚在干部俱乐部对天津高等院校各派代表的讲話中說：“在这个地方也要宣布一个問題，什么問題呢？就是要整理一下我們学校的負責人員，党委书記、副书記、校长，你們要主动地自己提出，自己不要参加革委会，这个办法对于自己有好处，对文化大革命有好处。”〔按：让这些党內走資本主义道路的当权派由幕前轉入幕后。〕

包庇反革命修正主义分子李悦农

王景新、朱明远、馬平夫三人組成了周潛川专案小組，刘子厚由天津来到保定找专案小組听取口头汇报，听后刘子厚提出自己的意見：1、有病脫职，有病人治病心切，得病乱投医。周李（李悦农）关系是大夫与病人的关系，是治病問題。2、悦农在会上检查态度是好的，交待、检查是好的，沒有隐瞞。3、李在病前工作很好。4、現在看李悦农是属于上当問題，我理解不处分，看你們三人有什么意見。〔按：保定地委第一书記李悦农，在困难时期請潛伏下来的国民党大特务周潛川看病，教气功，吃仙丹，干尽了反动勾当。刘子厚一手給李遮盖了反动本质，并給李悦农涂脂抹粉，說他“养病前工作很好”，“交待，检查的好”，“沒有隐瞞”。这是胡說。一九六二年保定地区的单干风不是李悦农刮起来的嗎？李悦农念周的一部經等問題交代了嗎？正是刘子厚的包庇使这个反革命修正主义分子逍遙法外。〕

一九六四年十月十六日，刘子厚在省委书記处会議上說：“李悦农同志的問題，把病看得严重，乱投医，政治上缺乏警惕，麻痺，以前的可原諒。”并說：“对問題的认識，对旁人批評，检查是好的，总起来麻痺无知，上当性质。”

对叛党的反革命分子常和尙称兄道弟，关怀备至，忠心效劳

刘子厚任湖北省委組織部长时，曾邀請常子敬到武汉一游，对常說：“这里有图书館，书籍很多，你若能来，即在此工作。”“若是果园工作更为适宜，陵园亦可，东湖管理处亦可，中南图书館亦可……”

一九五五年三月二十六日，刘子厚給常子敬的来信上說：“关于你的問題，我已和馬国瑞同志談了一下，国瑞对你是很关心的，他的意思願你仍在邢台由专署照顾你的生活，我想这个意見也是好的，邢台距家近些，往返方便，同时想作些什么工作，仍作些什么工作也可以，願意在哪些方面作些研究也可以研究，請你考慮，如果你願意往湖北当然也是可以的。”

一九五五年夏天，刘子厚任湖北省省长时，常子敬为找工作又到湖北找刘子厚。刘对常說："本願你在此工作，但我不久就要調离湖北，到北京馬列主义学院学习，我一走，你在这儿也站不住，不如回咱河北省工作。"〔按：常子敬是刘子厚的表亲，是內丘中学的副校长，是个叛党的反革命分子。一九二九年与刘子厚同时入党，后来叛党，出家当过和尙。刘子厚同这样的反革命分子称兄道弟，书信不断，关系极为密切。据不完全統計，仅从五〇年——六六年四月，来往信件达百余封。常子敬从其反动立場出发，大写社会主义阴暗面，把社会主义的新农村写得一无是处，大力发泄他对党、对社会主义的不滿。堂堂的省长，对此不但不憤恨，不批判，不斗爭，反而大加欣賞，关怀备至，体貼入微，岂非咄咄怪事。〕

刘子厚在湖北任省长时，給常子敬的信件写道："汉口新开一市場，大都是旧貨古董摊子，其中碑貼不少，价値很低，很想为你买点，只怕买的重复，故未买。咱叔来时，你可跟咱叔談一談，我可領咱叔参观一番，看有可买的东西沒有，咱叔不来，你可写信，指出名目为好，'見购寄去'。"

一九五×年二月二十七日，于北京給常和尙的信上說："中央已經决定叫我去搞黄河三門峽的工程，春节前我去工地看一下，从今春起附属工程正在設計中，一面学习，一面已着手进行工作了，由于工作已逐步紧张起来，还可能学不完就去工作，想去参观当然可以的，不过今夏不行，还沒有什么可看的，明年后年就大有可观了。"〔按：泄露党和国家机密，妄想引狼入室，該当何罪？！〕

一九五×年十月十日，于黄河工程局給常子敬的信上說："李想介紹李某出来工作一事，这事有困难。因国务院有規定，不准随便吸收新人参加工作，这不是在推辞，实在其中有困难，請你原諒。"

一九六零年二月十一日，給常子敬的信中說："至于家乡的情況，前几次調查过，我已有較詳細的了解了。春节前解决了四（几）万斤粮食。"〔按：常子敬丑化社会主义制度，說家乡生活困难，刘子厚則唯命是从，依仗权势，假公济私，把大批粮食拨給家乡，这是何等的省长。〕

一九六×年九月二十八日刘子厚給常子敬的信上說："你們反映的一些問題，对我們很有参考价値，帮助我們了解了不少情况。請今后有什么問題常通信联系。"〔按：常子敬大放攻击党和社会主义之毒，刘子厚如获至宝，将其捧为"很有参考价値"，并請求"常通信联系。"刘子厚是什么人，不是昭然若揭了嗎！〕

河北大学毛澤东思想"八·一八"紅卫兵
河北大学紅旗战团
河北省戏校紅色造反团
河北省歌舞剧院紅卫兵总部
河北省梆子剧院毛澤东思想紅卫兵
河北省梆子剧院紅卫兵
河北省梆子剧院东方紅紅卫兵

一九六七年一月二十日

这篇六岁邱红的文章，我将保留作为分析中国社会为何能产生皇权专制的根源。

最高指示

如果有了正确的理論，只是把它空談一陣，束之高閣，並不实行，那末，这种理論再好也是没有意义的。

紅心向着毛主席

—青島市紅少年邱紅的講話—

〈紅卫兵报編者按〉

北京院校紅卫兵根据当前大联合大夺权新形势，自上而下的火綫开門整风，現在各个战斗队中普遍深入地开展。

通过学习毛主席的“关于糾正党內的錯誤思想”等光輝著作，在灵魂深处鬧革命，狠夺头脑里的“私”字的权克服革命队伍中种种阻碍大联合的錯誤傾向，为了进一步的掀起活学活用毛主席著作的新高潮，我們請青島来的紅少年六岁的毛泽东思想宣传員邱紅作了报告。这将对进一步促进全体战士的思想革命化起着推动的作用。林副主席指示我們：“老三篇”不但战士要学，干部也要学。“老三篇”最容易讀眞正做到就不容易了。要把“老三篇”作为座右銘来学。哪一級都要学，学了就要用，搞好思想革命化，邱紅的讲話就是一个活学活用毛主席著作的好材料。

年仅六岁的小邱紅，无限热爱毛主席，刻苦学习“老三篇”热情宣传毛泽东思想，处处以毛主席的教导严格要求自己的精神是值得我們学习的。这一事实又充分的証明了战无不胜的毛泽东思想，一旦被革命人民所掌握，就会变成攻无不克、战无不胜的无穷智慧和力量，就会冲決一切艰难险阻，取得无产阶級革命事业的胜利。毛主席教导我們說：“讀书是学习，使用也是学习，而且是更重要的学习。”当前坚決实行无产阶級革命大联合，向党內一小撮走資本主义道路的当权派夺权。是我們无产阶級革命派头等重要的任务。要夺权就必須首先大联合，大联合是在毛泽东思想的基础上的大联合（即三結合的大联合），而决不是什么宗派主义的小联合。我們要象邱紅那样，在斗爭中活学活用毛主席著作，掀起活学活用毛主席著作的新高潮。

整頓思想，整頓队伍，狠斗头脑里的“私”字先夺“私”字的权，专“私”字的政，让光輝的灿烂的毛泽东思想在头脑中掌大印，高举毛泽东思想伟大紅旗，为无产阶級革命造反派的大联合，大夺权的彻底胜利而奋斗！

邱紅在热烈掌声中讲話。

叔叔好！阿姨好！

咱們先唱东方紅（領唱东方紅）

我是个紅色宣传員。今天我来宣传林副主席的号召。宣传毛泽东思想最高指示，宣传“老三篇”。林彪同志說要把“老三篇”作为“座右銘”来学，哪一級都要学，搞好思想革命化。

叔叔、阿姨：我先背几段語录（共背誦了十三段）

叔叔、阿姨：我先背“愚公移山”（全文背誦，热烈的掌声）

叔叔、阿姨：我再背“紀念白求恩”（全文背誦，热烈的掌声）

叔叔、阿姨：我背“为人民服务”（全文背誦，热烈的掌声）

叔叔、阿姨：我再說說我是怎么学起来毛主席著作，活学活用毛主席著作，我是怎么认識六百多个字的。我看俺爸爸、媽媽、俺哥哥、俺姐姐都学习毛主席著作，活学活用。我心里想，我也学习毛主席著作，我也当毛主席的好孩子。我就告訴俺媽媽，我說：“媽，俺也学习毛主席著作吧。我也作毛主席的好孩子，我就願意讀毛主席的书。”俺媽說：“紅紅你好好地哄着你的小妹妹，俺好学习，等着白天我再教給你。”

我又看俺爸爸、俺媽媽、俺哥哥、俺姐姐学习毛主席著作，我又对俺爸爸媽媽說：“我也学习毛主席著作吧，我不鬧，也不皮，好好学习行不行？”俺爸爸看我非要学习，俺爸爸挺好哩！就說：“叫你妹妹早睡觉，你也学习毛主席著作。”俺就和俺哥哥和俺姐姐一样学毛主席著作。有生字我不认識怎么办呢？白天我就問俺媽媽，下晚我就問俺姐姐，（他們）写作业怎么办呢？我就到小屋去唸。我到小屋去唸嘛，俺媽又不让打灯，俺媽怕浪費电，我就在黑影里唸，我忘了就在大屋里去看看，再到小屋去唸，我連吃飯也顾不得吃了。俺哥哥說：“妹妹吃飯囉！”我說：“等会儿。”俺哥哥又說：“妹妹吃飯了。”我說：“等会儿。”怎么办，俺哥哥給等煩了，把俺哥哥气得就說：“书迷！吃飯了。”从那会起，一吃飯就說：“书迷，吃飯了。”

我第一个把“老三篇”背过来，我給俺哥哥看“老三篇”，叫俺哥哥背，俺媽媽、俺哥哥、俺姐姐、我，都把“老三篇”背过了。

我最爱讀毛主席的书，我最爱听毛主席的話，我最爱按毛主席的指示办事。

叔叔、阿姨：俺再說說，有一天舅舅領着俺表哥，俺表姐，俺姐姐一块去洗海澡。俺舅舅也要領俺去，我就穿好了裙子，俺姐姐說了：“紅紅，你在家看門吧！媽出去挖防空洞去了，你在家看着小妹妹。”我就不高兴了，我就哭了。干嘛？不是我学为人民服务了嗎？我在家看門也是为人民服务。我說：“好，舅舅，你去了吧！你和俺哥哥去为革命而鍛炼，俺在家看門也是为人民服务。”俺哥哥、姐姐就去了。俺舅舅回来嘛，就买了鸡蛋，就給俺表哥两个鸡蛋，俺表姐两个鸡蛋，俺妹妹两个鸡蛋，俺姨家表姐两个鸡蛋，怎么就給了我三个鸡蛋？就因为我在家看門。我想：那么給了我三个鸡蛋，那么俺媽媽沒有，俺爸也沒有，我就給俺媽一个，給俺爸一个，那么我还剩一个，我舍不得吃，装在布袋里。妹妹把鸡蛋一会就吃光了，坐在地下哭。我說：“妹妹起来吧，妹妹去洗脸吧。”也不，“妹妹去吃飯吧。”她也不。我想給她那个鸡蛋吧，我又舍不得。那么想起白求恩同志毫不利己，专門利人的精神，我就把那个鸡蛋給了俺妹妹，俺妹妹就起来了，她就洗了脸，洗了手，我又想嘛。这也是为人民服务，我又想給妹妹洗脸是为人民服务，帮助媽媽擦桌子也是为人民服务。

叔叔、阿姨：我再說說俺爸爸和俺媽媽每个星期都看电影，俺爸爸和俺媽媽看电影回来了，俺媽媽就买来苹果，俺媽把苹果放在桌子上說：“紅紅，紅紅你們来拿苹果。”我想一想，不是学王杰叔叔嗎？我一想把方便让給人家，把困难留給自己，我就去拿了个小的。俺哥哥也拿了个小的，俺姐姐也拿了个小的。俺媽媽說：“你們怎么都不拿大的？”俺爸爸說：“老媽媽精，先叫人家拿，人家拿完了，把大的給老头、老媽媽吃。”

叔叔、阿姨：我再說說这个，俺哥哥也活学活用毛主席著作了。俺哥哥去帮助菜店里的叔叔、阿姨去运菜，我也想运，哥哥說：“妹妹，你不用了吧，你太小了，你光跌倒，你帮助叔叔、阿姨去搬板櫈，去压烂叶子。我想嘛，这也是为人民服务。我一想，給妹妹洗脸也是为人民服务，給妹妹洗手也是为人民服务。

叔叔、阿姨：我再說說，有一天我一想，光学会了毛主席著作以后，那么俺楼上大娘不认字怎么办？我就向孔大娘讲："孔大娘，你会不会毛主席著作，你会不会唸毛主席語录？〔学大娘的口气〕："紅紅，我不誌字。"我說："大娘，你有沒有决心学？"大娘說："有。"我說："我教你吧？"大娘說："敢情倒好。"我就教給大娘，这回大娘嘛，也学会好儿条語录了。我想嘛，这也是为人民服务。叔叔、阿姨：我再說說我是怎样当的宣传員。有一天，俺爸爸下乡回来說："我的脑子就是不好用，我背了《老三篇》就是記不住。"我这么一听，啊，俺爸爸还沒背过"老三篇"，我說："俺是第一个背过的，俺哥哥是第二个背过的，俺媽媽是第三个背过的。爸爸，我看你怎么还沒有背过？俺哥哥是第二个背过的，俺媽媽是第三个背过的，爸爸，我看你怎么还沒有背过？我看你还很落后的呢。俺爸爸害羞的点了点头說："我看还赶不上小孩来，我今晚上不睡觉也背过来。"俺爸爸下晚把《为人民服务》《紀念白求恩》《愚公移山》背过了。哥哥就說了妹妹你都把爸爸給說服了，我看你好当个宣传員了。我說，哥哥眞的嗎？哥哥說：眞的！我說：上哪儿去宣传？哥哥用指头指划說：那不，那个食堂。我說：那里的叔叔、阿姨背过了'菜站的叔叔、阿姨还沒背过，我上菜站去宣传。我上菜站去宣传嘛，一个卖虾酱的叔叔也不給叔叔、阿姨卖东西了，光看我背了，看我背完了，就說：叔叔，不，我学习的还不够。我又想嘛，我上新华书店宣传，上新华书店宣传嘛，碰見两个解放軍叔叔，就过来問小妹，你叫什么名字。我說，我叫邱紅。叔叔又說：我眞慚愧，我得回去好好学习。我就說：叔叔，我还学习的不够。我又想到，俺上胜利电影院去宣传。俺媽說：小紅，不行，你也不知道个路，你想，你才六岁，你迷糊了怎么办？我說：媽，不是毛主席教导我們嗎，下定决心，不怕牺牲，排除万难，去爭取胜利嘛！要我迷糊了，我找个解放軍叔叔把我送回家来。俺媽說：你到还挺会想办法的啊，你走吧！俺走了。俺又想，胜利电影院叔叔，阿姨背过了，車站上叔叔、阿姨还沒背过，我就上車站去宣传。我想車站上阿姨、叔叔背过了，我又想就回去告訴俺媽，上四方工农兵俱乐部去宣传，再到水清沟去宣传。俺媽說："紅紅不行你也不知道路，你想想你才六岁，迷糊了我到那儿去找你。"我說俺媽，你怎么学习的，人家白求恩同志不远万里来到中国，我到四方俱乐部都不让？这回俺媽沒話說了。俺媽說：好，你走吧！我就走了。沒想到，我上車售票員阿姨又不让我上車。阿姨說：你跟誰来的？我說：我自己来的。阿姨說：你上几年級？我說：我沒上学。阿姨說：不行还得有証，还得有組織的。我說宣传毛泽东思想还得有証嗎？这下我可把阿姨說服了。阿姨說好吧，你上去吧，上去又不让下来了，我說：阿姨到沒到大連路？阿姨說：到了也不下。我說阿姨到底到沒到？阿姨說：你再轉一圈吧！我一直轉了三圈我才下来。我到四方工农兵俱乐部。叔叔不让我进。叔叔說的：你跟誰来的？我說：我自己来的。叔叔說：你几年級了？我說：我沒上学。叔叔說：不行，还得有証，还得有組織的。我說：叔叔，宣传毛泽东思想还得有証嗎？还得有組織嗎？宣传毛泽东思想哪一級都应当学习，叔叔你不信，我給你演演看。我把叔叔說服了。叔叔說好你进去吧。进去又不让出来了。叔叔說：里边叔叔、阿姨都欢迎你，你在里边宣传三場可以不可以？我說：可以。第一次宣传三場，第末一場是俺爸爸那个厂包的俺爸爸去看。俺爸爸見着就把我带回来了。四方工农兵俱乐部叔叔、阿姨給我带上了紅袖章，我就更是一个宣传員了。叔叔、阿姨：我再說說我上四方机厂去宣传毛泽东思想。一个厂长叔叔一个干部叔叔就說：紅紅我領你到那儿去看看大火車吧。我說好，我一坐上就呼哈呼哈的，我說叔叔怎那么漂亮呢？叔叔說：这部是中国做出来的。叔叔往哪跑的？叔叔說：往外国跑的。在党和毛主席的領导下，才能做出这么好的火車吧？帝国主义不能做出吧？帝国主义不能做的咱們也能做！

我說完了。叔叔說对！叔叔、阿姨我再說說我上染料厂到晚上回来就病了。我和俺哥哥在小屋里睡覚俺哥哥就說妹妹，我告訴媽吧！我說：哥哥不告訴。俺哥哥就沒告訴。到第二天起来俺媽媽起来做飯，一看俺病了就領俺去看病。看病回来日报社郑阿姨就来了。郑阿姨刚要領我去宣传，一看我病了。就說：紅紅你不去了吧？你病了正好今天风这么大。媽媽說：紅紅你听你阿姨的話，在家里吧！等好了病，再跟你阿姨去。我一听就知道俺媽媽学人家焦裕祿叔叔学习得不好，我就对日报社郑阿姨說：阿姨俺媽媽学人家焦裕祿叔叔学习得不好。人家焦裕祿叔叔在风里在雪里还工作，还有病。我有这么点病就不宣传了。俺媽叫我去吧！日报社郑阿姨还是領我去吧！还是不領我去！俺媽就說：郑同志你領他去吧！要是他在車上吐了，你就叫他回来。这不，我在車上也沒吐，現在还在好好的。

叔叔、阿姨：我学习的还不够，我还向叔叔、阿姨学习，我还向紅卫兵哥哥学习，我还向紅卫兵姐姐学习，我还要向雷鋒叔叔学习，我还要向刘英俊叔叔学习，我还要向蔡永祥叔叔学习，我还向罗祖顔（口音不清）学习……。叔叔、阿姨：你放心吧，我永远宣传林彪同志的号召，我永远宣传毛泽东思想最高指示，我永远做毛主席的紅色接班人，我永远做毛主席的紅色宣传員。

叔叔、阿姨，我特別想念毛主席，我給毛主席写了电报。我再說說我給毛主席写的那封电报吧。（背誦电报）

叔叔、阿姨：我們唱一支《大海航行靠舵手》（領唱并指揮）

叔叔、阿姨：我們再唱一支《政策和策略》（領唱）

叔叔、阿姨：咱再唱《天大地大……》

报告在歌声和掌声中結束。

附：下面是邱紅来北京后，給我們心中最紅最紅的紅太阳毛主席亲笔信。

亲爱的毛主席！您好！

亲爱的毛主席我祝您老人家万寿无疆！您是我們心中最紅最紅的紅太阳。亲爱的毛主席我永远宣传林付主席的号召，我永远宣传毛泽东思想最高指示！我永远听您的話。我永远照您的指示办事！我永远做毛主席的好孩子。我永远做毛主席的紅色宣传員！我永远做毛主席的紅色接班人！

亲爱的毛主席，邱紅想您了，我白天也想，我睡覚也想。

青島市大連路26号。邱紅6岁　一九六七年二月七日

邱　紅　簡　介

邱紅是青島市第一发电厂老工人邱学材同志的女儿，今年六岁，在家庭的帮助和影响下，四岁就知道誰好，誰坏，知道爱什么，恨什么。五岁开始学习毛主席著作，六岁就能熟背老三篇40余条語录，并且能活学活用。

从去年九月份以来，在青島的各工厂、机关、学校和部队等单位讲过数次，每讲一次都使听众受到极大教育和鼓舞，今年一月底她在青島通往济南的列車上宣传，被北京的几位同学发現，今年二月初来到了我們最最敬爱的伟大領袖毛主席身边——北京。

战斗区科协毛泽东思想紅色造反队印

1967.3.24.

（内部文件，严禁抄成大字报）

江青同志
在文艺界大会上的讲話

文艺界的同志们，朋友们，红卫兵小将们！

你们好！向你们致以无产阶级的革命敬礼！

首先，我要向同志们，朋友们，红卫兵小将们，说说我自己对无产阶级文化大革命的认识过程。

我的认识过程是这样的：几年前，由于生病，医生建议要我过文化生活，恢复听觉、视觉的功能，这样，我比较系统地接触了一部分文学艺术。首先我感觉到，为什么在社会主义中国的舞台上，又有鬼戏呢？然后，我感到很奇怪，京剧反映现实是不太敏感的，但是，出现了《海瑞罢官》《李慧娘》……等这样严重的反动政治倾向的戏，还有美其名曰“挖掘传统”，搞了很多帝王将相、才子佳人的东西。在整个文艺界，大谈大演“名”、“洋”、“古”，充满了厚古薄今，崇洋非中，厚死薄生的一片恶浊的空气。我开始感觉到，我们的文学艺术不能适应社会主义的经济基础，那它就必然要破坏社会主义的经济基础。这个阶段，我只想争取到批评的权利，但是很难。第一篇真正有份量的批评有鬼无害论的文章，是得到上海柯庆施同志的支持，他组织人写的。第二个阶段，我和一些同志才想到要改。并且还得自己参加改革工作。事实上，多少年以来，随着社会政治经济方面新旧斗争的变化，在文学艺术方面，也出现了新的文学艺术，以与旧的文学艺术相对抗。就是号称最难改革的京剧，也出现了新的作品。大家知道，在三十多年前，鲁迅曾经是领导文化革命的伟大旗手。毛主席则在二十多年前，提出了文艺为工农兵服务的方向，提出了推陈出新的问题。推陈出新，就是要有新的、人民大众的内容，喜闻乐见的民族形式。内容有许多是很难推陈出新的，如鬼神，宗教，我们怎么能批判地继承呢？我认为不能。因为我们是无神论者，我们是共产党员，根本不相信世界上有什么鬼神上帝。又例如地主阶级的封建道德，资产阶级道德，它们天经地义的道德，是要压迫人、剥削人的，难道我们能批判地继承压迫人、剥削人的东西吗？我认为不能。因为我们是一个无产阶级专政的国家，我们是要建设社会主义，我们的经济基础是公有制度，坚决反对那些压迫人、剥削人的私有制度。我们无产阶级文化大革命的一个重要方面，就是扫荡一切剥削制度的残余，扫荡一切剥削阶级的旧思想，旧文化，旧风俗，旧习惯。虽然有的词我们还在用，但内容是完全不同了。例如忠这个词，封建地主阶级是忠于君王，忠于封建阶级的社稷；我们是忠于党，忠于无产阶级，忠于广大劳动人民。又例如节这个词，封建阶级所谓的气节，是属于帝王的，属于封建阶级的社稷的，我们讲的是无产阶级的革命气节，这就是说，我们要对无产阶级的、共产主义的事业有坚定不移的信仰，决不向少数压迫人民、剥削人民的敌人屈服。所以，同一个忠字、节字，我们还在用着，阶级内容是完全相反的。至于艺术形式，就不能采取虚无主义的态度，也不能采取全盘肯定的态度。一个民族，总有它的艺术形式，艺术特色。我们如果不把祖国最美好的艺术形式、艺术特色加以批判地继承，采取虚无主义的态度，那是错误的。相反，全盘肯定，不作任何推陈出新，也是错误的。对于全世界各族人民的优秀艺术形式，我们也要按毛主席的“洋为中用”的指示，来做推陈出新的工作。帝国主义是垂死的、寄生的、腐朽的资本主义，他们什么好作品都搞不出来了。资本主义已经有几百年了，他们的所谓“经典”作品，也不过那么一点。他们有一些是模仿所谓的“经典”著作，死板了，不能吸引人了，因此完全衰落了；另一些则是大量泛滥，毒害麻痹人民的阿飞舞，爵士乐，脱衣舞，印象派，象征派，抽象派，野兽派，现代派，……等等，名堂多了。一句话：腐朽下流，毒害和麻痹人民。

试问：旧的文学艺术不能适应社会主义的经济基础，古典的艺术形式不能完全适应社会主义的思想内容，那要不要革命，要不要改革？我相信，大多数同志和朋友们，会认为需要革命的，需要改革的，只是这是一场严重的阶级斗争，又是一件非常细致、相当困难的工作。再加上过去旧中宣部、旧文化部长期的反党反社会主义领导，制造了种种理由，反对革命，破坏改革，就更加深了一般人的畏难情绪。还有一小撮人，则是别有用心的。他们破坏革命，反对改革。京剧改革，芭蕾舞剧的改革，交响音乐的改革，就是这样冲破重重困难和阻挠搞起来的。

在今年五月以后，进入了全国性的几乎涉及整个意识形态领域的无产阶级文化大革命。对于派工作队这个问题，我个人也有一个认识过程的。六月一日，聂元梓等同志的大字报发表以后，我用了一个来月的时间，观察形势，分析形势，我感觉出现了不正常的现象。这一个来月，我开始大量注意学校。例如，南京大学匡亚明制造的反革命事件，西安交通大学的六・六事件，北京大学的六・一八事件。我很惊异，为什么一些出身成份很好的青年，从他们自己写的材料看，他们是要革命的，可是，他们竟被打成所谓的反革命，逼得他们自杀，神经失常，等等。毛主席是七月十八日回到北京的，我是七月二十日回到北京的。原来应该休息几天，但是听了陈伯达同志，康生同志，以及在京的中央文化革命小组的同志们的意见，我就报告了毛主席，我感到需要立刻跟伯达同志、康生同志去看大字报，倾听革命师生的意见。事实同那些坚持资产阶级反动路线、坚持派工作队的人所说的完全相反，广大群众热烈欢迎我们，我们才知道，所谓北大六・一八事件，完全是一个革命事件！他们把革命事件说成反革命事件，并且通报全国，以此镇压全国的革命师生。这时，我才充分地认识到，无产阶级文化大革命中，派工作队这个形式是错误的，他们的工作内容尤其是错误的！他们不是把锋芒对准党内一小撮走资本主义道路的当权派，以及反动的学术权威，而是对准革命的学生。同志们，朋友们，斗争的锋芒对准什么，这是一个大是大非的问题，这是马列主义、毛泽东思想的原则问题！而据说我们的毛主席早在今年六月间，就提出过不要急急忙忙派工作队的问题，可是有的同志没有请示毛主席，就急急忙忙地派出去了。但要指出，问题不在工作组的形式，而在它的方针、政策。有些单位并没有派工作组，依靠原来的领导人进行工作，也同样犯了错误。也有一部分工作组采取了正确的方针、政策，并没有犯错误的。这就可以说明，问题究竟在那里。

八月十八日，毛主席接见了百万革命小将，主席是那样尊重群众的首创精神，是那样相信群众，是那样爱护群众，我觉得自己学习很不够。这以后，红卫兵小将们走向社会，大破四旧，我们中央文化革命小组的同志们拍手称快，但是过了些天，又遇到了新的问题，于是我们赶快找材料，调查研究，这才又追上不断发展的革命形势。我就叫做紧跟一头，那就是毛泽东思想；紧追另一头，那就是革命小将的勇敢精神，革命造反精神。跟和追，不是经常能够完全合拍的，是时而追上，时而落后于形势。因此，我有什么缺点错误，希望同志们，朋友们，红卫兵小将们批评我，写信也可以，写大字报也可以。凡是我错的，我都改。凡是我对的，那我当然要坚持。

从五月十六日到现在，六个多月了，就是这样，处于高度紧张状态。因为注意了全国无产阶级文化大革命的形势，对文学艺术界的具体工作，就抓得少了。这点，我希望得到你们的谅解。今后，能不能抽出更多的时间来注意你们的问题，我不敢说。因为斗争的领域太宽广了。对于整个文学艺术领域的破与立的问题，目前，我不能集中精力专门搞了。这可能要等到运动的某个段落，我的体力也还能支持的话，再来同文艺界的革命的同志们，朋友们，红卫兵小将们，一块来建设为工农兵服务的无产阶级的新文艺。

北京京剧一团的同志们，朋友们，你们给我的信，我倒是都看了。只是因为工作忙一些，身体也不太好，没有能够到你们团去，但是，你们团里的无产阶级文化大革命，我是关心的。北京京剧一团是北京首先接受京剧改革光荣任务的一个单位。这是你们团里一批想革命的演员和其他工作人员和我一块努力，在别人首创的基础上加工或改制的结果，旧北京市委和你们团的旧党总支的某些负责人则是被迫接受的。在毛泽东思想指引下，短短的几年内，你们在创造革命现代戏的工作中，确实做出了成绩，为全国的京剧改革树立了一个样板。我相信剧团的大多数同志和朋友，特别是青年同志，是好的，是要革命的，是能够自己教育自己的，自己解放自己的。你们一定能够进一步活学活用毛主席的著作，努力改造自己的思想，使自己的思想革命化，坚决执行以毛主席为代表的无产阶级革命路线，识破一小撮人企图破坏无产阶级文化大革命的阴谋诡计，把剧团的无产阶级文化大革命进行到底！

为了国庆节演出革命现代戏，我们做过多次讨论，支持了你们演出，反对了那种企图抹杀你们京剧革命成绩的错误观点。为了你们的《沙家浜》能够上演，也是为了《红灯记》、《智取威虎山》、《海港》、《奇袭白虎团》、舞剧《红色娘子军》，《白毛女》，交响音乐《沙家浜》……等等的演出，我们对红卫兵小将们和各方面都做了一些工作。向他们说明：这些创作是无产阶级文化大革命的伟大胜利，是毛主席为工农兵服务的文艺思想的伟大胜利。如果对你们这些革命成果不给予充分的肯定，那是完全错误的。只有那些反对无产阶级文化大革命的人，才对这些巨大的革命成果加以歪曲和否定。事实证明：广大的人民是承认我们的成绩的。世界上的革命的马列主义者和革命人民是给予我们以好的评价的。毛主席和他的亲密战友林彪同志，恩来同志，伯达同志，康生同志，以及其他许多同志，都肯定了我们的成绩，给过我们巨大的支持和鼓舞！

我希望：经过这次无产阶级文化大革命的斗争和锻炼之后，我们还要经常和工农兵相结合。这样，我们一定能够为京剧改革和其他文学艺术的改革做出新的成绩！我们的任务是艰巨的。但我们一定要勇敢地担负起这一光荣而又艰巨的革命任务来。胸怀祖国，放眼世界！

你们剧团里的无产阶级文化大革命，存在着十分尖锐、十分复杂的阶级斗争，存在着无产阶级和资产阶级的夺权斗争。对于以彭真为首的旧北京市委的反革命修正主义路线，你们还没有真正的进行深入、广泛的揭发和批判。在这里要严肃地指出：薛恩厚、肖甲、季一先、栗金池以及赵燕侠等人，还没有认真地同旧北京市委划清界限，没有深入揭发旧北京市委的罪行，也没有对自己的错误进行认真的检讨。薛恩厚在文化大革命开始时给我来过信，对旧北京市委作了一些没有触及问题本质的揭发。赵燕侠也来过一封短信，表示她没有尊重我对她政治上的帮助，作了一些没有触及灵魂的自我批评。但在最近，薛恩厚、肖甲、栗金池三人联名来信，竟然用种种"理由"掩盖自己的错误，企图蒙混过关。这种态度是不老实的。

你们剧团内，并不是所有干部、党员、团员都犯了错误，也不是所有干部都犯同样性质的错误，而是必须区别对待，摆事实，讲道理，采取"惩前毖后、治病救人"的态度，允许改正错误，允许革命。至于上面我指出的那几个人，就是薛恩厚、肖甲、季一先、栗金池以及赵燕侠，他们贯彻执行了旧北京市委的反革命修正主义路线，同彭真、刘仁、郑天翔、万里、邓拓、陈克寒、李琪、赵鼎新以及陆定一、周扬、林默涵等反革命修正主义分子相互勾结，阴一套，阳一套，软一套，硬一套，抗拒毛主席的指示，破坏京剧改革，两面三刀，进行了种种阻挠破坏活动，玩弄了许多恶劣的手段，打击你们，也打击我们。旧北京市委、旧宣传部、旧文化部互相勾结，对党，对人民，犯下的滔天罪行，必须彻底揭发，彻底清算。对于我们党内的以反对毛主席为首的党中央的无产阶级革命路线为目标的资产阶级反动路线，也必须彻底揭发，彻底批判。否则，就不能保障革命的胜利果实。薛恩厚等人必须彻底交代，彻底揭发，只有这一条路，除此以外没有别的出路！经过群众的充分批判，如果他们真正进行了彻底的揭发和交代，“革面洗心，重新做人”，他们还是可以参加革命的。如果薛恩厚等人真正努力改过自新，走上党的正确道路上来，他们还有可能争取做为好的干部。在无产阶级文化大革命中，要用文斗，不用武斗。不要动手打人。武斗只能触及皮肉，文斗才能触及灵魂。

由于没有彻底批判旧北京市委，旧中宣部，旧文化部的反革命修正主义路线，没有肃清这条反革命修正主义路线在剧团的影响，你们的无产阶级文化大革命就不可能搞彻底，你们剧团的运动就有可能走向邪路，被个别别有用心的人篡夺了领导权。这对将来剧团的建设将发生很不利的影响。我建议你们：牢牢掌握斗争的大方向，掌握党中央、毛主席制定的正确方针和政策，反对一小撮走资本主义道路的当权派，在斗争中逐步壮大左派队伍，团结大多数，包括那些受蒙蔽的人，帮助他们走上正确的道路。坚决把揭发、批判旧北京市委，旧中宣部，旧文化部的反革命修正主义路线的斗争，搞深搞透，坚决把无产阶级文化大革命进行到底！

你们对魏晋等三同志的去留问题发生了争执。必须说明：他们已经不是工作队，他们已经撤离了你们的剧团，在国庆节前，我接到你们全体成员来信，坚决要求把他们三位同志调回去工作，经过中央文化革命小组讨论决定，才又请回去帮助工作的。一个共产党员，为人民服务，做了一些好事，是本份；做错了，就应该接受群众的批评。这三位同志，我并不认识，更谈不上了解。在这段时间内，如果这三位同志有什么缺点错误，你们是可以批判他们的，他们也应当主动地进行检查。现在你们中间既然有一部分成员坚决要求他们撤走，我们经过讨论，同意他们的意见。将来，另派同志去负责团里的日常的政治思想工作。至于你们团里的无产阶级文化大革命，应根据中央的规定，民主选举文化革命委员会或文化革命小组来领导。不符合巴黎公社原则产生出来的文化革命委员会，文化革命小组，可以重新改选或部分改选。所有选举活动，都必须经过群众充分酝酿，充分讨论，不能由少数人把持。我们相信，大多数同志是能够自己分清是非的，是能够按照正确的方向把无产阶级文化大革命搞下去的。绝对不允许利用这三个同志的撤走，挑动群众斗群众，打击革命积极分子。在这里，我要说明：不能离开阶级观点去谈什么“少数”“多数”，要看马列主义、毛泽东思想的真理掌握在谁的手里。谁真正站在无产阶级的革命立场上，谁真正执行了毛主席的正确路线。对不同的单位，要作不同的具体分析。我希望：全团同志能够进一步高举毛泽东思想伟大红旗，突出无产阶级政治，坚决贯彻以毛主席为代表的无产阶级革命路线，彻底批判资产阶级反动路线，在马列主义、毛泽东思想的原则基础上团结起来，完成一斗二批三改的任务，把北京京剧一团建设成一个真正的无产阶级化的战斗化的革命样板团！

中国共产党万岁！

无产阶級专政万岁！

无产阶級文化大革命万岁！

毛泽东思想万岁！

毛主席万岁！

中央办公厅秘书局印

一九六六年十一月二十八日

北京小学革命教师总部
北京日报红卫兵指挥部 翻印

一九六六年十一月二十九日

天津日报无产阶级革命造反总部铁扫帚战斗队翻印

一九六六年十二月八日

內部文件
不要张贴

周恩来同志在群众大会上的讲話

一九六七年一月二十二日下午

陈伯达同志：今天召开各地来京的群众大会。請周恩来同志主讲。现在开会。

参加今天大会的有阿尔巴尼亚劳动党的同志：卡博同志、（鼓掌）什图拉同志、（鼓掌）大使等同志。（鼓掌）现在請恩来同志讲话。

同志们，红卫兵战友们：

我代表我们伟大领袖毛主席和他的亲密战友林彪同志问你们好！（热烈鼓掌并高呼：毛主席万岁！）向你们致无产阶级文化大革命的战斗敬礼！（鼓掌）

毛主席亲自决定广播上海市各革命造反组织的《告上海全市人民书》和《紧急通告》，宣告我国的无产阶级文化大革命开始了一个新阶段。（鼓掌）

这个新阶段的主要的战斗任务，就是无产阶级革命派联合起来，向党內一小撮走资本主义道路当权派手里夺权。（鼓掌）在那些被资产阶级分子篡夺了领导权的地方，无产阶级革命派要联合广大革命群众，把被这些分子窃取的党权、政权、财权夺回来，掌握在自己的手里。（鼓掌）

只有革命群众夺了权，才能把党內一小撮走资本主义道路当权派斗倒、斗臭、斗垮。

只有革命群众夺了权，才能彻底摧毁资产阶级反动路线。

只有无产阶级革命派夺了权，才能有力地击退资产阶级反动路线的新反扑，打倒经济主义。（鼓掌）

现在，各地党內一小撮走资本主义道路的当权派玩弄的经济主义，有一种恶劣的手法，就是发錢，发车票，发粮票，鼓动人上北京，把矛盾上交，逃避群众对他们的斗爭。中央部门的一些人，象陶铸，文化部的萧望东，总工会的马纯古，劳动部的郗占元等人，他们为了收买人心，破坏本部门的文化大革命，对中央施加压力，也采取了发錢，发粮票等办法，鼓励文教工作者、学生、小学教员、合同工、临时工、退职工人、下乡上山知识青年、机关干部、老实农民大批前来北京。

当然，来北京反映情况的群众，绝大多数是好的，是要革命的。你们反映了许多重要情况，提出了许多重要问题，交流了经验，推动了运动的发展。有些来京的团体，如果还有问题要向中央反映，也还可以留下少数代表谈问题。但是，一切革命的同志，必须提高警惕，识破坏人的阴谋。我们应当响应毛主席的伟大号召，抓革命，促生产，打倒经济主义，彻底粉碎资产阶级反动路线的新反扑。我们要打回老家去，彻底闹革命。(鼓掌)

现在是大好形势。机不可失。赶快回去闹革命。我们要学习上海革命群众的榜样，从那些资产阶级和它的代理人手里夺权，把文化大革命的命运，把无产阶级专政的命运，把社会主义制度的命运，把生产和工作的命运，紧紧地掌握在自己的手里。同志们提出了许多问题，都不是在北京能够解决的。只要我们无产阶级革命派和革命群众眞正地联合起来，夺了权，我们就有权处理一切合理问题。(鼓掌)

上海的工人阶级，联合其他革命群众，接管了许多机关、企业和单位。他们创造了极其重要的经验：

第一条，必须实行各革命群众组织的大联合，在接管中也必须实行大联合，有计划地有组织地进行，要反对分散主义，各自为政。

第二条，各单位的接管，必须以本单位的革命组织为主体，外边的群众组织起帮助的作用。

第三条，原来的业务机构和人员，能够工作的，都要照常执行任务。革命的群众组织起监督作用。

这些经验都是很好的。山西省也向我们提供了宝贵的经验。各地革命群众都发挥首创精神，创造了各种新经验。同志们赶快回去投入火热的大革

命，作出自己的贡献。（鼓掌）

必须明确，我们要夺权，是无产阶级向资产阶级夺权，是以毛主席为首的无产阶级革命派夺党內一小撮走资本主义道路当权派的权。我们绝对不允许资产阶级夺无产阶级的权，绝对不允许走资本主义道路当权派和地富反坏右分子夺无产阶级革命派的权。

我们要夺权，是一个阶级推翻一个阶级，是一个阶级夺一个阶级的权，而不是个人主义爭权夺利，不是小团体主义的爭权夺利。必须提倡无产阶级革命派的大联合。提倡无产阶级的组织纪律性，提倡民主集中制，坚决反对个人主义、小团体主义、分散主义、无政府主义等等不良的倾向。

有些单位不能采取群众夺权的形式，如军队、战备工作部门等。这些单位，当然也是有阶级斗爭的。但是由于它们担负的任务不同，如果这些单位有夺权的问题，只能在本部门的范围里，按照中央的决定精神进行。群众对这些单位有意见，可以送大字报，提意见，但不要进入到里面去搞夺权斗爭。这一点，希望同志们注意。

我们的人民解放军是毛主席亲手缔造的伟大的无产阶级的革命军队。在无产阶级向党內一小撮走资本主义道路当权派夺权的斗爭中，担负着重大任务。人民解放军坚决支持和援助无产阶级革命派，和他们站到一面，共同战斗。（鼓掌）人民解放军是无产阶级专政的最主要的工具，对于一小撮破坏无产阶级文化大革命的反革命分子，必须坚决实行鎭压。（鼓掌）

同志们，红卫兵战友们！

毛主席和党中央号召你们，赶快回到本地，和那里的广大群众一起，向党內一小撮走资本主义道路的当权派手里夺权。到北京来的，还有一批受党內一小撮走资本主义道路当权派蒙蔽和欺骗的群众，同志们要对他们进行工作，劝说他们，带领他们，一同返回本地。对于极少数公开的和秘密的进行破坏活动的反革命分子，必须对他们进行鎭压，把他们押回原地，交给专政机关和革命群众处理。（鼓掌）

《中国工农红旗军》、《战备军》、《全国工农兵红色夺权司令部》、《联合行动委员会》、《西安红色恐怖队》、《湖南红色政权保卫军》等等，都是打着红旗反红旗的反革命组织。对这些组织中的首恶分子，必须坚决实行法律制裁。（热烈鼓掌）其中受蒙蔽的群众，要赶快觉悟起来，揭发这些组织中首恶分子。（鼓掌）

我们认为，现在各个革命组织，建立全国性领导机构的条件还不成熟。建立和参加这些机构的人员，也应当回到本地去进行革命斗争。

同志们，红卫兵战友们！

新的斗争在等待着我们，新的胜利在等待着我们。（鼓掌）让我们即刻整装出发，奔向斗争的前线！（热烈鼓掌）

让我们在伟大统帅毛主席的领导下，团结广大群众，坚决向党内一小撮走资本主义道路的当权派夺权！（鼓掌）

无产阶级革命派的大联合万岁！

无产阶级文化大革命胜利万岁！

无产阶级专政万岁！

中国共产党万岁！

战无不胜的毛泽东思想万岁！

伟大导师、伟大领袖、伟大统帅、伟大舵手毛主席万岁！万岁！万万岁！（长时间烈热鼓掌）

陈伯达同志：刚才周恩来同志的讲话是代表毛主席、党中央、国务院、中央军委、中央文化革命小组的意见！（鼓掌）我们希望同志们响应恩来同志的号召！（鼓掌）回到本地闹革命。（鼓掌）

战无不胜的毛泽东思想万岁！

伟大导师、伟大领袖、伟大统帅、伟大舵手毛主席万岁！万岁！万万岁！（长时间热烈鼓掌）

（中共天津市委办公厅　　一九六七年一月二十六日翻印）

最高指示

人民靠我们去组织。中国的反动分子，靠我们组织起人民去把他打倒。凡是反动的东西，你不打，他就不倒。这也和扫地一样，扫帚不到，灰尘照例不会自己跑掉。

打倒軍内反党篡軍的大头目——賀龍

在我们军队里，确实有那么一小撮走资本主义道路的当权派，和极少数坚持资产阶级反动路线的顽固分子，他们当面是人，背后是鬼，两面三刀，欺上瞒下，玩弄资产阶级政客的卑劣手法，抗拒以毛主席为代表的无产阶级革命路线。他们打击革命左派，压制群众运动，转移目标，保护自己，妄图扼杀军队的无产阶级文化大革命。他们的狰狞面目，有的已经被识破，有的正在被揭露。前一阶段文化大革命的胜利，正是经过同资产阶级反动路线的激烈斗争而取得的。要彻底反掉资产阶级反动路线，清除这条反动路线的恶劣影响，还要经过一系列的艰巨斗争，还要做许多深入细致的工作。

（六七年一月十四日解放军报社论摘录）

总政文工团话剧团"追穷寇"
革命联合造反团　　一九六七年一月十四日

天津市东方红业中毛泽东思想《赵家图》战斗队
翻印于一九六七年一月十八日

前言

目前广大工农兵群众真正登上文化大革命的政治舞台，无产阶级文化大革命的烈火蔓延全国各地，更加熊熊地燃烧起来，亿万工农革命群众展开了全民性的彻底摧毁刘邓资产阶级反动路线的战斗，一场更加激烈，更加迅猛的两个阶级，两个司令部的大搏斗已经来临，全国全面内战开始了，这是以毛主席和林副主席为代表的无产阶级司令部与刘邓为代表的资产阶级黑司令部的决战，是两种命运两种前途的决战！一九六七年是刘邓资产阶级反动路线全线崩溃，彻底瓦解的一年，也是毛主席革命路线完全胜利的一年。同时也是无产阶级文化大革命取得决定性，关键性胜利的一年。

目前，隐藏在各个角落的走资本主义道路的当权派一个个的被揪出来。打翻在地、被革命群众斗倒斗臭，刘邓王朝彻底土崩瓦解彻底覆灭，已成大势所趋，他们的一切阴谋诡计，都得被革命群众识破，一切反扑都被革命群众击退，宣告破产。全国文化大革命形势好的很。

但是，到目前为止军内最大的走资本主义道路的当权派，反党篡军反革命修正主义分子，军内反革命集团大头目 刘邓路线代理人贺龙，还没有被揪出来，还没有完全地暴露在光天化日之下。我们能允许他蒙混过关溜之大吉吗？不能！绝不能！“舍得一身剐，敢把皇帝拉下马”为了捍卫我们最伟大的统帅毛主席和他最亲密的战友林彪同志，捍卫毛泽东思想，为了使我国永不变色，为了世界革命，我们要把这个反党篡军的大阴谋家大军阀贺龙揪出来，把他拉下马，把他打倒在地，永世不得翻身，这个反我们造定了，我们要大反特反，一反到底，把刘邓在军内的一切黑爪子连根拔除，把军内一切走资本主义道路的当权派和极少数坚持资产阶级反动路线的顽固分子统统揪出来，坚决打退一切资产阶级反动路线的反扑，把无产阶级文化大革命进行到底，不获全胜，决不收兵！

从他的历史谈起

毛主席教导我们说："必须善於识别干部。不但要看干部的一时一事，而且要看干部的全部历史和全部工作，这是识别干部的主要方法。"大土匪，大军阀，大坏蛋贺龙，几十年来一直反对我们最最敬爱的毛主席和林副主席，"物以类聚，人以群分"他和邓小平，彭真这些人是臭味相投的。他是埋在党中央，埋在毛主席和林副主席身边的一颗定时炸弹。

贺龙恶毒地攻击我们最最敬爱的毛主席，他贬低毛主席根据中国革命实践天才地，创造性地发展和运用了马列主义学说，对中国抗战时期的战略战术所作的英明论断。他认为谁都可以制订出正确的战略战术，在黄中他曾经说："你怕毛主席当真是能掐会算的扎的？"

贺龙却非常敬仰和佩服反革命修正主义分子彭真，在黄中时曾说："我最佩服的是也是共产党员负责人之一的彭真。"又说："这个人了不得，对革命"坚决"得很，在华北青年当中，仗仰最高。"并吹嘘彭真到了令人难以置信的地步，说彭真在狱中曾绝食廿天……

贺龙对邓小平也是崇拜之极大力吹捧。五二年在西南军区党代会上曾说："有人说西南军区党委是成熟的，我认为最成熟的是邓小平，西南只有邓小平精通马列主义。"（×××写了如实反映邓小平在革命危机时刻有过动摇时的文章，一九六四年贺龙与罗瑞卿就把×××打成反党分子）

贺龙对大右派，反革命分子陈沂也是很赏识。五三年他曾说"你们的陈部长很有能力，不错嘛！"

贺龙对写《海瑞罢官》这株恶毒攻击党的大毒草的作者吴晗很赏识，他曾对吴晗说："吴晗啊，你是个好人，就是个"书呆子"。

贺龙站在反动的立场上经常吹捧他土匪出身的大姐贺英。说她虽不懂马列，可是理解能力强天份比我们高多了。（这实际是对我们革命同志的污蔑）并大言不惭地说："不管有多少队伍她都能统率，许多土匪头子都怕她（这说明她比土匪还土匪）还大讲他老家桑植一带土匪们为了私仇，宗址，宗灯，水源而互相残杀……

管人命是朴质，好胜，有骨氣，讲交情，是强悍人民的勇敢行为。他还吹嘘自己曾在一九一九年在鲜和镇搞过一次几万人叫做神军的农民起义运动。

贺龙土匪成性，对下级专横跋扈不可一世。入伍前到处与土豪劣绅、土匪头子、地主反动武装头目拜把子，称兄道弟，入伍后又到处收认干儿子，干女儿，有的人不愿意他竟花很长时间逼请人家。

三〇至三三年，贺龙任总指挥，夏西是政委，肃反中犯了严重的左倾机会主义的错误，杀了不少重要干部，据说当时从苏联留学回来的五十多个学生，杀得只剩下一、二个。以后在批判错误时贺龙极力解脱自己，将错误全部推给了夏西。

贺龙包庇坏分子。他在西南军区时对战斗文工团抓得很紧，当时军区保卫部准备处理一个党员唐××（此人历史极为复杂，当过国民党特务）但是贺龙听到后大发脾气说："这样的人处理干什么？党员的只要在台上不喊打倒共产党我看都可以要。"五三年五月贺龙到北京后还曾向邓小平提到此事，可见他的"关心之极"。重庆市旧京戏团"厉家班"中的武生厉慧良这个坏分子，解放西南时被判死刑，贺龙却将他保了出来，还宣扬他在狱中坚持练功。坏分子董××（原战斗文工团团长）是贺的干儿子，此人道德败坏，生活作风极为糜烂，他却一再包庇视为重材，五二年评级时，此人原已评为正团级，贺得知后很不满意，硬给评为准师级。直到他来党政文工团后，仍本性不改，屡犯错误，才依法惩办。

贺龙平时生活作风极为低级，远在抗日最艰苦年代，他的话题就常不离开对女人的鉴赏，他看到广东人就讲："广东女人很漂亮，眉毛弯弯地，长长地，颧骨这么凸起来一点——很好看！"他看剧团演戏最常说的就是女演员的眼睛，眉毛等等。解放后，他跳舞成性，从成都到昆明温泉去休养专门让文工团派一个女同志陪他跳舞前后约三个月之久。五二年××从北京去云南拍电影路过重庆时，贺龙把她留下来专门在蒋介石公馆里为她组织家庭舞会。

贺龙非常怕死，很注意养身之道，到一个地方都要吃当地的山珍海味，吃贵重补药。打"返老还童"针，到东北视察时点名要吃熊掌，派专人去找，连自己头发白了都大惊小怪。他几十年来陋性不改，流氓成性，他曾说："我要把我过去小老婆请来热闹一桌。"

由以上这些事例看出贺龙这个大坏蛋是钻入我军内的一个地地道道的反革命修正主义分子。

反对毛主席，恶毒攻击毛泽东思想

贺龙从不学习毛主席著作，也从不要求他的身边工作人员学习毛著，但是六六年初，贺龙凭借他反革命嗅觉，感到一场伟大的革命风暴即将席卷而来，他就耍弄花招，让他的私人秘书薛明（贺龙老婆）伪造事实，假托总结"贺办"人员学习毛著经验，借以吹捧和装扮自己，专门掩盖其反革命真面目。但就在这个刊登在《工作通讯》上的"经验"中，却大肆攻击毛泽东思想，在文章中，别有用心地引用毛主席的话大反所谓"教条主义"，骂教条主义"不如狗屎"，恶毒地攻击毛泽东思想，攻击革命群众学习毛主席著作。

六〇年林副主席主持军委以后，××政治学院在军委、林副主席的正确领导下，首先以毛主席著作为基础课，成为全国第一个高举毛泽东思想伟大红旗的榜样。六四年毛主席批示地方干部"到×××办的政治学院学习"，对该学院革命师生以极大的鼓舞。而贺龙、罗瑞卿同年九月十八日来到了这个学院，一下车贺龙就说："闻不到政治空气"。可见他对毛泽东思想是如何深恶痛绝，恨之入骨的。然而，在九月十五日在对该学院的讲话中就已经把他的反革命反毛泽东思想的野心暴露无遗了，他说："以后某人作报告，要经过罗瑞卿的批准"。你们为什么不请刘少奇、邓小平、彭真做报告？王光美也可以嘛！他们的报告是靠得住的！"贺龙甚至狂妄地叫嚷："现在社会主义教育的总司令是刘少奇！"从以上贺龙的反革命自白中，他和刘、邓、彭、罗等的关系和他的恶—

青同志不是昭然若揭了吗？

二、一贯反对林副主席，公然和林副主席唱对台戏，阴谋篡军。

贺龙是罗瑞卿的后台老板，贺罗主谋搞的六四年军事大比武，企图通过国家体委贯彻到体育队伍中去。贺龙说："军队的比武经过硬功夫很好，要向体委传达"要求体育系统"在三个月内见效"，公然直接对抗林副主席提出的突出政治的原则，竭力推行修正主义路线。

六四年林副主席提出大学解放军后，从不过问体育工作的贺龙都插手抓刚刚受过毛主席批评的体委，并别有用心地提出"向军队学习也要向体育学习"公开和林副主席唱对台戏。

贺龙利用林副主席养病期间，伙同罗瑞卿对林副主席实行封锁，贺龙从来不请示林副主席，根本没有看望过林副主席。几年来，林副主席的许多重要指示都是通过总参，总政其他同志传下来的，很少由贺、罗等人那里传下来，即便有也经过了歪曲和篡改。

彭贺勾结 一丘之貉，狼狈为奸

贺与彭真系世交，贺彭两家你来我往极为密切。贺晓明（贺的女儿）投考大学时，彭的老婆张洁清于学校发榜前特地打电话给贺的老婆薛明（贺办主任）告诉贺晓明的分数，由此即可见贺彭两家关系之相印情谊深了。

六四年某政治学院一八军队将院长×××打成反党事件，即贺、罗、彭三人一手造制的，×××在贺编写的"红七军简史"的小册子中谈到了邓小平在江西某次战斗中曾经逃跑的事实，成了此次事件的唯一罪状。贺将此文件不批转林副主席，而批转到彭真。×××被定为反党后，直至六六年十月还有人去该家查抄。而在十一中全会上早已给该同志平反，贺继续下的示牌，指不同样交代。

彭贺关系更重要的表现在"二月提纲"被揭发后，毛主席严厉批评了彭真，而彭在六六年四月十一日竹到贺家谈笑风生若无其事，他们之中的"奥妙"的关系，实在值得我们深思的。贺为了扶植亲仗也得到彭的大力支持，在将正在参加比赛的荣高棠调回北京，随乒乓球队赴南斯拉夫比赛时，贺曾指使说："唉，给彭真写个报告去！"此法甚灵，果然荣高棠真的回了国。

贺以批评"贺办"工作人员为名，指责自己攻击毛主席，批评"贺办"学毛著教条主义。贺办主任薛明在党委会上为贺摇旗呐喊，大肆吹捧散布，贺龙办公室、总参政治部、工作通讯三次印发这一材料，实际贺与陆是一吴同云一辙，以反对教条主义为名攻击毛主席，攻击毛泽东思想。

贺龙与三反分子彭罗陆杨有着各式各样的公开的隐蔽的关系，密切甚重，贺的黑手伸的很长了，他和彭罗陆杨一样是我军内反党、反社会主义、反毛泽东思想的大坏蛋。

结党营私 招兵买马 贺龙大搞阴谋活动

贺龙背地里大搞阴谋，四处招兵买马，安插亲信，把黑手伸得特别长，埋得特别深。在军内上至总部、军、兵种，下至军团，均有其党羽亲信安插于掌握军政大权的重要岗位。文化大革命期间，其党羽有的蠢蠢欲动，被革命群众揪住，有的仍在以极左的面目出现，打大旗做虎皮，企图蒙混过关。贺龙反党集团正在土崩瓦解，但仍负隅顽抗，对党对人民犯了严重罪行。众所周知的王尚荣，冒贺决炮打总参无产阶级司令部，后台是贺龙。贺办全体人员，甚至炊事员也都被拉上阵来，联合写大字报配合，没有贺龙，他们哪儿来的胆。在总政，前保卫部长史进前炮打无产阶级司令部。在空军，刘×，成×夺权，在海司苏××夺权，工程兵谭友林（贺龙过去的警卫员，前工程兵副司令）的夺权，在成都，在武汉，在新疆……等等，这些事件绝不是没有联系，绝不是偶然的。在我们无产阶级专政的主要支柱——军队里发生的这些事件，难道不叫人触目惊心吗？

而三反分子廖汉生因其与贺龙甥舅关系，更成为贺字号反党篡军集团中的一个干将。廖汉生飞扬跋扈，蛮横霸道，就是因为贺龙这个"靠"后台。廖一入伍就在贺龙部下工作，由贺介绍入党，贺的外甥女又是廖的妻子，进一步拉紧了裙带关系，廖就成了贺龙之心腹。廖称贺龙是"旗手"、是"恩人"，他说："入党是为跟贺总走，贺总怎么做，我就怎么做"。他对毛主席、林副主席心怀不满，他曾说："并不知道党的伟大，仅是崇拜贺龙的思想支配着。"又说："光宣传毛主席就行了，为什么还要宣传林副主席？"

廖汉生经常吹捧贺龙，说贺龙的战略思想多么高明，多么了不起。一九六四年三月，廖汉生在军区党委会上传达贺龙的三条指示，并再三要报告总政登简报，总政对这三条指示摸不清是怎么回事，曾连着三次问情况，廖就大发脾气，还指责总政说："这是什么意思！不登就拉倒！贺总讲的还能有假？"这是廖企图为贺吹嘘，是贺廖合搞的阴谋，其中有鬼。

廖未调北京军区工作以前，贺龙很少关心军区的工作，自廖调来军区任政委以后，贺龙却一反常态，突然"关心"起北京军区的工作来了。什么视察呀，看"尖子"表演啊，甚至机关搞卫生工作也要亲自视察一番。这是贺要在北京军区伸进他的黑手。六六年五月十六日，一号文件附件通知中指出"彭真的手已经伸到北京军区来了。"贺又何尝不想伸进北京军区，这不是很清楚吗？

贺廖合家族结合，贺龙利用《体育报》，廖汉生利用战友报，同解放军报分庭抗礼，反对林副主席。自从林副主席主持军委工作以来高举毛泽东思想伟大红旗，使《解放军报》成为宣传毛泽东思想的有力武器，对此贺龙怀恨在心，他就抓《体育报》显示自己，同《解放军报》对抗，捞取政治资本。廖也配合贺，经常在《解放军报》一等版面，争大条，争精神，他对《解放军报》恨之入骨，经常骂"解放军报有眼不识泰山"，骂解放军报副总编辑唐平铸同志"看不起人不同了。"

贺廖勾结，狼狈为奸，培植个人势力，大捞政治资本，为实现个人野心制造舆论准备。"洪湖赤卫队"这个歌剧是一个为吹捧贺龙而写的黑剧本，这个黑剧本还拍成了电影到处放映。贺龙对这个黑剧本中的插曲特别感兴趣，一次在工人体育馆万人大会上，特别点唱了"洪湖赤卫队员 …… 贺龙领导闹革命，红旗飘扬打胜仗。"廖汉生也紧跟着为贺龙、薛明歌功颂德，他多次修改审查这个黑剧本，还亲自写了"忆贺老总"的黑文章，大吹大擂。不仅如此，廖汉生为了给贺家立传，曾责令军区创作组一个同志写了长达十万字的"忆贺龙一家"的黑书，直到我们伟大的领袖毛主席在八届十中全会以后，发出了千万不要忘记阶级斗争的号召，点破了有人利用写小说进行反革命活动，他见势不妙，才收藏起来，待机抛出。

廖汉生为巴结讨好贺龙的生日，在六三年竟违背中央不祝寿的指示，下令叫招待所用面粉做成二尺半长的大寿桃，还买了脸盆大的福寿糕点，带领全家到贺龙家去拜寿。六三年初，贺龙去广州，廖马上带着老婆乘飞机到广州"养病"，在一个多月时间内，他们搞了许多不可告人的勾当。

廖汉生对贺龙五体投地，百依百顺，贺对廖也是关怀备至，廖在六一年住医院时，贺叫护士每天给廖送鸡、鸭、鱼、肉，送鸡汤等高级食品。贺有时与廖交谈，常常谈到深夜。六五年前廖经常到贺家，贺外出回来，廖都要去一下，特别是每当有中央重大事件，如赫鲁晓夫下台，毛图尔访华等，廖汉生都及时去贺龙那里打探消息。六六年九月当反党分子王尚荣被揪出后，廖马上到贺家与薛明密密谈了廿分钟，此后，一反往常，廖再没有去过贺家。

贺龙通过廖汉生将其黑手伸到×军，连干部配备都要征得廖汉生的同意。如"×军准备提×××当军长，准备要×××当军副主任，×××接替他的职务，贺总要问问廖政委的意见如何？"廖说"可以吧"于是事情就这样定了。连某副司令员任职都要经过廖谈话。更其恶毒的是借口保卫党中央，保卫毛主席，阴谋把他一手控制的×军调来北京，为其政变做准备。后被中央识破未能得逞。同时廖汉生已将自己的亲信×××从秘书长提为作战科长（此人根本不懂军事）后又提升为作战部副部长，掌握兵权。

[illegible]，薛明个[illegible]，都是贺的私家老朋友，这多年来，贺为贺新[illegible]的[illegible]，年年逢节，贺都从来相送[illegible]。不难看出这绝不是一般上下级部属关系。贺龙负责指挥[illegible]的战争，将她把家从湖北搬到××近郊，贺就亲自为她修了地下宫殿。

此外，贺与[illegible]，与荣高棠，周荣鑫，吕正操，王昆戎均有着密切的关系。

李井泉是贺龙的老部下，李的两个儿子从小就在贺家，由贺家教养成人，直到这次公安局准备逮捕这两个混蛋时，他们还在贺龙家躲藏。贺每次到四川必到李井泉家，听汇报，做指示，常常谈到深夜。贺直接插手西南地方工作，操纵三线建设，可见他的野心之大。而李井泉每次来京也必来见贺龙。去年八月李来京开会几乎每天一趟，甚至一天两趟。

贺龙破坏文化大革命的罪行

同志们！你们还记得那恶毒攻击罪大恶极的反革命大字报吗？那张大字报、叫"炮轰……老人家"这是恶毒攻击我们伟大领袖毛主席的！同志们，这支毒箭是出自何人之手？就是出自贺鹏飞（贺龙之子）李黎凌、李黎风（李井泉之子）等人之手！这些小混蛋还有谭立夫、[illegible]，刘涛……经常去找贺龙之家，经常在贺龙家开黑会。臭名昭著的北航"八一"纵队以及"霹雳兵团"、"梅花"、"四野"等几个反革命组织所写的"四问、四致中央文革"等反动传单，大字报都是出自贺家黑窝，他家有两台手摇油印机，一台打字机，并有大批活动经费，用于破坏文化大革命的罪恶勾当。

贺鹏飞曾一度去搞了清华的运动，他消息非常灵通，他的"本领"为什么这样大？为什么贺鹏飞胆敢喊出"谁反对刘少奇，谁是他妈的反革命！"同志们，贺鹏飞有后台！这个后台就是贺龙，消息也是来自贺龙！贺鹏飞的大字报，讲稿都是贺龙的老婆和秘书修改过的。刘涛、贺鹏飞，李黎风在贺家开黑会时，贺龙，李井泉，薛明还都亲自参加，并作重要指示。贺的小汽车一度成了刘涛，贺鹏飞的支柱。

此外当无产阶级文化大革命在全国蓬勃展开的时候，贺鹏飞受托前往西南会见了李井泉和成都军区黄新亭，这里必有鬼！

一直到去年十二月十六日贺还指使"四野"的杨铁兵，李平忠等四人广播反中央文革的反动传单！

同志们！前一阶段资产阶级反动路线的反扑企图推翻中央文革这个幕后策划是何许人就不难看出了，他就是贺龙！

利用职权，霸占国家体委大搞修正主义。

反党分子贺龙从历史上就是个人风头主义好大喜功的家伙，因此到体委后积极推行修正主义路线，发展了极端的锦标主义，大搞物质刺激，大搞名利地位，等级制度等等……如：破一项世界纪录就立刻增加二十五元的薪金，把我国体育队伍引上修正主义道路。

在体委他一手培植了荣高棠这个反革命修正主义分子，与荣互相勾结狼狈为奸，贺对荣极为赞赏，公开扬言："我的接班人是荣高棠，而不是××，荣高棠风格高，在我面前没说过××的坏话"

他百般庇护荣高棠，他说："荣高棠不是黑帮"当革命小将揪出荣高棠时，他说"荣高棠认真检查十六分钟就够了"一再给荣找下台机会。十一月十三日贺对荣说："你说了点错话，做了点错事还没停职，到群众中检查，就越显得领导嘛！"他妄图使这个三反分子蒙混过关。

他在体委公开说："有人想夺党委的权"借此残酷镇压群众运动，压制革命小将。

九月份唆使党员们散布"班长弹钢琴，有人拉二胡""××是跟荣高棠夺权"而且贺与荣组织了整××黑材料的委员会，并且组织了司长、处长各级干部勾结起来攻击××，以达到不可告人的目的。

六六年十一月二日多数派召开了所谓"誓师大会"，向少数派示威，他们并以"荣高棠不回国，我们也不回国"来威胁党中央而贺不但参加了这个会，一直坐了三个小时，并且为荣高棠的发言鼓掌"助威"，明目张胆地与党中央对抗。当少数派把揭发荣的材料送给周总理，江青同志看，贺龙在天安门上看到此材料竟当场拿走，真是作贼心虚。这个反党分子贺龙直到六六年十二月二十四日晚体院斗争荣高棠的大会上，还替荣说话，企图使荣混过关去。会上周总理讲"荣高棠是修正主义分子"，而贺龙却公然为荣辩护说"荣高棠犯了严重的错误。"贺龙所以如此卖力气保护荣过关，是因为他们之间有着不可告人的勾当，怕揪出荣高棠而露出他反党的真实面目。

此外他与坏蛋陶铸，周荣鑫相互勾结，破坏文化大革命。当体院革命造反派给中央文革写材料时，凡是通过周荣鑫的，周都转给了陶铸，而陶又偷偷地转给贺龙，贺龙就把材料扣下。当革命造反派把揭发贺龙的材料交给陶铸并让他转交毛主席和中央文革时，陶铸却偷偷地交给了贺龙。

由以上事实可以看出贺龙这个三反分子是如何处心积虑地来破坏无产阶级文化大革命的！

坚[illegible]！

砸烂贺龙的狗头！

打倒反党篡军大头目大野心家大阴谋家——贺龙

坚决粉碎资产阶级反动路线的新反扑！

以毛主席为代表的无产阶级革命路线胜利万岁！

伟大的战无不胜的毛泽东思想万岁！

我们心中最红最红的红太阳，我们最最敬爱的伟大领袖毛主席万岁！万岁！万万岁！

总政文工团话剧团《追穷寇》革命联合造反团　六七、一、十四

东方红北中毛泽东思想《[illegible]》战斗队翻印於　六七、一、十八

汉阳道中学八、二三翻印　一、二十一

目录：访谢飞……3页
北京消息……5页
朱德罪行……9页
贺龙阴谋……10页

邓小平是党内走资本主义道路当权派

政权问题是革命的首要问题，无产阶级文化大革命也不例外。有了政权我们就有一切，失去政权也就失去一切。要使我们的政权成为无产阶级铁打的江山，千秋万代永不变色，就必须坚决执行毛主席指示："要关心国家大事，要把无产阶级文化大革命进行到底"。

党内走资本主义道路当权派，是我们当前最危险的敌人，而且地位愈高，危险性愈大。

我们认为，我们党内头号走资本主义道路的当权派是刘少奇，二号人物就是邓小平。

邓小平的罪恶活动由来已久，早在1956年，在他的《关于修改党章的报告》中，就公开贩销赫鲁晓夫集团反动黑货，大肆吹捧苏共二十大，大反所谓个人崇拜。说什么"反对个人崇拜的重要意义苏联共产党第二十次代表大会作了有力的阐明，这些阐明不仅对于苏联共产党，而且对于全世界其它各国共产党都产生了巨大的影响"。在说到关于领袖对党的作用时，他但闭口不谈没有毛主席就没有党，却大反所谓"对于个人的神化"。说什么"苏联共产党第二十次代表大会的一个重要的功绩就是告诉我们，把个人神化会造成多么严重的恶果。最后刘少奇裸裸地反对我们对我们毛主席无限热爱，无限敬仰，无限崇拜的心情，说什么"个人崇拜是有长远历史的社会现象，也不会不在我们党的生活和社会生活中，有它的某些反映。我们的任务是，继续坚定地执行中央反对对个人突出，反对对个人歌功颂德的方针。"

一九六二年，当我国由于苏修的破坏和天灾的袭击，使经济发生了暂时的困难，邓小平伙同刘少奇大刮资本主义黑风。他在团中央的一次会上，公开鼓吹农村搞单干，说什么"不管白猫黑猫，能逮耗子的就是好猫"。

在毛主席的亲自发动下，1964年在我国文化领域内开展了批判资产阶级反动学术权威的斗争。由于周扬之流的从中破坏，运动搞的很不彻底。就是这样，也大大激怒了邓小平，他用最恶毒的语言漫骂革命派对资产阶级老爷们的讨伐，公开反对文化大革命。据黑帮分子万里在1965年一次国际饭店会议上透露，在邓小平主持的中央书记处会上，曾对当时的文化大革命作了这样的描绘：现在有人不敢写文章了，新华社每天只收到两篇稿子，演戏只演兵，只演打仗的，电影哪有那么完善的？这个不让演，那个也不让演！邓小平自己则污蔑革命派说：有些人就是想靠批判别人出名，踩着别人的肩膀自己上台，对人家一知半解，抓着个小辫子就紧批判斗争，好自己出名。邓小平说什么"学术观点，教育观点不一致不要紧，各种观点可以长期共存"。

邓小平对社会主义革命更有甚之，破坏四清运动。对北大社教运动的态度就是一个典型例子。

彭真是北大社教的罪魁祸首，这已是人所共知的。然而何止一个彭真，彭真只是一个帅，帅上还有一个帅，这就是彭真的后台之一——邓小平。

1965年1月底至2月初，在彭真亲自指挥下，由北京市委召开了一次市委全会大会。会上，以贯彻"二十三条"为名，大行反攻倒算之实。陆平、彭佩云在全北大的社教运动疯狂反扑。陆平的反革命言论传遍北大之后，遭到革命派的愤怒声讨。正当陆平处于老鼠过街人人喊打的绝境时，这时一方面彭真出场以中央书记处的名义下令停止争论，即所谓"停止两派斗气"；另一方面邓小平则说他"欣赏彭佩云的发言"。赞赏陆平的反动言论："态度是好的，意见是正确的"。

继之就由邓小平召集了所谓三月三日书记处会议。邓小平一面自称看了北大社教运动的全部简报，但却颠倒黑白为北大社教捏造了三条罪名，一曰：把问题的性质搞错了，一开始就以烂掉了的单位对待，搞了夺权斗争。二曰：斗争方法上有严重的毛病，（即所谓对陆平黑帮搞了过火斗争）。三曰：没有实行三结合（即所谓未和陆平黑帮同流合污）。为了嘉奖陆平彭佩云的反革命"功绩"，会上决定让这两个黑帮分子参加工作队的八人领导小组。同时还委托万里这个黑帮分子召开了反革命的第一次国际饭店会议。万里会上动辄就是总书记如何如何说的，以此来给革命左派施加压力。

在三月三日的所谓中央书记处会上，邓小平还明目张胆地篡改毛主席亲自主持制定的"二十三条"。《二十三条》中明文规定："逐步做到……实行群众、干部、工作队三结合"，但邓小平却擅自决定把农、厂、矿、学校的四清，工作队要一进门就与干部结合起来（实际上就是与那些走资本主义当权派，也要结合起来）。这里不仅把"逐步"改成"立刻"，而且实际上"三结合"也已经成为"二结合"了。象陆平之流的黑帮分子，如果工作队开始就与之结合，试想群众又如何发动起来？结合起来，除了搞反革命，还会搞出什么名堂吗？可见，邓小平破坏社会主义革命，用心是何其毒也！

1965年三月九日，第一次国际饭店的反革命会议尽管召开了，但[illegible]工作队[illegible]黑帮被[illegible]的革命阶级队伍也转入[illegible]起来了，[illegible]。因此，要彻底镇压北大的社教运动[illegible]。于是，邓小平就利用出[illegible]北大[illegible]，下令改组了工作队，[illegible]开了镇压工作队[illegible]群众的反革命[illegible]，随之就在我校发生了[illegible]。在这一次无产阶级文化大革命中，[illegible]邓小平一起制定了资产阶级反动路线，真是罪上加罪！

邓小平是反毛主席、反毛泽东思想、反社会主义的铁证如山的。邓小平是走资本主义道路的当权派。他所参与制定的资产阶级反动路线不但已破产，但是我们还必须痛打落水狗，把他们的反革命面目彻底暴露，彻底揭发他的罪行，肃清他的影响。

谁反对毛主席，谁就是我们的敌人，我们就要把他打倒，使他永世不得翻身！

誓死保卫毛主席！

誓死保卫毛泽东思想！

毛主席万岁！万万岁！

北京大学 聂元梓等十一人 11.8. [illegible]大学 [illegible]

[illegible]

走訪謝飞同志一揭发刘少奇

今年元月五日晚上，我们走访政法干校付校长——刘少奇的第二个夫人——谢飞同志，现将谢飞同志的谈话整理如下：（未经本人审阅）

一、刘少奇有五个老婆，刘少奇第一个老婆是贺宝珍，有三个孩子，他有坚强的革命意志，后被国民党反动派杀害，谢飞同志对贺宝珍同志是非常尊敬的，在一段时间内曾经照顾过她的第二个孩子，但因革命需要就分开了。谢飞同志是刘少奇的第二个老婆，谢飞同志在一九二七年参加革命，经过长征，出身于赤贫家庭，文化程度初一，一九三五年与刘少奇结婚，刘少奇的第三个老老婆是刘涛的妈妈王前同志，家庭贫苦，高小文化程度。刘少奇第四个老婆是王珍，与刘少奇结婚只有几个月。刘少奇的第五个老婆就是天津最大的资本家的女儿——王光美，是一个大学生，当过研究生。

二、刘少奇在男女关系上很不严肃，刘少奇在男女关系上不能说很乱，但很不严肃，为什么我们离婚呢？因为我的家很穷，文化又低，年令又大，（离婚时我二十六岁，他说四十了）所以才取一个16－17岁的王前，我们离的第二个原因是，我曾向他提过这样的问题，说他只提拔重视知识分子，不热爱工农分子，只提拔重视知识分子，热爱知识分子，这个问题我们经常争论，我记的当时反驳过我，说那些知识是经过锻炼的，有的坐过牢的，如彭真。他借此对我不满，说在政治上打击他。他当时是中共委员，我是一个普通党员，他看不起我，我也不服气他，所以我提出离婚，以后他从此提出离婚，达到他喜新厌旧的丑恶目的，他和几个老婆的关系都搞的不好，长的几年，短的几个月，和革命意志坚强的贺宝珍烈士也合不来，经常争吵，他对第四个老婆王珍同志（据说是大学生）也只相处几个月，后说她有精神病，而被踢开了，六太资本家的廿几王光美朴的热情，因为王光美有钱有文。

三、刘少奇说廿同志不能杀敌 抗战开始后，我当时24～25岁，革命干劲很足，要求上前方抗战杀敌，但他不同意去，理由是廿同志力气小，连日本也见不到，要想打死日本人除非是被日本人强奸才能打死一个，当时我认为我们有感情才不让我走，我现在看来不是那么一回事。

四、刘少奇的干部路线和打击报复 刘少奇是有打击报复的，我就是一个例子。在我们相处日子里，没有看到他提拔过一个工农分子，例如林枫和他爱人都是知识分子，他很看得起他们，说了很多好话，还有山东省委向明（听说后来是个叛徒）是他非常欣赏的干部。当时他还说："饶漱石是一个年青的政治家"。在我记忆中打击报复还有一个，就是打击柯庆施，柯和刘的关系不好，据说柯曾经和别人说过"刘少奇是个老右倾（或者是老机会主义者）"这话后来被刘少奇知道了，他老是惦记在心，1936年在天津时，还专门写了一封信，去批评柯庆施。

五、刘少奇的出身 刘少奇是一个知识分子，听说在祖父时，有一百多亩地，后来从他家里来看，只少是富农破落地主。

谢飞同志最后讲道：1937年左右刘少奇骂了二百元钱……（看不清）。

转抄天津市二轻革命联络站。

国印整理、东方红战斗队
12·18造反队四分队
战斗兵团四分队。

1967.1.20

第一號消息

——北京消息

彭贼××××年生于山西省曲沃县，他家是村里的第二大户，其父任国民党能单团长。

彭贼入党后被捕三次。第一、二次被捕情况尚未查清，第三次是在××××年在天津被捕，这个贪生怕死的家伙供认了自己是省委书记，并出卖了一名省委委员，当了可耻的叛徒，随即便由天津押到北京第二监狱，在狱中我们的战友准备一次绝食斗争，敌人获悉后便以要枪毙威吓，胆小如鼠的彭贼吓得下跪求饶。

××××年彭贼到了晋察冀，忠执行了一整套王明的路线，一直与毛主席唱对台戏。王明在1936年提出了"一切服从统一战线"的反动口号，要我们服从蒋介石，于是彭贼马上吹捧蒋介石说："蒋总统是真正的民族领袖"等，他是个老机会主义者，他不但是老机会主义者，而且又是个托派主义分子，他与大 小托派分子有密切联系，以至以后形成反党集团。

××××年彭贼是东北局第一书记，他公开反对林彪同志，向国民党乞求和平，他还大易收集杂牌军，培植私人军事力量，当时第四野战军的大多数同志都反对他，毛主席撤了他的职，林彪同志代理了书记。彭贼并不甘心，他把这次斗争他的材料留了起来，准备翻案

全国解放后，彭贼当了十七年的北京市长和北京市委第一书记等职，也们在发展个人力量，把北京当做将来篡党、篡军，篡政的据点，也招降纳叛，结成个反革命死党，前北京市委的几个书记全是彭的老部下，宣传部长李琪是他的老秘书，黑帮分子邓拓在被罢去《人民日报》副总编辑的官时后，

彭贼马上把他拉到自己手下。彭贼为了达到反革命夺权的目的，于是就与陆定一，罗瑞卿，杨尚昆结成反党黑帮，陆搞宣传舆论准备，罗搞军权，杨为中共中央办公厅主任窃取党的资料，他为达夺权目的，就把他的黑手伸向各部门，就连不该管的部门，如经济，交通，商业，广播等，近来也大插其黑手。

彭贼1956年参加苏共二十大后，又去了东欧各国，在此期间，彭贼在国外开了廿多个座谈会，大学欧州议会制度，他想把人大常委会办成议会，他还阴谋在人大常委会组织八个委员会掌握权力，以代替国务院，来达到他夺权的目的（他是人大常委会副委员长）彭贼集团并把八个委员会委员都选派好了，只是因为在57年反右斗争中委员里大多数是右派，彭贼不敢太露骨，便暂停这个阴谋。

彭贼一贯反对学习毛主席著作，一贯诬蔑攻击毛主席，说什么"现在很多老干部担任了领导，这些干部就该走开，中国在这方面就该带个头，他直接把矛头指向毛主席，说毛主席老了、要毛主席下台。他还散布"在真理面前人人平等，管他是什么党中央毛主席""错误言论人人有份"等谬论，直接攻击毛主席。

最恶毒的是命令李琪负责在西郊公园长关楼内把58年以来的中央的文件，特别是毛主席的批示，全部审查 要想从中找出错误，让主席做检查以降低主席的威望，已并曾写出了一个赫鲁晓夫式的秘密报告，准备将来搞主席。彭贼还专门组织人搜集林副主席，周恩来总理等康生同志等档案材料，准备搞毛主席的[illegible]密报复和无产阶级革命左派。

彭贼解放后，曾回过一趟老家，把保姆、炊事员、理发员、警卫员，电影记者等[illegible]比旧社会官老荣还乡有过之而无不及。回乡干了三件事 其一祭祖，在祭祖时限令农民三天不下地生产，第二、唱戏好几天，其四看戏；第三 拍电影，包坐汽车到田头，下来后找几个老农谈话，让记者拍电影，随着山西日报就刊登了彭真视查山西的消息。此次回乡影响极坏。

彭贼是个大党伐，他把北京弄成一个水泼不进，针插不入的独立王国，中央不能派人到北京，甚至连总理都不能过问北京的事。他反对中央的"工业学大庆，农业学大寨，全国大学解放军"的号召，另立假样与中央对抗。彭贼是个大个人野心家，很会抢镜头，每到节假日，就常常站在毛主席身边。他曾两次向黑帮分子范瑾说："我是副委员长，我接见外宾，为什么不报导新闻，为什么不登照片。"彭贼是扼杀北京社会主义教育运动的刽子手，北京社教工作队全由北京市委工作人员组成，一个中央干部也不要，他在运动中大肆散布反动言论，23条公布后在一次在通县召开的会议上他说："四清干部，四不清干部，贫下中农都有错误。"还曾说过："四不清是小是小非的问题。"包庇四不清干部，为四不清干部翻案。

彭贼仇视戏剧改革，说"演旧戏中国不会亡国。"他鼓励帝王将相，并把演员叫到家中，录了七十多部旧戏，曾用李琪的名字写信打击江青同志。

这条大毒蛇在57年曾钻出一次，但又缩了回去，63年又有人揭发他的问题，但被他压了下去，但在这场毛主席亲手点燃的轰轰烈烈的无产阶级文化大革命中，这条毒蛇再也滑不过去了，终于被揪出来了，这是毛泽东思想的伟大胜利，现在斗争彭陆罗杨黑帮不仅有国内意义，而且也有国际意义，这将会彻底粉碎资产阶级反动路线，使这场大革命沿着毛主席所指引的正确道路进行到底！

《注》××××中国看不清日期

本消息所指彭贼即是彭真

——翻印者

抄自天津抗大继中毛泽东思想红旗兵主办的

《海河评论》

天津市十八中彪虎豹 紅卫兵

天津市红卫医疗厂 红旗战斗队 翻 66.12.28

天津市红旗区抗大路红一中毛泽东主义红卫兵三8战斗组翻印 67.1.8

最高指示

只要世界上还存在着帝国主义和资产阶级，我国的反革命分子和资产阶级右派分子的活动，不但总是带着阶级斗争的性质，并且总是同国际上的反动派互相呼应的。

毛泽东

人民靠我们去组织，中国的反动分子，靠我们组织起人民去把他打倒。凡是反动的东西，你不打，他就不倒。这也和扫地一样，扫帚不到，灰尘照例不会自己跑掉。

毛泽东

《抗日战争胜利后的时局和我们的方针》

朱德的罪行

朱德是混进党的一个大軍閥，大野心家。
他是一貫坚持反对毛主席的，罪恶累累：

①井岡山时代他反对毛主席，造成湖南失敗。紅四軍九次大会以前他反对毛主席，企圖篡党篡軍。王明的第三次左傾路线五次反"围剿"失敗，他是后台。抗战初期，他和彭德怀合伙支持王明的右傾机会路线，在华北推行。1953年他直接参加了高、饒的篡軍阴謀，輪流坐桩。1959年，彭、黃、张、反党集团，把矛头直接指向我們伟大的領袖毛主席。朱德就大肆活动，散布"吃大鍋飯糟了""公社办早了"說彭德怀如何"艰苦"等妄圖保下来东山再起，又說："不要怕左，右了的有什么就說，我們这些人不說誰还敢說"。

②1963年他鼓吹单干說："要单干就讓他們单干吧社会主义不会垮了"又說："山区不要組织生产队"。

③1957年，說："我們的历史就是軍史，你們要研究軍史，就要研究我們的历史"。出了毛澤东选集，他就千方百計地要出"朱选"，"朱选"未搞成，就急忙出詩选。

他宣揚阶級熄灭論說："我們无产阶級掌了权資本家还有什么可能复辟"。他只是宣揚苏修的教科書，从来不宣传毛澤东思想並且貶低毛主席著作，65年他說："我們亲身经历过，一看就懂，好讀"。一直到去年十一中全会的时候，陶鑄突然去看他，他把准备的发言提綱，交陶鑄看，陶鑄讓他修改，多写自我检查"。他們在耍什么阴謀，还企圖蒙混过关嗎？这不是很清楚嗎？他犯了这么多罪行，但是从来不敢低头認罪，頑抗到底，毛主席和党中央对他的批評教育眞是耐心到極点但是他未悔过之心，而且每次检查都是被迫的都是假的。每次受批評之后总是怀恨在心，对党对毛主席怀着刻骨仇恨。

总之几十年来朱德始終是站在資产阶級反动立场上，一貫反党反毛主席处处和毛主席作对。他是一个大野心家，老右派，老反党分子，老混蛋。

朱德必須向人民低头認罪！

中南海紅色造反团轉抄

元月12日

打倒反党篡軍修政主义分子—賀龙

大土匪出身的賀龙虽是中央政治局委員，国务院付总理，但几十年其匪性不改，一直反对毛主席，反对林付主席。在其老家农村树个人紀念碑，做了許多坏事。文化大革命初几十天趁毛主席不在北京，賀龙在利用主持常务工作的大好时机和他們的孤群狗党勾結在一起，反对林付主席企圖夺我們无产阶級的权，他犯下了滔天罪行。

在总参謀部他支持反党分子王尙荣、雷英夫恶毒攻击紧跟毛主席的林付主席和楊代总長阴謀夺权。

在空軍支持刘××戚××反对空軍司令員××政委×××阴謀夺取空权。

在海軍支持彭德怀分子苏××顚倒黑白，打击王××几个領导同志40余天阴謀夺权。

在北京軍区支持寥汉生鎮压北京軍区文化大革命，打击革命同志，大力推行資产阶級反动路线在成都軍区。他支持他的徒子徒孙，孙黃庭、郭林祥等派軍队鎮压西南地区文化大革命。把死狗李井泉藏入軍队逃避革命群众的审判，賀龙害怕战争，想在打仗时逃到大后方，为此賀龙讓黃新庭把他的湖北老家搬到四川，並特为他修了地下宮殿，賀龙必須老实交待这一問题。在北京他支持他的狗崽子賀鵬飞破坏清华大学，賀龙的黑手伸向四面八方，为了控制我国大三线，除了他控制的四川，还企圖把寥汉生插入新疆去。

賀龙是毛主席、林付主席身边最大的定时炸弹，是反革命罗、彭、楊、陆集团后台老板。

轉抄火种小报

天津印校革命造反总部
天津紅旗印刷厂毛澤东思想一二·一六紅色造反队 **联合翻印**
天津紅旗印刷厂捍卫毛澤东思想一二·二六战斗队

元月21日

最高指示

我们应该关心国家大事，要把无产阶级文化大革命进行到底。

帝国主义者和国内反动派，决不甘心于他们的失败，他们还要作最后的挣扎。在全国平定以后，他们也还会以各种方式从事破坏和捣乱，他们每日每时都企图在中国复辟。这是必然的，毫无疑义的，我们务必不要松懈自己的警惕性。

揭穿贺龙的阴谋

前言

我军区最近揪出了三反分子原国防部付部长、候补中央委员北京军区政治委员廖汉生。他是个大阴谋家、野心家，是"四大家族"中三反分子贺龙的亲妹夫。他之所以胆敢疯狂地反对毛主席和林付主席、阴谋篡军反党，决非孤家寡人，因为他们有一个篡军反党黑集团，而其主子后台撑腰者就是贺龙，有邓英夫、王尚荣等三反分子的密切配合，为了进一步揭露这个篡军反党黑集团，我们综合出此专辑，供革命同志们参考，希望广大革命群众联合起来坚决揪出篡军反党头目贺龙及其党羽，彻底砸烂这个黑集团。

一 廖汉生是怎样成为"贺家干将"的

贺龙早年是个湖南军阀兼大地主，廖汉生幼年是个小白脸，被贺龙所赏识，自幼住在贺家，过着封建地主阶级少爷公子的生活，后被贺龙的大姐外号叫五太太的土匪头子看中招为门婿。一九二九年廖汉生跟着土匪头子徐法继（贺英的野男人）贺英（贺龙的姐々外号香太太）和他的岳母五太太，一块当土匪，流窜在湘鄂边界，一九三三年徐法继贺英五太々在湘鄂边界锅心台，被另一股土匪打死之后廖汉生才投奔了贺龙。这个大坏蛋是靠着他的后台老板篡军反党分子贺龙一手提拔起来的，他入伍不到一年就当了师政委，解放后经过他的后台老板的活动，进而当上了国防部付部长、候补中央委员，这帮野心家、阴谋家为了实现他们篡军反党的野心，赶走了赖传珠，让廖当上了北京军区的政委。

廖贺两家关系十分密切，贺在廖的眼中是恩人、神圣人物并口口声声称贺是"旗手"无不唯命是从，中央早就有明令禁止祝寿，可是廖每年给贺大祝其寿，一九六三年廖还亲自设计，叫军区招待科负责制做了一个二尺半长的大寿匾（用高级点心制成）又买了一个脸盆大的带有"福"字的大蛋糕，可见中央指示可不顾，其关系真非比一般。廖大肆吹捧贺，在开会讲话中多次说"贺老总"访问朝鲜时就说过老总军打仗，并不是打的枪弹，是打的政治，而不讲毛泽东和林付主席、不讲毛泽东思想。廖多次在党委会干部会上说二插林表演（突出政治的军事大比武）贺去看了看满意，叫来请总理去看，总理看了又请主席去看"言中之意、我们伟大领袖毛主席去西山看军事表演是贺龙的作用、多大的反革命野心。

廖在新疆期间见到各级领导同志就说："贺龙说了、他今年秋后可能来看你们、贺龙说了新疆问题就是民族问题、你在北京的话、到贺龙那里去一下、他有话要讲"！全国全党的伟大领袖是毛主席、怎么廖在新疆口口声声讲贺总，贺龙称老几；

一位同志来电话说：×军准备提×××当军长，准备要×××当军区主任×××接替他的职务、贺龙问廖的意见如何？廖说可以吧就这样定了。手伸得好长啊！竟管起别的军区的事，部队是你贺廖的私有财产吗？

自一九六○年新军委成立后，林付主席到北京军区××师视察工作并做了重要指示，其他大军区首长来京开会时，都抓紧时间向林付主席请示工作、而廖从不向林付主席汇报请示，都向贺龙随时汇报反映情况。十一中全会林付主席被确定为付帅，全国人民欢欣鼓舞，廖仍不宣传，相反一有机会就喋喋不休地宣传贺龙。廖在贺家十分随便、不需要打招呼，1965年以前几乎每周到贺家去、外出前回来后总要去一块碰一下。特别是每当有什么重大事件如赫鲁晓夫下台，毛雷尔访华等，廖都及时去贺家。

二揭开"洪湖赤卫队"的秘密：

正当1961年国际上掀起反华黑浪、国内反动派蠢蠢欲动、各种牛鬼蛇神纷纷出笼之际，歌剧《红湖赤卫队》上演了，以后又拍成了电影。曾一度盛行全国。"洪湖水，浪打浪"的歌曲也在全国广泛流传，有些报纸、刊物也大肆吹捧、给人们的印象就是影片中的韩英是贺英、就是贺龙的姐姐、当年洪湖地区的革命斗争是贺龙一手领导着搞起来的，洪湖地区的人民对贺龙是非常敬爱的……。

事实果真如此吗？答曰：否！纯碎是捏造、是个政治阴谋，根据革命群众的初步揭发、洪湖地区原是邝继勋同志活动的鄂西北根据地、以后贺龙竟把这块根据地给丧失了、贺英确有此人，也确是贺龙的姐姐、但不是游击队的领导人、她从未参过红军、是个土匪夫子、大烟鬼、外号叫香太太、流窜在湘鄂边境一带、根本没有到洪湖地区后在湘鄂边著锅儿台地区被另一股土匪打死、那么为什么出现了《洪湖赤卫队》这个影片？我们伟大的领袖毛主席教导我们说："利用小说进行反党活动是一个大发明，凡是要推翻一个政权总要先做意识形态方面的工作。"贺廖等这一小撮黑帮反党的野心家就是利用这部电影为贺氏家族冒功掩罪、树个人威信、扩大影响、壮大声势制造反革命政变的舆论，以利招降纳叛。

贺龙不但让湖北省歌剧团到处演这个戏、还拍成电影，由贺的干将廖汉生参加电影的审定，[illegible]唱《洪湖赤卫队》插曲。"洪湖水呀长又长……贺龙领导[illegible]"，廖在北京軍区文公团中，点名大唱这类歌曲，廖还[illegible]独自欣赏，又写了"忆贺英"这篇大毒草。廖还专派创作人员与[illegible]一道去湖北、湖南、四川等地搜集材料，写了近十万字的贺英传记，想为贺家立传。其用心之毒，野心之大，足以暴露。

他们的眼里那有毛主席，他们在影片里极力宣扬贺龙的作用，假借群众之口說："跟着贺龙闹革命……"把贺龙美化成党的化身，多么猖狂啊！《洪湖赤卫队》是地々道々的反党反毛主席的大毒草，我们必须戳穿它的鬼把戏。

一切革命的同志们行动起来，坚决打倒以贺龙为首的一小撮篡军反党集团，誓死保卫毛主席。

北京军区体工队红光革命造反队　67.1.13

天津工艺美术学校革命造反红艺兵　67.1.25

篡軍反党黑份子简介

根据目前已揪出的计有：

賀龙：大軍阀，大地主、土匪头，他是反革命分子、罗瑞卿反对林付主席的后台支持者，篡军反党的头目。

廖汉生：贺龙的外甥女婿，原国防部付部长，候补中央委员，北京軍区政治委员前一军政委。

王尚荣：原解放軍总参谋部，做战部部长，前一军付军长。

黄新亭：原成都军区付司令员，前一军付军长

雷英夫：原解放军总参谋部，作战部付部长。

革命造反红艺兵　67.1.25.

欢迎串联　地址：[illegible]路14号新三楼

戚本禹講話：

一月十七日戚本禹在人民大会堂，接见全国部分工人革命造反组织和天津大学八一三等单位。

八一三：天津市来北京的工人很多，特别是最近天津野战兵团（戚本禹插话：是什么样的组织？）是保守派的好几万人来北京，住在北京好几个地点，劝也劝不回去。

戚本禹：要做工作劝他们回去。市委里头有人搞阴谋，你们要揭露，要夺权。把权夺过来，夺权就是夺权。天津市造反劲头很不足，你们要很好的起来造反，把各个造反组织联合起来，力量就大了，造天津市委的反。工人是怎么来的？

八一三：用十几辆汽車来回往北京运工人运了一天多，这一定与市委有联系。

戚本禹：汽車一定有人给。

八一三：目前革命造反者要大联合，不仅在思想认识上解决，在组织上也落实。我们想和革命工人、贫下中农、一切劳动者、革命学生、革命知识分子、革命干部联合起来，组成个联合性的组织，不知这样做可以不可以？

戚本禹：大联合很好。革命造反者联合起来，成立大联合性的革命组织是可以的，大方向是对头的。你们可以成立地区性的组织，如天津市范围的。

八一三：成立天津市、河北省地区的大联合组织可以吧！

戚本禹：行，这个方向是对头的。

师大井岗山：关于十五日在天安门广场批判刘、邓大会为什么又通知不开了？

戚本禹：这是上面决定的，是正确的，你们准备召开多少万人大会？

师大井岗山：大约四、五十万人。

戚本禹：太大了，你们可以开小一点，十万人在工人体育场也行了，四、五十万人的大会组织、联络、交通都有困难，不好解决。

八一三：批判刘、邓的大会声势应搞大些？

戚本禹：十万人左右可以了，不要太大，应把他下面的人都揪出来，批深，批透。

天津大学"八一三"驻京联络站 1.17

天津工艺美术学校 革命造反红艺兵 1.2[illegible]

最 高 指 示

在拿枪的敌人被消灭以后，不拿枪的敌人依然存在，他們必然地要和我們作拚死的斗爭，我們决不可以輕視这些敌人。如果我們現在不是这样地提出問題和認識問題，我們就要犯极大的錯誤。

把刘子厚的反革命修正主义咀脸拿来示众！

在史无前例的无产阶級文化大革命中，我毛澤东思想“八・一八”紅卫兵，遵循毛主席的教导，发揚了敢想，敢說，敢造反的革命精神，于八月中旬在天津渤海大楼貼出了“舍得一身剮，敢把刘子厚拉下馬”的大字报。这下可触怒了刘子厚及其爪牙們。他們暴跳如雷，歇斯底里大发作，挑动工人、学生对我校革命师生进行了疯狂圍剿。一些資产阶級保皇派，省委的御林軍也跟着大叫刘子厚是“坚定的革命左派”。說反对刘子厚就是“炮打无产阶級司令部”，是“反党”、“反革命”。眞是猖狂一时。

我毛澤东思想“八・一八”紅卫兵不但沒有被这种残酷的鎭压所吓倒，而且与全省工农兵、革命师生和革命干部一起經过几个月的艰苦奋斗，終于把刘子厚这个反革命修正主义分子揪出来了。曾几何时，神圣不可侵犯的“刘左派”，現在已变成了全省革命派同声喊打的落水狗了。这是毛澤东思想的伟大胜利。讓那些保皇小丑們咒罵吧，哭泣吧！

事实証明，河北省委第一书記、省长刘子厚，是党內走資本主义道路的当权派，是一个地地道道的反革命修正主义分子，是赫魯晓夫式的大阴謀家、野心家、典型的反革命两面派。

长期以来，刘子厚貫用两面派手段隐藏自己的反革命政治面目。他披着紅袍子，打着黑旗子，抓着印把子，掛羊头卖狗肉，干了許多反党反社会主义反毛澤东思想的罪恶勾当。特别是在反革命修正主义集团的总头目刘少奇、邓小平、彭眞之流的培植和纵容下，他招降納叛，結党营私，上下串通，疯狂地反对我們最伟大的領袖毛主席和战无不胜的毛澤东思想，妄图把河北省变成复辟資本主义的独立王国。

在这場史无前例的无产阶級文化大革命中，刘子厚更是变本加厉地頑固地坚持資产阶級反动路綫，反对以毛主席为代表的无产阶級革命路綫，对革命派进行了疯狂的圍剿和鎭压，妄图扼杀河北省的无产阶級文化大革命。

刘子厚反党反社会主义反毛澤东思想的罪恶滔天。現在我們把他的反革命修正主义咀脸拿来示众。

一、抵制和反对学习毛主席著作，公然篡改偉大的毛泽东思想

近几年来，活学活用毛主席著作的群众运动已在全国迅速兴起。但是，反革命修正主义分子刘子厚却站在反动的資产阶級立場上，极端害怕广大工农兵群众掌握毛澤东思想，而因他千方百計地抵制和反对学习毛主席著作，明目张胆地篡改伟大的毛澤东思想。

刘子厚是个报告狂。但在他的許多报告中，却根本不提伟大的毛澤东思想，甚至在有的长达万言的报告中，連我們伟大領袖“毛主席”三个字都很难找到；在有的报告中，即使提一两句，也是言不由衷，敷衍塞責，打着“紅旗”反紅旗。

刘子厚为了抵制广大群众和干部学习毛主席著作，竟把刘少奇的黑指示同毛主席的最高指示相提并論，妄图魚目混珠。一九六五年十一月十五日在省委工作会議上的报告提綱中，刘子厚說：“許多同志經过蹲点，对主席所講的《人的正确思想是从那里来的？》《关于領导方法的若干問題》和少奇同志所講的‘誰領导誰更多一些’的問題，有了进一步的体会，尝到了蹲点的甜头，愿意长期蹲下来”。“所以我們要重新学习主席《关于領导方法的若干問題》《人的正确思想是从那里来的？》等文章，学习少奇同志給江渭清的一封信，解决認識問題，提高蹲点的自覚性。”

众所周知，刘少奇的“誰領导誰更多一些”是反对毛澤东思想的黑話。特别是一九六四年刘少奇給江渭清的信是一封以反对教条主义为名，反对学习毛主席著作；以提倡蹲点为名，反对毛主席关于調查研究的一系列指示的黑信。刘子厚却把它奉为至宝，大加吹捧，用心何其毒也！

不仅如此，刘子厚还多次以机关干部“在机关里学不懂实践論”为名，抵制和反对机关干部学习毛主席著作。

更使人无法容忍的是，反革命修正主义分子刘子厚竟胆大包天公然肆无忌憚地歪曲、篡改毛主席的最高指示。

毛主席在《实践論》中指出：“实践、認識、再实践、再認識，这种形式，循环往复以至无穷，而实践和認識之每一循环的內容，都比較地进到了高一級的程度。这就是辯証唯物論的全部認識論，这就是辯証唯物論的知行統一观。”而刘子厚于一九六五年十一月在任县祝村分团汇报当前四清运动情况时却說：“从群众中来，到群众中去，一事一討論，一总結，認識——实践——認識，就是这样一个反反复复的过程”。去年二月在徐水又說：“实践論上講認識、实践、再認識、再实践这就是認識規律。”在这里，刘子厚提出的“認識——实践——認識”的謬論，不正是对毛主席总結的“实践——認識——再实践”的認識規律的公开篡改嗎？

事实俱在，鉄証如山。刘子厚反对学习毛主席著作，篡改最高指示的罪責是逃脫不了的。

二、吹捧刘少奇、彭眞、周揚、林鉄之流，与毛主席大唱对台戏

多年来，刘子厚一直站在和毛主席对立的一边，竭力吹捧刘少奇、彭眞、周揚、林鉄之流，用以和毛主席分庭抗礼。

极力吹捧中国头号党內走資本主义道路的当权派刘少奇和資产阶級臭小姐王光美

刘子厚紧跟刘少奇这是人所共知的。刘子厚在他的許多报告和講話中，也都直言不諱地炫耀自已接到刘少奇的"許多重要指示"，"得到很多精神"。而且还把刘少奇的指示奉若神明，大肆引用。一九六四年七月，省委召开工作会議，传达貫徹毛主席亲自主持召开的中央工作会議精神。刘少奇、王光美亲自出場表演。刘子厚在一次十几分鐘的講話中，就有十四次提到"少奇同志指示"，只有四次提到毛主席。更恶毒的是刘子厚公开宣揚"除了毛主席，少奇同志在党內理論最高，也最有威信"。用以和我們最伟大的領袖毛主席分庭抗礼，攻击和贬低毛主席的亲密战友林彪同志。为了突出刘少奇，贬低毛主席，刘子厚还顚倒黑白，混淆是非，把毛主席的許多最高指示和英明論断，归功于刘少奇。說什么"少奇同志說，'百花齐放，百家爭鳴'是无产阶級极端坚定的政策"；"少奇同志提出'和平演变'"；"少奇同志講的防止修正主义的三条办法：四清、半工半讀、干部参加劳动"等等，眞是荒唐之极！

刘少奇为撈取政治資本，令其夫人王光美这个資产阶級臭小姐亲临河北抓四清。刘子厚对此欣喜若狂，受寵若惊，下死劲地为刘少奇和王光美这个資产阶級臭小姐溜鬚拍馬。他吹捧刘少奇主持制定的形"左"实右的后十条"不仅总結了六三年以来的經驗，而且总結了历次运动的經驗"，充滿了"徹底革命精神"，是"最新的馬列主义"等等，以此来对抗毛主席亲自主持制定的前十条。一九六四年七月，王光美在省委召开的工作会議上，大講"桃园經驗"。刘子厚吹捧王光美的报告講的"很好"，是"活的馬克思列宁主义。"吹捧得多么使人肉麻。

同反革命修正主义分子彭眞、周揚勾勾搭搭

近年来，刘子厚和妄图篡党、篡軍、篡政的反革命修正主义分子、政治野心家彭眞、周揚勾勾搭搭。彭、周經常到河北省給刘子厚等人作指示，刘子厚則为其大树威信，并陪同他們看戏、跳舞，寻欢作乐。

一九六五年底，彭眞在河北省委工作会議上大放其毒，恶毒地攻击毛澤东思想。而刘子厚却大加吹捧說："彭眞同志講得很生动、很深刻，使我們对中央工作会議的精神和主席指示了解得更好些了，大家都受到了很大的教育和鼓舞。"

在四清运动中，刘子厚还別有用心地反复引用彭眞的講話，什么"彭眞同志講""彭眞同志指示"等等。直到去年四月，彭眞的問題已被揭出来了，但《河北四清通訊》还刊登了彭眞歪曲篡改二十三条的黑話。

更为严重的是，在这場轟轟烈烈的无产阶級文化大革命运动中，刘子厚不仅忠实地全盘地兜售了彭眞的反革命“二月提綱”，而且还极力为其开脫罪責。为了压制革命群众对反革命修正主义分子彭眞的揭发、批判，他公然大喊：“如对彭眞怀疑也說服。”刘子厚和彭眞究竟是什么关系，这不就昭然若揭了嗎？

刘子厚对反革命两面派周揚更是亦步亦趋，一唱一合，大肆販卖其修正主义的黑貨。特别是在文艺方面，刘子厚积极推行了周揚的修正主义文艺路綫，疯狂地反对毛主席的文艺路綫。他們合謀扼杀了河北省的戏剧改革，为牛鬼蛇神出籠大开了方便之門。

与河北省的黑帮头子林鉄是一丘之貉

反革命修正主义分子刘子厚一味标榜自己与林鉄黑帮斗爭了四年之久，而事实又是怎样的呢？事实上却恰恰相反。几年来，刘子厚与林鉄相互勾結，干了許多反革命的罪恶勾当。

黑帮头子林鉄的爪牙何朗明是个混进党內的恶霸地主、大流氓、叛党投敌分子。一九四七年为林鉄的地主岳父翻案，残害貧下中农、党員干部达一百四十二人。而黑帮头子林鉄却百般庇护何朗明，致使何朗明窃取中央建工部付主任的要职，直到一九六四年底中央监委查清何朗明反革命罪行，将其逮捕法办，并指出河北省委有人包庇何朗明。

刘子厚听到这个消息后，惊慌失措，匆忙召开了省委书記处会議，专門討論何朗明問題。刘子厚公开为林鉄进行辯护，大講“林鉄沒有包庇何朗明”，“說包庇是虛构的”。还胡說什么：“中央监委报告材料是假的”，“有人背着省委搞省委”，“背着林鉄搞林鉄”等等。刘子厚歇斯底里地叫嚣：“这种官司非打不行！”“我掛帅去搞”。与此同时，他还糾集省委书記处书記閻达开、李頡伯、张承先等人出謀划策，共定战术，进行反攻倒算。并責成张承先和省委秘书长尹哲于一九六五年九月組成专案小組，为林鉄“澄清”包庇何的罪責。于去年二月在刘子厚的旨意下，得出了“林鉄沒有包庇何朗明”的反动結論。

除此之外，刘子厚还多次在报告和講話中吹捧林鉄。一九六五年十二月二十八日，他在地委书記会議上关于农村四清問題的講話中竭力推广林鉄点上的經驗，說：“今年林鉄同志点上就开过了队員代表会。队員代表反映了很多情况，提出了不少建議，是个好办法”。去年二月九日，在河北省貧下中农代表大会上刘子厚又大講：“林鉄同志做了重要报告”，“給我們指出了方向，提出了任务”。这是在林鉄被揪出的前几个月刘子厚在公开場合講的。这难道不足以說明“刘子厚与林鉄斗爭四年”是徹头徹尾的謊言嗎？刘子厚与林鉄是一丘之貉，只不过刘子厚隐蔽得更巧妙，反革命手腕更高些罢了！

三、攻击三面紅旗，大刮单干风

刘子厚这个反革命修正主义分子，在我国三年經济困难时期，与帝国主义、現代修正主义和各国反动派，一唱一合，恶毒地汚蔑和攻击总路綫、大跃进、人民公社三面紅旗，大刮单干风，大搞資本主义复辟。

污蔑大跃进"搞过了头"，是"吹牛"

一九六一年十月三十一日，刘子厚在省委十二次全会（扩大）上的总結报告中，攻击三年大跃进是"搞过了头"。一九六五年心还不死，又汚蔑一九五八年大跃进是"脑子很热，甚至吹起牛来了"。此外，还多次攻击大跃进，胡說在生产建設上"搞了一連串的'大办'，这些'大办'带来了极为严重的'五风'，使农业生产力遭到破坏"。

61年五月在地委第一书記会上恶毒地攻击我們是"破落地主"說什么"我們几个人"吹，过去破落地主撑架子，我們現在也是撑架子"。所有这些不是和帝国主义、赫鲁晓夫修正主义、右倾机会主义分子和三家村的大老板邓拓之流恶毒地咒罵我們的大跃进是冒险的計划"、"吹牛皮"、"說大話"、"升虛火"、"发高烧"等完全同出一轍嗎？

在暂时困难时期散布悲观論調，把我們国家說成漆黑一团

在一九六一年十月三十一日省委十二次全会（扩大）上所做的总結报告中，刘子厚胡說"我国家底很薄，国家的后备力量很少"，"吃的、穿的、住的都有很多困难"，"物資供应紧"，"工业生产有很多困难，不少工厂处于半停工状态。"

在和叛党的反革命分子常子敬多次通信中还肆意咒罵，說在我們国家里"买汽車有困难"，"車少不够分配"，"买到車也买不到汽油"，"群众往外跑"等等，更是恶毒之极。

大刮单干风，大搞資本主义复辟

一九六一年五月在常委扩大会議上，刘子厚和林鉄狼狽为奸，煽阴风、点邪火，大刮单干风。在这个会上，刘子厚在他所作的总結报告中提出了"夏粮征購和生活安排問題"的十項意見。这是一个彻头彻尾的在农村复辟資本主义的黑綱領。

刘子厚在这十項意見中提出："在重灾区，可由生产队借給社員每人三至五分地，由群众自已种植粮食或菜豆"，"借的时間，暂定二、三年"。关于处理单干問題提出："现在已經处理的，就处理了，还沒有处理的，可暂緩处理"。又提出，自留地"增加到生产队耕地面积的10％"。还胡說"这样做，对克服当前生活困难，恢复农业生产有好处"。对"社員的小片开荒，已經超过自留地数量的，現在不要收回"。在飼养牲畜方針上提出，牲畜"允許戶养"，"生产队的老弱牲畜也可以卖給社員"。养猪継續貫彻"公养和私养并举，私养为主的方針"。还规定"多养毋猪每戶可另給几分到一亩飼料地，养种猪戶多給几分到半亩飼料地"。另外，还提出鼓励"独立經营"、"自負盈亏"、"扩大小自由"、"重奖"等向資本主义蜕变、破坏社会主义經济的黑措施。

五月黑会刚刚开过不久，刘子厚又急急忙忙主持召开了七月黑会，继續刮单干风。在会上他又宣揚"社員个人所有的家庭付业、自留地是社会主义經济的必要补充和助手，也必須保护和帮助它发展，发揮它应有的作用"。說什么"經营少量自留地和經营大规模的家庭付业"，"并不是什么发展資本主义"，而"对調动社員积极性有重要作用"。并十分恶毒地謾罵集体經济"靠不住"，"农民劳动一年，吃不飽肚子"，"分不到几个錢"，"这样有些农民就自然产生单干情緒"，"想要单干"等等。請看，反革命修正主义分子刘子厚大挖社会主义墙脚，复辟資本主义是何等的猖狂！

在刘子厚这个大混蛋的鼓吹下，使我省的单干风刮得甚囂尘上。据我省十个地区（

缺天津市）不完全統計，在十六个县中有2,289个生产队（占全省生产队总数7.6%）实行了分田单干和包产到戶，严重的县有的达到全县生产队数的20%到30%；最严重的蔚县235个生产队把全部土地都包产到戶了。

对此严重恶果，刘子厚欣喜若狂，說："这两年既定的小自由政策已經起了积极作用"。并三令五申"必須貫徹执行，不能动搖"。"对于分田到戶和包产到戶的問題，少数或个别社員坚持单干的，也不要勉強他們入社，可以継續讓他們单干"。

所有这些，都充分說明反革命修正主义分子刘子厚和林鉄一样，是我省大刮单干风，大搞資本主义复辟的罪魁祸首。

四、否認社会主义社会存在阶級、阶級矛盾和阶級斗爭，宣揚"阶級调和論"和"阶級斗爭熄灭論"

毛主席早就反复地指出，社会主义社会是一个相当长的历史阶段，在社会主义这个历史阶段中，还存在阶級、阶級矛盾和阶級斗爭，存在社会主义同資本主义两条道路的斗爭，存在着資本主义复辟的危险性。还教导我們"千万不要忘記阶級斗爭"。但是，刘子厚却和毛主席的这些英明論断和指示大唱反調，他否認社会主义社会存在阶級、阶級矛盾和阶級斗爭，公然宣揚"阶級調合論"和"阶級斗爭熄灭論"。

正当党內一小撮走資本主义道路的当权派从政治、經济、思想、文化各个領域向党向社会主义发动猖狂进攻的时候；正当全国人民响应毛主席的伟大号召大抓阶級斗爭的时候；刘子厚在四清前綫却胡說什么"本来当权派是革命的"，"不揭盖子都是革命的"。还說什么"天下农民是一家"，生产队里"都是一些具体事"等等，妄图以超阶級的概念来掩盖农村严重的阶級斗爭，以破坏伟大的四清运动。

毛主席說："在阶級社会中，每一个人都在一定的阶級地位中生活，各种思想无不打上阶級的烙印"。但是刘子厚在談到四清工作队員内部問題的时候却胡說什么工作队員的不团結"不是爭权夺利"，"是思想方法，工作作风問題"。"你三同我也三同，頂多是負責任的問題"。"誰跟誰鬧意見沒有其他問題，我們都是革命的"等等。

此外，刘子厚还千方百計地抹杀文艺界的尖銳、复杂、激烈的阶級斗爭，否認文艺界两条路綫的斗爭，說什么"今天阻碍着文艺界工作者为工农兵服务的，主要是資产阶級个人主义"。这样，刘子厚用"思想方法"、"工作作风"和"个人主义"等来代替、抹杀阶級斗爭，就給資产阶級思想泛濫大开了方便之門，为地、富、反、坏、右分子向党进攻取得了合法的地位。

刘子厚极力宣揚"阶級斗爭熄灭論"，这是与他站在反动的資产阶級立場上，害怕阶級斗爭，害怕革命分不开的。去年二月，他在徐水县礼堂接見四淸工作队員时說："这場运动的规模是大的，象这样大的运动，过去沒有，以后恐怕也不会有了，我們也不希望总搞这么大的运动"。看，刘子厚多么害怕阶級斗爭啊！他的四淸运动是"空前絕后"的謬論在工作队員和广大社員群众中产生了极坏的影响。从这里也可看出刘子厚在无产阶級文化大革命中頑固地执行資产阶級反动路綫是有其根源的。

五、汚蔑反右傾运动，大搞翻案活动

一九五九年，我們伟大的領袖毛主席主持召开了具有伟大历史意义的廬山会議，彻底粉碎了彭、黃右傾机会主义集团向党向社会主义的猖狂进攻。但刘子厚却对此恨之入骨，竭力汚蔑反右傾运动，幷为右傾机会主义分子大搞翻案活动，妄图使其东山再起。

汚蔑反右傾产生了“付作用”

一九六一年四月五日，在关于中央广州工作会議精神的传达提綱中，刘子厚指責我們党在廬山会議以后，“沒有注意少奇同志提出的农村中糾正‘左’的指示”，“吃了点苦头”。七月份，在省委召开的三級干部会議上，又汚蔑說：“整风反右也产生了付作用，助长了‘五风’，使党的民主生活受到損害，許多干部产生了‘恐右病’和不敢講話之风”。这是何等恶毒！

大刮翻案风

一九六一年十二月二十八日，在刘子厚的指示下，省委召开了一个电話黑会，公开宣布：“对于县級、县以下和相当县級以下的脫产干部党員(包括地委委員、省直处长)，在一九五九年整风反右运动中所受批判和处理的問題……凡是被确定为‘右傾机会主义分子’、‘右傾机会主义性质錯誤’、‘严重右傾錯誤’、‘右傾錯誤’的，应該摘掉右傾帽子，撤銷原結論”。这次电話会議之后，河北省的翻案风立即刮了起来。刘子厚为右傾机会主义分子翻案的罪責是推脫不了的。

为右傾机会主义分子东山再起大造輿論

刘子厚在反右傾以后，不但汚蔑反右傾和大刮翻案风，而且还借評旧戏，含沙射影地攻击党中央和毛主席。他极力推祟《強項令》《千里送京娘》这些大毒草，吹捧海瑞和海瑞式的人物董宣，以及封建地主头子赵匡胤，借以鼓动右傾机会主义分子伺机东山再起，向党向社会主义进攻。

一九五九年十二月，右傾机会主义分子刚刚被罢官不久，刘子厚就借誇海瑞說被罢了官的右傾机会主义分子是“好人”。一九六三年一月二十六日，刘子厚在邢台看了《千里送京娘》后，說这出戏不錯，“搞得赵匡胤风格高了，英雄創业时要有气魄嘛！”幷說：“上演剧目的內容要为政治服务”。显然，这是要右傾机会主义分子学习赵匡胤，要“夺权”、“創基业”，要有个“大丈夫”的“气魄”；鼓吹文艺为右傾机会主义反党集团的政治需要服务。

一九六五年十月，刘子厚以检查教学为名，在河北戏校点看了《強項令》《夜宿花亭》后說：“《強項令》这出戏不錯，好戏”。幷公然鼓动“大家应該学习董宣那个硬劲，他就敢和皇帝抗。”在天津高干大楼和反革命修正主义分子彭眞、林鉄看完《夜奔》后，彭眞阴险地說：“有一逼就有一反嘛，名字需改，《夜奔》光跑意义不大，应該是‘逼上梁山’，“应該強調反字，官逼民反嘛，反到梁山就強調武装斗爭”。刘子厚也会意地赶忙說："《夜奔》我看过三次，还想看。演得不錯，不能丢。"彭、刘的这些黑話，完全暴露了他們妄图篡党、篡軍、篡政，复辟資本主义的狼子野心。

六、反对突出无产阶級政治，大搞物質刺激

毛主席教导我們，"政治是統帅，是灵魂"，"政治工作是一切經济工作的生命綫"。但刘子厚却一貫站在反动的資产阶級立場上，反对突出无产阶級政治，反对毛澤东思想掛帅，大肆販卖修正主义的黑貨，大搞物质刺激，为資本主义复辟鳴鑼开道。

宣揚經济主义，鼓吹物质刺激

突出政治，搞好人的思想革命化是搞好一切工作的根本。反革命修正主义分子刘子厚对此怕得要死，恨得要命，千方百計地貶低突出政治的意义，歪曲突出政治的涵义。他胡說"搞出了經济問題，然后再上綱，所謂突出政治就是这个意思"。妄图以經济主义代替突出政治。

刘子厚反对突出政治，宣揚經济主义由来已久，早在一九六〇年十二月，在中共河北省委第一屆代表大会第三次会議上的报告中，就以政治掛帅"絕不是說可以忽視物質和物質保証"为名，大肆叫嚣"劳动者总是需要吃、需要穿、需要住的"。以此来反对毛主席提出的政治掛帅的伟大号召。一九六一年七月在省委召开的三級干部会議上，他又攻击我們党"片面強調政治掛帅，忽視群众利益"。同时还以"提高"农民的生产"积极性"、"长远利益和当前利益兼顧"为名，提出"可适当降低农业稅率，減低粮食征購任务"的修正主义措施。

在四清时，刘子厚不是用毛澤东思想去教育和发动群众，而是鼓吹通过搞經济問題，用救济去"发动群众"。說什么"把救济工作搞好了，把当年分配搞清了，群众的觉悟就会提高一步"，"就很自然地进入四清阶段"。并揚言說："××队也是通过抓救工作来发动貧下中农的，一下子就把权拿过来了"。这是地地道道的修正主义言論。刘子厚修正主义的咀臉暴露无遺了。

宣揚单純生产观点，鼓吹"生产第一"

一九六五年，刘子厚公然指示一个县委："你就作一件事——生产粮食，其它什么工作也可不做。会多，你可不参加，文件多，你可不看"。还說："一年三百六十五天就有三百六十天省委要攷虑吃飯問題。"这是刘子厚妄图把党的領导引入"只抓粮棉油，不管敌我友"的歧途的自我大暴露。

在四清中，他还公然閹割二十三条的革命精神，說什么"建設阶段，要以生产建設为中心，围繞着生产建設搞好組織建設和思想建設"。并且竭力鼓吹四清要"做到从生产出发，又落脚到生产"。只抓革命，"人們的革命干劲就不能得到充分的发揮，发揮了也难以巩固持久"。为了証明他的謬論，还别有用心地說："运动中就有这样的情况：工作队一进村，大会一开，'双十条'一講，群众劲头起来了，出勤多了，效率高

了，活計質量也好了。可是因为沒抓生产管理，日子不长干劲又回落了。”因此，他得出結論說：“革命是会促进生产的，但是，这种促进作用只有通过抓好生产（管理工作）才能有效地、充分地、持久地发揮。”只抓革命，“革命就失去了意义”等等。特別是还把“四清运动必須从生产出发，落脚于生产”这一謬論，作为一条經驗写进了“河北省关于第一期农村四清运动的基本总結”中。此外，在体育学院还多次講話，鼓吹政治要为技术服务，胡說政治要落实在球場上。这些完全是毛主席早在三十多年前就批判过的“軍事好，政治自然会好；軍事不好，政治也不会好”的謬論的翻版。

用国家錢財，精心培植“永福”庄

刘子厚为了把自已蹲点的永福庄，培植成修正主义的活标本，打着“巩固四清运动成果”的招牌，成立了一个建設永福庄的专門班子。这个班子是由省委付秘书长和省計委付主任亲自掛帅，由省直各厅、局的处长以上的干部及各种技术干部組成的庞大組織。刘子厚指示各厅局都要到永福庄搞試点，幷亲自布置“哪个部門去永福庄搞，哪个部門負責拿錢”。“省长”一声令下，人力、物力、財力源源不断流入永福庄，使永福庄在短短的一年之內就建立了揚水站、广播站、拖拉机站、面粉加工厂、造紙厂、制砖厂、水泥管厂、学校、图书舘、俱乐部、卫生所、公路……据不完全統計，仅就揚水站、广播站、拖拉机站、面粉加工厂、造紙厂、制砖厂、机井低压配套等十七項建設就由国家投資近百万元。一九六五年十月二十五日，当永福庄公社书記向刘子厚汇报今冬明春把水利化、电气化搞上去要花二十万元时，刘子厚以一付“救世主”的姿态說：“三十万元也可以”。

刘子厚反对突出政治，大搞物質刺激，大搞經济主义是一貫的。在他“蹲点”的商庄，也采取了类似作法。特别是还积极鼓吹在搞完四清的地方，大搞“远景規划”，什么电灯、电話、自来水、电影院、剧院、百貨大楼、礼堂、澡塘、养魚池、果园等等，幷胡說什么这样可以“鼓午群众的积极性”。

刘子厚大搞金錢掛帅，大搞物質刺激，精心培植“永福”庄，造成了严重恶果。一位省粮食厅的干部說：“这几年，河北省有一股风，大官下去蹲点，就大量的給东西。”一些在永福庄参观过的同志說：永福庄“可看不可学，因为我們学不起。”还有的說：“永福庄有个大省长蹲点，要什么省里給什么，誰也比不了，”“还是大干部頂事，来了省长什么都有了”……。对此，刘子厚不以为耻，反以为荣，到处吹嘘說：“永福庄四清搞得好，生产搞得好”“实际上起了个带头作用，各分团都受到了永福庄的影响”。“祝村到永福庄参观一趟，回来劲头很大，解决了許多問題”。幷指示“祝村是个臉面地方”，“应該树个旗帜”。

刘子厚的所做所为，是违背毛主席关于奋发图強、自力更生，勤俭办社，勤俭建国的教导的。他走的不是大寨的路，而是与大寨相反的路；不是政治掛帅，教育农民依靠自已的力量建設社会主义新农村，把农村办成毛澤东思想的大学校，而是用物質刺激、金錢掛帅，大量的国家援助，把社会主义的新农村拉入修正主义的邪路。

七、疯狂地推行修正主义文艺路綫，反对毛主席的文艺思想

毛主席指出，各种艺术形式——戏剧、曲艺、音乐、美术、午蹈、电影、詩和文学等等，問題不少，人数很多，社会主义改造在許多部門中，至今收效甚微。許多部門还是“死人”統治着。毛主席还說：許多共产党人热心提倡封建主义和資本主义的艺术，却不热心提倡社会主义的艺术，豈非咄咄怪事。

毛主席所批評的这种情况，在河北省尤为严重。

几年来，刘子厚依仗省委第二书記、省长之职，操纵河北省文艺界的大权，成了河北省文艺界推行修正主义文艺路綫，反对毛主席文艺思想的总头目。

竭力对抗毛主席制定的文艺为工农兵服务的方向

文艺为什么人服务的問題，是文艺的根本問題。刘子厚竭力对抗毛主席制定的文艺为工农兵服务的方向，在他一手操纵和指使下，使河北省許多文艺单位，背离了为工农兵服务的大方向，而成了专为刘子厚等人享乐的工具。

对文艺为誰服务的問題，刘子厚提出了个“上”、“中”、“下”的方針。“上”，即出国和为中央首长服务；“中”，即为省委一小撮闊老爷們服务；“下”，才是为群众服务。跃进梆子二团就是专演传統戏接待首长的，几年来基本沒有下过乡。邯郸东风豫剧团，人称刘子厚的眼珠子，刘子厚就曾多次指示这个剧团要“打出去”，即把出国、排电影、灌唱片、到北戴河为首长暑期服务作为四大奋斗目标。

一些剧团，在刘子厚的一手把持下，成了专供他們享乐的工具。每年一到暑期，刘子厚等一小撮資产阶級官老爷們，就带着几个剧团去消夏。一九六四年，就有几个文艺单位奉陪他們四十多天。

更为严重的是，刘子厚常常依仗职权，将在乡下为农民演出的剧团調回，专門为他演出。邯郸东风豫剧团，一九五七年——一九六六年五月，除去一年搞四清，仅下乡一年零三个月，就在这一年零三个月里，还調回十几次，有几次都是刘子厚亲自打电話叫回的。

鼓吹艺术第一，宣揚业务至上

一九五九年跃进剧团刚成立，刘子厚就要求“向最高峰看齐”，“三年达到省級水平，五年达到出国水平”。此后又多次指示“有些节目应該争取达到第一”，“达到全国第一流的水平”。要求演員“要有个志向”，“一定在艺术工作上要达到一定水平”。“每个演員要达到全国水平”。还說什么“搞不出一批行家，只有一批通家是不行的。”为此，还允許在农村搞四清的演員“在下面可以練它半天功”。

刘子厚还多次指示，各剧团“剧目我省不要太多，要求搞好，要有质量”。并传达周揚黑帮的圣旨，要“一年搞一个好戏”，用以对抗毛主席提出的在普及的基础上提高和“雪中送炭”的指示。

与此同时，刘子厚还大唱“外行不能领导內行”的右派濫調，攻击党对文艺的领导是“挡了路”。并疯狂地反对政治掛帅，胡說什么“鑼鼓一响，部长、局长也上不了台，

还得听人家的”。

篡改“双百”方针，鼓吹文艺上的“和平竞賽”

百花齐放，百家爭鳴的方針，是促进艺术发展和科学进步的方針，是促进我国社会主义文化繁荣的方針。刘子厚把毛主席提出的“艺术上不同的形式和风格可以自由发展，科学上不同的学派可以自由爭論”，篡改成“执行百花齐放，百家爭鳴的过程，就是社会主义的新文艺同各种各色的文艺作品竞賽的过程。”說什么通过“竞賽”，“保証革命的社会主义的文艺胜利。”显然，这是借“竞賽”之名，行讓封建主义、資本主义艺术泛滥之实。

社会主义的文艺要占領文化陣地，必須是破字当头，推陈出新。这就是对旧文艺要批判、要革命。而刘子厚胡說什么“有了思想內容深刻表演技术精湛的好戏，才能征服观众”，“才能排挤掉資本主义、封建主义的戏剧”。更露骨地說：“一个剧目只要有一定的思想、艺术质量，就能站住脚”，就能“爭夺观众”。攻击戏剧改革，說什么“現在不叫演旧戏，是行政手段”。叫囂“要通过演出賽过旧戏”才行。說什么：“假如現在唱一唱对台戏，一边是革命現代戏，一边是传統戏，那边看戏的人多？这恐怕还很难說。”这就是說，革命現代戏賽不过旧戏。刘子厚所鼓吹的在文艺上的“和平竞賽”，究竟是什么貨色就不說自明了。

宣揚“先立后破”、“首先繼承”的謬論，对抗毛主席的“不破不立”和“推陈出新”的指示

刘子厚为了把封建主义、資本主义的文艺全盘搬来充斥社会主义文化陣地，公然对抗毛主席的“不破不立”和“推陈出新”的英明論断和指示，大肆宣揚“先立后破”、“首先繼承”的謬論。

一九六一年四月，他在給跃进剧团的指示中說：“我們的方針首先是繼承，然后在繼承的基础上再发展提高。不繼承，发展就是乱发展。”还举例說：“小孩子必須先临帖，临帖好了再进步，才能自成一家，所以，首先強調繼承，不要先說改。”同年八月，在和演員座談时又提出：“經驗証明要先立后破。不要草率地改，不要急，着重繼承。”并再三指示演員，要“想尽一切办法解决繼承問題。”一九六三年一月，又再次指示跃进剧团，要“強調繼承传統，梆子剧院是省級剧团，要全省树立旗帜。”这就是說要树立一个推行修正主义文艺路綫的活标本，把梆子剧院变成宣传修正主义思想的根据地。

疯狂地推崇旧戏，詆毀革命現代戏，抗拒和反对戏剧改革

几年来，刘子厚利用一切机会，給河北省戏剧界作报告下指示，伙同文艺界的“祖师爷”、反革命修正主义分子周揚，疯狂地反对毛主席关于戏剧改革的重要指示，竭力推崇旧戏，讓帝王将相、才子佳人統治舞台，为各种毒草戏鳴鑼开道。刘子厚把老戏說成是“大戏”，要“多演”。还說什么“老戏艺术高、成熟。”一九六五年五月，刘子厚对跃进剧团說：“旧戏为什么人家老愿看哪？就是艺术好。”刘子厚还打着“古为今用”的旗号，高喊“传統戏是历史遺产”，千万“不能丢掉”。一九六五年八月，在部

分剧团干部座談会上指示各剧团，“不要把传統戏都丢掉，这个問題希望你們注意。”同年八月，刘子厚在北戴河对东风剧团負責人传达周揚的黑指示說：“六六年九月要演传統戏，周揚部长給河北省提了一个意見，在河北省要开放一部分传統戏”。“象‘东风’可以上演《穆桂英掛帅》、《紅娘》。”更为严重地是，去年二月，跃进剧团下乡半农半艺，刘子厚还讓演員每人带一套旧戏妆，排演《王定宝借当》之类的旧戏。

对革命現代戏，刘子厚則百般压制和詆毁。叫嚣演現代戏都把“传統戏放下了”，“传統戏生了”。說什么“現代戏赶不上传統戏”，“演新戏沒功夫”。誣蔑新戏唱腔“不如驴叫”，《人欢馬叫》是“人不欢，馬不叫”。說什么“有些戏改得多了，这是个很大的問題。从文化部对咱有批評，有些中央領导同志，特别是河北人，說咱改得太多了。”并威胁說：“走了样是要挨罵的。”这样，使河北省的戏剧改革一直不能順利进行，革命現代戏一直沒有占居舞台，使得毒草丛生，牛鬼蛇神仍然紛紛出籠。

吹捧艺术“权威”，宣揚名利思想，对青年演員实行“和平演变”

刘子厚在对演員的許多講話中，竭力吹捧艺术“权威”，說什么“四大名旦演的和普通演的就不一样”。提出对老艺人要“待遇高些”，“要尊重人家”。还鼓吹“向老艺人学习”，說什么“不学老艺人，怎么継承呢？”并要求“把过去所有的唱片都买来，向唱片学习，有点毒也不要紧。”在刘子厚这些荒謬的“指示”下，許多剧团用高薪請了一批老牛鬼蛇神“教戏”，买了許多黃色和极其反动的老唱片，对演員进行毒害。

刘子厚在吹捧艺术“权威”的同时，还宣揚名利思想，对青年演員实行“和平演变”，培养資产阶級的接班人。他对演員的要求不是又紅又专，而是在艺术上过得硬，能从老艺人那里“学两手”。夸耀嗓子好的演員“有前途”。对名演員又找座談，又請赴宴；而对一般演員則冷眼相待。調动演員的积极性，不是突出政治，而是大搞物質刺激。一九六一年在給跃进剧团的指示中要求“搞个工資制度，一年評一次，可补加奖励。”說“这样能調动他們的积极性”。在暫时經济困难时期，讓剧团演出不要錢，而“要鷄、要鴨、要魚、要肉、要付食品”，准許演員在宾舘食堂吃飯。

此外，刘子厚还和周揚一样，鼓吹青年人要“靠个人奋斗”，向楊排风学习，苦練功夫，，爭取“成名成家”。有的演員受了毒害后，还唱出了“天才”論，說什么“万般皆下品，唯有嗓子高（好）”。刘子厚对青年演員的毒害实在是太深了。

八、在四清运动中积极推行形“左”实右的机会主义路綫，对抗毛主席的正确路綫

我們最最敬爱的伟大領袖毛主席对四清运动的性質、任务和政策早已作了馬列主义的全面的正确的論述，并亲自領导制定了《中共中央关于目前农村工作中若干問題的决定（草案）》和《农村社会主义教育运动中目前提出的一些問題》（即二十三条）。在四清中，刘子厚对毛主席的这些最高指示，不但阳奉阴违，而且还肆意进行歪曲和篡改。他积极地忠实地推行了刘少奇的形“左”实右的机会主义路綫，对抗毛主席的正确路綫。

用形“左”实右的“扎根串連”，对抗放手发动群众

毛主席一再教导我們，要相信群众，依靠群众，放手发动群众。在制定二十三条的中央工作会議上，毛主席还批評了“扎根串連”是不相信群众，不敢放手发动群众的表現。二十三条中也指出：“工作队必須在运动和斗爭过程中，发动貧下中农，組織阶級队伍，发現和培养积极分子”，“不要冷冷清清，不要神秘化，不要只在少数人当中活动。”但刘子厚根本无視毛主席，明目张胆地和毛主席唱反调，极力推行形“左”实右的“扎根串連”，反复大講“要強調个別发动”，“做好个別人的工作”，說“这是发动群众的根本方法”。并鼓吹对“根子”要一对一的单个教練，要經过“訪”、“选”、“教”、“审”、“定”五个步驟，培养一个“根子”要花四、五十天的时間。此外，还采用什么“大火煮，小火煨，紧烧火，慢揭鍋”，“滚雪球”等一系列的煩瑣哲学的办法，把“扎根串連”搞得极端神秘化。把王光美一套偵探手法完全接受下来，眼里沒有群众，沒有貧下中农，結果使工作队进村几十天有的还选不好“根子”，孤立于群众之外，严重地破坏了四清运动。对这一錯誤路綫直到一九六五年八月十一日在省委十六次全会上，刘子厚不但不检查，反而夸耀說：“訪貧問苦，扎根串連这些基本功搞得是扎实的，对鍛炼干部发动群众起了很大的作用。”这不是公开地反对毛主席，为刘少奇的形“左”实右的路綫吹噓嗎？在两条路綫的斗爭中刘子厚到底站在哪一边不是很清楚了嗎？

大搞人海战术，工作队包办代替

毛主席指出：“群众是眞正的英雄，而我們自己則往往是幼稚可笑的，不了解这一点，就不能得到起碼的知識。”刘子厚在四清中完全违背了毛主席的这一教导，他不是相信群众、放手发动群众，讓群众自己解放自己，而是把群众当做“阿斗”，把自己当作“諸葛亮”。从运动一开始，就大搞人海战术，包办代替。在刘子厚蹲点的永福庄公社，不算分团的人就有三百零一名工作队員，仅永福庄就有二百二十二名工作队員，其他地方平均每个生产队也都是六、七个工作队員，有的多至十几个人。刘子厚要工作队“不但抓运动，連生产生活都要亲自抓起来”。

更严重的是，不相信群众竟然达到了可笑的地步。在批斗四不清干部或斗爭四类分子时，工作队一手包办，連发言稿都由工作队給写好了，而且对发言人，还要进行“战前練兵”，发言人背講稿，工作队按自己的意图导演。經过这样多次“战前練兵”，然后才能进行“实战”。就这样把一場严肃的阶級斗争当成戏演，把广大貧下中农当成木偶。这不是搞群众运动，讓群众自己解放自己，而是完全按工作队的意图去运动群众。

轉移运动的重点，搞人人过关

二十三条明确指出：这次运动的重点是整党內走資本主义道路的当权派。对此刘子厚竟然公开进行歪曲和篡改。一九六五年十二月二十八日他在石家庄召开的地委书記会議上說：“这場运动，重点是整党內走資本主义道路的当权派，换句話說，就是整党。”刘子厚把整党內走資本主义道路的当权派和整党等同起来这是別有用心的，是企图混战一場，保护那些党內走資本主义道路的当权派过关；而且把大量的人民內部矛盾搞成敌

我矛盾，扩大打击面，轉移斗爭矛头，扼杀四清运动。

刘子厚在四清运动中，还借口“小是小非”問題“也要检查改正”来搞人人过关。說什么“不管是誰，只要你有四不清，我就要跟你斗。”有的甚至連吃狗肉、吃几条魚的干部也搞起来沒完。对此，刘子厚还到处作为“經驗”介紹，說：“在永福庄，揭发一个干部好吃狗肉，打狗吃，群众意見很大，群众一揭发，受教育可深了。”又說：“在祝村公社干部因为吃了生产队几条魚，群众反来复去的搞这个問題。这个人从这个角度上講一遍，那个人从那个角度上講一遍，把干部吃魚揭得很透，把好吃嘴饞揭得很深，这样对干部教育很大。”为了讓各地都这样做，刘子厚还特别強調地說：“要反复地去折騰，反来复去地搞，大会搞，小会搞。”并指示說：“今年就是在这上面大作文章。”

刘子厚对犯一般錯誤的干部搞起来沒完，但对党內走資本主义道路的当权派却是仁至义尽，連大声地問都不允許。而且片面強調“要坐下来和他談”，“即使是屬于敌我矛盾性質的，也要注意把他們爭取过来，轉化为人民內部矛盾”等等。毛主席教导我們，“凡是反动的东西，你不打，他就不倒”。刘子厚却強調“坐下来”和談，企图把敌人爭取过来，把敌我矛盾轉化为人民內部矛盾，这是典型的赫魯晓夫修正主义的“阶級調和論”。

对犯有一般錯誤的干部如此恨，对敌人如此亲，自称为“左”派的刘省长立場站到哪里去了？

九、招降納叛，結党营私

毛主席說：“什么人站在革命人民方面，他就是革命派，什么人站在帝国主义封建主义官僚資本主义方面，他就是反革命派。”自封为“左派”的刘子厚不但对上吹捧中国的头号赫魯晓夫式的人物刘少奇、反革命修正主义分子彭眞之流，而且对下招降納叛，結党营私，重用和包庇党內走資本主义道路的当权派，纵容叛党的反革命分子、反动佛教会长、大地主分子等一伙牛鬼蛇神，与他們一起，狼狈为奸。

欺騙人民、欺騙党，硬把畏罪自杀的叛党分子万晓塘捧成英雄

原河北省委书記处书記、中共天津市委第一书万晓塘，是天津市反党宗派集团的大头目。多年来，他領导的黑市委，干了許多反党反社会主义反毛澤东思想的罪恶勾当。在这次无产阶級文化大革命中，眼看革命群众要把他揪出来了，他見势不妙于去年九月十九日突然死去。据揭发和調查，万晓塘是畏罪自杀。但是，刘子厚怕由万之死揭开天津市委的盖子，揪出市委一小撮反党集团和他刘子厚。于是，竟胆大妄为，目无党籍国法，欺騙毛主席和党中央，欺騙革命群众，說万是“心脏病暴发”而死的。万死后，由刘子厚亲自出任主任委員的治丧委員会发出一个訃告，把这个畏罪自杀的叛党分子吹捧成“英雄”。胡說什么“万晓塘是我党优秀党員。他的一生是战斗的一生，光輝的一生，他忠于毛主席，忠于毛澤东思想，忠于党、忠于人民……把毕生精力献給了无产阶級革命事业，他的逝世是党的損失。”同时，还搞了五、六十万人的追悼活动，以死人压活人。更为严重的是，刘子厚抗拒毛主席的批評。毛主席去年十月二十四日在汇报会上指

示說，天津万晓塘死了以后，五十万人的追悼会，他們也認为是大好形势，实际上是向党示威，这是用死人压活人。对此，刘子厚不但不检查，而且对毛主席的这一最高指示至今沒有传达。这是絕对不能饒恕的滔天罪行。

把反革命修正主义分子張承先、翟向东送往北京，冒充“革命左派”

刘子厚的大紅人和亲信，原河北省委书記处书記张承先、省委宣传部部长、《河北日报》总編輯翟向东，本来都是反革命修正主义分子，但在无产阶級文化大革命开始后，刘子厚把他們送到北京，一个到北大当了工作組組长，一个当了《北京日报》的总編輯。对这种情况，刘子厚吹嘘不已，說什么张承先“到北大当工作队长去了，小工作队，大左派群”。当张承先鎮压北大的革命运动被揪出来之后，刘子厚还迫不及待的为其开脫罪責，說：“张承先犯的錯誤首先有两条：一条是官老爷作风；二条是不依靠革命左派”，妄图以此掩人耳目。

重用、包庇反革命修正主义分子刘英、李悦农等人

刘子厚的左右亲信和被其所提拔、重用的人，几乎都是这次被揪出来的黑帮分子。原邯鄲地委第一书記刘英是个反革命修正主义分子，他攻击三面紅旗，污蔑說人民沒吃的，餓死了很多人；沒房子住，三世同堂，二十六个人住一間房；沒穿的，有的买紅領巾作褲衩，这是何等的恶毒！但刘子厚却对他非常重用，文化大革命开展了几个月后把他調来当了省委宣传部长、《河北日报》总編輯，充当其鎮压革命群众的忠实打手。

保定地委书記李悦农，在困难时期請潛伏的国民党大特务周潛川“看病”。他放弃党的工作，大練气功，吃“仙丹”，完全陷入了唯心主义的泥坑。同时还給周匪提供党和国家的机密，助其进行反革命活动。但是，刘子厚却說李悦农是“得病乱投医”，“周李的关系是大夫与病人的关系”，是“屬于上当的問題”。又說李悦农“在会上检查的态度是好的，交待、检查是好的，沒有隐瞞。”刘子厚不但坚持不給其处分，反而把李悦农提拔为省委候补书記。

此外，在无产阶級文化大革命刚一开始，刘子厚就把南开大学、河北大学的党委书記臧伯平、李澤民封为天津市高校“官办”文革領导小組的正付組长。后又批准各校党委第一书記为学校“官办”文革主任委員。从而使这些党內走資本主义道路的当权派，把持了領导运动的大权，鎮压革命师生，破坏运动。为了保护这些坏伙傢們蒙混过关，刘子厚还面授机宜說：“你們老是炮轟司令部，坏人就会以为把老臧老李打倒就行了，会有人挑撥。你們沒有問題，但群众会演繹法，何苦呢？你們不是沒有大字报，有問題的可以揭，到一定时間，检查一下。”当看到这些傢伙們保不住了，于是又为其想出“金蟬脫壳”之計，讓他們退出文革，轉入幕后，以伺机东山再起。看刘子厚对这些走資本主义道路的当权派是何等关怀！

同坏分子狼狈为奸

刘子厚是一个自幼不务正业的混进党內的土匪。他交結了一群狐朋狗友，一直至今还与这些坏分子交往甚密。在刘子厚这頂大紅伞下，許多牛鬼蛇神逍遙法外，活动非常嚣张。

常子敬是刘子厚的表亲，是內丘中学付校长，是个叛党的反革命分子，出家当过和尙。多年来，常和尙从其反动立場出发，利用一切机会进行反革命活动，对社会主义进行恶毒的謾罵和攻击。刘子厚同这样的反革命分子称兄道弟，书信不断，关系甚为密切。常和尙在信中大放其毒，刘子厚如获至宝，說“很有参攷价値”。常和尙对刘提出要求按排工作，刘子厚有求必应，并且主动要为其买古董和黑书，还邀常去遊玩作乐，眞是关怀备至，体貼入微。

刘子厚对极为反动的佛教会长常岱阳也是如此。常岱阳是刘子厚的表叔与老师，是个反共老手。刘子厚对他毕恭毕敬，唯命是听，有求必应。为常按排工作，縱容、帮助其搞封建复辟与宗教活动。

此外，刘子厚还对原省公安厅八处科长、大地主分子、越獄犯倍加器重，令其作随从；讓逃亡的地主婆子作媬姆，包庇他的地主分子的大舅子等等。

以上不难看出，多年来，刘子厚一直招降納叛，結党营私，推行任人唯亲的宗派主义組織路綫，縱容包庇坏人。这就充分証明，他是一个地地道道的鉆进党內的資产阶級代理人。

十、突出个人，自封“左派”，大搞独立王国

毛主席教导我們，共产党員决不可自以为是，盛气凌人，决不可把自己关在小屋子里，自吹自擂，称王称霸。而刘子厚正是毛主席批評的这种自吹自擂、称王称霸的人物。

长期以来，刘子厚不但肆意貶低毛主席，吹捧刘少奇、王光美、彭眞、周揚之流，同时竟冒天下之大不韙，自称“革命左派”，利用一切时机竭力表彰自己，突出个人，伙同其左右，控制干部和群众，在河北省称王称霸，大搞独立王国。

刘子厚为了抬高自己，向革命群众示威，去年八月廿日，在“天津市庆祝无产阶級文化大革命群众大会上”，同万晓塘等人一反往常来了个繞場一周，当他們走下主席台时，鞭炮齐鳴，鑼鼓喧天，歌声四起，这时刘子厚是何等的“威风”，何等的“神气”啊！他利用一切机会，捞取政治資本，不借把任命他为第一书記的党內通知，提前公布于众，并兴师动众在全省大搞庆祝活动。对此，刘子厚还嫌声势不大，提出了批評。这在党內是沒有先例的。特别是当紅卫兵問到刘子厚“你是不是‘左派’”时，刘子厚竟厚顔无耻地說：“我当然是左派了。”

在这場史无前例的无产阶級文化大革命中，刘子厚自封为“坚定的革命左派”，这是不足为奇的。早在四清运动中，刘子厚就在吹捧刘少奇、王光美、李雪峰等人的同时，吹噓自己，突出个人。

今年一月十五日，刘子厚在河北省委农村四清領导小組会上有一篇講話，他的左右吹捧这篇講話是“認識上的第三次飞跃”，是“四清的新发展”。刘子厚听后，得意忘形，于是把这篇講話作为“一本經”讓工作队員利用整訓时間反复学习十几天。

为捞取政治資本扩大影响，刘子厚还紧紧抓住河北省的报刊为他服务。在《河北四清通訊》中連篇累牘地刊登刘子厚的講話和他蹲点的“經驗”，《河北日报》不断报导永福庄的情况，对此他还不满，批評工作組說：“对永福庄的消息不要零敲碎打地报导，要报导

就大干，連消息帶社論一齐上。”可見刘子厚野心之大。

經过四清，永福庄、商庄等地生产获得丰收，此时，刘子厚不是引导社員无限信仰、无限崇拜、无限热爱毛主席，而是大树个人威信，貪天之功据为已有。他把自己装扮成“包青天”，使这些地方的社員称他是“心上人”，“托刘省长的福”、“刘省长給我們带来了好生活”。甚至当一位去調查的同志問到永福庄的小孩們听不听毛主席的話时，小孩却反問：“你們听刘省长的話嗎？”請看，如果不是刘子厚大肆突出个人，小孩怎么会发出这样的反問呢？

此外，刘子厚为了突出个人，大树威望，还找了不少人为自已树碑立传、写小說、編剧本，为其歌功頌德，吹捧这位了不起的“英雄”。

刘“左派”喜好自吹自擂，其左右則投其所好，阿諛奉迎。省委书記处书記李頡伯公然吹捧說：“子厚是河北省委革命左派的領袖。”付省长楊一辰还威脇說：“誰不敢說刘子厚同志是坚定的革命左派，誰就是稀泥軟蛋。”省委的某些干部也到处张貼大字报，为刘子厚、閻达开、杜新波捧場，荒謬地提出：“我們坚决拥护坚定的革命左派刘子厚同志，我們决心要在以刘子厚为首的中共河北省委的領导下，把无产阶級文化大革命进行到底。”。

林彪同志說：“这次无产阶級文化大革命的最高司令是我們的伟大領袖毛主席，毛主席是統帅。”但是，刘子厚的爪牙們竟歇斯底里地大叫刘子厚是“紅司令”，是他們“心中的紅太阳”。眞他媽的狗胆包天，混蛋透頂！

以上种种可以看出刘子厚在河北省大搞个人突出，建立独立王国，与毛主席、党中央分庭抗礼，眞是猖狂至极。这已造成了严重恶果。对此必須彻底肃淸。

十一、腐化的生活，糜烂的灵魂

毛主席說：“要使我国富強起来，需要几十年艰苦奋斗的时間，其中包括执行厉行节約，反对浪費这样一个勤俭建国的方針。”刘子厚对毛主席的这一教导不但不身体力行，反而不顧国計民生，利用职权，肆意揮霍浪費，一味追求資产阶級生活方式，过着奢侈腐朽糜烂的生活。他根本忘記了广大貧下中农，完全成了資产阶級的闊佬。

豪华的房舍，惊人的陈設

刘子厚在天津的住房非常豪华、陈設俱全、装飾奇異，且物珍价貴。据初步統計：每个窗戶設高級金絲絨的、柞絲綢的、綫紗的三层窗帘，共値144元。十三个窗戶的窗帘共計1,872元；高級地毯6块，共値15,500元；高級沙发四套共値4,800元；沙发床6张共値1,500元；整容鏡一个价値800元；电冰箱一个价値2,000元；以上共計26,472元。这些錢可买玉米面廿二万零六百斤，按每人每天一斤口粮标准計算，可供613人吃一年。

仅仅統計了几件主要的傢俱，就有如此惊人的数字，刘子厚的全部生活費又将何等惊人！这样的生活与广大的貧下中农的生活眞是天渊之别，完全是資产阶級、貴族老爷的生活。

瞞上欺下，盖别墅，修公舘

刘子厚为了个人的享受，在他的家乡邢台，以建"省委干部疗养院"为名，大兴土木，为自己建筑别墅。原設計盖一幢三层楼房，一九六四年因开始社教运动，被迫改建七十多間平房，規模庞大，設备豪华，十分富丽堂煌，揮霍了劳动人民用血汗換来的十七万四千元。

一九六六年省委由津迁保，刘子厚与林鉄黑帮一起，在保定大兴土木，修建"书記院"。

中央指示，只許修繕，不許新建，刘子厚等資产阶級老爷們，口头上說"别人能用我們也能用"，实际上却一心想建成豪华、舒适的房舍。为此，他們不择手段，欺上瞞下，房子外部一律用旧砖；然而里边，甚至下水道都一律用新砖。外观陈旧，內部却十分豪华，各种設备都異常講究。刘子厚卧室的窗玻璃，换了三次，最初用普通毛玻璃，他們認为"不美观"；換上了大压花玻璃，他們又說"刺激神經"；最后换上米粒状压花玻璃，才算滿意。这所謂"修"的費用比原来的造价还要高，实际是以一种极卑劣的手段，对抗中央指示，去滿足个人的慾望。

講闊气、显风度，几换高級卧車

刘子厚生活上的奢侈腐化还表現在其他方面。坐汽車挑挑拣拣，一味追求最高級的。一九五八年刘子厚来河北至今，换过四輛汽車。第一輛是美国出品的高級"派克"卧車，后来换成美国出品的設备精良的高級"卡达来克"卧車，后又換成苏联出品的"吉姆"牌卧車。六三年又以备战为名向中央要来两輛西德出品的設备更为精良的"奔司"牌卧車，他和林鉄各一輛。其中刘子厚占用的一輛价値 7,951 美元，相当进口七个华沙卧車的价格。眞可謂"逐步升級"，享受慾越来越大。

依仗职权，大搞特殊化

刘子厚依仗職高官大，在生活上大搞特殊化。在我国暫时經济困难时期，刘子厚带头走后門。他的老婆坐着他的小汽車带着孩子到天津友誼商店想买什么就买什么。天津馬場道付食門市部、友誼商店、百貨公司六楼等都是专供刘子厚等省委书記們买东西的門市部。此外，在困难時期，刘子厚还把家屬、亲戚接到天津；在他下乡到邢台时，将他的父亲、姐姐都接去，住在交际处，吃喝多日，享受一般群众享受不到的待遇。他到保定說爱吃杂燴菜，于是就专給他做鷄蛋、肉等高級杂燴。

省委书記处书記按中央規定，每人配备秘书、司机、炊事員各一人，而刘子厚却超編占用四人达八年之久。

更严重的是，刘子厚到北京开会，为了舒适，不坐北京的汽車，而开去自己的高級卧車；在北京嫌河北招待处不称心如意，而去住北京飯店，每天連同随从人員，仅房費一項即达30多元。眞是为自己舒适，不惜一切地大慷公家之慨。

看旧戏，迷恋才子佳人

刘子厚长期过着資产阶級的奢侈腐化生活，必然导致他灵魂的蜕变，堕落为一个低級趣味的人。

多年来他一直热衷于封建主义和資本主义的艺术，专看演帝王将相，才子佳人的旧戏。几年来他看了《強項令》、《千里送京娘》、《玉堂春》、《夜宿花亭》、《杜十娘》、《文昭关》、《望江亭》等二、三十种旧剧目，場次无計其数。特别是对才子佳人更迷恋到无以复加的程度。看了这些戏后，常情不自禁地說："眞他媽的过瘾！"有时一晚上看了三出还嫌不够，还要留下演員淸唱几段。《春草闖堂》他看了三次，說："还想看。"更严重地是直到今年三月他还一直看旧戏。为了遮人耳目还特别开专場，門外設崗。

刘子厚还特别爱看香港的《荣华梦》、《夜盼郎归》、《假少爷》之类的电影。据揭发他至少看了三十六部之多。淫乱不堪的《野玫瑰》他就看了六次。天津干部俱乐部的小礼堂、河北宾舘七楼、交际处等都是专为刘子厚等放映香港影片的場所。这些电影，叫"內部电影"，一般干部不能看，說級别不够，"批判"不了。而刘子厚一个人要看，也得放映。

刘子厚所欣賞的戏和影片，除了灰色的、黃色的，甚至反动的內容外，尤其欣賞名角。因此常常請一些名角为自已淸唱。他与一些年青的女名演員关系甚密，堂堂的大省长灵魂深处是什么便可想而知了。

跳交际午，寻欢作乐

刘子厚精神生活的另一个主要內容是跳交际午，他一到天津，便为交际舞这种資产阶級的黃色的乐趣所吸引，于是請来某幼儿园的一位資产阶級出身的教养員教跳交际午达一个月之久。有时刘子厚还不辞辛苦，牺牲中午休息时間学跳午。此后便經常出入高級午厅。交际处为博得刘的欢心，还专門从天津市文教卫生系統等单位精心挑选了一些漂亮，苗窕，年青，活泼的女青年做刘子厚的午伴。这些人有的是些資产阶級思想浸透了灵魂的人。然而堂堂的省长，年过半百的刘子厚貌似正人君子，却搀着一些資产阶級的臭小姐，在昏暗的灯光下，踏着靡靡之音。当有的人受不了这种空气要求开灯时，刘子厚却阻拦說："灯光刺眼……"一些資产阶級的臭小姐，由于刘子厚的寵爱，身价頓涨十倍，有的竟因此破格提薪，由40多元提到76元。

据不完全統計，从六〇年至六二年仅在天津举办午会达二百余次（营业午会除外），每次午会用費达千余元，眞是揮金如土，影响极坏。

为保狗命，吃"仙丹"

刘子厚的腐化的生活，低級的情趣，灰色的精神状态，使其产生了貪生怕死的活命哲学。他經反革命修正主义分子李悅农介紹，請来长期潛伏的国民党大特务周潛川"治病"。周匪一見他便說："刘省长头上冒福光，有福气，已是半仙之体了。"刘子厚欢喜若狂，对周十分信任，厚礼相待，并且吃了周匪用狗粪和黑豆在八卦爐里炼出的所謂"仙丹"。直到周匪被我最高人民法院逮捕后，刘还說："我不好意思批評他。"刘子厚为了保命，完全丧失了共产党員的立場，忘却了党的事业、背叛了馬列主义、毛澤东思想，堕落到唯心主义的反革命的泥坑中去了。

十二、頑固地推行和坚持資产阶級反动路綫，对抗以毛主席为代表的无产阶級革命路綫

自无产阶級文化大革命以来，刘子厚站在反动的資产阶級立場上，頑固地执行以刘、邓为代表的資产阶級反动路綫，实行資产阶級专政，对革命派进行残酷鎮压，把革命群众打成“反革命”、“反党分子”。刘子厚是破坏河北省无产阶級文化大革命的罪魁祸首。

全盘兜售了彭眞的反革命“二月提綱”，忠实地推行了刘、邓的資产阶級反动路綫

在去年四月，河北省委及各地、市委都传达了反革命修正主义分子彭眞的五人小組“汇报提綱”（即“二月提綱”）。刘子厚不仅完全継承了彭眞的反革命的五大“法宝”，而且全盘加以兜售。

去年五月份，河北省委在天津河北宾舘召开的“五月会議”，实际上是和前北京市委相呼应，以布置批判“三家村”为名，行継續推行“二月提綱”之实。这次会議是經过省委书記处研究了的，是由刘子厚亲自請示和汇报，先后由翟向东、张承先主持召开的。在这次会上，不只給革命群众划了許多框框，而且还曾散发了黑帮分子林默涵及蔣南翔的文件。对于这些鉄的事实，至今刘子厚还耍賴皮狗，百般抵賴，死不認賬。継五月黑会之后，刘子厚还多次在大专院校党委书記会上，提出什么“大字报內外有别”、“不开联合大会”、“不要上街遊行”、“要高度集中，加強領导”、“中央、华北局、省、市委不点名”等等黑指示。一直到去年七月初，刘子厚还把河北省的一部分高等院校党委书記聚集到北京，听取张承先介紹鎮压北大学生运动的黑經驗。

刘子厚不仅全盘兜售了彭眞的“二月提綱”，而且还忠实地推行了刘少奇、邓小平的資产阶級反动路綫。他強調在各单位要反复播放刘少奇、邓小平等人的講話录音，还把李雪峰在北京市委工作会議上的講話，作为指导文化革命的綱領向下传达。李雪峰提出的什么“乱箭齐发”、“扫干扰”、“抓游魚”、“恢复党团組織”以及派工作組等等，刘子厚都不折不扣地全部照办了。除此，刘子厚还建立了“官办”文革、封鎖消息，千方百計阻止和破坏无产阶級文化大革命。

視革命群众为敌，把革命群众打成“反革命”

毛主席亲自决定广播北大聶元梓等七同志的第一张馬列主义的大字报，打破了万馬齐瘖的死气沉沉的局面，无产阶級文化大革命出現了轟轟烈烈的新形势。对此刘子厚充滿敌意赶忙用“控制右派”来压制群众。去年六月十一日，他揚言：“北大問題也广播了，有些人闹不清，有的学生就冲到党委头上来了，开始有些学生写了些錯誤大字报。”又恶狠狠地說：“学生中有很坏的傢伙，那讓他們放吧！”他还特别提出“要注意背后有人指揮。”

更为严重的是刘子厚还对天津市委干部公然講：“問題多的单位就派几个人去，烂了乱了的派工作队去，公开反对我們，先把他抓起来。”在他这个黑指示下，天津市委

不仅派出了大批工作队，而且出現了动用武装警察，疯狂鎮压天津十六中革命小将的严重反革命事件。

运动的深入发展，使刘子厚更加慌了手脚，于是赶忙在七月九日对他的亲信臧伯平、李澤民出謀划策說：“有工作組的上压下挤，沒有工作組的象河大、南大就得敢于引火烧身，什么大字报都张貼，这就主动，如不肯引火烧身，无非是叫右派駡得狗血淋头。”次日，他又公开講：“左中右現在还不清楚，要不断地排队”，“在文化革命委員会中进行排队。”

八月中旬河北大学革命师生遵循毛主席“造反有理”的教导，把“舍得一身剐，敢把刘子厚拉下馬”的革命大字报貼到了天津市的渤海大楼。这一革命的行动吓坏了刘子厚等省委这帮資产阶級老爷們，他們恨之入骨，暴跳如雷，兴师动众，調兵遣将，多次召开秘密会議，組織反击实行鎮压。眞是疯狂之极。

挑动群众斗群众，学生斗学生

挑动群众斗群众，挑动学生斗学生，这是刘子厚顽固推行資产阶級反动路綫鎮压群众运动的一大法宝。

去年八月十八日刘子厚在河北宾舘与天大保守派紅卫兵座談会上大講：“要揭穿他們的阴謀，把他們的一小撮很可能揪出来”，“跳出来的人也要針鋒相对”。并在另一次給保守派鼓劲打气說：“不要管它，剩下一千人也不怕，剩下一百人也不怕。他們回来造謠，我們不怕。”并对他們亲切表示：“我們看着你們懂事情，我們和你們說心里話。”請看这不是公然支持一方打击另一方，挑动学生斗学生又是什么呢？！

刘子厚不但亲自挑动学生斗学生，而且还通过省委的干部挑动群众斗学生。去年八月中旬在刘子厚的一手策划下，由省委組織部付部长王玉、宣传部付部长徐純性、他的秘书馬跃章等省委駐津干部和省直駐津干部所貼的声討河北大学革命师生的大字报中公然煽动“全省的革命工人、广大的貧下中农、革命学生、革命干部要警惕起来，警惕有人搗鬼”，省文革办公室的干部还坐着宣传卡車在街上公开挑动說：“我們要利用他們（指河大保守派）冲鋒陷陣。”在他們这种煽动下，河北大学革命师生遭到了全省范围的围攻。

不仅如此，刘子厚还阴謀策划其女儿刘力里在河北大学推行臭名昭著的譚立夫主义，他們对以刘子厚为首的河北省委資产阶級反动路綫不批判、不斗爭，反而扯着嗓子大叫要做“光荣的保爹派”，揚言“要保爹保到共产主义。”同时他們还整天駡給刘子厚貼大字报、揭发問題的革命师生是“陷害革命左派，”是“炮打了无产阶級革命司令部”，是“反党”、“反革命”。还多次对革命师生进行围攻、武斗，制造流血事件。面对这种情况，刘子厚却还不只一次的大叫：“我是坚决支持刘力里的。”

这种群众斗群众、学生斗学生的現象在天津、保定、唐山、张家口、石家庄等地屢次发生，对此刘子厚的罪責难逃！

假检查，眞反扑

在全省工农兵、革命师生、革命干部奋起斗爭的大势所趋下，刘子厚匆忙以李雪峰的检查为兰本拼凑了一个所謂检查。这个“检查”在省委內部还沒有通过的情况下，就抛了出来，并假惺惺地在保定唸了四次，內容都大同小異。

刘子厚在检查中反复強調自己是“盲目地”、“不自覚地”执行了資产阶級反动路綫，只是在“客观上起到了压制群众运动的作用”。而对破坏无产阶級文化大革命的罪責上推下御，百般抵賴。

就在刘子厚抛出了这个“检查”的同时，在保定发生了“一一、一六”事件，他調动了大批保守派向紅色造反者进行毆打、围攻。直到今天在毛主席提出大反經済主义粉碎資产阶級反动路綫新反扑以后，刘子厚在霸县、容城等地召开了几次黑会，用政治欺騙、經济引誘等手段于一月二十一日，調来市郊和清苑、徐水、高阳、滿城、安新等县大批不明眞象的几千名工农群众，对革命造反派进行疯狂地打、砸、搶，制造了駭人听聞的保定“一、二一”、高阳“一、二二”反革命流血事件。这是向革命造反派又一次新的猖狂大反扑。是刘子厚等一小撮党內走資本主义道路当权派临近灭亡的垂死挣扎。

同时刘子厚至今依然頑固抗拒中央軍委指示，隐藏、銷毁黑材料，而且把大批黑材料藏到河北軍区，制造广大革命群众与解放軍之間的矛盾。

更为严重的是刘子厚在最近召开的省委三級干部会上，不但不检查，不貫徹中央工作会議精神，反而对紅卫兵进行大肆攻击和謾罵。他大講現在紅卫兵就是“砸、搶、捉、搜”，胡說什么全国一个样，都是一个模子刻出来的。并树立对抗无产阶級文化大革命，鎭压群众运动的县委书記为祥板讓人向他学习。这就赤裸裸地暴露了刘子厚反对毛主席、反对无产阶級文化大革命的反革命丑恶咀脸。

以上，仅是刘子厚几年来反党反社会主义反毛澤东思想罪行的一部分，但这足以說明刘子厚是一个地地道道的反革命修正主义分子，是潛藏在我們党內的最危险的敌人，是埋在毛主席身边的一顆定时炸弹。

毛主席教导我們：“凡是反动的东西，你不打他就不倒。”对于刘子厚这个打着“紅旗”反紅旗的反革命修正主义分子，我們也必須造他的反，夺他的权，专他的政，把他的反革命修正主义咀脸暴露在光天化日之下，全党共誅之，全省共討之！

全省广大工农兵、革命师生、革命干部同志們，讓我們在毛澤东思想的伟大紅旗下，联合起来，把反革命修正主义分子刘子厚打翻在地，再踏上一只脚，讓他永世不得翻身！

无产阶級革命派联合起来！

彻底粉碎資产阶級反动路綫的新反扑！

打倒反革命修正主义分子刘子厚！

无产阶級专政万岁！

战无不胜的毛澤东思想万岁！

我們最最敬爱的伟大領袖毛主席万岁！万岁！万万岁！

河北大学毛澤东思想八一八紅卫兵
河　北　大　学　紅　旗　战　团
一九六七年一月二十六日

揭开
邓小平搞"裴多菲"俱乐部的大黑幕

天津市毛泽东主义战校

(教)《向太阳》
(学)《尽朝晖》 战斗小组

联合翻印

最高指示

有错误就得批判，有毒草就得进行斗争。

凡是反动的东西，你不打，他就不倒。这也和扫地一样，扫帚不到，灰尘照例不会自己跑掉。

毛泽东

序（前言）

邓小平多年以来，反对毛主席，大搞独立王国。一九五六年借口苏共二十大，以反对个人崇拜为名，恶毒攻击我们伟大的领袖毛主席，反对毛泽东思想，经济上[illegible]，他提倡包产到户，妄图复辟资本主义。一九六二年至一九六五年，他和大黑帮头子彭真狼狈为奸，[illegible]四清运动，制造了骇人听闻北大反革命事件、文化大革命中同刘少奇一起泡制和推行了一条资产阶级反动路线，对抗毛主席的革命路线，扼杀无产阶级文化大革命。

邓小平罪行累累，恶贯满盈。下面我们仅从邓小平搞"裴多菲"俱乐部这个侧面，来看看他的丑恶灵魂，看他是如何包庇反革命修正主义分子和反动学术"权威"的。

(一)邓小平与反革命修正主义分子是一丘之貉

正当全国人民在伟大领袖毛主席的领导下，自力更生，艰苦奋斗，勤俭建国，克服暂时困难时期所出现的重重困难的时候，邓小平却指示前北京市委反革命修正主义分子万里，盗用国家建筑材料和资金，在养蜂夹道修了一个富丽堂皇的"高干俱乐部"，吃喝玩乐设备俱全。很快，这个地方不仅成了邓小平打桥牌，寻欢作乐的场所，也成了他招降纳叛，网罗牛鬼蛇神的"裴多菲"俱乐部。从1961年到1966年4月，这个黑俱乐部一直经营着。二老板就是前北京市委黑帮分子万里。经常到这里来的有北京前市委的一帮反革命修正主义分子：前副秘书长项子明、王汉斌，工业部副部长陆禹，前办公厅副主任肖甲，前《北京日报》总编辑周游等，还有前团中央书记胡克实、化工部副部长、大叛徒梁膺庸等，臭名昭著的反共老手吴晗，更是这里的常客。

邓小平通过打桥牌，与这帮反革命修正主义分子、牛鬼蛇神等，结下了不解之缘。几年来，除出差之外，每星期三、六晚上、每星期日下午、晚上，他们都聚会在养蜂夹道，大打特打。此外，邓、万还在工作时间，约集黑帮爪牙（通过秘书）去"值班"（黑话，指陪邓小平打牌玩乐）。他们玩乐时，由北京饭店以高级菜饭、茶点侍候。他们一打就是五、六个小时，七、八个小时，经常打到深夜一、二点，直到邓小平说累了，才能罢手。邓小平一心热衷于打牌取乐，竟指示在打牌时不许用工作去干扰他。有时有重要文件由秘书送来了，他只是随便翻翻，签上个具名字，批发出去了事。有时中央开会，他还叫那帮家伙等候他，一散会就回来接着打。真是"修"到家了

邓小平不仅平时如此，就是出去调查、视察时候也是如此，而且打得更疯狂。

一九六一年春，毛主席在广州召开中央工作会议讨论六十条，当时毛主席批评了擅自决定会议重要问题的邓小平，质问，"是那个皇帝决定的？"严厉警告邓小平和彭真，"没有调查就没有发言权"。邓小平无奈，于这次会后，同黑帮头子彭真、刘仁到顺义、怀柔农村合作去搞所谓"调查"。他们这些资产阶级老爷，根本不到群众中去，只让带去的大批喽罗和一般工作人员到村子里搜罗一些材料。他们都躲在舒适的专用列车里面，终日打桥牌。刘仁还把反动透顶的吴晗从城里叫去，专去陪邓小平打牌，就这样地把黑俱乐部搬到了专用列车里，搞了半个月所谓"蹲点调查"，耍两面派。更令人不能容忍的是，他竟然把打牌之间指挥搞出的所谓"调查报告"发回北京，再用电报转给正在外地为全国人民辛苦操劳的毛主席。明目张胆地欺骗党中央，欺骗我们的敬爱的领袖毛主席。

1964年夏天，邓小平同反革命修正主义分子杨尚昆、薄一波等人去东北"视察"。名曰"视察"，实为游山玩水，带着老婆、儿女乘专车遍游小兴安岭林区和渤海国旧址及清朝皇帝设在承德的避暑山庄等地。途中，邓小平牌瘾大发，长途电召反革命分子万里、吴晗等前去。万里由于北京不能脱身，立即由吴晗带两人"绝密"动身前往，乘杨尚昆的专机从北京直飞哈尔滨，专陪邓"皇上"乘车周游、打牌。杨

尚昆还对邓小平说"你的三个人，我给你带来了。人家是三缺一，你是一缺三。"说着就打起牌来。邓小平就是这样地与反动家伙们情深谊长"一日不见，如隔三秋"。

前市委黑帮分子们过去吹嘘邓小平"工作很有秩序，从来从不熬夜。"然而邓小平打牌却回回熬夜，"积极性"高得很！邓小平曾含沙射影地说："打桥牌也要鼓足干劲"。黑帮分子刘仁听了这恶毒的黑话，立即大加宣扬，两人一唱一和，公然攻击我们伟大领袖毛主席提出的"鼓足干劲，力争上游，多、快、好、省地建设社会主义"的总路线，恶毒污蔑我们敬爱的领袖毛主席。由此可见邓小平与反革命黑帮这样亲密绝非偶然，正是由他深入骨髓的反动的资产阶级世界观和人生观所决定的。

(二)从"裴多菲"俱乐部看邓小平包庇反革命修正主义分子和反动学术"权威"的罪恶行为。

邓小平和一小撮反革命修正主义分子、牛鬼蛇神，从经济困难时期一直厮混到一九六六年四月。这种举动不仅是生活上腐化得与反革命修正主义分子分不开，而且在政治上他也早已堕落到反革命修正主义分子一起去了。他与彭、罗、陆、杨反革命修正主义有着千丝万缕的联系，他与前市委大小黑帮交往如此亲密，就已经大大地鼓动和纵容了前市委反革命修正主义分子的反革命活动。而且他还露骨地包庇牛鬼蛇神，从黑俱乐部的片断也可以看出他这种罪恶活动。如：邓小平与反革命修正主义分子，大特务杨尚昆很有交情。杨尚昆出了问题，毛主席发觉了，很气愤。杨急忙找邓小平帮他说话，邓怕直说会暴露他包庇杨贼的祸心，就让杨贼找大黑帮头子彭真，求彭真向毛主席说说。于是杨贼就通过邓小平牌桌上的座上客项子明转告了彭真，彭贼对邓的意图立即心领神会，而且诡计多端，耍弄权术，让项子明出面写材料交黑帮分子刘仁、郑天翔转送给他们。这样，彭与邓就合伙包庇了大特务头子杨尚昆，又开脱了自己。

一九六四年邓小平伙同彭真指挥他的心腹万里，制造了镇压北大社教运动的反革命事件。白天反革命修正主义分子万里领着邓和彭的"圣旨"，在国际饭店会议上纠集陆平、彭佩云等牛鬼蛇神围攻革命派。晚间，邓小平就在养蜂夹道桥牌桌上谈笑风生，说什么"看了陆平、彭佩云在市委工作会议上的发言，意见是对的，态度是好的。"于是万里就指着桌旁的黑帮分子王汉斌对邓小平说："小王就是彭佩云的爱人。"邓和王同桌打牌几年，此时倍加亲切，频频点头，大加赏识。

毛主席教导我们说"世上决没有无缘无故的爱，也没有无缘无故的恨。"邓小平的思想感情、立场是和谁在一起的？实在是够鲜明的了！

江青同志在北京搞戏剧改革时，邓小平的牌桌上就有人议论："京剧演现代戏恐怕有问题。"邓小平则更露骨地到大会去讲："演戏只演兵，只演打仗的。电影那有那么完善的？这个也不让演，那个也不让演！"纵容前市委黑帮头子彭真、万里等刁难江青同志，阻挠破坏京制改革。难怪前市委黑邦分子万里，在新市委成立后，还迟迟不被罢官，直到十月底才被革命群众揪出来。

在邓小平的黑俱乐部里，首先被揪出来的是反共老手吴晗，而邓小平与他的关系最为亲密。吴晗是刘仁推荐给邓小平的"可靠人"，专门陪他打扑克，吴晗曾是国民党反动派的御用政客，从一九六一年起就成了邓"皇上"牌桌上回回必到的常客。这期间还曾两次专程外出陪邓打牌，他们之间难舍难离，相依为命，难怪在打牌之中，邓小平总是亲切地称吴晗，"教授、教授"。正当反动"权威"和反革命分子邓拓猖狂编写恶毒反党黑话时，邓小平却如此尝试，对他们是多么大的鼓励呀！吴晗为了表示对邓小平这种支持的感谢，把他主编的毒草丛集的"历史小丛书"一套，敬送邓小平的孩子阅读，邓小平就把这包括"海瑞"一书在内的丛书，欣然领受了，可见他们的反动感情是多么深厚。

一九六四年开始批判资产阶级反动学术思想时，邓小平立刻大发脾气，叫吐："有些人一批判，就想以批判出自己的名，踩着别人上台"等等。以至于到了一九六五年九——十月间，毛主席在中央工作会议提出要批判吴晗以后，邓、彭仍不执行，照常约吴晗打牌。还捏假调查说反共老手吴晗是"左派"，又一次企图欺骗毛主席和党中央。直到一九六五年十一月姚文元同志批判吴晗"海瑞罢官"的文章发表了，在敬爱领袖毛主席的指导下，革命群众揭露了吴晗反党本质后，吴才不敢去养蜂夹道奉陪邓小平了。然而，在全国人民愤怒批判吴晗声中，邓小平仍在桥牌场上想念吴晗，邓的一个牌友说出了邓的心里话："教授（指吴晗）的罢官还没有罢完？罢完了好来打牌。"表现了他们对毛主席亲自发动的文化大革命极为不满。一九六五年十二月在前市委反革命修正主义集团的策划下，吴晗抛出了那篇假检讨，真进攻的"关于'海瑞罢官'的自我批评"。抛出的前一天，黑邦分子之一万里在牌桌上试探邓小平的口气说："吴晗写了自我批评我看了。看样子吴晗与彭德怀没有什么关系，他的问题恐怕也就那么些，没有什么别的大问题了。"黑邦分子王汉斌打着桥牌帮腔："联系单干风、翻案风进行批判，恐怕说服力不够。"邓小平听了这些露骨的反动言论后，不加驳斥，反加以支持，邓胡说什么："（吴晗）跟彭德怀不一定有什么关系，他的问题就那么些了。"为吴晗开脱，打气，企图伙同前市委黑邦，把刚揭开序幕的文化大革命打下去。

我们最敬爱的领袖毛主席教导我们："什么人站在革命人民方面，他就是革命派，什么人站在帝国主义封建主义官僚资本主义方面，他就是反革命派。"邓小平的真面目不是已经很清楚了吗！万里听了邓小平的话，得意洋洋地对旧市委黑邦们说："可以找吴晗打桥牌了。"可是这些家伙们高兴得太早了。革命人民在毛主席英明正确的领导下，以毛泽东思想为武器，识破敌人阴谋，冲破重重障碍，批臭了吴晗，砸烂了"三家村"，揪出了前市委彭、刘、郑、万等反革命修正主义集团。邓小平的"裴多菲"俱乐部也随之完蛋了。

刘少奇、邓小平这些党内最大走资本主义道路的当权派的面目暴露了。然而反动势力是不会甘心自己灭亡的。我们广大革命群众在毛主席的领导下，以毛泽东思想这一锐利的武器，一定能彻底粉碎"经济主义"的资产阶级反动路线的新反扑，夺得无产阶级文化大革命的更大胜利！

成都工人革命造反兵团《井冈山之声》印
67.2.4

朱德为老娘树碑立传

（选自"新北大"）
第39期，67.2.16

大野心家朱德，时时处处都极力突出自己，贬低和攻击我们伟大领袖毛主席。早在四十年代就亲自口授，由杨尚昆、李伯钊（杨之妻）主持，让黑帮分子刘白羽（原文化部付部长、作家协会党组书记）执笔炮制了大毒草《朱德将军传》外，（朱德时刻伺机抛出这份为他篡党篡军制造舆论的自供状）而且还热衷于给他的老娘树碑立传。

一九四四年，朱德老娘死了。他即派人把刘白羽等人找去。朱德臂缠黑纱，满脸悲伤，象个封建社会大孝子泣血哭丧一样，向刘说："我的母亲死了……"吹嘘他母亲如何"好"，授意刘炮制出"我的母亲"大毒草。后又叫人另写了一篇《回忆我的母亲》。这篇大毒草竟在"解放日报"第一版抛出，选入了中学语文课本。

接着，朱德更露骨地抛出了"朱母钟太夫人传略"这篇为他吹捧、歌功颂德的毒草。这篇文章中说："人们接近她就象接近温暖的太阳光一样。""太夫人和总司令一样……找到了中国革命的正确道路。""看到总司令鞠躬尽瘁……将不能忘记辛勤养育总司令的钟太夫人。愿太夫人的名字永垂不朽。""我们永远记念她的功绩——她给我们民族教养出伟大的革命领导者朱总司令。"

"总司令的伟大，从根本上说，是长期与广大劳动人民一起进行斗争，但是钟太夫人的影响，毕竟是不可磨灭的！"

明明是个军阀的老娘，朱德却把她打扮成革命的母亲，真是卑鄙无耻狂妄恶毒到极点了！！

新北大　红兵

我要控诉反党篡軍大头目贺龙

我是一个在三反分子贺龙家工作了十三年多的炊事员。在这十几年里我受尽了贺龙和他老婆薛明种种虐待和欺压。今天在我们心中最红最红的红太阳毛主席发起的无产阶级文化大革命运动中，广大革命群众把混进党内、军内，隐藏在毛主席身边的这颗定时炸弹挖了出来，是大快人心的好事，是毛泽东思想的伟大胜利。

十多年来，心腹中的千言万语，我要说出来，我要揭发，我要控诉，我要揭开贺家这腐朽透顶的黑窝内幕，把反党篡军、残[illegible]成性的土匪头子贺龙斗倒，斗臭，让他永世不得翻身！

贺龙根本不把我们伟大的领袖毛主席放在眼里。这么多年来，我没见他拿起毛主席著作学习过，他家那么多的房间，从不挂一张毛主席的像，就连最近红卫兵抄他家时，他卧室里还没有一张毛主席像，而在玻璃板下压有他党羽廖汉生的像片，墙上挂着贺龙和薛明二人合[illegible]的照片。在其周围的工作人员，整天为他家忙这忙那，很少有学毛著时间，有时规定一周学两次，往往无法实行。然而，薛明在1965年二月以"批评"我们毛著没学好为名，把贺的"指示"在办公厅党委会上大肆宣扬，同时还让《工作通讯》印发。

文化革命以来，这些家伙们心里有鬼，常召集他们的爪牙们来研究对策。当毛主席不在北京时，他曾召集过李井泉、[illegible]、[illegible]及贺鹏飞、刘涛、李黎风等高干子弟共十余人开黑会。从上午一直开到下午2—3点，那些狗崽子们更是无天恶地搞到深夜。自9、10月后，贺龙、薛明则一反往常，两人常在房内紧闭，密谈至深夜3—4点，白天则睡大觉。他们这在夜间搞了不少鬼名堂。

贺龙的生活是腐化堕落到极点了。早在西南局时，他住的是原蒋介石住的房子，住没几年，嫌这房不好。（大家想想蒋介石之流难道还不豪华吗？）他在建国初用国家150—160亿（人民币150—160万），在一山头修起一座楼，单一厨房就用了10万元。把山坡石头打下一丈多，搞地下室、修游泳池，把重庆所有的名花、树运来。这个土匪开始还不会跳舞，特找国民党军官的姨太太（以前是舞女）来教舞，这什么低级下流的舞姿都学会了，兽性一来，把他的毛草胡子往女方脸上乱揉，不久就成了舞迷，每周总要跳二—三次。他除了跳舞，还常整天外出钓鱼，为了他取乐，要服务员清晨到菜坑去挖蚯蚓，把它洗干净再送去作鱼饵。此外就是打扑克，摆龙门，一次打扑克找不到工作人员，就大发脾气："你们毛选没学好，党性不强。"再不，只得没[illegible]找一人打[illegible]子消遣。

他从西南到北京来，还怕北京的东西满足不了他们的要求，把电冰箱、地毯、弹子台、钢琴、电扇（八个）……均运到北京。为使住的舒服，工程师为他设计房图纸，不知来回征求意见改了多少次。

贺龙对吃是非常讲究、挑剔。蔬菜没季，暖房里二、三十种新鲜蔬菜，有时还满足不了他的要求（这也不够他，那也不吃）。有时他到外地，使当地实在无法，只好到农业科学研究单位的试验室找一些一寸多长的菜苗来炒给他吃，他仍不满意。吃的东西要有一定温度，冷、热都不行，稍差一点就把碗一推、大发脾气，甚至不吃了。他吃的花样名堂可多了，曾有一次专门杀了20条小狗（专养的，养到一

7. 尺多长才吃），配上各种名料，请6－7名厨师，举行一次"狗肉宴会"（也真是些狗肉朋友）。他在广州时，当着陶铸的面（贺差不多每年冬天都要去广州）一会儿说武汉的紫菜苔好吃，陶铸就派飞机给他找；一会儿说湖南的紫菜苔好吃，陶又派人去湖南找；一会儿说四川的"灯影牛肉"好吃，一会儿说新疆的"烤羊肉"好吃，这些话被陶铸一听到，陶就派名厨师、食堂主任一起去当地学艺，以便贺下年再来广州，可以为贺效劳。

贺龙非常讲究过"生日"祝寿。儿女们的生日，差不多每年要过两次（阴、阳历各一次）中、西历各一次。更可气的，是1965年，贺龙还在广州一年过了三次生日，第一次因儿女们要开会，回北京了，就提前过一次；不几天，星期六有飞机去广州，小龙就从京乘机去广州为父亲又祝贺一次，次日即返京；到生日那天又正式过一次。每次生日指定××饭店给做一、二十元的大寿蛋糕。（典型的资产阶级那一套）

贺龙的封建思想极严重，到处认干亲，更可气的是堂堂一国家元帅，在一次宴会中，让印尼体育部长马拉迪叫他干爸爸。

贺龙对反映阶级斗争的革命戏剧、电影不感兴趣，常半途退场；而对帝王将相、才子佳人及香港黄色电影很感兴趣。"青春之歌"上演后，贺专门叫周扬带着导演、演员上他家去，在看电影时看一段就赞扬一段。他对"洪湖赤卫队"那就更感兴趣了，他看了不知多少遍了，薛明就干脆把影片中的主角叫到家，教他女儿怎么弹、唱影片中插曲，以便让他们的女儿可随时为老子吹捧一番。

这个混蛋到京才十二年，却换了五辆汽车，坐不了二年就嫌旧，或颜色难看，要换新的。

他穿的衣服，多的真没法数，每拿出晒一次，可真把服务员累坏了，旁人见了都说，这些衣服他孙子也穿不完。

他与薛明对儿女们娇生惯养的程度，的确象外面传单上说的："贺龙对小龙（贺鹏飞）除了天上的星星和月亮没法给他搞到以外，小龙要什么给什么"。他们从小就培养小龙玩这、玩那，他现在除了没学开飞机外（其实他坐飞机时驾驶室内也可随便进去摆弄，一般说来是不允许的），什么骑马、开摩托、汽车……都会。有时小龙和李井泉之子开汽车上郊外打猎作乐。每星期六放映什么电影，都要等儿女们回家点头同意。小龙睡觉了，周围人在走廊就要小声讲话，连打扫卫生也不能搞了。

26届世界乒乓球锦标赛结束后，国内打乒乓球风气很盛，小龙也心血来潮打乒乓球，家里专为他修一乒乓球房，打通两个原有的房间，并修地板、墙壁、挂丝绒窗帘，布置和健身房一样，并指定把冠军桌（即庄则栋夺得冠军之桌）从体委搬来。球衣、球鞋、球拍、红双喜乒乓球更不成问题了，并叫世界名手×××陪他练。小龙与彭真、刘少奇、邓小平、李井泉等几人的小孩想起打篮球就找国家女篮去比赛，老子还跟去看。

他们对服务员不当人，任意虐待，漫骂。又明睡在帆布椅上淡兴，薛明在旁叫一女服务员跪在地上，提水壶给浇水。该服务员想起自己岂不是电影中看到的过去的了头役身时，就不由的落泪，有苦无处诉。贺龙还常叫我到他们饭桌旁，当着儿女面说："你要到这里来，征求征求儿女们是否喜欢吃你做的菜。"（岂有此理，党派我到贺家又不是为这些狗崽子服务的）并说："你现在是为我服务的，你这样做，是强迫我吃饭，影响健康，是对党的损失。"平时又常说，"你是为我服务的，你做的是给我吃的？还是给你吃的？我以前当总督，什么都听我的，税均归我收。"　次，另　炊事员为他做宫爆鸡丁，里面放了放花椒，给贺吃出来了，就把炊事员叫来骂一遍。

在他周围工作的人，很难有休息日，有时家里孩子病了，想送医院去看看也不行。而他养的狗、猴病了，却要派人用小汽车送医院治疗。狗每天有鱼肉吃，猴则有香蕉、水果　大米饭　富强面馒头吃。

总之，贺龙这个大混蛋，今天我总算看透了他，他狼心狗肝的要阴谋篡党，篡军，矛头对准我们心中最红最红的红太阳——毛主席。我一定要把三反分子贺龙所有肮脏东西都揭发出来，把它暴露在光天化日之下，把他斗倒、斗臭、打翻在地，再踏上一只脚，使他永世不得翻身。

北京体育科学研究所"缚苍龙"

战斗组访问朱××整理印

1967.2.8

陶铸罪行录

陶铸的罪恶活动由来已久。多年来，他一贯打着"红旗"反红旗，贩卖了很多资产阶级修正主义黑货。现在就让我们来撕开这个自称"无产阶级革命家"的画皮，看看他的罪状。

一、恶毒攻击毛主席，竭力抵制宣传毛泽东思想

毛主席是我们心中最红最红的红太阳，可是陶铸在《太阳的光辉》一文中胡说什么"太阳本身还有黑点"，含沙射影攻击毛主席。

陶铸一向不抓学习毛主席著作，可是在一九六六年　月以后，他忽然一反常态，大力宣扬中南地区，特别是广东省学毛著的经验和成绩。并组织王匡等人大写"一论、再论马克思主义发展的顶峰"，企图掩人耳目，为自己捞取政治资本。

他狂妄地叫吐"毛泽东思想也是从马列主义来的"，"毛泽东思想是五十年代以后的马列主义"，还说"学习《老三篇》简单，主要是农民学。"

二、疯狂攻击社会主义，攻击三面紅旗

天大地大不如党的恩情大，爹亲娘亲不如毛主席亲。可是，陶铸却说什么全国人民拥护毛主席，是因为党和毛主席能使他们的"生活过得好一点"。千好万好不如社会主义好，陶铸却说"现在我们不仅没有原子弹，而且鸭蛋、鸡蛋也不多。"叫吐什么"人民生活已到了最低

程度。"

他攻击三面红旗。说什么"五八年搞多,搞快、省不够。我们坚持反帝反修要有裤子穿,又要有原子弹。""大跃进的形势没有取得应有的效果","农村生活水平已降到最低水平、死亡边缘";还说什么"大跃进"违反客观规律""生产关系跑得太快了""用秦始皇的办法完成任务,十天搞个小水库、很可爱、但有血腥味儿"。这些腔调不是和赫秃"三家村"唱是一样吗!

二、取消阶级斗争,散布阶级调和

陶铸公然和毛主席关于过渡时期阶级和阶级斗争学说相对抗。说什么"我国国内的阶级矛盾已经基本解决","现在阶级斗争基本结束"。并积极贩售彭真、李维汉的修正主义统战工作的黑货,胡扯什么"中国是一个被压迫的民族,人人爱国";可以叫民族资产阶级是"搞社会主义建设的同志","反右以后两条道路斗争问题基本解决了"今后党内外应互相依赖,加强团结,同舟共济",并认为"解放十年"了,对高级知识分子可以"打打分了""起码是三分,及格了"。陶铸又说:"我们和美英帝国主义现在是建设竞赛的问题",这完全是赫鲁晓夫"和平竞赛"的翻版。

四、在农村鼓吹单干,推行三包到人

河南一度把集体的一部分耕地借给社员个人耕种,(实际上是分田到户)这就是陶铸干的。广东潮汕地区在一九六二年刮了一阵"三包到人"的黑风,也是陶铸搞的鬼。他还指示爪牙吴南生、利用新潮汕地区"三包到人"优越性的调查报告,准备到中央去吹,由于毛主席及时制止了单干风,才没有得逞。

五、反对毛泽东文艺思想

陶铸极力反对戏剧改革。大力宣扬帝王将相、才子佳人的毒戏,胡说什么"现代戏现在是霸占舞台","光靠行政命令去霸占是不行的,要思想艺术上占领了,才能占领舞台。"肉麻地吹捧反动艺人马师曾"三年不吃肉(假的),是老革命。"把资产阶级的臭"权威"红线女视为珍宝,说"我宁可不要一个共产党,也要一个红线女。"

六、对抗毛主席的教育方针

毛主席教导我们"我们的教育方针,应该使受教育者在德育、智育、体育几方面都得到发展,成为有社会主义觉悟的有文化的劳动者。"可是陶铸他却提出与毛主席教育方针相对抗的方针。六五年给暨南大学题词,写道:"热爱劳动,努力学习,又红又专,具有高度的社会主义觉悟,这就是我们的教育方针,也是暨大的校风。"

七、推行资产阶级的办报方针

《羊城晚报》的总办报方针"移风易俗，指导生活"是陶铸提出来的。他还说《羊城晚报》不登主席语录，可以多登一条消息"。利用《羊城晚报》不遗余力地大放社会"阴暗面"，大写黑文章，为资本主义复辟制造舆论准备，陶铸本人也亲自上阵，身体力行。

八 鼓吹个人奋斗

陶铸说："……批评什么'一本书'，其实出一本书有什么不好？真正科学的东西是永远不朽的，一本就够了。"又说"要鼓励大家向专深方面发展，越专越好。红不能要求太高，红的差不多就可以了，越专越红。"这是明目张胆叫大家走白专道路，搞个人奋斗。

九、镇压文化革命运动，到处划框框，定调子，保字当头，一保到底。

党的八届十一中全会之前，陶铸忠实执行了刘邓反动路线，对抗毛主席，派出大量工作组，尤其是他主管的中宣部、文教口系统各单位，长期运动冷冷清清。这个中宣部的阎王没打倒，"小鬼"没解放。去年六月，陶铸刚上任三把火，把他的得力干将王任重、张平化、雍文涛调到北京充当镇压文化大革命的"急先锋"。陶铸坐镇北京，对中南、广东进行接连发黑指示。他每到一处，便摆老资格，划框框，定调调、吹捧邓小平是"老革命遇到新问题"，为王任重、张平化美化，开脱罪行。陶铸还保了何伟、[illegible]、丁荣大、王延春、赵紫阳、刘田夫、张子意、王匡、吴南生等。他竟公开讲"全国二十七个省市，按敌我矛盾处理的只有黑龙江的李范五、甘肃的汪锋。"

十、忠实地执行刘少奇形"左"实右反动路线，破坏农村"四清"运动

陶铸积极推销王光美的"桃园经验"，吹捧王光美，亲自把王的那一套搬到广东花县。对抗毛主席，说"这次社教运动，主要是解决内部问题。"胡说贫下中农的地位比土改前低了，把农村基层干部看作是"新富裕农民阶层"，扩大打击面，手段何其毒也！

十一、结党营私、招降纳叛 打击工农干部

——陶铸每调动一次工作，都要带上一些"心腹人物"，每次运动都要庇护"亲信"过关。他对待工农干部却百般刁难、凌辱。一次，他污蔑工农干部是"三水"、"三老"干部。（"三水"：上班喝茶水，回家喝药水，月底领薪水。"三老"：资格老、革命老、思想老）。胡说他们是"聋子的耳朵——做样子，"占着茅坑不拉屎"，"摆老资格的老干部，还不如井冈山的老骡子。"这些话多么恶毒！

陶铸不投降就叫他灭亡！

打倒陶铸！

清华井冈山批陶联络站供稿

67.2.8

王光美高镇"蹲点"丑闻集锦

一九六四年十月——一九六五年七月，王光美继臭名昭著的"桃园蹲点"后，又在河北新城高镇再次"蹲点"，搞大搞形式刺激，欺众取宠，邀买人心，演出了一幕又一幕丑剧。

"御驾亲征"的开锣戏

一辆小卧车开到高镇村口，王光美走下汽车，就由六个人簇拥着向村里走去。迎接她的八名女干部，随时侍奉于左右，既是警卫员又是服务员，头会四五个人（[illegible]一付[illegible]）专门负责"保卫"。[illegible]。[illegible]村里人说[illegible]，仅她给人"工作队里头[illegible]（王光美化名）'官'大，[illegible]多人，[illegible]"

乔装的喜剧

王光美以河北省定师六十三级教师身份来到了高镇工作队。一身兰布棉衣，一双塑料底旧棉鞋（在桃园已穿过一年）乍看很朴素。但她又有意无意地加了些小小点缀，朴素之中又流露出一种"高贵"妇人的派头气度。一条天兰色的新式的围脖不离颈，毛围巾既长又宽，还有半尺长的流苏。据说搞"四清"外出时，总披戴它，肩膀背一黄牛皮包。一出门大衣常着；绝不出使外国那样风情"千姿百态"，而是羞答答地戴上一从下眼眦到下巴长，左耳至右耳宽的特大号口罩，把脸捂得十分严实，让人难识"庐山真面目"。

在村里，王光美常装出一付"平易近人"的面孔，即使遇到一个小孩也要俯身"谈"半天，还要从她牛皮包里掏出用花纸包着的糖果分给孩子。日久天长，王光美的"糖弹"起了作用，小孩只要一见她，就呼啦一声围上去，脚着手指头，问长问短地嘘寒问暖，……！

"飲食卫生"趣谈

王光美每次吃派饭前，她的警卫员总要到贫下中农家访问，凡是违反"三不"原则的"有传染病人的不去，孩子多的不去，生活多脏苦的家不去"一概采取"回避"政策。

王光美吃派饭，自带碗筷。饭前，先掏出身边的小铝盒，从中取出酒精浸过的"消毒棉"将双手、碗筷消毒一番，然后再进步。

未经加热的蔬菜，王光美概不动筷。偶而吃几口熟菜，也是高抬筷子，夹碗中间的。每顿饭她都要吃大蒜，一早一晚老乡不炒菜，光吃咸菜，她一口咸菜不吃，光吃大蒜就稀粥。

王光美为什么突然染上了吃大蒜的嗜好呢？是因为大蒜杀菌力强，可以维护"皇后"健康呢，还是因为它能刺激食欲，帮助"皇后"吞下"难于下咽的劳苦饭食"呢？那就不得而知了。

王光美吃饭、喝粥只是一碗底，吃窝头顶多吃个尖。是"皇后"饭量特小吗？不然，贫农老大娘的话道出了奥秘："咱家饮食太孬，委屈你啦！"

每次老大娘、大嫂见她吃完了饭，总要满腔热情地从她手里"夺碗"去洗，而她假惺惺的推说："自己洗，自己洗"偷偷地把脏碗筷塞进盛碗筷的手巾兜里，带回去自己洗——嫌贫下中农太脏！

植树妙说

高镇未搞过去实行资本主义经营方式，一心追逐利润，大量砍伐幼树，严重破坏了林带。四清后贫下中农掌了权，大量植树问题就提到议事日程来了。

一次工作队支部研究植树问题，对这样一个有两条道路斗争的严肃问题，王光美竟大发洋文幽情，不无感慨地说："瑞士那个国家象个美丽的大花园，那里若有人想砍掉一棵树，那他必须首先栽活四棵树以后，高镇也得这样。"

好一付无耻的洋奴嘴脸！

"桃园——高镇经验"的神话

王光美在高镇张口"少奇同志怎么说"闭口"桃园经验如何"工作队长，指导员一布置工作也口口声声是鲁冶怎么说，怎么说，因此工作队员们常常不无嘲讽地说"那本道林纸印刷的精装本'桃园经验'等于咱四清的'圣经'，鲁冶的话简直就是'圣旨'呀！"

王光美因一本"桃园经验"得以红得发紫，所以她一到高镇就做好了总结"高镇经验"的准备。在大队设了两个资料组，一个负责搜集资料，另一个由省宣传部、政策研究室等干部组成，专门写大块文章，随时向"河北四清通讯"投稿，宣扬"高镇经验"。每篇文章，王光美都要亲自"过目"，甚至还老王卖瓜自己写按语吹捧。

运动后期，王光美授意高铁工作队，抽调专门人材，组成一个具有相当规模的写作班子专门为她总结"高铁经验"。说什么"桃园经验"是在高级干部都未下去蹲点以前搞的，现在高级干部下去蹲点的多了，必须把"高铁经验"提到"马列主义理论"的高度。

真不怕风大闪了舌头！自认为攀上了马列主义顶峰，殊不知早已坠入了形"左"实右的泥坑！

作者：辛椒

选自《红炮手》67年第5期

跋（后记）

我们愤怒地批判刘、邓、朱、贺、陶、王等人的反革命罪行！怀着这种心情，我们搜集了邓小平搞"裴多菲"俱乐部、朱德为已为其老婆吹捧、制造篡党篡军舆论准备、贺龙反革命修正主义嘴脸、陶铸罪行录、王光美四清"蹲点"丑态等文章，集成此集，取第篇文章的题目为全集的总名称。

为了保卫毛主席、捍卫毛泽东思想 把无产阶级文化大革命进行到底，我们要把这些埋在毛主席身边的定时炸弹挖出，把刘少奇、邓小平、朱德、贺龙、陶铸、王光美等人揪出来，批倒 批臭、批垮！使他们永世不得翻身！彻底肃清他们的影响！

无产阶级文化大革命万岁！

伟大的领袖毛主席万岁！万岁！万万岁！！

1967年2月下旬

天津市16中学（教）《向太阳》

（学）《尽朝晖》联合翻印

打倒老混蛋朱德

朱德是混进党内的大军阀。九十年来，他一贯反对毛主席，对抗毛主席的革命路线，这次无产阶级文化大革命中，他站在刘、邓反革命修正主义路线一边，镇压群众运动，到现在还拒不投降。这样的走资本主义道路的当权派必须打倒，必须批臭，使之永世不得翻身！

一、一贯和毛主席对抗

一九二八年，朱德反对毛主席提出的建立巩固的革命根据地的思想，脱离毛主席指挥，跑下井冈山，率部南打，结果三个营损失两个，在郴州大吃败仗，这是毛主席接了他回来。

一九二九年，朱德在红四军第九次党代会上妄图继续排斥毛主席对红军的领导，取消党对红军的领导。光辉的"古田决议"批判了朱德的资产阶级军事路线。

李立三"左"倾机会主义路线和王明的"左"、右倾机会主义路线统治时期，朱德都是干将，他勾结王明，支持李立三，排挤毛主席，对抗毛主席的用主要力量去创建农村根据地的革命路线。他极力主张打城市。进攻阶段，主张拼命的是他；退却时，实行逃跑主义的也是他。

抗日战争时期，他与彭贼德怀互相勾结，反对毛主席的独立自主的抗日民族统一政策，在华北大力推行王明的"一切经过统一战线，一切服从统一战线"的投降主义路线。

解放后，他也一直对抗毛主席的革命路线。他极端仇恨毛泽东思想深入人心。他一方面极力贬低毛泽东思想，胡说什么"毛选"我们亲身经历过，一看就懂。另一方面又百般阻止别人去学习毛主席著作。比如一到学习时间，他就组织朱办秘书学习苏联出版的"政治经济学"。

朱德的历史，就是反毛主席，反毛主席革命路线的历史。

二、勾结高、饶、彭、黄，想当领袖

党的叛徒，在朱德看来是最好的"同志"，人民的敌人，在朱德看来是最好的朋友。一九五三年，他公开站在反党分子高岗、饶漱石一边，支持高、饶"轮流坐庄"的篡党阴谋，高被揪出后，这个老混蛋说，"高岗、饶漱石是好人"。

一九五七年，他又与彭德怀、黄克诚反党集团勾结在一起，把矛头直接指向毛主席，这年七月七日他在一首诗中写，"行游阶外防盲目，向导堪称指路碑"。射影我党处境危险，不能再"盲目"蛮干了，而应由彭、黄、张(闻天)、周(小舟)这一小撮右倾机会主义者来充当"向导"和"指路碑"。庐山会议上，这伙反党集团遭到迎头痛击，朱德对此极为不满，为彭贼叫屈，说彭贼"艰苦"、"能干"、不应该罢官。

在朱德的家乡——四川仪陇县，朱德更利用私人交情的关系，包庇了一大批民愤极大的地主恶霸，土豪劣绅和反动官吏。这些人在朱德的阴庇下，不仅保了狗命，有的还安插到省级专区级的政府机关，身居要职。朱德招降纳叛，收买社会渣滓，正是他积蓄力量，准备伺机篡党、篡政的前奏。

三、对抗毛主席的建军路线

朱德这个所谓的"总司令"实际上是个地地道道的封建资产阶级军阀。解放前，他一天也没"总"过，老是反对毛主席的建军路线，解放后他还阴谋改变我军鲜红的颜色。

一九五五年，反党分子肖克召开全军军训会议，一口否定我军政治工作的光荣传统。提出所谓"全军学习苏联"。朱德则与肖克站在一起，狂妄叫嚣"对我军优良传统，要保持，要批判，过去兵教兵，兵教官是马克思主义，战胜了敌人。现在就需要官教兵，师长要教会团长，就不要束缚在过去的经验中"他还说过："以后战争的胜利，单靠勇敢还不行，必须学好技术，各级指挥员要学好现代化的指挥技术，要求勇敢和技术相结合。政治工作和后勤工作要保证军训计划的完成。"看看，朱德这个老混蛋，多么疯狂地对抗毛主席的建军路线。

四、攻击三面红旗

三年经济困难时期，朱德充当资产阶级在党内的代言人，积极配合国内外修正主义分子，恶毒攻击三面红旗，一九五九年，他与林彪去东北，回来写了个报告，胡说什么："公社搞早了""搞糟了"并煽动性的说："不要怕左了右了的，有什么话就说，我们这些人不说，谁还敢说话？"真有彭贼的"海瑞精神"，你现在还说吧？砸烂你的狗头！

五、鼓吹"三自一包"

六一年——六二年，社会上刮起了一股资本主义复辟的黑风，朱德是当中的煽风者。

六一年在中央工作会议上，他积极支持开放，发展自由市场，他说自由市场"可以把市场搞活跃，贵买贵卖，不然农民到市场上，一碗饭也吃不上"，"手工业可到市场自由""国营又可到市场上贵买贵卖"，他提出："国营的又可有几种价格、牌价，议价，商价"。

六二年北戴河工作会议时期，他声嘶力竭地叫喊："要单干就让他们单干吧！"还胡说什么："农民单干，社会主义也不会搞垮了。"在会议上他还说："山区不要组织生产队""集镇上的粮食和副食品应该自由买卖，否则农村市场就不能活跃起来。"

同年，朱德在参观古田农庄时，公开鼓吹"包产到户"他说："山上只有三、四户，应该包产到组或户。"

六、朱德是个黑商

他在外贸系统谈话中心是外贸，手工业，供销社，一是自由市场就衰兴。他反对毛主席提出的以粮为纲，多种经营的方针，主张发展蘑菇、木耳等高级副食品，反正只要能出口，赚钱、获利他就极力主张干，找省、市、地、县委干部谈话从不谈无产阶级政治，更不谈学"毛选"，朱德实际上是个搞资本主义经营的黑商。

七、朱德与赫秃是一路货

他反对斯大林，他说："赫鲁晓夫就是过硬，如果犯了错误死了也要挨批判。有一次朱德在斯大林故乡被群众围住，群众让他在斯大林问题上表态，但是他由于"完全同意"赫秃的修正主义观点，心里有鬼，不敢表态，悄悄溜走了。

他鼓吹和敌人的"和平共处"早在一九五四年接见日本朋友时就写诗云："奇花独立在树头，玉骨冰肌眼底收，且待和平共处日，愿将菊酒醉前秋。

他公然宣扬赫秃的阶级斗争熄灭论："我们无产阶级掌了权，资本家还有什么可能复辟。"与毛主席的"千万不要忘记阶级斗争"相对抗。

八.为自己篡党作舆论准备

朱德很是个野心家。他经常把自己凌驾于党中央和毛主席之上。他曾狂妄的宣称："我(们)的历史就是军史，他们要研究军史，就要研究我的历史。他家乡有些人在谈到中央领导人时，竟然口称"朱毛"，有人把这情况汇报给朱德后，他只一笑置之，实际上是默认。当《毛泽东选集》出版后，他为了对抗毛主席，马上调集反革命修正主义分子刘白羽为他整理文章，积极准备出《朱德选集》，又调反革命修正主义分子孙泱为他整《朱德自传》，准备出版，当其阴谋不能得逞时，又千方百计地出版了《朱德诗选》。他还指使孙泱调人大"马列教师"写他自己的读书心得："领袖在历史上作用"抬高自己的威信，借此大反毛主席，大反毛泽东思想。

九、朱德和刘、邓、陶也是一路货

去年四月间，朱德两次面见反革命修正主义分子、人大副校长、副党委书记孙泱，密谋策划破坏无产阶级文化大革命。

十一中全会期间，陶铸突然去看他，他把准备的发言提纲给陶看，陶对朱说，要"多写自我检查。"他们究竟搞了什么鬼？

这个老混蛋，对自己的问题一直不老实，他甚至说"这些问题都是历史问题，我早就检查过了。只有那些盆兰花是用公家钱买的。"想给自己定调子开脱？办不到！朱德你再不老实，小心你的狗头！

十、封建资产阶级的老爷

朱德这个老傢伙身居党、政要职，却饱食终日，对国家大事无所用心。他养了一千多盆兰花，他的贵夫人康克清则喂了成群的兔子。朱德他自己写到："人生福寿当先"，"况遇新春胜利年"，这是他的封建资产阶级的老爷哲学

朱德这个老混蛋，过去一直披着"总司令"的外衣招摇撞骗，一贯对抗毛主席，现在到了拉他下马，赶他下台，打翻在地的时候了，我们要用毛泽东思想的千钧棒无情的批判他的伪装揭穿他的反毛主席的丑恶本质。

朱德不投降，就叫他灭亡！

二司革命造反联络站

67.2.11

选自"东方红"报

有关朱德问题的讲話

朱德，你是有野心的、你检讨很不够。有人当是他自己检讨的，不是的！是中央决定让他脱裤子的．不检讨不行，你们是不知道，陈毅批评他的并不过分，他也不服毛主席，他想当领袖，高岗事情他也主张轮流当主席，自己夺事行吗？不自觉不行的，你检讨的不老实。你一天也没作过总司令员，南昌起义后是无政府乱走，是陈毅指挥到井冈山……。遵义会议前朱德指挥、以后是毛主席指挥，抗战时期在前方是X指挥（不是朱指挥），解放战争是毛主席指挥的，你是不行的。但自以为还行、你脱离主席指挥、下井冈山向南打，三个营损失两个，打败仗无办法，还是主席接你回来的。……

林彪

天津市毛泽东主义战校（16中）

（教）《向太阳》

（学）《尽朝晖》战斗组 67年2月印

最高指示

搗乱，失敗，再搗乱，再失敗，直至灭亡——这就是帝国主义和世界上一切反动派对待人民事业的邏輯，他們决不会违背这个邏輯的。

二七黑社狗急跳墙血洗郑州德华街 紅色造反战士惨遭杀害大义凛然

五月四日下午“二七黑社”的一伙亡命之徒，在省、市委內走資本主义道路当权派的唆使下堵截无产阶級革命派的游行队伍，在郑州德华街制造了灭絕人寰的流血大惨案。

他們事先在德华街两側的楼房上布設了伏兵，并准备了大量的砖头、瓦块。在街南头又糾集了数千名残兵敗将，筑成人墙，堵死道路。当无产阶級革命派的游行队伍进入德华街后，他們无理拦截不让前进，而还以各种低級可恥的动作来褻瀆紅色造反战士，蓄意挑起武斗。然后在一句“現在土匪很多”的密語下，“二七黑社”的一伙亡命之徒全摘掉了袖章，就大打出手，用砖头，瓦块向无产阶級革命派队伍鋪天盖地的砸将下来，頓时德华街里喊声震天，人倒血飞，其惨景，令人发指，目不忍睹。当时，被堵塞在街道两旁不能行动的群众，也无辜的遭到了这伙亡命之徒的血洗。在敦睦路，他們害怕受蒙蔽的队員听到党的方針政策，就狂喊乱叫，竭力干挠解放軍毛泽东思想宣传車的宣传，簡直猖狂到了极点。截止昨晚十一点，据不完全統計：紅色造反战士已伤亡三千余人，重伤五百余人，[redacted]，已壮烈牺牲二十一人。是可忍，孰不可忍！血債必須用血来还！

紅色造反战士一直是遵循毛主席的教导，坚决执行十六条，要文斗，不要武斗。后来眼看着自己身旁的战友，一个个倒在了血泊中，怒不可遏，难以压抑，于是他們在迫不得已的情况下，实行自卫反击，游行队伍冲出了德华街。正如毛主席所說的：“**一切反动派都是紙老虎。看起来，反动派的样子是可怕的，但是实际上并沒有什么了不起的力量。**”紅色造反战士刚刚展开反攻，这伙亡命之徒就乱作一团，狼狽逃窜，在“河南公安公社”門前几十个“假絕食，眞偷吃”的跳梁小丑，也惊恐万状，一时溜得无影无踪，眞是令人啼笑皆非。

値得注意的是：“二七黑社”所下属的新乡师院“八·一八”、豫北医专黑造司和赤卫队的一小撮頑固分子也与此同时在新乡市以及汲县城內行凶打人，挑起了武斗事件，五月四号，砸毁新乡市革命造反派两輛毛泽东思想宣传車，打伤革命造反派战士四十余人，五人受伤住院。在我們汲县也同时发生了类似事件。豫北医专黑造司、赤卫队等一小撮亡命之徒，乘“五四”游行之机，一手挑起了武斗。我革命战士二十余人被打，一人重伤。我宣传車被围，我一中紅旗广播被夺。由此联系起来，可見他們是有組織、有計划的。早在四月三号夜里，“二七黑社”的亡命之徒就搶砸了郑州市公安局。新乡市赤卫队也在此同一时間聚集三百余人围攻新乡市公安局，并于四号下午打伤我公安战士一名。現在中央决定解决河南問題，他們預感到自己的日子不长了，其狗命就要完蛋了！但是他們并不甘心自己的灭亡。为此，汲县赤卫队和豫北医专黑造司一小撮混蛋，在其主子——党內走資本主义道路当权派的唆使下，搜罗社会残渣、余孽，連日集結开黑会，密謀正式参加“二七公社”，积极配合郑、新行动，蓄謀制造新的反革命事件，大搞阶級报复。一切革命的同志們，务必提高警惕，严防阶級敌人的袭击暗害，如果他們胆敢行凶杀人，就坚决給他們以毁灭性的打击！敌人不投降，就叫它灭亡！

无产阶級专政万岁！

坚决鎮压反革命！

毛主席的革命路綫胜利万岁！

我們最最敬爱的領袖毛主席万岁！万岁！万万岁！

无产阶級革命造反派汲县联合司令部

一九六七年五月七日

告全国人民书

憤怒声討“天津市冶金系統无产阶級革命紅色造反总部”中一小撮反革命混蛋策划制造的一次反革命事件

最高指示

“在拿枪的敌人被消灭以后，不拿枪的敌人依然存在，他們必然地要和我們作拚死的斗爭，我們决不可以輕視这些敌人。”

《解放军报》社论

“‘枪杆子里面出政权’。无产阶級的政权，是人民軍队用枪杆子夺来的，也靠人民軍队用枪杆子来保卫。对于那些破坏无产阶級文化大革命的現行反革命分子和反革命組織，必須进行坚决鎭压，实行无产阶級专政。

我們以万分憤怒的心情向全国革命同志控訴：在无产阶級文化大革命进入夺权新阶段的时候，竟有一小撮法西斯暴徒，他們自称是天津冶金系統无产阶級革命紅色造反总部的人。这些坏蛋，蒙蔽串通一千余名不明眞象的工人和群众，在中共天津市委党校实行白色恐怖。当人民解放軍赶来調解后，他們又把矛头指向人民解放軍。解放軍駐津某部，坚决执行了毛主席和中央軍委关于保卫无产阶級文化大革命的指示，依法逮捕了这伙暴徒中的首要分子二人。解放軍的这一革命行动好得很！这是无产阶級文化大革命的一次伟大胜利！是对一小撮反革命混蛋們一次有力的打击！

砸会場，破坏文化大革命

一月卅一日上午，正当我校全体革命师生員工开大会批斗我校走資本主义道路的当权派刘刚鋒的时候，突然，有四十多个自称是“冶金系統无产阶級紅色造反总部”（以下簡称“冶总”）的人，借口揪刘刚鋒（刘曾任冶金系統四清分团付团长），闖进会場。本来事前，我們曾向他們的代表明确表示，支持他們批斗刘刚鋒，同时，我們向他們提出了上午党校开完批斗刘刚鋒大会，下午保証将刘送去的意見。他們說，不行 。我們又提出个合作意見，在我校大礼堂召开大会，共同批斗刘刚鋒。他們仍說，不行。我們再次提出，在你們那里召开大会，我們去四百余人参加。他們也不同意。其实，这些混蛋所謂要揪刘剛鋒不过是寻衅的借口，对我們連續提出的三个方案一个也不考虑。他們只是蛮不講理地說："你們給也得給，不給也得給！馬上就得給！"于是不由分說，他們就喊着口号冲进会場，踩椅子，跨人身，砸話筒，边冲边打，扑向主席台。我校师生員工齐声高呼："要文斗，不要武斗…"“捍卫十六条，执行十六条…"可是，这些混蛋們毫不理睬，还是見人就打。这时，人民解放軍駐津某部的同志聞訊赶到，宣講政策，領讀毛主席語录，他們根本不听，还辱駡解放軍。党校革命师生員工，为了避免冲突，全部撤离会場，要求双方派出代表談判。可是这些反革命混蛋們，沒有一点协商的意思，他們竟拿出事先准备好的照象机，拍照解放軍的宣传車，拍照宣講政策的解放軍，还拍照被他們自己砸乱的現場，并有一人故意作出要从窗戶跳出的样子，解放軍一拦阻，另一人馬上抢拍了这个鏡头，他們企圖用这种預謀的卑鄙手段，制造假証，为他們下一步砸办公楼、抢文件、打解放軍制造借口，制造輿論。这在他們当时辱駡解放軍时，已把这个別有用心的預謀，暴露得很清楚了。如在解放軍同志齐讀毛主席語录时，他們竟誣蔑解放軍同志对他們"包围"，对他們"耍手腕"，有的还揚言要和解放軍"算賬"。

撕毁、践踏毛主席象

这些法西斯暴徒，对我們最最敬爱的伟大領袖毛主席怀着刻骨的仇恨。在解放軍同志率領全場同志朗讀毛主席語录时，他們沒有一个人带語录本。更令人不能容忍的是，他們竟把一个装着鏡框的毛主席画象踏燬、撕碎。米庆吉同学冒着他們的拳打脚踢，把毛主席象抢救出来，高高举到头上，同学們看見毛主席象被这些混蛋們糟踏得那个样子都万分憤慨，許多人痛哭失声，大家齐呼："誓死保卫毛主席！"要求和这些反革命混蛋們辯論。可是，这些无法无天的家伙，竟随意指誣和他們辯論的董子祥同志是撕燬毛主席象的"罪魁"，几个人把董子祥同学架到俱乐部后屋毆打。等到解放軍同志赶来解救时，董子祥已被打得鼻青脸肿。

这些混蛋們在打完砸完之后，企圖溜走。因为还有許多問題需要澄清，同学們就和他們辯論，他們不仅蛮不講理，还用最下流的話侮辱女同学，并反誣同学們对他們围攻。

辱罵、毆打、綁架人民解放軍

中国人民解放軍，是毛主席亲自締造的无产阶級的革命軍队，是无产阶級专政的柱石。但是，"冶总"中的一小撮混蛋們，怀着对我們最最敬爱的伟大領袖毛主席和无产阶級专政的刻骨仇恨，他們猖狂地辱駡、攻击、毆打、綁架我人民解放軍战士，他們犯下了不可饒恕的反革命滔天罪行。

正当"冶总"中的一小撮反革命混蛋們破坏了我校批斗党內走資本主义道路当权派的会議并大打出手时，解放軍駐軍某部的同志，聞訊赶到現場，宣传最高指示，講政策，劝阻他們的打人行为。这时，这一小撮反革命混蛋們，竟猖狂地辱駡我人民解放軍是"法西斯軍队"、"狗崽子"、"百分之百的混蛋"、"保皇派"……。

深夜，一小撮反革命混蛋們又聚集了大队人馬，对党校革命造反派展开了新的进攻。当他們强行闖入党校大門时，人民解放軍战士，出面說服教育。这时，一小撮反革命混蛋們竟无視无产阶級专政，公然毒打了解放軍六名战士，其中二人重伤。

混乱中，反革命暴徒們，竟企圖夺取解放軍門卫的冲鋒槍，被群众制止，未能得逞，他們还趁毒打群众，一片混乱时，劫持綁架了解放軍战士二人。

革命同志們，你們看"治总"的一小撮反革命分子們是何等猖狂！为革命赴湯蹈火，前赴后繼，为人民打下了江山，建立了不朽功勛的中国人民解放軍，豈容一小撮反革命混蛋們咒駡、攻击！不行！一定不行！坚决不行！伟大的中国人民解放軍不可侮！这笔賬定要淸算！毛主席教导說："凡是敌人反对的，我們就要拥护；凡是敌人拥护的，我們就要反对。"敌人越咬牙切齿地反对人民解放軍，我們越坚决地拥护中国人民解放軍，誰反对人民解放軍，就砸烂他的狗头！

砸毁办公楼，抢走絶密文件

夜十一时許，"治总"的一小撮反革命混蛋們，带領大队人馬，前导队旗，口喊"革命无罪，造反有理"的口号，直搗办公楼，进行海盗式的洗劫。闖楼时，他們采取用妇女为前鋒的卑鄙办法，使我們只能后退。为了避免冲突，我們主动撤出办公楼。他們进楼后，撕毁了貼在門上的主席象，搜查了武装部，搗毁了机要室、档案室、"革命造反派联络站"，抢走了大批党內絕密文件。絕大部分房間都被他們砸碎玻璃，破門而入。他們撬抽屜、翻柜子，到处搜寻文件、財物。据不完全統計，他們抢走了"天津市委党校工人文革造反队"圖章一枚、录音机一台、电話机三台、收音机一台、油印机一架、扩音喇叭一个、甚至連女宿舍中的一个小鬧鐘和装有十三元、粮票二十斤的錢包也捎走了。

"治总"中的一小撮人是在进行革命造反嗎？不，他們是明火执仗，强盜打劫，他們哪有半点革命的气味？他們是徹头徹尾的反革命分子！

毆打、捆斗、綁架学生

用文斗不用武斗，这是我們党在文化大革命中的一項極其重要的政策，一切革命組織，一切革命群众都必須严格遵守，但是"治总"中一小撮别有用心的人却公然抗拒这項政策，公然践踏十六条。他們和受他們蒙蔽的群众，闖入我校后，根本不听我們介紹情況，說明眞相，根本不允許摆事实、講道理，而是寻故挑衅，进行武斗。据初步了解，革命师生員工中被毆打的有一百四十多人，负伤的十六人，其中伤势严重的五人。例如：

学生楊宝田，胸前被拳猛击。打后头暈心慌，心跳快达一分鐘一百二十次，睾丸被踢伤。踢后小腹陣痛。

学生楊永茂的头部被打，有一 2 × 5 厘米血肿，睾丸被踢，被打后头暈，小腹陣痛，颈前部被卡，面部皮膚被抓破，开始时呼吸困难。

这些暴徒欧打时的手段也是極其卑鄙，極其狠毒的，不仅有組織地围攻某一人，而且对男同志朝睾丸踢，在混乱中踢女同学下体，而且动手扣摸等等，做出了可耻的流氓行径。

極其严重的是，当不少同学被抓、被打还在高呼十六条，坚持文斗、不用武斗，高声朗誦毛主席語录，但这伙混蛋不仅不讀語录，而且还进行恶意的污蔑和攻击，胡說什么“讀的象鷄叫”等等。

这伙暴徒在搞武斗的同时，还卑鄙地把我校６０多位同志的袖章强行擄去。

闖入党校的一小撮坏蛋，实行法西斯式的綁架，先后被綁架出四人，其中学員三人即楊桂茹、孙乃福、王志誠，一名处长石建立。这些同志在被綁架途中和关押审訊中都曾受到恫吓，欧打，虐待和人身污辱。

这伙暴徒还鑽空子搞捆斗。学生邢杰鋒，晚飯吃得晚，食堂人少，即被闖入我校的一小撮暴徒把飯厅出入口加以封鎖，团团围住，栽脏陷害，嫁禍于人，硬把他們自己践踏撕毁毛主席象片的罪責强加在邢杰鋒同学身上，他們强迫邢杰鋒繞食堂一周示众，罰站，低头，扭打，最后把邢杰鋒捆綁起来，企圖架出校外，被同学發現加以阻止，其詭計未能得逞。

“冶总”中的一小撮混蛋，自卅一日上午开始到午夜三点一直在我校进行了猖狂的反革命活动，一时形成了白色恐怖。但以毛澤东思想武装起来的师生員工坚决地頂住了这股逆流，和他們进行了艰苦的針鋒相对的斗爭。

一月三十一日的事件，是一个極其严重的現行反革命事件，这个事件發生在我們伟大領袖毛主席刚刚發出人民解放軍要介入文化大革命，坚决支持革命左派的指示以后，一小撮阶級敌人在砸毁党校的同时，把矛头指向伟大的中国人民解放軍，它的用心不是很明显的嗎？这一事件是一小撮别有用心的人有組織，有計划，有目的地进行的。他們中有一些人第一天砸了无縫鋼管厂之后，轉天又砸了我校办公楼。在砸办公楼之后，他們曾向其总部报告說：“現在正进行第二步了。”他們闖入我校还携带照相机，并有意伪造鏡头，制造假証据，企圖嫁禍于人，掩盖他們的罪行，这是妄想！

中国人民解放軍依法逮捕了这一小撮暴徒中的首要分子楊俊杰（又名楊反）和戴玉忠，这一革命行动好得很！是无产阶級文化大革命中的新胜利。“宜将剩勇追穷寇”，必須徹底追查策划这一反革命事件的罪魁禍首！

一切革命造反派联合起来！
无产阶級专政万岁！
无产阶級文化大革命万岁！
我們最最敬爱的伟大領袖毛主席万岁！
万岁！！万万岁！！！

中共天津市委党校革命造反派临时联合指揮部

一九六七年二月二日

（欢迎宣傳和翻印）

刘少奇对抗毛泽东思想言论100例

清华大学"向太阳""永远革命"编写

天津工学院八·二五红衛兵
第八连灭资战斗组翻印

1967.2.4.

〔刻印者谈〕

《刘少奇对抗毛泽东思想言论100例》因转抄刻印仓促，未详细校对核查，尤其对主席的有关论述摘引，遗误之处一定难免，望同志们看后如發現错误，请批评並帮助订正。

刘少奇对抗毛澤东思想言論一百例

清华大学《向太阳》《永远革命》編写　1967.1.23

序　　言

刘少奇是中国头号的党內走資本主义道路的当权派。多年来刘少奇散布了大量的修正主义謬論，謬种流傳，流毒全党，禍害全国。为了认清刘少奇的修正主义咀臉。我們从刘少奇大量修正主义謬論中（主要是解放后）挑选了一百例，並与毛主席、林彪同志和党中央的指示相对照以便用毛澤东思想的照妖鏡来識别香花毒草。

毛主席教导我們："眞善美的反面是假丑恶，沒有假丑恶就沒有眞善美。眞理是同謬論对立的。……任何时候，好同坏，善同恶，美同丑这样的对立总会有的。香花同毒草也是这样。……有比較才能鉴别，有鉴别，有斗爭才能发展。"

这次編写的內容肯定有許多遺漏，或不妥之处，欢迎大家提出意見。

一．貶低毛澤东思想的偉大意义

刘少奇的謬論	毛主席林彪同志和党中央的指示
1．馬克思主义的內容是有历史以来无比丰富的，世界上任何大的原則問題均解决了。 （1948年12月对馬列学院）	1．毛澤东思想是全党全国人民統一行动的綱領，全世界上誰也不能代替毛澤东思想。 （林彪）
2．（馬列主义）当然还要継續发展。不是到毛澤东思想阶段就为止了，如果这样看是錯誤的，是机械唯物論。 （一九六六年六月）	2．毛澤东思想是当代馬克思列宁主义的頂峯。（林彪1966.10） 毛澤东思想是最高水平的馬列主义。 （林彪一九六六年九月）
3．許多問題列宁早已解决了因为（我們）未看"两个策略"使中国革命一下子退了二十年，如果廿年前全党都研究"两个策略"就	3．特别是党內以陈独秀为代表的右傾机会主义发展为投降主义路綫，拒絕接受毛澤东同志和其他同志的正确意見，……以致使这次

可以使二七年的大革命不致失敗。（1945.12。对馬列学院学員講話）	革命終于失敗了。（1945．2．六屆七中全会決議）
4．我們这一部分比馬克思、恩格斯、列宁、斯大林当然小得多。（六二年再版“修养”）	4．毛主席比馬克思、恩格斯列宁、斯大林高得多，現在世界上沒有那个比得上毛主席的水平。（林彪　一九六六年九月）
5。做馬克思列宁的好学生。（六二年再版《修养》）	5。讀毛主席的书，听毛主席的話，做毛主席的好学生。（林彪）
6。中国党有一个极大的弱点就是在思想上的准备，理論上的修养，是不夠的，是比較幼稚的。 偉大的著作还沒有出来，这是中国党一个极大的工作。（答宋亮同志）	6。中国共产党自一九二一年誕生以来，就以馬克思列宁主义的普遍眞理和中国的具体实踐相結合为自己的一切工作的指針。毛澤东同志关于中国革命的理論和实踐便是此种結合的代表。（1945．2．六屆七中全会決議） 毛澤东思想是眞正的馬克思列宁主义，是高度同实际相結合的馬克思列宁主义。

二．公然攻击偉大領袖毛主席

7。反对毛主席只是反对个人和彭德怀有相同观点的，只要不是里通外国，就可以翻案。（一九六二年一月）	7．毛主席是我們最高領袖，誰反对他，全党共誅之，全国共討之。（林彪，一九六六年五月）
8。清华有一个学生写了“拥护党中央，打倒毛主席”的标語，說这个学生是反革命的結論材料还不充分。（1966．7.29．在人大会堂）	8．凡是張貼反革命标語攻击偉大領袖毛主席和他亲密战友林彪同志的都是現行反革命行为，应当依法懲办。（中共中央国务院关于政法工作

9，馬克思，恩格斯，列宁，斯大林，毛主席都犯过許多錯誤。

（1963.11.对学部講話）

9。十九世紀的天才是馬克思恩格斯，二十世紀的天才是列宁和毛主席。

（林彪）

10．自以为是中国的馬克思列宁，故作馬克思列宁的姿态在党內出現，並且毫不知恥地要求我們党員，象尊重馬克思列宁那样去尊重他，拥护他为領袖，……然而我們是否能夠完全相信地說在我們党內从此就不会再有这种人了呢？我們还不能这样說。

《修养》

10．毛主席在全国全世界有最高的威（信）望，是最卓越最偉大的人物。

（林彪，1966.5）

我們現在拥护毛主席，毛主席百年之后我們也拥护毛主席，毛澤东思想要永远流傳下去。

（林彪）

反对学习毛澤东思想的謬論

11．不能把馬克思列宁主义当成教条一样，也不能把毛澤东的著作講話当成教条。

（一九六四．十一。給江清的信）

現在党內把毛澤东思想当作教条大有人在。

（一九六四．十一）

11．毛主席的話水平最高，一句頂一万句，为了把毛澤东思想眞正学到手，要反复学习毛主席的許多基本观点，有些警句甚至要背熟反复学习，反复运用。

（林彪）

12．学习馬列主义就是学习外国經驗，……有人認为中国的书还讀不完，毛主席的书还讀不完呢，或者先讀中国书再讀外国书吧，这个說法是不对的。

（一九四八．十二）

12．我們学习馬克思列宁主义怎么学呢？我向同志們建議，主要学习毛澤东同志的著作，这是学习馬克思列宁主义的捷徑。

（1959.9）

在馬克思列宁主义的著作中，我們要99%的学习毛澤东著作。

（1966.5）

13．这里联系到这样一个原則問題，就是应該向誰学习，是向党內和党外群众中一切有眞理的人学习，不管他的职位高低。不是向职位高的人学习。

14．現在我們所想到的（防止資本主义复辟）的办法有二个，一个是发动群众，搞“四清”……，一个是改革教育制度和劳动制度，……現在我們所想到的只有这两条（65．3）到65年11月又补充了干部参加劳动一条說“到目前为止只三个办法”。

15．誣蔑四清中学毛著是用毛著代替四清运动，規定只許学二十三条。

（1966．2）

16．学习理論，提高認識，联系实际，改造思想。

（48年7月对馬列学院学員談話的修正主义学习方針）

17．（要）安心学习，“两耳不聞窗外事，一心只讀圣賢书”，窗外事可以問一問，但不要因而不安心。

（1948．12．对馬列学院学員讲話）

13．我国是一个偉大的无产阶級专政的国家，有七亿人口，需要一个統一的思想，革命的思想，革命的思想，正确的思想，这就是毛澤东思想。

（林彪）

14．用毛澤东思想武装工农兵群众，革命知識分子和广大干部，进一步促进人的思想革命化，是防止修正主义复辟，使我們社会主义共产主义事业得到胜利的最可靠最根本的保証。

（八屆十一中全会公报）

15．四清运动要加强 政治思想工作。就是要搞思想工作，用毛主席著作去提高群众的思想。

（林彪，65．11）

16．带着問題学，活学活用，学用結合，急用先学，立竿見影，在用字上狠下功夫。

（65．11 林彪）

17．学习馬克思主义不但要从书本上学，主要的还要通过阶級斗爭，工作实践和接近工农群众才能眞正学到手。

（語录270頁）

二。刘少奇鼓吹阶級斗爭熄灭論，刘少奇公然說“国内阶級敌人已經消灭”

18。官僚买办資产阶級已經在中国大陆上被消灭了，封建地主阶級除个别地区外，也已經被消灭了富农阶級也正在消灭中…… （1956。八大政治报告）	18。被推翻的地主买办阶級的残余还是存在，資产阶級还是存在小資产阶級剛剛在改造，阶級斗爭並沒有結束。无产阶級和資产阶級之間的阶級斗爭，无产阶級和資产阶級之間在意識形态方面的阶級斗爭，还是長期的，曲折的，有时甚至是很激烈的。 （語录十六頁）
19。反革命也算是基本上消灭了。	19。还有反革命，但是不多了首先是还有反革命。有人說已經沒有了……，这是不合事实的。 （选讀四六二）
20。革命搞的差不多了，敌人已被打倒了，……。要你們去不是要你們去学习关于这个問題，你們学习的任务是建設。	20。在拿枪的敌人被消灭以后不拿枪的敌人依然存在，他們必然地要和我們作拚死的斗爭。我們決不可以輕視这些敌人。如果我們現在不是这样地提出問題和認識問題我們就要犯极大的錯誤。 （語录十六頁）

胡說“資产阶級和无产阶級的矛盾已經解決了”

21。我国社会主义和資本主义誰胜誰負的問題已經解決了。 （1956年八大政治报告）	21。……社会主义和資本主义之間誰胜誰負的問題还沒有眞正解決。 （語录十六頁）
22，公私合营以后，无产阶級和資产阶級的主要矛盾也解決了。 （1957年在上海干部会）	22，阶級斗爭並沒有結束……有时甚至是很激烈的。 （語录十六頁）

23。資本家已經把工厂交出来了，除极少数的分子以外，他們已經不愿意对抗社会主义。

（1957年在上海干部会）

23。对于私人資本主义采取限制政策，是必然要受到資产阶級在各种程度和各种方式上的反抗，特别是私人企业中的大企业主，即大資本家。

（毛选第四卷1433頁）

24。今天的資本家是公私合营了的新式資本家了。

（1957年在上海干部会）

24。他們現在还在公私合营的企业中拿定息，这就是說，他們的剝削根子还沒有脫离……，就是不拿定息，摘掉了資产阶級的帽子，也还需要一个相当的时間繼續进行思想改造。

（选讀四六八～四六九）

抹　煞　阶　級　矛　盾

25。人民内部矛盾应該緩和，人民内部矛盾的矛盾事情应該妥协解决，处理方針可以着重他的統一性，因为他原来就有統一性。

（1957年在上海干部会）

25。矛盾和斗爭是普遍的，絕对的，但是解决矛盾的方法，即斗爭的形式，則因矛盾的性質不同而不相同。

（語录四十九頁）

26．农民生活苦，这种議論那里来的，来源之一是城里人下乡好吹牛，乡下人进城他訴苦。

（同上）

26．許多人說农民苦……由于我国被帝国主义和他們的代理人压迫了一百多年，变成一个很穷的国家……，这样說“苦”就恰当了。

（1957年毛著选讀465頁）

27。我們人民吃的飽，穿的也可以，不那么好，可是人民也滿意了，剩下的就是努力劳动。

（与柬埔寨付首相宋双談話）

27．严重的問題是教育农民。农民的經济是分散的，……需要很长的时間和細心的工作，才能做到农业社会化。

（語录二十七頁）

28。今天的农民不是过去的农民，已經是合作化了的农民，已經是新式的农民。

（1957年在上海干部会）

28．在中国的农村中，两条道路的斗爭的一个重要方面是通过貧农和下中农同富裕中农实行和平竞賽表現出来的。

（选讀433頁）

㈢刘少奇公然反对社会主义改造，鼓吹資本主义，鼓吹保护富农經济，反对农业社会主义改造

29。我們采取的保护富农經济的政策，当然不是一种暂时的政策而是一种長期的政策。

（政协二次会議1950年）

29。当逐步地实現社会主义工业化的同时……在农村中消灭富农經济制度和个体經济制度。

（1955年关于农业合作化問題）

30。国家依靠法律保护資本家的生产資料所有制权和其他資本所有权。

（1954年宪法草案报告）

30。如果認为我們現在不要限制資本主义，認为可以抛棄“×出資本”的口号，这是完全錯誤的。这就是右傾机会主义。

（主席1949年七屆二中全会）

31。社会主义問題是将来的事情，現在提的过早。

（在中央全国宣傳会議）

31。在革命胜利以后……，把我国建設成一个偉大的社会主义国家。

（同上）

32。有些同志認为农村可以依靠互助組，合作社，代耕队实行农业集体化……。不实現工业化，农业根本不可能变成集体化。

（同上）

32。在农业方面，在我国的条件下，則必須先有合作化，然后使用大机器。

（毛著选讀乙种本416頁）

鼓吹金錢掛帅，实行資本主义复辟

33。我們社会主义經济特点是活动經济，但是計划性把多样性，

33。在我国社会主义革命取得基本胜利以后，社会上还有一部分

灵活性挤掉了，私商，地下工厂既然那么灵活，也可以灵活一下嘛！

（1957年在上海干部会上）

34。組織房屋合作社……盖起来之后，也可以永久不变房租，房子的所有权屬他，他可以出租，可以出頂，可以出卖，可以卖几百元到了一定阶段，也可以买几間房子。

（同上）

35。如果按劳取酬，賞罰得比較好，分配得比較公平合理，大家满意，就促进生产力的发展。

36。生产关系与生产力的矛盾大量地突出地表現在分配問題上。你分多了，我分少了，大家不愿干生产力就受到阻碍。

37。主席講的形勢大好是指政治形勢大好，經济形勢不能說大好是大不好。

（1962年）

38。这一年中，从中央來說，对严重形勢估計不足。

（1962年）

39。对困难我們还沒有認識清楚。

“目前財政經济的困难是很严

人梦想恢复資本主义制度，他們要从各个方面向工人阶級进行斗爭，包括思想方面的斗爭。而在这个斗爭中，修正主义者就是他們最好的助手。

（語录20頁）

34。在阶級社会里，有了剝削阶級剝削劳动人民的自由，就沒有劳动人民不受剝削的自由。

（选讀448頁）

35。政治工作是一切經济工作的生命綫。在社会經济制度发生根本变革的时期，尤其是这样。

（語录119頁）

36。政治不改革，一切生产力都遭到破坏的命运，农业如此，工业也是如此。

（毛选1080頁）

37。形勢大好，問題不少，前途光明。

（毛主席）

38。所有这一切，說明了一部分同志过去对于农村形勢和农业生产情况抱有的悲观情緒是沒有根据的。

（1963年前十条）

39。我們的同志在困难的时候要看到成績，要看到光明，要提高我們的勇气。（語录170頁）

重的”“我們的經济临近了崩潰的边緣。”

（1963年）

40．不愿承认困难，即困难本来有十分，只承认几分，总怕把困难讲的多了，会使干部失去信心，很明显这不是真正的勇敢，絕不是列宁主义者应有的态度。

（按：这是攻击毛主席）

（1962年）

41．三力（人力、地力、畜力）亏损，七、八年也难复員。

（1962年）

42．人民公社化运动不是什么人喊一下，就会出现的。

（1954年馬克思列宁主义在中国的胜利）

43．过渡时期，一切有利于調动农民生活积极性的办法都可以。不要說那一种办法是最好的，唯一的。

（一九六二年）

44．工业要退夠，农业也要退夠，包括包产到戶，单干。

（一九六二年）

40。我們的困难是能夠克服的因为我們是新兴的有光明前途的势力。

（語录170頁）

41．“攻其一点，或几点，尽量夸大，不及其余”，这是一种脱离实际情况的形而上学的方法。一九五七年資产阶級右派分子向社会主义猖狂进攻，他們用的就是这种方法。

（工作方法六十条1958年 毛澤东）

42。人民公社好！

（一九五八年　毛主席）

43．反对自私自利的資本主义自发傾向，提倡以集体利益和个人利益相結合的原則为一切言論和行动的标准的社会主义的精神……。

（选讀第439頁）

44．全国大多数农民，为了摆脫貧困，改善生活，为了抵御災荒只有联合起来，向社会主义大道前进，才能达到目的。

（选讀第412頁）

45。“和彭德怀有相同观点的只要不里通外国就可以翻案”“在党的会議上講的就不定罪”“只要本人申訴，領导和其他同志認为有必要，就可以翻案。”

46．四清运动要解决的是“四清与四不清的矛盾”“党內外矛盾的交叉”“敌我矛盾和人民內部矛盾的交叉”。

（一九六四年中央工作会議）

47。过去的四清无論在城市或农村，……甚至根本沒有入門，过去一年多，革命斗爭中我們不是打了胜仗，而是打了敗仗。

（一九六四年八月）

48。敌人变聰明了，很会搞合法斗爭，搞得比我們共产党人更好……而我們的党干部，至今沒有学会与地主資本家，蜕化变質分子的两面政权作斗爭……所以在斗爭中打敗仗，斗也不贏。

（一九六四年八月）

49。从社教运动看起来，沒有一个象样子的經驗总結，都很一般。

50．現在調查农村情况，是采取开調查会的办法在很多情况下是不行了。……調查会，調查不出問題来。

（一九六四年八月）

45。千万不要忘記阶級斗爭！

（毛主席　一九六二年）

46．这两种提法（指四清与四不清的矛盾，或者敌人矛盾与人民內部矛盾的交叉）沒有說明社会主义教育运动的根本性質……这些都沒有說明今天矛盾的性質，因此，不是馬克思主义的。

（二十三条）

47．在十中全会以后，有些地方比較認眞地貫彻了中央关于社会主义教育的指示，作得很好，不但制止了“单干风”而且把各种破坏社会主义的牛鬼蛇神揭露出来了。

（一九六三年五月前十条）

48．“阶級斗爭，一抓就灵”有些地方，原来沒有注意抓紧社会主义教育工作，或者沒有抓着要領或者沒有找到正确方法，但在二月会議以后，也抓学习，也抓着要点了，找到好的方法了。

（一九六四年五月前十条）

49。各地方也都有一批成功的經驗，都应当認眞的加以总結。

（一九六三年五月前十条）

50．过去我們党采用的調查会等行之有效的調查研究方法，应当継續使用。

（廿三条）

51 貧下中农是唯一的依靠，現在搞两个依靠就不是唯一的了。。团結来个95%，不能並列。应把95%的群众做为基础前提。

（648）

52 工作队进村後，要进行一些密秘工作，只有扎根串联，他們不怕了，才能讲話。。。每期运动扎根串联的时間至少一、二个月。

（648）

53 一般退賠並不困难，干部都有四大件（按：手表、自行車、收音机、皮鞋）他一卖就可以退賠了。（按：刘要主張全退，搞經济主义）

（648）

51 依靠工人阶級，貧下中农、革命干部、革命知識分子和其他革命分子。注意团結95%以上的群众，团結95%以上的干部。

52 要放手发动群众。

53 經济退賠不能馬馬虎虎，同时要合情合理，問題不严重，檢討又較好，經过群众同意，退賠可以減、緩、免。

（二十三条）

☆☆☆☆☆☆☆☆☆ 毛 主 席 語 录 ☆☆☆☆☆☆☆☆☆

在拿枪的敌人被消灭以後，不拿枪的敌人依然存在，他們必然地要和我們作拼死的斗爭，我們決不可以輕視这些敌人。如果我們現在不是这样地提出問題和認識問題，我們就要犯极大的錯誤。

☆☆☆☆☆☆☆☆☆☆☆☆☆☆☆☆☆☆☆☆☆☆☆☆☆☆☆☆☆

六、刘少奇篡改毛主席的教育方針

1. 篡改毛主席提出的培养目标

54. 什么叫人的全面发展呢？首先是脑力劳动和体力劳动全面发展，这是第一个。

64 广西干部会上

55. 这些从中等技术学校毕业出来的半工半讀的是我們的一种新人，他們既能脑力劳动，又能体力劳动，这一种人就是我們的前途，我們国家的前途。

同　上

56. 这样以来，我們工厂机关領导要搞官僚主义就不容易了。如果有个厂長是官僚主义，工厂中有很多大学生，他們会叫他下台，因为很多工人都可以而且有能力当厂長。

要搞貪污也很困难了，因为工人中有学生会算帳。

64 与宋双談話

57. 如果让城市的初中毕业生到农村光是当农民，他們是不大愿意去的，如果下乡以后，仍旧有书讀，半工半讀，他們可能就愿意下乡了。

62. 8. 2日在中央教改小組会上

58. 刘少奇吹嘘半工半讀是他自已首創的地說："1958年我

与毛主席的教育方針相对照

54. 我們的教育方針，应該使受教育者在德育、智育、体育几个方面都得到发展，成为有社会主义觉悟的，有文化的劳动者。

語录142頁

55. 毛主席提出的无产阶級革命事业接班人的五个条件。

語录 239~242

56. 阶級斗爭、生产斗爭和科学实驗，是建設社会主义强大国家的三項偉大革命运动，是使共产党人免除官僚主义，避免修正主义和教条主义，永远立于不敗之地的确实保証，是使无产阶級能和广大劳动群众联合起来，实行民主专政的可靠保証。

語录 36~37

57. 組織中学生和高小毕业生参加合作社工作，值得我們特別注意……农村是一个广闊的天地，在那里是可以大有作为的。

中国社会主义合作化高潮按語

58. 毛主席在1958年1月写的《工作方法六十条》（草案）的

到天津，在那里訓了一次，他們那个时候的热情很高，呼隆呼隆就办起来了。

第四十九条中就指出："学生半工半讀"。

64广西干部座談会

2反对突出政治反对思想改造

59我們的党員，团員和革命的知識分子都要下苦功学习，认真钻研业务，良好的掌握各种专門技术和科学知識，凡是有条件的都应当努力使自己成为又紅又专的紅色专家。

59 政治和經济的統一，政治和技术的統一，这是毫无疑义的，年年如此，永远如此，这就是又紅又专。

十月革命紀念大会讲話

58.1.工作方法六十条草案

60. 首先要在国内把俄文准备好，其次还有政治。

（52年对留苏学員讲話）

60.在知識分子和青年学生中間，最近一个时期，思想政治工作减弱了。出現了一些偏向。在一些人的眼中，好象什么政治，什么祖国的前途，人类的理想都沒有关心的必要。...針对着这种情况，現在需要加强思想政治工作。

語录124

61. 刘少奇认为接班人是在学校培养的，他說："小部分学文科、政治、政法和財經，大部分还是学技术，因为将来还要有人当党委书記，还要有人經营管理，还要文学艺术家"。

（64广西干部会）

61.无产阶級革命事业的接班人，是在群众斗爭中产生的，是在革命大风大浪的鍛炼中成长的。应当在长期的群众斗爭中，考察和識别干部，挑选和培养接班人。

（九評）

62.刘少奇对抗毛主席64年春节关于教育工作的指示，他說："再开一次会，看不准，千万不要瞎指揮。"

（65.11中央政治局扩大会議上）

62.現在的学制、課程、教学方法，考試方法都要改，这是摧残人的。

（春节座談）

63. 建設工业有很多困難，中国是有錢，有劳动力，有机器，就是沒有工程師。

（64与宋双談話）

63 政治是統帅是灵魂。

（58年1月《工作方法六十条》）

64. 对留苏学生說："祝你們都以五分毕业回来，赴步一点是四分，三分就不好了。"

64. 在学习上不要搞什么五分，也不要搞什么二分，搞个三、四分就行了。搞五分累人，不要学那么多东西，学多了害死人。

（65年与王海容談話）

65. 整天想到个人，最後还是沒有个人利益。。。不考虑个人利益，則最後有个人利益，占小便宜吃大亏，吃点小亏，占大便宜。

（与王光荣一家談話）

65. 全心全意地为人民服务，。。。。一切从人民的利益出发，而不是从个人或小集团的利益出发，。。。。这些就是我們的出发点。

（語录146）

66. 在这社会主义条件下，一心一意搞个人利益的人是搞不到个人利益的，一心一意为人民服务，反而会有个人利益，只顧一头，反而会有两头。

（598与民建联常委談話）

66. 我們的共产党和共产党所領导的八路軍和新四軍是革命的队伍。我們这个队伍完全是为着解放人民的，是徹底地为人民的利益工作的。

（語录148）

七宣揚腐朽的資产阶級人生观

67. 个人利益是要照顧的，沒有个人利益，就沒有整体利益。。。因此不是大公无私，而是大公有私。

（同　上）

67. 毫不利已，专門利人。

（語录147）

68. 我劝你們回乡後不当干部。。。。認真地种三五年地。。。你們有文化，农民沒有，比农民多一条，具备三条就能当乡、县、省干部。

68. 我們的一切工作干部，不論职位高低，都是人民的勤务員，我們所做的一切，都是为人民服务我們有什么不好的东西捨不得去掉

也可以到中央，那就看个人本事了，呢？

你們是中国第一代有文化的农民，第一代要得便宜的，參加革命我是第一代，現在成为中央委員。第二、三代象这样就不成了。

（57河南許昌学生談話）

（語录148）

69. 因为有了集体利益，才会有个人利益...只有你受了苦，能发奋鉆研农业技术...創造了成功經驗，会把你的經驗向全国推广，这样你的偉大理想也实現了。

（58.劝刘継孔同乡講話）

69. 自私自利，消极怠工，貪污腐化，风头主义等等是最可卑的，而大公无私，极积努力，克己奉公，埋头苦干的精神，才是可敬的。

（語录232）

3.鼓吹生活享受宣揚叛徒哲学

70. 它已到了講生活的时候，。。在苏联已无剝削，誰穿得漂亮，誰带宝石戒指，这就說明誰劳动好。

（52年对留苏学員講話）

70. 有些青年以为到了社会主义社会就应当什么都好了，就可以不費勁了，享受幸福了，这是一种不切实际的想法。

（甲种本232）

71. 对薄一波、安子文等人在1936年叛变指示共产党員不要在蹲在监獄里搞斗爭，应爭取出獄迎接抗日局势，不过出獄时要履行一个手續，就是要在指定的报紙登"反正启事"，但这实际上只是一个形式。

（据胡錫奎交待）

71. 为人民利益而死，就比泰山还重，替法西斯卖力，替剝削人民和压迫人民的人去死，就比鴻毛还輕。

（語录149）

72. 我們对婚姻，恋爱問題，一般是不干涉的。但是有些人找不到，有些害羞。。。是否在社会团体里設个介紹男女婚姻的机构，婚姻介紹所，不要收錢，要帮助調查不要騙人。

（57年青年团三大指示）

72. 在知識分子和青年学生中間，。。針对着这种情况，現在需要加强思想政治工作。。。沒有正确的政治观点，就等于沒有灵魂。

（語录124）

八、刘少奇在党的建設中的修正主义謬論

1.宣揚"全民党"的謬論抹杀阶級斗爭

73. 工商界有几个参加共产党好不好，有点榜样，搞几个…你資本家也当了，也没有整你，又入了党，則更好了。

（60年与王光英談話）

73. 党員条件規定："任何从事劳动，不剝削他人的劳动公民..才能入党。"

（56年八大通过党綱）

74. 某些人要依靠共产党，到共产党里来找出路，贊成共产党的政策，总还是不錯的，他們找共产党没有找錯除开敌探，汉奸，投机分子和野心家以外，我們对于这些人还是欢迎的。

（39年修养）

74. 一个共产党員，应当是胸襟坦白忠誠积极，以革命利益为第一生命，以个人利益服从革命利益。关心党和群众比关心个人为重，关心他人比关心自己为重。这样才算得一个共产党員。

（語录231）

75. 因为各个党員看問題的方法不同，就引起党內許多不同意見，不同主張的分歧和爭論，就引起党內斗爭。

（同　上）

75. 党內不同思想的对立和斗爭是經常发生的，这是社会的矛盾和新旧事物的矛盾在党內的反映。

（語录224）

2.宣揚奴隶主义扼杀造反精神

76. 民主集中制的原則規定：只要是大多数，是上級或中央通过和決定了的就要服从…不管多数，上級或中央对与不对….

（組織上和紀律上的修养）

76. 危害革命的錯誤領导，不能无条件接受，而应当堅決抵制..….

（66年批示）

77. 总之所有一切附有条件的服从都是不对的，应当是无条件的，絕对的服从。

（同　上）

77. 共产党員对任何事情都要問一个为什么，都要經过自己头腦的周密思考…絕对不能盲从，絕对不应提倡奴隶主义。

（語录233）

78. 做党的馴服工具。

（59年对北京日报談話）

78. 所謂发揮积极性，必須具体地表現在領导机关干部，党員的創造能力...敢于和善于提出問題，发現意見，批評缺点，以及对于領导机关和領导干部从爱护观点出发的监督作用。

（毛选517）

79. 看見有些不正确的事，你們要看見就講，你們至少三年到五年，講話，多看，少批評。

（57年对部分工会团干部講話）

79. 馬克思主义的道理千条万緒，归根結底就是一句話"造反有理"。

（39在延安各界庆祝斯大林寿辰講話）

要党員向封建"圣賢"学习

80. 学习我国历代圣賢的优美的我們有用的遺教。

（39修养）

80. 我們必須尊重自己的历史..而不是頌古非今，不是贊揚任何封建毒素。

（新民主主义論40）

81. "夫天将降大任于斯人，必須苦其心志，劳其筋骨，餓其体肤，空其战，行費乱其行为..."

（同　上）

81. 无产阶級革命事业接班人是在群众斗爭中产生的，是在大革命的大风大浪鍛炼中成长。

（九　評）

82. "誰人背後无人說，那个人前說人的。"

（同　上）

82. 自由主义有各种表現，不負責地背後批評....当面不說，背後乱說，开会不說，会後乱說，心中沒有集体生活的原則，只有自由放任，这是第二种。

《反对自由主义》

九刘少奇吹捧苏联，麻痹革命人民斗志

83.（苏共廿大）是具有世界

83. 我們历来队为苏共第廿次代

正义重大政治事件，。。。它决定了进一步发展社会主义事业的許多重大政策方針批判了在党曾造成严重恶果的个人崇拜，而且提出了进一步促进和平共处和国际合作的主張，对于世界紧張局势的緩和作出了显著的貢献。

（569八大报告）

84. 我們同苏联搞好团結，学习苏联經驗，肯定是不夠的，学习社会主义的經驗只有苏联一家。

（567对楊献珍指示）

85. 中国人民坚决支持苏联在国际事务中所实行的这些政策，（和平共处）中国人民更感謝赫魯曉夫同志，因为他在第十五屆联合国大会上，坚决主張，恢复中国在联合国的合法权力。

（6012在苏演讲）

86. 現在苏联人民在以赫魯曉夫同志为首的苏共中央的領导下，还在胜利的执行着宏偉的七年計划，开展着全面的共产主义建設，以新的成就吸引着全世界各国广大劳动人民。

（同 上）

87. 現在和現在修正主义者还在打筆墨官司。。。現在修正分子，指出他們的看法得出結論。

（6311对学生讲話，按把反修反美斗争引入学术問題）

88. 苏美在基本問題上联合起来是不可能的。

（同 上）

表大会，对于当代国际斗争和国际共产主义运动所提出的許多观点是錯誤的，是違背馬克思列宁主义的，特别是借口所謂反对"个人迷信"全盘否定斯大林，更是其极重大的原則錯誤。

（639一評）

84. 至于苏联的坏事坏人，苏联的修正主义，我們应該看做反面教員，从他們那里吸取教訓。

（621在中央扩大工作会議讲話）

85. 赫魯曉夫把和平共处政策变成了阶級投降政策。。。。把馬克思列宁主义歪曲得不成样子，篡改得面目皆非。这是对馬克思列宁主义的明目張胆的背叛。

（六 評）

86. 赫一修正主义集团，正把苏联引向資本主义复辟的道路，苏联人民面临着丧失社会主义成果的严重危机在这种情况下那里还談得上什么共产主义建設。

（九 評）

87. 必須同背离馬克思列宁主义的各种机会主义进行不調合的斗争。（建議）是时候了，是批判和清算赫魯曉夫修正主义的时候了。

（八 評）

88. 他們（苏共新領导）正在联合以美国为首的帝国主义和各国反动派，結成一个反共反人民反革命反中国的新神圣同盟。

（八届十一中）

89 我們理論工作者的主要任务是反对外国的修正主义。把这一斗爭进行到底——如果这样做了——中国的修正主义产生就困难了。

（同　　上）

89 阶級斗爭，生产斗爭和科学实驗。。。。保証。

（語記36頁）

90 估計苏联新領导比以前有70%的轉变。

（6410中央政治局会議上）

90 苏共新領导集团繼承赫魯曉夫的衣鉢，实行没有赫魯曉夫的赫魯曉夫修正主义。

（八届十一中全会公报）

91 刘少奇鼓吹“清宮秘史”竭力阻碍对这个电影的批判。

91 被人称为爱国主义影片而实际是卖国主义的影片，“清宮秘史”在全国放映之後，至今没有被批判。

（毛主席給政治局及其他同志的一封信）

十、刘少奇反对毛主席亲自領导文化大革命抗拒文艺改革，包庇文艺黑綫：

92 63年刘少奇召开文艺座談会談：“周揚同志講得情况和意义都很好（周揚講的是反对毛主席的批評說：“文艺工作中的問題只是認識上有时候清楚，有时期不清楚，只是工作上有时期抓得紧，有时抓不紧。对社会主义新东西扶植肯定不夠。）”

（63年主席批示）

92 各种艺术形式——戏剧、曲艺、音乐、美术、舞蹈、电影、詩和文字等等問題不少，人數很多，社会主义改造在許多部門中至今收效甚微，許多部門至今还是“死人”統治着。

93 “要注意傳統剧目的推陈出新”“要把傳統戏，外国戏放在第二位”。

（同　　上）

93 历史是人民創造的，但在旧戏舞台上，（在一切离开人民的旧文学艺术）人民却成了渣滓，由老爷，太太，少爷，小姐統治着舞

命。這种历史的顚倒，[illegible]由你們再顚倒過来了，恢复了历史的面目，从此旧戏开了新生面

（44年給延安平劇院一封信）

94. 文艺工作者可以坐着汽車下乡，吃飯，睡覺都可以在汽車上。

（同　　上）

94. 中国的革命的文学家，艺术家，有出息的文学家，艺术家，必須到群众中去，必須長期地无条件地，全心全意地到工农兵群众中去，到火热的斗爭中去。

（甲种本267）

制定資产阶級反动路綫和毛主席的革命路綫相对抗

95. 在反革命修正主义分子彭眞在被揪出以後，他还包庇說："彭眞实际上是我党的付总书記，常参加常委会，参加核心領导，这个人有能力，有不少缺点犯过很多錯誤，他不懂毛澤东思想。"

（66年与民主人士談話）

95. 林彪同志說："四个人問題是有联系的，主要是彭眞...他們問題的揭发，解決是防止篡夺領导权的大事，是防止反革命政变，防止顚复的大事"。

（66年在中央政治局扩大会議上）

96. 刘少奇提出向全国各地大派工作組，七月底还对胡克实說："工作組不赶不走。"

96. 毛主席在六月抗州会議上就提出不派工作組。

97. 鎮压清华大学的文化大革命。他指示(1)把蒯大富当成活把子来打。(2)批倒了蒯大富才能巩固工作組的地位。(3)資产阶級不給我們民主，我們也不給資产阶級民主。"

（66年7月給王光美刘濤的黑指示）

97. 站在資产阶級反动立場上，执行資产阶級专政，将轰轰烈烈的文化大革命运动打下去。顚倒黑白，圍剿革命派，压制不同意見，实行白色恐怖，自以为得意，长資产阶級威风，灭无产阶級志气，何其毒也。

（我的第一張大字报）

98. 怎样进行文化大革命，你們不清楚，不太知道，問我們革命

98. 这次无产阶級文化大革命最高司令是我們毛主席，毛主席是

怎么革，我老实眞心同答你們，我也不曉得，不懂，党中央其他工作人員也是不知道。

（66.7万人大会上講話）

99 六月初运动开始时，刘一手策划制定所謂中央八条提出所謂"內外有別""不要上街""不要包圍黑邦住宅"等，束縛革命群众运动。

100你們听了我講要保护少数，主要是指保护好人，可能也保护了坏人，保护一下吧，短时間，一个月，两个月，三个月，一年也可以。材料夠了就做結論，做結果。

（66年8月在建筑学院講話）

統帅，我們在偉大統帅指揮下，好好地听我們統帅毛主席的話，文化大革命一定能順利发展，一定能取得偉大胜利。

（林付主席66年8月講話）

99 要信任群众，依靠群众，尊重群众首創精神，要去掉"怕"字，不要怕出乱子……

（十六条）

100对于持有不同意見的少数派不准采取任何压服的办法，要保护少数，因为有时眞理在少数人手

（十六条）

揭開以张淮三为首的“自首叛党集团”黑幕!

——砸烂自首叛党分子王俊臣!

（第二部份）

津鉄紅旂总部天津鉄路車輪厂
捍卫毛泽东思想战斗队
一九六七年二月二十七日

(一) 前　　言

我捍卫毛泽东思想战斗队紧紧遵循毛主席他老人家关于“你們要关心国家大事，要把无产阶級文化大革命进行到底。”的伟大号召和对我們的重托，抱着保卫党、保卫毛主席、保卫毛主席为首的党中央和捍卫伟大的毛泽东思想的决心，根据毛主席大兴調查研究之风的教导，对以张淮三（市委書記处書記）金爽（南开区副区长）王俊臣（鉄路車輪厂厂长）赵健（原省工会干校科长）等叛党集团进行了調查，作出了第一次調查报告（打倒自首叛党分子王俊臣）后，全省市以及各地的革命組織，革命战友紛紛来信来訪，为我們提供了綫索，給予了大力支持，不少当时知情的革命干部，也給了我們有力的协助，热情地接待了我們，当然，也不可避免地碰到了一些张淮三、王俊臣等叛党集团的庇护者和走卒們白眼冷待，甚至阻撓破坏，但这一小股阴风怎能抵住我們保卫党，保卫毛主席，保卫光焰无际的伟大毛泽东思想的万丈热情。我們早就下定了决心，更不怕牺牲，所以也就排除了万难爭取了胜利。

現将我們調查材料中整理出的部分公布于众。調查仍在繼續进行，在短期內将陆續发表。

无产阶級的革命战友們、紅卫兵小将們：为了使我国鉄打的江山永不变色，必須彻底搞清以张淮三为首的叛党集团的內幕，全部挖出埋在我党內部多年的“母子定时炸弹”！

因他們潛藏較深，多年来又一直以老革命、老党員、老干部出現，經常大講他們的所謂“革命回忆录”因而迷惑了群众，掩盖了他們自首叛党和潛伏破坏的罪惡活动。

經我們調查查証，仅他們这一伙的三十几个人，多是高官厚祿以功臣自居，他們同党同人民貌合神离，同床异梦，在老革命的金字招牌下面，干着反党反社会主义的罪惡勾当，这顆大毒瘤眞可謂，毒也！险也！

由于他們分散較广，又有攻守同盟之約，互相包庇，死硬頑固，抱着“久供不离原詞”的混蛋哲学，負隅頑抗，企图重新滑过去，保住他們的狗命，进而繼續他們的罪惡活动。当然，阶級敌人的反革命伎俩是枉費心机的，任凭他們再狡猾，也逃不出文化大革命中革命群众的天罗地网！为了早日肃清这些危险的敌人，我們呼吁各革命組織、革命群众，特别是革命干部，知情者和我們携起手来，从四面八方，多方查对，尽快地胜利結束这一战斗！全歼潛敌！

(二) 概　　述

解放前，伪国民党統治时期（1947—1948年間）我党地下組織工运系統，为了配合解放大軍，解放全中国，經常在广大工人和小手工业等人中传播解放区情況，同时組織一定数量的人到解放区学习（受訓）当时张毓川（曹东，現名曹金鏡）組織一部分群众准备去解放区（滄县、泊鎮等地）受訓，由于某人缺乏警惕而洩密，被伪特务当即跟踪捕获，在敌特面前供出了张毓川。1948年1月1日张毓川被捕，捕后第三次审問时，张即暴露了我党地下組織，敌特根据张的口供逮捕了赵健、张国珍。赵健又供出了李万川，李万川又供出了刘玉新（金爽、于志远爱人）敌人在于志远家里臥底（藏于家里，来人即捕），正好张叔康（张淮三）去送活动經費（金子二两二錢），当即被捕。而后张毓川又供出了馬燕歧（胡平）等人。

在曹东、胡平、王树林等人的指捕下，于1948年1月1日到1月7日先后共捕八十三人（包括敌人臥底抓捕的人），其中以张淮三的領导地位为最高（学运書記）。

当时被捕有：

张叔康（张淮三，現任市委書記处書記）

刘玉新（金爽，南开的副区长）

王俊臣（刘光星，現天津鉄路車輪厂厂长）

赵　健（原省工会干校总务科长，現退休）

馬燕歧（胡平，現經济犯，在押）

张毓川（曹东、現名曹金鏡，在原籍管制劳动）

以及宋捷（张淮三爱人）李春茂、楊文远、朱少明、周树臣、馬青海、楊世斌、李天成、王振声、董殿臣、李广茂、魏国善、高富才、李万川、张国珍、王树林、吳大树……等共八十三人。

当时敌人非常疯狂，大肆宣传，轟动平津等地，办案的天津伪警察四分局全体授奖晋級，当时伪报，中华民国三十七年二月十八日（星期三），天津民国日报，第五版，平津新聞全版刊登这一消息（見第一次調查报告）当时的被捕者，先后經过警察四分局、警察总局，警察十分局，后又回总局，二月轉到伪天津警备司令部稽查处。二月底（或三月初）有张淮三、金爽、赵健、王俊臣、胡平、曹东等三十余人作为要犯押送北平行轅炮局子青訓队。

1948年5月1日张淮三、金爽、王俊臣……等二十七人在北平炮局子被資遣释放（曹东、赵健等四人于十一月二十日释放的）六月初先后到达解放区（金爽沒出去，直到天津解放）。

到解放区城工部后（現在泊鎮）当时組織上組織他們学习，要他們交待問題，写被捕經过等。他們欺騙了党組織（由于他們攻守同盟，又无旁証）互相吹捧，然后恢复了党籍，鑽入党內潛藏到現在。他們这些人到底是什么人？根据我們調查材料分析如下：

一、凡是他們作为要犯送到北平行轅去而后释放出来的都是自首叛党分子（調查証实凡坚貞不屈者除去长期监禁外就在北平先农坛等地秘密屠杀，仅先农坛一处就有七烈士遇难被秘密屠杀，遺体投入枯井，然后将井埋封）。

二、这些人訂有攻守同盟，互相包庇，頑抗到底，結成叛党集团。

三、他們各个接受了敌特潛伏任务，是隐藏下来的反革命集团。

为了更好地說明这些問題，我們現将以下几份材料作为分析依据：

① 第二次提訊××的証实材料第六頁是这样說的：

王俊臣在天津匪四分局，开始被捕后即暴露身分，他首先承認了与八路軍有联系，实質上就是承認自己是共产党員了。在敌人的历次审訊中，他始終是按着自首套下来的，就是到了北平炮局子后，也是如此，虽然他（指王俊臣）一再和我說："我在敌人过堂中一次談的比一次少，而实質主要自首問題仍是肯定的，所以敌人在后来的审訊中沒有动刑。"

在1948年4月31日的下午，当敌人通知我和他（王俊臣）准备释放时，而我的心情当然很高兴，而王俊臣呢？从表面上看是鎮靜的，但由于我們的变节行为，换来的所謂苟生，所以在敌人叫我們履行所謂释放前的仪式，也就是我們的正式叛党行为。

經过是这样的，在1948年5月1日上午，我們一共二十七个人（其中有张淮三、金爽、王俊臣……等人）被叫到一間屋里，先塡的"自新人員登記表"而后又集中一間挂有匪国民党党旗，中間挂有孙中山遺像的面前（？按：可能是蔣介石像）宣誓，每人并举起一只手，每人发給了一张小条，內容有十几条，主要是永远与共产党脫离关系，遵守政府法律，保守組織秘密（指青訓队秘密），其內容是反对共产党(詳細条条記不清了）带領念的是金爽，她念一句，我們这些人随一句，和我一道叛党宣誓的有张淮三、金爽、王俊臣……等人。

宣誓完了后，每人发了一张"資遣証明書"內容是"……各軍、警、宪（指匪部）崗口，査閱放行……。

在我和王俊臣在天津短住的过程中……我和王俊臣說过："回到解放区后，你交待你的，我交待我的，主要誰也別連誰，……。"我告訴过他說："张淮三、金爽是好样的，在对敌斗爭中他們是坚定的，但对在北京对敌的叛党宣誓，只說是在青訓队，凡释放的人都需經过这套手續，叫組織去审查吧"。

我記得我特别强調过說："……根据这点，組織上可以了解咱們的。"而当时王俊臣对我說的这个看法和說法非常拥护的，特别他还再三說："……。"实質上，我和王俊臣在回解放区前就以訂下了共守同盟，已經下定决心，欺騙党組織了。利用表面的一些假像（如組織未被全部破坏）达到个人在敌人面前貪生怕死的失节情况别暴露的目的。

我們是在1948年6月間回到华北局城工部的，当时机关在泊鎮，首先接待我們的是楊英和于志远……。在后来学习的审査中，我和王俊臣始終是抓住了这条表面假像，在对組織大作文章，从当时交待問題上看，是很不老实的，如我始終沒有将我在敌人面前暴露組織的密写，联系，学习等情况的秘密問題告訴組織，而王俊臣当时和我一起交待問題，他的一派胡說也是强調由于王树林指捕，而他是如何坚持斗爭（指刑訊不招供等等）所以他的材料很快就被通过了。而我呢？也鑽了这一空子。

另外，在我和王俊臣的向組織坦白交待問題中，一再突出张淮三、金爽在敌人面前的所謂传奇的传說，如什么张淮三用皮鞋踢匪警察如何刑訊不招等，而金爽由于受刑怀孕而被打掉等等。这样一方面达到表揚他們，而相对下，蒙蔽了我和王俊臣的眞实情况。

在今天的反省中，我可以肯定王俊臣是在敌人面前自首了，而我先他也自首了，而才换得了敌人的相信而被释放。

……我們由北京青訓队出来时，是始終在一起，一块領的所謂"資遣証"一块回的天津，一块回的解放区。

在这一段过程中，我对王俊臣是注意的，但从他的談話中始終是……自己是吃了苦的，而对于自己灵魂深处叛党的問題是避而不談的。而我呢？也正好，是怕触及这方面問題的，恰好形成了誰也不說誰，誰也不提誰。

② 于致远同志的材料是这样写的：

（第四頁）……另外他說过（指王俊臣）他們出来时說的敌人还集中过他們，（张淮三、金爽、胡平……等等）要他們集中讀了一个类似释放出去后“安份守己”之类的保証，說是出獄一般手續。王俊臣說过因为他們有的不識字，敌人叫一个人讀，大家在下面附合着念，念了一遍，据王俊臣講，敌人是叫金爽領着念的（此事在解放初我問过金爽，金爽說沒有此事）关于內容是什么当时他說（指王俊臣）他記不清了。

于致远在談到赵健时是这样写的：（証实材料第五頁）

赵健被捕后，捕后先动搖，据說供出过人，以后稍好。

从以上××提供的材料經过查对符合实际情况，为了进一步說明这点，現将王俊臣被捕后在伪警察四分局的口供提出以便查对分析：

③ 中华民国三十七年一月八日十五时三十分經本局司法警察官王泰祥开始偵查到案人等笔訊問与陈述如左（註：豎行抄写）

被問人：王俊臣

問：姓名、年龄、籍貫、住址、职业？

答：王俊臣，四十岁，靜海，本市城防张辛庄河堤十四号，津浦大厂修車工人。

問：你把你事实被捕經过說一說。

答：我与张兆明（註：张兆明即赵亮同志，地下党員，現輕工业局党委書記）在一起摔跤認識，每逢夏季到老三不管摔跤，于五、六年前即与张兆明摔跤認識，张兆明和我宣传八路軍快进来了。凡参加八路軍者，于八路軍进来后，即可得到相当的事情，当时我也答应，我也參加八路軍，张兆明叫我向別人作宣传工作，派我为宣传員，可是我未对任何人宣传，以后就不敢与张兆明見面，就搬家了，躲他住，前我住南竹林村东街33号，离张兆明家距离太近，恐怕将来被牵連而搬到現在的住处。张兆明究竟是何种官及担任什么工作，我全不清楚，我和刘兴旺、王傑臣、王俊兴全不認識，也沒在恒和西里住过。

問：你还有說的嗎？

答：沒有了。

被訊人：王俊臣　（手紋）

右現笔录，当經司法警察官传王俊臣朗讀（閱贤）据陈述記載无誤。

司法官：王泰祥

記　录：王　义

中华民国三十七年一月八日

抄录并校对，　馬士如

第二次审訊口供：

天津市，警察局一案于中华民国三十七年元月九日午时，在本局偵察庭由書記。

在場經刑一組

开始偵兹記載到庭人等共訊，問与陈述如左（原文豎写）

問：……

答：……

問：张兆明作什么？

答：张兆明是脚行，这五、六年都作脚行。

問：张兆明怎样叫你参加八路？

答：今年旧历七月，他給我提国民党站不着，共产党进天津后，你就可以作事了。穷人就有办法了，同时我就答应他了，他又叫我出去受訓，又叫我联絡人。

問：你受过几次訓，联絡多少人？

答：沒受过訓，我也沒有联絡人。

問：你們时常开过会嗎？討論些什么？

答：我們沒有开过会，就是在我搬家的时候，他到我家去，他叫我联絡人，别的不討論什么。

問：张兆明担任什么职务？

答：他告訴我，共产党过来后，你就知道了。

問：你怎么認識王树林？

答：我們摔跤認識的

問：王树林也是共产党員嗎？

答：不知道。

問：你所知道的都是誰？

答：我就知道张兆明，别的人我不知道。

問：你不給他們作工作，他答应你嗎？

答：我想給他們联絡工人，可是我还沒有下手。

問：他給过你錢沒有？

答：沒有。

問：他給你什么証明？

答：沒有，他說沒有，不敢給我。

問：张兆明現在什么地方？

答：現在我不知道在什么地方。

問：张兆明住什么地方？

答：九区、福全里大街宝升里一号。

問：张兆明家里都有些什么人？

答：他家里有母亲，爷爷、妻子，一个女孩、还有一个弟弟，他弟弟现在上学。

問：张兆給你联絡外，还有旁人嗎？

答：除他外，沒有旁人。

問：你上說都是实話嗎？

答：都是实話。

供述人：王俊臣。（手紋）

承　訊：葛志良。

書　記：高　泽。

抄录校对：馬士如。

④　再看叛徒曹东是怎样說的：（証实材料第三頁）

……我1948年1月1号被捕，我叫张毓川（化名）我被捕后，經过了敌人审問，第三次审問时我供出了赵健，张国珍，經过赵健提出李万川，敌人問我："你認識李万川嗎？"我說："我認識的。"敌人也把李万川抓去了。經过李万川提出于太太（金爽）我說出了于太太的地址，也把她抓去了。最后又过堂，我把馬燕歧（胡平）又指捕了。把我們由分局介到总局，在总局我跟张叔康（张淮三）在一个监房里押过。有別的两个人。后把我們轉到北平，到北平后压了几个月，被放前敌人找我談話，这个人是个穿便衣的，是晚上跟我談的，問我在天津什么地方住，我說我每天在鳥市出烟摊，卖紙烟，就在那里找我。我又問："找我干什么？"敌人說："找你作事。"我又問："找我作什么事？"敌人說："找你的时候，你就会知道了。"过了几天敌人就把我放了。回津跟万兴成棉紗庄王万成借的錢，第二天一早我坐火車去泊鎮了。

（輔助材料中写道）我到了北平集中营，开放前問敌人办理的手續，叫我到天津由我給敌人工作，打了手印、划了押，我在敌人面前也宣过誓，宣誓过后几天就开放，开放的时候开了一个出集中营的执照，我拿着出了集中营……。

敌人在北京青訓队，每月給我两块錢，也有得三十元的。

总之：經我們多方調查，査証：张淮三、金爽、赵健、王俊臣（胡平、曹东早已暴露）……等人，自首叛党是肯定了的，为了弄清第三个問題看他們（叛党集団）是否接受了敌特潛伏任务，又围繞这个問題进行了調查，从材料中分析，我們認为，曹东說的較为接近，曹东虽然对这重大問題的实質采取掩盖迴避的态度，但也不敢絕口否認。他們到底接受了任务沒有，还是先看看"青訓队"这个組織的性質吧。大家会从"青訓队"这个組織的內幕得出确切的結論，下面我們就将对"青訓队"的調査材料的一部分公布于众：（被調査人×××）

⑤　青訓队是个簡称：原名为，（伪）"国防部爱国青年訓导大队。"

（一）成立經过与活动情况：

在1949年，北京曾有伪“北平肃奸委員会”，之設置。因扣捕（汉奸）事已結束，即开始逮捕共产党員和进步分子（当时正是国共合作时期，为了掩盖反共的事实，抓捕共产党員及进步分子时，常給扣上汉奸的罪名而后逮捕）囚押于伪軍統局北平法組看守所（伪所长候子川）由肃奸委員会审訊組（組长毛惕园，軍統少将及特务法官廖人剑）审訊、肃奸委員会于1946年6月取消后，即成立了伪十一战区专业人員訓練班，（班址：設北平什刹海政王搌府）由毛惕园化名为毛凌云負責，是年底改組为“保定綏靖公署青年訓导大队。由罗昌明負責另成立伪北平行轅青年訓导大队，接收前伪十一战区专业人員訓練班之被押人員，大队部設在北平炮局子胡同17号，伪大队长毛惕园，大队付周正（少将級軍統特务）另由伪北平行轅抽調該大队部份人員設立特种审訊組，（組长毛惕园，化名秦鏡如）。

在此时之伪国防部爱国青年訓导第×总队，第××大队以管押在平津地区被伪国民党反动派特务机构所扣押破坏之共产党及地下机构，至于审訊事条自伪北平行轅特种审訊撤銷后，即又設立伪北平市警备总司令部設計委員会第四組負責办理（伪組长毛惕园化名秦鑑甫）。

該大队以管押共产党員、进步学生、工人为主要(业务)，有时亦押解放軍被俘战士，經审訊后，分别以移伪北平特刑庭、伪北平地方法院、伪国防部河北陆軍监獄、伪华北总部軍法处。但审訊、签决移，送均系由伪北平市警备司令部設計委員会第四組之名义办理，而不由伪青訓大队办理，在管押期間并进行所謂“感化工作”講述伪国民党之政策法令、三民主义，并对解放区进行曲解污蔑宣传。管押期满出队时，又要接受潛伏破坏任务（出队办理宣誓，塡表及发給自新証明書）对被俘战士处理，多数送交伪国民党部頂补士兵，如年龄稍大，家居当时国民党統治区者可送回原藉。

其中被押人員，由北平天津两市之伪警备司令部、伪稽查处、伪警察局、伪宪兵团、伪保密局、北平天津两站伪国民党党員通訊局北平区、伪河北省統計室、伪华北总部青年戡乱救民先鋒队、伪平津鉄路局警备处，伪保密局平津特别站，伪保密局华北督教組，伪北总部治工处青年招待所等特务机构扣捕。送交該大队管押（个别还有临时羈押者）。

在进行所謂“感化工作”时，伪国防部治工局及华北总部治工处尙印发反动宣传品多种作为“教材”由伪国工局（国防部治工局）派教官到队监督执行（伪教官楊叶楠，即由国工局派）同时由被押人員中搜取解放区、軍、政、民、經、各方面情況，編制成册，分送各单位参考。

伪北平行轅青訓大队組織系統：

时間：1947年1月至1948年7月

地点：北平炮局子胡同

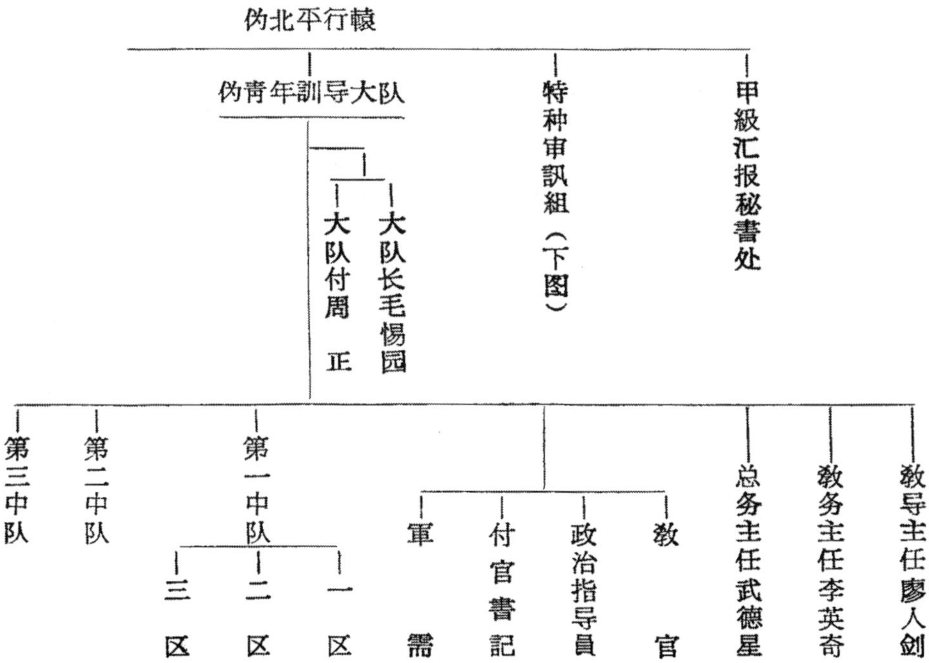

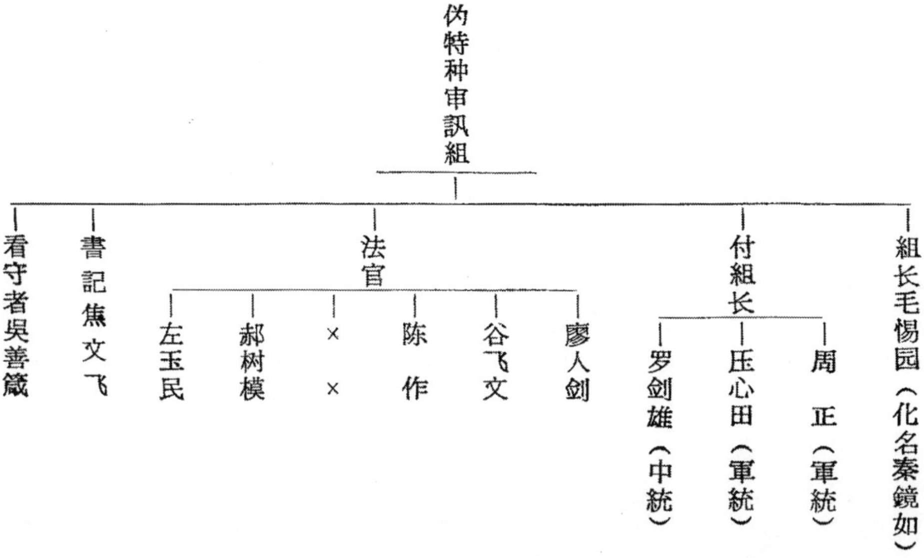

第×大队则又专以管押"干部"及"城工""地工人員"为主管押期間，还搜集情报，进行审訊，并灌輸反动思想，释放时发給"自新証明書"并发反动宣传品多种令携回散发。

（二）关于匪青年訓导大队怎样对待被押革命人員的：

审訊办法：

1．威胁：以杀害、长期扣押用酷刑为詞，威胁、恫吓，或以牽連妻儿子女为手段进行威胁以求口供。

2. 利誘：以自白后可以給予自由或能与家属会面，或释放后給予工作，金錢，地位等引誘方法以求口供（多半是由叛徒来“現身說法”的进行）。

3. 誘供：詭称（別的同案已自首）进誘作供。

4. 在看守所中設置內奸了解案情，这內奸多数为准备利用的叛徒或匪特因其他犯法行为被禁閉后在看守所內进行。个别的也有由匪特伪裝进步人士打入獄中。

5. 刑訊：普通有打板子，罰站、吊打……等等。

6. 其他逼供：伪造証据等等，以求口供。

在审訊后即拟定处理方法，报由匪上級領导机构批准执行。在匪青訓大队扣压人員中有所不同，在当时属于所謂現行案件（指在匪国統区的革命地下組織問題）的大多数由匪北平行轅青訓大队审訊处理，余由×××三大队处理。

在处理上有：

① 移送司法机关，公开审判（移送北平特种刑事法庭、匪高等法庭审判）

② 移送匪軍法机关审判（送十一战区、十二战区、北平行轅、匪北平总司令部的軍法处审判）。

③ 交于原服务单位自行处理（指有匪国民党公务員身份的）。

④ 送匪兵役部門服兵役。

⑤ 驅逐出境。

⑥ 留队感化。

⑦ 期滿释放。

⑧ 提前开放。

⑨ 嫌疑不足。

（以上九种多系其×××三个大队处理）

⑩ 控制运用。

对叛变投敌的人給予工作任务即由匪青訓队給予控制运用有三种情况：

（一）留在匪青訓大队，担任如匪区队长、訓管員、指导員等匪职或匪教官一类职务。

（二）由匪青訓大队介紹在队外进行活动。

（三）自行找工作，与匪青訓大队經常保持联系，接受匪特任务。

匪青訓大队对于被押人員（地下党員、城工人員）从审判阶段到感化阶段（即管押过程中）經常誘使失节背叛，除了經常进行反宣传教育外，多以威胁利誘来行之或歪曲战争进展情况，使被押人員对解放战争失掉必胜信念，其感質利誘办法多是以变节即可提前释放，可以避免牵連家属可以有工作、有金錢、能与家人会晤等方式或将其“自白書”公开，以阻絕其返回革命陣营的心情与思想，（当認为只要交待了自己的問題就不至于返回，即使返回也会受到“整风”，也常用“有人在匪国統区交待問題后又回到解放区后被处死刑一条的歪曲事实进行宣传。）释放时要宣誓，其誓詞略为，“奉行三民主义，服从国民政府，拥护蔣賊，与共产党断絕联系，并保守本队机密，如有违背願受制裁……”。

如系返回解放区的还要散发一些反动宣传品，漫画及投降証等带进解放区或交错区，同时还交待一些特务任务，如：刺探情报、造謠破坏、投毒在井水河流、放火、燒毁仓庫、刺杀首长、策反、长期潛伏待机而动、协助內应、协助接收等等，还規定通信联絡办法（通信是写×××信箱此信箱代号地点即特务机构）。

此外发給自新証明書，有时还发給旅費。

在匪青訓×大队，对释放后的人員如在匪国統区的，大多經常控制，又于1948年10月后匪华北总部成立、匪华北統一建設协会（敌特組織）把所有释放的人由匪华統建会控制。

（三）初 步 分 析

从以上对青訓队这个組織的两份調查材料来看，张淮三、金爽、王俊臣、赵健，……等是怎样释放的不就很淸楚了嗎？下面就他們被捕时前前后后的事情仔細分析一下。

1. 当时地下組織遭到破坏是叛徒的出卖（胡平、曹东）敌人已淸楚地掌握了张淮三、金爽、王俊臣、赵健……等人的身份，这是肯定的。

2. 当时經办此案的伪国民党警察第四分局全体人員受到国民党的嘉奖，伪报紙也大量刊登这一消息，这說明此案已引起敌人极大注意。

3. 他被释放的时間是1948年5月1日，正是平津解放的前夕，国民党岌岌可危正在疯狂大屠杀的时期，当时蔣該死能錯杀一千也不放过一个共产党員，在这种情况下敌人怎么会把这些地下党負責人白白释放呢？

4. 张淮三和他的爱人宋捷都是地下工作者，而张淮三又是主要負責人之一宋捷的弟弟当时在伪国民党北平任飞行大队长，在国民党日趋末落的时候张、宋二人为什么不把其弟弟拉过来而叫他逃往台湾？当然张、宋也許会說："关系不好"，但为什么在解放后宋捷又把全家照片寄到台湾去呢？台湾的地方那么大，事先沒有連系，又怎能知道地址呢？

5. 反动透頂的伪国民党特务机构，对共产党的办法无不用之其极，就連伪国民党軍事、司法机关都是如此，当时有这样流传，"稽查处杀气高，神鬼也难逃。"更何况专門对付共产党的特务机构——青訓队，因此从青訓队輕意释放是不可能的。

6. 张淮三、金爽、王俊臣、赵健……等人二月底到达北京，五月初出獄为时两个多月，按青訓队情况分析，算是提前释放，按当时情况分析在青訓队提前释放都是投敌变节，接受任务的。

7. 从他們出獄所办理的一整套手續和調查青訓队的情况完全是属于第十种，即"控制运动"这就是說已接受了敌特任务。

8. 张淮三等地下党負責人自首叛党，投敌人变节后，肯定供出了我党机密，至于他們下面的領导組織关系（地下党員）沒有遭到更大的破坏，正說明敌人用这点来迷惑我們党組織对他們的审查。达到保护这些叛徒繼續打入我內部长期潛伏，为敌作內綫的目的。

9. 他們出獄后訂立了攻守同盟，互相包庇，互相隐瞞，利用一些假像欺騙組織，因当时不能得到旁証，便可以达到他們长期潛伏伺机破坏的目地。

10．他們之所以能长期隐瞞下来，过了“审干”的关，和天津市委的宗派集团和黑綫有关系，另外也同原中央組織部长安子文，及薄一波等自首叛党分子有关系。

总之这些阶級敌人是埋在我党內部的定时炸弹，我們无产阶級革命者一定要情举千鈞棒、横扫万里埃，把这些反动透頂的叛党分子揪出来，把他們砸烂、消灭掉。

（四）結　束　語

革命的战友們，紅卫兵小将們：

这場触及人們灵魂的史无前例的无产阶級文化大革命，正沿着毛主席所指引的方向从一个胜利走向另一个胜利。凭借着战无不胜的伟大的毛泽东思想，乘着文化大革命的东风，在党的关怀和革命战友的大力协助下揭开了以张淮三为首的自首叛党集团的黑幕，眞是好得很，大快人心。这是伟大毛泽东思想的新胜利。

我們必須牢記伟大領袖毛主席他老人家的教导，“宜将胜勇追穷寇，不可沽名学霸王”，发揚打“落水狗”的精神，穷追到底，把这个自首叛党集团彻底挖出来、消灭掉，为了进快地結束这一战斗，我們希望革命的战友們和我們共同携起手来，并肩战斗，不把这个反动的叛党集团消灭干净，决不收兵！

当时被捕人員名单（有实名也有化名）

王善秋	张　福	李宝貴	高富德	李春茂	楊文远	楊士斌	朱少明	周树臣
馬振起	馬清海	李广全	孙金城	赵广生	李連江	段海泉	朱煥增	李大群
楊大小	王欽如	王鴻根	王长久	王方正	高福才	张振貴	高万濤	高福有
高福荣	张毓川	赵　建	刘連山	李万川	张国珍	焦炳兰	刘树和	焦　荣
刘兴旺	董殿巨	焦俊福	张德秋	脚世成	馬晋巨	张春如	李天成	孔繁玉
李焦氏	王希五	王振山	李广茂	安春田	李树喜	安春明	王季春	张吉尧
刘玉新	张叔康	张宋氏	王津芳	邵潤甫	张忍生	馬燕起	苏德树	关玉龙
王树林	王俊臣	吳大树	孟庆丰	陈士斌	袁柱林	金景和	魏国善	王振生
焦萊子	賈貴荣	夏清林	姜振忠	唐风山	閻云山	王振生	孟昭思	田大成
张文富	郭德海							

津鉄紅旗总部天津鉄路車輪厂捍卫毛泽东思想战斗队

（天津市河东区大王庄北长路43号）

1967年2月27日

把陈云揪出来示众

第一集

首都三司中央財政金融学院北京公社
八·八战斗队《何所惧》战斗組
紅卫兵上海第三司令部虹口区司令部
上海市体育战綫革命造反司令部虹口区司令部
上海市科协革命造反委員会(虹口区)
上海市財貿系統革命造反联絡委員会(上海財联)

一九六七年三月份编

最高指示

人民靠我們去組織。中国的反动分子，靠我們組織起人民去把他打倒。凡是反动的东西，你不打，他就不倒。这也和扫地一样，扫帚不到，灰尘照例不会自己跑掉。

毛主席：《抗日战爭胜利后的时局和我们的方針》

凡是錯誤的思想，凡是毒草，凡是牛鬼蛇神，都应該进行批判，决不能让它們自由泛滥。

毛主席：《在中国共产党全国宣传工作会议上的讲话》

目录表

彻底批判、打倒反革命修正主义分子陈云宣战书……………………………………………(1)
罪恶累累的陈云………………………………中央财政金融学院北京公社八·八战斗队总部(3)
陈云是资产阶级在党内的代理人…中央财政金融学院北京公社八·八战斗队二十八分队(6)
戳穿陈云"经济权威"的画皮………………………………"批判陈云联络站"办公室红兵(8)
陈云包庇反革命分子…………中央财政金融学院北京公社抗大战斗队普教分队胡祖科(10)
打倒反对毛主席的老手陈云
……………………………中央财政金融学院红卫兵北京公社八·八战斗队批判陈云战斗队(10)
彻底肃清陈云在税收工作上的修正主义流毒……中华人民共和国财政部革命造反司令部(11)
看，陈云对抗资本主义工商业社会主义改造的罪恶！
…………………………………………………北京师范大学井岗公社批陈联络站战斗队(13)
看，陈云的反革命修正主义真面目！……………………………………………………(15)
陈云在经济上是复辟资本主义的罪魁
…………………………中央财政金融学院北京公社八·八战斗队二分队"金猴"战斗组(18)
陈云反对毛主席的滔天罪行……………………………………………………………(19)
炮打党内走资本主义道路的当权派——陈云
…………………………中央财政金融学院北京公社八·八战斗队四分队"延安"战斗组(21)
陈云是文艺界牛鬼蛇神的黑主帅…………………………北京师范学院"东方红"驻批陈联络站(25)
把反毛泽东思想的修正主义分子陈云从党中央揪出来
……………上海人民评弹团鲁迅精神战斗组、苏州市文艺界革命造反指挥部全体战士(27)
斩断陈云伸向文艺界的黑手
…………………………中央财政金融学院北京公社八·八战斗队二分队"金猴"战斗组(29)

最 高 指 示

毛主席教导我們："人民靠我們去組織。中国的反动分子，靠我們組織起人民去把他打倒。凡是反动的东西，你不打，他就不倒。这也和扫地一样，扫帚不到，灰尘照例不会自己跑掉。"

"你們要关心国家大事，要把无产阶級文化大革命进行到底，"

彻底批判、打倒反革命修正主义分子陈云

宣 战 书

无产阶级文化大革命的滚滚洪流，猛烈地冲击着刘邓资产阶级、修正主义司令部的老巢，党內最大的走资本主义道路的当权派、中国的赫鲁晓夫刘少奇被揪出来了，邓小平被揪出来了，两面三刀的最大的资产阶级"保皇派"陶铸也被揪出来了。值得注意的是，在刘邓黑司令部里还有一个不大抛头露面的"神秘人物"、反革命修正主义分子陈云，至今还逍遥法外，妄图蒙混过关。

曾经窃踞在中央副主席要职的反革命修正主义分子陈云，一贯伙同刘邓，纠合彭、罗、陆、楊，把持党、政、軍、财、文大权，抵制和反对毛泽东思想，抗拒和反对以毛主席为首的党中央的正确领导，迎合国际帝、修、反：大肆鼓吹、推行资本主义、修正主义路线和政策，破坏社会主义革命和社会主义建设，阴谋在我国实行资本主义复辟。

反革命修正主义分子陈云，是推行反动的资产阶级经济主义的总根子。十几年来，他伙同刘、邓、薄疯狂地对抗毛主席的指示，在经济领域大搞"公私平等"、"钞票挂帅"、"三自一包"、"物质刺激"，等等，抹杀无产阶级和资产阶级、社会主义道路和资本主义道路的斗争，否定突出政治、毛泽东思想挂帅，妄图把经济领域变成他们瓦解社会主义、复辟资本主义的阵地。

反革命修正主义分子陈云，在文艺界，勾结、纵容反党黑线的祖师爷周扬，推行修正主义文艺路线，推崇牛鬼蛇神，鼓励毒草出笼，大肆进行反革命复辟活动。他还亲手泡制了许多反党反社会主义反毛泽东思想的大毒草，借古讽今，含沙射影，恶毒地攻击我们的伟大领袖、我们心中的红太阳毛主席。

反革命修正主义分子陈云，在无产阶级文化大革命中，伙同刘邓推行资产阶级反动路线，对抗以毛主席为代表的无产阶级革命路线，残酷地镇压无产阶级文化大革命。在八届十一中全会以后，继续顽固地坚持资产阶级反动路线，躲在幕后，以策划反革命经济主义的新形式，

向无产阶级革命派，向以毛主席为代表的无产阶级革命路线，向无产阶级革命司令部发动了猖狂的反扑。

陈云是反党反社会主义反毛泽东思想的老手，是党內走资本主义道路的当权派，是反动的资产阶级经济主义的总根子，是文艺界牛鬼蛇神的黑主帅，是伙同刘邓鎮压无产阶级文化大革命的罪魁祸首，是地地道道的反革命修正主义分子。陈云是埋在我们伟大领袖毛主席身边的一颗危险的定时炸弹。

革命的同志们，红卫兵战友们，我们能够让陈云滑过去吗？不能！不能！绝对不能！

必须把陈云揪出来！必须把陈云所把持的一切大权统统夺过来！必须把陈云斗倒、斗垮、斗臭！

彻底批判、打倒陈云的斗争，是彻底批判、打倒刘邓的斗爭的继续和发展，它对彻底批判资产阶级反动路线的斗爭，对彻底批判反革命经济主义的斗爭，对无产阶级革命派大夺权的斗爭，具有重大意义。

我们呼吁，全国的无产阶级革命派联合起来，在彻底批判、斗爭刘邓和彭罗陆杨的同时，展开对反革命修正主义分子陈云的批判和斗爭，把批判资产阶级反动路线的斗爭进行到底，把无产阶级革命派大夺权的斗爭进行到底，把无产阶级文化大革命进行到底！

打倒陈云！

彻底砸烂以刘、邓、陈为代表的资产阶级反动路线！

以毛主席为代表的无产阶级革命路线胜利万岁！

无产阶级革命派大夺权胜利万岁！

无产阶级文化大革命万岁！

伟大的中国共产党万岁！

我们的伟大导师、伟大领袖、伟大统帅、伟大舵手毛主席万岁！万岁！万万岁！

首都三司中央財政金融学院《北京公社》八·八战斗队

首都三司北京政法学院《政法公社》

中华人民共和国財政部革命造反司令部

首都三司北京师范学院《东方紅》大队

全国曲艺界革命造反联絡总站

彻底批判陈云联絡站（地址：中央財政金融学院办公楼215室；

电話：892031总机，893869直綫）

搗毀刘邓陈反革命修正主义黑司令部

罪恶累累的陈云

編者按：陈云和刘少奇、邓小平穿的是一条褲子，牵的是一根綫，吸的是一样血。陈云和刘少奇一样，是党內最大的走資本主义道路的当权派之一，是我国一切反革命修正主义分子的祖师爷之一。不过，陈云更側重在經济方面进行反党、反社会主义、反毛泽东思想的罪恶活动。陈云是反革命修正主义經济主义的罪魁禍首，是我国在經济上推行修正主义的总头目、总根子。

陈云过去身为党的副主席，長期領导国家經济工作，許多人对他很迷信，很崇拜，認为他是我党的"經济权威"。实际上，陈云是"有一两个或几个在中央工作的負責人，乘毛主席不在北京的机会，拋出了資产阶級反动路綫，反对毛主席的正确路綫"中的"一两个或几个在中央工作的負責人"之一，是陈伯达同志前几天所講的"起碼还有个把人物未被揪出"的这"个把人物"。

陈云这个老奸巨滑的、米高揚式的反革命修正主义分子，很少出头露面，专搞幕后指揮，隐蔽活动，因而有些人一时不易認清他本来罪恶面目。我們要把他放在光天化日之下，揭开他的画皮，現他的原形。

陈云这个反革命修正主义分子的罪恶累累，现就经济方面的九大罪状进行初步揭发。

一、极力吹捧资产阶級大唱阶級投降主义

陈云一贯歪曲党对资本主义经济实行利用、限制和改造的政策，片面地强调利用，不谈限制；大讲团结，不讲斗爭和改造。一九五六年六月十八日，陈云在第一屆全国人民代表大会第三次会议上《关于私营工商业的社会主义改造问题》的发言中，大肆吹捧资产阶级。他说："首先，应该看到中国的民族资产阶级和私营工商业者，对企业的生产技术和经营管理是有经验的，他们对于我国的管理工作是有用处的。……我们应该把资本主义工商业、手工业的生产技术和经营管理知识中一切有用的东西，看成是民族遗产，把它保留下来。吸收这些有用的民族遗产是我们的责任，对于这些民族遗产采取否定一切的粗暴态度是错误的。"在六月三十日的发言中又大肆鼓吹要求国家改善合营企业中的公私关系，说什么只有公私关系改善了，"无論是工业方面，或者是商业方面原来私营企业中许多良好的经营方法，都将更加被重视。私方人员原有的生产技术和经营管理知识中的有用部分，将更快地获得发挥的机会。"他还一再要求我们"团结资方人员，发挥他们的长处"，"如果职工群众对资方人员过去的行为有不满的地方，资方人员就应该在适当的場合主动地恰当地进行自我批评，公股代表也应该协助资方人员在职工中进行解释，使全体职工与公私管理人员团结一致进行生产和经营"。"一切公私合营企业中的业务改组和私方人事的安排，由私方先提意见"。看，陈云把资产阶级简直是捧上了天！

一九五三年，陈云就散布什么"现在消灭资本主义还不到时候"，"在税收上可以公私一律平等"，一类的修正主义理論，从而取消了税收作为阶级斗争的工具的作用，助长了资本主义的发展。他幷且露骨地说："不采取从税收上照顾资本家，应从加工、定貨、贷款、退补罚上照顾。"

一九五四年在国营商业和合作社商业向前发展过程中，陈云站在商业资本家的立場上，大肆为私营商业叫苦，说什么国营商业和合作社商业"现在不能前进了，需要等一下"，否则，"零售店就要统统关门了。"幷且强调说："要让商人有饭吃"，"如果首先改造得餓肚子，沒有饭吃了，那就不好了。"要国家想尽办法来"安定人心"。（即安定资本家的心）一九五四年，陈云指责"地方国营、公私合营吃的多，私营吃的少"，他要求国家对"资本主义、社会主义应在有所区别之下一视同仁。"陈云还伪善地说什么"应该让资本主义工商业得到适当的利润，否则就是不公道的。"請看，陈云当个资产阶级的孝子贤孙多么合适！

二、提出从农民头上打主意的主张，以达到破坏工农联盟的目的

毛主席教导我们："我们作计划、办事、想问题，都要从我国有六亿人口这一点出发，千万不要忘记这一点。""我们的方針是统筹兼顾，适当安排。"又说："我们应当联合哪一些阶级？压迫哪一些阶级？这是一个根本立場问题。工人阶级……首先要联合的是农民阶级。"

一九五四年五月二十五日，陈云在中国共产党第二次全国宣传工作会议和第六次全国公安工作会议上《关于商业问题》的报告中，主张弥补生产与消费的差额，要单纯地从农民身上打主意。他说："现在我们的差额（指购买力的增长超过消费品的增长速度）主要在什么地方呢？主要在农民。""农民的人口最多，农业经济的比重最大，因此，这个差额负担的很大部分要落在农民头上。"陈云还说："农产品的价格提不得"，"工业品的价格降不得。"这里，陈云这个阴险的家伙，公然和我们党所执行的根据生产发展情况，逐步提高农产品收购价格，改善农民生活的政策相对抗，以挑起工农的矛盾，达到破坏工农联盟的罪恶目的。

三、攻击社会主义計划經济，胡說商品供不应求是长期趋势

社会主义经济是计划经济，社会购买力和商品供应是通过计划进行的。出现商品供应量超过社会购买力或相反，这是局部的次要的方面。陈云抓住个别供求不适应的现象，大作文章，攻击社会主义计划经济。他在一九五四年中央商业额的一次报告会上说："社会购买力增长速度超过消费品增长速度，这种趋势是永久的趋势，苏联现在还是如此，供不应求。"幷诬蔑我国是"地大物不博，因此消费品经常不足是经常的趋势，脱銷难以避免。"

陈云在一九五四年中国共产党第二次全国宣传工作会议上《关于商业问题》的报告中又说"许多商品供不应求，这样一种趋势是一个短时期的现象还是长时期的现象呢？要确定这是一个长时期存在的现象。人民的购买力增长的速度超过了消费品生产增长速度，这种趋势是长期存在的趋势。也正是因为有了这种趋势，才能刺激生产发展，推动我国工业的发展。""要全部把购买力和消费品的数字平衡起来是不可能的。两者之间也应该保持一定差额，以刺激工业、农业生产。"陈云在这里根本不提阶级斗争、革命运动和发展生产的关系，他公开抵制毛主席提出的精神变物质、抓革命促生产的馬克思列宁主义原理。

四、大喊"反冒进"，給全国人民大泼冷水，和毛主席唱对台戏

一九五六年是农业合作化高潮的一年，全国开始出现了跃进的局面。这一年主要是由于新增职工多了一点，工资增加得多了一点，基本建设搞多了一点，财政出现了赤字，人民银行多发了点票子，市場供应有点紧张。但整个国民经济形势仍是大好的。陈云站在资产阶级反动立場上不看主流，就认为是冒进了。从一九五六年底，陈云就大喊"反冒进。"一九五七年一月，陈云在省市委书记会议上所说的爭取市場稳定和财政收支平衡的方法时，不是积极地，千方百计地去发动群众增加生产来克服困难，而是为困难所吓倒，大大地损害了群众的积极性，并且减低了一九五七年经济发展的速度。毛主席给六亿人民鼓干劲，陈云则喊“反冒进”，泼冷水，以达到抵制合作化运动的目的，直接和毛主席唱对台戏。“反冒进”的错误，为时虽只几个月，却使国家遭到了很大损失。

五、宣揚修正主义的“唯生产力論”、机械平衡論

陈云在一九五〇年三月《关于统一财政经济工作决定的说明》中就只强调物的因素。说什么“只有集中物力，财力统一使用，才能战胜暂时的财政困难，才能在落后的半殖民地贫困的经济基础上前进。”

陈云在一九五四年五月二十五日的报告中说：“现在县委注意到了这个问题(指物资和貨币的平衡)，天下就大定了。”

陈云完全看不到精神原子弹的威力，极力宣扬修正主义的“唯生产力論”。他在一九五四年五月二十五日的报告中说.“沒有机器不得了。”“沒有机器，帝国主义就要欺负我们。”“有了机器，帝国主义看到才害怕。”所以，“应该要机器。”

陈云于一九五七年针对一九五六年由于合作化高潮而出现的局部的临时的财政不平衡就大讲“三大平衡”，即财政平衡、信贷平衡、物资平衡。陈云只强调物的平衡，不讲人的因素；只强调机械平衡，不讲唯物辯证法，完全抹杀精神变物质的一面。这种平衡完全是反毛泽东思想的，反唯物辯证法的。这种平衡是假的，是消极的，是机械的。陈云正是利用这三大平衡作为武器来攻击我们党的。以后，右倾机会主义分子也利用这个武器来向党进攻。

六、反对突出政治，强调业务挂帅

毛主席一贯教导我们，政治是统帅，是灵魂，政治统率业务，政治工作是一切经济工作的生命线。我们的政治工作，最重要的是要促进人的思想革命化，政治要落实在思想革命化上。而陈云却相反，他在一九五七年，从业务观点出发，提出财贸系统要加强所谓三大观点，即政治观点、群众观点、生产观点。主张要把政治落实在业务上，主张业务挂帅。这是和毛主席的教导相对抗的。这三个观点在财贸战线流传极广，遗毒甚深。

七、在处理中央和地方的财政体制上，搞大放大收，形“左”实右

毛主席在一九五六年四月二十五日谈十大关系时，就指出：“目前要注意的是应当更多地发揮地方的积极性，在中央的統一計划下，让地方办更多的事。”又指出：“要扩大一点地方的权力，地方的权力过小，对建設社会主义是不利的。”陈云根本不执行毛主席的指示。一九五八年全国出现了大跃进以后，陈云迫于形势，亲自主持修改了一次财政体制，把地方经常性支出定了一个基数，同收入挂勾，固定三年不变，增收的部分，全部归地方使用。这种大放的办法，结果同国家计划发生了矛盾，第二年就又采取大收。这里，陈云是采取一条形“左”实右的路线，是和毛主席的正确路线相对抗的。

八、全面否定大跃进，恶毒攻击三面紅旗

一九六二年二月二十一日至二十三日，由刘少奇主持的中央政治局常委扩大会议上，刘、邓、陈共同上台表演。他们全面否定大跃进的成绩，给三面红旗大抹其黑，和毛主席唱对台戏。

在这个会议上，陈云作了《目前财政经济情况和若干办法》的讲话。对经济形势的估计是：“现在突出的问题是沒饭吃，通貨膨胀。”“现在有几种情况：(一)农业有很大减产，粮食不够吃，油水很少，衣不够穿。现在的措施，解决回笼。根本问题一个沒解决。(二)已经摆开的建设规模，超过经济的可能性。(三)通貨膨胀。我们不同于国民党的长期恶性通貨膨胀，但是通貨膨胀如不制止，很危险。(四)城市钞票大量向农村转移，助长投机倒把。最大的危害，农民不卖东西。这种趋势还在继续。(五)城市人民生活下降，现在生活很苦"。請看，陈云在这里是何等恶毒地攻击三面红旗的！

陈云这样明目张胆地攻击三面红旗尙嫌不够，还声嘶力竭地叫嚷说："有些情况还暴露不够。"又说："这几年有些问题只能在书记处小范围讲，在广大干部面前不讲，怕吹冷风。"于是，陈云在刘少奇贊赏、支持和授意下，又在中央各部门领导干部中专门做过一次报告，并且以中央名义转发到各省、市委，要各省、市委一级的干部"认眞讨論，在讨論中，应该鼓励大家发表各种不同意见，并且应当允许保留不同意见。"这样，就在全国范围內大刮起悲观风、翻案风、单干风。

在这次会议上，刘、邓、陈不仅要求财政部在当年预算上打赤字，而且根据陈云的意见还要财政部把大跃进以来在银行、物价方面发生的问题，都反映到财政上来，企图在财政上搞个大亏空，为他们攻击大跃进，攻击三面红旗提供子弹。

九、反对农业集体化，大刮单干风，主张彻底的分田到戶

一九六二年邓子恢刮起了单干风，提出要包产到戶。但是，陈云认为邓的主张不彻底，是"二百二"。陈提出要爭取时间，彻底分田到戶，并且亲自到各地进行了调查研究。在一九六二年五月，他还要财办一些同志算一笔帐：分田到戶以后，农业生产每年能增产多少？国家能掌握多少粮食？当时有人问陈：你这样做是否和主席提出的农业合作化方针相对立。陈云恶毒地说："主席最实事求是，你不要管。"在陈云提出分田到戶的时候，正当台湾蔣匪帮要窜犯大陆之际，形势比较紧张。陈云为了贯彻他的反动主张，竟不惜对农民进行汚蔑地说："打起仗来，把土地分给农民，农民起来要保卫土地，劲头就大了。"当时有人问陈，按照你的想法，对毛泽东思想和馬列主义理論究竟怎样理解，陈说："反正中华人民共和国万岁，以后再来。"意思是说，只要中国不垮，将来再搞集体化。这里可以清楚看到他对集体经济，对社会主义前途已经毫无信心了，一心想退回到资本主义老路上去。

以上足以证明陈云是财经方面党內最大的走资本主义道路的当权派，也是财经方面最大的反动的学术"权威"，是刘、邓路线的核心人物，得力干将。我们一定要把陈云揪出来示众。

打倒陈云！

陈云不投降，就叫他灭亡！

中央财政金融学院《北京公社》八·八战斗队总部

陈云是資产阶級在党內的代理人

陈云是党內走资本主义道路的当权派，是钻进党內的资产阶级代理人。长期以来，他以"中央常委"、"经济权威"的姿态在党內出现，很是迷惑了一些人。现在是戳破这个画皮的时候了！

陈云打着共产党员的招牌，实际上则为资产阶级办事，是资产阶级的一个忠顺的"谋士"，早在一九五〇年调整工商业时，陈云就极力为资本家出谋划策，千方百计使资本家获得高额利润。一九五二年十一月，陈云提出“调整”商业，实际上是排挤、破坏国营企业，为私营企业的扩张大开方便之门，致使国营企业丧失一部分阵地，受到严重损害。一九五三年，陈云大搞所谓国营企业“泄肚子”，使批发商猖獗一时，严重地破坏了国民经济。

在一九五五年的商业工作会议上，陈云赤膊上阵，充当了资产阶级的代言人，说出了资本家想说而不敢说的话。陈云说：“为维持私商一定的营业额，国营商业与合作商业应退的就退，应撤的就撤”；“对私商不准不合理地搭配冷背貨”，并提出要“很好地利用”原有批发商的“批发关系”和“业务经验”。在工业方面，陈云利用商业冲击国营工业，提出所谓“国营可能让出一部分原料。产品给私商的，即让出一部分。”一九五六年正当对资本主义工商业进行社会主义改造进入高潮的时候，陈云迫不及待地跳了出来，猖狂地反对对资本主义工商业的社会主义改造。为了在中国保存和扩充资本主义势力，为了让资本家把持公私合营企业的实权，陈云竟然露骨地提出，“必须让资方实职人员担任实际业务，不坐冷板凳。”说什么“有许多资本家懂得技术，有经营管理能力，如果不用他们，不合理，也不近人情。”又说什么“资本家首先要实职，同时也要名义，所以可以安排做副经理，副厂长等等，如果资本家是称职的，可以安排正职，公股代表担任副职。”为了在中国保留商业资本家的“传统”，陈云提出了臭名昭著的“瓜皮帽子，水烟袋子和两条辮子”的谬論。所谓“瓜皮帽子”和“水烟袋子”，即是推崇旧商人以保持旧商业传统，所谓“两条辮子”，则是贬视我们的政治工作干部和新商业工作人员。意思是说资产阶级分子是有经营能力的“內行”，我们的政治干部和新商业工作人员年轻，不行；要把大权交给资产阶级。陈云这个叛徒，完全拜倒在资本家的脚下，对资本主义百般地迁就，退让，以至于拱手把大权交给了资产阶级。陈云恶毒地污蔑我们公私合营企业“不民主”，公开提出要在合营的工厂和商店中建立“民主管理机构”，让私方人员“有地方讲话”，“有职有权”，在肃反工作中，“每案均要有工商联和民建参加”。在这里，陈云出卖社会主义，扶植资本主义，妄图变无产阶级专政为资产阶级专政的反革命嘴脸不是很清楚了吗？

陈云对资本家，在经济上采取退让政策，在政治上采取投降主义，并不是偶然的，而是陈云否认阶级和阶级斗爭的必然结果。陈云认为资本家只要“被取消剝削后”或“不剝削了”，即可以加入工会，或者“给他一个候补会员”。说什么“公私合营和资产定息以后，企业中的生产关系改变了；资本家本人也开始改变了”，他们“旣是資本家，又是国家公务人员”，是“半公半私”的人。这样就完全抹杀了资本家作为资产阶级一分子的阶级本质。陈云厚颜无恥地说：“资本家的机器是财富，但人也是财富，他们有管理企业的知识和经验，而且人的财富不下于机器的财富。我们对资本家，究竟看作是包袱，还是看作财富呢？应该看作财富。”陈云露骨地为资本家涂脂抹粉，把资本家奉若神明，崇为“财富”，充分暴露出陈云出卖无产阶级，投降资产阶级的叛徒眞面目。

仅就上述点滴事实，就可清楚地看出，陈云绝不是我们共产党的干部，绝不是什么无产阶级“经济权威”，而是钻进党內的资产阶级代理人，是地地道道的资产阶级的臭“谋士”，是经济界最大的反动“学术权威”。

让我们奋起千鈞棒，打倒陈云！罢他的官，夺他的权！把陈云斗倒、斗垮、斗臭。

中央财政金融学院《北京公社》八·八战斗队二十八分队

戳穿陈云"經济权威"的画皮

我们的伟大领袖毛主席一贯强调突出政治，政治第一的思想，经常教导我们："政治工作是一切经济工作的生命线"，"政治是统帅，是灵魂"。但是陈云这个反革命经济主义的"老头子"却一直顽固地抵制和反对毛主席的这一伟大思想，极力在经济领域推行反动的资产阶级经济主义。

早在一九四四年延安工作时期，陈云就曾多次宣扬"经济第一，政治第二"的谬論，胡说什么"做经济工作是经济第一，政治第二"，"经济上能顾到全面就是政治"，公开地否定政治统帅经济的根本原则，与毛主席相对抗。

一九五〇年二月，在中央财委召集的第一次全国财政会议上，陈云以中央财委主任的身份，在会上大肆鼓吹资本主义社会交易所投机倒把，买空卖空的一套"拍板定案"方式，并叫修正主义分子范长江在《人民日报》上写文章为自己的"拍板定案"叫好。在这次会议上，陈云只字不提毛主席的指示，却积极贯彻刘少奇的调配税收人员的方案。这次会议不仅是陈云对社会主义财政的污蔑，而且也是建国初刘、邓、陈反革命经济主义对无产阶级革命路线的一次示威！

一九五一年，毛主席和党中央号召全国人民投入伟大的抗美援朝斗争，以伟大的无产阶级国际主义精神，用革命战争打败美国侵略者。反革命修正主义分子陈云却吓破了胆，叫嚷："管它三十七度，三十八度(指经纬线)，最好不打！""打起仗来就打乱了经济"。当时中央提出"边抗边稳边建"的方针，以保证抗美援朝的軍事供应，物价稳定和恢复经济建设的资金，而陈云却在全国财政会议上大唱反调，说什么"财政任务是要担起两筐鸡蛋。"所谓"两筐鸡蛋"，就是指的"保证抗美援朝軍事供应"，"保证物价稳定"。这样中央的"三边"方针就被陈云篡改成"两边"，而把"恢复经济建设"一项砍掉了。这是陈云的一个大阴谋，这个老右倾机会主义分子认为要打仗就不能恢复经济建设，要恢复经济建设就不能打仗，坚决反对毛主席抗美援朝的主张。他对当时的形势作了极其悲观的估计，说："抗美援朝战争是十分艰苦的。彭老总（指彭德怀)喊困难就是困难。"他用旧成语"危如累卵"，即担着"两筐鸡蛋"来形容当时财政情况危机。陈云在同财政部×××的一次谈话中曾经毫不隐讳地说："现在财政方针是三边政策，其实两边就很重了，毛主席力主抗美援朝，既要打仗，保证恢复经济的资金就不能不受到限制，还要保证物价稳定，困难不少啊！"一番黑话，就充分地暴露了陈云攻击我们伟大领袖毛主席的罪恶用心。

一九五三年陈云与毛主席的领导唱对台戏，阴谋大搞所谓"财权高于一切"。每年的财政预算收支分配都是由中央财委召集各大区财委讨論确定，然后由财政部负责核算，核算后的分配数字经陈云和薄一波批准，执行预算中的追加核减，也完全是由财委陈、薄批准算数。在修改税制中，陈云否认阶级斗争，推行"公私纳税一律平等"的修正主义原则。在一九五三年陈云主持的中央财委会议上，极力鼓吹"学习苏联"，指示财政部起草税制，并要求多邀請工商界座谈，税制草案修定以后，又一再征求工商界资本家的意见。由于陈云在修改税制上与工商界资本家合作，以他们的意见做根据，所以修改的税制，无論从税制上来看，还是从纳税率、纳税环节上看，都是公私一律平等的。税制公布以后，私、商、资本家就大量套购国营商业的物资，严重地损害了国营经济。在商业上，大搞商业"泄肚子"。陈云宣扬什么"商业库存太大，资金周转率迟缓，因而既积压资金，又不利于回笼貨币，赢利少"要"大力推销"。当时财政上把历年结余都编作预算收入，顶开支的资金来源，而这些资金又为银行收回商业信贷，这就形成财政开支节余，银行收回商业信贷，商业被迫不得不大量推销，"泄肚子"，私商便大量囤积居奇，给市場供应造成紧张和市場混乱，这就是陈云推行修正主义的"利潤挂帅"的罪恶结果。这一年的财经工作受到了毛主席和党中央的尖锐批评，陈云不但不认眞接受批评，反而怀恨在心，伺机进行报复。

一九五六年，农业合作化和私营工商业社会主义改造进入了高潮，我国国民经济形势大好，财经情况也很好。在总路线光辉照耀下各項事业有了很大的发展。但是在发展中也出现了一些缺点，如工资调整，农业贷款，物价调整等等。如果加强财政管理，这些方面的缺点是可以克服的。但是陈云心怀不满，迫不及待地跳了出来，攻击公私合营是"一早就合营了"，叫嚷"我要知道就不会让他搞得这么快"，"不但慢一点，有的根本就沒有合营的必要"。故意扩大当时的困难，大叫"冒进了"，吹冷风，泼冷水。到一九五七年预算时，他大砍基本建设投资，结果造成了所谓"馬鞍形预算"。一九五七年，陈云同毛主席强调的政治工作和人的因素第一的思想唱反调，提出所谓"三平"，即财政收支平衡，信贷收支平衡，物资生产供销平衡三结合的修正主义财政理論，只讲物资计算上的平衡，根本抹杀和否定政治工作和人的因素，只讲机械平衡，根本抹杀和否定财政经济的矛盾发展的辯证法，一句话根本否认毛泽东思想。在陈云的修正主义理論指导下，财政部门曾经一度刮起了一股所谓"三平"理論的研究，大作文章，幷在实施财政计划上，借口"三平"，反对利用上年结余，压低预算支出，减低建设速度。后来由于毛主席的及时指示，一九五八年大跃进，才把这股邪风剎住，陈云的阴谋才未得逞。

一九五九年，陈云在庐山会议上，伙同刘、邓、彭右倾机会主义分子，联合向党和毛主席发动了猖狂的进攻，恶毒地污蔑三面红旗，把矛头直接指向最伟大的领袖毛主席。在他们的攻击遭到以毛主席为首的党中央的严厉驳斥以后，陈云以沉默消极来对抗。会上不讲话，叫他发言，他别有用心地说："半年以后再讲话"。到了一九六二年，他看时机一到，便伙同刘邓大肆收集所谓"困难"、"矛盾""阴暗面"，抛出了六支毒箭，即"形势六条"，明目张胆地攻击三面红旗，完全否定毛泽东思想的领导，否定三面红旗，充分暴露了陈云的反革命修正主义的眞面目。

从以上事实看，陈云幷不是什么"经济权威"，而是地地道道的反革命经济主义的代表，是一个老牌的右倾机会主义分子，是一贯反对毛主席和毛泽东思想的反革命修正主义分子。

毛主席教导我们："要特别警惕象赫鲁晓夫那样的个人野心家和阴谋家，防止这样的坏人篡夺党和国家的各级领导。"陈云就是这样的阴谋家，在刘少奇的庇护下，钻进党中央，窃居中央财委大权，抵制和反对毛泽东思想，成为党內最大的走资本主义道路的当权派之一。对于这样一个危险人物，我们必须架起重炮猛轰，把他轰出党中央，把他斗垮、斗倒、斗臭！

《批判陈云联絡站》办公室紅兵

陈云包庇反革命分子

陈云和前江苏省松江地委委员姜兆麟(已退休)关系很密切。姜兆麟的弟弟姜移山，曾在蒋匪特务机关"南京反省院"，"上饶集中营"任职，解放后被我判无期徒刑（在这次文化大革命中已畏罪自杀)。有一次姜兆麟见到陈云时，诉说了一通什么"母亲年令大了，儿女有的为革命牺牲了，还有一个关在监狱，心里很难过"等等，請陈云帮忙。不久，这个反革命分子就被释放回家了。

后来，姜兆麟见了陈云，说姜移山"现在在街道上受管制，但已有了选举权了。"陈云一听就说："噢！有选举权了，那已经很不容易啦！"

陈云！你包庇反革命分子，该当何罪?！

中央财政金融学院北京公社抗大战斗队营救分队　胡祖科

打倒反对毛主席的老手陈云

长期以来，每当我国社会主义革命发展到关键时刻，同刘、邓一样，陈云便立即跳出来，疯狂地反对毛主席，反对毛主席的革命路线。

早在一九四四年，陈云反对毛主席、反对毛泽东思想的狐狸尾巴就露了出来。毛主席教导我們："政治工作是一切經济工作的生命綫。"政治统帅经济是毛主席的一贯思想。但是，陈云却宣扬所谓"经济第一，政治第二"，"七分经济，三分政治"的謬論，公开与毛主席相对抗。毛主席曾多次严肃地批评过陈云的思想方法。在陕甘宁陈云要求到下层工作时，毛主席就严肃的批评陈云："不是经验问题，而是思想方法问题。"陈云非但拒不接受毛主席的批评，反而变本加厉越滑越远，以至不可救药。

一九五〇年，万恶滔天的美国侵略者发动了侵朝战争，把魔爪伸向我们新生的祖国，我们最伟大的统帅毛主席立即向全国人民发出了抗美援朝打败美国侵略者的伟大战斗号召。而陈云却同老反革命修正主义分子彭德怀一唱一和，坚决反对毛主席的抗美援朝的主张，说什么抗美援朝战争十分"艰苦"、"困难"，大叫大嚷："管它三十七度，三十八度，最好不打！"陈云不但这样说了，而且这样干了。当时为了适应抗美援朝战争形势的需要，中央提出"三边"(即边抗、边稳、边建)的财政方针。而陈云公开与毛主席唱反调，把"恢复经济建设"这一边砍掉，篡改为所谓"财政任务是挑起两筐鸡蛋"的"两边"方针。把抗美援朝和经济建设绝对对立起来。这是陈云的大阴谋，企图从财经上对毛主席施加压力，破坏抗美援朝战争，推行反革命修正主义路线。

一九五六年，当我国农业合作化和三大改造运动进入高潮时，陈云反对毛主席，反对毛泽东思想，就更加露骨，更加猖狂了。他一方面奉刘少奇的圣旨，顽固推行反革命修正主义路线，抗拒毛主席的革命路线；另一方面，伙同刘邓充当"反冒进"的急先锋。说什么，"现在的情况正是有些同志……超越了客观情况所允许的条件去计划自己的行动，去硬办一些一时还办不到的事情”，大刮小台风。毛主席在《关于正确处理人民内部矛盾的问题》一文中指出：**“現在有一些人却在說合作化不行，合作化沒有优越性，吹来了一股小台风。”**这吹“小台风”的一些人不是别人，正是陈云之流。更不能容忍的是陈云在五六年三月全国工商业者家属和女工商业者代表会议上公然赤膊上阵，把矛头直接指向我们最最敬爱的伟大领袖毛主席。他胡说什么在公私合营改组企业中进行并厂并店是“并错了”，这种错误“最后的责任是在北京上级干部”。并且恶毒地说：“有人说‘……上面好，下面坏，上面的经是好经，……毛主席的经是好的，就是小和尚念坏了，小和尚的嘴是歪的，歪嘴和尚念不出好经’，这是不对的。”又说什么对资本家“只改造不给饭吃是不行的，不开饭，大家会闹的，会说毛主席万岁，不开饭不行。”还说什么“现在为什么有那么多錢进行建设？毛主席万岁，毛主席家里又不是大地主、大资本家，他并沒有錢。”看！陈云如此不择手段地攻击毛主席，足见他对毛主席是何等仇恨，用心又何其毒也！

我国社会主义革命越向前发展，越暴露出刘邓陈的反动真面目。正当我国人民在毛主席亲自制定的总路线、大跃进、人民公社三面红旗的光辉照耀下奋勇前进时，一九五九年党中央召开了“庐山会议”，当时陈云在大连休养，不去参加，让宋××去。会议结束后，陈云急急忙忙叫宋给他汇报情况。宋说：“彭德怀给主席写了一封攻击大跃进的信……。”陈云着急地说：“为什么彭德怀在这个时候写这封信？”言外之意反对大跃进的时机还未成熟，他为彭德怀过早跳出来表示惋惜，并扬言“半年以后再讲话”。

果然，事隔两年之后，刘邓陈合伙在六二年乘我国国民经济暂时困难时期，精心策划了所谓“西楼会议”。这是一个地地道道的反党、反社会主义、反毛主席的大黑会，是刘邓陈之流反革命修正主义分子向党、向社会主义、向毛主席发动的一場规模巨大的猖狂进攻，是刘邓陈之流反革命本质的大暴露。就在这个黑会上，陈云同刘、邓拍板合唱，全面否定三面红旗。同时，陈认为“包产到戶”是“二百二”，是红药水，不解决问题。他极力主张彻底“分田到戶”，妄想在中国复辟资本主义。在刘少奇的指使下，陈云纠集了他的喽罗们伪造巨额预算赤字，以达到其全盘否定三面红旗的阴险目的。

我们的伟大领袖毛主席教导我们：**“要特别警惕象赫魯晓夫那样的个人野心家和阴謀家，防止这样的坏人篡夺党和国家的各級領导。”**陈云正是这样的野心家、阴谋家。陈云是反对毛主席的老手，他疯狂地反对毛主席决没有好下場！

打倒反对毛主席的老手陈云！

首都三司中央财院红卫兵北京公社八八战斗队批判陈云战斗队

彻底肃清陈云在税收工作上的修正主义流毒

毛主席教导我们：**“凡是反动的东西，你不打，他就不倒。这也和扫地一样，扫帚不到，灰尘照例不会自己跑掉。”**老牌反革命修正主义分子陈云，长期把持财经部门，大量贩卖和推行修正主义的貨色，疯狂地反对毛主席的财经政策，抵制毛主席的理财思想。他的黑手也同样伸到了税收部门，在税收上保护资本家，使资本家大发横财。鼓励农村发展资本主义自发势力，包庇投机倒把分子，企图在我国复辟资本主义。我们必须彻底批判陈云推行的修正主义，肃清他在税收工作上的流毒。

一、在税收上保护和发展資本主义，养肥了資本家。

解放初期，党和国家对资本主义工商业采取了利用、限制、改造的政策。税收是保护和发展社会主义、半社会主义经济，有步驟、有条件、有区别地利用、限制、改造资本主义工商业的工具之一。但是，陈云则力图取消或削弱税收这个工具的作用，他很早就散布"公私一视同仁"論调。一九五三年修正税制时，又提出"公私一律平等纳税"的反动口号，公开反对毛主席在过渡时期总路线中提出的对资本主义工商业利用、限制、改造的政策。与周总理提出的"公私区别对待，繁简不同"的税收政策相对抗。陈云还胡说什么："我们消灭资本主义经济，办法很多，如加工订貨、控制原材料等等，不一定要在税收上多打主意。"因而在修正税制时，他就指示三反分子薄一波规定对私营批发商不再征税；此外还发明了一个"商品流通税"，规定私商经营流通税的商品，不但不交纳批发营业税，连零售营业税也不交纳，这就在全部商品流通过程中取消了税收的监督和限制作用，给资本主义势力的发展大开方便之门。税制修正以后，私营批发商猖狂地同国营经济爭夺批发阵地。如重庆市绸布业十七戶私营批发商，一九五三年一至二月的批发生意比一九五二年十一月至十二月上升百分之五十九点六，而国营批发生意则下降百分之四十八点三，西药私营批发商生意上升百分之三十三，国营则下降百分之五十五点五。上海市公泰号棉布批发商由于不征税，一九五三年第一季度销貨额比一九五二年同期上升三倍多。

陈云推行这样的一套彻头彻尾的修正主义税收政策，这就直接打击了国营经济，养肥了资本家，为资本主义复辟敞开了大门。

二、在税收上鼓励发展城乡資本主义自发势力，挖社会主义的墙脚。

在公私合营高潮以后，陈云复辟资本主义的企图沒有得逞，但还不死心，他就打着"大计划，小自由"的招牌，胡说什么"计划经济是主体，同时还要有个体经济的自由市場"。在城市，他认为要多开些夫妻老婆店，造谣说"北京市有个居民区老百姓嫌合作社买东西不方便，只要夫妻店。"在农村极力鼓吹发展自由市場，说什么"计划经济不可能彻底，总要保留些资本主义自发势力，自由市場是消灭不了的。"企图让城乡资本主义分子一齐出笼，扰乱社会主义市場。同时在税收上指示财政部走资本主义道路的当权派，规定对私营商贩、个体手工业给予优待，一般不征所得税。这样私营商贩和个体手工业戶的税收负担比国营、比集体企业都轻得多。在一九五六年——一九五七年期间，城乡私营商販、个体手工业很活跃，开地下工厂，搞投机倒把，大赚其錢。有些人叫嚷"合作不如单干，单干不如吃黑饭（指投机倒把）。"这股妖风就是陈云刮起来的。

三、对抗毛主席"取締奸商，反对投机操纵"的政策。

沒有改造好的地、富、反、坏、右和资产阶级分子，就乘机纷纷出笼，混入集市搞投机倒把活动，牟取暴利，扰乱市場。当时阶级斗爭十分尖锐复杂。在一九六二年中央各部、委党组成员会上陈云公开包庇投机倒把分子，说什么"对自由市場的做法有不同的看法。自由市場开放之后，看法也不一致，有的看得不严重。"在陈云出谋献计之下，黑司令刘少奇指示财政部搞了个对投机倒把的罚款补税办法。这个办法表面上规定可以根据不同情况进行补税，罚款，暗地里却以偷天换日手法，把全部暴利改为"积蓄暴利"，就是不管投机倒把分子实际获得多少暴利，只就现有“积蓄的暴利”进行补税罚款。这等于完全承认了投机倒把分子所获暴利中挥霍浪费掉的那一部分是合法的，可以不再补税罚款。至于所谓“积蓄暴利”也是天晓得，投机倒把究竟“积蓄”多少暴利，一般不可能查出来，只能按照他们承认的所谓“积蓄暴利”进行补税罚款，陈云就是这样在税收上包庇投机倒把分子，来对抗毛主席的“取缔奸商，反对投机操纵”的政策。

中华人民共和国财政部　革命造反司令部

看，陈云对抗資本主义工商业社会主义改造的罪恶！

陈云，这个混进党内的资产阶级代表人物，站在反动的资产阶级立场上，节节对抗毛主席提出的对民族资产阶级进行社会主义改造的政策和一系列措施，大搞资本主义复辟。

在全国解放前夕，毛主席就在七届二中全会上明确地指出了：“限制和反限制，将是新民主主义国家內部階級斗爭的主要形式。如果認为我們現在不要限制資本主义，認为可以抛弃‘节制資本’的口号，这是完全錯誤的，这就是右傾机会主义的观点。”解放以来，对民族资产阶级改造的事实，完全证实了毛主席这一英明論斷。

在打退了资本家解放初向我市場发动猖狂进攻引起了通貨膨胀后，一九五〇年，本着我党对资本主义工商业“利用、限制、改造”的政策，进行了调整工商业。毛主席还及时提出了使各种社会經济成分在具有社会主义性质的国营經济領导之下这一重要原则。然而，老右倾机会主义者王明路线的忠实执行者陈云却无视毛主席这一指示，在一九五〇——一九五一年多次报告中，闭口不谈国营经济领导地位，而是大谈资本主义工商业的发展前途，大肆吹捧资本主义社会交易所投机倒把、买空卖空的一套“拍板定案”方式，并梦想在五年内，让私营资本主义商业占我国商业三分之一，积极販卖刘少奇的黑貨，妄图使资本主义经济在我国大泛滥。事实上，这一时期，陈云打着“调整工商业”的幌子，变“限制”为“照顾”，实则为“放纵”。不仅大嚷要使资本家“有适当利益可图”，而且在一九五〇年三月对资本家实行高利润政策，纵容资本家乘加工订貨之机牟取百分之十——三十甚至更高利润，为资本家继续发横财广开门路，伙同资本家挖社会主义墙脚。

就是在陈云的纵恿下，一九五一年——一九五二年，资本家乘我抗美援朝之机大放“五毒”。对这一疯狂挑衅，毛主席发出伟大的“五反”号召，给予坚决反击。狠狠打击了不法资本家。然而，打在资本家身上，痛在陈云心上。这个资产阶级的孝子贤孙除了又一次打出“调整工商业”的幌子，借口帮助私营工商业克服“困难”，偷天换日地变“限制”为“发展”，还对他的狗爹狗娘资本家百般安慰，说什么“五反中大家有些怕。反革命应有规格，即反革命行动。……民主党派中央委员不审查。”真是混帐透顶！难道民主党派中央委员中的反革命分子也“不审查”吗？不鎮压吗？在这限制反限制的阶级斗争中陈云站在什么立場上不是昭然若揭了吗？

在七届二中全会上毛主席还指出在一定历史条件下利用民族资本主义工商业有利于国计民生的方面时，一再强调了限制、改造的政策。明确指出："中国資本主义的存在和发展，不是如同資本主义国家那样不受限制任其泛滥的。它将从几个方面被限制——在活动范围方面，在税收政策方面，在市場价格方面，在劳动条件方面。"陈云却公开与毛主席唱对台戏，反其道而行之：

在一九五三年制订税制时，借口"我们消灭资本主义经济很容易"，而制订了"公私一律平等纳税"的修正主义投降税制，与毛主席"在税收政策方面"的限制相对抗。当一九五四年国营商业和合作社商业迅速发展，猛烈冲击私营资本主义工商业时，陈云连幌子也不打了，馬上跳出来替资本家大喊大叫。什么"现在不能前进了"，否则"零售商就要统统关门了。"企图阻止历史車轮前进。还说什么"资本主义、社会主义应在有所区别之下一视同仁"，甚至还愤愤不平地指责"应该让资本主义工商业得到适当利润，否则就是不公道的。"并下达了"国营商业与合作商业应退就退，应撤就撤"的投降令。为此，大搞国营企业所谓"泄肚子"，伙同薄一波放弃一批国营批发商业阵地"，使进行中间剥削、投机倒把的吸血鬼——私营批发商得以牟取暴利，严重破坏了国民经济。看，陈云就是这样完全违背毛主席的指示，号搞一套修正主义的黑貨，企图在我国实现资本主义复辟。

对私营商业如此，对待私营工业也是如此。

毛主席在七届二中全会上就尖锐地批评了右倾机会主义分子陈云之流："在发展工业的方向上，有些糊涂的同志认为主要地不是帮助国营企业的发展，而是帮助私营企业的发展。"但陈云对毛主席的警告置若罔闻，解放后反而变本加厉地提出"对国营工厂和私营工厂要一视同仁"，"让出一部分原料和生产任务"给私营工业等等反动主张，扶植私营工业，企图使大地主大资本家操纵国计民生。

但是，毕竟是"小小寰球，有几个蒼蝇碰壁。"陈云这群死党兴妖作怪、兴风作浪，终究成不了大气候。

一九五五年底，全国农业、手工业合作化的高潮，国营企业、合作社商业的发展从根本上动摇了私营资本主义工商业。尤其是这一时期，毛主席又亲自召集资产阶级代表人物开了二次座谈会，指出资本家只有老老实实接受社会主义改造，走全行业公私合营的道路才是唯一光明前途。这样，即将来临的全行业公私合营热潮吓破了陈云狗胆，使这个表面"稳重"，不轻易出头露面的人物，也慌慌张张地召集各省委书记开会。说什么"公私合营要在五七年底完成"，力图用拖延来抗拒对资本主义工商业的社会主义改造，抗拒毛主席的指示。真是螳螂挡車——自取消亡！在毛主席伟大号召下，在轰轰烈烈的群众运动的压力下，只花了三个月就完成了全国的全行业公私合营，彻底粉碎了陈云之流的反革命阴谋！

但是，正如毛主席所说，敌人是不会甘心失败的。全行业公私合营以后，陈云除了大肆攻击公私合营，继续鼓吹个体私营之外，还想方设法以"规定定息"、"安排资方人员"、改进"公私共事关系"等等为借口替资本家爭利、爭名、爭权。

在定息方面，陈云一再对资方代表说"放弃定息是否合适"，要他们再三"考虑"，甚至连资本家"想不到的用途"，这位孝子贤孙也给想到了。陈云说："大小戶都不要捐献，也不要放弃定息，把錢留下来，家里还有小孩、老人，还有想不到的用途。"一付奴才嘴脸毕露无遗！

陈云对资本家"坐冷板凳"大为不满，打着公私"共事"的旗号，鼓吹"团结"而不讲"斗爭"，实行一条投降主义路线。胡说应该使资本家"有职有权"，并且散布了"破坏这个行政权(指私方的职权)，便是破坏工人阶级自己的利益”的荒谬論调，把商业大权拱手送给资产阶级。

有利、有权还不够，陈云竟然说：“资本家首先要实职，同时也要名义，所以可以安排作副经理、副厂长等等。”甚至说：“可以安排正职，公股代表担任副职。”这样，陈云便名、权、利三方面投资本家所好，出卖无产阶级事业，妄图使资本家重新骑在工人阶级头上作威作福，称王称霸，这是广大工农兵和我们革命师生绝对不容许的！也是万万办不到的！！

为了实现上述阴谋，陈云竭力美化资本家，抹杀阶级界限以制造阶级调和舆論。早在解放初，陈云，这个不齿于人类的狗屎堆就散布“无論劳资，都是为人民服务，都是光荣的”种种令人发指的谬論，为资本家唱赞歌。在一九五六年更加肉麻地吹捧资本家“是有经验的”，公然要“公方代表向资产阶级学习”，还把这些吸血鬼的资本主义生意经奉若神明，视为“遗产”，要我党加以“吸收”。臭名昭著的“瓜皮帽子（按：指旧商人）、水烟袋子（按：指旧商业传统）、两条辮子(按：对我政治工作干部和新商业人员的侮蔑)”就是一例。把我们的社会主义经济变成大杂烩，把无产阶级专政变成资产阶级专政。

陈云在全行业公私合营后，公开反对毛主席关于工商业公私合营中，資本家还拿取定息，也就是还有剝削这一伟大思想，胡说“企业改造和人的改造是一回事”，言下之意就是，既然公私合营了，资本家也就改造成为社会主义的人了。因而资本家可以加入工会，或“给他一个候补会员”了。这是彻头彻尾的“资本家本性已变”論，否认还有阶级斗爭存在。但是阶级斗爭的存在是抹杀不了的！一九五七年反右斗爭和这次文化大革命就是给陈云一记响亮的耳光！

陈云的这些罪行，受到毛主席尖锐批评。

毛主席說：无产阶級和資产阶級“这个阶級矛盾是否完全解决了呢？还沒有。还要經过相当的时間才能夠完全解决。但是現在有些人說：資本家已經改造得和工人差不多了，用不着再改造了。甚至有人說，資本家比工人还要高明一点。也有人說，如果要改造，为什么工人阶級不改造？这些議論对不对呢？当然不对。”但是陈云之流是否就接受批评，改邪归正了呢？否！“不见棺材不落泪”就是这群反革命修正主义死党的活写照！陈云在后来继续伙同刘邓之流处处和毛主席对抗，攻击三面红旗；攻击毛泽东思想，犯下了数不清的罪恶。

这次无产阶级文化大革命的熊熊烈火烧起来了，陈云这群死党再也躲不下去了，便伙同刘邓抛出资产阶级反动路线，抛出反革命经济主义，妄图破坏文化大革命。然而“搬起石头打自己的脚”，终于露出了狐狸尾巴！我们一定要奋起毛泽东思想的千钧棒，彻底摧毁刘、邓、陈黑司令部，把陈云的狗头砸个稀巴烂！

打倒反革命修正主义分子陈云！

北京师范大学井岡山公社駐批陈联絡站战斗队

看，陈云的反革命修正主义眞面目！

建国以来，在经济战线上，无产阶级同资产阶级两个阶级的斗爭，社会主义同资本主义两条道路的斗争，从未停止过；而在社会主义革命和社会主义建设时期这种斗争更加尖锐，更加深入，更加复杂，更加激烈了。

无产阶级文化大革命，把陈云这个长期盘踞在经济领域，疯狂地反对和抗拒毛主席的社会主义经济路线，猖獗地攻击党的总路线，大跃进，人民公社三面红旗的反革命修正主义分子揪了出来，这是一件大快人心的事。陈云就是党内最大的走资本主义道路的当权派之一，也是经济领域里最大的反动学术"权威"，反革命经济主义的祖师爷。

根据社会主义各国一般情况，在无产阶级夺取政权以后的一个相当长的时期中，国民经济中存在着多种经济成份，存在着私人资本主义成份，这种现象毫不奇怪。建国初期，党中央和毛主席对私人资本主义经济采取了利用、限制、改造的正确政策。这是使我国国民经济朝社会主义方向发展的一个重要的保证。实践证明，这个方针政策是完全正确的。

陈云在对私人资本主义经济这个问题上和毛主席的方针政策是背道而驰的。他采取的政策不是利用、限制和改造的政策，而是采取放纵，扶植和鼓励的政策，这是一种不折不扣的阶级投降政策。

建国十几年来，陈云一直站在资产阶级的反动立场上，挂着共产党员的招牌，干着反党的勾当，充当了资产阶级在我们党内的代言人，说出了资产阶级想说而又不敢说的话。他说："我们消灭资本主义经济很容易，现在还不到时候。"企图阻止党对资本主义工商业的社会主义改造。发展社会主义经济的实践证明，在和资本主义经济作斗争中，税收制度是一个重要的武器，而陈云却鼓吹"在税收上公私可以一律平等"，用以放任资本主义经济自由发展，保护和鼓励资本主义经济。

一九五四年，国营商业和合作社商业有了很大发展，对资本主义工商业的社会主义改造取得了伟大胜利。而陈云却站在商业资本家的立场上，大肆为私营商业喊冤叫苦，鸣不平。说什么私人商业要统统"关门了"，要让私商"有饭吃"，要"安定人心"，叫嚷："国营商业需要等一下"，"应退的就退，应撤的就撤"等等，企图阻止社会主义经济的发展。甚至还亲自指示国营商业"要有的踏步，有的退步"，为私营商业让出自由泛滥的阵地，为私商大开方便之门；放任资本主义经济发展。

陈云复辟资本主义的一个突出的特点就是走资产阶级专家路线。他大肆吹捧民族资产阶级是"有经验的"，资本主义的企业管理是"民族遗产'要'保留下来"。他还一再要求"团结资方人员，发挥他们的长处"，要靠"瓜皮帽子，水烟袋子"做生意，用两条小辮子"当政治委员"，要实行公私合营企业的"大民主"，要建立"民主管理机构"让资本家"有地方讲话，有职有权"。在这里，陈云把资产阶级捧上了天，企图让资产阶级把持业务大权，实行资产阶级专政，破坏社会主义经济。在这种思想指导下，公私合营运动中全盘吸收了大批资产阶级分子和一些小商小贩，而许多资本主义企业原封不动，只是在形式上改头换面。实质上仍然是被资产阶级分子把持着。在陈云的放纵，扶植和鼓励下，资产阶级分子气焰嚣张，他们采用排挤腐蚀的方法，使公私合营企业中，不少公方代表被排挤、被拉下水，不少国营企业被腐蚀。这就是陈云出卖社会主义，阴谋复辟资本主义，妄图变无产阶级专政为资产阶级专政的反革命修正主义的丑恶嘴脸。

在党中央和毛主席的正确领导下，我国的社会主义革命和社会主义建设取得了极其伟大的胜利，但是陈云复辟资本主义的贼心不死，伙同国内外反动派，于一九六二年集中地掀起一股复辟资本主义的妖风。

从一九五九年到一九六二年期间，由于苏联修正主义集团的破坏和三年严重的自然灾害，我国遭受了暂时的经济困难。困难吓不倒革命的中国人民，中国人民在党中央和毛主席的正确领导下，自力更生，奋发图强。经过了几年艰苦奋斗，克服了困难，国民经济出现了大好形势，而国內外反动派却向以毛主席为首的党中央发动了猖狂进攻，党內一小撮走资本主义道路的当权派和反革命右派分子，刮起了一股黑风——“单干风”，企图破坏集体经济复辟资本主义，陈云就是这股黑风中的主将。他还嫌“包产到戶”的方法复辟资本主义不彻底，就提出了“分田到戶”的反革命主张，公开和毛主席提出的农业集体化方针相对抗，企图把农村弄成个体经济的汪洋大海。这是地地道道的农业资本主义道路。为了为其反革命理論找根据，他还亲自到各地调查。并配合蔣帮窜犯大陆的反革命逆流，他主张把土地分给农民，说什么“农民起来保卫土地劲头就更大了。”也许这就是他主张“分田到戶”的理由之一吧！眞是反动透顶，到了无以复加的地步。有人问陈云：“按照你的分田到戶的想法，那对毛主席和馬列主义的理論究竟应怎样理解？”陈云回答说：“反正中华人民共和国万岁！以后再来。”由此可见，陈云对社会主义的光明前途已经完全失去了信心，他就是这样明目张胆地、死心塌地地反对农业集体化，梦寐以求复辟资本主义。

一九五六年，在毛主席的农业合作化方針的指引下，全国出现了农业合作化的高潮。全国农民纷纷组织起来，发展生产，国民经济形势大好。由于基本建设搞多了点，财政出现了赤字，这本来是个小困难，这困难是不难克服的，但是陈云却伙同刘少奇大反“冒进”，反对毛主席亲自发动的农业合作化运动，给充满革命干劲的六亿人民泼冷水。

一九五八年，中国人民在社会主义建设总路线的伟大红旗照耀下，意气风发、斗志昂扬、干劲冲天，在各条战线上出现了国民经济的全面跃进，我国的国民经济取得了极其伟大的成就。而陈云这个走资本主义道路的当权派却在一九六二年的“西楼会议”上和刘、邓共同登台表演，大刮阴风，大造谣言，肆意攻击三面红旗，全盘否定大跃进的成绩，说什么：“现在突出的问题是沒饭吃，通貨膨胀”，什么“粮食不够吃，油水很少”，“衣服不够穿”，什么“城市人民生活下降，现在生活很苦”等等。陈云的腔调和苏修赫鲁晓夫诬蔑我们的“喝大锅淸水湯，五人穿一条裤子”的腔调何其相似！更令人不能容忍的是陈云还伙同刘、邓、彭狼狈为奸，假借“暴露矛盾”，伪造巨额预算赤字，大搞亏空帐，收集材料，为刘、邓攻击大跃进，攻击三面红旗提供“秘密”武器，把大跃进说成漆黑一团。在这里不难看出，陈云是刘、邓黑窝中的一员主将，是赫鲁晓夫式的大阴谋家。

毛主席一贯教导我们：政治是统帅，是灵魂，政治工作是一切经济工作的生命线。我们的政治工作最重要的是要实现人的思想革命化，从而使各項工作做得更多、更快、更好、更省，政治要落实到人的思想革命化上。而陈云却公开反对毛泽东思想，反对毛泽东思想挂帅，极力鼓吹业务挂帅，主张要把政治落实到业务上。我们知道革命的根本问题是政权问题，有了政权就有了一切，丧失政权就丧失了一切，这是馬克思列宁主义、毛泽东思想的根本原理。而陈云却在一九五三年提出了“财权高于一切”的反革命经济主义口号，财贸系统的所谓三大观点即：政治观点、群众观点、生产观点，就是陈云从业务观点出发，见物不见人，把政治和业务等同起来，根本不突出毛泽东思想，不突出无产阶级政治提出来的。作为“反冒进”的一个重要武器——三大平衡，即财政平衡，信贷平衡，物资平衡，也是陈云在一九五七年提出来的，他说什么“只有集中物力，财力统一使用，才能战胜暂时的财政困难，才能在落后的半殖民地贫困的经济基础上前进。”这是十足的反革命经济主义。在这里，他根本不讲人的因素第一，不讲唯物辯证法，不讲精神变物质，一句话就是反对突出毛泽东思想，反对突出无产阶级政治，反对毛泽东思想统帅一切。目前社会上刮起的一股反革命经济主义黑风的总根子，就是这个反党老手陈云。陈云是反革命经济主义的祖师爷。

"金猴奋起千钧棒，玉宇澄清万里埃"。波澜壮阔的无产阶级文化大革命，正在横扫盘踞在各条战线上的一切牛鬼蛇神，直捣刘、邓、陈"閻王殿"，打倒"活閻王"。战无不胜的、光芒万丈的毛泽东思想必将红遍全中国，红遍全世界。

"宜将剩勇追穷寇"，无产阶级革命造反派在毛泽东思想的基础上团结起来，联合起来，奋起千钧棒，奋勇追穷寇，痛打落水狗，把掌握在刘、邓、陈手中的党、政、财、文大权彻底夺过来，掌握住！彻底砸烂刘、邓、陈黑司令部！

打倒刘少奇！打倒邓小平！打倒陈云！

无产阶级专政万岁！

无产阶级革命派大联合，大夺权万岁！

战无不胜的毛泽东思想万岁！

伟大的领袖毛主席万岁！万岁！万万岁！

陈云在經济上是复辟資本主义的罪魁

史无前例的无产阶级文化大革命，在我们最最敬爱的伟大领袖毛主席的英明、正确的领导下，正在突飞猛进地向前发展，其势如暴风骤雨，迅猛异常，取得了一个又一个伟大的胜利，广大的无产阶级革命造反派，在尖锐、复杂的阶级大搏斗，大厮杀中，运用毛泽东思想这个政治上的望远鏡和显微鏡，识破了牛鬼蛇神要弄的种种阴谋花招，撕掉了他们伪善的画皮，把他们一个一个地揪了出来，斗垮！斗倒！斗臭！钻进党内的走资本主义道路的当权派，反革命修正主义分子陈云，就是其中的一个。

长期以来，反革命修正主义分子陈云，利用他在党內的种种职权，把持着我国的经济大权，以"经济权威"的虚假面目出现，打着"红旗"反红旗，猖狂地进行反党反社会主义的罪恶活动；公开反对，对抗伟大的毛泽东思想，以资本主义、修正主义的破烂经济"理論"对抗毛主席的理财思想，企图使我们国家的经济建设脱离社会主义的轨道，拉入到资本主义的泥坑里去。陈云在经济上是一个地地道道的妄图复辟资本主义的罪魁祸首。

一九六二年，陈云在中央各部负责干部会议上，作了一个彻头彻尾反革命修正主义的报告，在这个报告中，陈云伙同刘、邓，大放其毒。以"对我们国家的经济状况"作"估计"为名，配合国际国內的反动分子，恶毒地攻击我们的三面红旗。对我们国家在大跃进中存在的一点缺点，以及由于苏修的搗乱和三年严重自然灾害的影响，给我们带来的暂时困难，大夸其张，把大跃进描绘得漆黑一团，大放厥词，胡说什么：耕地面积减少了，耕畜减少了，粮食减产了……不惜笔墨宣染困难，胡说什么要解决这些困难，起码得"五年到十年"时间，公开对抗毛主席在同一年中关于"最困难的时间已经过去"的英明論断，在这个报告中，陈云完全丢掉了他虚伪的面具，赤膊上阵、协同右傾机会主义分子，公开反对毛主席所制定的建设社会主义的总路线，公开否定三面红旗，大力鼓吹"三自一包"，妄图把我国的经济拉入资本主义的歧途。

陈云不仅这么说了，也这么做了 一九六一年到一九六二年期间，陈云在上海市青浦县，假借调查为名，行反对农业集体化之实，他极力反对农业技术上的新试验——种双季稻，闭眼大叫“双季稻不能增产”。他还推行了一种“分戶养猪”的办法，以图分化、瓦解集体化农业生产，使他们回到个体生产的老路上去。在此期间，陈云是“自留地”极力鼓吹者。

不仅如此，陈云在三年严重的自然灾害期间，想出种种鬼主意，来迎合社会上地、富、反、坏、右等牛鬼蛇神的口味，例如他主张“开放自由市場”，公开提倡“两个市場，两种价格”，强调价值规律的作用，为资本主义复辟大开方便之门，在他的极力鼓吹、策动下，上海市区和郊区都出现了自由市場(即黑市)，最盛的时候，市区的小商小贩达七万人左右，一些资产阶级分子，投机倒把分子和社会渣滓地富反坏右勾结起来操纵市場，向社会主义国营商业进行疯狂的进攻，在我国的政治上，经济上都造成很大的危害性。这个时候，陈云还大力提倡出售高价商品，名义上是为了爭取货币回笼，实际上却是为资产阶级的老爷、小姐等寄生虫效劳，生怕亏待了他们。当时，上海就是推销高价商品的重点地区，先是由点到面，由城市到农村。竟形成了市場销售上的一股歪风。

一九五八年我国工农业生产上出现了全面跃进的大好形势，生产力提高了，相应的生产关系也起了一定的变化，人民群众发挥了无穷无尽的創造力，他们高举毛泽东思想的伟大红旗，向旧的生产关系发动了进攻，他们大破大立，将一套套资本主义的，修正主义的，陈旧的烂规章，烂制度打个落花流水，建立起适应社会主义经济建设需要的，适应大跃进形势需要的新规章、新制度来，我们要欢呼：革命群众的伟大創举，好得很！可是，反革命修正主义分子陈云却对此大为不满，强调“管字当头”，将许多已经被革命群众破除了的不合理的规章制度，又如获至宝、重新恢复起来。看！陈云对资本主义修正主义的破烂貨多么留恋！对社会主义的新創造又是多么的厌恶！

毛主席教导我们：“对于我们的国家抱着敌对情绪的知识分子，是极少数。这种人不喜欢我们这个无产阶级专政的国家，他们留恋旧社会。一遇机会，他们就会兴风作浪，想要推翻共产党，恢复旧中国。这是在无产阶级和资产阶级两条路线，社会主义和资本主义两条路线中间，顽固地要走后一条路线的人。这后一条路线，在实际上是不能实现的，所以他们实际上是准备投降帝国主义，封建主义和官僚资本主义的人。这种人在政治界、工商界、文化教育界、科学技术界、宗教界里都有，这是一些极端反动的人。”而陈云正就是这样的人，必须把陈云揪出来斗垮！斗倒！斗臭！

打倒陈云！

中央財政金融学院北京公社八.八战斗队二分队《金猴》战斗組

陈云反对毛主席的滔天罪行

现在我们已经看出这个老牌的右倾机会主义分子和一切走资本主义道路的当权派一样，对我们最最敬爱的领袖毛主席怀有刻骨的仇恨，他把战无不胜的毛泽东思想看做他推行资本主义复辟的最大障碍，因此他多年来一直疯狂地反对毛主席，反对毛泽东思想。

一九五九年他任中央财经小组组长，对一九五八年的大跃进很不满意，他在一次谈话中说，后退必须退够，才能站稳脚跟，继续前进，并说现在退的很不够，原因是中央各部和各省负责同志都贪多求快，主席也喜欢多一点，现在提意见还不是时候，要吃亏吃得更大一点，才能转得过来，他有意见不向主席提，也不提到财政小组讨論，企图用他设想的国家的损失来向主席进攻。

一九六一年陈云到他的家乡上海市青浦县蹲点调查，目的是收集农村困难情况，作为反对大跃进的资本，他在农民座谈会中说：过去青浦农民一天吃三顿干饭，现在只能吃三顿稀饭，能不能爭取明年吃到一顿干饭，后年吃到二顿干饭，又说：过去大口小口，三石六斗（五百四十斤大米），一家斗斤油（其实这些都是富农的和富裕中农的生活水平）要恢复到这样的水平很不容易。这是右派分子"今不如昔"的論调，完全是一个腔调。

陈云由于他反动的阶级本质对地富反坏右对我们伟大领袖的污蔑不但不痛恨，反而大加欣赏，他有一次问农民："有人说，'蒋介石手里受难，吃饭，毛主席手里幸福，吃粥。'你们听到沒有？"农民说："听到，是坏人讲的。"陈云接着说："柯庆施好，还是吳开先（国民党上海伪市长）好？"农民说："柯是好人，吳是坏人。"陈又问："那为什么现在吃粥？"农民答："因为严重灾荒。"陈问："你们这里，受灾沒有？"农民道："沒有受大灾，听说别的地方受灾，所以征购任务加重了。"陈又告诉他们除灾荒外，工作中有缺点错误，农民说，你们是好人，做了一点错事，吳开先是坏人做坏事，不一样。陈云提这些问题的目的妄图引诱农民来攻击党和毛主席，但农民的眼睛是亮的，沒有上他的当。

陈云在叫农民说："干部吹牛皮，社员饿肚皮，干部出风头，社员吃苦头。"后问："公社书记向你们检讨了沒有？"农民说沒有，陈云说应该检讨工作中的缺点和错误，鼓励农民起来批评高征购、瞎指挥等。陈还说：这些缺点和错误不能都怪公社书记，上海市委也要负责，我们在中央工作的同志也要负责。妄图用这样的办法引诱农民把矛头指向中央，其用心何其毒也！

他去青海作养猪调查，把公养母猪如何养不好，私养母猪如何养得好，描写得有声有色、淋漓尽致，他不引导农民去改善公养母猪的管理工作，却尽力宣传私养的优越性，企图搞垮集体经济。

陈云在青海主张扩大自留地，接着又对安徽省的包产到戶发生兴趣，专门要了材料去进行研究，一九六二年竟发展到主张分田到戶，比邓子恢还要反动，他说用现在办法粮食恢复要五年，经济作物要八年，如果包产到戶或者分田到戶就可以恢复得快点，他对社会主义制度刻骨仇恨，不是昭然若揭了吗？

陈云对富春同志不向他汇报工作很有意见，说他对工业"沒有发言权"，为此，他化了二、三个月的时间召开煤炭、钢铁、有色金属座谈会，收集大跃进中工业受到的破坏，比例失调，大跃进中"吃老本"的情况，他得出的结論是即使农业不歉收，工业生产也非调整不可，调整大约要花五年时间，并提出生产计划要按短线安排（按铜、铅、铝、锌安排，每年只能产钢八百万吨）的方针，为他在一九六二年那次讲话作好准备。

一九六二年七千人大会以后，刘少奇在讨論财政预算时大讲已经到非常时期，要用非常手段克服困难，陈云认为时机已到，就按刘的指示，向高级干部抛出了要把第三个五年计划作为恢复时期或调整时期的右倾机会主义纲领，他的这篇讲话是经过长期准备的，字斟句斟，要我在整理纪录时，都用原话，避免被人抓到把柄。但不論他的手段怎样阴蔽，我们的伟大领袖毛主席一眼就识破了他反对大跃进的阴谋。

刘邓对陈推崇备至，把他当作最有经验的"经济统帅"，刘少奇曾亲自登门拜访陈云，要他起来重建中央财经小组，陈云也受宠若惊，当时邓小平奉刘之命为陈修改讲话稿，邓一面修改一面同许明私下议论，过去几年发生困难，就是没有重用这位“经济统帅”，看来这很可能是表达了刘邓的意见。

陈云这个野心家，在奉刘邓之命重起掌权之后，也是得意忘形，他曾对我说，过去几年说了话不算数，现在情况不同，要真正起来管事情了。可是他高兴得太早了，十中全会，毛主席英明提出形势一年比一年好。国民经济就迅速好转，他这个右倾机会主义纲领就完全垮台了。

陈云的私人生活也是萎靡不振，他每天要听才子佳人的苏州评弹，一听就是几小时，欣赏入神，上海评弹剧場专门为他录音，他还时常找评弹演员，对他(她)们十分关怀。

最 高 指 示

要特别警惕象赫魯晓夫那样的个人野心家和阴謀家，防止这样的坏人篡夺党和国家的各級領导

炮打党內走資本主义道路的当权派—陈云！

編者按：由伟大領袖毛主席亲自領导的一場史无前例的、群众性的无产阶級文化大革命，正在迅速地猛烈地向前发展。无产阶級文化大革命的烈火，燃遍了全中国，燃遍了全世界。一切魑魅魍魉、牛鬼蛇神統統化为灰烬。

在刘邓黑司令部里有一个不大抛头露面的“神祕人物”、米高揚式的人物——陈云，是个彻头彻尾的老右傾机会主义者，是反党反社会主义反毛泽东思想的老奸巨猾的反革命修正主义。他专搞幕后指揮，隐蔽活动。

反革命修正主义分子陈云，不仅是經济上推行修正主义的总头目，总根子，而且是文艺界反党反社会主义反毛泽东思想的黑綫总头目。現在，陈云已被揪出来了　这是毛泽东思想的伟大胜利。这是无产阶級文化大革命的輝煌战果

毛主席教导我们：“凡是要推翻一个政权，总要先造成輿論，总要先做意识形态方面的工作，革命的阶级是这样，反革命的阶级也是这样。”刘邓黑司令部里的财经主帅——陈云，也是先做意识形态方面的工作。在经济学界，陈云极力宣扬修正主义谬論，反对政治挂帅，主张业务挂帅。企图瓦解社会主义生产关系。在文艺界，特别是评弹界，陈云大肆地反对毛主席文艺思想，鼓吹对抗毛主席文艺路线的一整套修正主义文艺路线。他用剥削阶级的、腐朽的旧评弹来腐蚀人们的头脑。企图用“和平演变”的方法来征服我们。陈云的老婆曾说过：“陈云是评弹的业余领导者。”这句话充分暴露了陈云是评弹界的幕后指挥者。他的魔爪伸进了评

弹界。并与旧中宣部周扬反革命修正主义文艺黑线配合呼应。陈云对评弹界甚至整个文艺界作了许多黑指示。旧中宣部曾把陈云黑指示作为文件印发，在全国起着极为恶劣的作用。

下面，我们从文艺方面，特别是评弹方面来揭发反革命修正主义分子陈云的罪行：

一、明目张胆地反对毛主席的文艺思想，鼓吹封建主义、资本主义文艺

文艺为什么人的问题，是一个根本的问题，原则的问题。毛主席教导我们：文艺是一种上层建筑，是一定社会的政治和经济在观念形态上的反映，并为一定社会的政治和经济服务。为地主阶级服务的文艺是封建文艺；为资产阶级服务的文艺是资产阶级文艺；无产阶级文艺是为工农兵的，是为工农兵而創作，是为工农兵所利用的。而陈云却肆无忌惮地反对毛主席制定的为工农兵服务的文艺方向，他在对评弹工作历次指示中，竟胡说什么："了解到解放前的一些书場和电台演唱、广播的弹词节目內容，值得研究一下，可以分：淪陷时期，日寇投降后等几个阶段来进行研究。研究评弹怎样为各个阶级服务。"实质上就是要我们的评弹为所有阶级服务，为地主资产阶级服务。为了实现其为地主资产阶级服务的反动目的，陈云竟明目张胆地提出把书中的反面人物分为"昏君、奸君、赃官、恶霸"等八类，而把帝王将相，才子佳人以及他们的奴才、走狗一律划为正面人物，甚至对"玉蜻蜓"中的主角地主婆金张氏，也认为可以"四、六开"(即六成肯定)顶多，对半开。我们伟大领袖毛主席早在1944年就指出由老爷太太少爷小姐们统治着舞台，这样历史的顚倒，现在应该顚倒过来，恢复历史的面目。而陈云却公然大唱反调，为地主资产阶级说话。鼓吹资产阶级文艺，为资产阶级复辟开辟道路。

文艺为工农兵服务，为社会主义服务，就要配合当前中心政治任务，进行大力的及时的宣传。但是陈云却提出说："有情节的书可以中、短篇形式演出，而配合宣传任务的，只要搞些开篇放在正书前面唱唱就可以了。"从而抹杀了文艺为无产阶级政治服务的方针，篡改无产阶级文艺的根本任务。

二、反对无产阶級的文艺批評，販卖資产阶級反动的文艺观

毛主席说："文艺批评有两个标准，一个是政治标准，一个是艺术标准。……"又说："各个阶级社会中的各个阶级都有不同的政治标准和不同的艺术标准。但是任何阶级社会中的任何阶级，总是以政治标准放在第一位，以艺术标准放在第二位的。"陈云反对毛主席这一英明論断，胡说什么"老书七分好鼓掌，新书三分好就要鼓掌。"为之鼓掌的所谓"老书"，正是陈云所大肆吹捧的一些內容极端反动而镶着"艺术性"的糖衣的封建毒书。陈云对这些毒书连连鼓掌，从"三笑""玉蜻蜓"到"啼笑因缘"，"活捉王魁"等，无不在其推广之列。

陈云所说的"新书三分好，就要鼓掌"也不过是一个幌子，在他为之鼓掌的新书中就有严重的政治错误，有宣扬资产阶级"人性論"及"和平主义"的"战上海"中篇。陈云认为"这部书没有什么问题，能反映解放上海的战役是不容易的。"并对这一中篇的停演表示奇怪。为什么会奇怪呢？这充分暴露陈云內心肮脏思想。陈云所喜爱的就是资产阶级和修正主义的"人性論。"

陈云主张"老书说得好的，新书也就能说得好。"他说×××"整旧中是一把好手，創新也是一把好手，"就是妄图反对文艺工作者的思想改造。新书要说得好，就必须要按照毛主席所说的："一定要把立足点移出来"，"移到工农兵这方面来，移到无产阶级这方面来。"只有这样，

我们才能有眞正为工农兵的文艺，眞正无产阶级的文艺。

陈云以地主资产阶级的标准，来鉴别节目的所谓好坏，他对“珍珠塔”中方卿这一人物，强调要让他中状元，做巡按，这样才“符合历史。”否则，他说，“一谈到‘封建’两字，整旧就容易过头。”这和黑线总头目周扬提出的文化遗产“完全保留”論，一样貨色。所以，当时为了使陈云的黑指示得到广泛推行，还特地参照了周扬在第三次全国文艺大会上所作的黑报告，又去征求周扬的同意。周扬也就立即表示同意陈的看法，从这件事可以看出，陈云和周扬完全是一丘之貉，共同贩卖封建主义黑貨。因此，在他们鼓吹下，评弹许多充滿封建思想的毒书纷纷出笼，到处放毒腐蚀广大工农群众。

我们一向主张：革命的文艺工作者，要滿腔热情地去塑造新人新事。而陈云却要新书中运用传统手法，要唱“陈调”“俞调”等下三路脚色；幷说：“新社会也有坏人，好人也还是有缺点的。”这就是陈云戴着反革命的有色眼鏡，从光辉灿烂的社会主义现实生活中找所谓缺点，阴暗面，丑化劳动人民。特别是在谈到评弹中的黃色噱头时，陈云声嘶力竭地鼓吹：“如果现在大世界开设一所妓院的话，仍旧会有人会去的，而且连工人也会去的。”这是什么话？妓院是地主资产阶级统治旧社会剝削制度产物。是剝削阶级荒淫无恥的生活的产物。在今天的社会里，这种现象已经一去不复返了。这明显的是为牛鬼蛇神失去的天堂喊寃叫屈，告诉你陈云，用毛泽东思想武装起来的，有社会主义覺悟的先进工人阶级根本不可走嫖妓院。这眞是什么藤结什么瓜，什么阶级的人说什么话，陈云的爱和憎，在这里表现得再清楚也沒有了。

三、大肆地鼓吹帝王将相，才子佳人、鬼戏等书目

陈云对各种宣扬“帝王将相，才子佳人”的封建糟粕，无不视同至宝，大肆吹捧，他认为“传统书目不能去掉，否则将来说起来，这些都是在某人手中丢掉的，就不好了”；又说：“珍珠塔”流传了几百年，影响很大，要“整理”就要愼重，只能整好，不能整坏，整坏要被别人说的。”又说：“传统长篇每部可以切成八到十部中篇演出；旣可以连接，又可以拆开。这样便可以推广了。”同时对于具体的书目，他又根据其地主阶级的标准，亲作鉴定，把毒草捧为香花。认为“玄都求雨”“老地保”应该肯定；而“庵堂认母”则是整理得好的。他幷要黑帮分子袁水拍听“怒碰粮船”的录音，写黑文章吹捧自1959年左右起，他遍听评弹的各种传统书新改编的毒书，幷在文艺界及负责干部中鼓吹推广。

评弹界由陈云分类的一批书目，全是烏七八糟、修正主义的东西，竟连最反动黃色的“彭公案”“血滴子”“乾隆下江南”“张文祥刺馬”四部书也被陈云列上该书目表，(这四部书就当时来说，社会上已停说了。)还有一批新改编的历史书目(陈云称之为“二类书”的)的传统毒书一样，也是宣扬“帝王将相，才子佳人”等封建毒素的。他也视同珍宝一再提出“对二类要重视”“传统要保留，对二类书中较好的，也要经过整理加以保留。”陈云之所以这样重视封建主义和资本主义的文艺，其目的是要挤掉无产阶级的文艺，来一个地主资产阶级文艺的大泛滥，来一个封建主义资本主义的总复辟。

一九六二年是鬼戏在戏剧舞台上叫嚣的时候，连解放后不能公演的“金张氏魂游地府”这回书陈云也听了；听回书后就对演员说：“这回书结构很好，还有讽刺官僚主义的意思在內，(指閻王沒有调查研究错捉了金张氏)可惜不能公演。”在这里，陈云狠毒地向以毛主席为首的党中央射出了一支暗箭，他指桑罵槐，“項庄舞剑”，“意在沛公”——讽刺官僚主义，把矛头指向了毛主席为首党中央的正确领导。陈云对鬼书不能公演是多么地不滿啊！“可惜就是不能

公演”，告诉你陈云，休想翻天。带着你的可惜去见上帝吧！

四、疯狂地鼓吹低級趣味，下流黃色的噱头，腐朽沒落的东西

一九六一年在上海市委召开的文教工作会议上，反革命修正主义石西民在报告中引了陈云对评弹指示的一段话：“注意某些艺术趣味这个特点；现在有些相声不引人笑，有滑稽戏并不滑稽，有人说保存了噱头和穿插会妨碍完整性，也许不加区别地去掉了应有噱头和穿插，才真的破坏了艺术的完整性。”陈云的这些黑指示极力煽动了牛鬼蛇神出笼，果眞，一九六一年上海市曲协在文化广場举办的独脚戏大会上，演出的都是低级下流的东西，使人们在笑声中中了他们的毒。

不仅如此，1962年夏天，陈云来上海还要求为他组织文艺晚会，并指定摘帽右派姚××演唱“啼笑因缘”，未演出前，陈云接见姚××说：我不是来审查你节目的，过去你是怎么演唱的，今天也就怎么说。摘帽右派就大胆唱了一回“跳舞厅”这回书充满着半封建半殖民地的十里洋場腐朽趣味。陈云听了后，笑得咀里茶都喷出来了。听了一次，兴趣很足，又听了一次，还将摘帽右派的书“啼笑因缘”全部录音给他听。眞是下流透顶。凡是解放后一直不演唱的老书，这些书简直不能公演，內容非常荒淫无耻，如：“倭袍”“楊乃武(前段)”“聊斋”“落金扇”等，陈云也要听，就通过录音把这些垃圾堆里的东西全录了下来。

陈云听了充斥庸俗噱头的“华丽缘”大为赞扬，并要该演员写創作经验，并让他在戏剧报上发表，这篇文章由陈云授意泡制出来的反毛泽东思想大毒草，继而“人民日报”又发表了吹捧“华丽缘”的艺人“三十年来说一书”文章，刮起了一股低级下流书目的翻案风。

五、鼓吹“三名主义”、“三高政策”，阴謀对文艺队伍实行“和平演变”

利用思想腐蚀，和平演变，阴谋使文艺队伍改变颜色，这是陈云所采用的手段。陈云对演唱“求雨”的资产阶级反动“权威”推崇备至。认为这是一把內手 ”要让他少演出，不要把身体搞垮了。”凡是传统毒书唱的所谓“好”的演员，他都津津乐道，62年在一次评弹晚会上陈云指着一个正在演唱的演员对柯庆施同志说：像台上的主要演员×××的工资只有200多元，实在太低了。企图说服柯老，加以提高工资。对于摘帽右派分子的张××，在听了演出后，特地派人到后台，殷切在问，关心他的工资和生活状况。后来陈云还要了一份上海评弹艺人的工资表，他看了以后说：评弹艺人的工资，总的说来是偏低的。

陈云还经常要评弹团对评弹老艺人特别照顾（这些老艺人实际上都是一批反动学术权威及资产阶级知识分子）陈还说：老艺人有两种：一种是老而有艺，另一种是老而无艺。对老而有艺的老艺人开会、学习，不要他们坐“硬板凳”弄些沙发，最好不搞什么退休之类的东西，这有利于从他们身上挖掘、继承遗产。对于长征评弹团演唱的长篇评弹，反党反社会主义反毛泽东思想的大毒草——孟丽君”，陈云极力欣赏，并要青年演员学习秦纪文个人奋斗的经验。在强调艺术实践之外，陈云还强调演员要钻研史、地常识。他对说“珍珠塔”的演员不了解开封到襄阳能否坐船为例，来提倡评弹演员“要多跑些地方，开开眼界。”要评弹演员到全国去演出，以“增加知识。”

我们要向陈云大喝一声：你一套是行不通的，你的阴谋是注定要失败的。

建立一支什么样的文艺队伍，是决定无产阶级文艺兴亡的关鍵。陈云挖空心思要改变我们文艺队伍的颜色，更加敲起了我们的警钟。必须要按照毛主席教导：深入到工农兵中去，把我们的文艺队伍搞成非常无产阶级化的队伍。

现在，陈云的丑恶嘴脸已经暴露在光天化日之下了。“金猴奋起千钧棒，玉宇澄清万里埃。”我们一定要紧紧地揪住陈云不放，奋起千钧棒，痛打落水狗。彻底砸烂刘邓陈反革命修正主义黑司令部！彻底捣毁刘家王朝！把刘邓陈手中的党、政、财、文大权统统夺出来！让战无不胜的、光芒万丈、光焰无际的毛泽东思想占领一切阵地。

把陈云揪出来示众！

打倒反革命修正主义分子陈云！

中央财政金融学院北京公社八八战斗队

四分队“延安”战斗組

陈云是文艺界牛鬼蛇神的黑主帅

在文艺界，陈云推行了一套修正主义文艺路线，纵容文艺界反党黑线的祖师爷周扬大搞反革命活动。陈云本人也泡制了许多反党反社会主义的大毒草，借古讽今，含沙射影，把矛头直接指向我们心中最红最红的红太阳毛主席。陈云是文艺界牛鬼蛇神的黑主帅。

他的罪恶累累。其主要罪状如下：

（一）积极支持反党反社会主义分子和旧艺人在黑书目中借古讽今，含沙射影，咒駡党中央和毛主席。

长篇弹词《孟丽君》是苏州市反党反社会主义分子潘伯英的代表作（写于一九六一年），书中大駡：“我看那位当今万岁不太聪明，听信谗言，残害忠良。”“滿山滿地无人管，避秦暴政一桃源。”潘已一再供认这部书的矛头是指向毛主席，指向人民公社的。陈云听了全本《孟丽君》后积极支持，吹捧为“状元书”，是二类书的代表，集中了二类书的优点。

对同样內容的《孟丽君》（上海长征评弹团），还指使袁水拍等在一九六一年六月的《戏剧报》（題为“向民间艺人学习”）和同年某月的《人民日报》（“三十年来说一书”——谷苇）上著文加以吹捧。

潘伯英在《梅花梦》中恶毒地攻击“皇帝猛门特任性”，“你恨那君王无道民遭苦，你恨那不法藩王献媚勤……”陈云对这样一部黑书称之为“当时起了很大作用”，并很亲切地与潘握手。

对于歌颂海瑞的长篇弹词《大红袍》陈云也十分欣赏。

（二）歪曲“双百”方针，崇古复古，排斥革命现代书，反对毛主席的文艺思想。

潘伯英在六〇年至六四年间，曾向上海评弹团多次索取书目。陈云将一百多部传统书籍精心加以分类，指示旧中宣部要重视传统。纵容毒草出笼，排斥现代书。旧中宣部按陈云的指示加以汇编，印发至各省市宣传部。

陈云将所有帝王将相，才子佳人书目全部组织录音。对解放后实因內容荒诞、反动、黃色、庸俗的书目，演员也早已不说了的，而在陈云指使下，进行所谓“挖掘”，组织录音。如《济公》、《倭袍》等等，使庸俗黃色的书目重新获得市場。这是与毛主席的文艺从生活中来、从工农兵大众中来的文艺思想直接对抗的，是极端反动的。

陈云指使评弹界要从旧评弹的《开篇》中研究新评弹的发展道路。陈云提倡所谓“历史主义”，反对以阶级分析的方法评价书中人物。陈云肯定了一批帝王将相、才子佳人的书目，肯定了一批地主阶级代表人物。而对革命现代戏进行种种排斥。

（三）宣扬反动的艺术观，鼓励毒草出笼。

陈云贩卖并鼓吹“戏是现形说法，书是说法现形”的资产阶级反动艺术观，一再强调趣味性，提倡噱头主义（噱头——指庸俗、反动、黄色的笑料），宣扬“评弹沒有噱头是很大的寂寞。”陈云一再鼓吹“说好传统书，才能说好现代书。”要在革命现代化书中运用陈旧、低级、庸俗的所谓传统技巧。在陈云的纵恿、支持下，一批现代书毒草出笼，流毒甚深甚广。如《江南红》，《青春之歌》。

（四）招降纳叛，结党营私。

在沪、苏等地积极召见一批党內走资本主义道路的当权派，指使他们大搞黑文章。陈云甚至对反革命分子的书也要听，并加以赞赏。

（五）提倡“三名”“三高”，支持和平演变。

对二百元工资的演员，陈云嫌低，要提高，甚至对拿一百六十元高薪的右派分子也关怀备至，说什么：“你们把他压得太低了”，陈云指使老艺人不要退休，继续拿高薪，对“老而有艺”的要照顾，“不要坐硬板凳，要坐沙发。”

（六）与无产阶级爭夺接班人。

在陈云的具体指使和安排下，在苏州办了一个评弹学校。这所贯彻执行修正主义的教育方针的学校，陈云表示很滿意，甚至对帝王将相、才子佳人的教材和对学生的旧课，陈云也大加赞赏。

（七）大搞特殊化。

陈云养病因气候变化分别在苏州、杭州、广州、南宁等地住。陈为了听书，不顾各地演出情况，中断当时为工农兵服务，专程到指定地点为其一人演唱。为了要录音，专门动用了中央人民广播电台和苏州、上海等地的高级录音机，公家胶带。录音费用，包括录音演员的津贴，全部由地方支出。慷国家之慨，以个人請客，各地交际处报销等手段，宴請、招待为其演出的演员。陈云为学琵琶，曾私自安排演员，让演员停止工作，住高级招待所，为其辅导。

（八）在陈云指示影响下，苏州评弹界出了一批牛鬼蛇神，他们一致供认，他们所以敢反党反社会主义，与陈云的召见和黑指示有关。

把一贯反党反社会主义的陈云揪出来示众！

打倒陈云！

首都三司 北京师院《东方紅》駐批陈联絡站

把反毛泽东思想的修正主义分子陈云从党中央揪出来

毛主席说：许多共产党人热心提倡封建主义和资本主义的艺术，却不提倡社会主义的艺术，岂非咄咄怪事。

身居党中央副主席、国务院副总理等要职的陈云，就是这么一个热衷于搞资本主义、封建主义脏东西，拚命为资本主义呼风唤雨的反革命修正主义分子，就是一颗混在党中央內的定时炸弹。

六〇年到六四年间，陈云以养病需要为名，听遍江浙一带旧评弹，甚至极黄色、极反动的东西都点名要听，上书場听；录了音听；招待会（搞得象旧社会的堂会！）也听；听好了，借"谈家常"、"作指示"的幌子，在评弹界放了大量的毒，伙同周扬黑帮，干尽了反毛泽东思想、反党反社会主义勾当。

陈云放毒，罄竹难书，现根据我们初步揭发、整理出来的问题，略述于下：

一、拚命提倡崇古、复古，疯狂对抗毛主席的文艺路綫。

评弹中越反动、越肮脏的东西，就越是陈云的宝貝。陈云曾对上海市人民评弹团的党內走资本主义道路当权派、反革命修正主义分子吳宗锡说："将来这许多传统书失传了。吳宗锡将是历史的罪人。"

陈云就是这样死抱住这些腐朽东西不放，鼓吹什么"积极挖掘"、"全盘继承"，说什么"譬如吃菜，萝卜青菜都要吃，角角落落里的书都要听听"。他打着这块招牌，不管你是才摘帽的右派，还是历史反革命，什么烏龟王八蛋的书都要听；不管你什么"乾隆下江南"、"济公传"、"张文祥捉奸"、"玉兰领王文"；再黄色、再反动的书，他都要听；有些乱七八糟的书，演员早忘了，可是陈云记得，是陈云出题目，要演员"挖掘"出来，唱给他听。他曾对一个摘帽右派说："今天我不是来审查节目的，我是来听书的，你有啥说啥，全部说出来好了。"在陈云亲自"打气"下，这个摘帽右派说了腐朽不堪的"啼笑姻缘"中一回"跳舞厅"，陈云竟然听得笑出声来！看，陈云的脑袋里，是一个什么样的灵魂！

陈云曾对另一个评话演员说："你这个书，在现在好象有些问题，到将来，啥个书都可以说，人民觉悟提高了嘛！"陈云，你这是在刮哪一股妖风?！祭起"人民觉悟提高"的破旗，抹煞阶级斗争，让"啥个书都可以说"，为牛鬼蛇神出笼开亮绿灯；这与赫鲁晓夫打着"进入共产主义"的旗号，大搞修正主义，又有什么不同?！

陈云的"将来"并不远，六二年"上海少奶奶"、"活捉张三郎"等早被革命群众镇压在阴沟洞里的蛇虫百脚，全爬了出来，汇集于上海文化广場，搞了一場妖魔鬼怪大合唱，评弹舞台一片烏烟瘴气，封、资、修如此疯狂泛滥，陈云，你是罪責难逃的！！！

评弹现代书刚处于萌芽状态，陈云的黑手就伸了出来，要扼死它。弹词"青春之歌"是小资情调严重、很成问题的一部书，陈云听了非但不加批评，非但不提要突出毛泽东思想、突出政治；反而大加赞赏，要青年演员"化十年，拿《青春之歌》说好，说得要象老书一样，有血肉。"陈云，你到底要些什么"血肉"？还不是要封资修的行尸走肉?！陈云还叫这两个青年演员向一个资本主义思想相当严重的"权威"学习，学习所谓"三收三放"，讲得好听些是"三收三放"，说穿了，还不是泛滥一通，把什么乱七八糟的垃圾堆都放进去，把书拉长，然后再根据他修正主义文艺方针再"浓缩"，就是所谓"收"。在陈云的指示下，这两个青年演员成天钻在"三十年代"的垃圾堆里，把弹词"青春之歌"搞得象"啼笑姻缘"，陈云最欣赏的一回"书店"，通篇就是庸俗调笑！

陈云所以如此"狠抓"评弹，其目的，还不是利用这一江浙一带群众基础广泛，灵活、尖锐的文艺武器，来为他搞修正主义服务。他觉得评弹在江浙一带放毒还放得不够，还要放到全国去。六一、六二年，上海人民评弹团带了陈云所欣赏的这批破烂貨，搞全国性巡回演出，陈云搞了个文件，发到各大城市文化局，说评弹"家底"如何厚，要各级领导重视评弹。因此，评弹团所到之处，全线开绿灯，无不受到优厚招待，放毒放到肆无忌惮的地步！

六三年，毛主席亲自领导，江青同志具体狠抓，文艺界展开了一場轰轰烈烈的文艺改革，大演革命现代剧。而陈云仍负隅顽抗，把正在紧张地编演现代书的演员，抽到苏州，教他弹琵琶，研究一分钟弹几个"揄子"。六三年五月，全国都在大演《雷锋》，而上海市人民评弹团的黑书记，在周扬黑帮"指示"下，编演"晴雯"，与毛主席的号召肆意对抗，陈云听了录音，点头赞好，还特别欣赏颓废的"补裘"唱腔。六四年搞招待会，把参加社教的演员从农村抽回来演出，陈云亲自点唱"木兰辞"、"痛责方卿"等腐朽东西；还叫老艺人到电台录制早已停演的黄色反动至极的"果报录"，把录音送给他听。

特别令人气愤的是六三年一次招待会上，有演员演唱《雷锋》开篇，而陈云竟连"雷锋"是谁都不知道，问演员："雷锋是什么人啊？"陈云，你好大的胆！毛主席发出"向雷锋同志学习"的伟大号召，你竟如此对待！正告陈云：你胆敢无视毛主席；你胆敢反对毛主席；我们就砸烂你的狗头！

二、借"整旧"之名，行反党之实。

陈云三申五令，要抓紧"整旧"。他自已也身体力行，出了大量主意，搞"整旧"，借整旧之名，向党放了大量毒箭。

陈云特别"狠抓"，"整旧"的"珍珠塔"，就是借方卿不甘落魄，东山再起的"傲骨"，声嘶力竭为右傾机会主义者呼寃的反党毒草。陈云在写给上海市人民评弹团黑书记的信中，还特地引了黑帮分子周扬谈"珍珠塔"的一段话，说"周扬的观点与我相同"！

陈云推祟备至的"华丽缘"，及亲自授意改编，誉为"二类书(即所谓"新编历史故事书")中改得最好的一部长篇弹词"孟丽君"，就是借孟丽君的"叛逆"性格，来煽动叛党分子卷土重来的反动貨色。事后该书因破坏国际关系，党中央下令停演，陈云竟说："这是一个误会，以后在国际宴会上解释一下，现在可以换一个书名，继续演唱。好得××国家人不会来听书的。"看！陈云为了保护他一手制造的毒草，竟如此猖狂地对抗党中央指示！

三、拚命推行"三名"、"三高"修正主义路綫；腐蝕青年一代。

陈云曾叫评弹界一个当权派搞一份评弹演员工资统计表给他。一般演员工资都在一百元以上，有些权威高达四百余元，可是陈云还是大喊"评弹演员的工资太低了。"还对柯老说："×××这么高的艺术水平，只拿两百多元，实在太低了"；一个摘帽右派拿了一百多元工资，陈云还要为他叫屈，保举他提高工资，后来果眞提高到两百多元；陈云还说"老艺人有两种：一种是老而无艺；一种是老而有艺；对老而有艺的老艺人要多照顾，不要他们坐硬板凳，弄些沙发，最好不要对他们搞什么退休，有利于从他们身上继承遗产”等等；等等。

六一年国家困难期间，上海人民评弹团赴京演出，陈云额外招待，派秘书安排演出人员住高级旅馆；吃上好酒席；组织游山玩水；甚至连“明天爬山，不要穿高跟皮鞋”。都要半夜打电话来“关照”，眞是“无微不至”、“关怀之极”。

在陈云倡议下，苏州、上海分别办了评弹学校、学馆，整个教学计划是陈云点头的，十三、四岁的小青年，学的就是“黛玉离魂”、“贵妃宫怨”、“翠娥哭塔”、“莺莺操琴”；他还对一个青年学员说：“要继承好‘文武香球’”，搞的是一整套修正主义教育路线。陈云的魔爪，就是伸向了我们青年一代，就是腐蚀了大批青少年，这笔帐是要向陈云清算的！

毛主席在八届十中全会上说过：凡是要推翻一个政权，总要先造成舆論，总要先做意识形态方面工作，革命的阶级是这样，反革命的阶级也是这样。

我们要质问陈云：你在评弹界搞这些鬼东西，你这是在作什么舆論准备?！你的目的何在?！司馬昭之心路人皆知，就凭上面这么一些不及陈云放毒之万一的材料，我们就不难看出，陈云就是一条猖狂地反毛泽东思想的毒蛇！陈云就是一颗资本主义复辟的定时炸弹！

评弹界革命造反派的战友们；全国革命造反派的战友们；让我们在毛泽东思想伟大红旗下，紧紧团结起来，用毛泽东思想照妖鏡、望远鏡，把陈云这个反毛泽东思想的反革命修正主义毒蛇揪出来！把一切反毛泽东思想的反革命修正主义分子揪出来！砸它个稀巴烂！

誓死捍卫以毛主席为首的党中央！

誓死捍卫毛主席！

誓死捍卫战无不胜的毛泽东思想！

谁反对毛主席就砸烂谁的狗头！

革命无罪，造反有理！

伟大的导师　伟大的领袖

伟大的统帅　伟大的舵手

毛主席万岁！万岁！万万岁！

上海市人民評弹团　魯迅精神战斗組
苏州市文艺界革命造反指揮部全体战士
1967年1月12日

斬断陈云伸向文艺界的黑手

陈云，是文艺界反革命修正主义头子周扬黑帮的得力靠山，是文艺界推行封建主义、资本主义、修正主义的老手。

文艺，历来是有很鲜明的阶级性的，是阶级的文艺。毛主席说：“在现在世界上，一切文化或文学艺术都是属于一定的阶级，属于一定的政治路线的，为艺术的艺术超阶级的艺术，和政治并行或相互独立的艺术，实际上是不存在的。”可是，陈云的黑手一插进文艺领域，就明目张胆地反对毛主席的这一英明論断，百般地诋毁毛泽东思想。追求所谓“超阶级性”的纯粹艺术。陈云对评弹很有兴趣、几乎每年都要花费大量时间在欣赏评弹上。可是他欣赏的大都是歌颂帝王将相，才子佳人的所谓“传统书目”，“卿卿我我”非常无聊。陈云对评弹界作了不少“指示”，可是一句也没有谈到突出毛泽东思想，一句也没有提出要政治挂帅，反而大肆攻击我们强调文艺的思想性和阶级性是“把看戏搞得象开会”。胡说什么：“人家劳动学习一天非常紧张，上班开会，下班看戏也是开会，这样的东西人家不喜欢”。打着文艺戏曲应该“轻松”为名，让大批封建主义，资本主义，修正主义的东西出笼。因此62年到64年一段时期中什么样的牛鬼蛇神，毒戏毒草都出笼了。什么“十五贯”，什么“麒麟带”，什么“王十朋”，什么“乾隆下江南”等等一些烏七八糟的东西，鬼戏鬼剧都搬上了舞台，这和陈云是有直接联系的。

什么是文艺批评的标准？我们伟大的领袖毛主席早在一九四二年就明确指出：“文艺批评有两个标准，一个是政治标准，一个是艺术标准。……。”又说：“……任何阶级社会中的任何阶级，总是以政治标准放在第一位，以艺术标准放在第二位的”。也就是说，我们衡量任何一个文艺作品(文章、画、戏曲等)，都是必须先看它的政治思想内容如何如何。然而，陈云却大唱反调，鼓吹追求什么“卖座率”，认为，解放后新编书目的卖座率不如传统书，主要是“加工不够”，“失之于太严肃，不敢加入穿插、笑料噱头”，“不熟悉新的人物”，等等。完全否认“政治标准第一”的观点。就这样，陈云打着“艺术技巧”第一，业务第一的纯艺术招牌，疯狂地反对政治挂帅，反对毛泽东思想。

综上所述，我们完全有理由认为，陈云伸向艺术界的一只手，是一只反毛泽东思想的黑手，是一只强调业务，否认政治的黑手。必须斩断陈云这只黑手，把文艺界真正夺回到无产阶级革命造反派手里来，使文艺真正成为宣传毛泽东思想的大学校，真正为工农兵服务。

无产阶级的革命造反精神万岁！

首都三司中央財政金融学院《北京公社》
八·八战斗队二分队《金猴》战斗組

刘少奇長子刘涛：造刘少奇的反
跟毛主席干一辈子革命——我的初步检查
(p.15) (p.32)

奋起千钧棒
彻底砸烂刘少奇

河北大学井冈山兵团

一九六七年三月一日

滙編者的話

誰反对毛主席，就打倒誰。

“任何人，不管他职位多高，資格多老，‘声望’多大，只要他不按毛泽东思想办事，反对毛泽东思想，就要对他的錯誤主张，进行坚决的抵制，就要对他进行坚决的斗爭，一直到罢他的官，撤他的职。”（《紅旗》第一期社論：《在毛泽东思想的道路上胜利前进》）

在我們伟大的領袖、伟大的导师、伟大的統帅、伟大的舵手毛主席亲自发动和领导的这場无产阶級文化大革命中，我国人民揪出了反革命修正主义分子刘少奇。这是毛泽东思想的伟大胜利！是无产阶級文化大革命的巨大胜利！

以刘少奇为代表的反革命修正主义路綫，长期以来同毛主席的革命路綫相对抗，最近几年更是变本加历。他們对毛主席阳奉阴违，配合国內外阶級敌人的反华大合唱，疯狂的攻击三面紅旗，鼓吹阶級調合論，全面抵制和攻击毛泽东思想，他們有系統的修正主义綱領，控制了我們党和国家的許多部門，与我們爭夺年青一代，在文化大革命中，頑固地制定和推行資产阶級反动路綫。

如果依了刘少奇，实际上就依了大地主、大資产阶級，就有亡党亡国的危险！

为使中国不改变顏色，我們必須对以刘少奇为代表的反革命修正主义路綫进行彻底揭发，彻底批判！彻底肃清它的影响！彻底挖掉資本主义、修正主义的根子！大立毛泽东思想！

为了与大家一起批判以刘少奇为代表的資产阶級反动路綫，大立毛泽东思想！我們在兄弟单位的协助下收集了反革命修正主义分子刘少奇的部分罪行，供同志們参考，並誠恳欢迎批評指正！

河北大學井岡山兵團

一九六七年三月一日

目　錄

中央首长关于刘邓問題的談話……………………………………………………（1）

刘少奇二十大罪状………………………………………………………………（5）

炮打中国的赫魯晓夫——刘少奇

看，刘少奇的丑恶咀脸！………………………………………………（7）

造刘少奇的反跟着毛主席干一辈子革命

我的初步检查……………………………………………………（15）

看刘少奇的丑恶的灵魂…………………………………………………………（32）

刘少奇是資产阶級反动路綫的代表……………………………………………（37）

看！中国赫魯晓夫刘少奇在出訪中的丑恶嘴脸………………………………（40）

彻底清算以刘少奇为代表的修正主义路綫……………………………………（43）

炮轟資产阶級司令部，打倒刘少奇……………………………………………（56）

为什么要打倒刘少奇？…………………………………………………………（67）

高举毛泽东思想伟大紅旗彻底粉碎刘少奇、邓小平、陈云三架馬車的修正主义路綫把无

产阶級文化大革命进行到底！…………………………………………………（68）

触目惊心

——刘少奇言行录…………………………………………………（84）

刘少奇和王光英一家的談話記要………………………………………………（99）

看刘少奇牽的什么綫？…………………………………………………………（104）

砲打司令部

——我的第一張大字報

全國第一張馬列主義的大字報，《人民日報》評論員的評論，寫得何等好啊！請同志們重讀一遍這張大字報和這个評論。可是五十多天里，從中央到地方的某些領導同志却反其道而行之。站在反動的資產階級立場上，執行資產階級專政，將无產階級轟轟烈烈的文化大革命運動打下去。顛倒是非，混淆黑白，圍剿革命派，壓制不同意見，實行白色恐怖，自以爲得意，長資產階級的威風，滅无產階級志气，又何其毒也。聯系到一九六二年的右傾和一九六四年形“左”而實右的錯誤傾向，豈不是可以令人深省的嗎？

毛澤東

一九六六年八月五日

中央首长关于"刘、邓"問題的談話

毛主席說："……現在倒鬧独立王国了。許多事情不与我商量，如土地会議，天津讲話，山西合作社，否定調查研究，大捧王光美，本来应給中央討論作个决定就好了。邓小平从来不找我，从五九年到現在，什么事情也不找我。六二年，忽然四个付总理，李富春、李先念、譚震林、薄一波到南京找我，后又到天津，我馬上答应，四个又去了。可邓小平就不来。武昌会議我不滿意，高标准弄得我毫无办法。到北京开会，你們开六天，我要开一天还不行。完不成任务不要紧，不要如丧考妣。"

《毛主席在十月二十四日滙报会議上的讲話》

毛主席說："邓小平耳朵聋，一开会就在我很远的地方坐着。一九五九年以来，六年不向我滙报工作，书記处的工作他就抓彭眞。你們不說他有能力嗎？"聶荣臻："这个人很懶。"

《毛主席在十月二十四日滙报会議上的讲話》

林彪同志說："各地的这种情况是有两个方面原因的，一方面固然是本地的原因，更重要的是中央有几个領导同志，就是刘少奇、邓小平同志他們搞了另外一个路綫，同毛主席的路綫相反，刘、邓路綫就是毛主席大字报所說的："站在反动的資产阶級立場上，执行資产阶級专政，将无产阶級轟轟烈烈的文化大革命运动打下去。顚倒是非，混淆黑白，围剿革命派，压制不同意見，实行白色恐怖，自以为得意，长資产阶級威风，灭无产阶級志气，又何其毒也。"

經过这几天同志們已經比較清楚地知道了这个来源：

……

在中共中央工作的同志刘、邓对毛泽东思想的传播，所采取的态度，这几天大家知道了，过去宣传部长陆定一所采取的态度大家是知道的，那簡直是令人憤慨和不能容忍的。

《林彪同志在中央工作会議十月二十五的讲話》

陈伯达說：十六条糾正了前一阶段錯誤路綫，但是錯誤的路綫是以另外的形式出現，斗爭很尖銳、很复杂，斗爭一直围繞在群众的問題上。有一些人不执行党的、无产阶級的、革命的也即是毛泽东同志的路綫，因为毛主席的群众路綫是同部分同志的資产阶級世界观彻头彻尾的不相容。毛主席提出的无产阶級文化大革命的路綫是叫群众自已教育自已，自已解放自已。但是錯誤路綫的某些代表人物却反对。他們搬用国民党的"訓政"来对抗，把群众当成阿斗，把自已比做諸葛亮，把运动引上相反的道路，这是資产阶級的反动路綫的"文化革命"。

工作組只是一种組織形式，在某种运动中用得适当是可以的，有的是必要的。但在文化革命中，某些領导人把工作組强加于群众，不过是为了推行他們的路綫罢了。但是有些反毛泽东思想路綫的人，仍用各种方法推行他們的路綫，如违反巴黎公社的选举原則，推荐出一个他們理想"筹委会""革委会"，……，甚至当各地革命师生来見毛主席，也有一部分人跟着来"串联"，企图打击来京的革命师生。九月二十五日，我同文革一些同志接待一批革命师生。我曾有一个建議：不要高干子弟在各校、各单位文革中占有領导地位，最好让給普通工农兵、普干子弟担任。高干子弟把持領导地位是不利的，对无产阶級事业和他們自已都无好处。但高干子弟确实很好的，群众选他，我也不反对。但調查材料說，有人听了我的話，很快采取对待措施了。他們說中央有指示：高干子弟不作紅卫兵領导。于是辞去职务，指定了“立場坚定”的人来担任，花样是很多的，有些同志对这样的花样津津乐道。

毛主席八月五日“炮打司令部”的大字报說：“从中央到地方的某些領导同志却反其道而行之。站在資产阶級反动立場上，执行資产阶級专政，将无产阶級轟轟烈烈的文化大革命打下去，顛倒是非，混淆黑白，围剿革命派，压制不同意見，实行白色恐怖，自以为得意，长資产阶級威风，灭无产阶級志气，又何其毒也。”有人仍不听毛主席的話，置之不理，你搞你的，我搞我的。这是資产阶級本能在他們头脑行动中起了作用。

《陈伯达同志对两个月运动的总結》

江青同志說：“現在的合同工制度是刘少奇提倡的，我們不知道，合同工是刘少奇搞的，有人讲是主席說要搞的，那只能是他們的主席，不是我們的主席。……

合同工这个东西，象广播事业局就有五百多个合同工，他們随时可以解雇，一解雇就是資本主义的一套。我們对于坏分子給他吃飯，让他劳动，而合同工一解雇，就沒有飯吃了，这样搞培养奴隶主义。”……

《江青同志十二月十八日晚接見北京大中院校革命造反派时的談話》

錯誤路綫的代表人物，历来是一、二个人或很小集团搞起来的，如陈独秀、李立三，王明等所犯的錯誤路綫就是少数人搞起来的。这次錯誤路綫的代表人物，在十一中全会上批評过，大多数同志不知道，这次会議就說穿，就是刘、邓的錯誤路綫。

在怀仁堂的会議，主要是他們两个搞的，北京抓在他們手里，想搞成一个样板，全国照他們的样板去做。这很明显是和毛主席的正确路綫占統治地位的。为什么刘、邓路綫能在全国推行呢？这是因为毛主席出外不在北京，是刘、邓利用中央大权在手，篡改了毛主席的正确路綫，提出了一条錯誤路綫，不是站在群众自己教育自己、自己解放自己的立場上，把一場有世界意义的伟大的文化大革命的創举，刘、邓搞得冷冷清清。

刘、邓的办法是孙中山訓政时期的办法，派出了大批工作組，把群众看成阿斗，把自己看成諸葛亮。把一場伟大的轟轟烈烈的文化大革命搞成企图按照他們資产阶級反动路綫进行。这条錯誤路綫是刘、邓联盟搞的。对刘的錯誤大家了解的比較多，而对邓是不了解的，对他的大字报也不多。其实邓的問題是很明显的，而且是很严重的。工作組的形式便于执行錯誤路綫，如王光美到清华，后台是刘少奇，邓的女儿到师大附中，后台是邓，刘的女儿到清华附中也是有后台的。这里是挑起了群众斗爭，工作組撤出之后，还是有人操纵的，那里許多消息比我們还快，他們頑固地掌握学校的統治。

右傾机会主义路綫变成了反动的資产阶反动路綫，他还要实行残酷的白色恐怖，有不同意見的人，用各种办法，把他們打成“右派”或打成“反革命”。清华大学蒯大富，他失掉了自由，要到中央办公厅来談問題，还有两个人押着来的。那时主持清华工作的是王光美，后台是刘少奇，把蒯大富打成坏分子、反革命分子，如果那样搞下去，还有什么无产阶級文化大革命呢？这是严重违反了毛主席的文化大革命正确路綫，对全国都有影响的。

邓是錯誤路綫的急先鋒，沒有人批評他錯誤的东西。邓这个人凭他聪明，好象他是天生的百科全书，无所不知，无所不晓，他不作調查研究，就乱决定問題。

每次开中央会議，他是以批評为主，对于其它大事，他是无所用心，对群众是不接触的，对群众路綫是不感兴趣的，可是什么事他都爱“拍板”，总理也只好陪榜。要同邓談問題比登天还难。

一九六一年冬起草人民公社六十条时，邓搞南三区，北三区分开搞，也沒和主席商量，主席批評說：“那个皇帝决定的！”这以后陶鑄同志打电話叫北三区到南三区来开会，而邓当时坐火車游遍全国，不作調查研究，不了了之，对国际反修作了一些工作，但大致方針都是毛主席主持的，邓在北京起草了二十五条反修綱領，根本不能用，以后到杭州，主席亲自搞了二十五条。

去年起草二十三条时，主席对刘、邓也評批过，主席批評两个独立王国，但沒有触动他，这次批評錯誤路綫还沒有触动他。

刘、邓的思想作风是和毛主席相对抗的，邓的面貌如果不再我們全党搞清，那是危险的，他同刘打着一样的旗帜。

去年九月中央会議，如果党中央有一、两个搞修正主义的人，就会把中国变顏色。苏共的教訓，只要一变，就会有很多胡里胡涂的人跟着跑。

六二年搞包产到戶，也是邓說的。六三年提出一、二綫的問題，主席退到第二綫，这是組織上的措施。邓以为大权在手了。全党占統治路綫是毛主席的正确路綫，但刘、邓利用毛主席休息时把錯誤路綫向下推行。有些地方的同志，錯誤路綫很适合于他，有的同志世界观未得到改造好，习慣以势压人，执行了这条錯誤路綫，有的是盲目执行了这条錯誤路綫。現在只要犯錯誤路綫的人回头，站到正确路綫上来就是好的。我們还是要当群众的学生，然后再去当先生。我們的年龄也不輕了，不要再跌跤子了，跌了的爬起来再走。刘、邓錯誤路綫在全国是有影响的，但是时間很短，只要毛主席一点破，他們不会得逞的。我們党占統治地位的还是毛主席的正确路綫，我們党还是兴旺的，現在要求我們大多数同志当錯誤路綫一指出来，赶紧清醒起来，和錯誤路綫划清界綫。現在刘、邓並沒有承认錯誤，他还想进攻，最近中央組織部的乔明夫同志說代表中央的是刘、邓、彭，还有的人說刘邓是实力派。

我們这些同志在組織上，工作上必然要和他們发生关系，清醒过来了就好了，我們批判运动的錯誤路綫，要有无产阶級无所畏惧的精神，只要一切为无产阶級事业，我們有什么不能丢掉呢？毛主席在七大上說过，只要我們一想起先烈，还有什么不能丢掉的呢？馬克思說，无产阶級所丢掉的鎖鏈是压迫我們？我們丢掉的是思想上的錯誤鎖鏈，这对世界的革命是好事，对个人是好事。現在刘、邓还未丢掉錯誤思想的东西，邓这个人更頑固，現在有人說一年以后再討論算帳，这是郑天翔說的。我們这些人年龄老了，更要看破人世，为世界革命有什么不能丢掉的呢？

《陈伯达同志十月二十五日在中央工作会議上的讲話》

毛主席說：“常委分一、二綫，搞书記处，是我提議的，再嘛过于信任別人了：引起警惕，还是二十三条那个时候，北京就是沒有办法，去年九、十月提出中央出了修正主义，地方怎么办。我就感到北京对我的意見不能实行，为什么批判吴晗不在北京发起？而在上海发起呢？因为北京沒有人办，现在北京的問題解決了。

去年批判吴晗文章，許多同志不去看，不那么管。以前批判武訓传，紅楼梦是个别抓，抓不起来，不全盘抓不行，这个責任在我，个别抓，头痛医头脚痛医脚，是不能解决問題的。这次文化大革命前几个月，一、二、三、四、五月用那么多文章，中央又发了通知，可是並沒有起多么大的注意，还是大字报，紅卫兵这么一冲，引起了注意，不注意不行了。

《毛主席十月十五日在中央政治工作会議上的讲話》

戚本禹說："文化大革命是整党內一小撮走資本主义道路的当权派，为什么首先举起革命旗帜的却被打成"反革命""游魚""牛鬼蛇神"。一个学校整死許多人……眞是白色恐怖，完全是資产阶級反动路綫。这不是偶然的，混入党內的一小撮走資本主义道路的当权派一直反对主席的革命路綫，他們就是要在中国搞复辟。如六二年搞单干等。文化革命一开始，姚文元发表文章，結果冷冷清清，不让搞文化革命，反对文化革命，为什么让在上海发表。他們就是对和平演变很感兴趣，文化領域里帝王将相統治了我們的舞台，我們国家还象什么样子？特殊阶层，資产阶級生活方式……这样下去无产阶級的国家就要变成資本主义国家了，学校里也是这样，各方面向无产阶級进攻，眞是不要多，少則十几年，几十年，中国一步步就要垮下去了，那时少数人变成貴族，多数人变成奴隶，給他們当牛馬。

《戚本禹在十一月十二日于原二司談話》

两条路綫斗爭高潮是在六二年，有人公开提出"三自一包"、"三和一少"，因为他們认为时机成熟了，上次我在二司也讲了，如果那时不是毛主席掌舵，而是他們当权，那我們的紅旗很快就倒了，如果不是由我們伟大舵手掌舵，而由过去的"大副"（刘少奇）掌舵，那我們国家很快就要变色了。

《戚本禹在十二月二十四日于矿业学院讲話》

林彪同志的讲話决定印发給紅卫兵学习，那里把刘、邓的資产阶級反动路綫提出来了，所以可以讲这个問題，他們就是党內的最大的走資本主义道路的当权派。从矿院的斗爭也可以看出来两条路綫斗爭的艰巨性，矿院就是个典型。你們把矿院的斗爭提到批判刘、邓路綫上来，在矿院的一些，只不过是一些小丑（大笑）不必对他們費那么大力气，有人提出要材料，我說材料就在你們这，把轟轟烈烈的群众运动搞得冷冷清清，都是刘、邓路綫搞的。如果把各校的材料搞出来是一部很惊险的小說。如清华就是王光美去的，五十多天就死了三个人（原稿如此，疑为自杀了三个人之誤）王光美是什么人，是資产阶級分子，她是清华大学文化大革命的幕后指揮。你們看过刘少奇和王光美訪問印尼的电影嗎？（众答：看过了）你們再看看，那才是大毒草呢，把我們国家的人的面子丢光了！丑态毕露，带着項鏈，还有那样子，看不下去。这样还不变质啊，早就变质了。这样的人怎么能来搞文化大革命呢？光凭这个金項鏈，就不能搞革命。你們不是很会写文章嗎？批判一下，这才是大学校。他們是一小撮，我們很藐視他們。有毛主席領导，我們只要用一个指头就可以把他通倒，但我們在同他們斗爭时要重視他。因为，他們还有那么一小撮。　　《同上》

刘少奇二十大罪状

刘少奇是中国第一号党內走資本主义道路的当权派，是中国修正主义分子的祖师爷，是鎭压无产阶級文化大革命的罪魁禍首，是反毛泽东思想反毛主席的个人野心家，远的不提，近二十年来刘少奇罪行累累，毛主席多年爭取、教育、仍然无效，不知悔改，站在頑固的資产阶級立場上，变本加厉，頑抗到底，我們是毛主席的忠实紅小兵，誰胆敢反对毛主席、反对毛泽东思想，就打倒誰：今天是撕开刘少奇的騙人外衣，把他暴露在光天化日之下示众的时候了。

一、一貫散布修正主义的謬論，鼓吹阶級斗爭理論过时了，宣揚反动的“阶級斗爭熄灭論”从根本上篡改了馬列主义，公然与毛泽东思想唱反調。

二、反革命修正主义分子彭眞，薄一波等在北京坐獄时，是刘少奇批准他們自首出獄的。彭眞揭出后，今年六月，刘还对林枫說：“彭眞的問題，你意外不意外”在与党外人士讲話时，百般为彭眞开脫：“彭实际上是我党的付总书記，常参加常委会实际上参加了核心領导。这个有能力，有不少缺点，犯过很多錯誤，他不懂毛泽东思想。”刘少奇站在那一边不就很清楚了嗎？

三、四六年刘少奇害怕革命，幻想和平过度，利用所謂“政协会”向蔣介石妥协投降，企图断送中国人民的革命事业。

四、四六年东北战場指导方針上，伙同反党分子林枫等对抗毛主席指示，反对林彪。刘少奇反对林彪由来巳久了。

五、主张向苏学习，鼓吹“和平共处”竭力美化帝国主义，乃是中国的赫魯晓夫。

六、恶毒歪曲党內斗爭的历史事实，为陈独秀、张国涛、王明等反党分子翻案。

七、歪曲历史，对抗武裝斗爭的道路，大肆鼓吹所謂“一二九道路”，大搞“一二九展覽会，紀念大会，鼓吹自已是白色区工作的“內行”，夸大白色区的工作作用，企图与毛主席抗恆，否定毛主席在中国革命中英明卓絕的領导及决定性作用。

八、六二年在全国刮起翻案风，单干风，阴风滚滚，根子就在刘少奇，在党校刘少奇大力支持为大右派楊献珍一伙翻案。

九、五二年底，毛主席提出了党在过渡期的总路綫，楊献珍这个反革命修正主义分子，在五三年拿出“綜合基础論”来反对毛主席的总路綫。楊的論文——这棵反毛泽东思想的大毒草，事先是送給刘少奇閱过的。

十、刘少奇阴謀把高級党校办成“突出刘少奇”的独立王国，反对把党校办成毛泽东思想的訓练班。

十一、在党校两条路綫的斗爭中，老混蛋楊献珍一开始都得到刘少奇的支持，五二年，楊献珍搞了个“三反总結”，打击陈伯达同志（当时是付院长）刘少奇批准了該文件，“三反”后，陈伯达同志被排挤出党校。

十二、极力貶低伟大的毛泽东思想，反对普及毛泽东思想。“簡单化”，“庸裕化”这些恶毒攻击工农兵普及毛泽东思想的詞句始祖就是刘少奇。五四年苏修专家格列則尔曼給楊献珍去信，攻击学习毛主席著作是“簡单化”“庸裕化”，此信由刘少奇批准在报上发表。楊献珍、陆定一等反革命修正主义分子就长期以此語为后台反对工农兵活学活用毛主席著作扼杀广大工农兵群众活学活用毛主席著作的热情。

十三、以“两种劳动制度，两种教育制度”的修正主义理論来反对把全国办成学习毛泽东思想的大学校，反对毛主席一貫的教育思想。

十四、五一年，蛮横指責山西省委把老区互助組提一步，办成农业合作社的革命热情。五五年又包庇纵容邓子恢縮掉二十万农业合作社。刘少奇是扼杀我国农业合作社会主义改造的劊子手。

十五、六〇年毛选四卷出版，十二月二日中央批轉中央軍委“关于加强軍队政治思想工作的决議”掀起了全国軍民活学活用毛主席著作的高潮，而刘少奇于六二年修改了《論共产党員修养》重版，却通篇不提伟大的毛泽东思想。书中刘少奇恶毒地含沙射影我們敬爱的領袖毛主席“自以为是中国的馬克思列宁，裝作馬克思列宁的姿态在党內出現，並且毫不知耻地要求我們的党員象尊重馬克思列宁那样去尊重他。”刘少奇，你攻击毛主席，我們就要打倒你。

十六、招降納徒，結党营私，彭眞、烏兰夫、刘仁、赵凤、林枫、蔣南翔，……还有反党集团高崗饒漱石等解放前都在北方局工作。而当时北方局总負責人就是刘少奇。解放后，又糾集邓小平、彭眞、陆定一、罗瑞卿、楊尙昆、林枫、安子文、楊献珍、胡耀帮、胡克实、蔣南翔、何伟等一小撮反革命修正主义分子組成黑綫一条，独立王国一个，“第二司令部”对抗以毛主席为首的党中央。企图趁毛主席不在北京时，利用大权，大搞修正主义妄图搞资本主义复辟。

十七、六一年抛出右傾机会主义綱領，鼓励資产阶級思想自由泛滥，掀起一股反党反社会主义反毛泽东思想的逆流。六二年鼓励各地歪风出籠，推广“单干风”、“責任风”、“包产到戶”、“三和一少”妄图开倒車，为資本主义复辟大开綠灯。

十八、在四清运动中推行形“左”实右的反动路綫，背着毛主席把王光美的“桃园經驗”捧上了天。胡說什么“四清”运动是四清和四不清的矛盾，是党內外矛盾的交叉，有意轉移四清运动的重点是整党內走資本主义道路的当权派的主攻方向。

十九、刘少奇到处販卖腐朽的人生哲学“吃小亏占大便宜”，鼓吹青年只专不紅，投机革命。刘少奇披着馬列主义外衣，其实灵魂深处是資产阶級的王国。其世界观与毛泽东思想根本对立。

二十、在伟大的无产阶級文化大革命中竟然利用毛主席不在北京，不听毛主席!子先警告，派出大批工作組，提出資产阶級反动路綫，站在資产阶級反动立場上，顚倒是非，混淆黑白，围剿打击革命派、陈伯达、康生等同志，实行白色恐怖，妄图把毛主席亲自燃点的文化大革命打下去，何其毒也！刘少奇至今仍負隅頑抗，反对毛主席的革命路綫，背后操纵进行了五次大反扑。刘少奇是鎮压文化革命的罪魁禍首。

建国十八年来，刘邓資产阶級反动路綫一直以反对毛主席的革命路綫为目标，进行着多次大进攻。这些反革命修正主义祖师爷时时企图扭轉革命航向，但是我們天才的伟大的領袖毛主席每次都識破了他們的阴謀鬼計，打退了他們的进攻，端正了航向繞过暗礁。如果不是我們最敬爱的毛主席掌舵，我国的革命就会断送在刘少奇之流手里。对于刘邓这条反动路綫，这个黑司令部，我們再也不能容忍了。

刘少奇必須公开向全国人民、全党作深刻检查。

刘少奇必須向毛主席請罪！

打倒刘少奇，打倒邓小平，彻底埋葬刘邓資产阶級反动路綫！

誓死保卫毛主席！中国共产党万岁！毛主席万岁！万万岁！

一九六七年一月二日

炮打中国的赫魯曉夫——刘少奇

看，刘少奇的丑惡脸嘴！

刘少奇是中国的赫魯晓夫，他长期以来打着“紅旗”反紅旗，招降納叛，結党营私，在党內組織一个資产阶級反动司令部，大反毛泽东思想，在无产阶级文化大革命中又顽固地制訂和推行了一条鎮压革命的資产阶級反动路綫，同毛主席的正确路綫相对抗，充分暴露了反革命修正主义的眞面目。今天，广大的革命群众已經把毛主席身边的这顆定时炸弹拔出来了，还将进一步把他斗打斗臭，再踏上一只脚，叫他永世不得翻身！我們收集並整理了一些材料在这里公布，把刘少奇的丑恶咀脸亮出示众。

一、大反毛主席，大反毛澤東思想。

一九六六年七月二十九日在万人大会上說：“正确的意見也可能是少数，我有这个經驗，毛主席也这样，在很多时間里在很多問題上也是少数。”（按：狼子野心大暴露，竟敢凌駕于毛主席之上，多么囂张！）

他还說：“清华有一个人貼了反动标語：“拥护党中央，反对毛主席，同学就揍他了，一揍他就怕了，如果保护他一下，保护他的自由，让他活动，让他多写几条反动标語，多发表反动言論，这並不防碍大局。”（按：讲話中絕口不提保护眞正的革命少数，而借“保护少数”之名，行攻击毛主席之实，居心险恶！）

他在一九三九年原版和一九六二年再版的《論共产党員的修养》中說：“在过去某一时

期內，某些教条主义的代表人，就比上述的情況更坏。这种人根本不懂得馬克思列宁主义，而只是胡諂一些馬克思列宁的术語，自以为是‘中国的馬克思、列宁’裝出馬克思、列宁的姿态在党內出現，並且毫不知耻地要求我們的党員象尊重馬克思、列宁那样尊重他，拥护他以‘領袖’，报答他以忠心和热情。他也可以不待別人推举，径自封为‘領袖’，自己爬到負責的位置上，家长式地在党內发号施令，企图教訓我們党，責罵党內的一切，任意打击、处罸和擺布我們的党員。这种人不是眞心为共产主义的实現而斗爭，而是党內的投机分子，共产主义运动中的蟊賊！”（按：配合美帝、苏修的反华大合唱，恶毒攻击我們最最敬爱的伟大領袖毛主席，与赫魯晓夫如出一轍。）

在八大党章总綱中，关于党的指导思想被修改成：“中国共产党以馬克思列宁主义作为自己行动的指南”。把“毛泽东思想作为我們党一切工作的指針”給刪掉了。（按：处心积虑地抵毁毛泽东思想。）

一九四八年十二月十四日对馬列学院第一班学員談到学习馬列主义經典著作时說：“……所以馬克思的理論都可以学，能这样学就活起来了，不爬行了，……有的人认为，何必学这些东西？中国的书还讀不完，毛主席的书还讀不完呢，或至少先讀中国的书再讀外国的书吧！这个說法是不对的。”（刘某叫我們不要先讀毛主席的书，而要先讀外国的书，否則就是爬，是他贬低和仇視毛泽东思想的一次大暴露。）

二、民主革命時期，害怕革命鬥爭。

刘少奇从来就不是无产阶級革命家，而是資产阶級革命家。一九四六年幻想政协会議实現，企图向敌人妥协。一九四七年在土改中实行形“左”实右的資产阶級路綫。一九四八年全国解放前夕，刘少奇在胜利面前惊慌失措。同年十二月十四日对馬列学院第一班学員讲話中說：“現在的革命形势发展很快，出于我們預料之外，現在不是怕慢了，而是怕快了。太快，对我們的困难很多，不如慢一点，我們可以从容准备。”（按：資产阶級的阶級本性决定了他必然害怕革命风暴，幻想妥协投降。）

三、攻擊社會主义制程，企圖復辟資本主义。

一九五〇年六月十四日在政协委員会第十次会議上說：“我們采取的保护富农經济的政策，当然不是一种暫时的政策，而是一种长期的政策。”“在农村中可以大量地采用机器耕作，組織集体农場，实行农村的社会主义改造时期，富农經济的存在才成为沒有必要的了，而这是相当远的将来才能做到的。（按：富农是革命的对象，富农經济是資本主义經济，而刘某却要长保存，他的剝削阶級立場和走資本主义道路的傾向不是昭然若揭了嗎？！）

一九五一年六月他在全国宣传工作会議上說：“有些同志认为农村可以依靠互助組、合作社、代耕队，实行农业集体化，这是不可能的，这是一种空想的农村社会主义，是錯誤的。”（按：反对毛主席提出的农业先集体化后机械化的思想。）

一九五七年五月七日在对楊献珍和侯維煌的指示中說：“要允許有一部分資本主义工商业、工业、地下工厂，要让他們鉆空子，当他們鉆空子的时候，我們社会主义經济就立即跟上去，……他钻几十万样，我們社会主义也跟上去，搞他几十万样。”“如果我們的經济还不如資本主义灵活多样性，而只有呆板的計划性，那还有什么社会主义优越性呢？”（按：恶毒攻击社会主义的計划經济，梦寐以求的是走資本主义道路。）

他还說：“一到資本主义国家什么都能买到。”（按：复辟資本主义望眼欲穿。）

一九五七年他在湖南說：“有人說工人生活好，农民生活差，相差太远了，……工人生活是苦的，工作八小时，空气不好，劳动紧张，寿命也比农民短。”同年他在上海說：“所有城里人下乡去都持这种态度，下乡也是这样讲，写信也是这样讲，沒有一个城里人讲我在城里艰苦，睡的是双层鋪，吃飯也是餓肚子，排队买不到东西，城里人下乡都不大讲这些东西。”（按：对社会主义制度恨之入骨。）

四、大反毛主席關于社會主义時期的階級鬥爭學說，鼓吹階級鬥爭熄滅論

一九五六年九月刘少奇在“八大”政治报告中說：“我国社会主义和資本主义誰战胜誰的問題現在已經解决了。”“外国帝国主义的工具——官僚买办阶級，已經在中国大陆上消灭了，封建地主阶級除个别地区外，也已消灭了，富农阶級也正在消灭中。原来剝削农民的地主和富农正在改造成为自食其力的新人。民族資产阶級分子正处在由剝削者变成劳动者的轉变过程中。”（按：閉口不談阶級斗爭和无产阶級专政，蓄意同毛主席在“关于正确处理人民內部矛盾的問題”这篇光輝著作中所闡明的社会主义时期阶級斗爭学說唱反調，与苏修赫魯晓夫亦步亦趋，大力鼓吹阶級斗爭熄灭論。）

一九五七年四月二十日刘少奇在上海党員干部会上讲：“今天的資本家也是新的資本家了。”“在公私合营以后，資本家已經把工厂交出来了，除了极少数分子以外，他已經不愿意反抗社会主义了。”一九五七年三月他在河南省干部會議上說：“敌人消灭得差不多了，資产阶級公私合营了，已經基本上解决。”“如果讲到非无产阶級思想，讲到农民阶級的思想，讲到小資产阶級的思想，讲到地主阶級的思想，是讲过去的，是反映了那个阶級存在的时候。”（按：刘某本人就是走資本主义道路的当权派，所以大力宣揚剝削阶級的本性改变了，停止反抗了，阶級已經不存在了，麻痹革命人民斗志，以实现其复辟的美梦。）

刘少奇在一九三九年原版和一九六二年再版的《論共产党員的修养》一文中說：“当着党內产生机会主义思想，存在着原則分歧的时候，我們当然必須进行斗爭来克服机会主义思想和各种原則錯誤。但这絕不是說，党內不存在原則分岐，沒有产生机会主义的时候，硬要把同志間在某些純碎带实际性质的問題上的不同意見，扩大成为‘原則分歧’。”“党內的‘左’倾机会主义者对待党內斗爭的态度，他們的錯誤是很明显的。按照这些似乎瘋顚的人看来，任何党內和平也是要不得的。他們在党內是沒有原則分歧的时候，硬要去搜索斗爭的对象，把某些同志当作机会主义者，作为党內斗爭射击的‘草人’。他們认为党的发展，无产阶級革命斗爭的胜利，只有依靠各种錯誤的斗爭，依靠这种射击草人的火力，才能得到灵驗如神的开展。”他还說：“因为各种党員看問題的方法不同，就使他們理处問題的方法也

有各种不同，就引起党內許多不同意見、不同主张的分歧和爭論，就引起党內的斗爭。”（按：刘某存心抵毁毛主席早在一九三七年提出来的，“党內不同思想的对立和斗爭是經常发生的，这是社会的阶級矛盾和新旧事物的矛盾在党內的反映。党內如果沒有矛盾和解决矛盾的思想斗爭，党的生命也就停止了。”这一英明論断。因为他是混进党內的修正主义分子，唯恐自己和他的孤群狗党被揭露所以对党內斗爭害怕的要死，把党內斗爭仅仅归結为看問題的方法不同，反对党內斗爭。）

五、爲右傾機會主义翻案。

一九五七年刘少奇在《馬克思列宁主义在中国的胜利》一文中說：“在大跃进和人民公社这些問題上，我們党內也有过不同意見的爭論。”“在資本主义工商业的社会主义改造問題上，我們党內也发生过不同观点的爭論。”（按：意指过去党內出現的种种机会主义，特別是彭、黃、张、周反党集团，不过是观点不同而已。显然是在为恶毒攻击三面紅旗的右傾机会主义分子，反党集团鳴冤叫屈。）

一九六二年初，他在自己所操纵的中央扩大工作会議上，即五級干部会議上，想把三面旗当作“历史教訓”来总結，說什么：“我們現在来总結前几年的工作，恐怕总結不完，我們后代还要进行总結。”（大意！）並把矛头直接指向毛主席，說什么：“反对毛主席，只是反对个人。”还在这次会上別有用心地提出可謂“甄別”問題，明目张胆地为右傾机会主义翻案，提出：“和彭德怀有相同观点的，只要不里通外国的就可以翻案。”“只要本人提出申訴，領导和其他同志认为有必要，就可以翻案。”等黑指示。此后，一时黑云翻滚，在全国范围內刮起“翻案风”。（按，为反对毛主席並攻击三面紅旗的右傾机会主义翻案，首先做好輿論准备。）

六、大搞形“左”實右的四淸路綫，反对毛主席的正確路綫，破坏四淸運動

一九六三年五月二十日，毛主席亲自制定了“前十条”，全国展开了轟轟烈烈的社会主义教育运动。刘少奇唯恐摧毁資本主义复辟的社会基础，于是急急忙忙让王光美搞了个“桃园經驗”，並于一九六四年九月根据这个“經驗”制定了“后十条”，流毒全国，刘少奇还亲自出馬，做了一个“关于社会主义教育問題”的报告，与“后十条”精神一脉相承。在这些黑經驗、黑指示的指揮下，大搞所謂“扎根串联”、“人海战术”。表面上轟轟烈烈。实际上工作組包办代替运动群众，表面上很“左”实际上大整群众，大搞人人过关，掩护了城乡走資本主义道路的当权派和地富反坏右，形“左”而实右，与毛主席的正确路綫相对抗，破坏了四淸运动。当四淸运动向纵深发展的时候，刘又迫不及待地大搞翻案活动，打击貧下中农，为地富反坏右撑腰，进行反攻倒算。

七、在無產階級文化大革命中頑固的制定並推行資產階級反動路綫，鎮壓文化大革命。

刘少奇支持並維护反党叛国分子彭眞泡制出来的反革命“二月提綱”，並把它作为中央

文件，流毒全国。企图把毛主席亲自发动的无产阶級文化大革命引入純学术討論的修正主义軌道！

刘少奇在一九六六年六月关于彭、陆、罗、楊反党問題同党外人士的讲話中說："彭眞实际上是我党的副总书記，常参加常委会，实际上参加核心領导，这个人有能力，有不少缺点，犯过很多錯誤，他不懂毛泽东思想。"（按：包庇彭眞，眞是一丘之貉！）

一手策划制定所謂"中央八条"把所謂"內外有別"、"注意泄密"、"坚守崗位"等八条枷鎖，套在革命群众脖子上。

毛主席在六月初就說不要派工作組，但刘少奇賊心不死，趁毛主席不在北京，向全国大派工作組，企图鎮压文化大革命，用心何其毒也！

北大六·一八事件，张承先把革命群众打成反革命，制造白色恐佈。刘少奇、邓小平命令他立即总結成"經驗"刋登，在全国推广，並加了所謂"中央指示"，說什么"別处发生了类似情况也要照此办理。"（按：为扑灭毛主席亲自点燃的无产阶級文化大革命的烈火不择手段。）

一九六六年六月二十一日刘少奇派王光美直接插手清华园，並在七月三日发出了三点黑指示：（一）把蒯大富当作活靶子来打。（二）批倒了蒯大富，才能巩固工作組的地位。（三）资产阶級不給我們民主，我們也不給資产阶級民主。刘少奇面带笑容地听王光美、刘涛滙报在清华斗争同志的情况。就这样，刘少奇的黑手把清华园內轟轟烈烈的革命运动打了下去。（按：顚倒是非、混淆黑白、围剿革命派，压制了革命派，实行白色恐佈，自以为得意，长資产阶級威风，，灭无产阶級志气，又何其毒也！）

毛主席七月十八日回北京撤消工作組以后，刘少奇在七月二十九日万人大会下說："怎样进行无产阶級文化大革命？你們不清楚，不太知道，問我們革命怎么革，我老实回答你們，眞心回答你們，我也不晓得，不懂，党中央其他机构工作人員也是不知道。"（按：影射攻击毛主席，並为派工作組的方向性錯誤极力开脫。）

刘少奇威脇刘涛說："中南海有中南海的紀律，从这里知道的事，不許对外讲。否则就別跑中南海。"以此来压制刘涛，不許刘涛揭发。

一九六六年八月三日在北京建筑工程学院的讲話中說："你們听了我讲要保护少数，主要是保护好人，可能也保护了坏人，保护一下吧，短时間，一个月、二个月、三个月，一年也可以，材料够了，就作結論，作結果。"（按：企图以"秋后算帐"来压制坚持批判工作組的革命少数派。）

八、推行修正主义教育路綫，反对毛主席的教育方針

一九六四年以来刘少奇发表有关"两种教育制度"的讲話近二十次，跑了十几个省作报告。他亲自組成了一个教育办公室，还打算成立"第二教育部"、"第二教育厅"，来貫彻自已的主张。（按：我們国家只能有一种教育制度，即毛主席提出的半工半讀，也即"以学为主，兼学別样"。刘少奇提出的全日制和半工半讀"两种教育制度"，实际上是資本主义

社会“双軌制”教育体制的翻版）

刘少奇对毛主席的教育思想只字不提，他却要教育部搞“馬恩列斯論教育与生产劳动相結合”的材料。

刘少奇貪天之功为已之功，把半耕半讀当作自已的首創，在报告中多次提到半工半讀是他一九五八年在天津提出的，有意抵毁毛主席对于馬克思主义教育理論的伟大貢献。他在一九六五年十一月在中央政治局扩大会議上說：“全日制学校的改革也要抓这个問題，毛主席在去年春节就提出来了，还沒解决。請高教部、教育部准备。如何革，再开一次会。看不准，千万不要瞎指揮。”（按：請讀者注意，这是有意贬低毛主席一九六四年的春节指示。誹謗毛主席在瞎指揮。）

刘少奇胡說什么“半工半讀学校要培养有社会主义覚悟的有文化科学知識、有技术、有实际操作能力的新型劳动者。”（按：突出科学技术，公然篡改毛主席的教育方針。）

他一再宣称四小时讀书四小时劳动是半工半讀最好的形式。他还宣称：“如果机关、学校、工厂經营得好，人的精神面貌就会好，群众的热情就会高。”（按：公然抹杀教育战綫上的阶級斗争，根本不提学校領导权問題，否定毛主席的阶級斗爭一抓就灵的英明論断。試問，这样不讲阶級斗爭不立毛泽东思想的半工半讀和資本主义国家、修正主义国家的半工半讀有何区别？）

九、吹捧蘇修，鼓吹向蘇修學習

一九五六年九月他在“八大”会上吹捧苏共二十大是“具有世界意义的重大政治事件，……决定了进一步发展社会主义事业的許多重大政策、方針，批判在党內曾經造成严重后果的个人崇拜現象，而且提出了进一步促进和平共处和国际合作的主张，对于世界紧张局势的緩和作出了显殊的貢献。”（按：刘少奇一貫的修正主义思想的一个暴露。）

一九六一年刘少奇說：“在全国开展一个新的学习运动，这是当前最重要的事情。”“要学习苏联和其他兄弟国家建設社会主义的經驗。”（按：学习苏修实行資本主义复辟心切如焚。）

並且还大罵我們“滿足于一知半解，自以为懂得很多，懶于学习。”警告我們要“力戒滿足”，“戒驕戒躁。”（按：刘少奇狗胆包天，竟敢辱罵毛主席。）

一九六三年十一月十九日在科学院学部委員第四次扩大会議上他說，苏美“在基本問題上联合起来是不可能的。”“就是在美国統治集团內部，也有一些头脑比較清醒的人逐渐认識到战爭政策未必对美国有利。”（按：赫秃高徒，与苏联烂言如出一轍！）

十、招降納叛，結黨營私，同毛主席分庭抗禮

长期以来，刘少奇一直用人唯亲，在許多重要部門和負責的崗位上大力培植亲信，妄图为他最后象赫魯晓夫那样篡党篡軍篡政准备条件。在他領导下的原北方局里云集了：彭眞、蔣南翔、陆平、楊述，周揚、李井泉、安子文、任白戈之类的牛鬼蛇神。

他不遺余力地提拔反革命修正主义分子彭眞，使他近年来飞黄騰达，“紅”极一时。文化大革命以来极力包庇彭眞，保护林枫。

叛徒彭眞和薄一波在北京坐牢时，向国民党自首投降，得到刘少奇包庇。（根据林枫秘书揭发）

十一、宣揚物質刺激，鼓吹金錢掛帥，散布“超階級”謬論反对突出政治

一九五七年四月二十七日刘少奇在上海市党員干部会議上說：“如果不按劳取酬，公平合理，就阻碍生产力的发展。如果按劳取酬貫徹得比較好，分得比較公平和理，大家滿意，就促进了生产力的发展。”（按抹杀突出政治的精神变物质的巨大作用，抹杀毛泽东思想的无比威力。）

他还說：“工人农民分配不当就要鬧事”，“人民为了关心自己的經济生活，就要过問工資、住房、吃飯、坐車这些事。这就表現出社会主义人民民主的积 极 性 了。”“你分多了，我分少了，大家不愿意干，生产力就要受到阻碍。”（按：反对突出政治鼓吹金錢挂帅反映出刘某这个資产阶級代表人物唯利是图的丑恶的內心世界。）

一九五七年他在河南对干部讲話中：“一所电影院盖起来可卖票，还可以賺錢。”商店盖起来可以出租給商业部賺錢，开理发舘、洗澡堂，也可以賺錢。”我是地方政府，你在我这里住，我收地方税，收房产税。”（按：金錢迷了窍，露出了一付資产阶級 老財 迷 的面孔。）

十二、大肆兜售資產階級个人主义的處世哲學腐蝕毒害青年

一九五七年刘少奇对一些青年同志們說：“总想占人家便宜，不是互利，而是一利，那样关系总是搞不好。”“立志去干几十年工作，最后人民是会了解你們的，照顾你們的。”他在接見工民建工商联常务委員指示中說：“在社会主义条件下，一心一意搞个人利益的人是搞不到个人利益的，一心一意为人民服务反而有个人利益，只顾一头反而会有两头。”（按：毒害青年自以为得計，实則暴露了极端个人主义的肮脏灵魂。）

一九六六年一月三十一日刘少奇在与王光美一家談話时說：“我看宁愿吃点亏，……最后大家說你是好人，大家愿意与你交朋友，将来还大有发展。……建立起感情来，就可能有更大的工作要你去作。”（按：堂堂国家主席滿脑子只能装下个“我”字，小算盘打得可謂精細。）

一九五七年他在河南許昌学生座談会上說：“我劝你們回乡后不当干部，連会計都不当……认眞地种三、五年地，到那时一切农活都学会了，农民能做的事，你們都能作，比任何农民都不差，你們有文化，农民沒有，比农民多一条，再加上一条跟群众关系搞得好，具备三条就能当乡、县、省干部，也可以到中央，那就看个人的本事了。……你們是中国第一代有文化的农民。第一代要得便宜，参加革命我是第一代，現在成为中央委員，第二、第三代

象这样就不成了。（按：好一付理想升官图可惜你刘少奇現在連中央委員也难当下去。）

刘少奇在上海党員会議上談到学生开学时說：“恐怕这样讲一讲（注：就是象前面讲的那些东西），他們下乡种田也就高兴一点，而不是倒霉的下乡种田，垂头丧气的下乡，而是高高兴兴地挺起腰杆子下乡，他会认为我要实現我的理想，則发展前途更好。”（按：以修正主义分子之心度革命青年之腹，可笑！）

一九六〇年一月三十一日刘少奇在与王光美一家談話时說：“只专不紅那是一手。不紅，即使搞得好可以工作，但不能領导。”（按：只专不紅的害处只是不能領导嗎？原来，在刘某人看来，又紅又专就是为了官运亨通！）

一九五九年刘少奇在接見工民建工商联常务委員指示中說：“……应該提倡所有党員和干部以普通劳动者的身份参加劳动，因为不在于創造多少价値，而在于改变群众的观感，党員干部参加劳动，扫扫地鏟鏟土，群众观感改变了，相应的关系就改变了。”（按：污蔑干部参加劳动为的是博得群众好感。）

一九六七年一月七日“井崗山”

使我想到：胡适的儿子批胡适，蒋公的儿子批老爹，如今又出现刘涛……這是为啥？一場闹剧！古月斋乙未年清明节

造刘少奇的反，跟着毛主席干一輩子革命

——我的初步检查

·劉　濤·

編者按：

刘少奇是資产阶級反动路綫的制訂者，是中国修正主义的总头目，是鎮压文化大革命的罪魁禍首。在这場轟轟烈烈的无产阶級文化大革命中广大革命群众奋起直搗以刘少奇为首的資产阶級司令部，严峻的考驗摆在刘涛同志（刘少奇之女）的面前，是堅決跟着毛主席鬧革命，大造修正主义老子的反，做无产阶級革命造反者，还是做資产阶級的金童玉女，充当刘邓資产阶級反动路綫的殉葬人？二者必居其一，中間道路是沒有的。刘涛同志在这場严峻的考驗中进行了激烈的思想斗爭，終于在同志們的帮助下开始和家庭划清界綫，于一九六六年十二月二十八日做了初步的检查和揭发，她的态度是誠恳的，我們支持刘涛同志的进步，希望她进一步揭发刘少奇的問題，眞正站到毛主席一边来。

我們热情地欢迎被蒙蔽、被利用的"八·九"派同学，破私立公，勇敢地、堅决地与刘邓資产阶級反动路綫彻底决裂，眞正站到毛主席的革命路綫上来。

"人間正道是滄桑"。以刘少奇为首的一小撮党內走資本主义道路的当权派，反对人民，鎮压人民，他們一定会被人民所抛弃，变成向隅而泣的可怜虫！胜利永远是属于革命造反者的！

誓做无产阶級革命派！

不做資产阶級保皇派！

让我們共同迎接无产阶級文化大革命的更輝煌的胜利吧！

毛主席說："无数革命先烈为了人民的利益牺牲了他們的生命，使我們每个活着的人想起他們就心里难过，难道我們还有什么个人利益不能牺牲，还有什么錯誤不能抛弃嗎？"我們最伟大的領袖毛主席点燃的这場无产阶級文化大革命运动的烈火，在很短的时間里动員起亿万人民群众，其势如暴风驟雨，迅猛异常，向着旧世界猛烈冲击，以反对毛主席为首的无产阶級革命路綫为目标的資产阶級反动路綫，已經被广大革命群众所識破。但是，阶級斗爭的規律告訴我們，帝国主义和国內反动派决不甘心于他們的失敗，他們还要做最后的挣扎。阶級敌人决不会自动地退出历史舞台，他們总是要搗乱、失敗、再搗乱、再失敗——直至灭

亡。最近一小撮党內走資本主义道路的当权派、頑固坚持資产阶級反动路綫的人，采取新的形式，欺騙一些群众，企图炮打无产阶級司令部，企图炮打毛主席、林副主席，企图炮打毛主席、林副主席亲自領导的以陈伯达、江青同志为首的中央文革小組——无产阶級司令部。毛主席說：“凡是反动的东西，你不打，他就不倒。”来而不往非礼也。旣然你們炮打我們无产阶級司令部，我們也就要彻底砸烂这个資产阶級的司令部，現在，广大革命师生員工提出直搗刘邓資产阶級反动路綫司令部的老巢，我坚决支持同志們的革命行动。我是这条資产阶級路綫的受害者，中毒很深，和自己的家庭也划不清界綫，始終沒有眞正站在毛主席一边。又是自己“三临”負責人之一，給清华的无产阶級文化大革命带来了很大損失，这确实使自己感到十分痛心，十分难过的。

我先和大家談談我的活思想。回校以后，由于我对自己錯誤沒为认識，而且在家里受了王光美的很多影响。我回校时是鉄杆保皇的，根本沒想很好揭发問題。我一直还是站在資产阶級的反动立場上，站在我父母的立場上，站在資产阶級反动路綫的立場上。所以，很多問題自己並沒采取老实态度。当时我並沒有这样认識，同学說我不老实，我还挺生气的，认为不知道有那些問題是属于揭发范围。后来同学帮助我，使我认識到根本問題不是知不知道揭发什么問題，而是实际上是否眞正站在毛主席一边，站在群众一边，站在无产阶級革命路綫这边。通过学习毛主席著作，看了江青对我的讲話以及同学們的热情帮助下，我逐漸认識到自己立場並沒有眞正站在革命群众这边，所以对許多問題的认識也就很不清楚。

毛主席教导我們知錯就改，我一定按毛主席的話，把自己的立場站到无产阶級这边来，与家庭从政治思想上划清界限，不能用感情代替政治，与过去錯誤彻底决裂，眞正站到毛主席这边来。

由于我对以前的錯誤沒有很好的认識，所以对很多問題来不及批判，对很多問題的认識也沒有水平，但我应当把我所能想得起来的事情揭发出来，把自己知道的一些內幕告訴大家，供大家参考，然后和大家一起共同分析批判，共同战斗，从而更加充分地认識到这两条路綫的斗爭，在我們学校是何等的尖銳复杂。

六月四日的大字报是我与班上的小組一起写的，六月五日的大字报是賀鹏飞等几人共同討論的。我記不得当时家里对我暗示过蔣南翔是黑帮的一些話。只記得我把六月五日的大字报給刘少奇看时，他认为写得不錯。

从六月五日以后，就是我們几个高干子弟凑在一起，长期脫离群众，沒有眞正和群众在一起共同战斗，还自以为我們最革命，最敢造反，自封为“左派”，这些就是极端錯誤的。这样下去也必然会摔跟斗的。

工作組进校后，刘少奇給过我一些黑指示，現在我把自己所記得的揭发出来。

一个是关于文斗武斗的。六月中旬，在北京許多学校中有戴高帽子游街的現象。他让我們出一张大字报讲讲这个問題，我們在六月中貼的那张大字报內容就是按刘少奇的說法写的。

六月十八日有一个关于党員干部下楼的問題，让各班同学討論一下是不是对所有党干部都要批評，让他們作检討。

大概在六月中下旬刘少奇曾經跟我讲过，反工作組是一种思潮，全北京市的五十几所学校中就有三十九所反对工作組，他还怀疑这个反工作組的逆流与前北京市委有联系，认为是前北京市委的一个反扑。这也就是后来为什么我們学校和很多学校拼命揪后台的原因。刘少奇当时在师大一附中（我妹妹在那儿）蹲点，对她的指示是比較多的，他把师大一附中陈永康、何芳芳这些岁数很小的学生都打成反革命。也沒感觉到有什么問題，他还面带笑容听我們滙报。就是在他的指揮下，大規模学生斗学生在全北京市，甚至在全国都开展了。当时我們学校工作組所导演的“反蒯”运动，大家是很清楚了的。

在七月三日晚上，我記得他跟我讲过一次話，后来把这事情揭发了，他否认是他讲的。他否认他的，我揭发我的。記得有这么几点：一、要把蒯大富做活把子打。二、要把蒯大富他們一派搞成少数，批倒了才能巩固工作組的地位。三、資产阶級不給我們民主，我們也不給他們民主，他是把反工作組的这些同学都当成資产阶級，所以他就不給这些同学自由民主。在七月二十六日晚上江靑同志、陈伯达同志已經讲了关于工作組的問題，当时我也不清楚我們学校的工作組到底是什么問題，二十八日晚，刘少奇异常激动地对我和王光美說：一、現在不是說要检討嗎？要我到你們学校去检討也可以，去就去，沒有什么可怕。二、工作組的工作是当着大家面做的。（意思就是說，是好是坏，大家都能检驗出来。三、工作組也沒有什么事情了，你們就劳动，帮助抄大字报，扫扫地，这样别的同学也就不会說你們是当官做老爷了。四、仍然认为蒯大富是自己跳出来的，而不是工作組把他打成反革命的，当时还讲了保护少数的問題（即七月二十九日在人大会讲的精神）。当时还让我不要急于表态，眞正认識到錯了再讲，不要急于表示自己反对或者同意。在我看来，七月二十八日他根本沒有认識到自己的錯誤，情緒还是很不滿意的。那天晚上我和王光美都哭了，因此我从来也沒有看見过我父亲这么激动过，当时也沒认識工作組的錯誤性质是什么样的，立場又沒站稳，但确实感觉到工作組的工作沒有做好，心里也是很难受的。

以上就是工作組撤离学校以前刘少奇的一些指示。

我再讲讲王光美的情况吧！六月中旬，王光美就想到学校参加文化大革命。不过当时是去清华还是去师大一附中还沒肯定。究竟为什么她选中了咱們学校。这个原因她沒有跟我讲。在六月十九日王光滥实际上已經决定到清华来了。

后来刘少奇跟我讲，当时給了王光美三个任务：１、到清华的一个班或一个系蹲点。２、了解一些情况向上反映。３、让她自己鍛练。她到清华的目的是不是象王光美在她的检查里所提到的了解和研究一些具体工作和問題来改进工作組的工作，依靠左派爭取大多数。以痛击清华大学走資本主义道路的“当权派”呢？我們是动机和效果的統一者，我們不是光看宣言，主要是看她的行动，就让我們看看在清华究竟干了些什么吧？在六月十九日下午，她来校看大字报。看了刘才堂同学的大字报后，她就問我和賀鹏飞这篇大字报写的好不好，她认为这篇大字报写的是有問題的，具体的原話我記不太清楚了。晚飯时她得意洋洋地看着包围她的同学，声明是少奇同志派她来看大字报的。工作組的同志为她忙得不亦乐乎。好不容易冲破了她称为“拉合尔式的”包围。晚上到了工字厅，在工作組长和各系文革負責人的会上哇喇哇喇的說开了。（这有記录，以后可以全文公布，我現在拣重要的談。）她說“現在乱子多，說明我們发动群众不够，要划出幕后人。“她在六月十九日到清华的第一天就讲了这样話。当时在学校里同学带着强烈的阶級感情，給一些人戴了高帽子游了街，同时冲破了工作組的框框，到学校各个单位比如食堂工厂去串联，确实有些乱。但这个“乱”正如林彪同志所讲的，这个“乱”是乱敌人而不是乱我們。群众在这場史无前例的文化大革命运动中，冲破了旧秩序，建立了新世界。怎么能說沒有一点乱呢？乱子多，恰恰說明群众运动沒有被工作組压下去，而王光美却在这里大加指責，居然怀疑到这些是什么幕后人在搗乱。从这可以看出，王光美一来就站到了群众运动的对面。

六月二十一日王光美神神秘秘地来到了清华园。带着中共中央办公厅的介紹信正式充当了一名不普通的工作組員。她当时为什么不敢見同学，要保密呢？她說怕同学們围，挤伤了人，其实这是不能成为理由的。要是同学老是看到你，还用得着围嗎？你是真正想接近群众呢，还是把自己摆在一个“皇后”的地位呢？

六月二十二日我們向叶林滙报工作时，王光美又以不平凡的工作組員的身份向我們发了指示。让知情人检查、交待、上陣。还让干部群众背靠背揭发。隔一段时間听群众批評，让他們检討，看是不是通的过。通得过就可以上陣。（这也就是后来为什么輔导員、班干部等开了多次检查会也下不了楼的原因）最后又說：“領导小組要純”。这个純是怎么个純法呢？难怪有很多对工作組有意見的同志从領导小組的核心被清除出去了。

著名的六、二四事件是工作組鎮压群众运动，围剿革命群众的序幕，它正是象王光美后来所讲的是假左派自己跳出来，是蒯大富同志挑起的辨論嗎？不！其实这是阴謀！是工作組一手搞的政治陷害事件！早在六月十四日，叶林就曾經让我們組織围攻王鉄成同学的大字报。六月十九日就說有从“左”的方面来的干扰，目的是要夺权。而在六月二十二日又提出两条战綫，一条是在斗黑帮，一条是批判蒯大富同学等人的問題。这就是后来讲的一条黑綫一条白綫。后来王光美說又沒有什么白綫，就是一条黑綫。实际上也就是把这些同学当成黑綫人物了。六、二四事件絕对不是偶然发生的。它是有阴謀的。六、二四大会是經过了紧张的布置。六月二十四日下午叶林把我們文革主要負責人找了去，讲了有七股歪风邪气：一、蒯大富同学这一派。二、王鉄成。三、許克敏談話紀要。四、怀疑郭影秋是黑帮。五、女生食堂的問題。六、中国青年报社論是株大毒草。（指“左派学生的光荣責任”）七、中央負責同志的問題。（我記不清这到底指的是什么）他說这七股歪风不打击不成，否則就沒法向修正主义开火，並說这不是轉移斗爭目标，斗爭本身的性质就是夺权，夺无产阶級的权就是資本主义复辟。並且布置了批判蒯大富同学的重点：①批判他是假左派②批判他要夺誰的权③駁怀疑一切、五条大棒……而且更具体的布置了方法。工作組当时要我們在他身边引起大辨論。而且把时間确定为当天晚上。这时蒯大富同学与工物系同学辨論也达成了三条协議，于是将計就計。后来我听說工物系同学跟蒯大富辯論，实际上系工作組組长的意見。后来工作組又匆忙地把我和賀鵬飞等人送到了万寿园。原来王光美还要布置一番。她說：“不要糾纏在'电話事件'上，（电話事件純粹由于她自己要搞的，别的人为了給她保密造成的）辨論要抓住关鍵"。这也就是为什么后来我在大会上讲"我媽媽說……"的原因）她說："他們是不是眞左派？无产阶級的左派是什么样子的？他們对蔣南翔、对黑帮一句話也不讲、不揭发，而工作組夺了黑帮的权以后，他就是夺工作組的权了"。並且說"你們不要被坏人利用了"，让我們对这个問題上綱，要用阶級分析的观点来看。說"把目标指向工作队这才是阴謀"，"具有阴謀的人就是假左派、是保黑綫，就是轉移注意力"。认为"蒯大富不仅有市場、而且有組織、有計划、有領导、有阴謀，和前校党委有联系"。当时她这些东西也不知道从那里来的。她为了打击革命派，不惜要阴謀、放暗箭。另外她还讲到"文化革命要搞彻底，要不要有党的領导，要不要接受工作組的領导？革命左派要很好地和工作組配合。""現在有一股风，要赶工作組。""党派来的工作組要不要相信？要不要組織紀律，怀疑是可以的，但是要听，要执行。党員要跟工作队一块干革命"。这一篇謬論百出的讲話是一株反毛泽东思想的大毒草，是工作組鎮压群众的宣言书。請看，反蒯的理論不就是出于这里嗎？挑动学生斗学生的邏輯不也就是出于这里嗎？資产阶級反动路綫的典型的打着"紅旗"反紅旗的理論也出于这里。

眞正的革命左派到底是什么呢？毛主席早就提出接班人的五个条件，林彪同志也讲过好干部的三个条件，眞正的革命左派，在执行錯誤路綫的工作組的压制下，他們为了誓死保卫毛主席，誓死捍卫毛泽东思想，敢于起来造反，敢于起来革命。而王光美却对此害怕万分，拼命地定調子，散布流言蜚語，进行煽动："誰反对工作組，就是反对新市委，反对党的領导，就是假左派。"还要加强所謂"党的領导"，所謂"党的組織紀律性"。人民日报評論員指出："对无产阶級革命派来說，我們遵守的是中国共产党的紀律，我們要无条件的接受以毛主席为首的正确領导，一切危害革命的錯誤領导不应当无条件地接受，而应当坚决抵制。毛泽东思想是我們各項工作的最高指示，可是王光美却要我們听工作队的，实际上是听資产阶級司令部的話，去干违背毛主席指示的事。我們当时对王光美还是信任的，我自己的奴隶主义又是十分严重的。毛主席說："共产党員对任何事情都要問一个为什么，都要經过自己头脑的周密思考，想一想它是否合乎实际，是否眞有道理，絕对不应盲从，絕对不应提倡奴隶主义。"尽管当时自己还沒有很好的看过蒯大富等同志的大字报，就已經覚得他們是假左派，以至后来成为工作組鎮压群众运动"反蒯"干将。我在这里向被自己压制过的同学、向受自己蒙蔽的群众賠礼道歉。

我們从王光美那里出来以后，分头准备，叫可靠的人（自己这一派的）去开辨論会了。当我們叫来人时，大礼堂門口已經站满了很多人，这时工作組又想不开今天晚上的辨論会了，因为我們这派的人进不来。在辨論会上工作組被群众的大民主吓得脸色发黄，汗流夹背，会后就匆忙对我們讲，这簡直了不得，象資产阶級議会一样，我們也确实受了他們的影响，会后工作組匆忙把我、賀蒯飞、李黎风、乔宗淮等人送到我家里去，向王光美反映这个"資产阶級大民主"的状况。当时王光美所讲的話，就象后来《閃电》所揭发的那样。

为了保住执行資产阶級反动路綫的工作組，王光美大打出手，不辞辛苦地筹备了斗爭学生的大会，残酷地鎭压群众，实行資产阶級专政，造成白色恐怖，长資产阶級威风，灭无产阶級志气，还自以为得意，又何其毒也！她到底是怎么样导演这几次残酷的斗爭大会的呢？

六月二十七日上午，在一次工作組的会議上王光美說：“我們为什么花这么大的力量来辨論呢？要政治挂帅。斗爭是他挑起的，他轉移視綫把矛头指向工作組，而群众又辨别不清，使我們沒法更好的揭发黑綫。”“他炮打我們的司令部。”（反对工作組的这些同学，确实是炮打司令部，但炮打的是資产阶級司令部，捍卫的是毛主席的无产阶級司令部。）王光美說：他炮打我們的司令部，来干扰文化大革命，是眞包庇，配合保护黑綫。”后来听說蒯大富在城里的时候，她說：“如果叫他，他不来的話，更說明他是搞地下活动，他就是参加他們那个地下組織的会而不是搞由党組織的活动。”（这完全是顚倒是非，混淆黑白。）

当天晚上开了第一次斗爭蒯大富同学的大会，王光美做在甲所听实况。第一个发言的是蒯大富同学，她会后說：“我越听越生气，几次想打电話让你发問”。她說蒯大富同志发言之前先讀那么多語录，簡直是典型的打着紅旗反紅旗。

六月二十七日大会上賀鵬飞同志在大会的发言实际上是让王光美修改过的。她听了蒯大富同学发言后气上加气，給賀鵬飞发言层层加碼。

这次大会后她觉得还不过癮，因为沒有能把她要讲的話讲完，尤其是还沒有駁斥“蒯大富的資产阶級民主”的观点。实际上这說明她十分惧怕而且汚蔑无产阶級的大民主。因此决定七月二十八日再开一次大会。

六月二十八日晚上王光美对我們讲，“要展开討論，突出政治，以实际行动来表示支持工作組。与蒯大富斗爭是否小题大作呢？並非如此。要明确目的，讲明意义，若不和这些别有用心的人作战，就沒有整齐的，高水平的队伍，”在讲到赶走工作队时，她說“把現在的工作队赶走了再换一个，还沒等了解情况，犯了点錯誤就又被赶走了。这就是包庇了黑綫人物。問題就复杂在蒯大富与前校党委和外校有联系。“並阴险地让在与蒯大富辨論时恢复党团組織，在辨論过程中就使党員表态，下楼，这是非常恶毒的。如果当时表示怀疑工作組，这些党員干部就无法下楼，老是在那挂着。无法参加运动。

七月五日她又讲要利用蒯大富这个活靶子。七月七日在第二次批判蒯大富予演会后她說：“这次大会的发言比二十七日提高了不少，坏事变成了好事。（实际上正相反）低班同学热情高，受蒯大富的騙不少”並且具体布置了如何搞好这次批判会，每个人发言应該如何讲如何上綱，都布置詳詳細細，发言安排中要“駁蒯大富上告中央，对他要审查清楚，发言要有把握。絕食，就是反革命行为。”还要交待政策，“或者他們向人民低头认罪，或者就是死路一条”。最后給工作組定調子，說：“工作組的大方向是正确的”王光美对斗爭学生确实是下了一番苦功夫。每个人发言如何上綱，如何分析甚至发言人是否拿稿子都想到了。为什么会这么卖力气，确实是象毛主席讲的，因为他們站在反动的資产阶級立場上，站到群众的对立面上，忠实地执行了这条反动的資产阶級路綫，因此她越是卖力气，就越是残酷地鎭压了群众运动。

在蒯大富同志絕食以后，李雪峰听到以后說："这是自絕于人民！是反革命！"于是七月八日会上就剝夺了蒯大富同学的发言权。在那天晚上，王光美又坐在甲所，直接操纵会場，多次給我打电話要給蒯大富同学上綱。

斗爭蒯大富的大会开了两次，"反革命""右派""假左派"的帽子在同学头上揮午着，白色恐怖籠罩了清华园。学生斗学生仍继續进行。

七月九日以后，就开始准备斗王鉄成同学的大会。

九月十日王光美說："只批判少数典型，从而教育了大多数，这样並不矛盾，同时在斗爭中提高了，也就解放了一些党員、干部。"

七月十一日听过斗爭王鉄成的练兵会后，王光美又高談闊論了一番，並且对王鉄成同学也是上綱再上綱。她說："蒯大富是打着紅旗反紅旗，而王鉄成則是更露骨了，各有各的特点。"在談到王鉄成的处理問題上，她說："大家說是反革命，他自己表面上也承认是反革命，不宣布戴帽子，他如果改造，有实际行动，我們把他放在清华园，革命师生监督改造他。如果不改造，随时处理。"

七月十二日斗王鉄成的大会上，叶林的发言也是王光美看过並加以修改的。后来曾对我讲，本来还要讲家庭出身好的人反对工作組应如何做，后来想放到斗李小忠大会时再讲，因斗李小忠的会沒开成，所以也沒讲了。为了让犯"錯誤的同学悔改，把她四清时的幻灯队找来放幻灯，加强"思想工作"。

在工作組的高压政策下，王光美以国民党訓政的办法对待群众，由害怕群众运动而滑到了反对群众自己解放自己，就連我們这几个鉄杆的保工作組的在一起开会，王光美也认为是非法，因为沒通知工作組。賀鵬飞等同志后来对她很有意見，不想找她，她又质問我，为什么賀鵬飞他們不来了。弄得我們不好处理。

斗学生在这里已經达到高潮了，但七月十六日叶林突然声明把运动中心立即轉向黑綫，而在此以后，王光美也就很少与我們接触了。

后来，大概是听說工作組要撤走，就急急忙忙搞选举，这事实与"閃电"揭发一样。

七月底，她突然离校，我当时也不知是什么原因。

七月二十九日上午，我与賀鵬飞等人一起从城里回来，他們带了一张給工作組的大字报，問我签不签名，我給王光美打了个电話，她是坚决反对。从这里可以看出，这张大字报还沒有讲是什么关鍵問題，也沒有說工作組的大方向是正确还是錯，更沒有說把蒯大富同学打成反革命是对还是錯，就是这样，王光美也怕得要死，坚决反对这张大字报。当天晚上，我想在他們的大字报上签名时，她威脇似地說："你到底动搖了啊！"賀鵬飞等人給我做了很多思想工作，但由于自己对工作組的錯誤沒有本质的认識，过于迷信自己的母亲，不敢坚持眞理，不敢造反，尽管自己同意他們这张大字报，但始終也沒有在上面签字。

七月二十九日晚，王光美回校来。她起了个什么作用呢？七月二十九日晚上发言，实际上是刘少奇給定的調子，是对抗毛主席关于撤走工作組的英明决定。她对各系工作組长說，現在也好嘛，检驗一下我們两个月来的工作到底如何。又大讲工作有成績，企图压制群众起来造反。中央早在十几号就指出不同意組織一派学生整另一派学生。而她直到这时还认为斗蒯大富同学沒斗錯，頑固地站在資产阶級立場上，包庇刘邓資产阶級反动路綫。

七月三十一日（大約）周总理接見我們之前，賀、乔等同志給我做了不少工作，使自己初步认識到应当抛弃私心杂念，个人感情，紧跟毛主席干革命。当我跟王光美談起时，她还十分傲慢地說“看誰跟毛主席跟得紧吧！”

七月二十九日——八月三日在这期間，刘少奇曾让她回去过。王光美一直表現得很不象話，不但坚持自己的錯誤，根本不去眞正虛心听取群众的意見，而且嘩众取宠，企图挽救这垂死的工作組的命运。王光美在清华期間，天天回家，刘少奇到底給了她些什么黑指示，我就不太清楚了。对此也可不言而喻了。

王光美在校的四十几天里，頑固地站在資产阶級立場上，忠实地执行資产阶級反动路綫，害怕群众，把群众当成阿斗，把自己当成諸葛亮，当官做老爷，用“訓政”式的态度对待群众，对毛主席的革命路綫不但很不理解，一直到現在还在頑抗，企图保刘邓資产阶級反动路綫过关。

下面我再讲讲工作組撤走后，刘少奇，王光美的言行。

八月初，刘少奇让我辞职，以后少出头露面，少回家。当我問他对自己的問題的认識时，他口头上也承认犯了方向、路綫的錯誤，表示愿意改。在問到他为什么不高举毛泽东思想的伟大紅旗的問題时，听我妹妹說，他讲，在七大以前，还沒有树立毛主席的絕对威信，在七大以后树立起来了，沒树以前就拼命的树立，树立以后不用怎么說别人也就知道了。实际我覚得这理由是不能成立的。他自己也承认，自己不高举毛泽东思想伟大紅旗等等，可是实际上並沒有眞正认識到自己的問題。当时，工作組撤走以后，有时回家遇見父母，与王光美談的多。有几次他們表示特别关心我校的运动。我当时很愿意反映。当时沒有意識到家里的情况有多严重，我知道的，我就讲了。后来李黎风告訴我要注意此問題。刘少奇以前說話就說得比較少，犯了錯誤以后，說得更少了。王光美当时是在极力地掩盖，但有时又憋不住，就冲出来了。其实，她在检查中說，工作組撤走以后，对我校运动情况是不怎么了解的，这是說謊！

有一次我說有些人对临时筹委会的人也在秘密探听。听化工系朱金根讲，蒯大富当时要故意跟我們捣乱。当时王光美听了以后她就說：“那时候，不也是这样对待工作組的嗎？工作組刚进校，他們就故意跟工作組找楂，围着工作組組員，使他們沒法展开工作，你們現在的处境也和当时工作組差不多。”她这句話也确实沒有讲錯，我們在工作組撤出以后，仍然执行着沒有工作組的工作組路綫，由我們代替工作組地位。当时在讲到斗黑帮时說：“开这种大会还是练练兵的。可你的那张大字报中还說这种练兵不对。有一次我讲蒯大富的大字报中有的地方說的还是对的。她的态度表示挺不滿意的，一直那时，她还沒有眞正认識到斗蒯大富同志，斗反工作組的的人是錯誤的。八月底許多同学出去串联，我听說叶志江被扣起来了，后来跟她說，她說叶志江該扣。又覚得自己的話讲錯了，急急忙忙解释說，我这句話讲錯了。九月底，同学們給我写了許多大字报，我想应当写张大字报表态，她說：“别人都罵你是狗崽子，还欢迎批評什么。”看的出来，她对此是很抵触的，如果别人說她是扒手，她肯定是反感的。十月一日，我与妹妹就談論到辨論工作組的問題，王光美說："批判工作組的問題是不是关鍵呢？”我給父亲提意見，她就在旁边解释，澄清事实，說他的心还是好的，主观上还是要把文化大革命搞好的，只是經驗不足。我問，“六二年的单干风究竟是怎么回事？”王光美說："六二年单干风父亲是反对的。实际上是在欺騙我。她自己也讲，应当实事求是，她不愿意給我父亲增加罪过。我想我父亲的罪，有多少是多少，你說不愿意，但事实終归是事实的。王光美一方面对我們讲父亲的态度如何如何的好，目的，就是說父亲沒有多大的問題。哥哥是造反派，对父母不信任，她很不滿意。另一方面說主席是如何对待父亲。主席对父亲政治思想上从严，組織处理从寬，这是一貫的思想，抱着懲前毖后，治病救人的态度。絕不能因为主席对父亲組織上的寬大，因此而对他政治思想上取采寬大的态度。可是，王光美跟我們讲的目的，是用此来迷惑我們，使我們觉得自己的父亲沒有多少問題。我們本来迷信刘少奇，現在也就保刘少奇。她还說，应当事实求是，說揭发要全面，要全文公布，若沒有全文公布，光把他錯誤的地方公布出来，她就非常不滿意，她认为，同学問我們的問題，就是为了打听点內幕消息。在十二月十八日晚上，我回家碰見她，我說："叶林說我在清华常找你。事实上也不是这样。她說："这是想吓唬你們。她一直跟同学們特別抵触。对她自己的錯誤，如四清，八月份她还說：我还沒有来得及看呐！她认为她的桃園經驗，也沒有什么錯誤。就是扎根串联讲得过細一点，所以給别人的印象也就起了不好的作用。十二月十六日听陶鑄讲，我父亲是个資产阶級革命家，我当时想不通，回去跟王光美讲。她說，陶鑄同志也有說錯話的时候，到現在还是这样认为。还有一条，几年以前，父亲曾經讲过，不当国家主席，当个公民也可以，也沒有关系。在文化大革命中，王光美就不让我讲了。原因是什么大家也都心里明白。八月份我两次問她对工作組的认識，我說可以交談交談吧！原来咱們也是一块工作的，有錯誤我們可以互相帮助帮助，虽然当时我认識还不太清楚，但对她还是可以帮忙的。（回校前我对她說：我就够保的了，我看你比我还保。）她还是不讲自己的态度，她說，我有我的組織，我是在工作組內作检討的。我問我父亲："你执行錯誤路綫决不是什么偶然的，一定有根源，你以前还犯过什么錯誤。”王光美在旁边听了后气得直发抖，哭着对我控訴了一番，說我沒良心，想保自己，是个人主义，你也触及触及自己的灵魂，这个家你也可以不回了，說我老逼我父亲。又說“我父亲是中央的，有些事情不能跟我讲。你老逼他。”說“你欺負我欺負的太甚了。”說她以前对我又是怎么好。当时給我压力很大，父亲也在旁边說：你要是觉得这个家妨碍你的話，你也可以不回家了，如果經济上独立不，可以給你点錢。由于自已沒有眞正地站到毛主席一边，沒有眞正与家庭划清存綫，压力很大，就軟下来了，于是王光美就抱着我哭了一通。自已也就“保”爸了，这是一方面。另外王光美还造成弟妹的压力，說我給媽媽写的那一张大字报是有个人主义。我当时的确有个人主义，但与自已的家庭眞正从政治思想上划清界綫，这就是我克服个人主义，抛弃私心杂念的第一步。当时王光美說我有个人主义，我不否认，但当时她說这句話，我觉得她这是在压我，他就是想用这又拉又打，軟硬兼施的这套办法，想使我成为他們的陪葬人。八月初，我听妹妹讲，爸爸說我不牢靠。我想，我眞正地做了家里的叛徒，这表明我是眞正地站到毛主席这一边，可是实际上並沒有这么做，我一直是摇摆不定的。王光美还压我，說：批判我的大字报都是根据你揭发的。对于我那篇大字报她非常不滿意。刘少奇說："你記录我的讲話，又要拿到外面去公布。"对此他也非常不滿意。他还用組織紀律来压我說："中南海就有中南海的紀律，从这里知道的事情就不得向外讲，否則，就不要 住中南 海 。"我想，不住中南海就不住中南海，断絕家庭关系就断絕家庭关系，有什么了不起的。我的家庭不要我，党和人民要我！

有些事情，她也避开家里的工作人員。师大一附中把我妹妹的工作日記本搜去了，全文公布，貼在中 南 海 外面。她就对我妹妹說："你把它抄下来，看一看，也好知道都歪曲了些什么？"她就是这样教育家里的孩子。她就是拉着我妹妹保他們，我眞替我妹妹担心。我觉得他們到现在也沒有眞正地站在毛主席这边。王光美在家里老放毒，而且有市場。现在同学要求把王光美揪回清华来，我坚决支持。她要是眞正的要改造的話，广大的革命师生帮助她，她如果要頑抗下去，那只有自絕于人民。让她住在清华，这样对她自己，对弟弟妹妹，对我父亲认識錯誤都有好处。关于刘少奇、王光美我揭发到这里。有一些由于自己的立場感情还沒有完全站在革命师生一边，还沒有完全与資产阶級反动路綫决裂，还沒有完全站到毛主席这一边来，有的記不起来，有的还沒有认識。以后认識到了，想起来了一定继續揭发。

通过我所讲的这些可以看出两条路綫的斗爭在我們家是多么激烈。我自己原来根本沒有意識到这个問題，但这个問題就是这样尖銳地摆在我的面前。这几个月我体会到，到底自己是走那一条路，是站在毛主席这一边，还是站在 刘 少奇这 一 边，在这上面的确沒有什么中間道路可走。我来校前，的确是很保皇的。现在对問題认識也不是十分清楚。簡单地談一談对我父亲的看法。我认为我父亲确实是党內头号走資本主义道路的当权派。二十几年来一直对抗毛主席，对抗毛泽东思想，他搞的不是社会主义，而是資本主义，走的不是社会主义道路，而是資本主义道路。这次文化大革命运动中，他鎭压革命运动，实行資产阶級专政，造成白色恐布，对毛主席他采取的是一种无視的态度，确实是象林彪同志所讲的，簡直是不能容忍。他从不相信群众、害怕群众、害怕群众运动，发展到鎭压群众运动的地步。

这 場 文 化大革命具有世界意义，它要扫除一切旧的东西，扫除修正主义在我們国家里复辟的可能。他实际上是鎭压这場文化大革命的劊子手，沿着这条道路搞下去，中国必然要变顏色。他的检查极不深刻，一点也沒有触及自己的灵魂。他在文化大革命中制定这条錯誤路綫决不是什么偶然的。他以前对我的教育，表面上也让我学习毛选，但实 际上是 叫 我"吃小亏，占大便宜"，"丢了芝麻，拣了西瓜"，"你想得的，反而得不到；不想得的反而得到了"，对他这套人生哲学，以前不太认識，还觉得挺对，但实际上这个跟毛主席的完全徹底地为人民服务比起来，完全可以看出，这是一个更"高級"的个人主义，带有更大的迷惑性。他的世界观根本就沒有改造好，他做了国家主席以后，他大概覚得他占了最大的便宜了吧。他的世界观根本不是无产阶級的，而是資产阶級的。这場文化大革命，就是要革一切資产阶級思想的命，由于他的这种世界观，决定了他一定会制訂反动路綫。

現在同学們提出来要搗資产阶級反动路綫，直搗刘邓黑司令部，我坚决同意，如果不把这条資产阶級反动路綫批倒、批透、批臭，毛主席的无产阶級革命路綫也不会深入人心，也不能树立毛主席的絕对权威。

王光美就是一个地地道道的資产阶級，根本沒有改造，她用她的資产阶級一套腐蝕了很多人。刘少奇在政治上的錯誤比王光美严重得多，他負的責任更大，他制定了資产阶級反动路綫。同学們以前說她是糖衣砲弹，我还不怎么能接受。現在覚得她的确是一顆糖衣砲弹，她对我就是利用感情教育。我提出这个問題，她还大发雷霆，她一会儿对我哭了一通，一会儿又对我駡了一通，大家可以想到，她給我的是什么教育。

我的确感到这場文化大革命是一場严重的阶級斗爭，以前我一点也沒有认識到它就在我身边进行着。我以前站在反动的資产阶級立場上，站在父母一边，給清华的文化大革命带来了損失，后来看到江青对我讲的話，使我很难过。要认識自己的父母，认識自己的家庭，如果自己是一个革命者，对家庭，对資产阶級反动路綫就应当仇恨。我覚得自己应当眞正地站到毛主席这一边，毛主席說，被敌人反对的不是坏事，如果眞正地与家庭划清了界綫，家里反对我，而人民是欢迎我的。

下面我讲一讲王任重及我們自己的情況。八月四日賀鵬飞在大会上的发言是給王任重看过的。当时有指示，王任重认为这个发言很好，八七建議的精神，据賀鵬飞說，是王任重指示的。

八月八日晚上实际上是一場阴謀。八八串联会跟我借礼堂，我当时不同意。后賀、乔从王任重那里回来說，借就借給他們吧！他們跟我讲，今晚上有广播，让他們开，一广播以后，就游行，他們就开不了啦。（后来知道这也是王任重的鬼主意）这实际上就是抵制批判工作組的問題。由于自己有保爸保媽的思想，所以也同意。而且对工作組的問題也沒有认識到是个路綫斗爭的問題，是这場文化大革命运动的中心問題，而认为这只不过是运动中的一段小插曲罢了，因此，以后也就自以为斗黑帮最正确，最革命，是大方向。实际上却正相反，不把这两条路綫的斗爭进行到底，也无法眞正地斗倒斗臭黑帮。

八月九日晚上开了批判工作組大会之后，工物系同学提出，一定要組織好批判工作組的問題，尽快地結束它。刘菊芬提出不一定要一刀齐，一部分人批判工作組，一部分人斗黑帮，各有分工。"八・九"派可以早些准备斗黑帮的材料。自己的观点一直是傾向"八・九"派的，因此偏向"八・九"派，压制"八・八"派。

"八・八"，"八・九"並不是两个宗派，而是两条道路，两条路綫斗爭的产物"八・九"串联会就是抵制批判資产阶級反动路綫，与"八・八"唱对台戏的。八・九派实际上是包庇刘、邓的資产阶級反动路綫，当然，这里大多数的同志是受蒙蔽的，是对文化大革命不理解。八月十一日与"八・八"、"八・九"座談，确实当天晚上辯論的中心是工作組的性质，目的是总結經驗，吸取教訓，实际上要达到这个目的工作組的性质不同，处理的方法也就不同了。这实际上就把辯論引向了歧途。

八月十日，王任重就特地把他的秘书从湖北調来，派呂乃强、张生談等人到清华作为我們学校的联絡員。

八月十九日，雷蓉、王小平拿了一张学习十六条的倡議书，这就是后来八月十六日“学习十六条的串联会”的主要精神，这个倡議书說是王任重的意思。后来据說王小平組織了紅旗紅卫兵也是他父亲的意思。可能是听乔宗准讲的，在他們外出串联前，王小平他們还去找一趟賀鹏飞，劝他不要走。

八月十七日，总理找我們談話，当时就批評了我們，让我們一方面要批判工作組，准备八月二十二日的大会，另一方面总結經驗教訓，自己要作检查。当时临时筹委会开过两次会，本来总理让张思慈在旁也听一听，听完后向总理反映情况。可是张思慈在会上大发議論，当时，临时筹委会里有好多人对工作組的問題认識得並不是深刻。由于张的解释上綱，使我們在八月二十二日的发言調子高了不少。（总理知道后批評了张）

那时开始感到工作組的問題性质很严重了。

八月十八日，临时筹委会开完会以后，李黎风就跟我讲：“賀鹏飞他們要給你母亲貼大字报，你貼不貼呢？”我說“我貼，我本来也打算貼的。”因为，有次我和总理讲到了这个事情时，总理說：可以把大字报貼到工作組集訓的地方。

八月十八日的晚上，我在学校写了八月二十一日的那张大字报草稿。写好了以后，我还要給刘少奇写张大字报，但覚得要請示一下上级，就打了个电話給王任重，王任重一听我要給刘少奇貼大字报，馬上让我到他那儿去。八月十九日，我就到王任重那里去了，呆了两三天。他跟我談了一次，他夸夸其談，自我吹嘘了一番，对我介紹了一些武汉的情况，还恬不知耻地說：“人家說我是毛主席的好学生。我並不是这么认为，我的毛选学的要是二分，三分及格就不簡单了”。当时給我的感覚，让我哭笑不得，說不出来他到底謙虚还是自我吹嘘。当时，談完后，我就对他有一定的意見，有一次，吳德同志、陶鲁茄等人在他那里，就听他一个人在那儿讲，我覚得王光美就已經够夸夸其談的了。而王任重也眞可以与她比美了。我当时也是造反精神差，就沒有对他提什么意見。后来我把大字报改了改，就交給王任重，他看后又修改了，他还看了我給刘少奇的大字报，实际上給刘少奇的那张大字报基本上是他授意写的，写了之后，这张大字报交給組織了，我认为这是很严重的錯誤。因为当时有很多东西並不是自己了解的，而是王任重告訴我的，这等于欺騙組織。我认为这张大字报是写得不好的。

为了迷惑群众，王任重是这样安排我們的大字报：他們先貼三問王光美，然后貼我那张大字报，他們再表示支持。这就是为什么后来我那张大字报墨跡未干，他們的大字报就要貼出来了的“奥妙”。

他的秘书还曾經对我讲，中央文革小組是主席領导的，王任重常到主席那儿去滙报，你們应該听王任重同志的話，他让你們干什么你們就干什么，要听話。当时确实自己是受了蒙蔽，覚得他說什么就应当听，当时我們临时筹委会的几个主要負責人确实是受了他不少欺騙。住在王任重那里几天，看到王那里常与湖北省委通电話，直接是操纵武汉湖北的运动。王任重还控制了北大，聶元梓常到王任重里儿去，还有一些中学的，如一〇一中的，师大女附中的常到他那儿去。比方一天，斗爭乔犠武，聶元梓去了，王任重一听急得要命，就赶快間聶元梓发言了沒有，让吕乃强打电話給聶元梓，让聶元梓赶快結束这个会，不让聶元梓发言。当时辯論外出串联这个問題，实际上是为了反对大串联，也是王任重让聶元梓辯論的。

在八月二十日刘菊芬等人就要揪蔣南翔回来斗，王任重一听特別着急，馬上派賀鵬飞去截，說斗蔣南翔要主席同意，还怕出現武斗，当天就让吕乃强和刘菊芬談了一次話。刘菊芬和清华大学紅卫兵还找王任重談过，至于談了些什么內容我就不大清楚了。

八月二十二日的三点建議的情况确实如"霹历"揭发的。

王任重跟我談的时候，曾經提到王光美写給王任重一封信。說要談談，至于后来談了沒談我就不清楚了。

雷蓉写了"王任重与刘少奇"那里面讲到刘少奇要找賀鵬飞他們談。这件事賀鵬飞給我讲过，后来我回去問秘书同志时，他說不知道这件事情，具体的情況我不太清楚了。

我在王任重那見到的情况就是这样。

下面我就讲讲，我所記得的"八、二四"的情况。

在八月二十四日的早上，賀鵬飞拿着某人給毛主席貼的大字报的底稿，表示特別气憤，就和乔宗淮一块上王任重那儿去滙报、請示。大約在上午十点左右，具体时間我不太清楚了，林学院和师大女附中的紅卫兵自由控系敢死队的王亚明带着来找我，他們說，現在給中央負同志的大字报貼得那么多，好多地、富、子女和黑五类本人也来看大字报，阶級斗爭那么复杂，为什么不采取行动，你們如果不采取行动的話我們就要采取行动了。当时大字报动态我也不是特别了解的，但我覚得这个問題比較大，要滙报上級。当时並沒想到放手让群众自己来决解，我当时打了个电話到王任重那里。（不是他本人接的电話）我把这情况滙报了一下，当时他們怎么讲的我記不太清楚了。

我把乔宗淮、賀鵬飞找回来了，他們回来时就挺热鬧了，当时馬楠让我少讲点話，大概他們知道当时大字报不少是关于刘少奇的。后来我們几个人一块討論了一下，我、刘菊芬、紅卫兵总部一些人，清华附中的，賀鵬飞也在，当时討論的第一次行动是比較大的，我覚得有点象"政变"，什么水源、电源，广播台……哪儿都要"武装占領"。討論之后乔宗淮提出反对意見，他不同意这么干，当时我也比較犹豫，覚得这么干确实行动太大了，用不着这么做。刘菊芬是坚决要干。

我当时有一种引蛇出洞的思想，我覚得即使是貼了一些什么不好的大字报，也可以让他們多暴露暴露。这个思想也是不对的。現在在我的記忆中，当时的行动就是把貼中央負責同志的大字报，让他們把大字报移到內部館去，沒有人移就撕。只撕給中央負責同志的大字报。

我現在仍然是这样看，我並不认为乔宗淮、賀鵬飞他們有意包庇刘少奇，因为我覚得他們一直是要我与家庭划清界限，让我很好去认識我父亲的問題。当时，我对給刘少奇貼大字报的問題是这儿看的，我曾經給妹妹写了一封信，說学校里給父母貼了很多大字报，这充分体現了同学們的革命造反精神，当时大家气也是气在給中央其它負責同志，如总理、陈伯达、江青也貼了大字报，甚至也給毛主席貼了大字报，确实引起了气憤。我覚得当时，我对大字报动态不十分了解，确实在思想上也覚得貼这种大字报的人是右派，也有这种思想，对这行动沒表示反对，这是錯誤的。他們行动时沒让我去。在这行动决定后，我給王光美打了电話，当时把这情况向她讲了讲，說有很多人給中央負責同志貼了大字报，还要給主席貼大字报，当时通知行动的中学，有我弟弟妹妹的学校，让她給打个电話，告訴他們。跟他們学校紅卫兵一起，到我們学校来看一看，后来王光美沒有答应，說她不能管。

八月二十四日，后来的最后通諜，安民告示我不太清楚。我在乙所値班。后来广播台同志来找我，說自控系敢死队提着大棒进去了。我当时很着急，本来不是說得好好的，先不发生冲突，如果冲突起来，再占領也不晚，我就打了个电話，让他們撤出来。一直到撕了大字报后，我才出来的。后来的事情就比較公开了，大家也都知道了。

賀鵬飞的讲話，因为我沒在清华附中，所以不大清楚，后来他自己也承认說，他讲毛泽东思想紅卫兵的一小撮人，把矛头指向党中央和毛主席。

八、二四是鎭压群众运动的事件，压制了革命的造反精神，与毛主席的"你們要关心国家大事，要把无产阶級文化大革进行到底"的指示直接相违背的。实际上，是用一派来压另一派，把矛头指向革命群众。这个事件，是两条路綫斗爭的最高体現，客观上保护了刘、邓路綫。

八月二十五日上午开了大会，会后組織部分同学进城参观。自控系紅卫兵的某些人就往下轟人，对此沒有加以制止，是錯誤的。回来后的抄家也无准备的抄，也不符合十六条，要文斗不要武斗。而且有一些属于保护范围的，也抄了家。最主要的是打击了毛泽东思想紅卫兵。当时好多人，尤其是我們的一些人說："毛泽东思想紅卫兵的一派，很多人家庭出身不好，不能单独走，必須跟着清华大学紅卫兵一块才能抄。对阶級敌人的仇恨，大家是共同都有，可是自己对毛泽东思想紅卫兵采取了歧視和打击。当时我自己在一些大会上也駡过人，錯誤地认为这些同志，就是不斗黑帮，专打同志。駡这些同学是混蛋。这是极端錯誤的。实际上这些同志、革命的大方向是正确的，比我們跟毛泽东思想跟的紧。我应該向大家学习！向这些同志賠礼道歉。当时为什么讲这些話，也是受譚立夫讲話的影响，錯誤的对党的阶級路綫片面理解，实际上是我虽然只在九月份見过譚立夫一面，对他的讲話也沒有印发，但自己沒有加以制止而且有些地方与譚立夫的思想发生共鳴，例如，当时认为：宁左勿右。认为自己是最革命的别人是不革命的，斗黑帮才表現出自己是革命的。实际上自己是錯誤的。現在应当老老实实的向群众学习，尤其是向革命左派学习努力改造自己，跟上队伍。

九月初搞选举，这个选举是不符合巴黎公社原則的，据說这也是王任重的意思。当时乔宗淮提出，我們这几个人最好有在上面的，有在下面的。可是我自己的态度不够坚决，有风头主义，所以也沒有下来。当时自己要下台的目的也不是很正确的，並不是认为自己是犯了錯誤，不应当在領导崗位上。而是覚得怎么样能够更好的保护这一派的"权"，实际上我們保的不是眞正的无产阶級的权，而是資产阶級的权。因为当时认为自己最革命，所以当然千方百計地去保了。化代会之前，我們对毛泽东思想紅卫兵有一个声明，那个声明实际上就是有意的打击毛泽东思想紅卫兵，这是十分錯誤的，而我自己贊成这样去做，也說明我是有这种思想，就是資产阶級反动路綫的思想，所以就对另外一派抱着歧視的态度，千方百計想把人家整垮！

在八月二十五日以北京新市委名义的联絡組进校了。联絡組是解放軍政治学校的，姓袁的組长也常上王任重那儿去滙报請示。到九月底，突然就撤走了，我問他为什么撤走？組长說，怕引起冲突；別的学校已經撤走了。就剩北大和清华了，現在北大也撤了，我們清华得馬上撤走。在九月初临时主席团的那次代表大会，王任重也应該参加这个代 表 大 会，后来又听 說 有 事不来了，在九月中旬斗蔣南翔，第一次斗蔣南翔，王任重就事先不让通知，怕通知了同学，外地同学来多了，哄就沒法继續斗了，而且怕发生武斗。所以我們一直卡，卡到中午时才广播通知。实际是运动群众，怕字当头，而且在斗黑帮的过程中間不发动群众。不触及灵魂的去斗，材料挂帅，实际上搞的是形式的去斗黑帮。在斗黑帮的过程中又是打击了毛泽东思想紅卫兵，有很多同志提出当时斗黑帮是不能斗的，我們就以掌握斗爭大方向为名。“高姿态”地打击对方，而我們並沒有眞正掌握斗爭的大方向。斗黑帮时，毛泽东思想紅卫兵內部分化也比較大，我們說要做好分化瓦解工作，凡是能爭取过来的就爭取。另外我們还是控制大字报中心区。並且要所謂的搜集情报，搞动态，实际上是整理了很多黑材料，当时我們还找毛泽东思想紅卫兵的后台是誰，最后找到戚本禹同志那儿去了。这些作法都是非常錯誤的。九月二十二日听說蒯大富在九月二十四日要采取行动，当时斗蔣南翔定在九月二十三日，为此我們紧张地布置了一番。原来想把斗黑帮移到九月二十四，这样把蒯大富他們冲了。后来觉得这样也不太好，太重視他們了，所以最后决定后来几天的活动安排得滿滿的。九月底，有一次賀鵬飞和张泰山到王任重那儿去。王任重对少数派的态 度 是 不要压他們，广播也可以平分秋色，在物质上也不能虐待他們。让我們主席团对两派不偏不倚。然后我們自己也可以表示我們自己的观点，不过，該干嗎，就干嗎，如該选举就选举，該斗黑帮就斗黑帮。王任重对少数派的态度实际上是收买，而他对我們主席团的要求是我永远做不到的。王任重一直是支持“八、九”派，对“八、八”派进行压制，采用新的形式挑动学生斗学生，让我們搞选举的目的正如他的秘书长所說，选举了以后就来个少数服从多数。这样，該干什么，多数一举手，一通过就完了。实际上，我們当时是多数的这样子无非是让少数派服从我們，如果照他这样去做，实际上也就是让革命左派去服从資产阶級反动路綫。他还讲到，在武汉把造反紅卫兵的宣传車上貼成了“造謠車”。从这里也可以看出，到武汉造反的同志在王任重眼里是个什么样子。在联絡員临走前，井崗山紅卫兵成立，袁組长与我、賀、乔等討論形势，並让我們把东西收好，准备挨沙，挨搶，还准备让他們占領。据“八、九”派的某些同学讲，王任重說“八、九”沒什么錯誤，大方向是正确的，“八、二四”也沒什么問題，只不过賀鵬飞的讲話稍有点错。王任重企图用这些来給我們打气。

九月二十五日我回家，当时留我对外出串联还是留下还沒有最后决定。一方面觉得应当在这里經受考驗、另一方面觉得在学校是否会影响別人，內心矛盾重重。所以九月二十七日我又回到学校。回校之后，我下班和同学聊聊，听了听辯論，感到我們这一派辯論起来沒多少道理，对方理由十分充足，因为他們掌握了眞理。但自己並不是堅信自己結論的，因此十月还是出去串联了。

九月二十九日晚，我在賀鵬飞他們的大字报上签了名，自我罢了官。当时自己並沒有眞正认識到陈伯达同志讲話的重要意义。自己原来也不想当，正好就順水推舟下来了。下来后，外出串联，实际上是逃避斗爭，用另一种方式抵制群众对我們的批判。同时也是逃避了对資产阶級反动路綫的斗爭。当时，我知道很多人都要外出，当时只留下张兰茂，李有道两人坚守。

以上就是在临时筹委会的这一段工作。当时我主管宣传工作，有大字报輯委会，动态組，宣传組，在这个工作中，也貫穿着一条資产阶級反动路綫，首先是不抓毛选学习，直到九月底才凑起一个抓毛选学习小組，也沒做多少工作。在宣传广播上面也不平等，不給毛泽东思想紅卫兵宣传的机会，当时就认为，我們这个广播台也跟中央人民广播电台差不离，只要不同于自己的观点就不給人家广播。大字报选編也不印，认为当时工作組沒定性，誰知道批判的对，实际上就是抵制批判工作組的問題，消极怠工，而对譚立夫的讲話大印特印，不加以制止。对首长讲話也不印，情报組、动态組实际上是整理同学的一些黑材料，另外还起草了一些大会发言，例如賀鵬飞在代表大会上发言，那里边駡人的和讲的不对的地方是我要負責任的。

自己从文化大革命以来，从工作組进校以前就是脫离群众，几个高干子弟在一起脫离群众去搞斗爭，在工作組进校以后又跟工作組犯了方向路綫的錯誤，工作組撤走以后紅卫兵仍然执行了一条沒有工作組的工作組路綫，許多地方直接违背十六条，並沒有回到毛主席的正确路綫上来，不放手发动群众，怕字当头，压制民主，压制群众，尤其是对持有不同意見的人采取压制，甚至是鎮压的态度，实际上对片面的“阶級路綫”是很贊同的。而且使許多多数派的同学受蒙蔽，在这里我再一次向同学們，向原来受自己压制和被自己蒙蔽的同学陪礼道歉。我对这条資产阶級反动路綫批判的也是不十分积极的，远远落后于革命师生，尤其是井崗山紅卫兵，就是現在的井崗山兵团。自己不努力学习毛主席著作，很多地方做的是违背毛主席指示的。我觉得这次犯錯誤是有它一定根源的，当然自己由于沒有經驗，但更主要的是自己在政治上沒有很好的学习毛主席著作，从自己的立場和感情上沒有很好的站到毛主席这边来，沒有跟自己的家庭在政治上思想上划清界限，在处理这些問題时仍然站在反动的資产阶級立場上，执行这条資产阶級反动路綫。另外对这个运动特别不理解，主攻方向也不明确，並不深刻理解到这場文化大革命就要扫除一切修正主义的基础，扫除旧世界。可是当时对这些問題並不明确，老是轉移斗爭目标，实际上把矛头指向了和自己意見不同的人，指向了家庭出身不好的一些同志。对待群众的态度，也不深入群众，当官做老爷，把群众当成阿斗，自己当成諸葛亮。自己又忙于事务工作，这样根本不可能站在群众运动前面領导群众，只能做群众运动的尾巴，而且現在看来也是阻碍群众运动发展，确实成为群众运动的絆脚石。另外对于无产阶級的大民主也是非常不理解的，动不动就覚得“右派翻天”，“資产阶級的民主”，就不明白在无产阶級专政下，这种大民主是确保我們国家不出修正主义的一种非常好的方式。自己对这个問題是很不理解的，这一次我覚得从政治上讲二条路綫斗爭是十分尖銳、复杂的，貫穿在我們学校的文化大革命中，也能充分的体現在我的身上。两条道路，两个阶級爭夺他們的接班人，到底是站在那边，确实是沒有什么中間道路好走的。大家从我的身上也可以吸取很多的教訓。从組織上看較浓厚的宗派主义情緒，听得进和自己意見相同人的話，和自己意見不同的人我就拼命的打倒，歧視人家，确实象“若干历史問題的决議”指出的那样，凡是不同意他們意見的就残酷打击，这是錯誤的也是危险的。在自己的思想上有很严重的个人主义，很多問題的考虑，不是象毛主席所教导我們的那样，从革命的利益出发，从人民利益出发，而是从个人和小集团的利益出发，也不敢起来造資产阶級的反，不敢起来造資产阶級反动路綫的反，奴隶主义特別严重。而我現在想，为什么在反蔣的时候还敢反，可到工作組不敢反了，我覚得确实象主席讲的：“每个人都在一定的阶級地位中生活，各种思想无不打上阶級的烙印。”我覚得工作組进校以后，阶級地位变了，工作組符合我的既得利益，使劲保工作組，也就是保自己，保自己的家庭，保自己的父母，另外一方面，我覚得自己自来紅的思想很严重，很輕視自己的思想改造工作，有很严重的政治优越感，臭架子特別大，总是覚得我比別人强，很多地方覚得自己是革命的，別人是不革命的，宁“左”勿右的思想，实际上就是嘩众取庞。另一方面在思想方法上也是很多片面的，不深入群众，不去調查研究，好多地方看人家缺点就是多，看自己就是好。而且沒有充分的从工作組这个問題吸取經驗教訓，我自己的世界观是很需要改造。在这場文化大革命中，一定要努力的改造，能够眞正站到无产阶級这边来，眞正改正自己的錯誤缺点，破私立公，立場眞正地站到毛主席这边来。这个检查是初步的认識不深刻，希望大家多帮助我，帮助我共同提高，帮助我认識这二条路綫的斗爭，认識家庭，希望能跟大家共同战斗，继續揭发，一定要要向革命左派学习，做毛主席的好学生，一心一意干革命！

註：王光美：反革命修正主义头子，刘少奇的夫人，資产阶級分子，清华园里的第一号扒手，刘涛的后娘。

薄一波：反革命修正主义分子，国家經委主任。

王任重：中南局第一书記，貫使两面三刀，当面是人，背后是鬼，清华园內第一号叭儿狗。

叶　林：原清华組組长，国家經委付主任。

刘　涛：刘少奇之女，校临时筹委会付主任，校临时主席团和清华紅卫兵主要負責人之一。

賀鵬飞：賀龙之子，校临时筹委会主任，校临时主席团主任委員。

刘菊芬：刘宁一之女，清华大学紅卫兵总头目。

李黎风：西南局第一书記李井泉之子，反革命混蛋李明清的哥哥。清华临时筹委会、临時主席团及清华紅卫兵主要負責人之一。

乔宗淮：付外长乔冠华之子，伪“三临”的一个活跃的神秘人物。

王小平：王任重之女，原清华紅旗紅卫兵头目。

数風流人物還看今朝：毛泽东

古月齋敬

看刘少奇的丑恶的灵魂

劉　濤　　劉允眞

毛主席說：“人民靠我們去組織。中国的反动分子，靠我們組織起人民去把他打倒。凡是反动的东西，你不打，他就不倒。”

在战斗的六六年即将过去的时刻，江青等中央文革小組的同志来到了清华园，带来了党中央、毛主席对我們的期望，带来了六七年的战斗任务：要我們彻底批判刘邓資产阶級反动路綫，用毛泽东思想武装我們的头脑，用毛主席的革命路綫指导我們的行动。

前几天我作了一个初步的检查，同学們一方面热情地鼓舞我，另一方面严肃地向我指出，决不能舍后媽，保亲爸。江青同志跟我談話时也指出，必須和家庭划清界綫，眞正跟着毛主席干革命。我认眞地考虑了一下这个問題，並学习了毛主席著作，毛主席說：“处在革命高潮中的中国人民除了記住自己的朋友以外，还应当牢牢記住自己的敌人和敌人的朋友，……凡劝說人民怜惜敌人，保存反动势力的人們，就不是人民的朋友，而是敌人的朋友了。”对敌人的怜惘，就是对人民的残忍。我逐步认識到，尽管在揭发刘少奇的問題上有一定客观上的困难，但更主要的是自己对刘少奇的本质看不清，对他存有幻想，立場还沒有眞正站到毛主席这边来。这样是不行的。我决心按毛主席的指示办事，不辜負江青同志的希望，虛心接受同志們的批評，与自己的反动老子彻底决裂，坚决跟着毛主席干革命。

在六七年的元旦，我和弟弟刘允眞一起去看我們的亲生母亲王前同志，她揭发了刘少奇不少問題，現在我們把它整理公布出来，让这些肮脏的东西見見太阳，大家一起来批判它。

毛主席說：“必須善于識別干部。不但要看干部的一时一事，而且要看干部的全部历史和全部工作，这是識別干部的主要方法。”

刘少奇在政治上一貫反毛泽东思想，搞他自己資产阶級的一套，用来对抗毛主席表現出他最大的政治野心。

刘少奇对我們說，七大以前沒树立毛主席的絕对威信，就拼命树，七大以后，覚得不提，大家也知道了。事实果眞如此嗎？不！他是在扯謊，是在詭辯抵賴。

一九四二年，刘少奇作为党中央、毛主席的代表，检查山东、太行山晋西北等地的工作。一路之上，就只讲他自己的什么“論党內斗爭”啦什么“战略策略”啦，什么“建立根据地”啦全是他自己的一套。遵义会議后，全党确定了毛主席的正确領导，刘在这个时候还只是突出个人，可就是不宣传毛主席思想。

我們的媽媽文化程度低，但她很热爱毛主席著作，她就学习“新民主主义論”。可刘少奇却要她去背什么曹禺的剧本“老残遊記”！由此就可以看出刘少奇对毛主席的著作无視到何等地步。

毛主席說：“我們应当相信群众，我們应当相信党，这是两条根本的原理。如果怀疑这两条原理，那就什么事情也做不成了。”刘少奇一方面从不深入实际，調查研究，脫离群众，閉門造車，坐在屋子里，自吹自擂，称王称霸。另一方面，从在延安工作时，他就不是經常請示主席，对主席並不是忠心耿耿。联想到他在解放后，尤其是近几年对毛主席的态度，对毛泽东思想的态度，眞是使人气憤到极点。他利用毛主席的休养，借用党中央、毛主席的威信，到处树立他个人的权威，欺騙党和人民。他对不起毛主席，对不起党，对不起人民，他是人民的罪人！

他为什么这样，就是因为他有政治野心。

一九四一年，在华东党校，他讲授他的“战略与策略”时說到：“外国有个馬克思，中国为什么就不能出一个刘克思。”他自夸地說：“領袖来自于群众，在安源，抛头露面的是李立三，埋头苦干的就是我……”他这番話露暴了他的个人野心有多大。事隔十八年后的卢山会議上，刘批評彭德怀时說：“与其你篡党，还不如我篡党。”这句話的多么坦白露骨。告訴你，刘少奇，你想篡党，那是白日作梦，你的野心是永远不会得逞的，我們牢牢記住毛主席的教导：“要特别警惕象赫魯晓夫那样的个人野心家和阴謀家，防止这样的坏人篡夺党和国家的各級領导权。”

刘少奇在很多言行上也是对抗毛主席的指示。

毛主席在他一篇光輝著作“中国社会各阶級分析”一文中指出：“工业无产阶級是我們革命的領导力量，一切半无产阶級，小資产阶級是我們最接近的朋友。”而在七大刘少奇起草“修改党章的报告”中，他說无产阶級和半无产阶級是我們革命的領导。这直接违背毛主席的指示。他这个看法是右傾机会主义的。实际上等于把領导权交給半无产阶級——貧农。毛主席早就指出过，农民領导新民主主义革命是不可能胜利的。最后因討論大家不同意，才沒有写上。然而在一九五二年（五一年？）他在組織会議后的一个文件上又提出这个看法，用来对抗毛主席，把群众同志的批評推直脑后，頑固地坚持自己的一套，而且，在解放后再次提出这个問題就更加錯誤。毛主席說：“中国共产党是全中国人民的領导核心。沒有这样一个核心，社会主义事业就不能胜利，”刘少奇提出这个問題的目的何在？說明他是頑固透頂了。

一九四七年土改时，刘大搞“搬石头”，“一脚踢开旧干部”，分配土地时“絕对平”这是违背毛主席的政策思想。就是搞的形“左”实右，此事过了十几年，他並不吸取教訓，一九六四年搞农村四淸时又是形“左”实右。联想起来不是令人深醒的嗎！这两次都是我們伟大的領袖毛主席糾正了。由此看来，刘少奇民主革命的关也並沒有过了，这次文化大革命，正在关鍵时刻，要不是我們伟大的舵手毛主席端正了航向那我們中国将是千万人头落地，将要亡党亡国的呀！

刘少奇在政治上是这样对抗毛主席，在組織上也是如此，搞他 的 独 立王国，用干部是“任人唯亲”的路綫。

他对軍队的干部看不起，认为軍队干部要听党的干部的，受党政干部支配就行了。因此他对軍队干部就十分疏远，而对白区与他共同工作的干部就分外亲。非常听信于他們。（联想到当今，我們看刘少奇除了走这“唯亲信”的路綫外，还走“老婆路綫”，“女儿路綫。”

王光美这几年青云直上，一个形“左”实右的桃园經驗竟然由刘少奇本人亲自到处宣传。这次文化大革命也是由王光美在清华“蹲点”，又搞了个“反撤”——学生的經驗。我妹妹曾說（也可能是她自夸）刘很信认她的話，他觉得第一个工作組不好，刘就撤了，他认为第二个工作組有問題，但基本上还是革命的，于是她就給留下了。

在刘的眼里，只要他认为好的人，此人就不会有缺点，就可以得到重用，假若是他认为不好的人，此人就一輩子別想翻身，他根本不是发展地、辯証地看人，他的思想方法也就是这样形而上学主观片面。

毛主席說：“必須善于爱护干部，……照顾他們的困难。”而他对干部漠不关心，对干部的困难不聞不問。毛主席批評这种人：“对同志对人民不是滿腔烈忱，而是冷冷清清，漠不关心，麻木不仁。这种人其实不是共产党員，至少不能算一个純碎的共产党員。”

誰給刘少奇拍馬屁，此人就大有希望；若是給他提意見，那就会大禍临头。誰反对他就是反对党中央，老子天下第一。（联想到文化大革命不难理解他认为反对工作組就是反对党中央——反他的邏輯。）一九四一年，在华东党校的两位同志（柳××，顾××）因为給他提意見，他竟把人家打成托派，可眞是老虎屁股摸不得。刘的“論党內斗爭”也就是在这时写的。本来有柳××等人的这一段，后来又删了。刘的“論党內斗爭”純碎是为了发泄私愤，是他受王明打击后，带着个人情緒写的。

在刘的实际行动中，尤其是这条資产阶級反动路綫，是对革命群众实行資产阶級专政，是反动的。凡是对他或他那条反动路綫表示怀疑，不同意，不滿意，不积极拥护，不堅決执行者，不問情况如何，一律錯誤扣上“假左派”，“眞右派”，“反革命”……等帽子，而加以“残酷斗爭”，“无情打击”，从而达到提高領导或执行錯誤路綫的威信，实現其要求並去吓唬人，这与毛主席正确的党內斗爭是直接相违背的。

刘少奇錯誤的組織路綫，与他极端的个人主义思想和形而上学的思想方法是离不开的，是与他丑恶的灵魂离不开的。而决不是象他在检查中所讲的，仅是由于世界观的认識論不是馬列主义的。

毛主席說：“人固有一死，或重于泰山，或輕于鴻毛。”刘少奇的人生哲学是活命哲学，叛徒哲学。

一九三六年，他指示薄一波，楊献珍，安子文，胡錫奎等人用写自首书的方式假投降，这样能出獄，以后还能“继續为党工作”。为了能使这一叛徒哲学合法化，他在七大起草修改党章报告”时甚至要写上有变节、自首行为的人也可以做中央委員。后来康生等同志堅決反对，才沒有写上去。他的这套哲学与赫魯晓夫有何区别，实际上是认为好死不如賴活。

刘少奇这套哲学，使他在残酷的战爭年代里很不好受。因此，战爭一残酷他就溜之大吉。一九四二年，我軍打下了盐城，阜宁等地，消灭韓德勤頑固派，解放了一些大县城后，他就輕敌了。自己住在城里，大办党校，魯艺，抗大，中学等。违背毛主席农村包围城市的思想。結果敌人来轟炸，学校散了一大半，人也死了好多，城市最后也丢了。日本人由七路进攻增加到九路。在他逃命哲学的指导下，他弃下軍队，赶快跑到安徽，留下陈毅同志在苏北指揮作战。在他这套活命哲学下，他能为共产主义事业貢献自己的一切以至生命嗎？他能全心全意为人民服务嗎？試想在中美之战中他能挺住嗎？

毛主席說：“共产党員无論何时何地都不应以个人利益放在第一位，而应以个人利益服从于民族和人民群众的利益。因此，自私自利，消极怠工，貪污腐化，风头主义等等是最可鄙的……”原来，我們一直认为刘只是一个“高級”个人主义者，因为他是要吃小亏，占大便宜的呀！可事实上，资产阶級只可能是唯利是图，在他灵魂深处只能是低級趣味的，极端个人主义的，无道德的。

刘少奇无耻到极点，竟然貪污！他把白区党的事业經費（包括党費和党的外围組織的捐款）打成一个金皮带圈和一个金鞋拔子。同志們，大家可以想想，他仅仅是貪污了經費嗎？不，他是吞食了党和人民的血汗！后来离婚时，刘又把这个金带圈送給了媽媽，可他又反咬一口，背地里对邓颖超和康克清同志說是我媽媽偷的，来陷害媽媽。这件事媽媽当时还是为了党的利益忍受了二十年，直到我們去看她，才和我們說的。这个金皮带圈我們要上交給中央文革小組，作为他貪污的見証。刘少奇，把你貪污的金鞋拔子交出来！毛主席說：“有很多党員在組織上入了党，思想上並沒有入党，头脑里还裝着許多剝削阶級的脏东西，根本不知道什么是資产阶級思想，什么是共产主义，什么是党……，有些人就是一輩子也沒有共产党員的气味，只有离开党完事。”刘少奇确实就象毛主席指的这种人，沒有一点共产党員的气味。

刘处处为自己打算，自私自利到极点，但在同志們面前却又裝做很廉洁。刘少奇是一个地地道道 的 伪 君子。他曾对我母亲說过：“你看人家刘瑛（洛甫的老婆）多聪明，穿的不好，吃的可好哪！吃在肚里誰也看不見，穿在外边大家不都看見了嗎。”从这件小事可看出刘少奇的小算盘打的有多精。还有一次給战士縫衣服，媽媽让啊姨去了，自己带孩子。刘知道了就指責媽媽說：“你眞愚蠢，在家带孩子多累，去縫衣服又輕快，又是群众場合，大家都能看到……”这就是他那个“吃小亏占大便宜”的商人哲学的典型体現。一九六一年在前綫时，在那里艰苦的环境中，别人吃的是玉米糕，刘可每天吃一只燉老母鸡，让付官到处給他买活鸡，活魚，还爱吃桔子，象他这样的人不和群众同甘共苦，他到底干的什么革命呀！

刘少奇的极端个人主义严重地体現在他对妻子的态度上。他对媽媽极不人道。他为了娶媽媽，竟然欺騙媽媽，隐滿自己的年龄。少說十岁，而我媽媽当时还只有十六岁。媽媽一直到四五年才知道刘少奇比她大二十六、七岁，还有三个孩子。他就是这样卑鄙，无道德到极点。这就是他极端个人主义的大暴露。

他对妻子，不是看成是革命同志，根本看不起，駡她是“小党員”对她 政 治 上毫不关心，他不让媽媽看报，讀政治书，說：“毛主席著作又不是文化书，你看不懂。”却只要她伺候刘。还說伺候好就是为党工作，别人也就不会有意見了。他认为别人伺候他是理所应当的。

更加残忍的是，媽媽与他离婚后，堂堂的国家主席竟然不顾党紀国法，就是不許她和我們見面。一九四七年底，媽媽写信給刘，說非常想見到我們，刘却恶狠狠的回信道：“等孩子死了，你再見吧！”一九五五年她写信給我，想通信，刘一句一句地教我給她回信，大駡了一通，媽媽經过組織关系，說想見見我們，他不但不让见，还亲笔写信給媽媽的工作地方，說她如何如何不好，造成媽媽所在单位党委給她的压力。平时他也对我們說媽媽如何如何坏，目的就是让我們对亲生母亲沒有好印象，不去見她。要不是这次文化大革命，确实是这一輩子也別想見到媽媽了。他为什么对媽媽这样狠毒，恨不得把她置于死地而后快？就是因为他有把柄在媽媽手中，怕她揭发。

王光美不但在政治上是刘少奇的帮凶，在这个問題上，同样也不落后。四九年，在天津市委一次报告会上，媽媽遇到刘与王。会后，王托妹妹給媽媽两盒口香糖（先甜后苦），还让媽媽到她妹妹那儿去拿，这不是侮辱人到极点了嗎？王光美是个什么东西？据說在鋪仁上学时是个“交际花”，和那些上层人物，神父等打得火热（她出国訪問时，又把她年輕时的一套搬出来了，簡直令人作呕，給我們党和人民丢尽了脸）。媽媽告訴我們，四六年北京国共談判执行小組撤退时王光美是英文翻譯）她是去美国留学，还是去延安都沒有定，后来叶剑英同志給她作了工作后，她才去延安。現在看来，她去延安，是有她的个人野心。但就是这样一个野心勃勃的資产阶級臭小姐，却得到了刘某人的宠爱，这难道是奇遇嗎？不，这是臭味相投。

今天毛主席亲自发动和領导的这場无产阶級文化大革命，把刘少奇揪出来了，拔掉了毛主席身边的一棵定时炸弹，眞是大快人心！

刘少奇确实就是中国的赫魯晓夫，他从来都是无視毛主席。无視毛泽东思想。搞自己資产阶級修正主义的一套。毛主席說：“鬧这类独立性的人，常常跟他們的个人主义第一位分不开，他們在个人和党的关系問題上，往往是不正确的，他在口头上虽然也說尊重党，但他們在实际上却把个人放在第一位，把党放在第二位，……这种人鬧什么呢？鬧名誉，鬧地位，鬧出风头。”刘少奇根本就不是什么无产阶級革命家，而是地地道道的資产阶級个人主义者。在灵魂深处是个資产阶級个人主义王国，是那样卑鄙、肮脏。

毛主席說：“敌人是不会自行消灭的。无論是中国的反动派或是美国帝国主义在中国的侵略勢力，都不会自行退出历史舞台。”我們要发揚魯迅打落水狗的精神，把刘邓的資产阶級反动路綫彻底埋葬。

刘少奇，我們正告你，必須老老实实向党和人民底头认罪，若还是頑固地坚持自己的資产阶級反动路綫，不承认錯誤，不回到毛主席这边来，那就只有死路一条。

我們是刘少奇的子女，今天我們从媽媽揭发的事实中更加清楚地看了刘的本质，我們一定要继續努力，努力学习毛泽东思想，彻底造老子的反，与他划清界限，眞正跟毛主席干革命。

选自《揭发刘少奇滙編》（清华大学毛泽东思想紅卫兵宣传小組編）

劉少奇是資產階級反動路綫的代表

多年来，党校一直存在着两条路綫的尖銳斗爭，一条是拥护和宣传毛泽东思想的革命路綫，一条是反对毛泽东思想的反动路綫，貫徹前一条革命路綫的有陈伯达、康生、艾思奇等同志，坚持后一条路綫的有楊献珍、候維煜、王从吾、林枫等人，这是在全党以毛主席为代表的无产阶級革命路綫和以刘少奇为代表的資产阶級反动路綫的斗爭在党校內的反映。

党校的阶級斗爭的盖子又厚又大，反对毛泽东思想的根子又深又頑固，其原因就是在党中央出了以刘少奇为首的同以毛主席为首的党中央相对抗的第二司令部。

1、翻案风、单干风是怎样刮起来的？

六二年全国大刮翻案风，党校为楊献珍大右派翻案，一伙大閙翻案风这股黑风是从刘少奇那里刮起来的，在六二年一月七千人大会上，这几年重复了党的历史上“残酷斗爭”“无情打击”的錯誤，这是公开攻击反右傾机会主义的斗爭。

安子文、楊尙昆直接参与为楊献珍翻案的活动，气焰那么嚣张，如果上边沒有刘少奇、×××彭眞等人的支持和直接指揮是很难想象的。

二期輪訓班是一个裴多菲俱乐部明目张胆地反党反中央反毛主席，楊献珍在輪訓班不让学习主席著作，专門要大家学习財經小組报告，又請邓子恢大作单干风报告，中央財經小組的报告是夸大困难，散布悲观情緒，是刘少奇的調子，可見，单干风是有来由的。八届十一全会上，伟大的毛主席作了关于矛盾、阶級和阶級斗爭的指示，才糾正了这条錯誤路綫，但是八届十中全会决議在党校却始終沒有认眞貫徹这是为什么？因为继楊献珍，王从吾而来的还有刘少奇这条資产阶級反动路綫中的人物。

2、四清中的修正主义路綫

六四年刘少奇关于蹲点問題的讲話，王光美关于桃园四淸的报告认眞按照刘少奇的調子訂的第二个十条，形“左”实右，林枫、郭明秋极力販卖刘少奇的貨色，刘少奇和王光美的报告，党校先向一部分作了传达报告，以后又在全校放录音，各单位还作了多次討論，十月十九日郭明秋在政教室的会上說：“后十条把刘少奇关于社会主义阶級和阶級斗爭的新特点及蹲点的問題写进去了。”还說“学习刘少奇同志的四淸报告首先学习少奇同志的彻底斗爭精神和革命气概。”伟大的領袖毛主席亲自領导制訂了“二十三条”糾正了形“左”实右的錯誤，这时彭眞、林枫等人仍以修正主义对抗“二十三条”其根子还是刘少奇。

3、借紀念“一二·九”为名歪曲党的历史，为反革命政变制造輿論

去年一二·九《北京日报》《前綫》《中国青年》《人民日报》連篇累版，也发表了許多文章，借紀念“一二·九”为名，大肆放毒北京举行万人大会，彭眞、胡耀帮、胡克实、許立群、陆平等人都登台表演，北海公园还搞了个“一二·九”专題展覽会、蔣南翔在万人大会作报告，楊述在北大作报告，郭明秋在人大作报告，这些活动的基調都是突出刘少奇，大捧彭眞，一句話他們的用心是大反毛主席。远在去年林枫、郭明秋就向青訓班的学員和刚

来校的大学生宣揚“一二・九”道路，說什么刘少奇对“一二、九”的領导是内行領导外行，言外之意不是攻击毛主席的白区地下工作是外行嗎？

蔣南翔的紀念“一二・九”的报告刚一出籠，林枫就在党校党員干部会上兜售，他說人們对“一二・九”的看法有爭論，这个問題就是党中央最重要的問題，他要大家好好学习这个报告。

郭明秋在《北京日报》上发表的紀念“一二・九”的文章是范若愚修正定稿的，这篇文章大讲城市請愿、游行示威的意义，实际是反对毛主席的人民战爭的光輝思想，反对农村包围城市的革命道路。文章的根本問題是“一二・九”运动的成功是由于刘少奇白区工作的正确領导。

刘少奇和彭眞是用歪曲我們党历史的办法，借紀念“一二・九”突出白区工作，大肆吹捧刘少奇，反对我們伟大領袖毛主席对中国革命的領导和决定作用，为他們的更大政治阴謀准备輿論。

4、“簡化”“庸俗化”反动謬論的根子在刘少奇那里。

五四年苏联专家格列則尔曼給楊献珍来信，攻击学习毛泽东思想是“簡单化”“庸俗化”，这封信楊献珍給刘少奇看过，刘很欣賞，批准在报紙上发表，楊献珍得意洋洋地捧着刘少奇的批語到处宣布所謂“簡单化”“庸俗化”謬論，中宣部陆定一等人长期抓这頂帽子，攻击工农兵活学活用毛主席著作。

多年以来，刘少奇在多次讲話中都不提毛泽东思想，不提毛主席的領导总是讲他修正主义的一套。

今年初，吳法宪向刘少奇滙报他們对“四清”中如何組織貧下中农学习毛主席著作的經驗，刘少奇听了一句話也不管理，根本不談这个問題，大讲“四清”如何驗收，这是赤裸裸地反对工农兵学习毛主席著作。

5、以“两种劳动制度、两种教育制度”反对把全国办成毛泽东思想的大学校。

六五年九月二日，林枫向参加“四清”的干部作报告，大讲特讲刘少奇提出的防止修正主义的三条方法：即搞社教、实行两种教育制度和两种劳动制度，干部参加劳动，这完全是刘少奇貪天功为己功，把毛主席对馬列主义的伟大发展記在自己帐上，而歪曲毛泽东思想，抵制毛泽东思想，人們知道，开展城乡社会主义教育运动，是毛主席提出来的，第一个十条是毛主席亲自主持制訂的，毛主席亲自批了浙江省干部参加劳动的七个材料，毛主席批准武汉大学搞半工半讀，刘少奇把这些都說成是自己的創造，到处宣揚，他歪曲毛主席的半工半讀和学校以学为主兼学別样的方針，提出什么两种教育制度、两种劳动制度的方針，宣揚西方資产阶級“两軌制”的教育制度。刘少奇到处宣揚这三条，根本不讲用毛泽东思想武装工农兵群众和干部，参加三大革命是反修和防修最可靠和最根本的保証。

6、反对把党校办成毛泽东思想的訓练班

林枫提出的在“四清”中办党校，这个口号是在刘少奇土改中办党校套来的。林枫指“四清”的指导思想是刘少奇、彭眞的修正主义，因此所謂“四清”中办党校，就是要按照修正主义路綫訓练党的干部，反对把党校办成毛泽东思想的訓练班。

林枫經常吹嘘的两班制办学校的办法。即一班人要在校內，搞教学搞研究，一班人輪流到基层去鍍金。这是关門搞党校改头不换面的翻版这也是从刘少奇那里販来的。

7、文化大革命运动中，包庇資产阶級右派，鎮压无产阶級左派。

文化大革命中林枫忠实执行彭眞等人的黑“提綱”，扣压和私拆毛主席的信件，推銷“第二司令部”的黑貨，鎮压李广文、武保华、智純等左派，包庇楊、王等右派，造謠言，放暗箭，顚倒黑白，制造混乱，挑动群众斗群众，妄图把这場文化大革命压下去。

六月二十日和二十九日康生同志极其严肃的批評了林枫、賈震等的严重錯誤，並指出林枫在历史上就曾同彭眞一起反对林彪同志，揭了他們的老底，康生同志还說賈震也是准备天津大学来送大写报，对康生同志的批評，林枫黑帮一直严加封鎖，不向群众传达，而且继續鎮压群众林枫为什么腰杆子这样硬，是由于有刘少奇作他的后台老板，十一中全会刚开完，林枫見势不妙，馬上改变策略，决定八月十五日传达康生同志的批評，妄图作一个假检討，混过关去。

八月二十四日林枫的秘书郑肇樵向他滙报清华貼了刘少奇的大字报林还极力为刘辨护，反对毛主席和十一中全会对刘的批評。他說：“刘少奇沒有什么問題，王光美这个人，資产阶級的东西保留的太多，給刘少奇帮了倒忙”。又說：“刘少奇还是毛主席的亲密战友”。我校批判資产阶級反动路綫就要彻底批判林枫黑帮极其支持者刘少奇。

8、林枫、郭明秋抓住一切时机吹捧刘少奇，为反党反社会主义的第二司令部当吹鼓手。

林枫过去当过刘少奇的秘书。

林枫被派到党校以后，特别是随刘少奇訪問朝鮮以后，处处吹嘘刘少奇，反对毛主席，林枫刚从朝鮮回来就散布說：“少奇同志更成熟了。”一九六四年刘少奇給江渭清的信，以反对教条主义为明，反对学习毛主席著作，以提倡蹲点为名，反对毛主席关于調查研究的一系列指示，林枫、郭明秋对刘少奇这封信兴趣很大，政策規定不是十七级以上干部也听了传达，参加討論，郭明秋在会上肉麻的宣揚刘少奇，她說：“少奇和毛主席一直配合的很好，一个在前綫，一个在后方，一个在北京，一个在外地”。又說：“許多主意是少奇出的，許多事是少奇做的，少奇同志很謙虛，不爭个人名誉，毛主席和刘少奇好象馬克思和恩格思一样”。接着她又說：“要学习刘少奇的工作作风，他跑遍了全国，把問題看透，找江渭淸作了个典型教育全国，有高度的原則精神，沒有一点个人情緒”。这是明目张胆的反对毛主席。

一九六一年到一九六二年林枫、郭明秋前后两次到天津寻找刘少奇当北方局书記时住过的地方准备作为文物，六五年下半年报上登了一批革命回忆录，林枫、郭明秋特别向政策研究室推荐了刘少奇的几篇《刘少奇同志在淮北敌我》《淮北区根据地》以及又写了刘少奇的林枫的《把敌人挤出去》这篇，大量的写毛主席的回忆录，他們却沒組織大家。

以上事实表明，以刘少奇为代表的資产阶級反动路綫，长期同毛主席的革命路綫对抗，在他們这条反革命修正主义路綫之下，形成了一个以刘少奇为首的对抗毛主席的第二中心“第二司令部”“第二中央”这些人是睡在毛主席身边的赫魯晓夫式人物，是埋在党中央的定时炸弹，党校自楊献珍、王从吾到林枫，所以如此猖狂反对毛主席，反对毛泽东思想，就是有刘少奇、×××彭眞作他們的后台老板，有第二司令部給他們撑腰。

彻底批判以刘少奇为代表的資产阶級反动路綫，炮打反党、反毛主席、反毛泽东思想的第二司令部。誓死保卫毛主席为代表的无产阶級革命路綫，誓死保卫毛主席！誓死保卫毛泽东思想！誓死保卫毛主席为首的党中央！

党校　　　龙东山等五人

看！中國赫魯曉夫——劉少奇在出訪中的丑惡嘴臉

中国头号走資本主义道路的当权派刘少奇和他的臭妖婆，資产阶級分子王光美，在一九六三年和一九六六年先后两次出訪东南亚，是他們为实現資本主义复辟捞取政治資本的重大阴謀行动。

刘少奇在一九六二年煽起了反毛主席、反三面紅旗的妖风，自以为得計。一九六三年就出訪东南亚。一九六四年抛出一个“挑园大队經驗”。一九六六年在彭、陆、罗、楊反革命政变阴謀成熟之际，又第二次出訪。这些都是为了抬高自己和王光美的个人身价，为資本主义复辟准备条件。

他們在出訪期間，按照赫魯晓夫、勃烈日涅夫、柯西金的修正主义的一套来办外交，整个出国散发出資产阶級的臭气，丢尽了我們伟大的中国人民的脸，流毒很广。我們曾經与出訪新聞报导工作的新华社的革命同志座談，在这憤怒地揭发和声討他們在外国犯下的滔天罪行。

否認毛主席在反修斗爭中的偉大貢献
陰險地貶低毛主席

毛主席天才地、創造地、全面地继承，捍卫和发展了馬克思列宁主义。战无不胜地毛泽东思想是反对現代修正主义最强大的思想武器。毛主席反对現代修正主义的斗爭，作出了极其伟大的貢献。此因，国际反修斗爭的一个胜利，都是同伟大的毛主席和战无不胜的毛泽东思想分不开的。

但是，当时作为中国共产党中央委員会付主席的刘少奇，一九六三年在一个社会主义国家的党校发表讲話，摆出一付“反修英雄姿态，在談反修斗爭时候，胡說什么現代修正主义者的論点大部分早已被馬克思、列、斯批判过了，他强調說，要掌握反修的理論武器，首先就是向馬、恩、列、斯請教，而絕口不提向毛主席、向毛泽东思想請教。刘少奇在这样重大的問題上貶低我們最最敬爱的伟大領袖毛主席，实际是他一貫反对毛主席和毛泽东思想的又一大罪証。

散佈修正主義毒素

刘少奇在上述讲話中，要人們去认眞研究老修正主义者伯恩思坦，考斯基，普列哈諾夫等人的著作以及帝国主义評价現代修正主义者的文章。这还不够，他在这个国家接見华侨代表时，听到华侨代表表示坚决拥护馬列主义，就恶狠狠地說：拥护什么样的馬列主义呀？中国共产党的看法，国内也有人不贊成，不贊成不要紧，可以自由討論。要熟悉馬、恩、列、斯怎么讲，也要熟悉修正主义者怎样么，然后决定自己的态度。刘少奇在这里竭力想模糊馬列主义和修正主义的界綫，实际上是散佈“眞理面前人人平等”的資产阶級反动謬論，混淆修正主义的黑貨，同馬克思列宁主义、毛泽东思想的界綫，毒害爱国华侨，毒害革命人民。

抬高个人身价，撈取政治資本

刘少奇在外国时，对于主人方面的捧場，他受之无愧，别人称为他为“国际共产主义运动杰出的战士”，他洋洋得意。别人用他的名字命名一条道路。他表示“感謝”。外国人民出于对中国人民的伟大領袖毛主席和英雄的中国人民的热爱，有时喊了“刘主席万岁”的口号，他也心安理得，在他的影响下，新华社的消息和图片中出現了“刘主席万岁！”的标語口号，他不予制止，因而在第二次出訪的报道中又出現“刘主席万岁！”“刘伯伯万岁！”“胸前挂有刘少奇主席肖象的徽章的姑娘”等說法。尽管在他的欺騙和影响下，当时我們对他出訪的活动，已經不恰当地报道得过多，但是他和他的老婆还很不滿意，刘少奇在印尼看到駐雅加达使館記录的口語广播新聞稿，嫌这样的报道“太簡单”，立即下令外交部負責同志去“改进”新聞报道。王光美更对新华社不滿意，认为对她的讲話报道得太少；通过外交部負責同志下令补报，甚至还要記者特地写一篇各国妇女界欢迎她的綜合报道，这些我們都沒有照办。

王光美在单独活动的場合，总是大让大叫：摄影記者来了沒有？拍电影的来了沒有？找他們来“为她的丑态拍照。她在印尼还以个人名义，用国家的外滙捐給一家医院二十万盾（按当时兌換率約合人民币一千元），来台高自己的身价。

刘、王的这些表現，絕不是一般的不謙虛，风头主义問题，联系他們出訪的阴謀目的来看这些都是撈取反动政治資本的手法。

揪出王光美大搞資產階級的“夫人外交”

刘少奇在出訪期間，特别是在公开的場合，主要让王光美卖弄风情，大耍資产阶級拉攏感情的庸俗伎倆。在两国領导人見面的許多場合，只听到王光美在喋喋不休，丑态百出，丢尽了中国人民的脸。

例如在印尼参观婆罗浮屠塔之前，在休息的地方，苏加諾指着一种香焦說，这是印尼人常用来送給新娘子吃的。王光美馬上摘下一个，送到苏加諾面前肉麻地說：“那么应当由你給哈蒂妮夫人（苏加諾的妻子）吃”。又如王光美到达印尼时，刚下飞机，苏加諾这里天气很热，王光美就赶紧諂媚地說："你們的心比天气还热。"她这句話，美国反动透頂的合众国际社在报道中大加贊揚，认为她說得很"得体"。王光美还令人作呕地对苏加諾說："总統看起来仍然很年青"。苏也就放肆地在国宴上說什么，如果不要拘泥于礼节的話，他就要拥抱刘少奇和刘夫人。事实上他在好几个公开場合用胳膊把王光美勾得很紧，王光美則不知羞耻地欣然接受。苏加諾还特意把一种兰花命名为"王光美兰"这种資产阶級把妇女当做玩物的低級趣味的做法，王光美很高兴地认为是"荣誉"。刘少奇对資产阶級的情調非常欣賞。他曾向随行的負責同志得意忘形地說："我和王光美結婚时沒有好好举行婚礼，这回那么热鬧的場面，眞象是我們两人补行婚礼一样。"

特别令人憤慨的是，当苏加諾故意把刘少奇同赫魯晓夫相提並論的时候，刘少奇毫不介意。据外国通訊社报道，苏加諾指着刘少奇的巴拿馬帽說："赫魯晓夫到这里来的时候戴的也象这样的一頂帽子。"

揮霍人民血汗　大講排場

刘少奇出国訪問印尼等国除了带警卫員、秘书、医生、护士以外还带上一名理发員，配备有現代理发工具，一路跟着，专門替王光美等人理发。在訪問一个国家时，嫌当地大使館做不好告别宴会的菜，特地从北京飯店临时調来两名高級厨师，随着专机前往，专門完成做一次宴会的飯菜的任务。王光美除了她戴的臭名远揚的項鏈以外，出国服装腐化已极，不堪入目。

这个混入我們革命队伍的資产阶級婆娘，她的一些出国穿的旗袍，不是北京做的，也不是上海做的，而是特意从香港找了做衣服的人到北京来，替她量好，然后回香港去，做好以后，由专人专程給她送到北京来。

她身上穿的外衣和襯裙是配套的，手提包也是配套的。穿白衣服用白提包。穿黑衣服用黑提包。在国外时，她认为有几种衣服做不得不合适，連夜动員駐外使館好几个女同志替她改衣服。随行人員中有两个女同志，名义上是护士，但主要的工作是管王光美的行李服飾。她們每天都必須收拾好行李，把第二天要穿的衣服給她燙好，放好，天天要干到深夜。王光美这样搞，那里有一点革命队伍的人的样子？这完全是皇后在宮廷里过的糜烂生活。

以上这些，只是我們在公开場合能够看到的一些側面。但是，从这些片断的事实中可以看出，他們的野心多么大，灵魂多么脏，他們在生命上的糜烂腐化，是他們政治上反动堕落的必然反映。

《燎原》战斗队（新华通訊社国际部）

徹底清算以劉少奇爲代表的修正主義路綫

在毛主席亲自发动和领导的史无前例的无产阶級文化大革命中、刘少奇的問題暴露了，具有伟大历史意义的八届十一中全会批判了刘少奇的資产阶級反动路綫，这是毛泽东思想的伟大胜利，是以毛主席为代表的无产阶級革命路綫的胜利，这对提高全党毛泽东思想的水平，进一步巩固毛泽东思想在全党領导地位，挖修正主义的根子，防止資本主义复辟，是有极深远的伟大意义的。

解放以来，我党就存在着两条路綫的斗爭，一条是以毛主席为代表的无产阶級革命路綫，一条是以刘少奇为代表的資产阶級修正主义即右傾机会主义路綫，十七年来我国社会主义革命和社会主义建設的伟大胜利，是以毛主席为代表的革命路綫不断战胜刘少奇的反动路綫的結果。

現在就我們手头所有材料，将刘少奇提出的修正主义——右傾机会主义路綫揭发如下：

一、解放戰爭時期害怕革命，害怕勝利

一九四八年下半年是中国人民解放战爭的轉折点，敌我双方力量对比发生了根本变化。四八年十月十四日毛主席指示：战爭进程比原来預計的大为縮短，現在看来只需要一年左右时間就可能将国民党反动政府打倒。在这样形势下，毛主席一再教导全党全軍要再接再厉，艰苦奋斗，不怕疲痨，不怕灭員，敢于胜利，爭取迅速胜利。

然而刘少奇在这样大好形势下，目瞪口呆，害怕革命，一反常态，他在一九四八年十二月十四日对馬列学院第一期学員却說：“現在革命形势发展很快，出于我們的意料之外，現在不是怕太慢而是怕太快了，太快，对我們的困难很多，不如慢一点，我們可以从容准备。”

当时处在水深火热之中的中国人民，深受三座大山的重重压迫和剝削，他們巴不得一下子推翻国民党反动派的統治，而刘少奇在胜利面前惊慌了，企图拉住革命战爭的車輪，不前进或緩前进，集中地反映了資产阶級的革命家的思想和情緒。

二、在三大改造中企圖扭轉社會主義方向幻想鞏固新民主主義的新秩序

一、曲解社会主义过度时期就是新民主主义时期

一九四九年十月一日中华人民共和国的成立、标志着我国革命和政权的根本改变，标志着由資产阶級民主革命进入无产阶級的社会主义革命阶段，毛主席把这个阶段称作为从資本主义到共产主义的过度时期，在这个时期里的基本矛盾，毛主席早在一九四九年三月党的七届二中全会上指出，是工人阶級与資产阶級的矛盾，工人阶級的領导的国家政权必須强化，把中国建成为一个伟大的社会主义强国。

可是刘少奇不承认过度时期是社会主义阶段，而把它歪曲为新民主主义时期，他在一九

五一年六月中央全国宣传工作会議上讲：現在是三年准备，十年建設时期，待十年建設后、中国的面貌煥然一新，社会主义問題是将来的事情，現在过早。”一九五四年九月，中国正处在社会主义改造的高潮时期，党的过度时期总路綫早巳提出来了，可是刘少奇在第一次全国代表大会上关于宪法草案的說明报告中，却公然說：“我国正处在建設社会主义的过度时期，在我国这个时期也叫做新民主主义时期，这个时期在經济上的特点是旣有社会主义又有資本主义。

在这里刘少奇的思想一目了然，他公然宣传什么解放后，不是社会主义阶段而是新民主主义时期，在这个时期即有社会主义又有資本主义，說什么在这个时期里社会主义問題是将来的事情，这不是露骨的資本主义思想又是什么？

二，主张保护富农經济，发展农村資本主义。

解放后，全国进入了一个土地革命的群众运动，为了加速恢复农村生产，毛主席在一九五〇年六月六日中共七届三中全会的报告中指出，我們对待富农的政策由解放前征收多余土地财产的政策改为保护富农的經济的政策，这是毛主席伟大策略思想。

然而刘少奇却把保护富农的經济看成是一个长期的政策。同毛主席的思想相对立。他在一九五〇年六月十四日政协委員会第二次会議上关于土地問題的报告中說：“我們采取保护富农的政策，当然不是暂时的政策，而是一种长期的政策，这就是說在整个新民主主义阶段中都要保存富农經济的，只有到了这样一个条件成熟，以致在农村中可以大量地采用机器耕种，組織集体农塲，实行了农村的社会主义改造时。富农經济的存在才成为沒有必要的了而这是在相当长远的将来才能敞到的，”在这里可以看出：①他把过度时期看成是新民主主义阶阶段。②在整个新民主主义阶段，也就是說在整个社会主义过度时期都要保存富农經济。③在农业机械化以后，富农經济的存在才沒有必要。④不是采取革命手段消灭富农經济，很清楚刘少奇完全是农村資产阶級的代言人，积极主张在这个过度时期保存富农經济，发展农村資本主义，这是彻头彻尾的违反毛泽东思想的。

三、反对三大改造运动，抵制社会主义革命。

土改以后、全国农村普遍出現了各种形式的农业生产互助組、合作社、毛主席对这些新事物、百般爱护，积极帮助与发展。一九五一年十二月中央作出决定，要积极领导农民們互助合作运动的发展。逐步实現农业集体化。可是刘少奇对这些新事物采取了老爷式的态度，大加指責批評。如他在一九五一年六月全国宣传工作会議上說：“有些同志认为农村可以依靠互助組、合作社、代耕队实現农业集体化，实現农业社会主义化，这是不可能的，这是一种空想的农业集体化，是錯誤的。”农业要实現社会主义，如果沒有工业的发展，不实現工业化，农业根本不能实現集体化。又如他在一九五一年馬列学院第一期毕业学員会上指責报上报导山西出現的初級合作社是社会主义的萌芽。他說：“几个初級合作社不能算合作化的萌芽。要合作化必須向苏联一样，一大片一大片的。要搞合作化条件不成熟。”在刘少奇看来，在旧中国半封建半殖民地經济基础上，在落后的几亿农业人口的中国要实現农业集体化，必須先得有社会主义工业化，农业机械化，沒有机械化就不可能有集体化。这同毛主席的以

农业为基础，以工业为主导的先搞农业集体化，逐步实現农业机械化的思想是根本对立的。毛主席在一九五九年“关于农业合作化的問題”的报告中，批判了他这种錯誤思想，毛主席說：“他們老是站在資产阶級、富农或是具有資本主义自发傾向的富裕中农的立場上，替較少的人打主意，而沒有站在工人阶級立場上替整个国家和全体人民打主意”。

一九五四年以后，全国工商业的社会主义改造逐步进入高潮，然而，正在这个时候，刘少奇在一九五四年九月的宪法草案的报告中說：“把十条第一款改为（国家依靠法律保护資本家的生产資料所有权和其他資本所有权。）这一款里的其它資本，是指資本家的除生产資料以外的其他形式資本，如商业資本，宪法規定对資本主义工商业实行利用、限制、改造的。他在宪法草案报告中却說：“国家对資本主义工商业的改造，将要經过一个相当长的时間，並通过各种不同形式的国家資本主义来逐步实現。”

四、积极推行所謂的社会主义的灵活性、发展資本主义

一九五六年三大改造基本完成，刘少奇想扭轉社会主义方向。保持資本主义私有制的思想遭受了严重的打击。在这种情况下，他又借口苏联經济搞糟了是因为計划經济搞多了，而积极提倡在我国执行社会主义經济的灵活性，以发展資本主义。

一九五七年五月七日他指示楊献珍，侯維煜党校如何进行整风时就：“苏联在这方面的教訓是值得我們注意的，他們只有社会主义經济的計划性，只讲究計划經济，因而搞得很呆板，沒有多样性，灵活性。”社会經济是各行各业多种多样的，只搞計划沒有多样性、灵活性是不行的。”我們一定要比資本主义搞得要更多样，要更灵活，如果我們的經济还不如資本主义的灵活性，多样性，而只有呆板的計划性，那还有什么社会主义的优越性呢？

刘少奇想怎样搞所謂的社会主义經济的灵活性呢？他說：“要利用限制自由市場，私商钻社会主义的空子，工商业有自由市場，还有工业上的地下工厂，另外还有利用农业上的家庭付业，自留地、我們要允許有一部分資本主义商业、工业、地下工厂，要让他們钻空子，当他們一钻空子的时候，我們社会主义經济立即跟上去，你钻空子搞这一样，我跟上去搶一部分，也搞这一样，他钻几十万样我們社会主义也跟上去，搞他几十万样，他說：你們回去要大声疾呼地提倡大家注意这个問題，研究这个問題。”在这里刘少奇完全暴露了資产阶級思想的本质，他恶毒地攻击社会主义計划是呆板的社会主义經济沒有資本主义优越性大，他公开主张在社会主义国家里允許保留一部分資本主义商业工业、甚至允許保留投机倒把的地下工厂，他提倡社会主义經济和資本主义經济自由竟爭，自由发展，他这一套完全是反社会主义的，反毛泽东思想的，为失掉生产資料的資产阶級效劳，妄想恢复已失去的資本主义陣地。

三、在所有制改造基本完成以后，竭力宣揚階級斗爭熄滅論

社会主义的三大改造运动在毛主席亲自領导下，在較短的时間內取得了基本胜利，接着一九五七年二月二十七日毛主席在最高国务会議上发表了“关于正确处理人民內部矛盾的問題”的讲話，同年三月十二日又在中央全国宣传工作会議上作了讲話，指出“革命时期大規

模的急风暴雨式的群众阶級斗爭已經結束，但阶級斗爭並沒有結束。无产阶級和資产阶級在意識形态方面的阶級斗爭，还是長期的、曲折的，有时甚至是很激烈的，无产阶級要按照自己的世界观改造世界，資产阶級也要按照自己的世界观改造世界。在这一方面，社会主义和資本主义之間誰胜誰負的問題还沒有眞正解决，历来的发展完全証明了毛主席的論断是正确的，可是刘少奇呢，完全同毛主席唱反調，反对毛泽东思想。

他认为三大改造以后，阶級斗爭不存在了社会主义和資本主义誰战胜誰的問題解决了。

1、他在一九五六年在“八大”所作的“政治报告”中說：“改变生产資料所有为社会主义这个极其困难复杂的历史任务，現在在我国已經基本上完成了，我国社会主义和資本主义誰胜誰負的問題現在已經基本解决了”“在社会主义改造完成以前，阶級斗爭仍然继續存在，在社会主义改造完成以后，社会主义和資本主义的立場观点和方法之間的斗爭也是继續一个很长时間。

一九五七年四月二十七日他在上海党員干部大会上明确說：“現在国內敌人已經基本被消灭，地主阶級早已被消灭了，資产阶級也基本上被消灭了，反革命也基本被消灭了。我們說国內的主要阶級的阶級斗爭已經基本結束了，那就是說敌我矛盾已經基本解决了。”“当革命沒有胜利的时候，我們用革命斗爭来考驗，以后革命斗爭沒有了，社会主义改造沒有了，那个阶級斗爭已經过去了，那种事情都用不着了。

在这里刘少奇完全违反毛主席思想，他竭力把毛主席关于社会阶級斗爭的观点歪曲和捏造成“社会主义和資本主义的立場，观点和方法的斗爭。”完全抹杀了无产阶級和資产阶級的阶級斗爭，抹杀了各派政治力量之間的阶級斗爭，抹杀了无产阶級和資产阶級的阶級斗爭，抹杀了各阶級政治力量之間的阶級斗爭，抹杀了无产阶級和資产阶級在意識形态方面的阶級斗爭，其目的不过說明社会主义社会不存在阶級斗爭就是了。

2他认为在农业合作化的运动中解决了农村的資本主义自发傾向。

毛主席一方面指出：“农业合作化以后，在农村仍存在着社会主义和資本主义两条道路的斗爭，合作社建立了，还必須經过許多斗爭方能使它巩固起来，巩固以后，只要一松劲，又可能垮台。”

然而刘少奇认为：“由于党坚定不移地执行了联合中农的方針，由于中农看到走資本主义道路无望，看到了社会主义日益显著的优越性，庞大的中农在合作化的高潮中，終于停止了动搖，积极地要求入社了(八大政治报告)”。事实的发展完全是与刘少奇的想法背道而馳。农业合作化以后，农村的社会主义和資本主义两条道路的斗爭不但继續存在，而且一起一伏，有时相当严重和尖銳，我党根据毛主席的指示，不断地进行了农村社会主义教育运动，不断地对农村进行政治思想工作，批判資本主义自发傾向，打击資本主义复辟活动，斗爭那些走資本主义道路的当权派，才逐步巩固和发展了农村社会主义陣地。如根据刘少奇的想法，中农沒有什么动搖了，一部分农民想走資本主义道路的問題不存在了，这样农村就万事大吉了，不要再搞什么阶級斗爭了，只抓生产就行了，如此下去，农村就要变顏色，資本主义就要复辟。

3、他认为資产阶級本性变了，号召向他学习。

毛主席指出資产阶級的本性是不会改变的，但只要我們采取正确的政策或者資产阶級接受这个政策无产阶級与資产阶級的矛盾不会变成对抗性的矛盾。

可是刘少奇认为只要我們的政策正确，資产阶級与无产阶級就不会有矛盾，他会改造成为自食其力的劳动者，而根本看不到他反社会主义改造的一面，他在八大的政治报告中說："这个政策（指利用、限制、改造的政策）和这些步驟，不仅得到了广大群众的拥护，而且資本家也找不出任何一个站得住脚的理由来拒絕和反对，現在已經可以断定除开个别的頑固分子想反抗以外，在經济上接受社会主义改造，並且轉变为名符其实的劳动者，是絕大多数民族資产阶級分子能够做到的。"刘少奇在政治报告中极为吹嘘資产阶級的特长和对国家的貢献，說什么"資方人員，富有管理經驗和技术知識，他們了解消費者的具体需要熟悉市場的情況，善于精打細算"說什么解放以后，他們接受了工人阶級和共产党的領导""接受了社会主义改造"甚至还說在过去几年里"民族資产阶級参加了国民經济恢复的工作""参加了支持土地改革、鎭压反革命、抗美援朝斗爭。"从而"孤立了敌人、增加了革命的力量"他在一九五七年四月向上海党員干部讲話时，也大讲："公私合营后，資本家已經把工厂交出来了，除开极少数分子以外，他們已經不愿意反抗社会主义，有很多人已經接受社会主义改造了……今天的資本家是新式的資本家了。

因此刘少奇号召全党和工人阶級与資产阶級搞好"联盟""搞好关系"要向他們学习。他在八大政治报告中說："我們的工作，除开向他們教育以外，还必須认眞地向他們学习，把他們的有益的經驗和知識当作一部分社会遺产继承下来，我們的任务是要继續改进和他們的合作关系。""通过这种联盟（即工人阶級同資产阶級的同盟）对他們继續团結、教育、和改造他們的工作。"完全抹杀了工人阶級和資产阶級的根本对立，大讲团結合作，不讲阶級斗爭，放弃社会主义改造的思想陣地。

4 他认为"革命斗爭的任务已經結束了，現在是需要完备的法制时代。"

刘少奇在八大政治报告中讲革命战爭时期和全国解放初期，斗爭的主要任务是从反动的統治下解放人民，从旧的生产关系的束縛下，解放生产力，斗爭的主要方法是人民群众的直接行动。現在革命的暴风雨已經过去了，新的生产关系已經建立起来了，斗爭的任务已經变为保护社会生产力的顺利发展，因此，斗爭的方法，也就必須跟着改变，完备的法制就是完全必要的了，为了正常的社会生活和社会生产的利益，必須使全国每一个人都明了並且确信，只要他沒有违反紀律，他的公民权力就是有保障的，他就不会受任何机关和任何人的侵犯，如果有人非法的侵犯他，国家就必然地直来加以干涉。"

在这里刘少奇完全断定了社会主义已經完全胜利，"革命斗爭任务已經結束了""人民群众的直接行动不需要了""現在需要的完备的法制"。阶級区分也不必要了，对待一切剝削阶級和劳动人民都一視同仁等等，这些思想足以表明"全民国家"的腔調，取消革命，取消斗爭，取消人民群众运动，这同赫魯晓夫的"全民国家"毫无区别。

5 他主张要用"緩和""妥协"的方法，来解决人民內部矛盾。

一九五七月毛主席发表了《关于正确处理人民內部矛盾的問題》的光輝著作，創造性地发展了馬列主义关于无产阶級革命和无产阶級专政的理論，是进行无产阶級革命和社会主义建設的最新式武器，然而刘少奇却歪曲和反对毛主席关于正确处理人民內部矛盾的思想。

毛主席指出：在我国大規模的急风暴雨式的群众阶級斗爭已基本結束，但阶級斗爭却长期存在，大量存在的是人民內部矛盾，但还存在着敌我矛盾，在我們国家資产阶級和工人阶級的阶級斗爭一般地属于人民內部的阶級斗爭，但也可以发展为敌我矛盾的阶級斗爭，敌我矛盾和人民內部矛盾，因性质不同，解决方法也不同，敌我矛盾采用专政的方法解决，人民內部的矛盾采取民主的方法，也就是采用民主集中制的方法解决。刘少奇却有意歪曲主席思想，一九五七年四月，他在上海党員干部上讲話說：“处理敌我矛盾要强調斗爭性，使矛盾紧张起来，使斗爭激烈化，以致使矛盾的对方被压倒消灭，如果我們处理人民內部矛盾，不强调同一性，而是要强調斗爭性，使人民內部矛盾沒有必要激烈化起来，在人民內部造成紧张的局面，那就是錯誤的，那就是处理人民內部矛盾的方針錯了。”“人民內部矛盾应該緩和，人民內部矛盾应該妥协解决，处理的方針可以着重它的同一性，因为它原来就是同一性。”在同年五月他同楊献珍、侯維煜談話时指出处理对抗性矛盾、敌我矛盾要采取你死我活的方法解决，处理非对抗性的矛盾，人民內部矛盾就不要采取你死我活的方法解决，可以用妥协的方法解决。”

在这里刘少奇根本违反毛主席关于矛盾同一性和斗爭性的思想，割裂矛盾同一性和斗爭性的辨証关系，宣传处理敌我矛盾强調斗爭性，处理人民內部矛盾强調同一性，强調妥协。他这样讲話的实质就是否定人民內部有阶級矛盾，有阶級斗爭，宣揚阶級調合，阶級妥协，取消阶級斗爭，取消思想斗爭，馬克思主义的本质是革命的、批判的，沒有斗爭就不成为矛盾，沒有斗爭性就沒有同一性，解决任何矛盾都必須經过斗爭。刘少奇的解决人民內部矛盾用妥协的办法的理論，是十足的修正主义理論。

四、一九六二年、拋出了右傾機會主義綱領，掀起了一股反黨反社會主義反毛澤東思想的逆流

在一九六〇年、一九六一年、国际国內阶級敌人利用我們由于自然災害所造成的暫时困难，向党向社会主义发动了猖狂进攻，阶級斗爭十分尖銳的时候，做为国家主席，党的付主席的刘少奇，不是站在无产阶級立場上，向反党反社会主义的反革命逆流进行坚决的斗爭，打退他們的进攻，相反，站在資产阶級立場上，提出了一系列修正主义的政策和措施，从而助长了和支持了这股反党反社会主义逆流。

一九六一年九月，在刘少奇主持下，制定了一个“中央关于全党干部輪訓的决定”。这个决定，歪曲了党內思想斗爭的原則，錯誤地提出什么“自由思想”“自由討論”“三不主义”而不讲思想斗爭，这样就为資产阶級思想大开綠灯，使那些对党不滿分子、右傾机会主义分子公开的合法的肆无忌憚地向党向社会主义进攻。

一九六二年一月刘少奇在中央召开的七千人大会上又拋出了一篇修正主义的报告，他在

这个报告里大肆攻击三面紅旗，竭力夸大我們工作中缺点和錯誤，他认为我国出現暫时困难是由于我們工作的錯誤造成的。“三分天災，七分人禍”攻击五九年反右斗爭“过火了”反右斗爭本来就是錯誤的，为右傾机会主义分子翻案，污蔑党內缺乏民主，党內主要是“残酷斗爭”“无情打击”攻击党中央和毛主席的正确領导。

接着一九六二年五月批轉了一个更为錯誤的“中央財經五人小組对中央的报告”这个报告在竭力夸大我們工作中的缺点錯誤、对形势做了极为悲观的估計，这个报告在全党都做了认眞的传达和学习討論。影响很坏，造成了党內思想的混乱，使不少同志一时迷失了方向，使右傾机会主义分子和一些牛鬼蛇神紛紛出籠，掀起了一股单干风。高級党校一小撮反党黑帮楊獻珍、王从吾、侯維煜就是在刘少奇报告的号召下大鬧“单干风”“翻案风”他們抓着刘少奇报告視为珍宝。組織学員工人化費一、二个月的时間去反复学习討論，提意見，为楊獻珍翻案，把高級党校搞得烏烟瘴气，成为反党反社会主义反毛泽东思想的陣地。

一九六二年九月中央召开了党的八届十中全会，伟大的領袖毛主席英明地做了关于形势，阶級矛盾、阶級斗爭的报告，揭开了当时存在的严重的阶級斗爭盖子，提出要在全国城乡开展两个阶級两条道路的斗爭进行社会主义教育运动，扭轉了阶級斗爭的形势，糾正了刘少奇的右傾机会主义路綫。在毛主席正确思想指引下，阶級斗爭形势很快起了变化，工农业生产迅速得到发展，再一次証明了毛泽东思想的伟大、英明、正确。

五、提出形“左”實右的四淸路綫，和毛主席的四淸路綫相對抗

一九六三年五月在毛主席的亲自主持下，制定了“中央关于目前农村工作中若干問題的决定（草案）”正确提出了农村社会主义教育运动的根本路綫和政策，这是我党在社会主义时期社会主义革命和阶級斗爭的指导綱領，是具有伟大历史意义的革命文献全党全国人民在毛主席領导下，在决定（草案）的精神指导下，全国农村蓬蓬勃勃地开展了社会主义教育运动，狠狠地打击了城乡的資本主义复辟活动，取得了巨大的成績。

然而，正在这个时期刘少奇做了一个“关于城乡社会主义教育問題的报告，並在一九六四年九月泡制了一个形“左”实右的农村社会主义教育动运的几項政策規定（草案）”同毛主席制定的决定（草案）相对抗，这个报告和規定的精神是完全一致的，这个报告是彻头彻尾的反毛泽东思想的报告。

1、夸大阶級斗爭的严重性，把农村形势說得漆黑一团

毛主席在决定（草案）中指出我国农村形势是越来越好，在大好形势下存在着尖銳的阶級斗爭。

可是刘少奇对农村的阶級斗爭形势做出了极为錯誤的估計，过分夸大了阶級敌人的力量，他在报告中說：“領导权掌握在敌人手里的最少有三分之一，現在有不少地区土改不彻底，华北有三分之一、西北几乎都是和平土改，地富統治並沒有眞正打倒，有些单位的敌人打进来，拉出去，有些单位領导人同地富資本家搞在一起，搞和平演变。”他說：“你下去后一开始优势在他們方面，不在我們方面，因为他們有組織准备”，“那一年我到湖北去扎根串

联，就被赶走过……，我是国家主席带着武装去的，他們还赶我，你們去会不赶走嗎？”刘少奇完全抹杀了我党十五年来领导全国人民进行无产阶級革命和无产阶級专政的伟大成績，把社会主义国家描繪成敌人統治的天下，歪曲客观事实。

刘少奇在报告中大肆吹捧敌人，贬低我們的革命干部和群众。他說：“过去多次运动中，阶級敌人摸熟了我們有一套方法，甚至有的地方，阶級敌人研究党的方針政策，比我們党員研究得好。記得熟”“現在阶級敌人变的聰明了，他們很会搞秘密工作，搞合法斗爭，他們比我們还会搞的”。相反刘少奇对党領导下的干部和工作却說的一无是处，他說：“我們过去的領导机关长期脫离了群众，凭着听滙报，看材料指导工作，这样，下情不了解，主观主义的指导工作，这是很危险的，这种情况，从中央到公社党委如不改变，不要多长时間，我們的工作就会发生严重的問題”“过去的四清，五反取得了一些战績，但是搞得不深不透，有的根本沒入門，还在門外边。”

２、不是放手发动群众，相信群众能够自己解放自己，而且依靠少数人，搞神密化的工作路綫。

毛主席指示，在四清运动中要充分发动貧下中农，在斗爭中发展和培养积极分子，逐步形成領导核心，要大胆放手发动群众，要逐步做到依靠群众和干部的大多数，逐步团結百分之九十五以上的干部和群众，把政策交給群众，不要冷冷清清，不要神密化，不要只在少数人当中活动。然而刘少奇对农村形势做了錯誤估計，他不相信群众在党的长期領导下，絕大多数都是革命的，有觉悟的，各級組織和干部多数是好的和比較好的，因此他一再强調，在四清动运中要采取解放前进入新解放区进行土改的办法，搞什么扎根串联，訪貧問苦，搞秘密活动，撇开原来所有的干部，撇开一切原来的积极分子，从头做起把四清运动在較长时間內搞得冷冷清清，只在少数人中搞秘密活动，結果使运动走了弯路，所以群众不能在斗爭中得到鍛练。运动也必然搞得不彻底。

３、錯誤地估計了干部队伍的情况，扩大打击面

毛主席指出，对待干部要一分为二，大多数干部是好的和比較好的，問題多的和問題严重的只是极少数，运动的重点是整党內走資本主义道路的当权派，要注意团結百分之九十五以上的干部，然而刘少奇却认为所有干部都有問題，許多人同阶級敌人混在一起，因此他主张把所有干部都放在一边，先发动群众，他认为只有先团結百分之九十五的群众，才能团結百分之九十五的干部，不是爭取多数，反对少数，区别对待，而是一視同仁，一律“上楼”“下楼”人人“过关”在經济退賠上，刘少奇也主张彻底退賠，从严退賠，不分具体情况，不予区别对待，結果形成运动后期在組織建設上某些困难。

刘少奇的形“左”实右的机会主义路綫，給四清运动带来严重后果，一九六五年一月党中央在毛主席領导下，召开了中央工作会議，总結了四清运动的經驗教訓，批判了刘少奇的形“左”实右的錯誤路綫，制訂了农村社会主义教育运动中目前提出的一些問題（二十三条），从而把全国四清运动引导到健康发展的道路上去。

六、在文化大革命中，推行資產階級反動路綫企圖抵制，扼殺無產階級文化大革命

刘少奇的修正主义路綫，在文化大革命中表現的更为突出更为严重，給文化大革命造成了严重的损失。

1、妄图把批判"海瑞罢官"的政治斗爭引上"学术討論"的岐路上。这次文化大革命是从批判"海瑞罢官"开始的，毛主席早就指出"海瑞罢官"的要害是罢官的問題，是一个政治斗爭的問題，必須批判。但黑帮头子彭眞在刘少奇的支持下，搬出一个"五人小組"向中央滙报的提綱，成为文化大革命中資产阶級反动路綫的綱領。

2、急忙派工作組，扑灭文化大革命的烈火

一九六六年五月中央及时发現並批判了彭眞的"滙报提綱"同时在毛主席的領导下，发出了开展文化大革命的通知，这个通知是毛主席領导无产阶級文化大革命的正确路綫，在毛主席的正确領导下，全国掀起了一个轟轟烈烈的文化大革命的高潮，广大革命师生动起来了，形势大好，刘少奇对这样一个波瀾壮闊的无产阶級文化大革命形势怕得要死，生怕革命烈火烧到党內走資本主义道路的当权派身上，于是匆匆忙忙决定，派出工作組占領各单位文化大革命的領导崗位，企图把矛头指向革命群众身上，把群众运动引到資产阶級反动路綫上去，以灭扑革命群众运动的烈火，同时刘少奇指示：有些单位要保护那些反党分子，說："要斗也可以斗，但要材料，要有佈置""要爭取第二号人物起义"指导工作組积极推行資产阶級反动路綫，把毛主席发动起来的轟轟烈烈的文化大革命运动一下被刘少奇压了下去，全国又进入低潮。

在这样一个紧要关头，又是毛主席发现和糾正了以刘少奇为代表的資产阶級反动路綫，下令撤銷了一切工作組，同时发动群众彻底批判这条資产阶級反动路綫、又把无产級級文化大革命推向一个新的高潮。

这次文化大革命自始至終在以毛主席为代表的无产阶阶革命路綫不断战胜以刘少奇为代表的資产阶級反动路綫的斗爭中前进的。

七、反對毛澤東思想同毛主席分庭抗禮

对待毛泽东思想的态度是区别馬列主义修正主义的分水岭，自七大以来，刘少奇不是高举毛泽东思想紅旗的，他同毛泽东思想越来越背离。这是他走上了修正主义道路，墮落成資产阶級在党內代言人的总根子。

1、不承认毛泽东思想是当代創造性发展了馬列主义

毛泽东思想是在帝国主义走向全面崩潰，社会主义走向全世界胜利时代的馬列主义，是我国社会主义革命和社会主义建設的指針，也是国际共产主义运动的指导方針，毛泽东思想是当代最高最活的馬克思列宁主义。

刘少奇不承认毛泽东思想是当代最高最活的馬列主义，一九四八年十二月，他在对馬列学院的学員說："学习馬列主义，就是要学习外国的革命經驗，世界革命的經驗，馬恩列斯

的书中論中国的只有百分之一、百分之九十九都是讲的外国語、讲的外国事，写的外国材料，分析外国历史，即要实际經驗，更要有理論知識，即要有中国的經驗又要有外国經驗，二者缺一不可，否則是跛足的馬列主义者教条主义者、看得不远迷失方向，所以我們必須学习普遍眞理。把馬列主义普遍眞理同中国的实际相結合起来，中国的經驗，又有外国的經驗，才有实际正确指导的可能。

在这里、刘少奇把毛泽东思想、把中国革命的經驗，都排除在馬列主义普遍眞理以外，这种錯誤的观点在他許多讲話和文章中都有表现，如他在一九六一年六月三十日的庆祝党的生日大会上讲話中这样說全体党員干部都应該认眞地学习馬克思列宁主义关于社会主义革命和社会主义建設的基本原理，学习毛泽东同志根据馬克思列宁主义原理所闡明的我国社会主义建設的理論和实际問題，学习党中央制定的社会主义建設总路綫和具体政策，学习苏联和其他兄弟国家的社会主义建設的經驗。

刘少奇更不承认毛主席天才地、創造性地、全面地继承、捍卫和发展了的馬列主义，把馬列主义提高到一个嶄新的阶段，他认为世界各国的革命問題都由馬恩列斯解决了的，毛主席只是把馬列主义的普遍眞理在中国具体应用，沒有什么新发展，他在一九四八年十二月四日向馬列学院学員讲話这样說："馬克思主义的內容是有世界历史以来比較丰富的世界上任何大的原則性問題均解决了、例民族問題，工运問題、密秘工作問題等等，中国有吃飯、住房、外国也有，甚至城市地皮問題也可以参考苏联、参考馬恩列斯經驗""在一九六一年庆祝中国共产党成立四十周年大会上的讲話也这样认为，他說对农业社会主义改造，我們运用列宁关于无产阶級专政之下工农联盟的理論和农业合作化的理論，总結了我国革命根据，农业互助合作运动的經驗，""对民族資本主义工商业的社会主义改造我們运用了馬克思关于无产阶級在一定条件下可以对資产阶級采取贖买政策的思想、运用了列宁关于无产阶級专政下采取国家資本主义政策的思想。毛泽东同志和我們党中央运用了馬克思列宁主义关于社会主义建設的理論，吸收苏联和其他社会主义国家的建設經驗，在我国执行了第一个五年計划的經驗基础上制定了我国社会主义建設总路綫"如此等等。

刘少奇从不讲我們伟大領袖毛主席对于馬克思列宁主义理論的新发展和新貢献，刘少奇对毛泽东思想的态度决不是偶然的。

2、反对学习毛主席著作，积极鼓吹学习苏修。

一九六四年九月××省委第一书記×××給刘少奇一封信，信上告訴他，省委要求各地委、市委、县委在任何时候、任何問題上都必須认眞学习中央，毛主席及中央其他負責同志的指示原則的（原文不淸）……大的錯誤"这样做本来是正确的、他借口要向一切有眞理的人学习，来反对大学毛主席著作、他說："这里联系到一个原則問題就是我們应当向誰学习，是向党內和党外的人学习，不管他有沒有眞理，我們的眞理，只向一切有眞理的人学习，不只是向职位高的人学习，"接着刘少奇更露骨地公开反对毛主席著作，攻击学习毛主席著作运动，他說："我贊成当前干部和群众中，学习毛主席著作的运动，特别贊成活学活用毛主席著作的口号（这难道是"贊成"嗎？在这里刘少奇是言不由衷，是一种不滿情緒的流露）我不反对你号召干部学习第一个十条和毛主席有关讲話，在宣讀的时候，你可以加以理解，强調某些段落和語句，並联系你們那里的实际，但不是你的創造”“同不能把馬克斯列宁的学說当成教条一样也不能把毛主席著作和讲話当成教条”接着又說：“現在已經不是一个人犯这样的錯誤，党內已有一部分干部，犯同类性质的錯誤”，刘少奇就是用学习馬列主义反对教条主义的方法来反对学习毛主席著作。

刘少奇对毛主席著作采取如此态度，而对苏联修正主义却一貫强調学习再学习，当苏修集团的面目已經完全暴露的时候，刘少奇在一九六一年六月三十日中国共产党成立四十周年庆祝会上还大讲特讲苏联的經驗，苏联的援助，苏联的科学技术，同时还要求全党学习苏联和其他兄弟国家的社会主义建設的經驗，”要求发展同苏联修正主义大讲特讲学习苏修，目的何在？你叫我們向誰学习？走那条路？引向什么方向？

3、貶低毛主席、同毛主席分庭抗礼

毛主席是当代最伟大的馬克思列宁主义者，是中国人民和世界人民革命导师，是天才的領袖，有了毛主席，中国革命和世界革命的胜利就有了保証，有了毛主席是中国人民和世界人民最大的幸福。

然而刘少奇却不恰当地估計了自己，把自己摆在同毛主席同等地位，分庭抗礼，有时或明或暗地影射，損伤毀坏伟大領袖毛主席的声誉，如一九五六年九月，他在八大政治报告中完全否定了毛主席的天才和英明伟大。如何看待領袖，他叙述了过去的三五年中为什么犯了四次严重的路綫錯誤，而从一九三五年一月遵义会議以来二十一年中以毛主席为領导的党中央为什么沒有犯过錯誤？他說：“用历史的长短，經驗的多少去解释，……也不能用某个时期領导者个人情况如何解释……党的經驗多少和党的領导人对于党的工作是否犯过錯誤有重要关系，但是关系更重要的是每个时期，广大党員，首先是党的高級干部是否善于应用馬克思列宁主义的立場、观点和方法，去总結斗爭中的經驗，坚持眞理、修正錯誤，在这里刘少奇完全否认和抹杀了毛主席在中国革命历史中的伟大的作用。

解放以后，特别是一九五九年以来，林彪同志一再号召全党全軍大学毛主席著作，要当毛主席的好学生，然而刘少奇在一九六二年在修改补充他的“論共产党員的修养”一书中，却仅仅提出做馬克思列宁的好学生，同林彪同志提出的“做毛主席的好学生”相对立。

一九六六年七月二十九日刘少奇在人民大会堂万人大会上讲話中以保护少数为名，竟袒护写反革命标語，說：“清华有一个学生，写了拥护党中央，反对毛主席”的标語，大家要斗他，工作組要保护他，現在看来，說这个学生是反革命的結論，材料不充分，在这里我們要問刘少奇，你还要什么材料？誰反对我們最最敬爱的伟大領袖毛主席，誰就是反革命，当前不論在国际国內，拥护和反对毛主席，就是革命和反革命的試金石，誰反对毛主席，我們就和他拼到底。

4、关于防修、防止資本主义复辟的措施。

《九評》对于毛主席关于防止資本主义复辟的理論已有明确的論述。林彪同志近年来一貫强調学习毛主席著作，用毛泽东思想武装人的头脑，实現人的思想革命化，是防修的根本措施，十一中全会（原文不清）中明确地肯定了这一点，很明显，用毛泽东思想武装青年一代，这是教育工作的根本任务，但刘少奇的二十多次的讲話中，一次也沒有提到学习毛主席著作的問題。也沒有提到把毛主席著作列为学校教育的基本課程，一九六五年 三 月 二十一日，他在对刘季平何伟的談話中“現在我們所想到的（防止資本主义复辟）办 法 有 两个，一个是发动群众搞四清，一个是改革教育制度和劳动制度，”“現在我們所能够想到的就是这两条，是否还有第三条，还沒有想到”一九六五年十一月六日在中央政治局扩大会議上，他又补充了“干部劳动”一条，說到目前为止，只有这三个办法，”这和《九評》的精神是不一致的，事实上如果不以毛主席思想挂帅不用毛泽东思想武装头脑，单純提出了一个“半工半讀是防止不了修正主义的，从毛主席一九五八年工作方法六十条中，单独地抽出半工半讀，閹割掉毛泽东思想的灵魂，这种半工半讀是資产阶級、資产阶級知識分子也 可 以 接受的，資本主义修正主义国家也可以搞这种半工半讀的事实，以及我国半工半讀的事实可以証明这一点。

５、很少提教育战綫上的阶級斗爭，根本不提学校領导权的問題。

毛主席在他的教育指示中，一貫强調抓阶級斗爭，抓領导权問題但是刘少奇的讲話很少或根本不提这些問題，而在教育形式，教育經費上打轉轉，他一再宣扬“四小时劳动，四小时讀书”是“最好的形式”一再宣称他在保定实行半工半讀的經驗，他宣称，如果机关、学校、工厂經营管理好，人的精神面貌就会好，群众热情就会高”在这里阶級斗爭忽略了，不讲阶級斗爭，不讲无产阶級政治挂帅，这里的半工半讀与資本主义国家，修正主义国家的半工半讀是沒有什么本质区别的。

八、反對無產階級世界觀，宣揚資產階級利己主義

刘少奇的灵魂深处充滿了資产阶級的利已主义，他的《論共产党員的修养》就是宣扬資产阶級世界观的代表作。

在这本书中，他不是用不为名，不为利，不怕苦，不怕死，一心为革命，一心为人民的共产主义思想教育干部，而是用封建阶級的、資产阶級的个人主义去腐蝕青年、毒害党的干部；他不是提倡党員干部到群众中去，在革命的群众运动的大风大浪里鍛练自己，改进自己，而是提倡脫离实际。脫离群众斗爭的所謂“个人修养”。刘少奇在所謂“不离开党”的幌子下，大讲党員的“个人目的”，“私人打算”，而且要求各級党組織“帮助党員去发展”这种純属个人主义的“个性”、“特长”。他大力宣传資产阶級人性論，抵制用阶級观点、阶級分析的方法去对待周圍的一切，說什么“寬大”、“容忍”和“委屈求全”“将心比心”，“忍受多种屈辱而毫无怨恨之心”，是一个共产党員最高尚的自尊心和自爱心。

一九六０年刘少奇和王光英一家的談話，也暴露了自己的肮脏灵魂，他胡說什么，“吃小亏，占大便宜”，“不能沒有个人利益”，“个人利益結合起来就是整体利益”，“不考虑个人利益，最后則有个人利益”，等等，刘少奇甚至极为荒唐地把“吃小亏，占大便宜”說成是“合乎馬列主义无产阶級世界观”的。

一九五五年刘少奇在河南許昌学生座談会上讲："我劝你們回乡后，不要当干部，連会計也不要当，……认眞种三、五年地，到那时候一切农活都学会了，农民能做的事，你們都能做……你們有文化，农民沒有文化，比农民多一个条件，再加一条群众关系好，具备三条就能当乡干部、县干部、省干部，也可能到中央，那就看个人的本事了。积极鼓励青年为个人名利地位去奋斗。一九五七年刘少奇在接見民建、工商联常务委員时說："社会主义条件下一心一意为个人利益的人是搞不到个人利益的，一心一意为人民服务，反而有个人利益，只顾一头反而会有两头"。在跟王光英一家談話时还說："只专不紅，那只有一手，不紅，即使搞得好还可以工作，但不能当領导。"在这里，再一次暴露了刘少奇为人民服务是假、牟取个人名利是眞的資产阶級本来面目。

九、劉少奇是中央黨校反革命修正主義路綫的總根子

长期以来，中央党校形成了一个反毛泽东思想的頑固堡垒，刘少奇就是党校反毛泽东思想修正主义路綫的总根子。在他担任馬列学院（中央党校的前身）第一任院长期間，就提出了一套反毛泽东思想修正主义的教学方針和路綫，曾为后来楊献珍、王从吾、林枫等反革命修正主义分子在党校猖狂反对毛泽东思想、实現反革命修正主义統治的指导方針。

关于党校的教学方針，毛泽东早在《改造我們的学习》中就指示："应确立以研究中国革命实际問題为中心，以馬克思列宁主义基本原則为指导的方針，廢除靜止地孤立地研究馬克思列宁主义的方法。"党的第七次代表大会又明确提出：一切党校、訓练班必須以毛主席著作为主要教材，一切干部，必須学习毛泽东同志的著作。刘少奇却在一九四八年，向馬列学院学員提出了一套徹头徹尾反毛泽东思想的修正主义教学綱領。他說："学习馬列主义就是要学习外国革命經驗，世界各国革命經驗。"不仅根本不許学习毛主席著作，而且大肆攻击我們党不讀馬恩列斯的书，犯了經驗主义的錯誤，是"假借馬克思主义。並且恶毒的誣蔑我們党員干部是"前面烏龟爬烂路，后面烏龟跟着爬"。他提倡大讀哲学、政治經济学的馬列主义古典著作，极力排斥、反对学习毛主席著作。他还特别宣揚"兩耳不聞窗外事，一心只讀圣賢书"的反毛泽东思想的学风。

一九五三年，楊献珍、侯維煜根据刘少奇的修正主义綱領，泡制了所謂"学习理論，联系实际，提高认識，改造思想的教学方針，用以对抗以毛泽东思想为指导的教学方針，反对以毛主席著作为主要教材。經过刘少奇的批准，这个方針流毒全党，影响极坏。

刘少奇还积极鼓吹学习苏修。一九五六年七月，在赫鲁晓夫修正主义面目已經充分暴露以后，他还向楊献珍、侯維煜指示說："要同苏联搞好团結，学习苏联經驗，是肯定不够的。学习社会主义經驗，只有苏联一家。"还說什么："和苏联专家的关系一定搞好，搞不好关系有理无理三扁担，这是政治問題。"为了向苏修学习，刘少奇还批准楊献珍去苏高級党校，系統地翻印了苏修一套教学制度、方案；在刘少奇积极支持下，党校大量聘請苏联专家，采用和搬运了苏修教材、教学制度、教学方法。大量推銷苏联修正主义的理論，摸仿苏修，在教学人員中推行学銜制度，极力按照苏联修正主义的面貌改造中央党校，把中央党校

變成培养修正主义精神貴族的、反党反社会主义反毛泽东思想的頑固堡垒。

刘少奇还妄图通过中央党校控制全国各級党校，向全党干部貫輸反党反社会主义反毛泽东思想的修正主义毒素，为复辟資本主义提供重要的反党基地。

在这次无产阶級文化大革命中，广大革命群众在毛主席、党中央英明領导下，把中央党校一伙反革命修正主义分子楊献珍、王从吾、林枫等揪出来了，同时揪了他們的总后台老板刘少奇。目前党校革命学工人員，正在认眞学习毛主席著作，趁胜前进，彻底揭发、彻底清算刘少奇所犯下的反党反社会主义反毛泽东思想的滔天罪行。

在这次无产阶級文化大革命中，要大破刘少奇的資产阶級反动路綫，大立毛主席的无产阶級革命路綫，这是把无产阶級文化大革命进行到底的关鍵。

全党、全国人民团結起来，高举毛东泽思想伟大紅旗，揪住刘少奇不放，跟他坚决斗爭到底，把他斗倒、斗垮、斗臭，彻底清算他的資产阶級反动路綫，肃清他的恶劣影响，夺取新的胜利。

砲轟資產階級司令部　打倒劉少奇

一、清華園內兩條路綫斗爭所反映的問題

"莫道昆明池水浅，观魚胜过富春江"。清华园虽小，但将近五个月以来的运动却始終反映着党內两条路綫的斗爭。

斗爭的一方是清华大学广大师生，井崗山紅卫兵、毛泽东思想紅卫兵等革命紅卫兵組織，在毛泽东思想的光輝照耀下，他們发揚了敢想、敢說、敢闖、敢革命的敢造反的大无畏精神，扫除害人虫，踢开絆脚石，把斗爭的矛头对准了钻进党內的走資本主义道路的当权派蔣南翔黑帮以及推行着資产阶級反动路綫的王光美、叶林工作組，无所顾忌，猛冲猛打。他們坚决貫彻以毛主席为代表的无产阶級革命路綫。

斗爭的另一方是以原高教部部长，清华大学党委书記兼校长蔣南翔为首的黑帮，以王光美、叶林为首的工作組及其一手泡制的临时筹委会，还有清华大学紅卫兵总部。

无产阶級文化大革命敲响了蔣黑帮的丧钟。他們采用群众斗群众的形式做了垂死的挣扎，結果被揪了出来。

急忙忙代之而来的是王光美、叶林工作組。他們进校不久就顚倒是非，混淆黑白，执行了一条不折不扣的資产阶級反动路綫，对黑帮体貼入微、关怀备至，对革命派則残酷打击，无情斗爭，把成百成百的学生打成反革命，造成了二十多天的白色恐怖。結果这块絆脚石也被用毛泽东思想武装起来的广大革命师生踢开了。

在工作組犯了严重的方向性路綫性錯誤而撤离以后，由工作組非法指定产生的临时筹委会以及在他們控制下的清华大学紅卫兵总部继承了王光美、叶林的衣鉢仍旧企图把轟轟烈烈的群众运动打下去，他們同样也执行了一条資产阶級反动路綫。

工作組的主要領导人王光美、叶林，临时筹委会和清华大学紅卫兵的主要負責人之所以站在群众的对立面，絕对不仅仅是因为他們不信任群众，群众观点差，或者老革命新問題。而是他們和蔣南翔黑帮是一条藤上的瓜，他們在政治上、思想上、組織上乃至感情上是一脉相承的。这条根，这个脉，就是刘少奇。

人們知道，蔣南翔是靠学生运动起家的，他是刘少奇和彭眞的老部下，一九六四年以来，教育战綫上一直貫徹着一条与毛泽东思想背道而馳的刘少奇——彭眞——陆定一——蔣南翔黑綫。蔣南翔是刘少奇在教育战綫上推行修正主义教育路綫的得力助手之一。（这方面材料可参考高教部赵秀山等四同志給主席和林彪同志的信）

无产阶級文化大革命的号角吹响了，蔣南翔被揪出是势在必然。六月上旬，蔣南翔的反革命修正主义面目就暴露在光天化日之下。六月十五日，陶鑄在高教部、教育部全体会上的讲話中已肯定了蔣南翔是反党反社会主义分子。可是王光美在七月份先后与林梅梅（黑帮分子林枫的女儿，我校工物系学生）和化九〇二班同学說蔣南翔的問題性质还沒有定。显然，这是刘少奇的意思。作为一名普通的中央办公厅工作人員，小小的十四級干部王光美只不过起了一个传声筒的作用。

九月十七日，全校开了第一次斗爭蔣南翔大会，但是这个会很不成功。在斗爭会上，蔣南翔极不老实，腰背很“硬”，上推下卸，矢口否认自己的滔天罪行，如果蔣南翔的腰背上沒有刘少奇这样的“紅”伞，那是絕对沒有这个胆量的。

蔣南翔在六月上旬就倒台了，但刘少奇的資产阶級反动路綫却在清华园内变本加厉地推行着。下面排一张时間表，供同志們找出綫索。

六月二日以后，刘少奇的女儿，自控系学生刘涛多次回家，並抛出了几份內容无足輕重的大字报，为她以革命左派的身份进入临时筹委会——夺权——作了輿論准备。

六月九日，刘少奇的老部下叶林帅領工作組来到清华大学。

六月二十一日，刘少奇的夫人，奉刘少奇的旨意来清华坐陣，做了清华大学工作組的顾問“太上的組长”，上通下达，发号施令，伙同叶林血腥鎮压了清华的无产阶級文化大革命。著名的“反蒯斗爭”就是她一手炮制和策划的。

七月十八日，王光美取得天机，一看形势不妙，急忙下令，“反蒯”急刹車，立即轉入“斗黑帮”，所有“反蒯”时期的大字报要全部撕掉不露痕跡。

七月二十一日，刘少奇御駕亲征，到清华园深夜冒雨“視察”。

七月二十九日，正当与工作組的辯論方兴未艾时，在一个多月时間里完全隐名匿姓从不暴面的王光美突然而出，先在职工食堂，后在礼堂，口口声說，她是刘少奇派来的，並說工作組有成績，也有缺点，又神乎其神的說：“我有我自己的看法但現在不說。”給工作組定了調子，給群众划了框框，再度变相鎮压群众。

同一天，刘少奇在人民大会堂作报告时，大讲清华的李世权事件和薛恐的例子，这証明刘少奇对王光美所領导的清华的工作是了如指掌的。

七月三十日以后，王光美装摸作样的参加了几次食堂服务，頓时获得了当时还不明眞相的一部份群众热烈的歌功頌德声。这类大字报盖上了許多批判工作組的大字报，有一张肉麻吹棒的大字报还貼到了繁华的王府井大街上，給站在資产阶級反动立場上的王光美叶林工作組造就了一片“美妙”的离奇的輿論，几乎撲灭了革命造反的火种——关于工作组的大辯論。

工作組撤走以后，以刘涛等人为首的非法組成的临时籌委会和在这以后成立的清华大学紅卫兵总部继續执行了沒有工作組的工作組路綫，在反动的資产阶級軌道上前进。和譚立夫同出一轍，以新的形式，諸如“大讲阶級路綫”等作幌子继續挑动群众斗群众，压制革命造反精神，践踏十六条，使清华大学的运动又一次頻临危机。这中間，“八、一九”、“八、二四”事件使这条反动路綫达到了高潮。必須再一次强調的是，刘少奇的女儿刘涛是当时学校的掌权者。

从上面一条綫中，我們不难看出，自无产阶級文化大革命以来，刘少奇步步为营、节节頑抗，妄图“吃透两头”。一方面，他通过他的嫡系，把黑手伸向了在高校运动中占有相当重要一席地位的清华大学，揮舞指揮棒，运动群众，把矛头直指革命群众，制造思想混乱，将运动引入岐途；另一方面，他在中央內为反党反社会主义分子，他的馬前卒蔣南翔撑腰，和毛主席分庭抗礼。

这样，在前一段时間，清华园內的一个疑难問題也就迎刃而解了，为什么七月二十九日毛主席派周总理来过問清华大学的文化大革命？很明显，刘少奇把清华的运动引入了的岐途。

东方紅、太阳升，毛主席驅散了迷雾拨正了无产阶級文化大革命的航向，他老人家发現了刘少奇要的阴謀，所以派周总理来到清华园，从清华这个典型来了解刘少奇的活动。

我們认为，这場表現在清华大学的严重阶級斗爭，决不只是学校內部的問題，而是以毛主席为代表的无产阶級革命路綫和以刘少奇为首的資产阶級反动路綫一場殊死斗爭。

最 高 指 示

无产阶級要按照自己的世界观改造世界，資产阶級也要按照自己的世界观改造世界。在这一方面，社会主义和资本主义之間誰胜誰負的問題还沒有眞正解决。

（关于正确处理人民內部矛盾的問題）

二、原北方局的嚴重問題

用毛泽东思想武裝起来的广大革命群众，在这場史无前例的文化大革命中，砸烂了“三家村”、搗毀了“四家店”，揪出了以前北京市委修正主义集团为主体的黑帮集团。在毛主席亲自領导下，轟轟烈烈的群众运动在全国范围內蓬蓬勃勃地开展了起来，其势如排山倒海，銳不可当。

在首都，在全国文教系統、西北、西南地区的斗爭，相对于其他地方和系統来說尤其尖銳，尤其曲折。

这到底是为什么呢？

无独有偶的是，这些地方、这些单位的某些主要負責人都是原中共中央北方局的人員，或者是与之有密切联系的，如彭眞、林枫、蔣南翔、陆平、李昌、楊述、許立群、胡耀帮、周楊、李井泉、刘兰涛、任白戈等等一批三、四类干部。而且原北方局的領导人就是刘少奇！

我們不避形而上学、簡单化之嫌，要打破沙鍋問到底，如此无情的事实究竟說明了什么？

彭眞集团是我党历史上一个最阴险狡猾的最隐蔽危险的反党集团。这个集团头子彭眞从来就是刘少奇最亲密的"战友"和最得力的大将，特别是近年来，彭眞飞黃騰达，成了"风云人物"，除了刘少奇以外，还有誰能不遺余力地提拔他？可以說，刘少奇和这个反党集团有不可分割的联系，是这个集团的后台老板。

长期以来，特别是从一九六二年以来，这个集团一直为他們的阴謀复辟作輿論准备，他們利用他們旣得的地位以及控制的宣传机器，一方面极力反对和貶低毛泽东思想，揮舞"形而上学"、"簡单化"等大棒，抵制群众活学活用毛泽东思想运动，一听到毛泽东思想就反感、就駡街、就暴跳如雷。"三家村"黑店是这个集团的头号打手。另一方面，他們又肆无忌弹地另立牌号、自成系統、别有用心地抬高原北方局的地位。各自为陣，抬高刘少奇和彭眞的地位，与毛主席为首的党中央分庭抗礼。这在一九六五年首都紀念"一二、九"运动三十周年的大会上达到了頂峰，黑帮分子蔣南翔赤膊上陣，在这个会上大肆吹捧北方局刘少奇和彭眞的"正确領导"，而对我們伟大領袖毛主席只是迫不得已的走过場式地提了一提。

必須指出，恰恰是一个月前，一九六五年十一月十日姚文元同志的（評新編历史剧"海瑞罢官"）一文已經发表，无产阶級文化大革命的前哨战已經打开。紀念"一二、九"运动三十周年的大会上云集了以彭眞为首的大批原北方局的黑綫人物。他們拚命給自己涂脂抹粉，評功摆好，目的就是扩大影响，为自己捞取资本，抗拒无产阶級文化大革命。

《解放軍报》社論指出：对"毛泽东思想采取什么态度，是承认还是抵制，是拥护还是反对，是热爱还是仇視，这是眞革命和假革命，革命反和革命，馬克思列宁主义和修正主义的分水岭和試金石"。钻进党內走資本主义道路的当权派、資产阶級"权威"老爷們一切牛鬼蛇神最大的政治特点就是貶低、歪曲、抵制、攻击、反对、害怕毛泽东思想。我們知道，刘少奇在解放后的十七年中，一貫自立牌号、另搞一套，而不是象林彪同志那样，高举毛泽东思想伟大紅旗，提出毛泽东思想作为全国七亿人民的統一思想。特别是近四年来，刘少奇在修正主义的泥坑里愈陷愈深，愈来愈明目张胆地和毛主席相对抗，以至在七月二日（今年）讲話中放肆把自己和我們敬爱的伟大领袖毛主席相对抗，以至借用反革命分子李世权的話指名攻击毛主席。北方局的黑綫人物除了一个根本特点外，还有一个特点，那就是利用他們旣得条件吹捧刘少奇，並秉承刘少奇的旨意行事。这方面，在那个紀念"一二、九"三十周年的大会上发展到了頂峰。

最 高 指 示

在拿枪的敌人被消灭以后，不拿枪的敌人依然存在，他們必然地要和我們作拚死的斗爭，我們決不可以輕視这些敌人。如果我們現在不是这样地提出問題和认識問題，我們就要犯极大的錯誤。

《在中国共产党第七届中央委員会第二次全体会議上的报告》

“从資本主义过度到共产主义是一整个历史时代。只要这个时代沒有結束，剝削者就必然存在着复辟希望，並把这种希望变为复辟行动。”。

“消灭阶級要經过长期、艰难的、頑固的阶級斗爭。在推翻資产阶級政权以后，在破坏資产阶級国家以后，在建立无产阶級专政以后，阶級斗爭並不是消失（如旧社会主义和旧社会民主党中的庸人所想象的那样，）而只是改变他的形式，在許多方面变得更加残酷”。

三、回顧十年來的歷史

中国共产党的历史，是一部以毛主席为代表的革命路綫同形形色色的“左”、右傾机会主义路綫的斗爭史，是一个最集中最典型的阶級斗爭史。这是国內激烈的阶級斗爭在党內不可避免的反映。

两条路綫的斗爭，近十年来，是特別值得人們深思的。

一九五六年，在国际共产主义运动史上留下了沉痛的一頁。这一年，苏联共产党召开了第二十次代表大会，苏联領导开始全面地系統地走上修正主义道路。

由于苏共二十大的召开，給国际共运带来了极其严重的恶果。当时，帝国主义和各国反动派气焰高涨，在全世界掀起了反共、反人民的高潮。美帝国主义把赫魯晓夫大反斯大林看作是“空前未有的合乎我們目的”的举动。趁机鼓吹促进苏联及社会主义国家的“和平演变”。鉄托集团也不甘美帝国主义之后，他們打着“反斯大林主义”的反动口号，疯狂地攻击无产阶級专政和社会主义制度。当时正处于絕境的共产主义的敌人扎洛斯基分子也大肆活动，大放厥詞。

苏共二十大的严重錯誤在国际共运內部也引起了的思想混乱，修正主义思潮大为泛濫起来。許多国家的共产党內部的叛徒跟着帝国主义、反动派和鉄托集团，向馬列主义大举进攻，向国际共运大举进攻。在世界历史上应該永远引以为戒匈牙利反革命暴乱事件和苏波关系事件是这期間发生的最突出的事件。

国际上极其尖銳的阶級斗爭必然反映到我党我国来。

同年九月，中国共产党召开了第八次全国代表大会。刘少奇向大会作了报告。在这个报告中，刘少奇大力鼓吹阶級息灭論，肯定了社会主义已經战胜了資本主义，直接违背了毛主席关于社会主义时期阶級、阶級斗爭的学說。刘少奇說什么：“……我国社会主义和資本主义誰战胜誰的問題，現在已經解决了。”就在差不多同一时期，毛主席发表了光輝的著作《关于正确处理人民內部矛盾的問題》。在这篇文章中，主席指出：“在我国，虽然社会主义改造，在所有制方面說来，已經基本完成，革命时期的大規模的急风暴雨式的群众阶級斗爭已經基本結束，但是，被推翻的地主买办阶級残余还是存在，資产阶級还是存在，小資产阶級刚刚在改造。阶級斗爭並沒有結束。无产阶級和資产阶級之間的阶級斗爭，各派政治力量之間的阶級斗爭，无产阶級和資产阶級之間在意識形态方面的阶級斗爭，还是长时期的，曲折的，有时甚至是很激烈的。无产阶級要按照自己的世界观改造世界观。在这一方面，社会主义和資本主义之間誰胜誰負的問題还沒有眞正解决。”而刘少奇却在他的政治报告中，口口声声地强調：“外国帝国主义的工具官僚买办阶級，已經在中国大陆上消灭了，封建地主阶級除个别地区外，也已經消灭了，富农阶級也正在消灭中，原来剝削农民的地主和富农正在改造成为自食其力的新人。民族資产阶級分子正处在由剝削者轉变为劳动者的轉变过程中。”

“广大的农民和其它个体劳动者已經变为社会主义的集体劳动者。工人阶級已經成为国家的領导阶級。他的队伍扩大了，他的觉悟程度和文化技术水平大大提高了。

知識界已經改变了原来的面貌，組成了一支为社会主义服务的队伍。

国內各民族已經組成为一个团結友好的民族大家庭。”

…………

閉口不談阶級斗爭，无产阶級革命和无产阶級专政。

刘少奇还非常热心于向大資本家学习，（刘少奇的夫人王光美就是大資本家出身）在报告中，刘少奇說什么：“資方人員很多是富有管理經驗和技术知識的，他們了解消費者的具体需要，熟悉市場情况，善于精打細算。因此，我們的工作人員除开向他們进行教育以外，还必須认眞地向他們学习，把他們的有益經驗和知識当作一份社会遺产继承下来。”

現实无情地粉碎了刘少奇一派的歌舞昇平的臆想。刘少奇的报告音犹震耳，資产阶級右派就向党向社会主义发动了猖狂进攻，企图明目张胆地簒夺我們国家的領导权，顚复无产阶級专政，企图实現他們的所謂“輪流坐庄”，建立反革命专政的阴謀。应該說，章——罗联盟受到了刘少奇右傾思潮的鼓励，配合了美帝国主义、現代修正主义和各国反动派甚囂尘上的反华大合唱。

苏共二十大的許多修正主义观点，适应了刘少奇的需要，刘少奇就在这个报告中大力肯定了苏共二十大是“具有世界意义的重大政治事件。他不仅制定了規模宏伟的第六个五年計划，决定了进一步建設社会主义事业的許多重大政策、方針，批判了在党內的曾經造成严重后果的个人崇拜現象，而且提出了进一步促进和平共处和国际合作的主张，对于世界紧张局势的和緩作出了显著的貢献。”

与苏共領导一样，刘少奇认为在世界人民的死敌美帝国主义統治集团內部也有“明智派”，他說什么：“就是在美国統治集团內部，也有一些头脑比較清醒的人逐漸认識到战爭政策未必对美国有利。”

在国外修正主义思潮的进攻下，党章的灵魂和核心被修改掉了。这是一个明显的轉折点。

在“八大”党章的总綱中关于党的指导思想被修改成：“中国共产党以馬列主义为自己行动的指南”。把“毛泽东思想作为我們党一切工作的指針”給刪掉了。

从那时候起，刘少奇就几乎再也不提毛泽东思想了，不提学习毛主席著作了，不呼“毛泽东思想万岁”，甚至几乎不喊“毛主席万岁”等口号了。

与苏共領导一样，刘少奇也开始全面地、系統地走上了修正主义道路。

一九五九——一九六二年經济困难时期，帝国主义、現代修正主义、各国反动派掀起了嚣张一时的反华大合唱，一九六一年八月召开的苏共二十二大上赫魯晓夫把他們从苏共二十大开始逐步完全起来的修正主义路綫形成完整体系，进一步推行分裂国际共运和复辟資本主义的修正主义政治路綫。在美帝国主义策动下，蔣介石集团 蠢 蠢 欲动，疯狂叫嚣“反攻大陆”。

国內，企图复辟的反动阶級和其在党內的代表人物，利用我們連續几年遭受的严重的自然災害，掀起了一陣又一陣的黑浪，刮起了一股又一股的妖风，在政治、經济、文化各个領域中，有計划、有組織、有步驟地向以毛主席为首的党中央发动了全面的进攻。

在意識形态领域中“三家村”集团是这股逆流的急先鋒。他們从《海瑞罢官》破門而出到六一年七月（适值中国共产党成立四十周年）巳經咬牙切齿地“要用一根特制的棍棒”把我們党打成“休克”了。

“今日欢呼孙大圣，只緣妖雾又重来”。我們伟大領袖在当时发表的詩里一針見血地指出了当时阶級斗爭的現实。

国內这股逆流的总指揮，我国現代修正主义的祖师爷刘少奇，以为輿論业已就緒，时机並已 經成熟，于是在一九六二年初他主持的中央扩大工作会議上，即五級干部会議（中央局、省、市、地、县）上，向毛主席为首的党中央发动总攻击，为全国性的反革命复辟下了总动員令。

在这次会議上，刘少奇以总結为名，大肆攻击三面紅旗，想把三面紅旗当成历史教訓来总結，說什么我們現在来总結前几年的工作，恐怕总結不完，我們后代还要进 行 总 結（大意）云云。眞是何其毒也。

刘少奇在这次会上还別有用心地提出了所謂“甄別”問题，明目张胆地为右傾机会主义者翻案，並把矛头直接指向毛主席，提出：“反对毛主席，只是反对个人”，“和彭德怀有相同观点的，只要不里通外国的就可以翻案”，“在党的会議上讲的就不定罪”等黑标准，並說：“只要本人提出申訴，領导和其他同志认为有必要，就可以翻案”的黑指示。

在这次会議上，有些地区竟然发下攻击毛主席的亲密战友林彪同志和东北某工厂提出的今后不要搞政治运动，只要搞生产和学习运动等反动文件与会者討論。

就在这以后，全国范围內“翻案风”“单干风”陣陣刮起，地富反坏右牛鬼蛇神紛紛出籠，而一些坚决捍卫毛泽东思想、坚持原則、抵制这股黑风黑雨的革命同志則遭到 迫 害 打击。一时，天空中烏云乱滾。三家村的黑掌柜邓拓掩飾不住內心的話，赤裸裸地說：“大地很快就要解冻了”。

在这种形势下，一九六二年八月份，刘少奇的《論共产党員的修养》在紅旗杂誌上重新刋登，九月份再版了刘少奇的这本杰作。（要知道，在那时《毛泽东选集》是很难买到的）刘少奇这一步驟的目的是，第一，处心积慮地抬高自己的身价，同时配合了他們的防空洞里出来的阴风，什么“三天不学习，赶不上刘少奇”等反动謠言，千方百計地为刘少奇篡党篡政制造輿論基础。第二，制造反革命复辟的理論根据，对坚决捍卫毛泽东思想，並且和“翻案风”作坚决斗爭的革命同志軟硬兼施。一方面刘少奇拼命誣蔑这些同志是“党內的‘左’傾机会主义者”，“似乎疯瘫人”，是在无中生有地“搜索斗爭对象”。（見“論共产党的員修养”一六二年九月版）另一方面，又要这些受迫害的和打击的革命同志要有“修养”，要經得起“批評”、“打击”，受得住“委屈”、“枉寃”（七十三頁），叫他們銘記两句腐朽的封建諺語：“誰人背后无人說，那个人前不說人？”“任从风浪起，稳坐釣魚船”，而“不要介入无原則的斗爭”（五頁），即不要卷入反击右傾机会主义想翻案的斗爭。

就在这阶級斗爭极其剧烈的时候，一九六二年九月二十四日至二十七日毛主席亲自主持了八届十中全会，毛主席在这次会議上向全党和全国人民发出了“千万不要忘記阶級和阶級斗爭的伟大号召。这次具有伟大历史意义的会議高举毛泽东思想伟大紅旗，响亮地吹起了向企图”复辟的資本主义势力和封建势力进行坚决斗爭的战斗号角，並指出：“这种阶級斗爭，不可避免地要反映到党內来”。“凡是要推翻一个政权，总要先造成輿論，总要先做意識形态方面的工作。革命的阶級是这样，反革命的阶級也是这样。”

一九六三年，轟轟烈烈的城乡社会主义教育运动开始了。无产阶級向企图复辟資本主义的反动势力及其在党內的代表人物全面宣战，阶級敌人不甘心自已的失敗命运，他們千方百計地抵制和破坏四清运动，企图把这場史无前例的社会主义教育运动扼杀在搖籃里，刘少奇在反动的資产阶級立場上，充当了这些阶級敌人的大紅伞。

一九六三年五月二十日，中央頒布了《中共中央关于目前农村工作中若干問題的决定》草案，正确指出农村四清运动的方向。刘少奇怕四清运动摧毀了資本主义复辟的社会基础，就急急忙忙派出王光美到“桃园”“蹲点”，大搞“扎根串連”，“人海战术”，看上去轟轟烈烈，实际上不信任群众，不发动群众，靠工作組包办代替。看上去很“左”，实际上大整群众，形“左”实右，王光美蹲点回来，作了洋洋数万言的总結，到处吹噓，刘少奇根据这个总結制定了后十条来与毛主席的前十条对抗，妄图扭轉四清运动的方向，把四清运动納入他們所預想的——修正主义軌道。他們对抗毛主席和党中央关于城乡社会主义教育运动的方針，反对放手发动群众运动揭开阶級斗爭的盖子，保护城乡基层的那些走資本主义道路的当权派，保护地、富、反、坏右。当城乡社会主义教育运动深入发展的时候，他們迫不及待地要“剎車”，並且要大搞翻案运动，为地、富、反、坏、右撑腰，打击貧下中农和革命的积极分子，进行有組織有計划的反攻倒算。就在刘少奇及其一伙的保护下，牛鬼蛇神依旧囂张地进行复辟活动。根据无产阶級专政的历史經驗，毛主席在六三年五月九日天才地指出：“阶級斗爭、生产斗爭和科学試驗，是建設社会主义强大国家的三項伟大革命运动，是使共产党人兒除官僚主义，避兒修正主义和教条主义，永远立于不敗之地的确实保証，是使无产阶級能够和广大劳动群众联合起来，实行民主专政的可靠保証。不然的話，让地、富、反、坏、右、牛鬼蛇神一起跑了出来，而我們的干部則不聞不問，有許多人甚至敌我不分，互相勾結，被敌人腐蝕侵袭，分化瓦解，拉出去，打进来，許多工人、农民和知識分子也被敌人軟硬兼施，照此办理，那就不要很多时間，少則几年、十几年，多則几十年，就不可避兒地要出現全国性的反革命复辟，馬列主义的党就一定会变成修正主义的党，变成法西斯党，整个中国就要改变顔色了。”

直到一九六五年一月，二十三条公布以后，一些地方的領导还自搞一套，不按二十三条办事，明目张胆地对抗以毛主席为首的党中央。两条路綫的斗爭，在四清运动中同样在尖銳地进行着。

无产阶級文化大革命是城乡社会主义教育运动的继續和发展，是我国社会主义革命的一个更深入更广闊的新阶段。我們伟大的領袖亲自点燃了这場无产阶級文化大革命的熊熊烈火。以刘少奇为首的一小撮人，在革命风暴面前吓得发抖，不知所措，而当他們惊魂稍定的时候，就迫不及待地把运动推向后轉，刘少奇趁毛主席不在北京赶紧派了工作組，实行資产阶級专政，围剿革命派，压制革命派，造成了全国性的白色恐怖。眼看无产阶級文化大革命的烈火就要被扑灭，就在这关鍵时刻，我們的最最敬爱的領袖毛主席发現並解决了这个問題，工作組撤走了，广大受压制的革命师生解放了，八月八日中共中央公布了十六条，十六条是无产阶級文化大革命的綱令性文件，是以毛主席为代表的无产阶級革命路綫战胜資产阶級反动路綫的产物。十六条的公布为无产阶級文化大革命指出了正确方向。但是，正如毛主席指出的那样“凡是反动的东西，你不打他就不倒。”反动阶級总是不甘心自行退出历史舞台的。資产阶級反动路綫还在全国相当广泛的范围內改头換面地推行着。对資产阶級反动路綫，必須彻底批判。只有彻底批判它，肃清它的影响，才能貫彻执行无产阶級的十六条，才能在正确路綫指导下进行社会上的、学校的以及其它文化大部門的斗批改，才能明确斗什么，批什么，改什么，才能明确依靠誰来斗，誰来批，誰来改，才能胜利完成一斗二批三改的任务。要眞正批判資产阶級反动路綫，就必須清算刘少奇的錯誤影响。

十年来活生生的事实說明，两条路綫的斗爭始終沒有停止过。

最 高 指 示

在阶級社会中，每一个人都在一定的阶級地位中生活，各种思想无不打上阶級的烙印。

《实践論》

党內不同思想的对立和斗爭是經常发生的，这是社会的阶級矛盾和新旧事物的矛盾在党內的反映。党內如果沒有矛盾和解决矛盾的思想斗爭，党的生命也就停止了。

《矛盾論》

四、兩條路綫斗爭的歷史和社會根源

最后，有些好心腸的同志一定还会提出这样一个問題：“刘少奇已是具有这样高的声望，这样老的資格的老革命了，他在无产阶級文化大革命中犯了錯誤，但是老革命遇到新問題。說他是現代修正主义的祖师爷，是資产阶級司令部的最高司令，我总有点想不通。”

我們說：同志，你把阶級斗爭这条綱給忘了！！！

自从劳动創造了世界以来，从原始社会开始，人类經历了奴隶社会封建社会資本主义社会，有了几千年的历史。几千年来一切剝削阶級的旧思想、旧文化、旧风俗、旧习慣一直在欺騙、愚弄和毒害着广大人民群众，在人們的思想上打上了很深的阶級烙印。一九四八年，无产阶級的革命导师和先驅馬克思、恩格斯发表了划时代的光輝著作《共产党宣言》为无产阶級夺取政权开始了輿論准备。但是，无产阶級眞正掌握政权还不到半个世界，在我国則仅仅有短短的十七年时間。

在无产阶級作为統治阶級的社会主义社会中，剝削阶級的經济基础是被推翻，但其上层建筑未被我們彻底消灭。毛主席教导我們："我們承认总的历史发展中是物质的东西决定精神的东西，是社会的存在决定社会的意識；但是同时又承认而且必須承认精神的东西的反作用，社会意識对于社会存在的反作用，上层建筑对于經济基础的反作用。"一方面，由无产阶級特定地位所决定的彻底革命的世界观不断地促进历史的車輪滾滾向前，另一方面，从漫长的旧社会过来的剝削阶級的意識形态不断对社会主义社会起着与前者截然不同的作用，妄图把社会主义社会拉回到資本主义社会去。

这就是两条路綫斗爭的历史根源。

国际資本主义的包围，帝国主义武裝干涉的威脇以及和平瓦解的阴謀活动，是社会主义国家里阶級斗爭继續存在的外部根源。国內被推翻的反动阶級不甘心于死亡，千方百計地在在党內寻找他們的代理人，时刻企图复辟，这是內部的社会根源。

因为，毛主席他老人家总是諄諄告訴我們，要念念不忘阶級斗爭、念念不忘无产阶級专政。社会主义革命是人类历史上最伟大、也是最艰苦卓絕的革命。

早在民主革命时期，刘少奇就不是一个无产阶級革命家，他的世界观就沒有得到彻底的改造。一九三九年七月，刘少奇在延安馬列主义学院以《論共产党員的修养》为名作了一篇演說，这篇演讲集中而典型地反映了刘少奇不是以对立統一律規去观察分析社会及党內的矛盾，而是表面地、形而上学地去看待世界的一切。他說："在我們党內，有一部份人，是能够从事物发展、联系的状态去看待事物的；另外一部份人，却习惯于从事物的靜止的、独立的状态去看事物。前一部份人能够全面地客观地认識事物，从而得出正确的結論，作为我們行动的正确响导。后一部份人中有些人只看見或夸大事物的这一方面，另外有些人就只看見或夸大事物的那一方面，就是說，他們都不是按照客观事物的发展和联系的規律，全面地客观地去看問題，而是片面地看問題。所以他們不能得出正确的結論，不能提出指导我們行动的正确方向。"

"因为各种党員看問題的方法不同，就使他們处理問題的方法也各不相同，就引起党內許多不同意見、不同主张的分岐和爭論，就引起党內的斗爭。特别是在革命的轉变关头，在每一次革命斗爭加剧和困难增多的情況下，在剝削阶級和剝削阶級思想的影响下，这种分岐和爭論也就必然更加激烈起来。"（６２－６３頁）

这样，刘少奇就把党內斗爭仅仅归納为是"看問題的方法不同"，直接违背了主席所說的：党內不同思想的对立和斗爭是社会的阶級矛盾和新旧事物的矛盾在党內的反映。

而这篇著作是在一九六二年的特定历史时期重新发表，更成了反革命修正主义的論理基础，因为它直接否定了毛主席关于社会主义时期阶級、阶級矛盾和阶級斗爭学說，抹杀了当时的右傾机会主义者的阶級属性。帝国主义竭力想使共产党蛻化变质为修正主义政党，国內反动阶級千方百計地在我們党內寻找自己的代理人。刘少奇却否定了因此引起的党內矛盾的可能性和現实性。六二年的阶級斗爭如此尖銳复杂，刘少奇却下意識地把社会主义革命說得如此簡单，反对彻底革命的方法，而不断的清除党內的反革命修正主义分子，而代之以改良主义的方法，要大伙儿具有抽象的"应有的练鍛和修养"，使党內"意見統一"，"消除爭論"，从而保护走資本主义道路的当权派。在国际上，这种理論应合苏修的"和平共处"、"和平过度"的修正主义观点。

由于民主革命时期，革命还沒有革到刘少奇头上，所以他的問題並沒有显著地暴露出来。他当时对革命事业能起一定的积极作用，那也是因为靠了毛泽东思想，就象他在一九四五年七大时肯定的那样。

解放后，刘少奇逐步地离开了毛泽东思想。从他离开了战无不胜的毛泽东思想那一天起，他就离开了中国革命唯一正确的道路，滑到了修正主义的泥坑。

一九五六年，国际修正主义气候立竿見影地在刘少奇身上得到了反映。

列宁在《国家与革命》一书中針对考次基說过这样一段話："当伟大的革命家在世时，压迫阶級总是不断地迫害他，以最恶毒的敌意、最瘋狂的仇恨，最放肆的誹謗对待他們的学說"。

一九六二年的刘少奇已經深深地陷入了修正主义的泥坑，同当年的考次基一样，在六二年的特定历史时刻，刘少奇借口反对教条主义，大反毛泽东思想，借口反对"中国的馬克思、列宁"，放肆攻击毛主席。他以赫鲁晓夫式的口吻咒駡道："在过去某一时期內，某些教条主义的代表人，就比上述的情况更坏。这种人根本不懂得馬克思列宁主义，而只是胡謅一些馬克思列宁主义的术語，自以为是"中国的馬克思、列宁，装作馬克思、列宁的姿态在党內出現，並且不知恥的要求我們的党員象尊重馬克思、列宁那样去尊重他，拥护他为"領袖"，报答他以忠心和热情。他也可以不待人推举，竟自封为"領袖"，自己爬到負責的位子上，家长式地在党內发号施令，企图教訓我們党，責駡党內的一切，任意打击、处罰和摆布我們党員。这种人不是眞心学习馬克思列宁主义，不是眞心为共产主义的实現而斗爭，而是党內的投机分子，共产主义运动中的蠧賊！（《論共产党員的修养》12頁）

但是，历史是无情的，"小小环球，有几个蒼蝇碰壁。嗡嗡叫，几声淒厉，几声抽泣"。一切反对毛泽东思想的人将被无产阶級革命的鉄拳打得头破血流！

我們最最敬爱的伟大領袖毛主席——当代的列宁，在过去主宰了中国革命的沉浮，現在和将来也将永远主宰世界革命的沉浮。

"四海翻騰云水怒，五州震蕩风雷激。要扫除一切害人虫，全无敌"。毛主席永远是世界革命人民心中最紅最紅的紅太阳。

爲什么要打倒劉少奇？

1、从一九六四年以来，刘少奇一直拼命反对毛主席，反对毛泽东思想，搞黑司令部和毛主席的无产阶級司令部唱对台戏，是反对毛泽东思想的罪魁。

2、在解放战争时期，害怕革命害怕胜利，被一派大好革命形势所吓倒，企图拉住革命战爭的車輪。

3、刘少奇慫恿彭眞、薄一波“假自首出獄”，叛变革命。

4、中华人民共和国成立以后，刘少奇把解放后的社会主义革命阶段歪曲成新民主主义时期。

5、刘少奇是城市資本主义势力的代言人，恶毒攻击社会主义經济沒有資本主义經济优越性大，积极推行所謂的社会主义的灵活性，多样性，竭力发展資本主义，为失掉生产資料的資产阶級效劳，妄想恢复已失去的資本主义陣地。

6、刘少奇是农村資产阶級的代言人，抵制实現农村集体化，积极主张整个过渡时期保存富农經济，发展农村資本主义。

7、刘少奇抹杀阶級和阶級斗爭，竭力宣揚阶級斗爭熄灭論，胡說什么在所有制改造基本完成以后，“我国社会主义和資本主义誰胜誰負的問題現在已經基本解决了。”“敌人已經基本消灭了，地主阶級早已經被消灭了，資产阶級也基本上被消灭了”、“敌我矛盾已經被基本解决了”。

8、刘少奇鼓吹“三自一包”、“三和一少”，慫恿“单干风”、“翻案风”，放任牛鬼蛇神在全国进行資本主义复辟的反革命活动。

9、刘少奇在一九六二年抛出右倾机会主义綱領掀起了一股反党反社会主义的逆流。歪曲党內思想斗爭的原則，提出什么自由思想，自由討論，“三不主义”，就是不讲思想斗爭，为資产阶級大开綠灯。大肆攻击三面紅旗，夸大我們工作中的缺点和錯誤，“三分天災，七分人禍”。攻击五九年反右傾机会主义斗爭“过火”了。根本是錯誤的，誣蔑党內生活是“残苦斗爭，无情打击”，为右傾机会主义翻案。

10、刘少奇反对毛泽东思想，貶低，抵制，反对大学大用，活学活用毛主席著作。和毛主席分庭抗礼。

11、刘少奇根本不承认毛主席天才地、創造性地继承、捍卫和发展了馬列主义，把馬列主义提高到一个新的阶段。他认为世界各地的革命問題都由馬、恩、列、斯解决了的。毛主席是把馬列主义的普遍原理在中国具体应用，沒有什么新发展，把毛泽东思想排除在馬列主义眞理之外。

12、刘少奇反对学习毛主席著作，积极鼓吹学习苏修，貶低毛主席，把自己摆在同毛主席同等地位，而提出“作馬克思、列宁的好学生”来同林彪 同 志 提出的“做毛主席的好学生”相对立。

13、刘少奇反对毛主席关于反修、防修的重大决策。

14、刘少奇在社会主义教育运动中，推行修正主义的路綫，大肆販卖反毛泽东思想的王光美“桃园經驗”，制訂“后十条”对抗毛主席制訂的《前十条》，搞形“左”实右的路綫。

15、刘少奇把农村形势說的漆黑一团，抹杀了我党十五年內領导全国人民进行无产阶級革命和无产阶級专政的伟大成績，把社会主义国家描繪成敌人統治下的国家。

16、刘少奇不是放手发动群众，相信自己解放自己，而是依靠少数人搞神秘化的工作組路綫，抛开原来所有干部，抛开原来一切积极分子，从头做起，使运动在較长时間內搞得冷冷清清。錯誤估計干部队伍情况，扩大打击面，不是重点整党內走資本主义道路的当权派。刘少奇在无产阶級文化大革命中，充当了資产阶級反动路綫的总头目，和邓小平一起，“站在反动的資产阶級立場上，执行資产阶級专政，把无产阶級轟轟烈烈的文化大革命运动打下去，顚倒是非，混淆黑白，围剿压制革命派，实行白色恐怖。”

17、刘少奇同邓小平不顾毛主席的反对，在全国范围內派出大量鎮压革命群众的工作队，挑起严重的群众斗群众，学生斗学生，轉移斗爭目标，包庇右派出現了普遍的严重的流血事件。刘少奇是全国各地鎮压革命，扼杀革命群众的劊子手的后台。

18、在刘少奇插手的，王光美作为工作队顾問的清华园，玩弄了种种卑鄙的手段，扼杀了革命的造反精神，在工作組被迫撤走以后，还背后利用女儿刘涛，篡夺文革主任委員，操纵清华大学紅卫兵，演出了“八、七”“八、二四”等等种种丑剧。继續鎮压革命，犯下了不可饒恕的罪行。

19、八届十一中全会以后，刘少奇的資产阶級反动路綫还阴魂不散，垂死掙扎，十二月又掀起了反林彪付統帅反中央文革的反革命大反扑。

高擧毛澤東思想偉大紅旗徹底粉碎
劉少奇、鄧小平、陳云三架馬車的修正主義集團
把无產階級文化大革命進行到底！

前　　言

党的八届十一中全会宣告了以毛主席为代表的无产阶級革命路綫胜利，宣告了資产阶級反动路綫的破产。現在全国各地都进行对資产阶級反动路綫的批判，一个无产阶級文化大革命的新高潮就要到来。

語俗說：“冰冻三尺非一日之寒”

資产阶級反动路綫究竟从何而来呢？它有那些主要內容？它是通过怎样的組織路綫和組織系統来执行的呢？它有那些代表作品？它的代表人物是誰？它是怎么样的貨色？怎样彻底肃清它的恶劣影响，摧毁它的社会基础，这就是本文要討論的問題。

在正式編出本文前，曾写了簡明提綱。本文所叙內容皆为提綱所列。因材料比較庞大，千头万緒，本文章篇幅有限，只能提供一些綫索，抛砖引玉，供革命的同志共同討論，互相学习，一起战斗。

一、反黨集團的歷史社會根源

1、中国的买办資产阶級

中国的买办的开山老祖是大汉奸曾国藩，继承他的衣鉢的是卖国賊李紅章，李又卵育了窃国大盗袁世凱，袁世凱之后蔣、宋、孔、陈四大家族的巨头官僚資本的統治代替了封建官僚軍閥的統治，就这样从曾国藩到蔣介石反动卖国的衣鉢相传，屠杀人民的烟火不断。

买办阶級是內外敌人的集中代表，是中国人民的死敌。民主革命胜利后，它並沒有死亡，並沒有灭种，他的阴魂不散在空中游蕩，它的代表人物钻进了革命队伍，搞空心战，它的妄图死灰复燃。

2、买办对革命队伍的滲透

①大阴謀大野心家刘少奇的妻子王光美，是一个官僚資本家兼国民党反动軍棍的孝子賢孙。她得宠于刘，打进共产党，上跟下窜，不遺余力的为复辟資本主义孝劳，她对死去的父亲思考两全为人修碑紀念，規模之大于党的創始人之一李大釗同志之墓。刘少奇阶級本性未变，同王光美狠狽为奸，为非作歹，連买办資本的老板娘王光美之母也加官委用，让其在北海幼儿园专期管教高干子女，培养价值連城的精神貴族。王光美探宫伴架，其兄弟，老母經常出入左右为刘出謀划策，刘少奇是什么阶級的代表还不够清楚嗎？

②反党集团的先人高崗、彭德怀之流及其僚佐多系在北洋直系等軍伐中任职軍人政客，大革命前后混入我党，长期以来人在曹营心在汉，同国民党头目于右任，何应欽，白崇禧，閻錫山，陈城之流心心相印。在解放战爭时期，甚至通过以前的組織关系把大批的国民党高級将領可引入革命队伍。

③中共中央委員楊秀峰，原国民党一大学教授，后来弃笔投戒，任国民党华北主任公署要职，七七事变后宋哲元弃城南逃，楊未走后被北方局刘少奇、彭眞等拉入党內，无比宠用，青云直上，历任要职。

④钻进党內的資产阶級代表人物刘少奇，楊秀峰之流利用职权对国民党战犯开恩特赦，唯恐天下不乱，司馬迁之心，路人皆見。

3、中国知識分子的发展：

中国的知識分子，主要是高級知識分子，老一些的在旧中国大多数是为买办服务的其世界观是資产阶級的，其有些人虽在不同时期入党，但思想还未眞正入党，他們所热爱的还是資本主义的那一套。

4、中国資本主义势力和封建势力在解放后的复辟活动。

解后十七年来被推翻的反动阶級总是不甘心失敗，妄想恢复已失去的“天堂”。他們以各种形势破坏社会主义的所有制，宣传剝削阶級的思想，对革命部队腐蝕侵袭，分化瓦解，他們作为一种同无产阶級对抗的政治力量而存在着。

二、反黨集團的組織根源

1、从托洛茨基到刘少奇：

第三国际时代的修正主义头子是臭名昭著的托洛茨基，托落茨基匪帮在各国党內收罗自己的門徒，中国共产党內的陈独秀、张聞天、张国涛、张文华、屈武等人及国民党中的蔣介石都是托落茨基的忠实信徒，在托洛茨基徒子徒孙的作用下，中国共产党的一些組織深受毒害，前北方局就在其例。

王明在任华中局书記时在七七事变时期后完全执行了一套修正主义貨色，如林彪同志所說：“他梳粧打扮差上門去，指望封上一官半职”。刘少奇代替王明，从組織上和思想上偷偷摸摸的继承了王明的衣鉢。到一九六二年刘才“隋憤傾泄”透露了一些天机，这点，后文将专門論述。

2、从鉄托、赫魯晓夫到刘少奇、陈云、邓小平、张聞天、李維汉、彭德怀等：

第二次世界大战后，修正主义首先从南斯拉夫产生，刘少奇、陈云的亲信任××长駐貝尔格萊德，給刘带回了不少經典。在中共八大上，南共代表团长塞孙諾夫斯基在听完刘少奇的政治报告后兴奋的說：中国共产党及后一些更大成就将使我們感到鼓舞。这当然不是偶然的。

赫魯晓夫修正主义集团篡党、篡軍、篡政的政治生活一开始就同刘少奇、高崗、张聞天、邓小平、彭德怀結下了不解之緣。一九五六年二月赫魯晓夫在苏共二十大上提出所謂反对个人迷信，个人崇拜、大反斯大林，一切国家和平共处和平竞賽。这年秋天，刘少奇、邓小平就在中共八大上重弹赫魯晓夫的烂調，在中国照葫芦画瓢。刘少奇、邓小平的这些动作赢得了米高楊的不住喝采。

一九六〇年，正是赫魯晓夫修正主义在世界上泛滥的时候，刘少奇之流一步亦趋的踏着赫魯晓夫的脚印走路，钟情一片，尊敬赫魯晓夫修正主义集团为“良师益友”。

一九六二年在刘少奇、邓小平在陈云之流的鼓动和策动下，习仲勳、李維汉抛出了“三和一少”、“三自一包”的主张。

可見从鉄托、赫魯晓夫到刘少奇、邓小平全是一伙兄弟，一脉相承，互相学习，都是向馬列主义、毛泽东思想进攻的一世“英雄好汉”。

3、苏共和北方局，刘少奇：

苏共修正主义的禍根早已移植于前北方局隐隐約約的滋长，北方局的要人刘少奇、彭眞、高崗、李維汉、殿阳欽、林枫、薄一波、蔣南翔、烏兰夫原是一綫人物，到如今刘少奇的老伙伴高崗已消声匿跡。刘少奇、彭眞之流自然心中有数，知其奥妙。从邓小平主办西安中山軍事学校到七七事变刘、彭由北平进駐太原，原是一段光彩张离的史跡。

三 反黨集團的思想根源

1、王明—刘少奇：

七七事变以后，中央华中局书記王明提出了一条修正主义投降主义路綫，反对毛主席的革命路綫，他主张："一切通过統一战綫"。"一切通过統一战綫"实际上就是一切經过和服从蔣介石。他反对放手发动群众。他不要党領导人民武裝，要把人民的一切送給蔣介石，他不要党的領导，主张 国 共 两党青年結成联盟，以实現蔣介石溶化共产党的企图，接替王明职务的刘少奇，完全继承了这一套。在党的八大上，刘少奇把王明的这一套結合赫魯晓夫的腔調发展成"和平竞賽"、"和平共处"、"友好合作"、"緩和国际紧张局势"和阶級熄灭論。这就难怪刘少奇在六二年新出版的《論共产党員的修养》中把王明的修正主义叛紭政策說成是在政治形势发生重大变化的时候，不能坚定地站在无产阶級立場上辯別革命事业的发展的正确道路的显著証例"了。

2、赫魯晓夫、苏斯洛夫、未丁—刘少奇：

刘少奇在他的《論共产党員的修养》（一九四九年修改本）有这样一段話："苏联有位哲学家名叫未丁的有下面一段話："說的很对，对馬克思主义……理解上的区别，本身是有他的阶級原因的……举世皆知，未丁是赫魯晓夫集团的理論权威，是馬列主义的大叛徒，是仅次于苏斯洛夫的苏修喉舌。刘少奇虽然偷偷的涂掉了自己引經据典的未丁的話，却永远无法涂掉他自己师事于赫魯晓夫、苏斯洛夫、未丁的思想理論的历史事实。

3、孔子、孟子、朱熹刘少奇。

在刘少奇修改前的《論共产党員的修养》中有孔子一句很露骨的話："已久不欲，勿施于人"。这是一句极端反动的处世哲学格言，与赫魯晓夫所宣传的人道主义同詞异曲，这句話在刘的名著中一直保存到一九六二年才偷偷換掉，但是万变不离其宗，修改后的《論共产党員的修养》仍然貫穿着一条禁欲主义的黑綫。它实踐上是"孔孟孺家"修身格物、致知、誠意、正心、齐穴、处世、平天下。"

四 反黨集團的社會基礎

1、資本主义势力、封建势力在所有制改革中，改革后的政治反扑。

一九五二年，資产阶級为了自己发財，千方百計的盜窃国家財产，无产阶級在党的領导下，在广大群众中揭露了資产阶級的丑恶面目，以声势浩大的三反五反打退了 資 产 阶級的进攻。

一九五七年春天，資产阶級右派分子从政治上向社会主 义 猖 狂进攻，提出了"政治計院""輪流坐庄"等反革命主张，企图顚复无产阶級专政。

在党中央和毛主席領导下，我国人民开展了激烈的反右斗争，粉碎了一小撮右派分子的卑鄙阴謀。

五九年后，資产阶級、地富反坏趁我国暂时困难的机会大肆投机倒把，专途贩运，並取暴利、反攻倒算、阴謀变天，他們进一步用"和平演变"的方式腐蝕干部，在党內寻找代理人。在思想文化战綫上，搞封建主义，資本主义大泛滥，对社会主义进行了极度的猖狂的进攻，所以有些不可避免的反映到党內，产生修正主义。这种修正主义的特点，就是在否认阶級和阶級斗爭的名义下，站在資产阶級方面向无产阶級进攻把无产阶級专政变为資产阶級专政。

《見关于赫魯晓夫的假共产主义及其在历史上的教訓事項》

２、在集体所有制还沒有提高到全民所有制的时候，在私有經济的残余还沒有消灭的时候，农民还不可避免的保留着原来的小生产者的某些固有的特点。在这种情况下，不可避免的存在着資本主义自发傾向，存在着产生新富农的土壤，还会发生农民的两极分化。(同上)

３、旧社会遺留下来的知識分子有些人不但資产阶級的世界观沒有得到改造，而且养尊处优，高踞一般老百姓之上，是不折不扣的精神貴族，散发着腐蝕人心的臭味。

五　反黨集團的发展史

１、前北方局、长江局的修正主义黑綫

前北方局有托洛茨基的得意門生张××，王××，有遺臭万年的高崗、李維汉等黑綫人物。前长江局（华中局）受过王明修正主义的統治。接替刘少奇在新四軍政委的饒漱石，与高崗齐名，他們都有一批原班人馬，遺下了一条影影綽綽的黑綫。

２、前北方局、华中局的地下工作系統。

前北方局皖南事变前书記是刘少奇、其后的負責人是彭眞。

陕甘宁一带是高崗、习中勳、张德生、伊之、楊尙坤、閻紅彥、王林、譚政。晉綏一带是张××、林枫、烏兰夫、楊植林、李雪峰、　　　晉察冀一带有彭眞、刘仁、刘瀾涛、胡錫奎、楊秀峰、林鉄、蔣南翔、黃敬、李昌等。东北有欧阳欽、李运昌等。晉冀魯豫有邓小平、薄一波等。

华中局皖南事变后刘少奇任书記，主要干部有邓子恢、黃克誠、周小舟、李先念、陈少敏、饒漱石、舒同、张××等。

３、七大以后的人事变动。

七大以后刘少奇任中央政治局委員，书記处书記，彭眞調到中央。四六年九月，毛主席、周恩来同志曾到重庆談判时，刘代主席职与陈云、彭眞負責中央工作。此时曾派彭眞、伍修权、叶季壮到东北去。林彪同志四八年率領入关后，調高崗任东北局书記，西北局书記为习仲勳、华东局书記为饒漱石，中南局书記为邓子恢，西南局书記为邓小平、刘瀾涛在华北局負責工作，这正是解放后的佈局。

４、刘少奇、王光美：

王光美，这个資本家的孝子賢孙自从四五年得宠于刘少奇，进入中共中央机关以后一直对刘的决策起参謀或左右的作用。

５解放西北、海南島战役中的机会主义：

解放大西北的战役是四九年开始的，在华北十八、十九兵团的配合下，兰州一战西北全部和平解放，此后西北軍进駐各地。在这一过程中，彭德怀、习仲勳之流通过叛党投敌的手段收納西北軍設长官公署以下部分軍、政、党、警、宪人員数十万，遣散的遣散，整編的整編，枪枝弹葯滥肆流动，反动的官僚机器从人事和制度未根本摧毁。該杀的只杀百分之二十五，流匪纵而不剿，許多軍閥头目、中統特务，反动政客，反动头人被拉进革命队伍，或塞进党內共同主政，或安以重任把守要口。更可恶的是刘少奇領导的土改在西北的买行所画地富成分只占人口百分之二、三，大多数都給保存起来。

彭德怀在指揮解放海南島时不顾我方人力物力重大損失，拼消耗实为我軍官兵痛絕，至今到雷州半島一带訪問目睹者，追述昔日痛況，令人不胜憤慨。

6、抗美援朝中的机会主义：

在抗美援朝战爭中屡犯机会主义錯誤的彭德怀、談国帆之流抗拒毛主席的指示，好大喜功，冒然南进，致使敌良川登陆，去我軍后，給我軍造成极大的損失。

7、高、饒反党集团：

一九五三年，在国內阶級关系紧急变动的时候，刘少奇的伙伴高崗、饒漱石这些資产阶級野心家，再也奈不住性子，他們迫不及待地跳出来向毛主席进攻，阴謀夺取党和国家最高权力。实現反革命复辟，在全党的打击下，他的阴謀很快破产了。

8、合作化中的机会主义：

在合作化的运动中，有些地方的党組織的負責人采取了大胆收縮，大砍已經立起合作社的机会主义办法，严重地破坏了社会主义事业的发展这是修正主义的一个苗头。

9、苏共二十大的执行者：

一九五六年初，赫魯晓夫主持"苏共二十大是苏联領导走向修正主义道路的里程碑。在这次会議上赫魯晓夫提出了反对'个人迷信''个人崇拜'大反斯大林，提出了'和平竞賽''和平过渡'搞阶級投降放弃革命，这是一股极端反动的反馬克思列宁主义的道路。

也就这一年的五月，在中共八大上刘少奇、陈云、邓小平之流完全原原本本的忠实的执行了政治报告中說："外国帝国主义的工具——官僚买办資产阶級在中国大陆上消灭了。"

"封建地主阶級，除个别地区外，也已經消灭了。富农阶級也正在消灭中，原来剝削农民的地主和富农，也被改造为自食其力的新人。"

"民族資产阶級分子正处在由剝削者变为劳动者的过程。"

"广大的农民和其他个体劳动者，已經变为社会主义的集体劳动者。"

工人阶級已經成为国家的領导阶級，它的队伍扩大了，它的觉悟程度和文化技术水平大大提高了。

"知識界已經改变了原来的面貌，組成了一支社会主义服务队伍。"这些論調是同毛主席七届二中全会后关于社会主义时期和阶級斗爭学說針鋒相对，分庭抗礼的，是赫魯晓夫修正主义在中国的翻版。

刘少奇說："我們主张一切国家間的和平共处和友好合作。我們相信社会主义制度的优越性，不怕同資本主义国家进行和平竞賽。赫魯晓夫的徒子徒孙不过是照葫芦画瓢而已。

反对“个人迷信”“个人崇拜”在刘少奇，邓小平的报告中佔着一个极为重要的地位。

刘少奇肯定赫鲁晓夫的“功勳”，邓小平馬上大肆发揚。

邓小平說：“驕傲”“专横”“鲁莽、自作聪明”“不同群众商量，把自己的意見强加于人，为了自己威信而坚持錯誤，是同党的群众路綫不相容的。”

苏联共产党第二十次代表大会的一个重要成績，就是告訴我們把个人神化会造成多么严重的恶果。

他煞有介事的說：“正因为这样，我們党也厌弃对个人的神化。”对刘少奇、邓小平对赫鲁晓夫修正主义的这个和中国实践相結合的典范，本文将在下一章后面批判。

10、反右斗爭中，刘少奇、邓小平、陈云对大右派陆定一、周楊、邓拓的庇护：

前中共中央宣传部长陆定一、副部长周楊，《人民日报》主編邓拓是貨眞价实的大右派，六五年牛鬼蛇神大肆出籠之际，趁机推波逐瀾，兴妖作怪，心存侥倖到处点火，大量事实現巳揭露可是中央付主席刘少奇、陈云，总书記邓小平对这些知情人物却当掌上珍珠，爱不释手，严严的压在衣襟下。

11、彭、黄、张、周反党小組和刘少奇：

一九五八年党內一伙修正主义分子彭德怀、黄克誠、张聞天、王稼祥、周小舟到处收集大跃进的材料，攻击三面紅旗、五九年卢山会議上，他們在苏修的支持下拋出了一个彻头彻尾的修正主义刚領，攻击大跃进是“大跃退”“劳命伤財”、“得不尝失”“至多也是得失相当”。攻击人民公社“搞糟了”“搞早了”。要按赫鲁晓夫的脚印走路，妄想代替党的总路綫。

可是对于这等問題，刘少奇却在一次讲話中說：“卢山会議上、彭德怀給毛主席写了一封信，看起来沒有什么問題，問題就在于彭德怀参加了高崗反党集团、高、彭反党联盟，食堂化，别人可以批評，他就不能批評。”可見刘少奇之流是彭、黄、张、周反党小組的后台老板。

12、六〇年布加勒斯特兄弟党会談和莫斯科会議：

六〇年六月在布勒斯特兄弟党的会談中，赫鲁晓夫发动了一次对中国共产党的突然袭击，作为刘少奇的第一流亲信、中共代表团团长的彭眞却突然反应迟頓，应战被动，岂非咄咄怪事。

六〇年九月、刘少奇、邓小平、彭眞率代表团抵莫斯科开会，由刘少奇亲笔在声明中签了字。会后，赫鲁晓夫摟着刘少奇、邓小平的肩膀照了象，会后刘少奇留苏訪問了很长时間，离开莫斯科时他說：“苏联永远是我們的良师益友。”勃列日涅夫陪同刘少奇到伊尔庫斯克。

13、六二年的“三自一包”“三合一少”

六二年由反党集团的急先鋒，习仲勳、李維汉、譚政提出了，多留自留地、多搞自由市場、多搞自負盈亏、包产到戶”，“对美帝、苏修、各国反动派要和，对世界革命支援要少等反动主张，刘少奇、陈云、彭眞、邓小平为之拍手叫好，說什么“不管黑猫，黄猫抓住老鼠算好猫，”“还是包了好”等等，並制定了“包工、包产，包成色、超产奖励”的中庸政策为之护架。

14、修正主义思潮，資本主义势力，封建势力对社会主义的猖狂进攻。一九六〇年到六二年国內外反动势力向社会主义进攻达到了最高峰，随着国际上赫鲁晓夫修正主义的泛滥，美帝苏修各国反动派反华合唱的日囂尘上，党內修正主义反党集团的表面化，国內資本主义势力封建势力同党內的代理人內外夹攻，掀起了一陣陣的黑风恶浪，国家企业和干部队伍中出現了一批新式資产阶級分子即脫化变质分子、貪污盜窃分子，他們同老的資产阶級分子勾結起来狼狽为奸，为非作歹，吸取劳动人民的血汗、破坏社会主义的全民所有制。

不少地方的地主分子对貧下中农反攻倒算，記变天帐，杀人放火的現象多处发生。

封建的宗教活动在一些地方陆續发生。反革命暴乱集团的活动加剧了。許多地方分田分地大刮单干风。鬼戏坏电影坏文章到处泛滥。牛鬼蛇神紛紛出籠。

在刘少奇、陈云、邓小平集团支持下的《四家店》《三家村》之类在中共中央机关报《人民日报》副刊，中共北京市委机关报《北京日报》《前綫》陕西省委机关报《陕西日报》《思想战綫》等刊物上开辟专拦抛出了《海瑞罢官》《三家村札記》《燕山夜話》《分阴集》《泰山岭》《涛海瓢》《瓦砾集》《思想漫談》《王若飞同志在獄中》《王若飞同志出獄前后》《刘志丹和謝子长》等大批毒草极端恶毒地攻击毛主席，来心病狂地摧毁社会主义制度，不遺余力的歌頌刘少奇、北方局、高崗等，这时期哲学、文艺、教育、史学、經济学各界都是一片烏烟瘴气，大有黑云压城，城欲摧之势。

15、反革命的政变信号：

也就在这一陣陣妖风恶浪中，刘少奇破門而出，在“紅旗”上抛出了特加修改的《論共产党員的修养》

論共产党員的修养公然为叛徒王明案张目，大反个人迷信，高唱“誰人背后无人說，那个人前不說人，任凭风浪起，稳坐釣魚船”的号子，为反党集团的翼习鼓风打气，这是一个反对毛主席，反对毛泽东思想反对社会主义的动員令。

紧接着中共中央西北局刘少奇、邓小平、陈云的亲信刘兰涛、张德生、赵伯本之流馬上領会主子旨意，編演了《卧虎鎭》的大幅現代剧，吹捧刘少奇、李先念、陈少敏习仲勳等人如何反对左傾冒险主义、教条主义、扭轉了“革命事业”的危局，一片杀气騰騰，这是反革命政变的信号。

16、反党集团篡党篡軍篡政的高峰

在刘少奇、邓小平、陈云的支持下，陈庚同志逝世后，罗瑞卿任解放軍总参謀长之职，十中全会上一举把罗瑞卿、陆定一，楊尙昆塞进中央书記处彭眞跃升为人大常委第一付委員长，中央西北局、西南局、华北局、东北局，国防委員会，国务院所屬各部，都安插了刘少奇、邓小平的大批亲信，楊秀峰代替謝觉哉最高法院院长。

17、社教工作中的形“左”实右

一九六三年五月十日毛主席亲自主持制定了《中共中央关于目前农村工作中若干問題的

决定（草案）》掀起了轟轟烈烈的社教运动。刘少奇、邓小平、陈云、彭眞之流看在眼里想在心里十分不自在于是就在这年的二月十日趁毛主席离京的机会把持中央通过了刘少奇一手泡制的《中共中央关于当前农村社会主义教育运动中若干具体政策的規定》即所謂“后十条”和毛主席的前十条唱对台戏包庇党內走資本主义道路的当权派，企图把运动引入岐途直到六四年元月毛主席主持制定的二十三条出来后才制止了这个修正主义綱領对社教的破坏。

18、包庇“三家村”“四家店”

姚文远同志的評編历史剧《海瑞罢官》发表后，彭眞逐蛮横地质問上海市委：“为什么要表姚文元的文章？姚文元的文章是在什么背景下发表的？你們究竟有沒有党性，为什么不告訴我們”彭眞亲身对吳晗打气說：“是你的問題你就检查不是你的問題你就不检查。”彭眞亲自为《北京日报》写編者按，胡說什么“在眞理面前人人平等”等。

此时刘少奇、邓小平、陈云竟任命彭眞为中央文革組长，組織了康生同志，陆定一楊尙昆、吳冷西为文革小組，排挤打击康生同志，有計划有組織的保护《三家村》过关。

五月二十五日聶元梓等七位同志大字报出来后，他們要想把它打成反革命大字报稳保彭眞、陆定一、刘仁这些閻王的統治。

19、鎭压无产阶級文化大革命

六月一日中央人民广播电台奉毛主席的命令广播了聶元梓的大字报无产阶級文化大革命的烈火从北京燃遍全国，《四家店》彻底垮台，刘少奇、邓小平、陈云、薄一波，之流惊慌失措，一下子乱了陣脚就象热鍋上的螞蚁一样，当他們略一定神就馬上歇斯底里大发作，权在手，令在口，一連几道圣旨，急如心火遣兵調将，欽差大臣亲临要鎭工作組全付披挂，四处搞棒子，套框框念紧箍咒顚到事非混淆黑白，围剿革命左派实行白色恐怖，五十二天內全国上下群众斗群众、学生斗学生，工农斗学生的事件不断发生，兰州西安，銀川諸地流血事件触目惊心，无产阶級文化大革命有被扼杀的危险。

2）、继續頑抗

七月底我們伟大的領袖回到北京！

七月二十九日北京召开文化积极分子大会宣布撤銷工作組但是在这次会議上刘少奇的讲話却仍然放了一大通毒气。刘少奇說：“你們問我文化大革命怎样搞，我也不知道，中央其他工作人員也不知道。”这里在影射誰呢？刘少奇还說：“自己沒有错，沒人說错了，自己也莫其妙。”这不是明明在攻击毛主席的批評嗎？刘少奇說：“在前进的道路上随时什么情况都可能发生”。

这是一发反革命政变的綠色信号，这与他們所以张目的反动口号“保护党中央，反对毛主席”配合起来是一个神密的暗示。

在八月一日开始的十一中全会上，以毛主席为首的革命左派对刘少奇、邓小平、陈云的資产阶級反动路綫进行了系統的批判經过历时八天的激烈斗爭，全会通过了毛主席亲自主持制定的十六条，毛主席的革命路綫同群众見面了。

十二日大会閉幕公布了全会公报宣告了毛主席（林彪同志）为代表的革命路綫的胜利，

宣告了以刘少奇为首的資产阶級反动路綫的破产。

因为刘少奇的資产阶級反动路綫有邓小平的組織路綫貫彻，有陈云的經济政策协助，因此流毒极广，影响极为恶劣，这就需要逐条清算。

（注）①“三合一少”指对帝国主义，現代修正主义各国反动派要合，对世界革命支援要少。

②“三自一包”指多搞自留地，多搞自由市塲，多搞自負盈亏，包产到戶。

③“三包一奖”指包工包产包成本，超产奖励。

附說明：本文所引刘少奇，邓小平，陈云，彭眞、彭德怀等人的言論多系几大文献及报刋杂志所載，其他是蔣南翔报告所透露。

六　反黨集團的政治路綫

1、所謂反对“个人迷信”“个人崇拜。”

赫魯晓夫在苏共二十大借口反对“个人迷信”及“个人祟拜”，大反斯大林。刘少奇、邓小平、就在中国共产党內依样画胡芦。

赫魯晓夫二十二大又一次大反斯大林，搬尸、焚尸挺胸拍案，声嘶力竭。

刘少奇就在六二年重新发表《論共产党員的修养》說：“在过去某一个时期內，某些教条主义的代表。就上述的情况更坏。这种人根本不懂得“馬克思列宁主义，而只是胡謅一些馬克思列宁主义的术語，自以为是中国的馬克思列宁”裝作馬克思列宁的姿态在党內出現，並且毫不知耻的要求我們的党員象尊重馬克思列宁那样去尊重他。拥护他为领袖，报答他的忠心和热情。

他可以不得别人推举經自封为領袖，自己爬到負責的位置上，家长式的 在 党 內发号施令，企图教育我們党責駡党內的一切，任意打击，处罸和摆布我們的党員，这种人不是眞心学习馬克思列宁主义，不是眞心为共产主义的实現而斗爭，而是党內的投机分子共产主义运动中的蠹贼。这种人在党內終究要被党員群众所反对揭穿和抛弃，是无疑問的。

我們的党員也果然抛弃了他們。然而我們是否能够自信的說，在我們党內就从此不会再有这种人了呢？我們还不能这样說。”

这是一个卑鄙的政治阴謀。如果說赫魯晓夫在斯大林逝世后对无产阶级伟大的领袖和导师斯大林口誅笔伐借口反对“个人迷信”把他踩到脚下，那么，刘少奇就更是出于兰而胜于兰了。

其实早在一九五六年，刘少奇和邓小平就在修改党章时規定可設中央名誉主席一名。

这是一个宫庭改变的大阴謀。隐藏在毛主席身边的这些大阴謀家大野心家就是这样的在磨刀霍霍。

2、所謂“和平竞賽”“和平共处”一切国家“友好合作。”

提出这些口号，向美帝国主义暗送秋波，进而奉璧投降，这是刘少奇、邓小平、陈云之流走資本主义道路的必然罗輯。假共产主义，沒有阶級的社会主义。

按照刘少奇、陈云、邓小平之流的說法我国已成为一个沒有剝削阶級的国家，約在三五年的时間，人民公社的集体所有制就发展成为全民所有制，“全民教育普及並且提高了”“国家只能是为了对付外来敌人的侵略，对內已經不起作用了”“将进入共产主义时代”。

这种共产主义已被近几年来的历史事实証明完全破产了，已被毛主席的理論全部揭穿。刘少奇之流的作为只不过是夜过坟地吹口哨，給自己壮壮胆而已。

3、資产阶級的軍事路綫。

反动集团为了把軍队变成实現自己阴謀的工具，硬是要反对毛主席的建軍路綫，模仿苏修的那一套。什么軍銜制体，什么歪帽呀，烏七八糟，象妖怪一那。反党集团提出“平时练武”，“战时作战”，“正規化”的軍事方針是一种脫离党的領导和人民群众监督的方針是一种脫离无产阶級政治的方針，是一种反人民的方針，是很反动的，是很危险的，依了他們非亡党亡国不可。同他們斗爭，打倒他，使我們的无产阶級专政巩固。

4、对抗毛主席的教育方針，搞資产阶級教育。

毛主席的“教育为无产阶級政治服务，教育与生产 劳 动 相結合”的方針，早就提出来了，可是长期以来，刘少奇、邓小平、陈云、彭眞、陆定一、楊秀峰、蔣南翔、何伟之流阳奉阴違，根本不执行毛主席的指示，他們搞的是苏修的教育为主，文人治校，脫离人民，培养修正主义苗子，放肆的毒害青少年。

甚至在毛主席的七、三指示下达后刘少奇不但不全部公布貫徹执行，还处心积虑的在各省筹划第二教育厅，搞地下教育系統。同毛主席唱对台戏。

5、修正主义的文艺路綫。

刘少奇在八大的政治报告中說：“为了繁荣我国的科学和艺术使它們为社会主义建設服务，党中央提出了“百花齐放，百家爭鳴”的方針，科学的眞理是愈辯愈明的。艺术上的风格必須是兼客並色的。党对学术性质和艺术性质的問題，不应当依靠行政命令来实現自己的領导，而是要提倡自由討論和自由竞賽来推动科学和艺术的发展，”在刘少奇这把大紅伞的招搖下，陆定一、周阳糾集一伙反动文人卖力的宣揚他們的所謂三十年代的传統。“写眞实論”，“火葯味論”，“时代精神滙合論”，“写現实主义闊論”，“現实主义深化論”，等“中間人物”等等修正主义的謬論，爭先竞后不敗而走，整个文艺被弄得烏烟障气，一片阴森。

6、刘少奇、陈云、薄一波、孙冶芳的物质刺激論。

刘少奇在八大政治报告中說：“在发展生产的基础上逐步改善職工的生活，对于提高广大职工的积极性，具有重大的作用。”

在刘少奇的开导下，主管經济的陈云、薄一波，用孙冶芳为大謀士，提出一套套修正主义謬論。他們反对毛泽东思想挂帅，主张物质刺激，利潤挂帅，企图改变社会主义的生产关系，把社会主义的企业变成資本主义的企业。

7、刘少奇之流的所謂“国际統一战綫”。

由反党集团的急先鋒提出的“三合一少”政策，实际被刘少奇之流貫徹了，为了实現个人野心，刘少奇不惜违反宪法，在人民日报上把自己命为“我国元首”带上王光美周游外国，到处演說。大吹大捧“納沙貢”。結果使印尼共产党五十万人被杀，招致了不可饒恕的罪恶，为了討好屠杀共产党的劊子手艾溫不惜丧权辱国，連早就修了的远东某些党的領导者一直被視为团結的对象。

如此发展下去，其結果必然不是刘少奇統一別人，而是整个集团被統一到西方“自由世界”的大家庭去。

8、反对学习毛主席著作。

解放以来刘少奇只字不提学习毛主席著作，自成系統同毛主席分庭抗礼，並支持反对“权威”猖狂地揮午起“庸俗化”“簡单化”“实用主义”这三根棒子，反对工农活学活用毛主席著作。同时私用职权禁止报刊发表工农兵活学活用毛主席著作的哲学論文。刘少奇亲自带头在孔子的僵尸前鞠躬膜拜宣揚資产阶級观点。

9、破坏社教运动。

为了破坏毛主席亲自发动的城乡社会主义教育运动、刘少奇派王光美潜伏河北桃园搞了所謂桃园經驗由刘少奇、邓小平、陈云、彭眞于六三年一月十日合謀泡制了一个关于社教全面具体政策的中央文件，同毛主席五月二十日主持制定的十条唱对台戏。

刘少奇的文件貫串了一条政治落实生产，为生产服务，庇护党內走資本主义道路的当权派，保存資本主义，封建主义經济，政治的黑綫。这是刘少奇在社会主义中国复辟資本主义統治的一个黑綱領。

为了达到其恶劣的政治目的，刘少奇把彭眞、王光美、陆定一，楊尙昆、胡耀帮、楊献珍、田汉、胡绳派到西北地区蹲点，同他在西北局的亲信刘兰涛、胡錫奎、汪鋒等共同总結破坏社教的經驗。当时他仍一面別有用心的把刘仁为政委的北京部队調到西北社教，另一面方又在运动中大肆攻击解放軍战士組織群众学习毛选是“和平运动”“全民学习”。

直到二十三条下达后，刘少奇的翼羽在运动中仍坚持按王光美的讲話执行。

10、招降納叛、营私結党。

从刘少奇、邓小平、陈云担任中央机构工作来就从事了招降納叛，豢养門客的活动。就連国民党新疆省政府主席賽福鼎包尔汉十七路軍长赵寿山，华北行营公署头目楊秀峰也被打入党內担任中央委員候补委員。

其他委以重任的国民党高級将領，反动政客更是数不胜数，罄竹难书。

11、制造反革命复辟的輿論准备。

刘少奇的鉄笔杆之一邓拓在被罢官后写了这样一首詩：

笔走龙蛇二十年，分明非梦亦非烟。
文章滿紙书生案，风雨同舟战友賢。
屈指当知功与过，关心最是后爭先。
留得生平豪气在，喜看全国潮接天。

这里的龙蛇指帝王，下两句皆命有九王之失的刘少奇服务“战友賢”指刘少奇、陈云、邓小平、彭眞等的关系。“功与过”句为自我安慰。“关心最是后争先”，“先”指毛主席，“后”刘少奇。为这种事业奋斗的即为自蒙“全国接潮天”，是全国反革命复辟。

也就是在邓拓的这种估計下，“海瑞駡皇帝”“海瑞罢官”出籠了，廖沫沙叫喊：“腊鼓鳴，春草生。”吳晗“說让”，邓拓歌頌“解冻”反党集团的知識武人秦牧著南国元春謂：我想在全国各地迎春的强烈气氛，也象寒署表里的水銀似的随着气溫的变化正在不断地上吧！”

（見于六二年三月报紙）

一九六二年二月五日刘集团的西北大本营理論权威陝西省常委丁济滄发 表 文 章抬头見喜，用当时邓拓們的心情說：“春到人間，万象更新，打开一九六二年春节大門、当头喜字相迎。春节喜逢云春，春上加春。喜上加喜，眞是春意浓浓、人心跃跃。瞻望一九六二年定是个好年景”，“人和为貴天时地利固然重要。”“星星之火，可以燎原”，“瞻前顾后”，“緯分明，原来昨天、今天、明天是一脉相承。有矩可循的。”

同时《三家村》加强进攻。《陝西日报》則公然煽动政变，发表詩曰：

号令风霆迅，天声动北取
长驅渡河洛，直搗向燕幽。
馬蹀閼氏血˘旗梟可汗头，
归来报明主，恢复旧神州。

借古喩今，大肆煽风点火，一时反共毒品連篇累版，风雨滿城，各地上演的改編古代戏《昭君出塞》宣揚对北国出塞和番（注意指苏修）歌頌“刘皇上”口口声声駡“毛賊”。衷心病狂无以复加，“山雨欲来风滿楼”这是反革命复辟的前奏。

12、变无产阶級专政为資产阶級专政：

象刘少奇这样的人物当权其必然是对无产阶級的残酷专政。无产阶級文化大革命中許多地方对革命群众的围剿，駭人听聞的流血案粉粉暴露了这批閻王的眞面目。

13、对苏修的勾結：

反党集团勾集苏修事由已久，前文已有論述，五八年赫魯晓夫提出要从軍事上控制中国的要求决非偶然，更严重的还是六二年的伊塔事件。西北地区的边沿新疆是由王震同志为最高領导。后来，刘 少 奇 派 了 亲 信习仲勳带了几位部长赶到烏魯木齐把王震斗了一通押回北京，从而安插了刘邓的亲信。

一九六二年四月到五月，苏修在新疆大肆进行叛乱煽动，西北当局不加任何制止，反而由中央新疆区委书記处的某些負責人，由苏运进武器，鼓动叛乱。

叛乱发生后，刘的亲信指揮的边防部队未加任何阻挡，眼見得証，六万中国居民跑到苏联去。

当时究竟是誰对毛主席封鎖消息，还不够清楚嗎？

１４、纵容包庇反革命势力：

刘少奇对国民党战犯开恩特赦，不亚于赫魯晓夫的“仁政”刘的亲信談国帆在陝西省委招納土匪头子密謀策划有主上鈞旨。常到西北視察的刘少奇或許不知美蔣特务的猖狂活动难道也不知道是陝西运輸公司党委书記經常給台灣发电报嗎？怪不得有的內部情況一般群众还不知道美国中央情报局台北就知道了，原来这其中大有奧妙所在。

１６、复兴資本主义：

刘少奇之流既然热衷于宣揚“人道主义”“物质刺激”“利潤挂帅”那么复兴資本主义卓著功劳的勳章就理所当然的戴給他們了。

１７、搞地下反革命活动：

刘少奇、邓小平、陈云、彭眞之流都是长期从事地下工作的。在新事业中他們运用了这一手，叫双管齐下，万无一失，十六条公布后，北方有譚立夫的讲話，南方有周宏的讲話，这无疑是在地下伪中央的策划下抛出来的。

１８、宣揚赫魯晓夫修正主义：

除大肆发行《眞理报》外还亲笔著文，不吝笔墨，着意闡释，創造性的发展，眞可謂鞠躬尽瘁，死而后已。

１９、树碑立传为簒夺党和国家領导开辟道路：

新編的中央史把刘少奇放在显著的位置，同毛主席平行起来，更有继权之势，薄一波、楊植林、张爱平、蔣南翔等人的文章並大吹特捧，竟有“党和少奇同志指示”之說，眞不知人間还有羞耻事。

彭眞、刋仁的《北京党史》，赵氏主編的《陕西党史》同出一撤紧相呼应。

２０、打着紅旗反紅旗：

刘少奇这些人之所以能伪装的这么巧妙，爬的这样高无非是打着紅旗反紅旗，騰云駕雾使人不易察覚，如此特色比起赫魯晓夫不能不算是后来居上。

七　反黨集團的組織系統

１、中央政治局常委：

刘少奇、邓小平、陈云

中央书記处：

邓小平、彭眞、陆定一、罗瑞卿、楊尙昆、李雪峰

国防委員会：

刘少奇、罗瑞卿哀××、蔡××……

人大常委：

彭眞、李雪峰、李井泉、林枫、程×

国务院：

邓小平、陈云、薄一波、陆定一、罗瑞卿、李先念、烏兰夫、何长工、陈漫远、肖克

最高法院：

楊秀峰……

最高检查院：

哀××譚政（譚立夫之父）

团中央：

胡耀帮、胡克实、胡启立、王伟

中央高級党校：

林枫、楊献珍

2、北京重鎮：

彭眞、刘仁、赵凡、邓拓……

3、西北大本营：

刘兰涛、刘刚、刘平、刘維眞、高克林、高峰、高克亭、楊植林、楊靜仁、汪鋒、王琳甫、王××、张××、霍士廉，胡錫奎、舒同、馮基平、方仲知、王昭、馬紀孔、章泽、白治民、惠世恭……

以及

前陕西省省长赵寿山（国民党十七路軍长），甘肃省省长邓宝珊（国民党某兵团司命长官，华北剿共总指揮）甘肃省长某某（大軍閥）宁夏自治区主任馬鴻宾、馬法奎（反动軍閥反动的民族主义分子）西藏班禅叛国集团……

4、川陕湘鄂豫皖边区根据地的布置：

地占陕南、川北、豫西、湘西、鄂西、皖南的纵深山地是刘少奇、饒漱石、李先念、汪鋒、邓子恢、黄克城、陈少敏們的老根据地。解放后他們的原班人馬继續留在这个地区。有的守山，有的由山上走到了水边，独自为政，蓄精养銳。

5、西南据点：

由邓刘的亲信的亲信李某某、廖某某、周林、李某某、閻紅彥率重兵把守顧連西北牵制中南。

6、冲緩地带：

烏兰夫統治的內蒙古，林鉄統治的河北，欧阳欽統治的黑龙江等地皆在其列

7、地下反党組織关系。

8、下綫同地富反坏右的勾結。

9外綫：

北边苏修蒙修。西南有艾溫，东有日共的野坂、宫自本等。

八　反黨集團同蘇修的"蘇美合作主宰世界"的關系

苏美主宰世界是苏修正主义領导集团的灵魂，踏着赫魯晓夫的脚印走路的刘少奇之流被赫魯晓夫的幽灵纏住了，他們的修正主义步論只会把中国变成苏美修的附属。

九 反黨集團同美帝的"全球戰略"

美帝国主义的战略目标一直是壙占和巩固中間地带，对社会国家进行"武装顚复"和"和平滲透"。企图把全世界人民統統制于美帝寡头資本財閥的魔爪之下。

中国共产党內的反党修正主义集团同美帝苏修的大力配合里应外合包围中国，美帝苏修的阴謀主要是通过反党集团来实現的。

十 徹底粉碎修正主義反黨集

毛主席教导我們：資产阶級的影响存在，是修正主义的国內根源。屈服于帝国主义的压力，是修正主义的国外根源。在整个社会主义阶段中，在社会主义国家共产党內，不可避免地存在馬克思列宁主义同各种机会主义，主要是修正主义的斗爭。这种修正主义的特点，就是否认阶級和阶級斗爭的名义下，站在資本主义方面向无产阶級进攻，把无产阶級专政变为資产阶級专政。

林彪同志也說：无产阶級文化大革命要斗倒一小撮党內走資本主义道路的当权派，横扫社会上的一切牛鬼蛇神，破剝削阶級的四旧，立无产阶級的四新，目的是为了进一步巩固无产阶級专政发展社会主义制度。国际无产阶級专政的历史經驗告訴我們，如果 我 們 不这样做，就会出現修正主义的統治，就会发生資本主义复辟，在我国，如果出現这情况就会回到殖民地半殖民地、半封建的老路上去，帝国主义和反动派，就会重新騎在人民头上。

也就是說："如果不搞这場革命，让資产阶級代表人物的阴謀得逞，那么就会出現匈牙利式事件，就会出現赫魯晓夫式的反革命政变。那时，蔣介石匪帮就可能重返大陆，大批地主还乡团就可能出来反攻倒算，我們就要亡党亡国亡头，出現历史的大倒退。我国人民在多年来为革命前赴后继流血牺牲换来的果实，就会付之东流，我国人民就会重做帝国主义資产阶級封建阶級的牛馬。

近四年来，毛主席提出了一系列英明决策，保証了我国社会主义革命和社会主义建設沿着正确的道路前进，毛主席关于无产阶級文化大革命的一系列指示，是我国当前文化大革命的行动指南，是馬列主义的新发展。

毛主席的亲密战友林彪同志，高举毛泽东思想伟大紅旗，号召展开活学活用毛主席著作的群众运动。这个运动从人民解放軍发展到人民群众，取得了伟大的效果，这个运动使毛泽东思想更加深入人心，有了毛泽东思想武裝起来的人民群众，这是无产阶級文化大革命取得胜利的可靠保証。

中国人民解放軍是毛主席亲手締造的軍队，是人民的子弟兵。我們国家的专政是掌在无产阶級手中的。修正主义反党集团只是一小撮人，他們反对人民，脫离人民，这就是决定他們一定要失败。粉碎修正主义反党集团，要肃清資产阶級反动路綫的恶劣影响，要斗倒走資本主义的当权派，要改組貫徹修正主义的組織系統，要徹底摧毀修正主义反党集团的社会基础，挖掉修正主义的根子，这是一項极其艰巨的任务。

只要我們听毛主席的話，按毛主席的指示办事，政治挂帅，到群众中間去，同群众在一

起，进行与天与地与人的斗爭。活学活用毛主席的著作，让毛泽东思想武装亿万人民的思想，无产阶級文化大革命就一定能彻底胜利。

让帝国主义和一切反动派在我們的面前发抖罢！

一九六六年十一月十六日武汉

渭南紅旗战斗小組主編

触　目　惊　心

——劉少奇言行錄

（一）一貫反對毛澤東思想，反對毛主席的領導

1、有意貶低毛主席的伟大作用，从来不讲我們伟大領袖毛主席对馬列主义天才的創造性的发展。

一九四八年十二月十四日，刘少奇在对馬列学院第一班学員的讲話中說："馬克思主义的內容是有世界历史以来无比丰富的，世界上任何大的原則性問題均解决了。"

一九五六年他在八大的政治报告中不仅不高举毛泽东思想伟大紅旗，甚至只字不提毛泽东思想，

一九五九年九月在《馬克思列宁主义 在 中 国的胜利》一文中，他說："我們的一切胜利，都是馬克思列宁主义的新証实和新胜利。"故意不提毛泽东思想的无比威力，又說毛主席仅仅是"灵活地运用馬克思列宁主义的一般原理，来解决中国革命建設和建設中的各种問題。"他故意貶低毛泽东思想的威力，裝腔作势地說：馬克思列宁主义在中国取得的胜利，"无論如何，这总是馬克思列宁主义发展史上的一件大事。"、"中国的革命建設和建設……某些主要特点也可能在別的一些国家中重新发現。就这方面来說，中国的經驗在某种程度上是有国际意义的。"

一九六一年六月三十一日，《在庆祝中国共产党成立四十周年大会上的讲話》里，刘少奇胡說毛主席只是"正确地提出了和解决了一系列理論和策略問題。""毛泽东同志和我們党中央，运用了馬克思列宁主义关于社会主义建設的理論，吸取苏联和其他社会主义国家的建設經驗，在我国执行了第一个五年計划的經驗基础上，制定了我 国 社 会 主 义 建設总路綫。"

刘少奇关于彭、罗、陆、楊問題对党外人士的談話（一九六六年六月二十八日由林枫向党校传达）中說："毛主席发展了馬列主义，也不是到此为止，馬列主义还要发展，說到此为止，是机械論。"影射攻击毛泽东思想是当代馬列主义的頂峰，刘少奇甚至歪曲学习毛泽东思想是只注意"中国經驗，不重視外国經驗，为跛足馬克思主义者。"

2、反对学习毛主席著作，反对高举毛泽东思想伟大紅旗：

一九四八年十二月十四日，他对馬列主义学院第一班学員的讲話中説：“馬列主义是我們党的基础，共产党是建立在馬列主义基础上的。但我們党在这方面来説，是有缺点的”。他把毛泽东思想和中国革命的經驗都排除在馬列主义普遍眞理之外，片面地强調学习外国經驗，他説：“学习馬列主义就是学习外国的革命經驗，世界革命的經驗，馬、恩、列、斯的书籍中論中国的只有百分之一，百分之九十九都是讲的外国話，讲外国的事，写的外国材料，分析的是外国历史。因此，有的人认为何必学这些外国东西？中国的书还讀不完，毛主席的书还讀不完呢！或者至少先讀中国的书，再讀外国的书吧！这个説法是不对的。……現在发生的問題是只学中国的，不学外国的。”又説：“学不学外国革命經驗的問題，就是学不学馬、恩、列、斯理論的問題。”“中国吃飯、住房問題，外国也有，甚至城市地皮問題，也可以参照苏联、参照馬、恩、列、斯的理論。所以馬克思主义的理論书都可以学，能这样就是站起来了，不爬行了。”他还説：“我們要提高党的干部的理論水平，使各方面比較負責的干部具有（或少具有）馬列主义的理論，……这就是我們办馬列学院的目的。”完全不提学习毛泽东思想。

一九五四年楊献珍把一个反毛泽东思想的“哲学教学总結”送到苏共高級党校“审閱”，苏共修正主义哲学家格列則尔曼写了一封信，贊揚了这个“总結”，污蔑和攻击学习毛泽东思想是簡单化、庸俗化。后来，此信經刘少奇批閱和推荐在《人民日报》发表，同时也在《学习》杂誌上发表，最先揮舞起“簡单化”“庸俗化”的大棒，恶毒攻击污蔑广大工农兵群众活学活用毛主席著作，在全国散布了极其恶劣的影响。

一九五五年七月，刘少奇在对高級党校工作的指示中説：目前高級干部迫切需要学习哲学和政治經济学，这两部門科学較难懂，难学，基础較差，故以这两种为主，較适宜。”“党史、党建也需要，但比較好懂，所以主要还是学哲学、政治經济学。”

一九五七年五月七日，楊献珍、候維煜向刘少奇滙报了党校学員开展整风运动的情况和問題，刘少奇又作了一套指示。他在指示中，仍然沒有讲到要学习毛泽东思想，特别令人吃惊的是，根本沒有提到要学习毛主席《关于正确处理人民內部矛盾的問題》这一光輝著作。

一九六二年刘少奇在修改补充的《論共产党員的修养》一书时，提出“作馬克思列宁的好学生”来同林彪同志提出的“做毛主席的好学生”相对抗。

一九六三年十一月十九日，他在科学院学部委員第四次扩大会議上作的报告中，閉口不談毛泽东思想是反修的指导思想和强大武器，却把学习毛主席著作仅仅作为写出好文章的一个条件，並同其他条件相並列，大大貶低毛主席著作的伟大意义。

一九六三年刘少奇对黑帮林枫説：“党校不管什么专业都要把馬列主义学好，不学好，就办不好。”根本不提学习毛泽东思想。

一九六四年九月，刘少奇在給江苏省委第一书記江胃淸的信中，公然反对学习毛主席著作的运动。他説：“这里联系到这样一个原則問題，就是我們应該向誰学习，是向党內和党外群众中一切有眞理的人学习，不管他們的职位高低，不是向职位高的人学习。”他又咒駡道：“不能把馬克思列宁主义的学説当成教条一样，也不能把毛泽东著作和讲話当成教条。

接着又說："現在已經不是你一个人犯了这样的錯誤，党內已有一部分干部犯同类性性的錯誤。"

在反修防修問題上，他完全不提用毛泽东思想武裝头脑，实現人的思想革命化，不讲阶級斗爭、无产阶級政治挂帅，他在一九六五年三月二十一日与教育部长何伟談話中說："現在我們所想到的（防止資本主义复辟）办法有两个，一个是发动群众搞"四清"，一个是改革教育制度和劳动制度。""現在我們能够想到的就是这两条。"一九六五年十一月六日，他在中央政治局扩大会議上，又补充了"干部劳动"一条，說"到目前为止，只有这三个办法。"

3、詆毁誣蔑毛主席所領导的各次革命运动，歪曲毛主席的革命斗爭学說：

刘少奇反对毛主席的土改理論，針对毛主席一九四八年四月一日《在晋綏干部会議上的讲話》他在一九四八年十二月十四日对馬列学院第一班学員的讲話中說："經济工作中犯过錯誤，土改工作中犯过錯誤，組織工作中犯过錯誤，就是因为有盲目性，沒有知識。很多同志，現在也許还不了解，到毕业时就会知道，过去犯的那些錯誤，是馬克思、列宁早就說过了。""很多事情，那里都讲过了的，問題就是你們沒有去看。"

在毛主席領导下，一九六三年春季的社教运动取得了成績，刘少奇却大为不滿，他在一九六四年八月十五日关于社会主义教育問題的报告中声嘶力竭地叫喊"过去的四清无論在城市或农村，过去一年多，我們不是打了胜仗，而是打了败仗。"胡說"現在革命形势发展，阶級斗爭出現了許多新特点，……过去的經驗都过去了。"

刘少奇在科学院学部的一次讲話中把无产阶級与資产阶級、馬列主义与修正主义你死我活的阶級斗爭，說成是什么"打笔墨官司"，是"总結經驗"，"提出看法"的問題，疯狂反对毛主席的阶級斗爭学說。他說："我們和苏联打的笔墨官司"，"現代修正主义分子提出了他們的看法，得出了結論，……我們必須总結我們的經驗，提出我們的看法，保卫馬列主义。"

刘少奇与毛主席提出的"千万不要忘記阶級斗爭"的伟大号召唱反調，提出了反修不反內修的荒謬主张，企图麻痺革命人民的阶級斗爭警惕性，为走資本主义道路的当权派公开打掩护，他在一九六三年十一月十九日对科学院学部委員第四次扩大会議的报告中說："在国际上进行反修斗爭，就大大有助于防止国內修正主义的产生和发展。我們理論工作者的主要任务是反对外国修正主义，把这一斗爭进行到底，深入到各学科。如果我們这样做了，就会提高人民的觉悟，打开人民的眼界，中国的修正主义产生就困难了。"

刘少奇反对毛主席关于社会上的阶級斗爭必然要反映到党內来的思想，他說："現在党內思想上主要的偏向，危险性到底偏在哪一面呢？偏在經驗主义方面的多，經驗主义是主要偏向，主要危险。""不是一件事情上有两条战綫的斗爭，共产党員对任何事情都要做两条战綫的斗爭。不犯經驗主义，不犯教条主义，两条战綫斗爭，这是共产党員在党內生活中經常进行的，不能离开的。"

4、恶毒攻击毛主席：

一九六二年，刘少奇在新版的《論共产党員的修养》一书中，恶毒地影射攻击毛主席。他說：“眞正刻苦修养，忠实做馬克思列宁主义創始人的学生的……他絕不計較自己在党內地位和声誉的高低，絕不以馬克思、列宁自居，絕不要求人家或幻想人家象尊重馬克思、列宁那样去尊重他，他认为自己沒有这样的权利。”他又說：“在过去某一个时期內，某些教条主义的代表人……自以为是‘中国的馬克思、列宁’，装作馬克思、列宁的姿态在党內出現，並且毫不知耻地要求我們的党員象尊重馬克思、列宁那样尊重他，拥护他为‘領袖’，报答他以忠心和热情，……然而我們是否能够完全相信地說，在我們党內就从此不会再有这种人了呢？我們还不能这样說。”在“修养”中別有用心地把領袖和个人主义联系起来，大作文章，他說：“共产主义事业中的眞正的領袖和英雄，决不是个人的領袖和英雄，决不是可以自称和自封的。凡是自称領袖或者自己个人企图作領袖的人，他在我們党內决不能成为領袖。”十分値得注意的是，在原版中，接着有这样一句話偏偏在新版中被删去了，这句話是：“不論全国的或地方的領袖都是大家拥护成功的。”

一九六六七月二十九日，在人民大会堂的万人大会上，他甚至以保护少数为名恶毒攻击毛主席，他說：“清华有 一 个 学生，写了‘拥护党中央，反对毛主席’的标語，大家要斗他，工作組保护他，現在看来，說这个学生是反革命的結論，材料不充分。”

（二）解放戰爭時期，害怕革命，害怕勝利

一九四八年全国解放前夕，刘少奇在胜利面前惊慌了，企图拉住革命的車輪，不前进，或緩慢前进，集中反映了資产阶級革命家的思想和情緒。他在一九四八年十二月十四日对馬列学院第一班学員的讲話中說：“現在的革命形势发展很快，出于我們予料之外，現在不是怕慢了，而是怕快了。太快，对我們困难很多，不如慢一点，我們可以从容准备。”

（三）抵制社會主義革命，反对三大改造

1、主张“新民主主义万岁”，反对社会主义革命：

一九四八年十二月十四日，刘少奇在对馬列学院第一班学員讲話中强調：“有的說搞資本主义那是右，又有人說搞社会主义那是‘左’，現在旣不能搞資本主义，又不能搞社会主义，事情就有点为难。不怕这些为难，才是布尔什維克，要克服这个困难。”

他公然宣传什么解放以后，不是社会主义阶段，而是新民主主义时期，在这个时期里社会主义問題是将来的事情。一九五一年六月，他在中央全国宣传工作会議上說：“待十年建設后，中国的面貌焕然一新，社会主义問題是将来的事情，現在提得过早。”

2、主张保护发展資本主义經济：

刘少奇积极主张在整个过渡时期，保护富农經济，发展农村資本主义，在一九五〇年六月十四日政协委員会第二次会議上，他說：“我們采取的保护富农經济的政策，当然不是一种暂时的政策，而是一种长期的政策。”“在农村中可以大量地采用机器耕作組織 集 体 农

場，实行农村的社会主义改造时期，富农經济的存在，才成为沒有必要的了，而这是相当远的将来才能做到的。”

刘少奇反对毛主席的先搞农业集体化，逐步实現农业机械化的思想，他在一九五一年六月全国宣传工作会議上說：“有些同志认为农村可以依靠互助組，合作社代耕队，实行农业集体化，实行农业社会主义化，这是不可能的，这是一种空想的农业社会主义，是錯誤的。农村要实現社会主义，如沒有工业的发展，不实現工业化，农业根本不可能实現集体化。”

他竭力保护資本主义經济，一九五四年九月，他在宪法草案报告中提出“国家依靠法律保护資本家的生产資料所有权，和其他資本所有权。”

一九五七年五月七日，在对楊献珍、候維煜的指示中，他恶毒地攻击社会主义計划經济是呆板的，他提倡社会主义經济同資本主义經济自由竞爭，自由发展，甚至允許保留投机倒把的地下工厂。他說：“要允許有一部分資本主义工商业，工业，地下工厂，要让他們鉆空子，当他們一鉆空子的时候，我們社会主义經济就立即跟上去，你鉆空子搞这一样，我跟上去搶一部分，搞这一样，他鉆几十万样，我們社会主义也敢上去，搞它几十万样。”“如果我們的經济，还不如資本主义灵活多样性，而只有呆板的計划性，那还有什么社会主义的优越性呢？

（四）反对毛主席關於过渡時期階級和階級斗爭的學說，宣揚階級斗爭熄滅論

1、宣揚阶級斗爭熄灭論：

刘少奇极力把毛主席关于社会主义社会阶級斗爭的观点歪曲和捏造成“社会主义和資本主义的立場、观点和方法的斗爭。”

一九五六年九月二十五日，他在八大政治报告中說：“外国帝国主义的工具——官僚买办資产阶級已經在中国大陆上被消灭了，封建地主阶級个别地区外，也已經消灭了，富农阶級也正在消灭中，原来剝削农民的地主和富农，正在被改造成自食其力的新人。”“民族資产阶級分子正处在由剝削者变为劳动者的轉变过程中。”“知識界已經改变了原来的面貌，組成了一支为社会主义服务的队伍。”“我国社会主义和資本主义誰胜誰負的問題現在已經解决了。”“在社会主义改造以前，阶級斗爭依然继續存在，在社会主义改造完成以后，社会主义和資本主义的立場、观点和方法之間的斗爭还会继續一个很长时間。”

一九五七年三月，他在河南干部会議上說：“敌人消灭的差不多了，資产阶級公私合营了，已經基本上解决。”“如果我們讲到非无产阶級思想，讲到农民阶級的思想，讲到小資产阶級思想，讲到地主阶級的思想，是讲过去的，是反映了那个阶級存在的时候。”

一九五七年四月二十七日，他在上海党員干部会議上的讲話中說：“現在国內敌人已經基本上被消灭了，地主阶級早已消灭了，資产阶級也基本上消灭了，反革命也算基本上消灭了。”“公私合营以后，无产阶級和資产阶級的矛盾已經基本上解决了。……現在应該讲人民內部矛盾是主要矛盾。”“人民內部矛盾主要表現是領导机关和人民的矛盾，更确切地說

是人民和領导机关的官僚主义的矛盾。”“今天我們国內的主要矛盾是无产阶級思想和非无产阶級思想的矛盾。”

一九五九年十一月二十八日，刘少奇在給黃炎培的一封信中說：“……新中国在过去的十年，主要是进行了革命的社会改造，……人們的注意力，特別是領导机关的精力，主要是放在社会主义改造的問題上，而不是将主要精力放在建設問題上。……至于談到今后十年，情况会不同了。……我們已經造成一种条件，使我們和广大人民群众，能够以主要精力去进行社会主义建設。”

2、宣揚資产阶級的本性已經改变了：

一九五六年九月二十五日，刘少奇在八大政治报告中說：“現在已經可以断定，除开个別的頑固分子想反抗外，在經济上接受社会主义改造，並且逐步轉变为名符其实的劳动者是絕大多数的民族資产阶級分子能够做到的。”他还鼓吹向資本家认眞学习：“資方人員富有管理經驗和技术知識，他們了解消費者的具体需要，熟悉市場情况，善于精打細算。”

一九五七年四月二十七日，他在上海党員干部会上的讲話中說：“……今天的資本家也是新的資本家了，今天的資本家是公私合营的新式資本家了。”“在公私合营以后，資本家已經把工厂交出来了，除开极少数的分子以外，他已經不愿意反抗社会主义了。”

一九五九年十一月二十八日，他在給黃炎培的信中說：“工商界和知識分子中許多人……他們經过了几个认識阶段，最近达到信服和說服阶段。这是眞理，事实經过就是这样。……如果他們主观上加以努力，认眞学习馬列主义，那么他們的思想就可能早日改变，就可能树立馬克思主义的世界观，以至在大风浪中坚定地站稳自己的脚跟。”

3、宣揚农村走資本主义道路的問題也不存在了：

一九五六年九月二十五日，刘少奇在八大的政治报告中說：“由于中农看到了走資本主义道路无望，看到了合作社生产的日益显著的优越性，广大的中农在合作化的高潮中，終于停止动搖，积极地要求入社。”

4、宣揚“阶級斗爭理論过时了”的謬論：

一九五七年四月二十七日，刘少奇在上海党員干部会上說：“現在那个阶級斗爭已經过去了，那些事情用不着了，那些經驗閒起来了，有那个本事可是沒有用了，英雄无用武之地了。”，“現在再也沒有地主資产阶級了，反革命也解决的差不多了，他們鬧不了事，給我們消灭了，我們有的經驗，熟悉的事情閒起来沒有用了，而不熟悉的事情逼着我們去做，就是要領导生产，处理人民內部矛盾。”，“因此过去有过阶級斗爭的經驗、有过革命斗爭的經驗的干部，年紀还輕的……，我們派他去种几年地，做几年工。”

5、主张取消革命，取消斗爭，取消群众运动，对待一切剝削阶級和劳动人民都一視同仁，宣揚“合二而一”的阶級調合論：

一九五六年九月二十五日，刘少奇在八大政治报告中說：“現在革命的暴风雨时期已經过去了，新的生产关系已經建立起来了，斗爭的任务已經改变为保护社会生产力的順利发展。”“必須使全国每一个人都明了並确信只要他沒有违反法則，他的公民权利就是有保障的。"

一九五七年四月二十七日，他在上海党員干部会上的讲話中說："人民內部矛盾应該緩和，人民內部的事情应該妥协解决，处理的方針可以着重它的同一性，因为它原来就是同地性。"对"团結——批評——团結的方針，只讲同一性，排斥斗爭性，歪曲毛泽东思想。

（五）爲右傾機會主義翻案

早在一九五九年九月，刘少奇在《馬克思列宁主义在中国的胜利》一文中公然把党內两条路綫的斗爭說成是党內不同意見的爭論："在資本主义工商业的社会主义改造問題上，我們党內也发生过不同观点的爭論，""在大跃进和人民公社这些問題上，在我們党內也有过不同意見的爭論。"为右傾机会主义翻案作輿論准备。

一九六一年九月，在刘少奇的主持下，制定了一个"中央关于干部輪訓的决定"，这个决定，歪曲党內思想斗爭的原則，錯誤的提出什么"自由思想"、"自由討論"、"三不主义"，而不讲思想斗爭。这样就为資产阶級思想大开綠灯，使那些对党不滿分子，右傾机会主义分子公开的、合法的肆无忌惮地向党向社会主义进攻。

一九六二年初刘少奇在他主持召开的中央扩大会議（五級干部会議）上，大肆攻击三面紅旗，想把三面紅旗当作历史教訓来总結，說什么"我們現在来总結前几年的工作，恐怕总結不完，我們的后代还要进行总結"云云（大意）。

在会上刘还說："这几年重复了党的历史上"残酷斗爭"、"无情打击"的錯誤。"还提出所謂甄别問題，提出：反对毛主席只是反对个人；和彭德怀有相同观点的，只要不里通外国就可以翻案；在党的会議上讲就不定罪等三条黑标准，並直接作了"只要本人提出申訴，領导和其它同志认为有必要就可以翻案"的黑指示。

接着又在一九六二年五月，批轉了一个更为錯誤的"中央財經五人小組向中央的报告"，这个报告竭力夸大我們工作中的錯誤和缺点，对形势作了极悲观的估計。

这些报告和文件，都在全党作了认眞的传达、学习和討論，影响很坏，造成了党內思想混乱，使不少同志一时失方向，使右傾机会主义分子和一切牛鬼蛇神紛紛出籠，掀起一股"单干风"和"翻案风"。

在一九六二年八月又再版了《論共产党員的修养》一书，在其中特別加入了"按照这些似乎疯癫的人看来，任何党內和平，即使是党內並沒有原則分岐的时候，硬要去搜索斗爭对象把某些同志当作机会主义者作为党內斗爭射击的草人"等段落。

一九六二年，在彭眞的具体支持和指示下，楊献珍、王从吾、候維煜在高級党校大刮"翻案风"时，曾以总結党校工作为名，印发了刘少奇的几次讲話記录，作为他們为自己的反党反社会主义、反中央反毛主席、反毛泽东思想的罪行进行翻案的理由和根据。这就是說，他們正是以刘少奇为靠山，而猖狂的向党进攻的。他們的翻案风不只限于高級党校，在西安、新疆、昆明、北戴河、东北都有他們一伙人进行翻案活动的踪跡。

（六）破坏"四清"運動，提出形"左"實右的"四清"路綫，與毛主席的正確路綫相对抗

自从一九六三年五月二十日，頒布"前十条"（主席亲自制定的）之后，刘少奇怕四清摧毁了資本主义复辟的社会基础，急急忙忙派王光美到"桃园""蹲点"，大搞包办代替，大整社員群众，搞形"左"实右，根据王光美的洋洋数万言"总結"、"經驗"，一九六四年九月又泡制了一个形"左"实右，意在对抗"前十条"的《农村社会主义教育的几項政策規定（草案）》（即"后十条"）。

一九六四年八月十五日，刘少奇和黑帮头子彭眞一起給北京市即将参加"四清"运动的部分同志，所作的題为《关于社会主义教育运动問題》的报告中，他竭力反对毛主席对大好形势所作英明論断，一字不提国內的大好形势，片面夸大阶級敌人的反革命活动，他說："有些地方敌人和干部混在一起，斗爭很激烈，你下去后，不一定就斗倒犯錯誤的干部和四类分子，一开始优势在他們方面，不在我們方面，因他有組織准备，而且这些人有一套对付工作組的办法……我就被赶走过，那一年到湖南……扎根串連……支部书記急了，說："你在这地方妨碍生产"，並且在大队門口罵，說：'你們来了，把一切都搞乱了，都是刘胡子給搞乱的'。你們看，我还被人家赶了。……我是国家主席，带着武装去的，他們还赶我，你們去会不赶嗎？"

現在阶級敌人变得聪明了，他們很会搞秘密工作，合法斗爭，他們比我們还会搞的，我們的干部还沒学会，所以我們和坏干部斗爭时，我們受騙，斗不贏。

主席讲，我們基层单位三分之一沒在我們手里。……我看不少于三分之一。"他认为主席对阶級斗爭严重性估計是不够的，自己比主席更正确，更高明。

刘在談到軍队干部蹲点，取得經驗时胡說什么"地方包括中央都靠看表报，甚至区、公社书記也不找群众談話，拿个表报就回来。""凭表报領导工作"。还造謠說："有一些人是专搞假表报的。有的会还沒开，就把到会人数、发言都写好了。""現在有許多党的領导机关，脫离群众，只会滙报，有的干部不把重要情况滙报上来，有的滙报天花乱墜，但工作並不怎么样。""二十年前，中央关于工作方法决議指出，要一般号召和个別指导結合，現在只有前者了。"

毛主席領导制定了《前十条》的，在《前十条》指导下，六三年到六四年春的社教运动成績很大，但刘少奇却认为运动完全失败了，根本"沒入門"，他說："我最近到几个省和市，从天津到济南、到合肥、到南京、到上海、到广州。正好碰上开三級干部会，找了地委县委书記談了話，……从三級干部会簡报看，对待社会主义教育运动看起来，沒有一个象样的經驗总結，都很一般。""从各省'四清''五反'情况看，存在什么問題？怎样斗爭的？問題解决的怎样？是否彻底？都沒有正确反映。"

《前十条》中讲：干部退賠不能馬馬虎虎，当然退賠也要合情合理。而刘少奇却提出形"左"实右的退賠政策，主张彻底退賠、不分具体情节，不予区别对待。說：干部退賠並不

难，干部都有四大件，他一奕就可以賠了。

毛主席讲：全国社教运动要搞六、七年，刘却反对这一布署，提出“搞好四清五反，……是要搞几十年：十年、二十年。”

刘少奇反对毛主席相信群众、依靠群众、放手发动群众、大搞群众运动的思想。他針鋒相对地提出“工作队一定要作秘密工作”，“只有 扎 根 串联，他（群众）不怕了，才能讲話。”每期社教运动扎根串联阶段“至少要一两个月。”

刘少奇坚决否定毛主席一貫肯定的 开 调 查会的方法，胡說“調查方法，过去的也不行了，搞‘四清’‘五反’，阶級斗爭，扎根串联、发动群众、經过一系列过程，我們才能掌握材料，不是調查会所能解决的。

（七）在無產階級文化大革命中，庇護反黨分子，制定並推行資產階級反動路綫

在文化大革命初期，刘少奇积极配合彭眞一伙把文化大革命納入修正主义軌道，搞什么“純学术討論”。他說：“写文章要愼重，要有高水平，要写出高明的东西。这是打笔墨官司，不要辱駡、”

在我們最最敬爱的伟大领袖毛主席亲自发动和領导下，广大革命群众揪出了彭、罗、陆、楊反党集团之后，一九六六年六月二十九日，林枫在高級党校 校 委 会上传达了刘少奇关于彭、罗、陆、楊反党問題同党外人士的讲話，有些話是替彭眞解脫的，讲話中說：“彭眞实际上是我党的付总书記，常参加常委会，实际上参加核心領导，这个人有能力，有不少缺点，犯过很多錯誤，他不懂 毛 泽 东思想。”“有人說他这职位还反党嗎？这不能以个人解释，是阶級問題，阶級的推动是不以人們意志为轉移的。”讲話中又說：“他們被揭露，若成功了，你們怎么办？他們这套办法又很合你們的心意。”

我們最最敬爱的伟大領袖毛主席亲自发动和領导了我国的无产阶級文化大革命，刘少奇又公然跳出来同毛主席的无产阶級革命路綫相对抗，充当資产阶級反动路綫的总头目，对革命群众实行鎮压和迫害，当毛主席下令广播了北大聶元梓第一张大字报，掀起了文化大革命的高潮后，刘少奇生怕革命的烈火烧到党內走資本主义道路的当权派身上。于是忽忽忙忙决定派出工作組，占領各单位文化大革命的領导崗位，力图把矛头指向革命群众身上。他还指示有的单位要保护那些反党分子說：“要斗也可以斗，但要有材料，要有布置。”“要爭取第二号人物起义，”指导工作組推行資产阶級反动路綫、

刘少奇制定並积极推行資产阶級反动路綫，轟轟烈烈的文化大革命打了下去，一九六六年七月十八日毛主席回到北京指出这是方向的錯誤，决定撤銷工作組。刘少奇把自己制定並积极推行資产阶級反动路綫来与毛主席的无产阶級革命路綫相对抗的滔天罪行，輕描淡写地說成是因为“不懂”“不晓得”文化大革命怎样搞。在一九六六年七月二十九日（八届十一中全会召开的前几天）人民大会堂举行的北京市大专学校和中等技术学校师生文化革命积极分子大会上，讲話中就讲什么“怎样进行无产阶級文化大革命？你們不清楚，不大知道，問

我們革命怎样革？我老实告訴你們，眞心的回答你們，我也不晓的，不懂，党中央其它机构工作人員也是不知道。”又讲什么“沒有犯錯誤，人家也說你錯了，那就自己莫明其妙，各种情况都遇到。

八届十一中全会以毛主席为代表的无产阶級革命路綫的胜利而結束。刘少奇不甘心他的失敗，一九六六年八月十三日还到他所蹲点的北京建工学院“調查”情况，企图“秋后算帐”。关于保护少数人問題时又讲：“主要是保护好人，可能保护了坏人，保护一下吧！短时間，一个月、二个月、三个月，一年也可以，材料够了就作結論，作結果。

（八）反对毛主席的教育方針

1、提出“两种教育制度”的錯誤方針，与毛主席的教育方針相对抗：

刘少奇提出“两种教育制度两种劳动制度”的方針，宣揚西方資产阶級“双軌制”的教育制度，歪曲毛主席的半工半讀和以学为主，兼学別那的方針。

一九六四年以来他发表有关“两种教育制度”的讲話近二十次，跑到十几个省市作报告，他还亲自組成了一个教育办公室，他还打算另外成立“第二教育部”，“第二教育厅”来貫彻自己的主张。

他公然篡改历史，把“半工半讀”当作自己的首創，他在报告中多次提到半工半讀是他一九五八年在天津提出来的，其实一九五八年一月毛主席在《工作方法六十条》中早就提出来了。

刘少奇对主席的教育思想只字不提，他却要教育部搞馬、恩、列、斯論“教育与生产劳动相結合”的材料。

刘少奇贬低毛主席“春节指示”，对于全日制学校的改革在一九六五年十一月中央政治局扩大会議上，他說：“再开一次会，看不准，千万不要瞎指揮。”

2、掩盖教育战綫上的严重阶級斗争

刘少奇极少提教育战綫上的阶級斗爭，根本不提学校的領导权問題，而在教育形式，教育經費上打轉轉。他还一再宣称：“四小时劳动四小时讀书是最好的形式，一再宣称他在保定实行半工半讀的經驗，他宣称：“如果机关学校，工厂經营的好，人的精神面貌就会好，群众的热情就会高。”在这里，阶級斗爭完全被抹杀了。他說：“半工半讀，半农半讀教育制度本身就是阶級斗爭”。（見何伟“全国农村半农半讀教育会議总結报告”）刘少奇又篡改主席提出的教育方針，修改、歪曲主席的指示，突出要有文化、科学，有技术。他說：“半工半讀学校要培养有社会主义觉悟的、有文化科学知識、有技术、有实际操作能力的新型劳动者。

3、制定了一套修正主义办党校的路綫

高級党校长期以来，为楊献珍、王从吾、林枫等黑帮把持，一貫反对党中央，反对毛主席，反毛泽东思想，实行資产阶級专政，推行資产阶級反动路綫。他們的祖师爷，就是刘少奇。

刘少奇为党校制定了一套修正主义的規章制度，一九四八年十二月十四日，他在馬列学院第一班学員的讲話中說："馬列学院，叫高級党校，将来还要打算去东北办一个分校，还要办中級党校，初級党校。"並說：将来还要以馬列学院为中心，在全党学习中起指导作用，依靠馬列学院去使全党理論有所提高。"

刘少奇还大談什么学校要用正規办法，去考試，将来毕业，要准备这一着，"在这次讲話中，他特别提出"你們要安心学习，'两耳不聞窗外事，一心专讀圣賢书'，窗外事可以問一問，但不要因此不安心。"

一九五三年，楊献珍、候維煜抛出了一个反毛泽东思想的"学习理論，提高认識，联系实际，改造思想"的所謂十六字方針，这个教学方針就是遵照刘少奇的反毛泽东思想的指导思想来制定並貫彻执行的。

这个教育方針不仅是高級党校的教学方針而且曾經作为全国各級党校以至高等院校的政治理論課的教学方針的因此他的流毒很深。

楊献珍在一九五四年到苏联訪問回来，和候維煜一起在高級党校大肆推行苏修一套办党校的路綫，並要在高級党校中实行学衔制度等等。刘少奇是完全贊同和支持这一套做法的。他认为："要使人家安心工作"，"要正規化""要使人們树立起教学理論工作事业思想，实行这套制度是必要的。"刘少奇的这一整套修正主义黑指示，在高級党校都貫彻执行了，在全国各級党校也竭力模仿这一套作法。

一九五七年在高級党校整风反右开始后，楊献珍、候維煜不传达康生同志的党校应該停課进行整风学习，要开門办党校，在斗爭中学，在斗爭中用的正确指示，而传达刘少奇的黑指示。刘少奇說："要力求两不悞，既讀了书，又整了风。只讀书不搞思想問題，不整风，就是教条主义，只整风不讀书，就可能犯經驗主义。我們过去整风，讀书少了一些，有的甚至沒有讀书，是个缺点。这一条值得今天注意的。既要整风，又要书，"这就是抵制了毛主席著作的学习，阻挠整风反右运动的开展。

林枫在一九六五年九月二日作的《四淸运动和党校工作》的讲話中說，"将来党校工作人員要实現两班制，好多年以前少奇同志就提出在党校有两班制，一班在校內工作，一班在地方参加工作輪流。"

（九）吹 捧 蘇 修

当苏修咀脸已經暴露时，刘少奇还大肆吹捧苏修，他在一九五六年七月向楊献珍的"重要指示"中赤裸裸地說："我們同苏联搞好团結，学习苏联經驗，肯定是不够的，学习社会主义的經驗，只有苏联一家"。"和苏联专家的关系一定要搞好，搞不好关系，有理无理三扁担，这是政治問題。千万不要因为反对教条主义就漠視这个問題。"

一九五六年九月，他在八大政治报告中大肆吹捧苏共二十大"是具有世界意义的重大政治事件，……决定了进一步发展社会主义事业的許多重大政策、方針、批判了在党內曾經造成严重后果的个人崇拜現象，而且提出了进一步促进和平共处和国际合作的主张，对于世界紧張局势的緩和作出了显著的貢献”。

刘少奇一直认为苏美有本质差别，矢口否认苏美合作主宰世界，狠狈为奸搞反革命的罪恶勾当，一九六三年十一月十九日，他在科学院学部委員第四次扩大会議上說：苏美“在基本問題上联合起来是不能的”

（十）宣揚物質刺激，鼓吹資產階級的金錢挂帥

一九五七年四月二十七日刘少奇在上海党員干部会議上的讲話中說：“所以我建議所有的同志要好好地研究这个分配問題。……分配問題的原則是按劳取酬，公平合理。如果不按劳取酬公平合理，就阻障生产力的发展。如果按劳取酬貫徹的比較好，分得比較公平合理，大家滿意，就促进了生产力的发展。所以这是发展生产力的办法”

“我想这矛盾（指生产力与生产关系之間的矛盾）主要重大表現在分配問題上。工人农民分配不当，就要鬧事”。“人民为了关心自己的經济生活，是要过問工資、住房、吃飯、坐車这些事。这就表現出社会主义人民民主的积极性了，这是由于社会主义积极性而来的。”又說：“人民內部 矛 盾 特別表現在分配問題上面。”“……你分多了，我分少了，大家不愿意干，生产力就要受到阻碍，在分配問題上就表現出来。”“当前的主要矛盾在于人民群众中物质分配不平衡的矛盾关系。”

刘少奇在这次讲話中抽掉了人与人之間矛盾的阶級本质，他把一切人与人之間的关系化为物质的金錢的关系，抽掉了人的阶級性，宣揚了資产阶級“金錢”观点。

五七年刘少奇在河南談到城市住房問題时，他給干部出主意，要工人自己出錢盖房子。他說：“在城市里你們說沒錢，那里有錢呢？每个工人捐一个工的錢，几个义务工，就可以蓋一座电影院。一所电影院盖起来可卖票 ．还可以賺錢，商店盖起来可以出租 給 商 业部賺錢，开理发館，洗澡堂也可以賺錢。服务事业統統由工厂盖，不盖就沒有，市政府也可以在那里盖一点，但是一定要賺錢，盖了服务结果亏本那怎么行？”“如果不募捐那就納税，盖电影院，盖商店，修馬路，工人宿舍，收税，厂房也可以收税。我是地方政府，你在我这里住，我收地方税，收房产税，你們让工人討論两条，一条工人募捐，一条不募捐也可以，但要收税。”“这样工人是会贊成的，到市里看电影坐車要花錢，理发坐車要花錢，工人会算这个賬。”

（十一）公開販賣資產階級世界觀

1、宣揚“吃小亏，占大便宜”的个人主义处世哲学：

一九五七年刘少奇在与地质学院毕业生談話时說：“总想占人家便宜不是互利，而是一利，那样关系总是搞不好，要不怕自己吃一点亏，不是吃一次，而是两次、三次，多次……要这样做下去，一年，两年，八年，十年……长了，人家就会知道你是个好人，誠实的人，可靠的人，可信的人。”“立志去干几十年野外工作，最后人民是会了解你們的，照顾你們的。”（《和刘少奇同志度过一个美好的下午》载一九五七年五月九日《中国青年》）

一九五九年，刘少奇在《接見民建工商联常务委員指示》中說：“不要顾两头，要奔改

造服务的这一头，要一边倒，全心全意为人民服务，个人的利益就会来。有了这一头，就有那头，沒有这一头，不顾国家人民利益，个人利益也是顾不到的。在社会主义条件下，一心一意搞个人利益的人是搞不到个人利益的。一心一意为人民服务反而会有个人利益，只顾一头反而会有两头。”

一九六〇年一月三十一日，他在与王光英一家談話时說：“吃点小亏占大便宜是相反方向发展的規律”，显然这里促成轉化的条件就是《論共产党员的修养》中的“修养”了。他又說“我看宁愿吃点亏，人家不干的，你干，这不是吃了亏了嗎？要宁 愿 吃 这个亏，这就叫吃亏占大便宜。”“与人接触时，情愿吃点亏，遇到困难，人家不愿做的事我做，任劳任怨，最后大家說你是好人，大家愿意与你交朋友，将来还有大发展。人都会有一天不能做工作了，人也有发生、消灭的时候。国家总要青年人管的，后一輩总要接手，是人民叫你管，建立起信任来，就可能有更大的工作要你去作。”“整天考虑个人，即不会有个人，不考虑个人利益，則最后有个人利益，占小便宜，吃大亏，吃点小亏占大便宜，这是合乎馬列主义无产阶級世界观的。”

2、对青年学生灌輸名利思想，封官許愿：

一九五七年，刘少奇在河南許昌学生代表座談会上說：“我劝你們回乡后不当干部，連会計都不当……认眞地种三、五年地，到那时一切农活都会了，农民能做的事，你們都能做，比任何农民都不差，你們有文化，农民沒有，比农民多一条，再加上一条跟群众关系搞的好，具备三条，就能当乡、县、省干部，也可以到中央，那就看各个人的本事了……你們是中国第一代有文化的农民，第一代要得便宜的。参加革命我是第一代，現在成为中央委員，第二三代象这样就当不了。”刘少奇劝中学生刘继孔(刘少奇是他的滿叔公)回乡时說：“青年人，要遇难挺先，舍己救人。不要占小便宜。占小便宜的人，将来会吃大亏。……”“个人利益要无条件服从集体利益。因为有了集体利益，才会有个人利益”“只要你受的了苦，能发奋钻研农业技术，向老农学习，这样，日久天长，群众关系搞好了，生产斗争知識也有了，群众自然会找你，拥护你，选你做更多的事。你有了先进的农业知識，創造了成功的經驗，会把你的經驗向全国推广。这样你的伟大理想也实現了。如果你的經驗推广到全世界学习，这就有助于解放全人类哩！”（一九五八年《中国青年》第三期《革命后代应当干什么》）他在上海向 党 員 干部的讲話中談到学生开学时更进一步說：“恐怕这样一讲，他們下乡种田，也就高兴一点，而不是倒霉的下乡种田，垂头丧气的下乡，而是高高兴兴地挺起腰杆子下乡，他会认为我要实現我的理想，則发展前途更好。”

3、为“只专不紅”开脫：

一九六〇年一月十三日，刘少奇在与王光英一家談話中說：“只专不紅那只是一手。不紅，即使搞的好可以工作，但不能領导”。

4、歪曲干部要做普通劳动者的实质为改善群众关系：

一九五九年，刘少奇在《接見民建工商联常务委員指示》中說：“……应該提倡所有党員和干部以普通劳动者的身份参加生产劳动，因为不在于創造多少价値，而在于改变群众的观感，党員干部参加劳动，扫扫地，鏟鏟土，群众的观感改变了，相应的关系就改善了。”

（十二）其　他

1、篡改党的历史，抹杀党內正确路綫与“左”右傾机会主义斗爭，将以毛泽东同志为代表的正确路綫一笔涂掉：

在一九四八年十二月十四日对馬列学院第一班学員的讲話中，刘少奇把大革命的失敗歪曲成为看列宁的《两个策略》晚了，企图用此抹杀陈独秀的右傾机会主义的罪恶，並将毛泽东同志代表的正确路綫和斗爭抹杀掉。刘少奇說：“許多問題列宁早已解决了，因为未看《两个策略》使中国革命一下子迟了二十年。如果二十年前全党都研究《两个策略》，就可能使一九二七年大革命不致失敗。”

2、丑化社会主义制度：

一九五七年五月，刘少奇在同楊献珍、侯維煜的談話中說：“不搞全民所有制就毕不了业，升不了学，沒有好房子住，沒有車子坐，都沒有話說；反正因为你有錢。我沒錢。”他在河南談到城市住房問題时說：“家属还是慢慢接，住单身宿舍，多住几年吧！至少住到第三个五年計划，把第三个五年計划熬过去啦，来城市住几天，送回去可以，咬紧牙关度过第三个五年計划。”在談关于工农差別时讲：“所有城里人下乡……沒有一个人讲我在城里面艰苦，睡的是双层舖，吃飯也是餓肚子，排队买不到东西，城里人下乡都不讲这些。”

3、竭力美化資产阶級知識分子：

刘少奇站在資产阶級立場上給資产阶級知識分子鼓气与安慰。一九六三年十一月十九日他在科学院学部委員第四次扩大会議上說：“凡是不怕困难，艰苦鉆研，不怕犯錯誤而又善于改正錯誤的人，不論党內外，都可以成为馬克思主义者。”他居然认为“不是革命者”“不是馬克思列宁主义者”也能够参加反修斗爭，而且还能积极参加。竭力美化資产阶級知識分子。

4、对資本家在物质上关怀备至：

一九五九年，刘少奇在《接見民建工商联常务委員指示》中說：“有人担心政府对工商界是否照顾到底，一个是政治照顾，政治照顾要继續下去，一部分人的高薪在定息取消以后怎么办？这个問題过去讲过，还是继續下去。”“总而言之，工商业者只要同共产党合作，一心一意地搞社会主义，不論是老、病或有其他問題，国家都要負責到底。这一点請各位放心。具体方法还要商議，总之是照顾到底，不要担心。我們現在是中华人民共和国，六亿人民的国家，不会小气，首先你們要对得起国家，对得起人民，跟党走，这是第一条件，这样人民对你們負責到底，不会亏待你們。”

5、宣揚“全民党”的修正主义謬論

一九六〇年一月十三日，刘少奇与王光英一家座談中竟說：“工商界有几个参加共产党好不好？有点榜样，搞几个。……你資本家也当了，也沒有整你，又入了党，則更好了。”一九六二年八月，他在再版的《論共产党員的修养》一书中写道：“某些人要依靠共产党，到共产党里来找出路，贊成共产党的政策，总算是还不错的，他們找共产党沒有找錯，开除敌探、汉奸、投机分子和野心家以外，我們对于这些人还是欢迎的，只要他們承认党綱、党章，愿意在党的一定組織內担負一定的工作，並且交納党費，他們是可以加入共产党的。”

附：劉少奇一九六六年十月在中央工作會議上所作的檢查摘錄

我这次錯誤（提出資产阶級反动路綫）不仅偶然的，我在历史上就犯了一些原則性和路綫性錯誤。如：

一九四六年二月一日旧政协会議开过后，我就在中央写过指示說：“政协”会付将实現，中国就走向和平的新阶段。这是对时局估計錯誤，有和平幻想。……此外，一九四六年我对东北战爭的指导方針有錯誤……

四七年夏，我主持的土地会議沒有系統的全面的解决当时地主土地分配問題，沒有能及时糾正当时出現的“左”傾錯誤，如杀人过多和侵犯中农問題。

四九年春，我对天津城市工作說过不少話，……当时有些說話是有右傾錯誤的，沒有强調指出資产阶級和工人阶級的矛盾是以后整个历史时期的整个矛盾。

五一年七月，我錯誤地批評了山西省委老区互助組提高一步，組成农业合作社的决定。

五五年，邓子恢同志縮掉了二十万个合作社的决定是我支持的……。

……更严重的是，六二年二月二十一日到二十三日由我主持的中央工作会議討論了六二年中央財政予算，发現了××亿的財政赤字，因此对困难的估計錯誤，认为处于非常时期。××同志向国务院的讲話是根据在中央会議上讲話加以发揮的，中央还批发了这个报告，还要省一級的党員干部討論，並鼓励发表不同意見，因此在会上各地鼓动歪风出籠（单干风），有的人就根本否认三面紅旗，就把积极分子搞得灰溜溜的，並把不該下馬的×××建設的重点項目也錯誤的下馬了，而某些应該灭減的投資沒有灭減……我向中央和主席推荐××做中央財政小組組长……我后来才知道主席根本不同意我們对形势的估計和做法。当年邓子恢在中央工作会議上說过安徽“責任田”的好处，我們沒有加以批駁，因此他就在几次会議上鼓吹“包产到戶”，有位中央同志就提出“分田到戶”，还有一位就提出“三和一少”的意見，这都是对国內形势估計錯誤的情况下提出反对总路綫的意見，其中“分田到戶”的意見我是直接听到过的，沒有把它頂回去，这是很錯誤的。……主席回到北京后就着手起草“进一步发展巩固集体經济的决定和商业的决定”，又在北戴河会議上提出阶級斗爭矛盾，九月开了十中全会，通过两个决定和公报，才把我的錯誤糾正过来，把形势根本轉过来。

我六二年犯錯誤之后，六四年又犯了形“左”实右的錯誤。……六四年夏，我到各省和北京讲过話，强調各級領导到农村搞蹲点，这本来是对的，但强調过分，有些絕对化是錯誤的。此外还說过，在这以后的“四清”是搞的“不深不透”的，有些是失敗的，对当时的阶級斗爭估計过分，对干部犯四不清也估計过分，因此对当时工农业生产好起来的某些解释也是錯誤的。

又說过在发动群众斗爭中才能摸清情况，认为主席說的开調查会的方法是不够的，有时是就不适用了，这实际上是否认了主席的思想，这是极其错誤的，影响很坏。

当时又过分相信光美桃园經驗，这就給許多同志极不好的印象，其实光美的經驗在当时就有錯誤的。在六四年的中央会議上我对錯誤沒有认識，又說是“四清四不清的矛盾”，“党內外矛盾的交叉”，正如“二十三条”所說的，这沒有說明本质，这不是馬列主义的。我正是在这个时候忘記了我們党十几年的关于阶級斗爭的論断，因此犯了形“左”实右的錯誤。我的錯誤也是主席亲自主持制定的“二十三条”之后才糾正的。“二十三条”上規定这次运动的重点是整党內走資本主义道路的当权派，这样就把运动（打击面）縮小到极少数人的身上。

劉少奇与王光英一家談話記要

（一九六〇年一月三十一日王光英一家及其兄嫂等人在刘少奇家聚会，刘少奇根据他們的要求讲了世界观、人生观問題，其中一、二处也讲到对資产阶級改造的問題，現在根据王光英的記录整理供参考，注意保存）

后一辈应当比我們更进步些，历史发展应該是这样，总是越来越进步，不能越来越落后。

总路綫是什么？說全句是，全中国人民团結起来，在党的領导下，鼓足干劲，力爭上游、多快好省的建設社会主义，全中国人民鼓足干劲，不是乱鼓，要在党的領导下鼓足干劲、力爭上游，多快好省地建設社会主义，是这段历史时期的总方針和战略口号，老年、青年都需要鼓足干劲，老年人应当鼓得更足一些。他們（指在座的学生）在学习时間，也需要力爭上游，你們現在还在消費，但是为将来的生产力做准备，劳动者要受訓练，要受各方面的訓练，否則劳动不好，学习时期，即是准备时期，要准备好。

你們中間上游是誰呢？总会有先进、中間、落后，应該向先进看齐，先进、中間、落后是永远会有的。

你們中間有一个念大学的，还有念中学的，有个又紅又专的問題，紅就是你們世界观的改造問題，很多人犯錯誤就是与世界观有关系，在阶級社会里有各种各样的世界观，有封建阶級、資产阶級、无产阶級的世界观，世界观的問題将来还有，阶級消灭以后，还有世界观的問題，还是有正确的不正确的，还有唯心論，唯物論，現在解决世界观是很要紧的，在阶級社会中，人們搞起事情来，总是要按自己的世界观和精神面貌来改造世界，总有喜欢什么，討厌什么，就会感到很难受，如果世界观問題搞通了，对头了，积极性就大得很，干劲就足了。

城里人看不起乡下人，乡下人也看不起城里人。貧农、他进了城看不慣、批評意見多，城里人有城里人的世界观，你們看过阿Q正传，阿Q是乡下人，貧农，他进了城看不慣，批評意見很多，城里人对板凳叫板凳，村下人叫条凳，乡下人熬魚把蒜切碎放进去，而城里人熬魚却放整段的蒜，阿Q就想要按他的意見办，这是一些小事情，也有不同看法。年齡比較大些的人，习惯形成了，对社会的观察却有很多的看法，不管自觉不自觉，有他的世界观，这与哲学体系的世界观不同，那是更有体系的。

树立无产阶級世界观如何着手？不能性急，要多看、多讀、多鍛练，自然就会有的。

头一个問题，世界上质物是第一位，神精上是第二位，是矛盾的两个方面。物质是基本的，主要的，辯証观点，是矛盾斗爭的統一。不要怕矛盾，这个矛盾解决了那个矛盾又会发生，不要避免矛盾，要面对矛盾，揭露矛盾，才能处理矛盾，这就是辯証观点，事物是变化的，不是静止的，事物都有它发生、发展、消灭的过程。即因为有矛盾，年青人是不容易理解的。

碰到問题、学习、工作、接触会发生很多問题，如何看法？如何处理好？有一个方針，是从实际出发、实事求是。

人生观也是社会观，人类有社会发展史你們都学过了，人生观就是怎样做人，活着干什么，怎样做最好的人，更多貢献，作用更大，对几十亿人，做多少貢献，青年人都有这个理想，一点也不貢献，人生下来，长这么大，不管是誰养的，总是靠社会养大的，是工农养大的，农民种出棉花，工人織出布，一切东西最后总是从他們那里来的，从生产那里来的。

一个人在世界上要消費，不但消費，还要生产，消費一百，生产八十就欠帐了，一个劳动力要养活三到四人，大体上不少于此，劳动时間在一生中只有一段，大体从二十岁以后到六十岁以前，总蒜起来，生产三千才能抵上消費一百，那还只是簡单抵上，社会还不会进步，要生四百、五百、六百才能有剩余，才能修长江大桥，人民大会堂，才能搞建設，一个人的生产如能养活一至二十人那就好了，如只能养活三至四人就不能建設，問题是社会总生产总消費一加一減很簡单，有多少积累搞多少建設。

对整个人类及个人也是这样。

人活一辈子总要对社会有所貢献，要貢献多一些才好，可能貢献很多，也可能沒有，也能破坏，有几种选择，你們选那一种？

如果消費多，貢献少，社会生产总不滿足社会需要，那就使社会退步，对社会发展起阻碍作用，这就有个人利益与整体利益、集体利益問题，部份利益与整体利益問题，暂时利益与长远利益問题。

馬克思說过，个人利益服从整体利益，部分利益服从全体利益，暂时利益服从长远利益，民族利益服从全世界利益，即国际利益。
这是永远正确的，这是对处理人民内部問题讲的，对处理自己問题与大家問题讲的。

个人利益与整体利益是不矛盾的，但也不是沒有一点矛盾，阶級消灭后，有时也会发生矛盾，照顾自己就照顾不了大家，照顾了大家，个人利益就要牺牲一点，这样才可使个人利益与集体利益統一，要有远大理想与目标就要看清长远利益，长远利益是不容易看清楚的，看清楚看正确了，有矛盾时就要使暂时利益服从长远利益，这就叫有远見，有理想。

不能沒有个人利益，个人利益集合起来即是整体，个人利益暫时是要照顾的，但在有矛盾时，就要把暫时的、个人的利益牺牲一些，有时民族利益也要服从世界利益，有时就要吃亏，只要对世界有好处，那好处更多嘛？

这就叫矛盾的統一，而不是矛盾的破裂，人民內部讲团結，即是統一起来，也可能鬧事，因矛盾有統一性和斗爭性，有时故意鬧乱他，如英美間矛盾，我們就叫它冲突起来好，对敌人就要采取斗爭方法，划清敌我界限，把矛盾扩大，而不是縮小，使之离得远远的，对地主、对資本家是团結好呢？是分开好呢？对右派要斗得他們彼此間都不敢讲話，他們就不能团結起来了。对人民內部工农学生等等，是团結起来好。

个人、集体、部分、整体、暫时、长远是能統一起来好，总不坚持个人的，总要有一个服从一个，那一个服从这一个，在某种时候，个人要吃亏，办大家的事情。是佔人家便宜好？还是吃点亏好？我看宁愿吃点亏，人家不干的你干这不是吃了亏了嗎？要宁愿吃这个亏，这叫吃小亏，佔大便宜，一天看不清，一年看不清，但是十年二十年会看清楚。占小便宜，人們会看清楚的，那是遮盖不了的，也許可以蔽盖时，长远蔽盖是不可能的。

与人接触时，情愿吃点亏，遇到困难，人家不愿意做的事我做，任劳任怨，最后大家說你是好人，大家愿意与你交朋友，将来还有大发展，人都会有一天不能做工作了，人也有发展，发展消灭的时候，国家总是要青年人管的，后一輩要接手，是人民叫你們管，建立起信任来就可能有更多工作要你去做。

吃点小亏，占大便宜，是向相反方向发展的規律，整天想到个人，最后是沒有个人利益，个人利益还要丧失一部分。为人民做事，大家就会照顾，規律性就是这样。現在是人民做主的国家，有公道，眞理能得到发展，在我們社会里，只要有貢献大家都会看到。整天考虑个人即不会有个人，不考虑个人則最后有个人利益，占小便宜，吃大亏，吃点小亏，占大便宜，这是合乎馬列主义无产阶級世界观的。

有人說，个人問題解决不了，怎能为全国人民想办法，首先要解决个人問題，才有余力解决国家問題。按此說法，如果个人問題一輩子解决不了，那就沒有机会解决社会問題，把个人利益，家庭利益放在第一位，是把次序放倒了。

我們加入党，是看到个人問題横竪解决不了，先解决国家利益，国家社会問題解决了，个人問題也解决了，随着大家利益的提高，个人利益会有提高，只要有貢献，社会一定会有适当地报酬。不会大家都好了，你餓飯，那是阶級社会的事，人民做主人的社会里不会有这样的事，着手即从这个地方着手，这个問題看来很簡单，有些人一輩子也解决不了，年青人要下决心，从身边的問題着手，个人問題也可以抛开。

比先进，首先从这个問題比，第一比紅，第二比专，紅只能摆在第一位，如不紅可以变右派。

首先解决这个問題，但不能一手，要有两手，即还要专，只专不紅，那只有一手，不紅，即便搞得好，这或可以工作，但不能領导，領导即是处理各种相互之間的关系，不按一定方針原則处理不行，也是无产阶級世界观。

可以貢献很多，馬克思就有伟大的貢献，但馬克思在世时，沒有搞費。

听說你們要求入党，到我們这里来了解情况，这种愿望是好的，要怎么入？是秘密入？公开入？

搞政治工作在阶级社会是有些冒险性的，象东周列国志那样就是这个杀那个，那个杀这个。溥仪写了三卷书，揭露这些，他的态度是有所改造，杜聿明就不写，不揭露內幕。

在一定条件下，向相反方向的轉化，要具备一些条件。这是一般的法則。如战犯关了那么久，长期劳动教育，在一定条件下还有主观条件，可以向好的方向轉化，相反，好人也有向坏的方轉化的可能。

（王光英說）工商界有几个参加共产党好不好？有点榜样，搞几个。可是那就对国外沒有影响了，我看帽子还可以代一个时期，有利于工作，你資本家也当了，也沒有整你，又入了党則更好了。

（对光琦說）二哥挨了一次斗，現在少犯錯誤了。这是个禍得論，也是向相反的方向发展。

（对光英說）未整当然好了，未整的也不一定就好。如何吸取过去經驗教訓，过去日本人逮捕了你，你想躲开，那是躲不开的，你躲，他也要找你。二千年前，老子說：“禍兮福所倚，福兮禍以倚。”社会斗爭是逃避不了的。

做共产党員，也是把个人的事情放浅薄一些，一切为人民工作，别人暫时不了解，最后还是会了解的，个人不要有所保留。凡能得到，不要去計較。要求入党，是别人評定不是自己說的。

（对光琦說）只要去做有前途的，即使过去挨过整，也会有前途。周总理的家庭是大地主，那就是叛变家庭嘛，不要覚得沒有希望，那是自暴自弃，要有力爭上游的精神，只要努力去做，最后总是会有一点，入不了党，但观感总是会好一些。你的孩子是值得注意的問題，因为你被整了一下，孩子脸上不光彩，只好靠自己了，因为两个孩子不錯。

我八个孩子，就让他們去鍛练，不要怕这怕那，让他們馬路上去跑，让他們去鍛练。高級干部子女不好的比較多，苏联也有这样情况，値得注意。

整个历史到了变动很快的时期，再过十年二十年，就反过来了。那时的人与現在不一样了，人也变了。

（对胡敏說）“你們工作能力都有，二嫂也是大学毕业，英文很好，要在政治上努力，为远大目标，长远利益着眼。”

（对王光琦說）“你看会不会变天，又回到旧社会？变天也很难讲，那也不是你个人的問題。”

馬克思是一个貴族出身，活了八十岁，恩格斯沒有老婆儿子，死后按遺囑火葬，把骨灰抛到大海里，所以沒有他的墓，什么也沒有留下，但結果呢？他的著作思想都遺留下来了。这是讲那个时期，眞理的发現者常常是得不到个人，而为眞理牺牲。发現太阳是哥伯尼。达尔文反宗教神道，都是得不到个人，現在总比那时候好了。

光荣，你是英雄造时势，还是时势造英雄？我看是时势造英雄。这个时候需要这样的資本家，才提出你来。

成績不是个人的，是党的领导，群众做的。不警惕，要出岔子。接着讲了形势問題：

全世界在駡我們，正說明我們好，他們說危险的是中国，証明中国在某些意义上比苏联还好。

但中国总不会沒有人要，就那么孤立，美国在駡、英国就拉蒙哥馬利五月訪問中国，麦克米倫放出风声要到中国来，还說要邀請毛主席訪問英国、印尼、印度在駡，甸緬要来，非州、拉丁美州要我們。苏加諾、尼赫魯、納賽尔是民族資产阶級的代表，在殖民地、半殖民地他們是反帝，当帝国主义松一点就反对人民，首先是反对共产党、反共反帝就是这条路、完全是这一条規律。亚洲一些国家独立了，一个时候人民力量发展起来，他們国內困难很多，大量人沒有吃的，印尼的物价飞涨，現在要杀人、他們沒有物质条件，物质是沒有法子用行政办法解决的。

資产阶級一定时期就要反动。蔣介石过去是民族資产阶級，是共产党把他弄上去的，是陈独秀弄上去的，反过来杀共产党。这个問題不要奇怪，某种意义說，反对我們並不是坏事。

帝国主义說苏联好，那就要警惕了，很多人去过苏联，写文章說苏联正在自由化，欣尝苏联的物质刺激，說中国才是馬列主义，說我們是革命的馬列主义，苏联是保守的馬列主义，这就需要注意，他們在挑拨我們同苏联的团結。

中央統战部办公室

一九六〇年二月六日

打倒劉少奇！

1941年皖南事变以前的北方局	冀察晋：事变后彭眞任书記 胡錫奎　蔣南翔　黄　敬 刘　仁　楊秀峰　刘兰涛 李　昌　林　鉄
	晋綏： 林　枫　烏兰夫　楊植霖 李雪峰
	东北：　欧阳欽
	晋魯冀豫： 邓小平　薄一波
	陝甘宁： 高　崗　閻紅彥　賀　龙 习仲勳　王　林　譚　政 楊尙昆　张德生
1941年皖南事变以后的华中局（长江局）	邓子灰： 被罢副总理官
	黄克城： 被罢书記处书記职务
	周小舟： 彭德怀反党集团之一被罢官
	饒漱石： 反党集团目头五五年被揪出
	陈少敏：被揪出
	舒　同： 陝西省委书記处书記，被揪出

1947年三月解放軍撤出延安，毛主席、周恩来、任弼时留在陝甘宁而由刘少奇、陈云、彭眞等組成以刘少奇为首的中央工作委員会于1948年五日，此期間曾派彭眞、叶××去东北，48年初林彪率部队入关之后，刘少奇們如上图所示部署，这也是解放后的布局。

华北局	西南局	中南局	华东局	西北局	东北局
刘兰涛負責	书記邓小平	书記邓子恢	书記饒漱石	书記习仲勳	书記高崗

一九五六年刘少奇当选党中央副主席，五九年任国家主席、国防委員会主席，在刘少奇、邓小平、陈云控制、支持下，又干了些什么呢？請看下面：

中央书記处邓小平（总书記）彭眞（号称副总书記）、陆定一、罗瑞卿、楊尙昆（后三人在八届十中全会塞进）

彭眞跃为第一副委員长，北京重鎮：彭眞、刘仁、邓拓

陈庚同志逝世后，在刘、陈、邓支持下罗瑞卿任解放軍总参謀长

楊秀峰任最高人民法院院长，取代謝覚哉

西北大本营刘兰涛、楊植霖、汪峰、胡錫奎、舒同、馬紀孔、霍干廉、赵寿山（原陝西省长、国民党十七路軍軍长）邓宝跚（甘肃省长，国民党軍閥）

中央高級党校林枫、楊献珍一味吹捧刘少奇

团中央胡耀帮、胡启立、胡克实、王伟

注：刘少奇是一个阴謀家，自从三十年代以来，通过自己的职权网罗一些資产阶級政客投机分子反动軍官，招降納叛，結党营私，安置亲信，把一些坏人收在自己的卵翼下，实际上已經簒夺了一部分領导权特作此图示之。

第三輯共五冊，圓背精裝

ISBN：978-986-5633-48-6

第一冊	頁數：239
第二冊	頁數：284
第三冊	頁數：372
第四冊(一)	頁數：368
第四冊(二)	頁數：336

古月齋叢書 5 定價 25000元

第一冊：大事記類
第二冊：會議材料類
第三冊：通訊類
第四冊（一）：雜誌、簡報類
第四冊（二）：雜誌、簡報類

第四輯共五冊，圓背精裝

ISBN：978-986-5633-50-9

第一冊	頁數：308
第二冊(一)	頁數：456
第二冊(二)	頁數：424
第三冊(一)	頁數：408
第三冊(二)	頁數：440

古月齋叢書 6 定價 35000元

第一冊：參考資料、報紙類
第二冊（一）：戰報類
第二冊（二）：戰報類
第三冊（一）：大批判、大學報集
第三冊（二）：大批判、大學報集

第五輯共五冊，圓背精裝

ISBN：978-986-5633-54-7

第一冊	頁數：468
第二冊	頁數：518
第三冊	頁數：428
第四冊	頁數：452
第五冊	頁數：466

古月齋叢書 7 定價 30000元

第一冊－第五冊：
大批判、大學報集

第六輯即將出版

購書方式

書款請匯入：

銀行
戶名：蘭臺網路出版商務有限公司
土地銀行營業部（銀行代號005）
帳號：041-001-173756

劃撥帳號
戶名：蘭臺出版社
帳號：18995335

100 台北市中正區重慶南路1段121號8樓之14
TEL：（8862）2331-1675 FAX：（8862）2382-6225
E-mail：books5w@gmail.com
網址：http://bookstv.com.tw/